《今注本二十四史》編委會
二十四史研究資料集刊

史記考證文獻彙編

四川出版集團
巴蜀書社
人民出版社

本書出版得到國家古籍整理出版專項經費資助

第九冊目錄

史記三書釋疑

[清] 錢塘

一九三四年北京琉璃廠邃雅齋刊邃雅齋叢書本

史記釋疑小引

史記於諸史最善而錯誤特多更爲注家所殽亂文義益不可通予率于披覽時隨文考正記在上方未暇纂輯從父竹汀先生二十二史攷異一書於史記得三卷予弟獻之亦有五百餘條宦遊索居無從質証大抵是者必同也予癖嗜算術間取律歷天官三書疑者釋之各得一卷抱經盧先生語予仁和梁仲子攷正史記裒然成書子既釋是三者特詳何不以寄仲子將入其中會仲子亦託盧先生向索因即付梓且寄仲子其餘則姑有待丁未八月朔嘉定錢塘識

史記釋疑卷一

嘉定錢唐述

律書

聞聲效勝負

吳越春秋曰吳與越同音共律上合星宿下共一理亦是也星紀爲吳越分野其律大呂

武王代紂吹律聽聲推孟春以至季冬殺氣相并而音尚宮

國語王以二月癸亥夜陳未畢而雨以夷則之上宮畢之當辰辰在戌上故長夷則之上宮名之曰羽所以藩屏民則也王以黃鍾之下宮布戎於牧之野故謂之厲所以厲六師也義與史記所說同三統推是年二月庚申朔四日得癸亥五日得甲子六十律夷則直庚申中呂直癸亥黃鍾直甲子夷則爲宮則中呂爲羽黃鍾爲角二月本爲大呂改用夷則者二月建在丑日在子爲合辰子居戌上則夷則在午午爲鶉火周分野其上有月朔日宮用夷則亦殺伐義也明日甲子黃鍾半律不爲宮改用全律黃鍾本夷則之角今爲宮用倍角也角屬木即周之王氣矣宮下有倍角者爲上宮夷

則以後四律是也其無者爲下宫林鍾以前八律
是也此即用四清聲法辰是合辰商周之間有之
時天正月日自元枵入星紀也韋昭以斗柄爲辰
非是

律中應鍾

漢自太初元年以前承秦以十月爲歲首故律始
應鍾此下十二律律直一月乃月律也月律者三
分損益隔八相生乃漢志法也是故蕤賓必重上
生惟蕤賓重上生然後大吕得下生而夷則亡射
皆宜下生而反上生夾鍾宜上生而反下生至中

吕而終也所謂宜下反上者生倍律也陰律增長
一倍故宜上生而反下生也就蕤賓重上生諸律
差次其短長則六陽六陰相間以序始于黄鍾卒
于應鍾以配十二辰由三分損益相生數之必隔
在第八辰也若蕤賓自下生則大吕必短一半其
夾鍾中吕皆然亦短長差次陰陽相間以配十二
辰即生鍾分之十二位雖亦三分損益却非隔八
相生則爲直日之律而非月律矣凡倍律必居正
律之衡辰此重上生之所以易位也

牛者冒也

古讀牛冒聲相近

東至於建星

二十八宿中有建弧狼罰古法也易以斗鬼井觜

自太初始

言萬物根棋 徐廣曰一作槓

字書無棋字此以棋爲基一作槓非

氐者言萬物皆至也

說文云至鳥飛从高下至地也故以至訓氐

巳者陽氣之巳盡也

巳本十二辰名又借爲語詞後人作兩體別之俗

弧者言萬物之吳落 徐廣曰一作柔

吳落猶言弧落一作柔非

地者沈奪萬物氣也 徐廣曰沈一作洗

以沈訓地無義作洗亦非益是誤文

夷則言陰氣之賊萬物也

左傳曰毁則爲賊

北至于留

畱即昴其字皆从丣古文酉也天文卯上有房爲
開門酉上有昴爲閉門說文畱从丣昴獨从卯誤
也漢以劉爲卯金刀則留亦从卯矣其實畱與亞

同意故俱从丣也陽氣稽留即是閉門

北至于奎　徐廣曰一作畫

說文云畫萬也案萬即蠆說文又曰萬蟲也蠆毒蟲也蓋一字兩體屬从萬或又作蠆从蠆蠆即蠆省也奎通畫故本文釋爲毒螫一作畫是

無射者陰氣盛用事陽氣無餘也

射餘聲相近

律數九九八十一以爲宮三分去一五十四以爲徵三分益一七十二以爲商三分去一四十八以爲羽三分益一六十四以爲角

九九八十一者律之積數數究于九自乘爲八十一淮南子所謂黃鍾小素之首也數以十成故黃鍾實積八百十分以是爲宮而求徵商羽角其損益者皆積數也律體圓如柱體積八百十分則面冪必九分以冪除積而得九寸之長則徵羽商角之積亦以冪除之而得六寸八寸五寸九分寸之三七寸九分寸之一矣此古黃鍾一均之數也而五聲十二律旋相爲宮其數俱可推知且以是一均施之于琴調弦應律即十二宮亦具何則是一均者琴之散聲非實聲也由散聲以求實聲則半之又半之盡乎八分之一則一弦備三十七聲不用八分一之聲亦已用三十六聲矣五弦備五聲遂有一百八十聲周後桒有七弦然二弦其倍聲也故益七十二聲與弗益同管子以百有八爲徵九十六爲羽即此二弦矣二弦之聲下于宮音則爲首弦與次弦其下五弦乃宮商角徵羽也故樂書以琴長八尺一寸爲正度弦大者爲宮居中央商張右傍其餘大小相次按宮以八十一居中央商以七十二張其右則在其左者百有八與九十六也而在商之右者爲六十四五十四四十八明

矣是非倍徵倍羽與宮商角徵羽乎此皆弦之論數也琴正度長八尺一寸半度則四尺有半寸桓譚謂琴長四尺五寸蓋即四尺有半寸也長無異而度法殊耳然琴之應律也以聲不以度故必吹律以定散聲散聲應斯實聲度不應矣凡琴弦止用黃鍾之均而不用他均即此五聲數也故備論之

黃鍾長八寸七分一宮　索隱曰案上文云律九九八十一以爲宮故云長八寸十分一而漢書云黃鍾長九寸者九分之寸也劉歆鄭玄等皆以長九寸即

十分之寸不依此說也

案小司馬見史記以十分命寸故謂漢志用九分寸其實不然史記所用之寸不止十分漢志則用十分寸耳何以明之曰劉歆論度法謂本起黃鍾之長以北方子穀秬黍中者度之一黍之廣爲分十分爲寸十寸爲尺此漢志明文也然則黃鍾之長九寸必爲九十分矣史記通漢志之尺爲九寸則九寸僅爲八十一分夫以十分爲九分不且以十一分有奇爲十分耶然史記必通之者有故焉觀其于大呂曰長七寸五分三分二夾鍾曰長六

寸七分三分二仲呂蕤賓夷則亡射應鍾其于小分無不云三分幾者三爲約分法則十亦約寸法也約分之法施於大呂諸律而黃鍾太族姑洗林鍾南呂五律獨用約寸法者以其爲五音之正律也約分微有不盡約寸則無不盡矣五律之所以爲正音也如不用約寸則亦不用約分而分不可盡仍必以九約之不且疑寸以十成而分則九成耶且其約之也有甚得者焉則數必與中積應也黃鍾之積八百一十分約之而爲八十一分大呂之積七百五十六分強約之而爲七十五分三分

二是分有十分也中積用黍度固非即約體長之度然度異而數同得體長不即可得中積也乎若夫十分成寸之黍度則史記漢書同用之曰置一而九三之以爲法是也夫以九三之數除十一三之數不即爲九寸乎九三之爲一則十一三之爲九矣故曰凡得九寸命曰黃鍾之宫也如黃鍾止長八寸一分則必以七三之爲法七三之爲一十一三之必爲八十一也而史記不言明約寸之非正度也知乎此而史漢之無異度明矣雖然論律而僅資故冊之空言非實用也史漢所用之黍度

果何等尺耶黍有大小奚以定之是莫若以古尺爲據我得古尺二曰周尺曰漢尺周八寸尺也漢十寸尺也二者相勘則不應今營造用宋大府尺從黍尺也增周尺爲十寸則長大府尺之八寸一分近世累黍尺者橫百則從八十一是周尺本長橫黍之八十分也增而爲百分非即古之律尺乎以古律尺制律而從史漢之法斯得矣何者史漢律法必本於古非漢始有之也昔人所病者史漢不言周徑耳我以爲周徑已具鄧平不云乎黃鍾一龠積八十一寸是即八百十分也夫長九寸而

積八百十分則圜冪必九分矣周髀與漢斛卽方圜之率也圜容方與方容圜一耳否則有密術在焉然曷嘗有異哉夫制律之要有三數也法也度也數則黃鍾體積是已法則方圜周徑是已度則秬黍橫累是已而法數可以言顯尺度必以器傳今以古今二尺核之卽今尺而可得古尺夫如是可勿曰孰爲九分寸孰爲十分寸也

生鍾分

十二辰上數法母也下數爲之子然皆用以乘除則比例率也而置一于子以三乘之歷十一次而

得十七萬七千一百四十七卽爲黃鍾之實置二於丑陽四之陰二之歷十支而得六萬五千五百三十六卽爲中呂之實則法實同數矣法實同數故律始于黃鍾而卒于中呂十二以外豈得復有他律哉所謂比例率者置黃鍾之實如上數而一以下數乘之卽得所求之律然則置中呂之實如下數而一以上數乘之亦得所求之律特順逆不同耳夫以順而得者黃鍾之生十律也以逆而得者中呂之生十律也而黃鍾之生中呂也不待求則中呂之生黃鍾也亦不待求不待求者實已具

也子之上數一者順則爲黃鍾逆則爲中呂乘與除皆此一耳夫是以無下數也何承天劉焯之徒患中呂不能生黃鍾孰知不生者之卽爲生耶若夫十辰所列有不待除而得者以丑上數乘戌下數以寅上數乘酉下數以卯上數乘申下數猶以子上數乘亥下數也是故子亥合丑戌合寅酉合卯申合凡得十二合用法略備矣是法也乃三分損益而非隔八相生何也上數之必三之也卽三其法也下數之或四之或倍之也卽四其實倍其實也惟其順則用黃鍾之實故三之四之倍之者必遞增逆則用中呂之實故三之四之倍之者必

遞減增則律漸短減則律漸長長短不同要不外乎三分損益也若夫隔八相生必蕤賓重上生而此不然是所生者相承而不隔也相承而不隔者律各居其辰也夫陰律易位而居其衝始名隔八自居其辰何由隔哉隔八相生者爲月律此不隔者安用乎曰日律也十二律旋宮爲六十律因而六之六六三百六十律以直一歲日不待京房與錢樂之之變律矣音生於日律生于辰以日配音以辰配律日有五而辰惟一辰之首則黃鍾也故

董仲舒淮南子有七十二日五子受制之術日律之用宏矣哉

上九商八羽七角六宮五徵九　索隱曰此五聲之數亦上生三分益一下生三分去一宮去一下生徵徵益一上生商商去一下生羽羽益一上生角然此文似數錯未暇研覈也

小司馬謂三分損益是已云數錯非也此即六十律直日之法耳六十律直六十日黃鍾爲宮而辰在子故始于戊子凡日陰從陽故戊癸合甲巳合乙庚合丙辛合丁壬合辰則所居五律備五音古

無二變故六十而周也淮南子曰戊子黃鍾之宮也庚子亡射之商也壬子夷則之角也甲子中呂之徵也丙子夾鍾之羽也是其法也然戊雖爲宮而甲實日首由甲數之隔七得一則甲庚丙壬戊也戊爲宮宮數五而居下則甲以九居上矣由戊復可得甲爲環相生故配五子太玄經曰甲巳之數九乙庚八丙辛七丁壬六戊癸五亦謂此巳然戊癸爲宮乙庚爲商則甲巳當爲角丙辛當爲徵丁壬當爲羽今何以角爲徵徵爲羽羽爲角曰鶡冠子言之矣東方者萬物立止焉故調以徵是甲巳爲徵之義也南方者萬物華羽焉故調以羽是丙辛爲羽之義也西方者萬物成章焉故調以商是乙庚爲商之義也北方者萬物録藏焉故調以角是丁壬爲角之義也而四方必首東尤足明上九之義矣人有恒言東西南北中非徵商羽角宮乎我所疑者上九當爲徵九徵九當爲上九如是而文得其序蓋傳寫之誤也

置一而九三之以爲法實如法得長一寸凡得九寸命曰黃鍾之宮

有法無實不備蓋脫文也當據漢志補十一三之以爲實句

索隱曰言得一者筭術設法辭也得下有長一下有寸者皆衍文也韋昭曰得九寸之一也姚氏謂得一即黃鍾之子數

實如法得一　黃鍾漢志文也小司馬據此以爲衍長寸二字然所得之一即一寸之長則二字不得爲衍特史漢文有詳略耳漢志過簡不將以得一黃鍾四字成句耶韋說良是姚氏則妄矣以酉數除亥數必得九寸以亥實九倍酉數也得子數一則酉必自除有此筭術乎是皆由脫十一三之句

誤之也

神生於無形成於有形然後數形而成聲律本於神定於形覈於數應於聲自神而形爲黍爲尺爲律皆形也則皆數也數形而成聲則律辨而聲協矣甚矣律莫要於數也數之爲要柰何曰於蕤賓重上生見之蕤賓之下生也是大呂也數具在也其重上生也亦大呂也數則倍也倍則何以謂之大呂曰是固大呂之倍數而非他律之數也則聲亦爲大呂之倍聲矣夫聖人豈不能聽聲而必待於稽數哉然而聖人曰有是數必有是聲

聲則神數則形也神不能無所憑聲不能無所麗我以形與數必之而已矣是故其調器也必以律之數決之器之應律也以倍以半半之用罕由倍以上可至於數百千倍也然而不離乎倍非遞相倍而數非數聲非聲矣是蕤賓重上生爲之率也然而器非律也我安知數之必得也耶於是而有度量權度則制器之本也量與權則攷數之具也器之疑乎數者以度制之以量與權攷之是故度必律度量必律量權必律權三者皆律也則皆數也三者悉得矣器雖鉅惡能逃乎數哉度則黍尺是矣量與權皆始於黃鍾之龠黃鍾之龠方龠也鄧平所謂積八十一寸者也一寸爲深九分爲方則積八十一寸矣平不言八百一十分我知其用方龠也不以方而以圜雖工倕能無舛耶是故量多圜然而必有方方以攷圜也器不必皆圜亦不能爲方鉅則以斗斛攷小則以合龠攷律有損益量之用或窮則佐之以權權量兼用弗窮矣我病乎後人之攷律而以黍也黍有肥瘠必其中者耶黍雖中能使律所受之無羸歉耶制律不以法無惟也以法制者多不能容由累尺與實管用同等

之黍故也弗同等將安用是莫若用龠龠所容而律容焉律斯善矣吾知數則必是數也聲則必是聲也所謂數形而聲成者乎是三語者律之奧旨故備釋之正義之說我以爲河漢也

史記釋疑卷二

嘉定錢塘述

歷書

昔自在古歷建正作於孟春　索隱曰案古歷者謂黃帝調歷以前有上元太初歷等皆以建寅爲正謂之孟春也及顓頊夏禹亦以建寅爲正唯黃帝及殷周魯並建子爲正而秦正建亥漢初因之至武帝元封七年始改用太初歷仍以周正建子爲十一月朔旦冬至改元太初焉

上元太初歷卽武帝詔所謂前歷上元泰初者也然後儒都不言有是歷太史公亦曰黃帝考定星歷故古歷莫先於黃帝蔡邕論歷謂黃帝顓頊夏殷周魯凡六家各自有元而司馬彪續漢志曰黃帝造歷元起辛卯顓頊用乙卯虞用戊午夏用丙寅殷用甲寅周用丁巳魯用庚子則有七家也七家積年見於傳記者三顓頊歷見大衍歷議殷歷見乾鑿度周歷見五經算術顓頊歷唯有元餘殷周皆自開闢以來特所謂開闢以來者乃加六百五元于入元歲數耳蔡邕論四分開闢至獲麟積二百七十六萬歲見于元命包命歷序予嘗準此

爲例皆以六百五元爲本求入元歲數使同會于元封七年則黃帝歷積二百七十五萬九千七百四十六算顓頊歷積二百七十六萬二百二算虞歷積二百七十六萬二百五十九算夏歷積二百七十五萬九千六百五十一算殷歷積二百七十六萬二百六十三算周歷積二百七十六萬三百二十算魯歷積二百七十五萬九千一十七算自夏以前皆首人正自殷以後皆首天正課元封七年朔旦冬至黃帝歷元餘九百四十六大餘四十六小餘十六日首戊寅則甲子也顓頊歷元餘一千四百二大餘四十小餘十六日首甲申亦甲子也虞歷元餘一千四百五十九大餘三十九小餘八日首甲申則癸亥也夏歷元餘八百五十一大餘二十七小餘二十四日首丙申亦癸亥也殷歷元餘一千四百六十三大餘盡小餘二十四周歷元餘滿一紀無大小餘魯歷元餘二百十七大餘五十九小餘八皆日首甲子而得甲子與癸亥也按淮南天文訓多用顓頊歷而云壬午冬至則當益百七十五歲卽四分歷上元而顓頊歷入其壬午部二十三算冬至亦得壬午下推太初多周歷

五十七歲大餘五十九小餘八亦癸亥也一歷二元日首甲申者後天日首壬午者先天可以驗歲實消長矣

於時氷泮發蟄

謂孟春朔旦啓蟄夏小正所謂正月發蟄是也啓蟄今雨水正月中氣用爲氣首猶天正之首冬至首冬至者歲前必閏天正十二月首啓蟄者歲前亦必閏人正十二月七歷中人正皆首立春實不必常在其月曷若首啓蟄之得乎其歷久佚今以術求之則加顓頊歷三百三十八筭是也依淮南

顓頊歷壬午冬至推之大餘三十四小餘十六而得壬午則日首戊申也下推太初紀餘二百二十大餘十五無小餘則癸亥也此歷氣首啓蟄而可得冬至者以冬至後六十日二十八分卽啓蟄也葢冬至在天正月晦人正歲前有閏故朔得中氣也

十一月甲子朔旦冬至已詹其更以七年爲太初元年年名焉逢攝提格

古術推此年冬至不皆得甲子得者亦尚有餘分惟周歷積六百五元一紀故大小餘俱盡當時殆卽據之而張壽王執殷歷以議太初謂斷四分日之一小餘七百五分正以殷少周歷三章歲卽此年入乙酉部第二章至朔俱得甲子而餘分未盡也若四分以此年爲積二百七十六萬三百七十七歲則更增殷歷百十四筭而至朔大餘俱五十九當在癸亥日矣葢四分以此年入甲子部三章歲其部首在文帝後三年太初從此追前一元加三章歲以爲元法是以改元之詔謂廼以前歷上元泰初四千六百一十七歲至於元封七年復得閼逢攝提格之首也雖然此四千六百一十七歲

以六十去之餘五十七筭用三統百四十四年超一辰之法推之則超辰三十二并之六十去之仍餘二十九何以云復得焉逢攝提格史記不錄詔文殆亦闕疑之意歟直至劉歆追前三十一元積十四萬三千一百二十七筭中有九百九十三超然後合耳

徐廣曰歲陰在寅左行歲星在丑右轉　索隱曰案爾雅云歲在甲曰焉逢寅曰攝提格則此甲寅之年十一月甲子朔旦夜半冬至也然此篇亦云寅名攝提格則是甲寅不疑也又據二年名單閼三年名執

徐等年表分明而漢志以爲其年在丙子當是班固
用三統與太初歷不同故與太史公說有異而爾雅
近代之作所記年名又皆不同也案蘇林云左行右
行歲與星行所在之次
徐廣說是索隱則非何者歲陰起甲寅歲星起星
紀左右分行故歲星在丑之歲名攝提格其年太
歲則在子也自後歲移一辰六十而周太初元年
適直此歲又得歲前天正月甲子朔旦冬至故爲
漢歷首年歲陰淮南謂之太陰太陰元始建於甲
寅是也太歲淮南謂之太乙淮南元年太乙在丙

子是也歲陰歲星左右分行淮南謂太陰在寅歲
名攝提格其雄爲歲星舍斗牽牛是也淮南王安
封于文帝十六年下距太初元年凡六十筭其年
爲丙子則太初可知矣太陰太歲所在皆視歲星
而定歲星與太歲爲合辰太陰在太歲前兩辰太
陰卽天官書之陰德一曰天一者也太歲卽天官
書之中宮天極星其一明者太一常居是也太一
在紫微中天一則直斗口近攝提斗之所建大一
與攝提俱至故古人以太一名年也歲星歲歷一
辰而見常後一月歲星所在之辰其合爲太歲故
古人又視歲星見月以知太歲也然太陰始于甲
寅太歲始于丙子者何也太陰爲青龍屬木卽歲
氣也堪輿式甲在寅故始甲寅太歲居天中卽北
辰也堪輿式丙在午壬在子兼二義故始丙子蒹
之者淮南言丙子二陰一陽成氣二二陽一陰成
氣三謂坎與離也坎離者乾坤之大用離南坎北
易之方位成氣二爲水木成氣三爲火土金太歲
用丙子明其爲二氣五行之主也今淮南書作冬
至甲午立春丙子此脫文也以壬午冬至術推之
淮南元年積一千三百四十二筭補二十三筭入

乙酉部七十三年大餘二十三小餘八知冬至在
戊申後四十六日弱而立春得甲午故淮南言冬
至後四十六日立春也所以必補二十三筭者顓
頊歷卽四分庚申元減一百七十五筭於庚申元
則入壬午部之二十三歲也此年冬至在望減之
可爲八正上元加之以求天正則得入部年也畬
此論之丙子本非冬至自謂太一也然淮南元年
太歲在丙子矣頊歷上元在乙卯奈何曰此東漢
人說也西漢自謂之甲寅元然是太歲若太陰則
在壬辰至太陰在甲寅則太歲始在丙子耳此年

是也太陰太歲自是兩法太歲以五星會嫩訛之次爲元卽顓頊歷之甲寅元也太陰以歲星起星紀之次爲元卽大初歷之甲寅元也五星會嫩訛在歲星起星紀後三百三十八歲以旬周去之不盈三十八爲太歲太陰相距之歲太初歷未成則加顓頊歷三百三十八算以旬周去之適盡所以淮南漢武相距六十年一言大一在丙子一言年名焉逢攝格若合符節也然二者皆隨歲星爲超辰且　百八祇以歲星紀歲無用太歲太陰者至秦漢始有之用太歲者呂覽之維秦八年歲在涒

灘是也用太陰者此年之歲在丙子而謂之焉逢攝格是也然太初距秦八年百三十五筭若無超辰彼年在涒灘此年何以在攝提格乎從後人命之則彼在壬戌此在丁丑也劉歆㓨超辰之法深爲虞恭宗訢等所詆謂上元庚戌以來不當有空行八十二周然實非空行也特美行耳歆本據春秋立法莊公二十五年昭公十五年是也故三統歷亦謂之春秋歷恭訢之詆劉歆者特以世祖建武元年太歲在乙酉上溯太初當在丁丑故也不知太初後九年卽當超辰故太始元年在甲申二

年卽超在丙戌下至建武僅百一十九年故在乙酉耳又六十年爲元和改憲之歲已不在乙酉恭訢不能知也夫歲星歲行一次常率也其實行有緩急百四十四年超一次者行天十二周也故十二次超辰竟爲一終西漢時未必適能如此則有之謂竟無超辰則非矣大衍歷議言八十四年超一次以後世超辰寖急也知超辰然後可以命太歲太陰後人不用太陰亦不考歲星以推太歲僅以六十旬周命之略足記數而已一遇超辰其次已無歲星尚謂此年有太歲乎古以四千五百六

十歲爲一元乃是通率非如乾鑿度言甲寅窮也

月名畢聚日得甲子夜半朔旦冬至

古八作干支以名日不以名歲月歲則歲星月則斗建而已歲星有美行劉歆作超辰法以通之斗建有歲差太史公別昏旦夜半三建以通之惟日以干支紀則終古無誤故干支專屬于日而不更爲法也爾雅作干支別名以紀歲月當在秦漢之間疑叔孫先生輩爲之月名畢聚卽太陰甲寅年建寅月非歲前建子月也淮南謂太一元始正月建寅日月俱入營室五度太一以始建猶其紀年

曰太陰元始建于甲寅也年月俱首甲寅所以爲歷術之元首淮南與漢武用意本同東京改用太歲紀年則歲月俱首甲子而月起天正于是甲寅之歲遂無甲寅之月矣甲子夜半朔旦冬至漢志無夜半字然歷術實在夜半兼言朔旦謂朝會行禮時耳

歷術甲子篇

此右歷上元甲子冬至之歷術也右歷皆周天三百六十五度四分一歲日亦如之歲有餘分一四歲而成日十九歲而成章有餘分三二章餘二三

章餘一四章而成日爲一蔀亦名曰篇則七十六年矣甲子篇爲二十篇之首其次篇首曰後三十九筭當名癸卯篇又其次再後三十九筭當名壬午篇至乙酉篇而終則積一千五百二十年而成一紀三紀積四千五百六十年爲一元然皆以天周歲實四分一爲之母太初測天周歲實四分一微強則四歲而中餘一四章而朔餘一不復可用此篇矣直至八十一章積一千五百三十九歲而中朔餘分俱盡爲一統三統積四千六百十七歲爲一元是又以八十一爲統母日法故也太史公典修太初歷其時術尚未成不載歷書中此歷術甲子篇或疑爲褚少孫所附益或曰大史公本文予未能決也要之術雖以甲子名篇其實二十篇俱可用但易其篇首日名耳

大初元年歲名焉逢攝提格月名畢聚日得甲子夜夜半朔旦冬至

太初新術未成疇人用舊術紀年以省布筭故有此文實非太初歷術也

竹汀先生曰太初法一月二十九日八十一分日之四十三此則二十九日九百四十分日之四百

九十九與四分同太初法每兩月而贏小餘五四分法每兩月而贏五十八兩法相課一章二百三十五月太初四分俱贏七日四分日之一而太初尚贏小分三百二十四分之一此朔實之不合也四章而朔餘一謂此太初以三百六十五日千五百三十九分日之三百八十五爲歲實此則三十二分日之八兩法相課四歲俱積千四百六十一日而太初尚贏千五百三十九分日之一則歲實之不合者也四歲而中餘一謂此漢志載太初以律定歷則日法八十一當爲定率史記係後人所

補或非太初本法耳
索隱曰以建子爲正故以夜半爲朔其至與朔同日故云夜半朔旦冬至若建寅爲正則以平旦爲朔此三代改正朔舊說也施之漢世則非何者漢武本以建寅爲正而朔旦冬至自在夜半也歷術以建子之月爲天正月建寅之月爲人正月古歷俱首人正筭起立春殷湯改用天正筭起冬至疇人布筭與聖王改正無與漢武改建亥爲建寅疇人筭中氣自起天正必夜半至朔同時始爲元首由是上推前古下推後世但滿一蔀一紀一元無不

皆然同時爲蔀同時同日爲紀同時同日同歲爲元若求七曜齊元則積十百萬以上而後得之此歷術之所以必有上元也然皆就術增減以求合目前非有實驗可據故授時歷遂不用上元耳

正北 十二 無大餘 無小餘 無大餘 無小餘

正北記時也十二記月也兩書無大小餘先記朔後記中也篇首之歲有至朔之時有歲內之月而歲前無大小餘甲子篇首又卽紀與元之首也故書于歲前經一年則至朔俱有大小餘矣歲後所書是也然滿七十六歲亦必無大小餘故歷術止於一篇正北正東正南正西四歲一周遇章首則書

焉逢攝提格

前所書者爲初數此重書則成一筭矣筭術外所求年必以此年入筭所謂經一年則有大小餘也故重書之後年至朔日時皆本此年而定故仍繫之此年也年名下本有太初元年四字然此篇本術家之立成數滿七十六歲則年名已移十六年矣不書紀年可也筭上第一年積月十二積日三

百五十四積分三十三萬三千一百八閏餘七求朔法繁術記月故著其數求氣法簡術不記中亦不著數

十二 大餘五十四 小餘三百四十八 索隱曰歲十二月六大六小合三百五十四日以六除之五六三十得三百日餘五十四日故下云大餘者日也太初歷法一月之日二十九日九百四十分日之四百九十九每兩月合成五十九日又餘五十八今十二月合六箇五十八得此三百四十八數故云小餘者月也

索隱所言似矣而未善也四分之術七十六歲積九百四十月二萬七千七百五十九日算家用爲比例以蔀日乘積月如蔀月而一故一月小餘四百九十九十二月小餘三百四十八也觀其日十二月合成六個五十八施之初年則可矣其後當奈何至一年十二月六大六小亦不盡然間有七大五小者此積數然耳言大餘五十四則第五十五日爲十一月朔言小餘三百四十八則是日第三十八刻合朔也正義之說亦未能深曉四分法推天正朔日置入蔀積月以蔀日乘之滿蔀月得

史記稽疑　卷二　十三

一名爲積日不滿爲小餘積日以六十除去之其餘爲大餘以所入蔀名命之算盡之外則年前天正十一月朔日也即此求後月加大餘二十九小餘四百四十九小餘滿九百四十從大餘在四百四十一以上者其月大

大餘五　小餘八

四分法以百六十八爲日餘三十二爲中法即五日四分日之一故推冬至置入蔀年減一以日餘乘之滿中法得一名曰大餘不滿爲小餘大餘滿六十除去之其餘以蔀名命之算盡之外則年前冬至日也亦即此求次氣加大餘十五小餘七除·命之如前

端蒙單閼

算上第二年積月二十四積日七百八積分六十六萬六千二百十六閏餘十四閏九月

抱經盧先生曰二年三年疑皆後人妄加觀索隱正義註可見矣而歲名則皆太史公元文並總計七十六年爲一蔀之數又得十一月朔旦冬至之歲故疑以爲褚先生及後人所續者皆考之不審也今當刪去二年三年之類則成太史公之完書

史記稽疑　卷二　十四

矣按先生所謂二年三年者乃是承前太初元年之文今皆刪去矣

閏十三　大餘四十八　小餘六百九十六

大餘十　小餘十六

閏十三者歲後之閏月三統四分皆以十九歲爲一章章月二百三十五謂十九歲經月二百二十八合閏月七也故一歲十二月外有閏餘七閏餘十二以上歲有閏初年無閏餘積兩年則閏餘十四而有閏月矣閏餘滿十九除去之則後歲又無閏故游兆執徐歲後仍止十二月也漢承秦法閏

皆在歲終三統四分始以月無中氣者爲閏從天正命之故此年後當閏九月于人正則七月也

游兆執徐

算上三年積月三十七積日一千九十二積分一百二萬七千八十三閏餘二

十二　大餘十二　小餘六百三

大餘十五　小餘二十四

彊梧大荒駱

算上四年積月四十九積日一千四百四十七積分一百三十六萬一百九十一閏餘九

十二　大餘七　小餘十一

大餘二十一　無小餘

徒維敦牂

算上五年積月六十一積日一千八百一積分一百六十九萬三千二百九十九閏餘十六閏五月

閏十三　大餘一　小餘三百五十九

大餘二十六　小餘八

祝犂協洽

算上六年積月七十四積日二千一百八十五積分二百五萬四千一百六十六閏餘四

十二　大餘二十五　小餘二百六十六

大餘三十一　小餘十六

商横涒灘

算上七年積月八十六積日二千五百三十九積分二百三十八萬七千二百七十四閏餘十一

十二　大餘十九　小餘六百一十四

大餘三十六　小餘二十四

昭陽作鄂

算上八年積月九十八積日二千八百九十四積分二百七十二萬三百八十二閏餘十八閏二月

閏十三　大餘十四　小餘二十二

大餘四十二　無小餘

横艾閹茂

算上九年積月一百十一積日三千二百七十七積分三百八萬一千二百四十九閏餘六

十二　大餘三十七　小餘八百六十九

大餘四十七　小餘八

尚章大淵獻

算上十年積月一百二十三積日三千六百三十二積分三百四十一萬四千三百五十七閏餘十

三閏十月
閏十三　大餘三十二　小餘二百七十七
大餘五十二　小餘一十六
焉逢困敦
算上十一年積月一百三十六積日四千一十六
積分三百七十七萬五千二百二十四閏餘一
劉歆議魯歷不正以閏餘一之歲爲部首卽此年也冬至當在二日而移於朔日閏亦不能盡合觀此年氣朔大餘其部首當名戊辰故移前一日可得甲子朔旦冬至按樂動聲儀云作樂制禮時五

音始於上元戊辰夜半冬至北方子鄭君注云稽命徵起于太素十一月閼逢之月歲在攝提格之紀是云作樂制禮殆魯歷所本也加魯歷積年十一算爲二百七十五萬九千二十八算而至太初大餘五十七無小餘但上極其元當在己丑合於十一月閼逢之說而云歲在攝提格之紀何也記此以問博古者
十二　大餘五十六　小餘一百八十四
大餘五十七　小餘二十四
端蒙赤奮若
算上十二年積月一百四十八積日四千三百七十積分四百一十萬八千三百三十二閏餘八
十二　大餘五十　小餘五百三十二
大餘三　無小餘
游兆攝提格
算上十三年積月一百六十積日四千七百二十四積分四百四十四萬一千四百四十閏餘十五
閏七月
閏十三　大餘四十四　大餘八百八十
大餘八　小餘八

彊梧單閼
算上十四年積月一百七十三積日五千一百八
積分四百八十萬二千三百七閏餘三
十二　大餘八　小餘七百八十七
大餘十三　小餘十六
徒維執徐
算上十五年積月一百八十五積日五千四百六十三積分五百十三萬五千五百九十五閏餘十
十二　大餘三　小餘一百九十五
大餘十八　小餘二十四

祝犂大芒落

算上十六年積月一百九十七積日五千八百十

七積分五百四十六萬八千九百二十三閏餘十

七閏三月

閏十三　大餘五十七　小餘五百四十三

大餘二十四　無小餘

商橫敦牂

算上十七年積月二百十積日六千二百一積分

五百八十二萬九千三百九十閏餘五

十二　大餘二十一　小餘四百五十

大餘二十九　小餘八

昭陽汁洽

算上十八年積月二百二十二積日六千五百五

十五積分六百十六萬二千四百九十八閏餘十

二閏十二月

閏十三　大餘十五　小餘七百九十八

大餘三十四　小餘十六

橫艾涒灘

算上十九年積月二百三十五積日六千九百三

十九積分六百五十二萬三千三百六十五閏餘

無歲前第一章竟

十二　大餘三十九　小餘七百五

正西　大餘三十九　小餘二十四

尚章作鄂

算上二十年積月二百四十七積日七千二百九

十四積分六百八十五萬六千四百七十三閏餘

七

十二　大餘三十四　小餘一百一十三

大餘四十五　無小餘

焉逢淹茂

算上二十一年積月二百五十九積日七千六百

四十八積分七百二十八萬九千五百八十一閏

餘十四閏九月

閏十三　大餘二十八　小餘四百六十一

大餘五十　小餘八

端蒙大淵獻

算上二十二年積月二百七十二積日八千三十

二積分七百五十五萬四百四十八閏餘二

十二　大餘五十二　小餘三百六十八

大餘五十五　小餘十六

游兆困敦

算上二十三年積月二百八十四積日八千三百八十六積分七百八十八萬三千五百五十六閏餘九

淮南言壬午冬至卽周歷積年加五十七歲乃四分歷庚申元以項歷積年去之餘百七十五歲入壬午部二十三歲卽此年也十一月戊辰朔十四日壬午冬至正月丁卯朔旦立春在周歷則餘百十八歲入癸卯部四十二歲必更去十九歲則在壬午冬至後二十三歲也其在殷歷則少庚申元

百十四歲而在甲子部六十一歲冬至得甲申矣

十二　大餘四十六　小餘七百一十六

無大餘　小餘二十四

彊梧赤奮若

算上二十四年積月二百九十六積日八千七百四十一積分八百二十一萬六千六百六十四閏餘十六閏五月

閏十三　大餘四十一　小餘一百二十四

大餘六　無小餘

徒維攝提格

算上二十五年積月三百九積日九千一百二十五積分八百五十七萬七千五百三十一閏餘四

十二　大餘五　小餘三十一

大餘十一　小餘八

祝犂單閼

算上二十六年積月三百二十一積日九千四百七十九積分八百九十一萬七百三十九閏餘十一

十二　大餘五十九　小餘三百七十九

大餘十六　小餘十六

商橫執徐

算上二十七年積月三百三十三積日九千八百三十三積分九百二十四萬三千七百四十七閏餘十八閏二月

顓頊歷加三百三十八算求上元太歲丙子年氣朔置積二百七十六萬五百四十歲以歷殷甲寅元去之餘二百七十七逆溯入戊子部二十七歲卽是年也建子月辛巳朔巳酉冬至立春在閏月中求建寅月朔大餘二十二小餘三百四十六啟蟄大餘二十二小餘二十同得庚戌爲氣朔同日

轉求太初元年甲子朔旦冬至置四部歲數減五
十七卽得也此從蔡邕說以殷歷去六十一歲爲
顓頊歷
閏十三　大餘五十三　小餘七百二十七
大餘二十七　小餘二十四
昭陽大荒落
算上二十八年積月三百四十六積日一萬二百
十七積分九百六十萬四千六百十四閏餘六
十二　大餘十七　小餘六百三十四
大餘二十七　無小餘

橫艾敦牂
算上二十九年積月三百五十八積日一萬五百
七十二積分九百九十三萬七千七百二十二閏
餘十三閏十月
閏十三　大餘十二　小餘四十二
大餘三十二　小餘八
尚章汁洽
算上三十年積月三百七十一積日一萬九百五
十五積分一千二十九萬八千五百八十九閏餘
一

十二　大餘三十五　小餘八百八十九
大餘三十七　小餘十六
焉逢涒灘
算上三十一年積月三百八十三積日一萬一千
三百十積分一千六十三萬一千六百九十七閏
餘八
十二　大餘三十　小餘二百九十七
大餘四十二　小餘二十四
端蒙作鄂
算上三十二年積月三百九十五積日一萬一千

六百六十四積分一千九十六萬四千八百五閏
餘十五閏七月
閏十三　大餘二十四　小餘六百四十五
大餘四十八　無小餘
游兆閹茂
算上三十三年積月四百八積日一萬二千四十
八積分一千一百三十二萬五千六百七十二閏
餘三
十二　大餘四十八　小餘五百五十二
大餘五十三　小餘八

彊梧大淵獻

算上三十四年積月四百二十積日一萬二千四百二積分一千一百六十五萬八千七百八十閏餘十

十二　大餘四十二　小餘九百

大餘五十八　小餘十六

徒維困敦

算上三十五年積月四百三十二積日一萬二千七百五十七積分一千一百九十九萬一千八百八十八閏餘十七閏三月

閏十三　大餘三十七　小餘三百八

大餘三　小餘二十四

祝犂赤奮若

算上三十六年積月四百四十五積日一萬三千一百四十一積分一千二百三十五萬二千七百五十五閏餘五

十二　大餘一　小餘二百一十五

大餘九　無小餘

商橫攝提格

算上三十七年積月四百五十七積日一萬三千

四百九十五積分一千二百六十八萬五千八百六十三閏餘十二閏十二月

閏十三　大餘五十五　小餘五百六十三

大餘十四　小餘八

昭陽單閼

算上三十八年積月四百七十積日一萬三千八百七十九積分一千三百四萬六千七百三十無閏餘歲前第二章竟

索隱謂黃帝調歷建子爲正則加周歷一紀轉上元丁巳爲丁酉其癸卯部第三章歲在辛卯當爲調歷元也然星歷甲子皆作於黃帝不應歷元冬至郤用壬戌日疑其非是歷即僞託理宜泯此罅漏也按宋書禮志黃帝自以十三月爲正

十二　大餘十九　小餘四百七十

正南　大餘十九　小餘十六

橫艾執徐

算上三十九年積月四百八十二積日一萬四千二百三十三積分一千三百三十七萬九千八百三十八閏餘七

十二　大餘十三　小餘八百一十八

大餘二十四　小餘二十四

尚章大荒落

筭上四十年積月四百九十四積日一萬四千五百八十八積分一千三百七十一萬二千九百四十六閏餘十四閏九月

閏十三　大餘八　小餘二百二十六

大餘三十　無小餘

焉逢敦牂

筭上四十一年積月五百七積日一萬四千九百七十二積分一千四百七萬三千八百十三閏餘

二

十二　大餘三十二　小餘一百三十三

大餘三十五　小餘八

端蒙汁洽

筭上四十二年積月五百十九積日一萬五千三百二十六積分一千四百四十萬七千三百一閏餘九

十二　大餘二十六　小餘四百八十一

大餘四十　小餘十六

游兆涒灘

筭上四十三年積月五百三十一積日一萬五千六百八十積分一千四百七十四萬二十九閏餘十六閏五月

閏十三　大餘二十　小餘八百二十九

大餘四十五　小餘二十四

彊梧作鄂

筭上四十四年積月五百四十四積日一萬六千六十四積分一千五百十萬八百九十六閏餘四

十二　大餘四十四　小餘七百三十六

大餘五十一　無小餘

徒維淹茂

筭上四十五年積月五百五十六積日一萬六千四百十九積分一千五百四十三萬四千四閏餘十一

十二　大餘三十九　小餘一百四十四

大餘五十六　小餘八

祝犂大淵獻

筭上四十六年積月五百六十八積日一萬六千七百七十三積分一千五百七十七萬七千一百十二閏餘十八閏二月

閏十三　大餘三十三　小餘四百九十二
大餘一　小餘十六
商橫困敦
算上四十七年積月五百八十一積日一萬七千
一百五十七積分一千六百十二萬七千九百七
十九閏餘六
十二　大餘五十七　小餘三百九十九
大餘六　小餘二十四
昭陽赤奮若
算上四十八年積月五百九十三積日一萬七千

五百十一積分一千六百四十六萬一千八十七
閏餘十三閏十月
閏十三　大餘五十一　小餘七百四十七
大餘十二　無小餘
橫艾攝提格
算上四十九年積月六百六積日一萬七千八百
九十五積分一千七百三十二萬一千九百五十
四閏餘一
十二　大餘十五　小餘六百五十四
大餘十七　小餘八

尚章單閼
算上五十年積月六百十八積日一萬八千二百
五十積分一千七百十五萬五千六十二閏餘八
十二　大餘十　小餘六十二
大餘二十二　小餘十六
焉逢執徐
算上五十一年積月六百三十積日一萬八千六
百四積分一千七百四十八萬八千一百七十閏
餘十五閏七月
閏十三　大餘四　小餘四百二十

大餘二十七　小餘二十四
端蒙大荒落
算上五十二年積月六百四十三積日一萬八千
九百八十八積分一千七百八十四萬九千三十
七閏餘三
十二　大餘二十八　小餘三百一十七
大餘三十三　無小餘
游兆敦牂
算上五十三年積月六百五十五積日一萬九千
三百四十二積分一千八百十八萬二千一百四

十五閏餘十
十二　大餘二十二　小餘六百六十五
大餘三十八　小餘八
疆梧協洽
筭上五十四年積月六百六十七積日一萬九千
六百九十七積分一千八百五十一萬五千一百
五十三閏餘十七閏三月
閏十三　大餘十七　小餘七十三
大餘四十三　小餘十六
徒維涒灘

筭上五十五年積月六百八十積日二萬八十積
分一千八百八十七萬六千一百二十閏餘五
十四　大餘四十　小餘九百二十
大餘四十八　小餘二十四
祝犂作鄂
筭上五十六年積月六百九十二積日二萬四百
三十五積分一千九百二十萬九千二百二十八
閏餘十二閏十二月
閏十三　大餘三十五　小餘三百二十八
大餘五十四　無小餘

商横淹茂
筭上五十七年積月七百五積日二萬八百十九
積分一千九百五十七萬七百九十五無閏餘歲
前第三章竟
古七家歷術確然可信爲正月建子而章閏均齊者殷周二歷也周歷至太初適盈六百五元一紀故推太初以甲子夜半至朔同時殷歷少周歷三章歲則入乙酉部之第二章首至朔俱餘四分一矣案三統世經譏殷歷減殷世百七十一歲以伐桀後十三年爲甲子府首四分甲子府首在伐桀

後百二十七歲是四分少殷歷百一十四歲而殷世不減轉多五十七歲矣推至太初殷歷一紀不足五十七歲四分則適足知四分即周歷而四分庚申元餘一紀外又盈五十七歲何也淮南言顓頊歷上元壬午冬至于周歷則入癸卯部四十二歲也却去一章則在壬午冬至後二十三歲欲去必增增三章以從一部一章卽成兩部而在壬午部之二十三歲矣于是祇一顓頊歷冬至從殷歷則甲申從周歷則癸未從四分庚申元則壬午歲實有消長卽歷術有增減前則後天後則先天此

殷歷先于四分而四分又有二元二名也效于周
者名周歷效于漢者名四分耳
十二　大餘五十九　小餘二百三十五
正東　大餘五十九　小餘八
昭陽大淵獻
筭上五十八年積月七百十七積日二萬一千一
百七十三積分一千九百九十萬三千二百三閏
餘七
十二　大餘五十三　小餘五百八十三
大餘四　小餘十六

横艾困敦
筭上五十九年積月七百二十九積日二萬一千
五百二十七積分二千二十三萬六千三百十一
閏餘十四閏九月
閏十三　大餘四十七　小餘九百三十一
大餘九　小餘二十四
尚章赤奮
筭上六十年積月七百四十二積日二萬一千九
百十一積分二千五十九萬七千一百七十八閏
餘二

十二　大餘十一　小餘八百三十八
大餘十五　無小餘
焉逢攝提格
筭上六十一年積月七百五十四積日二萬二千
二百六十六積分二千九十三萬二百八十六閏
餘九
漢初承秦用顓頊歷即殷歷去六十一歲也本入
殷歷甲子部天正庚午朔十五日甲申冬至入
正則以己巳朔旦立春故用爲元首也顓頊歷本
是秦歷故據殷歷減而得元然西漢時皆謂之上

元甲寅至東漢始名乙卯若在秦時以始皇八年
爲涒灘則上元豈不在癸丑乎此皆歲有超辰故
也顓頊歷加五十七歲即虞歷其夏歷則入周歷
丙子部六十一歲惟黄帝歷索隱謂之建子子當
疑爲不然細考之當入殷歷之戊午部六十一歲
天正甲子朔十五日戊寅冬至人正癸亥朔旦立
春淮南言冬至後四十六日立春疑本古法則黄
帝當以甲子朔旦立春也要是雖用人正而天正
月日自具且日起甲子不尤善乎七家古歷增損
歲數各有所本因具論之

十二　大餘六　小餘二百四十六

大餘二十　小餘八

端蒙單閼

筭上六十二年積月七百六十六積日二萬二千六百二十積分二千一百二十六萬三千三百九十四閏餘十六閏五月

閏十三　無大餘　小餘五百九十四

大餘二十五　小餘十六

游兆執徐

筭上六十三年積月七百七十九積日二萬三千四積分二千一百六十二萬四千二百六十一閏餘四

十二　大餘二十四　小餘五百一

大餘三十　小餘二十四

彊梧大荒落

筭上六十四年積月七百九十一積日二萬三千三百五十八積分二千一百九十五萬七千三百六十九閏餘十一

十二　大餘十八　小餘八百四十九

大餘三十六　無小餘

徒維敦牂

筭上六十五年積月八百三積日二萬三千七百十三積分二千二百二十九萬四百七十七閏餘十八閏二月

顓頊歷加三百三十八筭求上元太歲丙子年氣朔置積二百七十六萬五百四十以庚申元去之餘一百六十三逆泝得丁卯部之六十五年即是年也建子月庚辰朔戊申冬至立春在閏月中求建寅月朔大餘四十一小餘九百四十一啟蟄大餘四十一小餘四氣朔同在戊申日轉求太初元冬至入庚申元甲子部五十七歲癸亥朔旦冬至置三部歲數加五十七即得也此從淮南壬午冬至之說以入庚申元壬午部二十三歲爲顓頊歷

閏十三　大餘十三　小餘二百五十七

大餘四十一　小餘八

祝犂汁洽

筭上六十六年積月八百十六積日二萬四千九十七積分二千二百六十五萬一千三百四十四閏餘六

十二　大餘三十七　小餘一百六十四

大餘四十六　小餘十六

商橫涒灘

筭上六十七年積月八百二十八積日二萬四千四百五十一積分二千二百九十八萬四千四百五十二閏餘十三閏十月

閏十三　大餘三十一　小餘五百一十二

大餘五十一　小餘二十四

昭陽作鄂

筭上六十八年積月八百四十一積日二萬四千八百三十五積分二千三百二十四萬五千二百

六十九閏餘一

十二　大餘五十五　小餘四百六十九

大餘五十七　無小餘

横艾閹茂

筭上六十九年積月八百五十三積日二萬五千一百八十九積分二千三百六十七萬八千四百二十七閏餘八

十二　大餘四十九　小餘七百六十七

大餘二　小餘八

尚章大淵獻

筭上七十年積月八百六十五積日二萬五千五百四十四積分二千四百一萬一千五百三十五閏餘十五閏七月

閏十三　大餘四十四　小餘一百七十五

大餘七　小餘十六

焉逢困敦

筭上七十一年積月八百七十八積日二萬五千九百二十八積分二千四百三十七萬二千四百二閏餘三

十二　大餘八　小餘八十二

大餘十二　小餘二十四

端蒙赤奮若

筭上七十二年積月八百九十積日二萬六千二百八十二積分二千四百七十萬五千五百十閏餘十

十二　大餘二　小餘四百三十

大餘十八　無小餘

游兆攝提格

筭上七十三年積月九百二積日二萬六千六百三十六積分二千五百三萬八千六百十八閏餘

十七閏三月

閏十三　大餘五十六　小餘七百七十八

大餘二十三　小餘八

彊梧單閼

算上七十四年積月九百十五積日二萬七千二十積分二千五百三十九萬九千四百八十五閏餘五

十二　大餘二十　小餘六百八十五

大餘二十八　小餘十六

徒維執徐

算上七十五年積月九百二十七積日二萬七千三百七十五積分二千五百七十三萬二千五百九十三閏餘十二閏十二月

閏十三　大餘十五　小餘九十三

大餘三十三　小餘二十四

祝犁大荒落

算上七十六年積月九百四十積日二萬七千七百五十九積分二千六百九萬三千四百六十歲後無至朔小餘而有大餘三十九乃從部首命之也從第二部首日名則無大餘逐部相承首尾不斷此篇篇首所書無大小餘即此年歲後之無大小餘矣凡古歷以四分爲日法者皆可用之但求得部首日名即可按年以定至朔求部首術以其歷元首冬至日爲首三十九日易一部法用日干逆序視辰支所直孟仲季用其四辰順序二十而終即部名也求三紀歲名以其元首歲名爲首七十六歲易一部法出歲陽順數隔七得一至五而周四周以爲歲陽又由歲陰用三合辰順序之二十周以爲歲陰即歲名也日名居上歲名處下如續漢志之例諸歷部名得矣考古經傳必用古歷

予故撮其要者著于此

史記釋疑卷三

嘉定錢塘述

天官書

中宮天極星　索隱曰姚氏案春秋元命包云宮之爲言宣也宮氣立精爲神垣

姚氏所見史記當是中官故引元命包官之爲言宣也文釋之若作中宮不當訓宣矣書名天官義正得云中官也索隱亦同姚氏故復引之今作中宮者張守節所妄改也宮氣之宮亦是宣之訛淮南子天文訓曰天有五官何謂五官東方爲田南

方爲司馬西方爲理北方爲司空中央爲都即此五官也下東西南北四宮俱當爲官

其一明者太一常居也

太一即太歲淮南天文訓曰淮南元年太一在丙子

前列直斗口三星隨北端兌若見若不曰陰德或曰天一

陰德即太陰也淮南天文訓曰天神之貴者莫貴於靑龍或曰天一或曰太陰蓋一星二名也正義据星經既釋隱德復釋天一太一非是唐世星經非甘石之舊故與史記不合

北斗七星所謂璇璣玉衡以齊七政杓攜龍角衡殷南斗魁枕參首用昏建者杓杓自華以西南夜半建者衡衡殷中州河濟之閒平旦建者魁魁海岱以東北也

杓攜龍角在壽星之次衡殷南斗在星紀之次魁枕參首在實沈之次此三建皆謂建子也天正之月日在星紀加時酉杓建子爲昏建加時子衡建子爲夜半建人正之月日在亥加時卯魁建子爲平旦建此三建有天正人正二歷法也所以建必

始子者以子爲十二辰之首也自此月從一辰一歲而周正義以月所建辰言之故俱謂建寅然昏及夜半兩建是矣平旦建則違何者人正平旦降婁在寅非實沈也

一曰上將二曰次將三曰貴相四曰司命五曰司中六曰司祿

漢志五曰司祿六曰司災而無司中按索隱引元命苞云云則司命即司災漢志司災爲複出此六星當從史記康成注周禮亦言司中司命不言司災也

柳爲鳥注主木草　索隱曰案漢書天文志注作喙

正義曰喙丁救反一作注

案說文喙口也從口彖聲許穢切彖豕也從彑從豕讀若弛式視切啄鳥食也從口豖聲竹角切豖豕絆足行豖豖從豕繫二足丑六切是喙啄二文其聲各異漢志注作喙必啄之誤古讀啄若注也若作喙則不得讀若注矣正義亦訛啄爲喙而讀爲咮故曰丁救反廣韻四十九宥咮鳥口丁救切五十厚噣鳥口或又作咮田候切又丁救切是也咮古亦讀若注丁救切乃後世音

晉灼曰野生曰旅今之飢民采旅生也

漢書注野上有禾字采旅下無生字當從之廣韻云穭自生稻也晉灼以旅爲穭故云然

常以秋分時候之於南郊　正義曰常以秋分之曙見於景春分之夕見於丁

老人星在實沈之初秋分日在壽星平旦前老人在景春分日在降婁初昏時老人在丁故見也老人近南極南方常見北方常不見

危東六星兩兩相比曰司空

正義以司空唯一星不在危東疑爲司命等星按漢志作司寇然司寇亦不知所在

察日月之行以揆歲星順逆

星行以日爲宗月有晦朔星有合伏月有弦望星有留逆其行度皆同五緯歲星爲首故察日行以揆之

五星皆從而聚於一舍其下之國可以義致天下

索隱曰漢高帝元年五星皆聚東井天文志云其年歲星在東井故四星從而聚之也

漢高元年太歲在甲午歲星居鶉首以建午月見漢書本紀書十月者其前非漢年也北魏書崔浩以爲前三月聚三是五之訛

以攝提格歲　索隱曰太歲在寅歲星正月晨出東方

此太陰在寅非太歲也太陰卽下所云歲陰矣謂之攝提格歲者攝提六星在亢上與斗杓同入壽星之次斗杓所建卽攝提所居一歲一周太陰在寅人正之月寅有攝提故曰攝提格歲也自後十一月攝提各至其辰卽以爲其歲太陰所在之名何者壽星爲辰故十二辰必以壽星所至爲太陰所在也大抵每月日加酉攝提至其辰日加戌太

陰至其辰以太陰後攝提二辰故也若太歲在寅八正之月亦必至其辰但太歲後攝提四辰則常以日加丑始至耳丑爲星紀故也凡太歲所在必與歲星所居爲合辰因以定太陰所在如下言歲陰左行在寅歲星右轉居丑則太歲在子也

歲陰左行在寅歲星右轉居丑正月與斗牽牛晨出東方

攝提格之歲天正之月日在星紀加時子歲陰在寅自後歲從一月亦歲從一次故歲陰常左行歲星行度自星紀始初年自居丑自後歲行一次故

常右轉正月者天正之月也斗牽牛者星紀也歲星與斗牽牛晨出太歲必在子依太初法命之則內子也何以知正月爲天正曰淮南天文訓言太陰所在歲星晨出之次與此同而以正月爲十一月故知也蓋史記所據者周人舊文故正月建子淮南改從夏正則建寅也淮南又言太陰在四仲則歲星行三宿太陰在四鉤則歲星行二宿四仲者子卯午酉也餘皆爲鉤史記亦用此術

歲星出東行十二度百日而止反逆行逆行八度百日復東行歲行三十度十六分度之七率日行十二分度之一十二歲而周天出常東方以晨入於西方用昏

歲星行十二度百日而止者兼伏行除逆行言之也尚有奇分則不計矣歲星十二歲一終行天一周而有十一見伏故初歲見以子月以後率歲從一月此年見月即來年伏月也見伏日度卽以十二歲及周天剖爲十一分而已十二歲積日四千三百八十三一見伏有三百九十八日四十五刻十一分之五一周三百六十五度四分一一見伏有三十三度二十分十一分之五見伏分計則見

日分四千二十六伏日分三百五十七見度分三百三十伏度分三十五分四分一半伏在合日前其半在合日後從合日起伏十六日十一分之二分半行一度十一分之六小分六二五在日後十五度見順百日行十九度留三十三日旋逆百日退八度留三十三日旋順百日行十九度在日前十五度伏十六日十一分之二分半行一度十一分之六小分六二五而合日一見三百六十六日除逆定行星三十度一伏三十二日十一分之五行三度十一分之二分小分七也以十二歲與一

周立筭故歲行一次日行十二分之一十二歲而周天也星遲於日故晨見夕伏以十六爲度法則五千八百四十四爲天周十二分之一得四百八十七如十六而一卽三十度不盡七也

單閼歲歲陰在卯星居子以二月與婺女虛危晨出太歲在丑之歲也前見在星紀此見在元枵前在星紀星則起初日則起中此在元枵星則過初日則過中矣何也欲日不過者必一見伏盡十三中氣今十二歲有百四十四氣以十一見伏率之多一中氣然不能減者以必如是而後周天也日多

一氣星亦多十二分次之一日以十二分而當星一分此所多之一氣卽星日可以同用然則置一氣一次十一除之卽日過中星過初之數凡星一見多二日七十六刻七十杪十一分之五星度亦如之用此遞加卽各得十二歲星日所在滿十一見則周天矣又星與太歲爲合辰而隨日並出太歲前兩辰爲歲陰故攝提格歲星在丑日以子月在丑星與日晨出子爲太歲寅爲歲陰單閼歲星在子日以丑月在子星與日晨出丑爲太歲卯爲歲陰執徐歲星在亥日以寅月在亥星與日晨出寅爲太歲辰爲歲陰大荒駱歲星在戌日以卯月在戌星與日晨出卯爲太歲巳爲歲陰敦牂歲星在酉日以辰月在酉星與日晨出辰爲太歲午爲歲陰叶洽歲星在申日以巳月在申星與日晨出巳爲太歲未爲歲陰涒灘歲星在未日以午月在未星與日晨出午爲太歲申爲歲陰作鄂歲星在午日以未月在午星與日晨出未爲太歲酉爲歲陰閹茂歲星在巳日以申月在巳星與日晨出申爲太歲戌爲歲陰大淵獻歲星在辰日以酉月在辰星與日晨出酉爲太歲亥爲歲陰困敦歲星在

卯日以戌月在卯星與日晨出戌爲太歲子爲歲陰赤奮若歲星在寅日以亥月在寅星與日晨出亥爲太歲丑爲歲陰周而復始故上元太歲在丙子則歲陰在甲寅若以太歲紀歲則晨見當從歲陰在執徐始漢志曰太歲在寅曰攝提格太初歷在營室東壁在卯曰單閼太初在奎婁在辰曰執徐太初在胃昴在巳曰大荒落太初在參罰在午曰敦牂太初在東井輿鬼在未曰協洽太初在注張七星在申曰涒灘太初在翼軫在酉曰作鄂太初在角亢在戌曰掩茂太初在氐房心在亥曰大

淵獻太初在尾箕在子曰敦牂太初在建星牽牛在丑曰赤奮若太初在婺女虛危與史記同本顓頊曆而太陰與太歲不同故星宿各異葢史記皆本石氏舊文從建子月起太初則從建寅月起也若然元封七年改用建寅爲正月宜用太歲紀歲何以閼蒙攝提格之歲乃是太陰而非太歲曰星實以建子月見非建寅月見也建子月星見則太歲在丙子矣以太陰命之則爲甲寅此卽史記十二歲之首年也三統世經曰漢曆太初元年歲前十一月甲子朔旦冬至歲在星紀婺女六度故漢

志曰歲名困敦正月歲星出婺女是也其云正月乃是天正月矣所引亦漢志舊文非孟堅史志也太歲太陰易混故詳辨之然史記唯歲星用太陰其四星俱用太歲

察剛氣以處熒惑　徐廣曰剛一作罰

熒惑所舍其國有殃故察罰氣形訛爲剛

法出東行十六舍而止逆行二舍六旬復東行自所止數十舍十月而入西方伏行五月出東方

木火土三星皆順而逆逆而復順順時行度必同熒惑六旬復東行自所止數十舍十月而入西方者亦行十六舍也求其伏見行度及日則合日後七十三日十分日之六行五十八度十分度之六在日後十五度而見順二百七十六日行百六十度留十日旋逆六十日退二十度留十日旋順二百七十六日行百六十度去日十五度伏七十三日十分日之六行五十八度十分度之六而合日也除逆一見六百三十二日行三百度一伏百四十七日十分日之二行百十七度十分度之二凡一終七百七十九日十五分之三行四百十七度十四分度之六是爲十四終而行天十六周也何

以明之周天分五千八百四十四如十四而一卽得星行度知十四爲終數也以十六乘天度得周天分知十四爲周數也倍周天分如十五而一得日數是爲三十二歲而有十五終其實十五終巳十七周天又羨行五十二度有奇也所以者以二十八日行十五度之故由此論之星備以熒惑日行三十二分度之一三十二歲而周天知其不然矣何者三十二歲周天卽二歲一周天也周天分以十六爲度法倍之得三十二卽二日行一度今二十八日行十五度則羨行一度矣

東行急一日行一度半
一日當云二日謂百六十日行百四十度也其百六十日行四十度
謹候此
上有脫文猶太白之末日大司馬位謹候此也
歷斗之歲以定塡星之位
斗建與太歲相應爲歷斗塡星行度最遲塡星之位定則他星俱定矣
索隱曰晉灼曰常以甲辰之元始建斗歲鎭一宿
甲辰當作甲寅顓頊歷上元也淮南天文訓正作甲寅晉灼據此誤作甲辰耳甲寅建斗者太歲在甲寅歲星在娵訾也歲鎭一宿者以二十八宿分周天度宿得十三度二十八分之十二分半爲塡星歲所行度宿度多寡不均故或歲鎭二三宿或二三歲鎭一宿以通率言之則歲得一宿

歲行十二度百十二分度之五日行二十八分度之一二十八歲周天
十二度淮南天文訓作十三度以百二十分通周天得四萬九百八如二十八而一得千四百六十一復如百十二而一得十三度不盡五則二當爲三也古歷皆四分一四乘之爲十六七乘之爲百十二四七二十八也故以百十二爲度分母二十八爲歲數熒惑二十八歲行十五周塡星二十八歲行一周塡星見伏終而熒惑未終此二星之別
塡星出百二十日而逆西行西行百二十日反東行見三百三十日而入入三十日復出東方
塡星順逆行三節皆百二十日此兼留伏言之也伏三十日亦必三十五日四分一方得歲一終也推其日行度合日後伏十七日百十二分之七十分行二度百十二分之五十八分半去日十五度見順八十五日行七度留三十日旋逆百日退六度留三十日旋順八十五日行七度去日十五度伏十七日百十二分之七十分行二度百十二分之五十六分半而合日一見三百三十日除逆定行星八度一伏三十五日四分一定行星五度百十二分之五凡一終三百六十五日四分一行星十三度百十二分之五

太歲在甲寅鎭星在東壁故在營室
太歲在甲寅太陰在壬辰之歲卽顓頊歷上元也洪範傳曰歷紀於顓頊上元太始閼蒙攝提格之

歲畢娵之月朔日己巳立春七曜俱在營室五度

蔡邕命論曰顓頊歷術曰天元正月己巳朔旦立春俱以日月起於天廟營室五度今月令孟春之月日在營室按東京所謂乙卯元西漢謂之甲寅元以高帝元年甲午至大初元年丙子百有二年間無超辰故也史記所言卽此歷塡星在東壁當謂秦漢間故在營室則項歷舊度也

察日行以處太白

太白先日而出後日而入故察日行以處之

正義曰晉灼曰常以正月甲寅與熒惑晨出東方二百四十日而入入四十日又出西方二百四十日而入入三十五日而復出東方出以寅戌入以丑未

正月甲寅者太歲攝提格人正月也古人歲月皆首甲寅紀年用太歲太陰皆然故劉向謂項歷元首月曰畢娵武帝命太初歷月名畢聚也太白與熒惑同出者項歷元首之月同在營室故也灼語本於淮南但淮南言晨入百二十日灼改為四十日然皆非是四十餘日者合前伏也倍之則幾九十日矣夕入三十五日亦誤夕伏必逆行當於前後去日度內減逆行度得日若日東行三十五度

星却西行十五度豈前後皆二十五度始見伏耶

其出行十八舍二百四十日而入入東方伏行十一舍百三十日其入西方伏行三舍十六日而出

十八舍百二十日疾行度也尚有百二十日遲行度除退度共行二百四十度細推之星在日後十五度而晨見東方逆十二日退十度留八日旋順百日行七十度疾百二十日行百八十度去日十五度伏四十四日十分二行五十九度十分二在日前十五度見順百二十日行百八十度遲百日行七十度留八日旋逆十二日退十度去日十五度伏八日退七度與日合又八日退七度在日後十五度而晨見東方凡兩見四百八十日除逆定行星四百八十度兩伏百四日十分二除逆定行星百四度十分二一終五百八十四日十分四行星亦如之通率日行一度本文云伏行十一舍者舉成數當為十二舍百三十日亦九十日之誤也入西方兼伏日為三舍以日減之卽行度

其紀上元以攝提格之歲與營室晨出東方至角而入與營室夕出西方至角而入與角晨出入畢與角夕出入畢與畢晨出入箕與畢夕出入箕與箕晨出

入柳與箕夕出入柳與柳晨出入營室與柳夕出入
營室凡出入東西各五爲八歲二百二十日復與營
室晨出東方其大率歲一周天

其紀上元顓頊歷上元也攝提格亦謂太歲太白
一見行三百四十度而入則出營室不入角矣此
因轉夕爲晨有退十四度誤減見行度而云至角
復誤出爲入也凡云入者皆誤星於是出實不於
是入也如晨以室五出行二百四十度入於氐六
復行百十八度而夕出危八則入必亢三矣由是
退十四度以角三晨出而入參初則夕出在軫三

也蓋夕出在晨出前七度晨出在夕出後二百二
十六度故既云凡出入東西各五爲八歲復云二
百二十日復與營室晨出東方卽是以日見度從
夕出順數至晨出也若以日數乃二百五十六日
而始見耳星備云太白日行八分度之一八歲而
周天是以東西出入竟爲一終

其始出東方行遲率日半度一百二十日必逆行一
二舍上極而反東行行日一度半一百二十日入其
始出西行疾率日一度半百二十日上極而行遲日
半度百二十日旦入必逆行一二舍而入

太白晨見卽逆逆而留留而旋旋而順順而疾疾追
及於日則爲伏合夕見則順順而疾疾而遲遲而
留留而旋旋而逆逆及於日而爲伏合追及於日
者在日後故晨伏迎及於日者在日前故夕伏蓋
星有東西行日唯東行故也史記敘晨見逆行在
順行後實在順行前觀夕伏前爲逆行可知矣以
星行推之夕伏逆故晨見猶逆晨伏順故夕見猶
順非倐順倐逆也百二十日日行半度此兼留日
除逆行計之共得六十度也百二十日日行一度
半中無留逆則得百八十度也逆行止一舍二字

衍旦入亦衍旦字時實夕入也晨見則晨入夕見
則夕入晨入在日西夕入在日東人目能見如晨
見而夕入夕見而旦入無是理矣

下起兵

下上當有天字淮南云天下興兵

其出東爲東入東爲北方出西爲西入西爲南方

日行自東而北而西而南星合日而出入而合日
故從日以爲方

出西逆行至東正西國吉出東至西正東國吉

出西順行而後逆行卽至西而伏出東逆行而後

順行即至東而伏此出西出東非天西天東乃日
西日東也出西即晨見出東即夕見上條亦然

大司馬位謹候此

五星應五官故大司馬候太白餘文不具者脫漏
或無其官

察日辰之會以治辰星之位

水星亦先後日下故察日辰以治之

是正四時仲春春分夕出郊奎婁胃東五舍爲齊仲夏夏至夕出郊東井輿鬼柳東七舍爲楚仲秋秋分夕出郊角亢氐房東四舍爲漢仲冬冬至晨出郊東方與尾箕斗牽牛俱西爲中國

郊効也淮南天文訓曰辰星正四時常以二月春分効奎婁以五月夏至効東井輿鬼以八月秋分効角亢以十一月冬至効斗牽牛高誘訓効爲見是也史記下文之其時宜效不效爲失盖以郊爲效也效即郊

其出東方行四舍四十八日其數二十日而反入於東方其出西方行四舍四十八日其數二十日而反入於西方其一候之營室角畢箕柳出房心閒地動

辰星五歲十六終而周天四十年有百二十八終以終除歲日得百十四日百二十八分之十八爲一終推其行度則晨伏八日百五分行二十三度百五分而與日合又如是而夕見夕伏八日三十二分退六度九十六分而與日合又如是而晨見也四舍者見行度也四十八日兼伏行日也二十日疾行日也辰星晨見逆一日退一度留二日旋十七日行十六度疾二十日行二十五度伏八日百五分行二十三度百五分與日合又八日百五分行二十三度百五分夕見二十日行二十五度遲十七日行十六度留二日旋逆一日退一度伏

八日三十二分退六度九十六分與日合又八日三十二分退六度九十六分復見東方兩見八十日除逆行八十度兩伏三十日十八分除逆行三十四度十八分一終百十四日十八分行星亦如之通率日行一度見伏皆去日十五度自晨見至夕見八十七度百二十八分之八十二上元晨見在室五度則夕見在畢十三度也晨見在夕見後二十六度半則井十二度也依此推之而一候之營室角畢箕柳者可得矣出房心閒地動者豈以大火而遇水星故歟案漢承秦用顓頊歷故史

記多據之顓頊歷元起太歲甲寅時別有元起太陰甲寅之術於是追前三百三十八歲而得太歲丙子之元以天正氣朔法攷之其歲閏餘十八地正月有閏入正月戊申朔旦啟蟄此本截去入正前四氣即夏小正所云正月發蟄者求五星則仍用之其歲歲星以建子月見於星紀之次積三百三十六歲行天二十八周餘二歲并顓頊歷立春前三氣共積七百七十六日十五刻十六分之十又行六十四度六十七分十六分之十五分半而至營室五度也熒惑三百三十六歲行天百八十

周餘二歲三氣積日又行四百十五度七十九分二千八百分之二千二百三十七分半為過周五十度五十四分太強自星紀之次而入營室五度也塡星行天十二周餘二歲三氣積日又行二十七度七十二分自元枵之次而入營室五度也太白辰星俱日行一度其自星紀之次入營室五度不待言矣轉推三百三十八歲前入正啟蟄朔旦五星所在於二歲三氣積日內去六十日八十七刻半則歲星當減五度七分十二分之三分半餘五十九度五十九刻八十杪弱即距營室之度而

在斗十七度也熒惑減三十二度六十一分二十八分之四分半餘十七度九十四分半強亦距營室之度而在危四度也塡星減二度十七分二十八分之十一分半餘二十五度五十五分半強亦距營室之度而在虛六度也太白辰星亦不待推是為太陰甲寅之術用推淮南元年紀餘百六十年入丙寅部入算氣大餘四十二得戊申啟蟄與元首同尤有驗於漢世者也

兩軍相當曰暈

暈即暉也兩軍相當占之故字從日旁軍作暈俗

體說文新附始有暈字呂氏春秋六月紀曰其日有暈珥高誘注暈讀如君國子民之君氣圍繞日周帀有似軍營相圍守故曰暈也淮南子冥覽訓月運鈌高誘注運讀運圍之圍予謂讀君讀圍義皆取似軍營据暈運二文同得軍聲則讀君是也君軍聲同淮南作運者古字通呂覽作暈出自後人傳寫日暉即周禮眡祲之十煇陸德明云煇音運太卜其經運十康成云運當為煇

月行中道

新唐書天文志載舊經房去極百度案冬至黃道

出赤道二十四度赤道去極九十一度强則黃道
去極百十一度强也月與五星以日爲宗故行房
中道
角天門十月爲四月
十月亥四月巳占在衡辰淮南時則訓曰六合孟
春與孟秋爲合仲春與仲秋爲合季春與季秋爲
合孟夏與孟冬爲合仲夏與仲冬爲合季夏與季
冬爲合
月食始日五月者六六月者五五月復六六月者一
而五月者五凡五百一十三月而復始　索隱曰始

日謂食始起之日也依此文計惟有一百二十一月
與元數甚爲懸板既無太初歷術不可得而推定今
以漢志統歷法計則五月者七六月者一又五月者
一六月者五五月者一凡一百三十五月而復始耳
史記所說誤也觀索隱則唐時本已然然索隱所
說亦誤蓋皆傳寫舛錯也案古月食術以百三十
五月有二十三食爲一終用相比例則六月者五
五月者一六月者七五月者一六月復七五月六
月各一則積百三十五月而有二十三食也月食
在望常食算上月故用算外則五月者一六月者

六五月者一六月者七五月者一六月者七爲是
史記文從五月起疑本是如此卽索隱訛脫處亦
可改定矣五百一十三月當作歲交食四十七
終之歲數也三統謂之會歲
故月食常也日食爲不臧也
月入食限卽食日非的限不食此近世法也古則
推月食不推日食故一爲常一爲不臧推日食當
自宣帝元鳳中清臺課歷始
天精而見景星　索隱曰韋昭云精謂靑朗漢書作
𡖅亦作腥郭璞注三蒼云腥雨止無雲也

今漢書作暒說文云𡖅雨而夜除星見也從夕生
聲臣鉉等曰今俗別作晴非是此云漢書作𡖅者
𡖅之誤亦作腥者暒之誤皆流俗傳寫所致也漢
書古本當作𡖅今作暒蓋別本史記以精爲𡖅
凡望雲氣　正義引釋名雲猶云衆盛也
釋名云字有重文當從之越絕書傳記軍氣曰凡
氣有五色靑黃赤白黑色因有五變人氣變軍上
有氣五色相連與天相抵此天應不可攻攻之無
後其氣盛者攻之不勝軍上有赤色氣者徑抵天
軍有應於天攻者其誅及身軍上有靑氣盛明從

口其本廣末銳而來者此逆兵氣也爲未可攻衰去乃可攻青氣在上其謀未定青氣在右將弱兵多青氣在後將勇穀少先大後小青氣在左將少卒多兵少軍罷青氣在前將暴其軍必來赤氣在軍上將謀未定其氣本廣末銳而來者爲逆兵氣衰去乃可攻赤氣在右將軍勇而兵少卒强必以殺降赤氣在後將弱卒强敵少攻之殺將其軍可降赤氣在右將勇敵多兵卒强赤氣在前將勇兵少穀多卒少謀不來黃氣在軍上將謀未定其本廣末銳而來者爲逆兵氣衰去乃可攻黃氣在右將智而明兵多卒强穀足而不可降黃氣在後將智而勇卒强兵少穀少黃氣在左將弱卒少兵少穀亡攻之必傷黃氣在前將勇智卒多强穀足而有多爲不可攻也白氣在軍上將賢智而明卒威勇而强其氣本廣末銳而來者爲逆兵氣衰去乃可攻白氣在右將勇而卒强兵多穀亡白氣在後將仁而明卒少兵多穀少軍傷白氣在左將勇而强卒多穀少可降白氣在前將弱卒亡穀少攻之可降黑氣在軍上將謀未定其氣本廣末銳而來者爲逆兵氣衰去乃可攻黑氣在右將弱卒少兵

亡穀盡軍傷可不攻自降黑氣在後將勇卒强兵少穀亡攻之殺將軍亡黑氣在左將智而勇卒少兵少攻之殺將其軍自降黑氣在前將智而明卒少穀盡可不攻自降故明將知氣變之形氣在軍上其謀未定其在右而低者欲爲右伏兵之謀其氣在前而低者欲爲前伏陣也其氣在後而低者欲爲走兵陣也其氣陽者欲爲去兵其氣在左而低者欲爲左陣其氣間其軍欲有入邑右子胥相氣取敵大數其法如是

五六十里見稍雲精白者

精白青白也當戰青白其前低者戰勝漢志亦作精白也

天雷電蝦虹辟歷夜明者

蝦霞也古無霞字漢志作赮見說文新附

水澹澤竭地長見象城郭門閨閨臬枯槀

漢志作水澹地長池竭見象城郭門閨潤息槀枯以韻讀之當從漢志潤古省作閏訛爲閨臬亦息之訛

化言誠然

四字二韻化即訛省

冬至短極縣土炭炭動鹿角解蘭根出泉水躍畧以
知日至要決晷景
言以土圭測景定冬至不專驗縣炭等事也不與
歲星四語相連正義誤讀故釋下文兼言晷景
歲星所在五穀逢昌其對爲衝歲乃有殃　正義曰
言晷景歲星行不失次則無災異云云
四語見淮南天文訓未嘗兼言晷景正義說非
夫天運三十歲一小變百年中變五百載大變三大
變一紀三紀而大備
一紀千五百二十載三紀四千五百六十年爲一

元此古歷術
斗秉兼之
秉即柄說文柄或作棅此省正義言秉十二辰非
是
故甘石歷五星法唯獨熒惑有反逆行
案五星皆有逆行木火土之逆行以衝日金水之
逆行以迎日蓋木火土之行校日爲遲見於東者
伏於西行常過周金水之行校日爲速見於東則
伏於東見於西則伏於西行常不及一周也
史記釋疑卷三　終

天官考異

[清]吴肅公

清道光十三年吴江沈氏世楷堂刻昭代叢書本

天官考異

天官考異小引

天官之學占星爲尙茀星之有名伊誰定之耶豈彼蒼者天諄諄然命之乎抑人以是呼之星亦因而受之乎夫名之佳者可受劣者亦何可受紫微文昌之屬名之佳者也天狗哭泣之屬名之劣者也試呼人以天狗哭泣有不怒而詈之者耶星名之見于經者莫先于堯典宵中星虛日短星昴之數言則是星之有名在唐虞之先斷可知矣至名同而星別豈亦如漢之有兩韓信唐之有兩韓翃元之有兩訛可耶夫人而同名亦各不相知耳豈兩星同麗于天亦復不相知耶星能降福亦能降災苟于其同名者不復考其某司某事吾恐九霄之上將亦復有如會參殺人抱不白之冤者矣宛陵街南吳君作天官考異一考星名有古今之異一考星之同名而異位者亦何其精核乃爾耶司馬子長父子皆爲太史令其于天官之學蓋有本源爲後世史家所不及今街南具良史才兼精象緯使在史館其志傳必多可觀乃如冥鴻遠引莫能羅致斯尤不可及也夫心齋張潮譔

昭代叢書甲集卷二

歙縣 張潮 山來 輯
吳江 沈楙惪 翠嶺 校

天官考異

宣城吳肅公晴巖著

漢史天文志諸星名數有不同於後世者

天極（卽北辰）旁三星三公　按三公星在北斗杓東又三公一在北斗魁西若天極旁者非三公也蓋后（庶子）帝及太子耳且四星非三星也晉書謂第一星主月

二星主日三星主五星亦三星新書謂第四星主諸王乃多一星

後勾四星末大星正妃餘三星後宮之屬　按星經後句四星爲四輔勾陳別有六星與此不同

環之匡衞十二星　按西蕃右樞少尉上輔少輔上衞少衞上丞共七星東蕃左樞上宰少宰上弼少弼上衞少衞少丞共八星與右樞爲十五星云

斗口三星若見若否曰陰德或曰天一　按考要陰德天一原二星名天乙與太乙各二星並列紫宮外陰德二星居紫宮內不得混也

天棓五星　漢書作四星當從史記是

史記并天文閣道只六星　漢書作十七星疑誤

杓端兩星一內爲矛招搖一外爲盾天鋒　按天文內爲元戈外爲招搖

房東北曲十二星曰旗　按古圖經天市垣左右環曲各十一星共二十二星無十二星之說

太微三光之廷匡衞十二星　按左者左執法上相次相次將上將爲左掖太陽東華之門右者右執法

上將次將次相上相爲右掖西華中華太陽之門共計得十星耳

狼下四星曰弧矢　按弧矢共九星四星者誤

危爲蓋屋　按蓋屋自有二小星在旁非危也宋均注危中星高旁兩星墮下似蓋屋謬也

虛爲哭泣之事　按哭泣二星在危旁虛爲哭泣者兼主其事耳

杵臼四星　按杵三星臼四星共七星四星誤也（正義云三星亦誤）

又危室下有二大星壁也主圖章文士史漢不載豈以壁壘之壁耶

石氏天棓本類星銳長四尺者歲星所變妖星非紫宮中天棓甘氏天槍左右銳長數丈者亦歲星所變非紫宮天棓也

軒轅爲權星太微爲衡星權四星在軒轅旁主烽警也正義以爲權誤矣又北斗第四星爲權考要云南宮之宿大者名權權衡乃官庭之總名耳北斗只七星或云九星爲九州象其二星常不見夫

天與人應昭昭之多也不見者亦孰得而辨之皆星厤家好奇之說耳

天象有同名而異位者其占亦異漫記于此以便考議

天紀　一在天市北九星主萬物理寃訟一在柳南主禽獸齒歲

三公　一在斗樞前一在杓東皆主理陰陽一在太微垣主朝會

五諸侯　一在太微垣主內治天子之侯一曰入覲王朝之象也一在井鬼間明大而直主刺舉不虞藩侯之位一曰主建萬國以養民各五星

五帝座　一在紫宮斧扆之象一在太微垣主五方之神

御女　一四星在勾陳旁一一星在軒轅南同占

太尊　一在斗前一在張北

土司空　一在翌南四星一在婁下一星

太子　一在紫宮一在太微垣

從官　一在房一在太微垣各二星

天田　一在角北二星一在牛旁九星主畿內封疆

天狗　一在闕邱南七星一在南斗旁二星皆主防奸賊

積水　一在井一在胃皆候水災其在井旁者亦主酒用

杵　一在危一在箕各三星同占而危旁者兼主軍糧

韓楚周秦鄭魏晉燕趙越齊一爲天市之旗一散置牛女之間

跋

世有是物則天有是星吾嘗于月夜偕友人靜坐仰而觀之參差燦爛者不可勝數視之愈久則星愈密其自此而忽流于彼者蓋時有之其流也有一定之度之候耶抑無一定之度之候耶惜不能共街南夜坐而考之也心齋居士題

史記天官書補目

[清]孫星衍

清光緒十三年廣雅書局刊本

史記天官書補目一卷

光緒十三年十月廣雅書局刊

史記天官書補目

陽湖孫星衍撰

三家星占見史記天官書云昔之傳天數者殷商巫咸在齊甘公魏石申書中亦多用石氏星經（史記索隱日歲星在寅正月晨見東方之名已下出石氏星經）班固天文志兼用甘氏石氏語張守節引七錄云甘公楚人戰國時作天文星占八卷石申魏人戰國時作天文八卷鄭康成注周禮引甘氏歲星經後漢書郎顗傳引石氏經漢藝文志多本七錄不著錄巫咸甘石書殊不可解惟天文家載黃帝雜子氣三十三篇隋經籍志有黃帝五星占六卷未知即是黃帝占否也劉昭注續漢志亦引黃帝占今其文及三家星占具見唐瞿曇悉達所輯開元占經中按黃帝巫咸甘石所載恆星名數多出天官書天文志之外而其書皆在先秦不知遷固何以不載且史記漢書既遺東壁一宿又莊子所載傅說緯書所載天皇大帝及玉繩之屬皆闕如亦不能辭疏漏之責北周庾季才作靈臺祕苑一百一十五卷宋王安禮刪存十五卷冠以步天歌其文略同晉隋二志而不載所出之書隋天文志云三國時吳太史令陳卓始列甘氏石氏巫咸三家星官著于圖錄并著占贊總有二百五十四官一千二百八十三星并二十八宿及輔官附坐一百八十二星總二百八十三官一千五百六十五星宋元嘉中太史令錢樂之所鑄渾天儀以朱黑白三色用殊三家而合陳卓之數前人好古之愼至于本草猶有朱黑別書之本不亂神農本經況乎星官可不詳其根據今晉隋二志

所載星名多于史記漢書而三家星無復區別錢樂之儀器亦既無傳開元占經藏在祕府唐宋人俱不得見鄭樵通志稱今存三卷而近時所得寫本百廿卷見全但世無板本懼其久而淪失余退食多暇游心觀象慨中法之不行念掌故之久缺因爲天官書補目一卷紀其增多史記漢書星名大凡二百餘坐分注黃帝及三家所有星名星數三家星止分中官外官舊書位次不可考天官書則分五官即以三家星依五官連屬之星分爲五部後之志天文者庶有擇焉

中官

天皇大帝 黃帝有甘氏有云一星在鉤陳口中

四輔 甘氏有云四星抱北極樞

按此即天官書後句四星

女御 巫咸有云四星在鉤陳星後北今作御女

華蓋 甘氏有云七星杠九星凡十六星在大帝上

五帝内座 甘氏有云五星在華蓋下

六甲 甘氏有云六星在華蓋杠旁

柱下史 甘氏有云一星在北極東北

女史 甘氏有云一星在柱下史北

尚書 甘氏有云五星在紫微宮東南維

大理 巫咸有云二星在紫微門左星内

三公 黃帝有后氏有甘氏有云三星在北斗柄南

三公 黃帝有巫咸有云三星在北斗魁第一星西

太一 后氏有云一星在天一星南相近

附路 后氏有云一星在閣道南旁

傳舍 巫咸有甘氏有云九星在華蓋上近河旁

造父 黃帝有甘氏有云五星在傳舍南河中

鉤 巫咸有云九星如鉤狀在造父北

相 黃帝有后氏有云一星在北斗南

太陽守 黃帝有后氏有云一星在北斗南

勢 甘氏有云四星在太陽守北

内階 甘氏有云六星在文昌北

常陳 甘氏有云歲星犯常陳

太尊 巫咸有云一星在中台北

内平 甘氏有云四星在中台南

虎賁 巫咸有云一星在下台南

天牀 甘氏有云六星在紫微宮門外

内廚 甘氏有云六星在紫微宮西南角外

天廚 甘氏有云六星在紫微宮東北維外

梗河 黃帝有云三星天鋒后氏有云三星天矛在大角北

天紀 黃帝有后氏有云九星在貫索東

七公 黃帝有云一名天紀后氏有云七星在招搖東

女牀 黃帝有后氏有云三星在天紀北

東官

積卒 黃帝有后氏有云十二星在房心南

東西咸黄帝有石氏有云東咸四星在房東北西咸四星在房北
從官巫咸有云二星在房星南
天輻巫咸有云二星在房距西
日甘氏有云一星在房中道前
罰巫咸有云三星在東咸西南北列
帝座石氏有云一星在市中候星西
候巫咸有石氏有云一星在帝座東
宦者石氏有云四星在帝座西
斗石氏有云五星在宦者西南
斛甘氏有云四星在市中斗南
宗正黄帝有石氏有云二星在帝座東南
宗人黄帝有石氏有云四星在宗正東
宗黄帝有石氏有云二星在宗人北
帛度巫咸有云二星在宗星東北
屠肆巫咸有云二星在帛度北
列肆巫咸有云二星在天市中
車肆巫咸有云二星在天市門左星內
帝席甘氏有云三星在大角北
周鼎甘氏有云三星在攝提西
天田甘氏有云二星在右角北
天門甘氏有云二星在左角南
平道甘氏有云二星在左右角間

進賢甘氏有云一星在平道西
亢池黄帝有甘氏有云六星在亢北
折威石氏有甘氏有云七星在亢南
頓頑巫咸有云二星在折威東南
天乳甘氏有云一星在氐北
陣車甘氏有云三星在氐南
車騎巫咸有甘氏有云三星在騎官南
騎陣將甘氏有云一星在騎官中東端
天江黄帝有石氏有云四星在尾北
龜黄帝有石氏有云五星在尾南
傅說黄帝有石氏有云一星在尾後
魚黄帝有石氏有云一星在尾後河中
糠甘氏有云一星在箕舌前
按王希明步天歌帝座後有常陳七星以在史遷後不補

南官

謁者甘氏有云一星在執法北
三公內座甘氏有云三星在謁者東北
九卿內座甘氏有云三星在三公北
太子甘氏有云一星在帝座北
從官甘氏有云一星在太子西
幸臣甘氏有云一星在帝座東北
明堂甘氏有云三星在大微西南角外

靈臺甘氏有云三星在明堂西

長垣巫咸有云四星在少微西南北列

爟巫咸有甘氏有云四星在軒轅南柳北

酒旗甘氏有云三星在軒轅右角

水位黃帝有后氏有云四星在東井東南北列

水府巫咸有甘氏有云四星在東井南

天罇甘氏有云三星在東井北

四瀆甘氏有云四星在東井東南

司怪甘氏有云四星在鉞前

座旗甘氏有云九星在司怪東北

積水黃帝有后氏有云一星在北河西星北

廣雅書局栞

積薪黃帝有后氏有云一星在水東南

闕邱甘氏有云二星在南河南

外廚甘氏有云六星在柳南

天記甘氏有云一星在外廚南

天相巫咸有云三星在七星北后氏有

稷黃帝有后氏有云五星在七星南

天廟黃帝有甘氏有云十四星在張南

東甌甘氏有云五星在翼南

器府甘氏有云二十二星在軫南

青邱甘氏有云一星在軫東南

軍門巫咸有云二星在青邱西

土司空巫咸有云四星在軍門南

平黃帝有后氏有云二星在庫樓北

陽門巫咸有云二星在庫樓東北

按王希明步天歌庫樓中有四星名衡罰旁一星名神官以在史遷後不補

西官

天關黃帝有后氏有云一星在五車南參西北

礪石甘氏有云四星在五車西

諸王甘氏有云六星在五車西

八穀巫咸有后氏有甘氏有云八星在五車北

外屏甘氏有云七星在奎南

廣雅書局栞

天溷甘氏有云七星在外屏南今四星

土司空黃帝有后氏有云一星在奎南

天將軍黃帝有后氏有云十一星在婁北

左更黃帝有甘氏有云五星在婁東

右更黃帝有甘氏有云五星在婁西

天倉黃帝有后氏有云六星在婁南

鈇鑕甘氏有云五星在天倉西南

天囷黃帝有后氏有云十三星在胃南

天廩黃帝有巫咸有后氏有云四星在昴南

按此即天官書眾星翕積

天庾甘氏有云三星在天倉東南

蒭藁黄帝有甘氏有云六星在天苑西
天園甘氏有云十三星在天苑西
軍南門甘氏有云一星在天將軍西
大陵石氏有云八星在胃北
積尸石氏有甘氏有云一星在大陵中
天船黄帝有石氏有云九星在大陵北河中
積水石氏有甘氏有云一星在天船中
卷舌黄帝有石氏有云六星在昴北
天讒石氏有甘氏有云一星在卷舌中
月甘氏有云一星在昴東
天阿甘氏有云一星在昴西偏
天街巫咸有石氏有甘氏有云二星在昴畢間近月東
天陰巫咸有云五星在畢柄西
天節石氏有云八星在畢附耳南甘氏有
九州殊口黄帝有云在參閒甘氏有云九星在天節下
軍市巫咸有石氏有云十三星在參東南
野雞黄帝有石氏有云一星在軍市中
天高甘氏有云四星在參旗西近畢
玉井黄帝有巫咸有石氏有云四星在參足下
屏石氏有云在玉井內
軍井甘氏有云四星在屏東南
天狗甘氏有云七星在狼東北

丈人甘氏有云二星在軍市西南
子甘氏有云二星在丈人東
孫甘氏有云二星在子星東
天社甘氏有云六星在弧南

北官

虛梁巫咸有云四星在危南
蓋屋甘氏有云二星在危南
哭甘氏有云二星在虛南
泣甘氏有云二星在哭東
天壘城巫咸有云十三星如貫索狀在哭泣南
八魁甘氏有云九星在北落東北
鈇鑕巫咸有云三星在八魁西北一日鈇鉞
天錢巫咸有云十星在北落西北
天綱巫咸有云一星在北落南
司命甘氏有云二星在虛北
司祿甘氏有云二星在司命北
司危甘氏有云二星在司祿北
司非甘氏有云二星在司危北
騰蛇黄帝有石氏有云三十二星在營室北
雷電甘氏有云六星在營室西南
土公吏甘氏有云二星在營室西南
東壁黄帝有巫咸有甘氏有石氏有云二星在九度

土公　甘氏有云二星在東壁南
霹靂　甘氏有云五星在土公西南
雲雨　甘氏有云四星在霹靂南
天廄　巫咸有云十星在東壁北近王良
策　巫咸有云一星在王良前
車府　甘氏有云七星在天津東近河旁
內杵　甘氏有云三星在人星旁
扶筐　黃帝有甘氏有云七星在天津北
奚仲　巫咸有云四星在天津北
敗臼　黃帝有石氏有云四星在虛危南
敗瓜　甘氏有云五星在瓠瓜旁

農丈人　甘氏有云一星在南斗西南
狗　甘氏有云二星在南斗魁前
狗國　黃帝有甘氏有云四星在建星東南
天雞　甘氏有云二星在狗國北
按荆州占云瓠瓜一名天雞
鼈　黃帝有石氏有云十四星在南斗旁
天淵　巫咸有云十星在鼈東南九坎閒
天籥　巫咸有云八星在南斗南杓第二星西
天弁　黃帝有石氏有云九星在建星北
天田　甘氏有云九星在牽牛南
羅堰　甘氏有云三星在牽牛東

九坎　黃帝有巫咸有石氏有云九星在牽牛南
齊　巫咸有云一星在九坎東
趙　巫咸有云二星在齊西北
鄭　巫咸有云一星在趙東北
越　巫咸有云一星在鄭西北
周　巫咸有云二星在越東北
秦　巫咸有云二星在周東南
代　巫咸有云二星在秦東南
晉　巫咸有云一星在代西南
韓　巫咸有云一星在晉北
魏　巫咸有云一星在韓旁

楚　巫咸有云一星在魏西南近鄭星
燕　巫咸有云一星在楚東南近晉星
離瑜　巫咸有云三星在代東南北列
天桴　黃帝有巫咸有云四星在河鼓左旗端南北列
離珠　黃帝有石氏有云五星在須女北
漸臺　甘氏有云四星屬織女東足
輦道　甘氏有云四星屬織女西足

史記天官書補目終　南海潘乃成番禺黃濤校字

史記天官書補目跋

太史公稱父談學天官於唐都又稱星則唐都是天官書所載諸星悉出唐都無疑也然自古言星者必本於黃帝巫咸甘石其孰能增損之乃庾季才靈臺祕苑星名備列四家俱未見於史記何也毘陵孫觀察既著平津館岱南閣諸叢書又取祕苑星名以補史記之闕古籍流傳豈步天歌經天該所可比例哉

庚寅仲春吳江沈楙悳識

筠軒文鈔・史記天官書補證

［清］洪頤煊

一九三四年北京琉璃廠邃雅齋刊邃雅齋叢書本

史記天官書補證

淵如觀察既撰天官書考證復屬臧君庸及頤煊是正其得失頤煊嘗謂自古天文家言唯天官書與淮南天文訓爲最先太史公世掌天官圖籍其所記載卽周禮保章氏之遺術也後人因其文義奧衍傳習鮮通遺文殘舛不復糾正今就臧君所未及者條補于後

中宮天極星其一明者太一常居也　周禮大宗伯疏引春秋元命包云紫微宮爲大帝又云天生大列爲中宮大極星星其一明者太一帝居馬融注易云太極北辰也此天極當作太極常居當作帝居文選甘

泉賦注引春秋漢含孳曰大一之帝居亦其證

隨北端兌　索隱引劉氏隨他果反斗一作北劉氏所見本作隨斗隨當讀如字若依劉音橢則作北字爲長漢書天文志作隨北耑銳

斗魁戴匡六星曰文昌宮　天官書中宮星有二曰紫宮曰北斗斗魁戴匡六星曰文昌宮者以文昌宮繫於北斗也鄭司農注周禮司民云文昌宮三能屬軒轅角相與爲體近文昌爲司命次司祿次司民是以文昌宮三能爲南宮星矣後漢襄楷傳云天官宦者星不在紫宮而在天市然則紫宮之外又別出天市也可知東京之初天星部分已不盡用古法

房爲府曰天駟　天文志作房爲天府索隱引宋均云房又別爲天府舊本府上當有天字

東北曲十二星曰旗　天官書河鼓下不言旗正義云河鼓左右旗各九星者乃參西句曲天旗天斿也孫炎注爾雅云河鼓之旗十二星在牽牛之北又以此房東北句曲十二星爲河鼓旗也

杓端有兩星一內爲矛招搖一外爲盾天鋒　薛綜西京賦注玄戈北斗第八星名爲矛頭主胡兵招搖第九星名爲盾薛注以招搖屬盾而以玄戈爲矛別名

皆與此異星經云北斗九星故此二星皆連北斗言之

大角者天王帝廷　東宮蒼龍杓攜龍角者謂大角也漢書音義張晏曰龍星左角曰天田風俗通賈逵說龍第三有天田星是連大角數之

亢爲疏廟　明堂位曰疏屏天子之廟飾也故曰疏廟天文志作亢爲宗廟

尾爲九子曰君臣　曰當作主與上文亢爲疏廟主疾氐爲天根主疫爲一例二十八宿山經亦云尾主君臣故下句云斥絕不和也

箕爲敖客曰口舌　此曰字亦當作主

門內六星諸侯　黃帝巫咸甘氏石氏俱作五諸侯正義亦引五諸侯以證之此作六星傳寫之誤晉書天文志以此爲內五諸侯別有五諸侯星在東井北疑本一星而後人分爲二

附耳入畢中兵起　天文志無此句疑上文附耳搖動有讒亂臣在側下脫簡或後人取他書附益之

危爲葢屋　鄭注尚書大傳云虛危爲宗廟葢屋謂以茅葢屋卽明堂古者明堂大廟同制故鄭云宗廟也隋書天文志以葢屋爲治宮室之官非

危東六星兩兩相比曰司空　正義曰危東北兩兩相比者是司命等星也司空唯一星耳又不在危東恐命字誤爲空也司命二星在虛北司祿二星在司命北司危二星在司祿北司非二星在司危北月令正義引史遷云四司鬼官之長今天官書無此文疑此節文有脫譌

營室爲淸廟曰離宮閣道　天官書記四方二十八宿皆直舉其名以衆所易知也餘星則各依其附近方位并星數言之營室與離宮古法本分爲二此當云營室爲淸廟其上六星曰離宮傳寫者脫之文義遂不相連屬又案閣道六星已見中宮此不應重出閣道二字疑後人增加　毛詩定之方中箋云定昏中而正謂小雪時其體與東壁連正四方考工記龜蛇四斿以象營室鄭注云營室與東壁連體而四星古人室壁兼言故天官書不載壁宿元命包云營室十星又合離宮六星言之

王良策馬　甘氏曰策一星在王良前左氏傳杜預注天策傅說星正義云史記天官書文今本無之

匏瓜　月令瓜瓠不成鄭注云子宿値虛危虛危內有瓜瓠正義引天文志瓜瓠四星在危東瓜瓠卽匏瓜

也

其失次有應見危曰大章　曰大章三字與上下文失次止言見某星文例不相協當涉下文晨出曰大章而譌

三月生彗星長二丈類彗星　長二丈類彗謂其星形如彗也彗下有星字涉上文而衍正義天文志皆無星字

退而西北三月生天欃　天文志先縮西南生天槍次縮西北生天欃與天官書次序不同

營室爲淸廟歲星廟也　晉書天文志營室爲淸廟歲

星廟也心爲明堂熒惑廟也南斗爲文太室填星廟也亢爲疏廟太白廟也七星爲員官辰星廟也五星行至其廟謹候其命天官書唯太白云太白大臣也其號上公大司馬位謹候此（今本上公下有其他名殷星二十九字本錯簡觀晉書天文志可見）餘云心爲明堂熒惑廟也謹候此不言所主之星斗爲文太室塡星廟天子之星也七星爲員官辰星廟蠻夷星也不言謹候此歲星僅言營室爲淸廟歲星廟也皆文有殘缺或省之以互見也

以其舍命國熒惑　歲星太白辰星皆言以其舍命國謂以其星所舍命其國之吉凶也此熒惑二字誤重下文而衍

土與水合穰而擁閼　天文志石氏皆云爲雍沮晉書天文志亦云土與水合爲壅沮此不當有穰字

太歲在甲寅鎭星在東壁故在營室　此節文義不可解疑有脫誤或錯簡

出太白右去三尺　劒長三尺故高祖曰吾提三尺劒取天下出太白右去三尺卽上文可椷一劒之數

營室至東壁并州　至字衍

其怒青黑　在氏襄二十八年傳以害鳥帑杜預注鳥尾曰帑怒當依李奇音帑謂其末之芒角也

凡望雲氣以下　臧君謂無關於天官宜删之此言非也保章氏以五雲之物辨吉凶水旱降豐荒之祲象以十有二風察天地之和命乖別之妖祥天官書凡望雲氣卽五雲之物凡候歲美惡正旦決八風卽十有二風遺法皆一家言故太史公錄于天官書也

史記天官書恆星圖考

朱文鑫

一九三四年商務印書館排印本

張序

天文之學。治曆者得之以定歲時。測地者得之以正疆域。航海者得之以辨方向。吾國自義和以來。受其賜者蓋四千餘年矣。然此特有形之用耳。若其無形之用。更有大焉。古人云。通天地人之謂儒。夫儒者之言天。豈必如疇人子弟。窮年盡氣。考遲伏留逆之象。較消長盈縮之數哉。宇宙精神。與吾人精神。蓋有息息相通者。苟能洞知其眞相。則吾人之精神日游於高明廣大悠久之域。而偏私卑陋之思。荒謬罔執之見。舉無自入於胸中矣。易曰。大人者與天地合其德。與日月合其明。豈虛語哉。歐洲學者如亞力士多德亞幾密笛司及牛頓輩。皆精於天文。卒成哲學宗匠。足徵吾言之非妄也。晚近士人。趨功近利。視天文爲不急之務。鮮有究心於此者。朱子貢三。爲執友斂昉哲嗣。於天算致精。乃於舉世不爲之際。疏通舊籍。網羅新說。殫精覃思。昕夕忘倦。微論其造詣之深。卽以識度論。罔已加人一等矣。近以所著史記天官書恆星圖考付印在卽。囑余爲序。爰書平時所感而歸之。

民國十五年秋日張一麐

金序

吾友朱子貢三。邃曆數星象之學。以所撰天官書恆星圖考屬爲序。維星座古有尊卑。若官之分曹列位。書記經星常宿。五官分部。環天一周。終以織女。自天極始。極有星乎。其無星乎。朱子曰。北辰北極。天之樞也。極無星而爲樞。欲知其樞。則必取其近樞之一星而謚之極星。然而今之極星。非古之極星也。依乎歲差之理。恆星東行積增之度。赤極旋繞周回進退之數。則知距今四千七百餘年。埃及天官以右樞爲極星。距今三千餘年。赤極行近帝星。則以帝星爲極星。天官書曰。天極星。其一明者。太一常居。蓋北極五星而明者爲帝。隋唐距今約千五百年。赤極當與天樞相近。隋志所謂紐星者。北極五星之天樞也。明史猶以天樞爲極星。若今之極星。實爲句陳一。苟因是理而推。知五千六百年後。極星將爲天鉤五。至萬二千年極星必爲織女一。故史公詮次周天象緯。而終織女。其眇恉閎意。可謂加人一等。然非貢三之精詣。不能知也。余嘗以爲梅定九篤信歐西曆數。而深闢斗建。孫淵如拘滯漢法而不信歲差。二者皆失。孫氏嘗爲天官書補目。其所據爲開元占經百二十卷。占經深藏祕府。唐宋人俱不獲覩。鄭漁仲通志稱存三卷。孫氏校理文淵閣祕書。得盡讀之。中引黃帝巫咸甘石星經所載恆星名數。多出天官書天文志之外。因責遷固爲疏漏。然漢藝文志不著錄巫咸甘石書。隋經籍志有黃帝五星占六卷。其書眞贋不可考。太史公受天官於唐都。遷承家學。觀象演圖。鉤辰擿宿。綱紀有法。東壁諸星。卽不見於書。亦未必以疏漏爲病。以問貢三。貢三曰然。凡孫氏所補星座。皆見晉隋二志。二志撰於唐。孫氏不信歲差。卽不知唐之極星爲天樞。而天官書之極星爲帝。今觀補目中宮四輔。註曰甘氏有云四星抱北極樞。按卽後句四星。不知四星抱樞。正以天樞爲極星。占經所引甘氏之言。其爲隋唐僞託。彰彰明也。王益吾漢書補註。引晉隋志抱極四星爲四輔。又引宋史後四星句曲抱之者帝星之言。爲足證明後句之義。王氏亦不知隋唐宋以天樞爲極星。故四輔旁近。有抱極之象。至宋史所云句曲四星。乃指北極五星。卽帝后太子庶子四星。而天樞不數。豈得以句曲之字義而混爲一談乎。天官書以帝爲極星。則句陳四明星。正句曲在其後。其大者爲二等星。卽今之北極星。所謂句陳一。史公謂之正妃者也。吾與子仰觀天象。俯察星圖。四輔四星在天樞之右。晉隋之抱極四星也。帝等四星在天樞之左。宋史之句曲四星也。句陳四星在帝之後。天官書之後句四星也。辨方正位。昭晰無疑。特不解其理數。則重滋迷惑耳。余聞其言而闇服也。貢三又言。詩唐風三星。毛以爲參。鄭以爲心。今驗之星象。凡三星之相直者。尙有河鼓焉。然則所謂三星在天者。參三星也。時在冬季。參宿中天。月令季秋草木黃落。乃伐薪爲炭。詩綢繆束薪。則燎炬以爲燭。蓋古嫁娶之禮然也。三星在隅者。心三星也。時在春暮。心宿初升。小雅終朝采綠。箋以綠爲王芻。詩綢繆束芻。指暮春天氣。亦猶桃夭之起興也。三星在戶者。河鼓三星也。時及新秋。河鼓當戶。爾雅河鼓謂之牽牛。感牛女之相會。知嫁娶之及時。綢繆束楚。正霜降逆女之時也。所以不及夏者。非其時也。其言足補毛鄭之闕而備一解。所謂匡說詩。解人頤者。其貢三之謂與。方今國內承學之士。能殫心於中西觀象之術。已不多覯。貢三博習今古。能發前賢精絕之詣。使燦然大著於世。自是而千歲之後。一遇大聖。知其解者。其猶旦暮遇之哉。教小弟吳江金天翮拜撰。

陳序

測天之學。古今中外各紛其說。博乎古不通於今。馳乎外或疏於中。治斯學者所由多偏囿之見焉。若能溝通中外融會古今。如吾友貢三近年所著天學各書實足爲談天者開一新紀元。貢三於經史舊籍夙具根柢。算術又係家學。曩歲游美。就學於美國天學會會長考慕司篤克之門。相隨觀測天象歷有年所。爲考氏門下之高足。回國後撰著微分方程式圖解代數等書。已著行於時。爲算術專家所推崇。近更昕夕不懈致力於天學。所著中國曆法源流。漢志彗孛飛流辨。夏小正中星考諸作。類皆治古今中外於一罏。爲治史漢學及曆學者。别樹一新幟。余承貢三招掌教於東華大學。忽忽十年。朝夕過從。每值長夜無事。貢三嘗爲我指點星象。述古今學理。津津樂道。且忘其倦。回憶二十年前讀書於吳中學古堂時。治經之餘。亦嘗瀏覽乙部。其於律曆天文諸志。每苦晦祕。掩卷未能卒讀。今見貢三近著史記天官書恆星圖考。積年癥結。爲之渙然。始知史公書句中有圖。言下見象。早於歐美之治天學者。

先千餘年而有所發明。所惜各家疏注。泥於災祥。昧於實測。徒取後起晉隋諸志。強爲牽合。治絲益棼。致令史公測候之苦心無由表著。貢三積數年之力集羣史爲參證。覃思博引。推闡眞詣。令千載前之文化國粹。久晦而復明。史公有知。當亦許爲功臣矣。貢三之先翁斂昉君。亦長算學。貢三能成父業。昔英之侯失勒維廉精天文。其子約翰卒成天學大家。著作等身。觀象之餘。吟咏自遣。其詩亦傳世。貢三於天算外。尤擅詩。善山水畫。其爲吾國之侯失勒矣。

民國十五年冬日弟陳定祥謹序

史記天官書恆星圖考

天官書爲史記百三十篇之一。漢太史令司馬遷撰。司馬氏世典周史。太史談學天官於唐都。遷承父業。家世星官。淸臺候簿之記。課校精詳。是書之所由來尙矣。書分三節。首言星。次言氣。末言歲。故其論曰。漢之爲天數者。星則唐都。氣則王朔。占歲則魏鮮。史公本三家之說。雖不專論星象。而敍述恆星。尤爲深切著明。言下見象。紫宮房心權衡咸池虛危五官之坐位。朗若列眉。其他占驗之說。或依據星象。或假借名義。各有所本。絕非憑空臆造。故其自序曰。星氣之書。多雜禨祥。不經。足證史公之不重禨祥。獨具卓識。且復以質雅之筆。寫周天之象。閎遠微眇。蘊奧難見。自裴駰司馬貞張守節後。諸家史評考異。不乏體要之辭。足資考證之助。顧泥於災祥。不尙實測。徒取星經讖緯之語。益以晉隋諸志。附會牽涉。致史公測候之精微。隱沒而不彰。故或有以天官一書。與山海經十洲記穆天子傳相提並論。藉作文辭之資。聊備奇聞而已。今世之識星象曆數者。皆推崇西學。弁髦古籍。天官之書。幾成絕學。若不亟爲揚榷。詳爲疏解。則是書之微言精義。何由表見。爰不揣譾陋。述我所聞。證以經傳。驗諸實測。作天官書恆星圖考一卷。凡舊注之可從者。仍擇尤錄之。以明其所自。其有承謬襲訛者。約舉而辨釋之。以冀仰合天象。毋乖書旨。未敢與前賢爭短長焉。

中官今本史記中官等官字皆誤作宮

第一圖

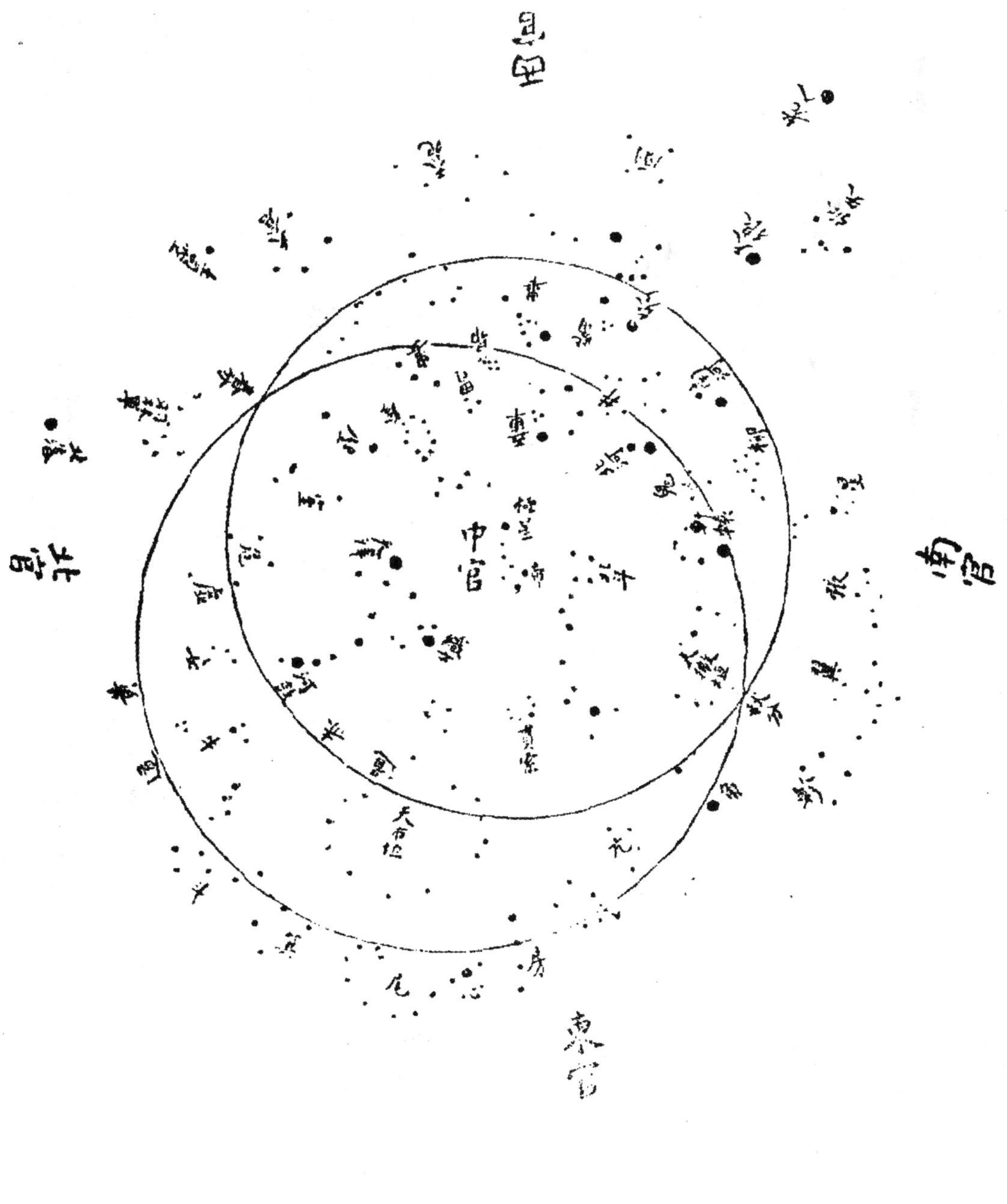

天官書以普天星象分爲五官。中官東官南官西官北官是也。近南極諸星。中原不得見者。不與也。中官者。赤道以北。近紫微垣者也。環極諸星屬之。中原北極出地三十餘度。凡環極三十餘度以內之星。常見不隱。如第一圖。明五官之坐位。衆星之大略也。若認明中官環極諸星。將圖向左旋轉。以合渾天環行之象。則五官坐位。得瞭然於胸。不特證史公測候之密。亦足爲讀者觀象之助也。書後附赤道星圖四幅。及北極星圖一幅。與天官書五官部位。稍有出入。不便割裂也。圖中星名星數。均據清會典正星之數。足備天官書之考證而已。故康熙乾隆道光三朝所測增星。概不列入。以免繁複。南極星座亦附圖於後。以冀得窺全天星象之大概。庶讀者覽圖觀象。如示指掌矣。

天極星。其一明者。太一常居也。

天極星者。近北極之星也。極星古今不同。今以句陳大星爲極星。史公以帝爲極星。帝爲二等星。其近旁無二等以上之星。故曰其一明者。言近極星中。此星獨明也。晉書天文志北極五星。第二星爲帝。爲太一之座，最赤明者。卽此星也。太一常居者。言北極一星。常居於位。若不覺其動也。論語曰。譬如北辰。居其所而衆星共之。朱子集注曰。北辰北極。天之樞也。居其所。不動也。共、向也。言衆星四面旋繞而歸向之也。語類曰。北辰是那中間不動處。這些子不動。是天之樞紐。北辰無星。緣人要取此爲極。不可無箇記認。就其旁取一小星。謂之極星。這是天之樞紐。問極星動不動。曰也動。只是近那辰。雖動不覺。隋書天文志曰。北極五星在紫微宮中。一名天極。一名北辰。其紐星天之樞也。天運無窮。三光迭曜。而極星不移。故曰居其所而衆星共之。賈逵張衡蔡邕王蕃陸績。皆以北極紐星爲樞。是不動處也。祖暅以儀準候不動處。在紐星之末猶一度有餘。宋史天文志沈括考驗極星。知天中不動處。遠極星乃三度有餘。元史天文志郭守敬測得極星離不動處亦三度有餘。明史天文志徐光啓謂北極星去不動處三度有餘。綜觀各志所測。皆未能密合。良以儀器未精。推步未密耳。自晉虞喜創歲差之法。何承天祖沖之劉焯一行承之。實測歲差以治曆。開中國天文史之新紀元。惟歲差之率。或以百年差一度。或以七八十年差一度。或以五六十年差一度。不能如近測之密。今西法則謂恆星東行。其赤道經度每年約增五十秒又十分秒之二。約七十一年又九月而差一度。二萬五千八百餘年而行三百六十度。爲赤極繞行黃極一周之數。如以黃極爲心。黃赤距緯二十三度二十七分爲半徑。作一圓。如第二圖。所以表赤極繞行黃極之軌迹也。今黃赤距緯爲二十三度二十七分。卽黃道與赤道斜交之度。亦卽黃極與赤極相距之數。惟據近測黃道微有移動。黃赤距緯每年約減半秒。今與二千前較。約少二十四分。故漢以前當爲二十四度。後漢張衡靈憲稱黃道出入赤道二十四度。足證古測之密。今後仍逐漸減小。至二十二度半爲止。此後復漸增而循環無已。

古以北辰爲北極。爲天中不動處。自歲差之理明。恆星東行之實測有據。然後知北極亦動。因北極之移動。而極星古今不同矣。考之西史。紀元前二千七百九十年。去今四千七百餘年。埃及古天文家以右樞爲極星。蓋其時此星甚近於極。揆諸歲差之理。赤極當在甲點。周初距今三千

第二圖

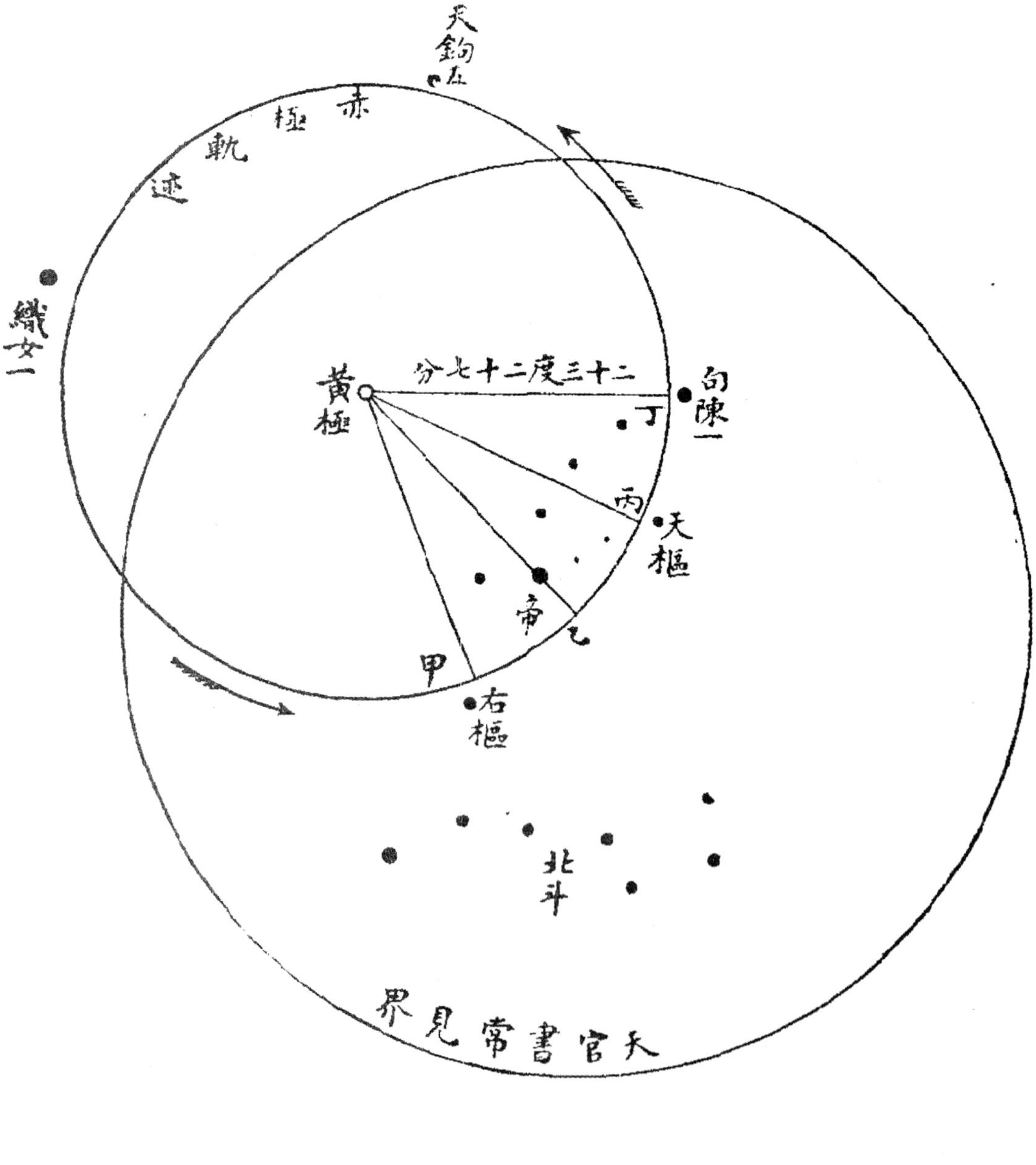

餘年。則赤極行近帝星。當在乙點。司馬氏世典周史。故史公以帝爲極星。天官書曰。其一明者。是也。隋唐去今約千五百年。則赤極當行至丙點。與天樞相近。隋志所謂紐星者。卽天樞也。天樞爲北極五星之一。爲五等小星。故朱子曰。取旁一小星爲極星者是也。宋蘇頌新儀象法要。亦以天樞爲極星。明史天文志猶言天樞卽北極星。今以句陳大星爲極星。蓋赤極在丁點矣。由此推之。赤極繞行黃極之理益顯。天官書以帝爲極星更無疑也。更可知五千六百年後。天鉤五將爲極星。而一萬二千年後。織女一將爲極星矣。

旁三星三公。或曰子屬。

案史記正義曰。三公三星在北斗杓東。又三公三星在北斗魁西。張氏乃混指紫微垣之三公。與太微垣之三公。漫無抉擇。非也。今紫微垣之三公去極較遠。約四十五度。（是編凡言去極若干度。或黃赤道南北若干度。皆依據近測而舉其略數。）太微垣之三公去極更遠。約八十餘度。皆不在天極星之旁。惟帝左右有太子庶子后三星。史公以其近在帝旁。故謂之子屬。又謂之三公。猶下言尾爲九子曰君臣。謂之子又謂之臣也。北極五星以第四星爲后者。晉書天文志始創其名。史公謂之子屬。又何疑焉。馬氏通考中與天文志辨而未明者。泥於晉志之說也。

後句四星。末大星正妃。餘三星後宮之屬。

案史記索隱曰。援神契云。辰極橫后妃四星。從端大妃光明。王元啓史記正譌曰。援神契所指。卽今所謂句陳。句陳本六星。微似斗形。第三星最光明。今以大星爲末。援神契以大星爲端。蓋指四星斜指帝星者言之。餘二星類斗口者。蓋不數也。鄒伯奇亦謂後句四星。指句陳之四明星。而不數二小星。其說頗合。王先謙漢書補注。因星經後句四星名爲四輔之說。而引晉隋志以抱極四星爲四輔。又引宋史後四星句曲抱之者帝星之言。謂足以證明後句之義。復引檀弓鄭注。帝嚳立四妃。象后妃四星。與援神契合。並謂句陳六星與四數不符。不當混指爲後句四星云云。此大誤也。王氏不知隋與唐宋以天樞爲極星。故四輔旁近。有抱極之象。李淳風撰晉隋志。以抱極四星爲四輔也。宋史所云句曲四星者。指北極五星而天樞不數。卽帝后太子庶子四星也。豈得以句曲之字義。混而爲一乎。天官書以帝爲極星。則句陳四明星正句曲在後。其大者爲二等星。爲句陳一。卽今之北極星。史公謂之正妃。餘三星較微小。卽句陳二三四。爲四五等間之星。史公謂之後宮之屬。又因句陳四最近帝。其次爲句陳三。再次爲句陳二。最後爲句陳一。故曰末大星正妃。其說至簡且明。句陳六星之說。自晉後始。豈得以後人之說強前人以相同哉。況四輔四星。皆爲六等小星。無緣分別大星也。試觀星象。並參閱第十二圖。四輔四星在天樞之右。晉隋志之抱極四星也。帝等四星在天樞之左。宋史之句曲四星也。句陳四星在帝之後。天官書之後句四星也。方位瞭然。豈容混哉。且天官書以后與太子庶子謂之子屬。而以句陳四星爲正妃後宮之屬。區別甚明也。

環之匡衞十二星藩臣。皆曰紫宮。

總上諸星。皆屬紫宮。爲中官之正位。環極衆星之總綱也。步天歌始名之曰紫微垣。與天市太微並爲三垣。案晉書天文志紫宮垣十五星。西藩七。東藩八。即宋史所謂西藩右樞少尉上輔少輔上衞少衞上丞七星。東藩左樞上宰少宰上弼少弼上衞少衞少丞八星也。天官書謂爲十二星。指其明大者言也。蓋左垣之上衞。右垣之上衞及少丞。皆五六等小星。其餘十二星。皆三四等星。顯而易見。上衞少丞等三星本微小不相稱。此史公所以不數也。且天官書此言十二星藩臣曰紫宮。爲紫微垣之十二星。猶下言十二星曰旗。旗中四星曰天市。爲天市垣之十二星。及太微三光之廷十二星藩臣。爲太微垣之十二星。三垣各著以十二星。體例正同。而史記正譌漢書補注等。皆依據晉志之說。改作十五星。王元啓並云。考之天象作十五星爲是。王先謙云。晉志可證。二王不知史公特舉十二星。而不數三小星。正合天象。以晉志證天官書。是唐宋以後諸家之通病。後人所以不識天官書之精微者。皆狃於晉志誤之也。

前列直斗口三星。隨北端兌若見若不。曰陰德。或曰天一。

天一一星。近北斗之口。在紫宮帝星之前。陰德二星。在天一之北。俱爲五六等小星。視之未審。有若見若否之象。星經云。陰德二星。在紫微宮中。漢書天文志兌作銳。言星形尖斜也。因天一一星較陰德二星略明大。而陰德在天一之北。故曰隨北端銳。蓋由大而小。其形爲銳也。案天一在紫宮之前。陰德在紫宮之內。起天極以聯北斗。星光雖微而位置極爲重要。故天官書特提出之。今星圖陰德二星在右垣上輔之北。去天一略遠。是後世實測之變遷也。

紫宮左三星曰天槍。右五星曰天棓。

在紫宮帝星之左有三星曰天槍。今去極約四十度。帝星之右有五星曰天棓。去極約三十五度。當帝星在子午圈時。居北極之上。則天槍在左。天棓在右也。方苞史記補注曰。槍在紫宮之右。棓在左。疑史記傳寫之誤。案方氏所言。則帝星在子午圈時。居北極之下。故槍在右而棓在左也。蓋恆星環極旋轉。其方位之上下左右。隨時而異。方氏謂史記傳寫之誤者。知其一未睹其二也。

後六星。絕漢抵營室。曰閣道。

上以天一爲紫宮之前。則閣道六星適在其後。閣道中二星在天漢之兩邊。北二星在天漢之北。正向紫宮。南二星在天漢之南。斜指室宿。故曰絕漢抵營室也。天官書明言後六星曰閣道。絕漢抵室。所以明其方向也。而正義謂營室七星。正譌謂營室離宮共九星。作無爲之爭辯。徒見枝節。天官書言星象或著星數。或不著星數。蓋當時依據觀象實測。著其犖犖大者焉。而注家必徵引後世天文志星數以爲證。嗤嗤不休。徒眩讀者之目。反失天官之指矣。

北斗七星。所謂璇璣玉衡以齊七政。

北斗七星。最爲著名。仰觀星象。以此爲首。七星均爲二等左右之星。觀望甚明。七星又各有專名。一曰天樞。二曰天璇。三曰天璣。四曰天權。五曰玉衡。六曰開陽。七曰搖光。樞璇璣權謂之斗魁。衡陽搖光謂之斗杓。璇樞二星。今名之曰指極星。因由璇向樞。虛設一直線。引長之。可定北極星之所在。且璇樞二星之角距約五度。樞璣二星之角距約十度。觀此可比測各星之距度也。漢書補注曰。蕭吉五行大義引尚書說云。璇璣斗魁四星。玉衡杓橫三星。璇璣玉衡。卽所謂北斗七星也。又引尚書考靈曜曰。日月者時之主。五星者時之紀也。是七政爲日月五星。視斗所建。以定四時。而日月五星之行不失其躔度。故曰以齊七政。案舜典云。受終于文祖。在璇璣玉衡以齊七政。史公從古尚書說。故亦云。

杓攜龍角。衡殷南斗。魁枕參首。

攜、連也。杓連龍角。故曰攜龍角。角宿也。蓋角在子午圈時。杓正南向以對之。卽角宿第一星與杓之搖光及帝星。約在一直線也。且此星與杓之開陽及今之極星。亦在一直線也。衡、玉衡也。杓中之一星。殷、中也。衡當南斗。故曰殷。蓋南斗在子午圈時。衡正南向以對之。卽南斗中二星與玉衡約在一直線也。魁在參宿兩肩之上。故曰枕。蓋參在子午圈時。魁正南向以對之。卽由魁之天機傍天樞以至參右肩。由天權傍天璇以至參左肩。皆在一直線也。如第三圖。由此推之。觀杓而知角。觀衡而知斗。觀魁而知參。察北斗之循行。足以窺大塊之文章。握渾天之璇璣。下言斗爲帝車。運於中央而臨制四鄉。則其理益明。其象益顯矣。史公家世星官。綱紀有法。探玄演象。鉤深致遠。豈後世象數之家。窮年盡氣。淩雜米鹽者。所能道其隻字哉。亦豈後世注疏之家。膠柱鼓瑟。因襲餖飣者。所能窺其閫惜哉。

第三圖

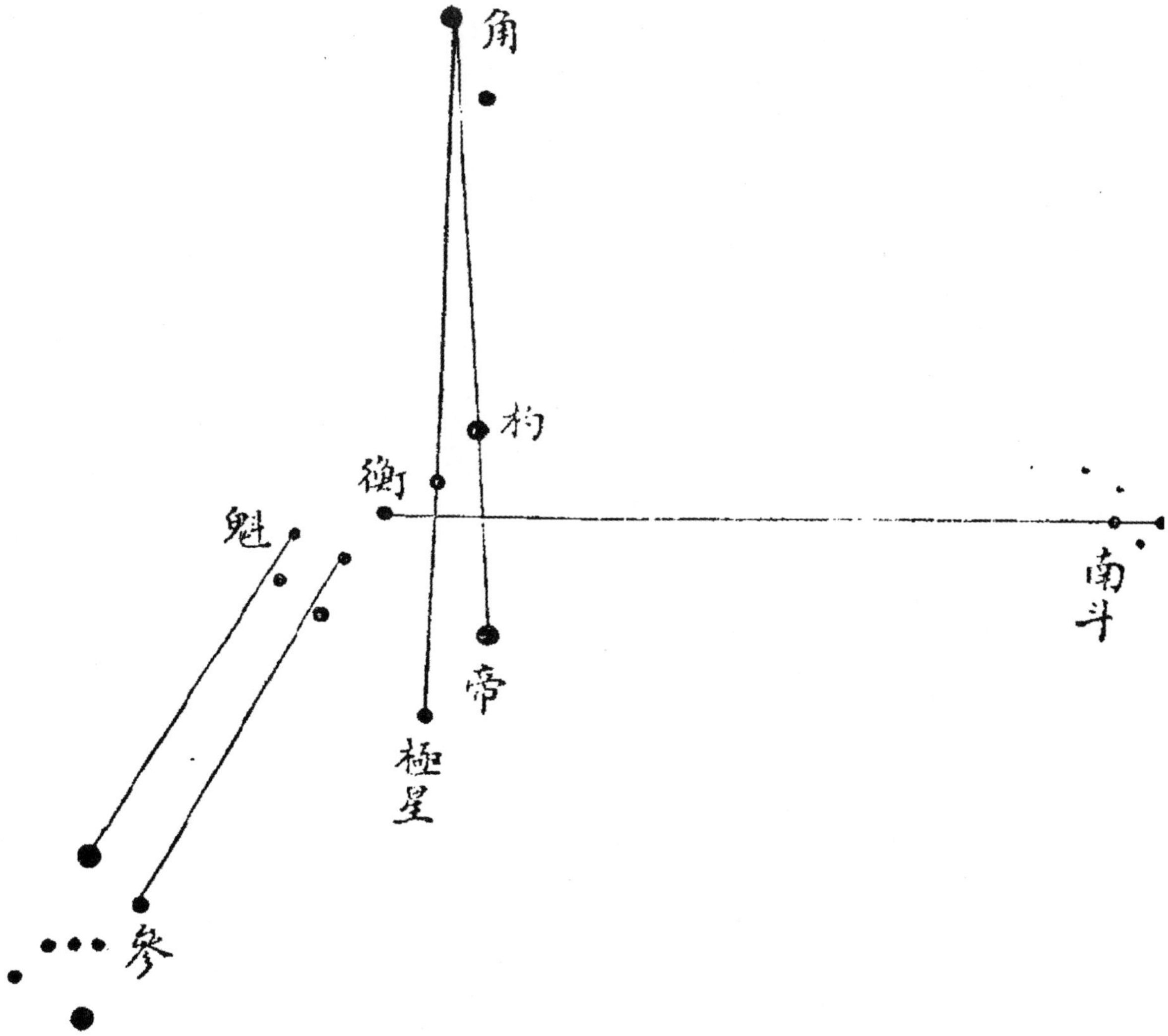

用昏建者杓。杓自華以西南。夜半建者衡。衡殷中州河濟之間。平旦建者魁。魁海岱以東北也。

北斗七星環極旋轉。月移一辰。辰移三十度。十二月而一周。或一晝夜而移三百六十度。仰觀星象。可知時節。惟隨時隨地所見不同耳。故用昏建杓者華以西南。夜半建衡者中州河濟。平旦建魁者海岱東北也。蓋杓正西南。魁對東北。而衡殷中央也。昔梅瑴成嘗以辰次考之。曰杓入壽星。衡入鶉尾。魁入鶉火。若初昏杓指寅。則夜半衡指午。平旦魁指戌。舉斗首中末三星。於昏旦夜半三時恰臨三方也。又曰。推天官書之意。衡亦可言建。魁亦可言建。不僅杓也。夜半亦有建。平旦亦有建。不必初昏也。其說甚圓。然梅氏僅以北斗首中末三星所屬辰次言。實與上文杓攜龍角。及下文斗杓所指以建時節語不合。天官書言杓攜龍角。則角入壽星。衡殷南斗。則斗入星紀。魁枕參首。則參入實沈。如以歲差考之。周秦之際。初昏斗杓指寅。是在立春之時。故下文有斗杓所指以建時節曰攝提格。寅爲攝提格。爲審知時節之起原。鶡冠子曰。斗柄所指。天下皆春。同此候也。當在立春夜半。衡殷南斗。則所指亦正在寅。故孟康曰。假令杓昏建寅。衡夜半亦建寅也。其說至爲簡明。若在立春平旦。則魁枕參首。當指子而不指寅。正義謂北斗旦建。斗魁指寅。因孟說而附會之。非也。天官書本未言三時同指一方。所謂用昏建杓。夜半建衡。平旦建魁者。其原蓋出於周秦之際。當時本諸實測。非漫設焉。

斗爲帝車。運於中央。臨制四鄉。分陰陽。建四時。均五行。移節度。定諸紀。皆繫於斗。

觀北斗七星之方位。可以知四時。定節氣。而渾天星象。皆與北斗環極旋行。故以斗爲帝車。運於中央而臨制四鄉。諸紀者。年月日時也。定諸紀者。因北斗之轉移而定年月日時也。陰陽者。日月也。五行者。水金火木土五星也。分陰陽均五行者。因北斗七星以齊七政也。淮南天文訓曰。帝張四維。運之於斗。月徙一辰。復反其所。正月指寅。十二月指丑。一歲爲帀。終而復始。天官書所謂建四時。移節度者。與淮南之說合。

斗魁戴匡六星。曰文昌宮。一曰上將。二曰次將。三曰貴相。四曰司命。五曰司中。六曰司祿。

文昌宮六星在斗魁之上。故曰戴匡。皆屬四五等星。星經曰。文昌六星如半月形。在北斗魁前。春秋文耀鉤曰。魁戴匡六星曰文昌宮。爲六府。案六星之名。自漢書天文志以後各有不同。此命名之變遷也。

在斗魁中。貴人之牢。

案星經天理四星。在北斗魁中。主貴人牢。爲執法官。今觀斗魁之中。天理四星。皆爲六等小星。貴人牢與下賤人牢。取象同也。或云在字上脫四星二字。或云脫天理二字。或云貴人上當有曰字。說皆可通。

魁下六星。兩兩相比。曰三能。三能色齊君臣和。不齊爲乖戾。

案蘇林曰能音台。索隱曰魁下六星。兩兩相比。曰三台。是也。三台者。即今之上台中台下台也。上台起文昌。中台對軒轅。下台抵太微。每二星相近不及半度。故曰兩兩相比。三台之間各相去約十六度。距離相等。而不端列。當其在初升將落時。望之若皆平行而齊整。及在中天。則正側參差顯見其不齊。由此可想見古人實測所得。言下見象所謂色齊不齊者。因視線之方向不同故也。後人不明其理。遂因君臣和戾之說。目爲占驗而不加深考。有失書旨矣。

輔星明近。輔臣親彊。斥小疏弱。

輔星在開陽之旁。晉志曰。輔星附乎開陽。孟康曰。在北斗第六星旁是也。明近者。謂其與斗杓相近也。輔星爲六等小星。斥小者目視未審。覺其遠且小也。故明近者言星之方位。斥小者言星之光度。非此星之忽遠忽近。忽明忽暗也。輔臣親疏之說。以字義占之也。

杓端有兩星。一內爲矛。招搖。一外爲盾。天鋒。

斗杓搖光之南約十度。有星名招搖。爲矛。淮南天文訓曰。招搖所指。天下皆春。卽此星也。更南十度。有星名天鋒。爲盾。星經以天鋒爲梗河。故後世有梗河之星。而無天鋒之名。內者近杓。外者遠杓也。案招搖貫索侵入東官。三台侵入南官。足證天官書以帝爲極星。蓋周秦之際。北極在帝之南約五度。與今極相距約二十度。故招搖等星較近於極。自當列入中官矣。

有句圜十五星屬杓。曰賤人之牢。其牢中星實則囚多。虛則開出。

杓之東南有星句曲如圜。望之如半圓形。索隱曰貫索。謂如囚徒之鐵索。西史曰北冕。謂如新婦之花冠。回回曰缺碗。謂如破碎之杯盤。命名不同。取義各別。而形容星象則一也。如泥於名義。繫於占驗。則中西一凶一吉。何可憑哉。近貫索第六星在句圜之內。有著名變星。牢中虛實變星明暗之象也。古人占驗之說。皆有所憑藉假借。非向壁虛造也。史記正義曰。句七星曰七公。圜八星曰貫索。貫索本九星。正北一星常隱不見。見則反以爲變。故與七公並數得十五星也。舊注專指貫索。則但有圜星無句星矣。案七公七星在貫索之北。與貫索相近。惟貫索九星。七公七星。雖見於星經。詳於晉隋志。皆唐人所定之數。不足以證天官書之星數也。索隱專指貫索。未可厚非。況今貫索十五星。歷歷可數。即如西名北冕。正以十五星爲一座。正譌強分句七圜八。反失之鑿矣。

天一槍棓矛盾動搖角大。兵起。

動搖角大者。恆星閃光之象也。據天文家言星之閃光。由空氣鼓盪所致。其原因亦頗複雜。而現象亦甚奇異。摘錄數則。以備參證。星之閃光各夜不同。一也。大星之閃光甚於小星。二也。近地平者閃光甚於近天頂。三也。傍晚之時閃動甚於深夜。四也。冬夜之星閃動甚於夏夜。五也。雨天之前。星閃尤甚。雨過天晴。星閃特減。六也。大概恆星無不閃光。其閃光之度。每秒鐘至多百次。至少五十次。其動搖之象甚爲顯著。兵起之說。由槍棓矛盾取象。望文生義也。案史記正譌云。今前文矛盾下不言星變之占。獨附於句圜十五星後。於上文賤人之牢。則既義不相蒙。於前文矛盾諸星。則又文不相屬。知爲後人增入無疑也。或云此語前漢志有之。恐史公舊本如此。然班固所錄。亦祇據哀平間傳本。蓋西漢人所附入者。志所不載者。則又東漢以後所續附者矣。

東宮蒼龍。

古以赤道星象分爲二十八宿。而定四方之位。考漢元封七年太史令司馬遷等。定東西。立晷儀。下漏刻。以追二十八宿相距於四方。東方七宿角亢氐房心尾箕曰東宫。因角爲龍角。心爲龍心。尾爲龍尾。故曰蒼龍。其宫爲壽星大火析木。案曲禮言前朱鳥而後元武。左青龍而右白虎。此列宿之四象也。堯典日中星鳥以殷仲春。日永星火以正仲夏。宵中星虛以殷仲秋。日短星昴以正仲冬。此四時之中星也。蓋恆星因地之轉移，而四時所見不同。春分南方鳥中。夏至東方火中。秋分北方虛中。冬至西方昴中。以四象定四方之位。測四時之星。其由來遠矣。孔穎達尙書疏曰。四方皆七宿。各成一形。東方龍。西方虎。皆南首而北尾。南方鳥。北方龜。皆西首而東尾。張衡靈憲曰。蒼龍連蜷於左。白虎猛據於右。朱雀奮翼於前。靈龜圈首於後。蓋古人察星之形。詳星之勢。與物彷彿。即以物名之。或合數星爲一象。或合衆象爲一形。形象既定。仰觀有據。考之西史。二千年前希臘天文家以黃道南北八度間星分十二象。如白羊金牛雙子巨蟹獅子室女天秤天蝎人馬磨蝎寶瓶雙魚。取義正相同也。

房心。

房心。東方二宿之名也。居東方之正位。爲七宿之總綱。故天官書特表而出之。西古法以心大星軒轅大星畢大星北落師門爲四大坐星。蓋以心主東方。軒轅主南方。畢主西方。北落主北方。因四星赤經相距略等。足以表四方之位。正與天官書房心權衡咸池虛危命意相同。

心爲明堂。大星天王。前後星子屬。不欲直。直則天王失計。

心宿三星。今在赤道南不過三十度。房宿之東。尾宿之西。中有一等大星。其色紅。天官書所謂赤比心是也。左傳云心爲大火。而希臘原名謂之敵火。以其色紅如火星也。所謂天王者言其大也。前星在大星之西南爲二等。後星在大星之東北爲三等。洪範五行傳以前星爲太子。後星爲庶子者。亦喻星之大小也。猶中官天極星旁之子屬也。心宿三星並不在一直線上。稍形彎曲。此直不直之說。所由起也。

房爲天府。曰天駟。其陰右驂。

房宿四星與心相近。在心之西。心爲堂。房爲府也。書經辰弗集於房。爲世界各國第一日食之紀載。漢書客星見於房。又爲世界各國第一客星之實錄。足證中國天學之早。及房星定名之古也。宋均曰。房四星間有三道。日月五星所從出入。案房近黃道。爲日月五星必經之路。所謂三道者。如天之府也。七政出入如駟馬盈門也。爾雅云。天駟。房也。故天官書以房爲天駟。國語云月在天駟。即此星也。房之北爲右驂。因駟馬之說。而有右驂之名。古人名星。往往以字義連類及之。便於記憶。易於仰觀也。案今星圖無右驂之星。惟房星之北。左右各四星。名東咸西咸者。即左右驂也。

旁有兩星曰衿。北一星曰舝。

衿兩星在赤道南十八度。房宿第三星與第四星之間。今名鉤鈐者是也。房北一星曰舝。今名鍵閉者是也。說文云。舝。車軸耑鍵也。玉篇云鉤鈐。車轄也。因近旁駟驂而取義衿舝也。鈐衿通借字。漢志亦作衿。或據索隱元命苞鉤鈐二星語。而徑改作鈐。非也。

東北曲十二星曰旗。旗中四星曰天市。市中六星曰市樓。市中星衆者實。其虛則耗。

晉書天文志曰。天市垣二十二星。在房心東北。一曰天旗庭。宋史天文志曰。天市垣東藩十一星。宋南海燕東海徐吳越齊中山九河趙魏。西藩十一星。韓楚梁巴蜀秦周鄭晉河間河中。天官書所謂旗者。晉志之所謂天旗庭也。正義謂河鼓左右旗。非也。河鼓在北官。亦不屬天市垣。未可混也。天官書謂十二星者。指其大者言也。蓋宋韓蜀梁齊河中六星。皆三等以上。楚東海吳越南海周燕六星。皆四等以上之星。其餘皆近四五等矣。且天市垣二十二星之說。自晉後始。或謂天官書十二星。乃二十二星之誤者。非也。案旗中四星。似指天市垣內宗正一斛二帝坐侯四星。因此四星皆二三等星。獨明大易見。餘皆四等以下小星矣。市樓六星。正在漢中。南海之北。宋燕之間。因漢中小星密聚。目視未審。若有若無。或多或少。故有虛實之說。

房南衆星曰騎官。

騎官衆星。在赤道南四十五度左右。房宿西南約十餘度。星經云。騎官二十七星在氐南者。氐與房近故也。

左角李。右角將。

角、角宿也。角宿第一星在黃道之南約二度。角宿第二星在黃道之北約八度餘。索隱云。李卽理。理、法官也。正義曰。左角爲理。其南太陽道。右角爲將。其北太陰道。案角第一星爲月道所必經。正義所謂太陰道者。以角近月道。太陽道者。以角近黃道故也。案今西法以角一婁三畢五北河三軒轅十四心二河鼓二北落師門室一爲航海九星。因月道所必經。用以測舟行海上之經度也。

大角者。天王帝廷。其兩旁各有三星。鼎足句之。曰攝提。

大角爲北天最明之恆星。其色橙黃。在紫宮帝星之南。心大星天王之北。太微五帝坐之東。天市帝坐之西。故曰天王帝廷。其西南星曰右攝提。東南星曰左攝提。成鼎足之形。元命苞曰。攝提之爲言提攜也。言提斗攜角。以接於下也。

攝提者。直斗杓所指。以建時節。故曰攝提格。

由歲差之理。及上文用昏建杓。杓攜龍角。語推之。是周秦之際。斗杓指寅。正在立春初昏時也。如由帝星過斗杓。經招搖。向大角。正指東北寅宮。淮南天文訓曰。招搖所指。天下皆春。是也。又云。正月建寅。日月俱入營室。蔡邕曰。顓頊曆術云。天元正月己巳朔旦立春。俱以日月起于天廟營室五度。今月令孟春之月。日在營室。其言宿度與淮南合。明淮南所用卽顓頊曆也。史記曆書曰。年名焉逢攝提格。月名畢聚。日得甲子。夜半朔旦冬至。虞喜曰。天元之始。十一月甲子夜半朔旦冬至。日月若合璧。五星如聯珠。俱起牽牛之初度。由此推之。斗杓指寅。在立春初昏。則日在營室五度。冬至正在牽牛初度。史志所載。一一符合。古人以斗杓所指爲審知時節之起原。因立春初昏指寅。卽以名年。故爾雅曰歲在寅爲攝提格。又恐斗杓所指未顯。復聯絡大角攝提以明其方位。故曰攝提者。直斗杓所指以建時節。史公與洛下閎等。沿襲秦之顓頊曆作太初曆。故亦以斗杓所指以建時節爲攝提格。

亢爲疏廟。主疾。

亢宿四星在赤道南八度餘。大角之南。角宿之東。狀似彎弓。宋均曰。疏、外也。疏廟承上天王帝廷取象也。

其南北兩大星。曰南門。

案今南門一爲二等星。在赤道南五十三度五分強。北緯三十六度四十五分以南。始得望見之。南門二爲一等以上之大星。在赤道南六十度三十二分弱。北緯二十九度二十八分以南。始得見之。

然古今星距赤道有遠近。天官書以帝爲極星。以歲差求之。漢初北極。在今極之南約二十度。南門一在赤道南約三十三度餘。南門二在赤道南約四十度餘。如在北緯三十六度之處望之。當星在南中時。南門一高出地平約二十一度。南門二約十四度。燦然易見。鄭伯奇夏小正南門星攷曰。天官書南北兩大星曰南門。即庫樓外之南門。北字爲衍文無疑。若亢宿南北兩星。今測皆爲四等。無緣稱爲大星也。徵君粤人。觀望南天星象。更爲明晰。

氐爲天根。主疫。

氐宿四星在赤道南十度與二十度之間。亢之東。房之西。跨黃道南北。謂之天根。爾雅曰。天根氐也。注云。角下繫于氐。猶木之有根。案氐四爲青綠色。極可觀。與北斗之搖光及大角。正在一直線上。而大角正當搖光與氐四之中央。

尾爲九子。曰君臣。斥絕不和。

尾宿九星。彎曲如尾。在心宿之東南。正義曰。尾九星爲後宮。亦爲九子。星近心第一星爲后。次三星妃。次三星嬪。末二星妾。蓋以心大星爲天王。以尾近心。故爲后妃嬪妾之屬。王先謙曰。爲曰同義。尾爲九子曰君臣。與房爲府曰天駟。箕爲敖客曰口舌。同一句例。猶言爲九子。又爲君臣也。斥絕者。言尾九星之彎曲舒展。斥遠隔絕。大小不相承。故以君臣不和占之。

箕爲敖客。曰口舌。

箕宿四星形如箕。在尾之東。黃道之南。處天漢之中。詩曰。維南有箕。載翕其舌。又曰。哆兮哆兮。成是南箕。故謂爲敖客。而取象口舌也。

火犯守角則有戰。房心王者惡之也。

索隱曰。韋昭云。火、熒惑。案熒惑。火星也。爲行星之一。曆象考成曰。凡行星與恆星相距三分以內曰凌。一度以內曰犯。同度曰掩。行速者爲凌犯之星。行遲者爲受凌犯之星。行星由順而逆。或由逆而順之處。曰留。或曰守。據近測火星軌道出入黃道南北約一度五十一分二秒。而角宿大星及房心衆星。離黃道不過二度。爲火星必經之路。故常被凌犯。古以熒惑犯舍。謂之不祥。如占經引洛書曰。熒惑犯房。國君出亡。黃帝占曰。熒惑守房。天子車駕有驚。演孔圖曰。熒惑在心。則縞素麻衣。春秋緯曰。熒惑守心。海內哭。王者所以惡之也。

南宮朱鳥。

南方七宿。井鬼柳星張翼軫爲南宮。象朱鳥。柳爲鳥咮。張爲鳥嗉。星爲鳥頸。翼爲鳥羽。故曰朱鳥。因名其宮曰鶉首鶉火鶉尾、鶉朱鳥也。

權衡。

集解孟康曰。軒轅爲權。太微爲衡。非北斗七星中之權衡也。雖天權屬鶉火。玉衡屬鶉尾。亦在朱鳥七宿之中。觀下文詞氣。孟說甚當。蓋天官書以太微垣及軒轅衆星居七宿之中央。爲南宮之權衡。故特分別出之。

衡太微。三光之廷。

案太微垣在翼軫之北。大角之西。軒轅之東。三光者。日月五星也。日之視行。恆在黃道。月與五星。若皆循黃道而行。其軌道與黃道斜交。據近測月道出入黃道南北五度八分四十秒。水星七度零八秒。金星三度二十三分三十五秒。火星一度五十一分二秒。木星一度十八分四十一秒。土星二度三十分。太微垣南接黃道。爲日月五星必經之路。故曰三光之廷。

匡衛十二星藩臣。西將東相。南四星執法。中端門。門左右掖門。門內六星諸侯。其五星五帝坐。後聚一十五星蔚然。曰郎位。傍一大星。將位也。

案今五帝坐五星。居太微垣之中。坐其第一星最大。爲二等。餘四星皆五等小星。五諸侯五星。在太微西北垣內。天官書謂爲六星。與後世晉隋諸志不同。正義云。五諸侯五星。列在帝廷。又云諸侯五星在東井北。不知東井之北。另有五諸侯五星。與太微垣之五諸侯。相去甚遠。正義往往混舉同名之星。移彼釋此。昧於天象。漫無抉擇。猶天極星旁三公。則注以杓東魁西兩三公。如此類者。不勝枚舉。張守節但求引徵之博。而不知混亂之弊。適足以迷誤讀者也。在太微西垣爲西上相西次相西上將西次將四星。其東垣爲東上相東次相東上將東次將四星。其南爲左執法右執法四星。今星圖左執法右執法各有一星。所謂藩臣十二星。環之如匡衛。與紫宮之藩臣。取義正相同。晉志曰。左執法之東左掖門。右執法之西右掖門。即天官書之左右掖門也。五諸侯之後爲郎位十五星。皆五六等小星。所謂郎將大星。在郎位之旁。亦不過五等耳。蔚然者。言郎位之團聚一處。衆星蔚茂也。郎位本著名星團。其中細星疏散。最易分析。如以小遠鏡窺之。如第四圖。圖中大者十五星。適合天官之數。

月五星順入軌道。司其出。所守。天子所誅也。其逆入若不軌道。以所犯命之。中坐成形。皆羣下從謀也。金火尤甚。

五星皆繞日而行。其軌道爲橢圓。與黃道斜交。有一定之法則。然人在地觀察。見其忽順忽逆。若留若守者。由人所居之地不在星道之心。而亦如行星之繞日。自行於本軌。因生視差故也。如第五圖。吾師考慕

第四圖

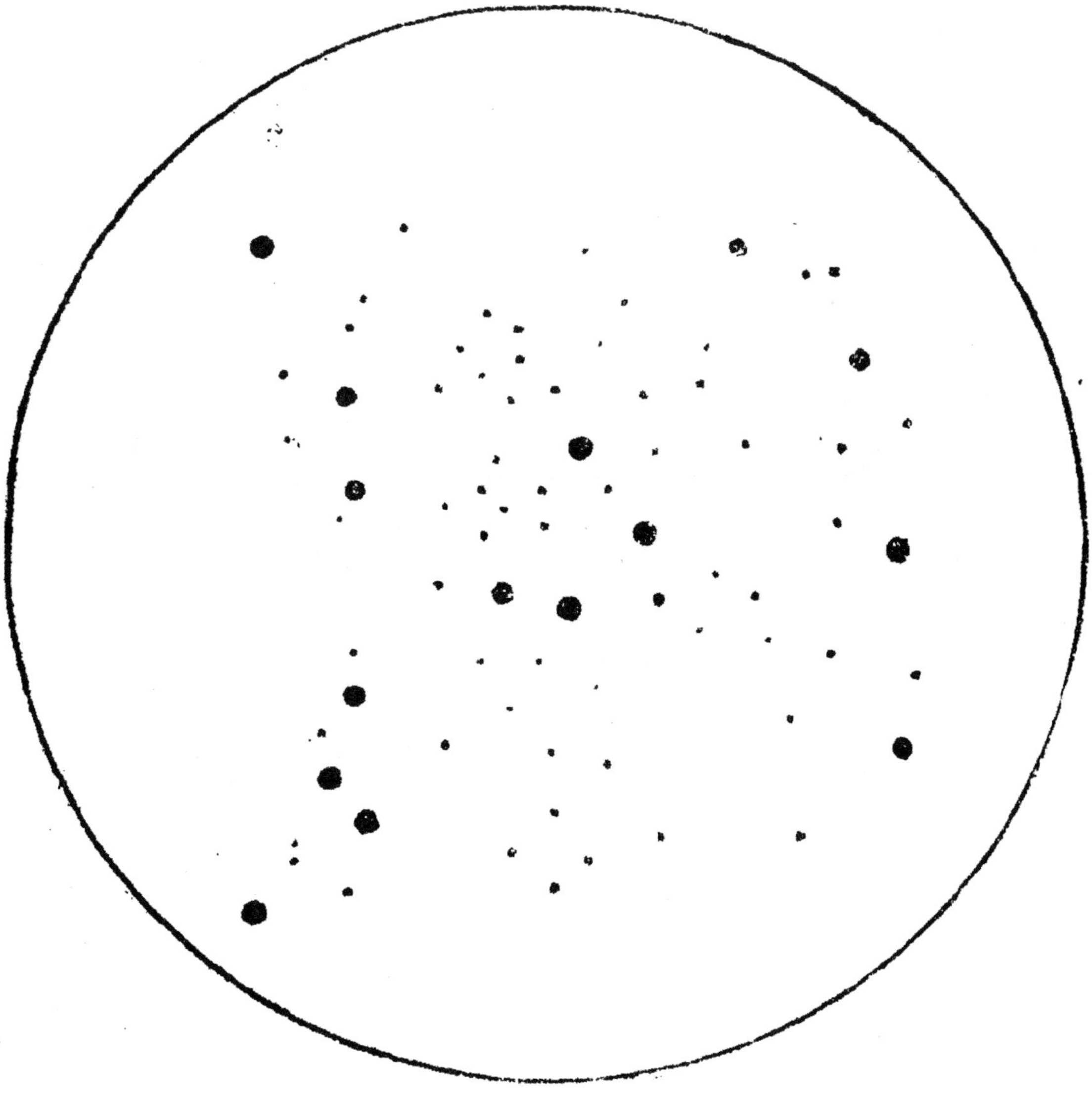

司篤克於一八九四年。實測火星在婁宿附近之行道。極爲精密。第六圖。著者所測一九二六年火星順逆。第七圖爲金星行道。英天文家綠鉤野於一八六八年所測。由甲至乙。自西而東。爲順入乙爲留。或爲守。由乙至丙。自東而西。爲逆入丙。又爲留。由丙至丁。復爲順入。總計之。順

第五圖

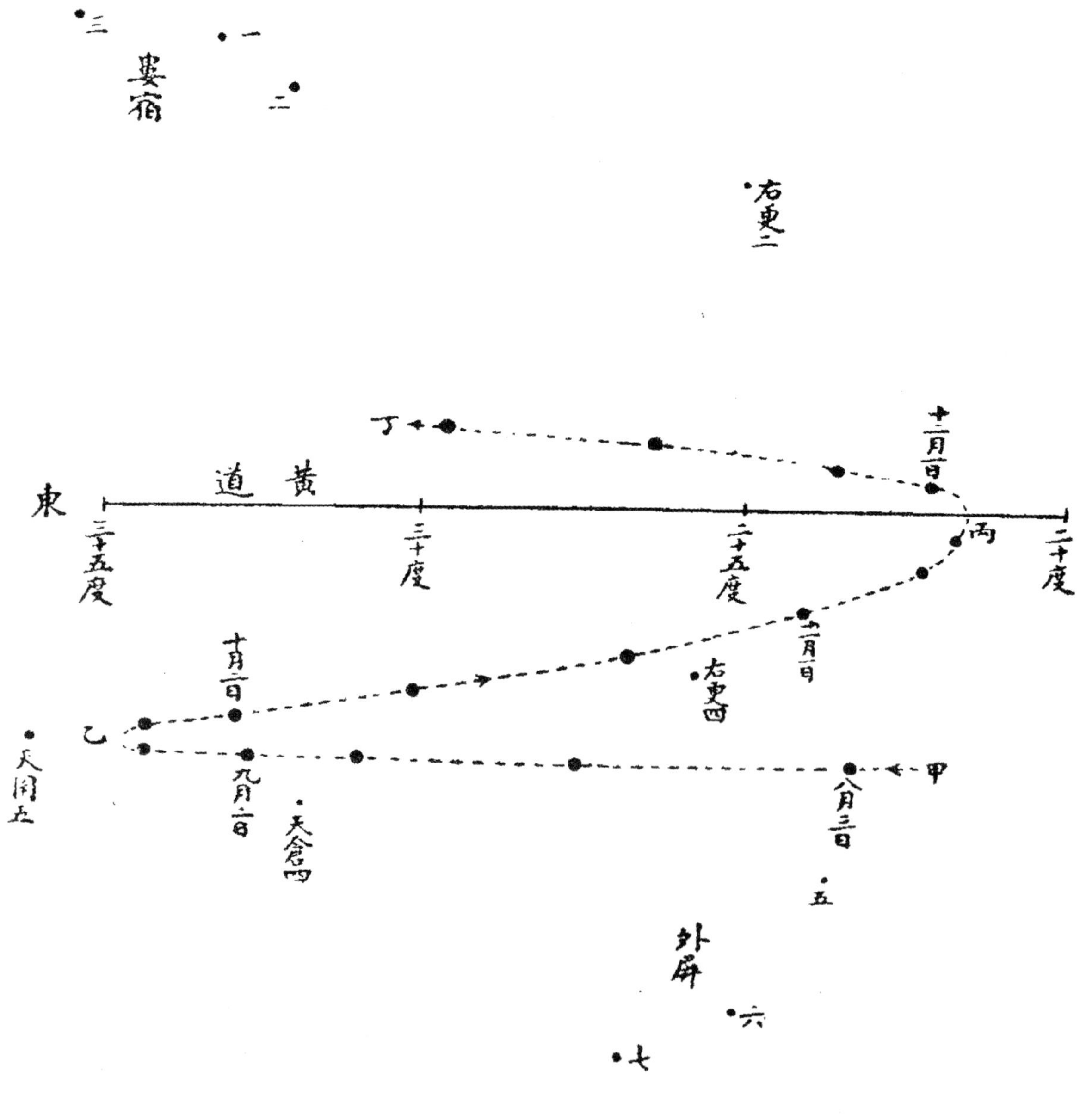

第六圖

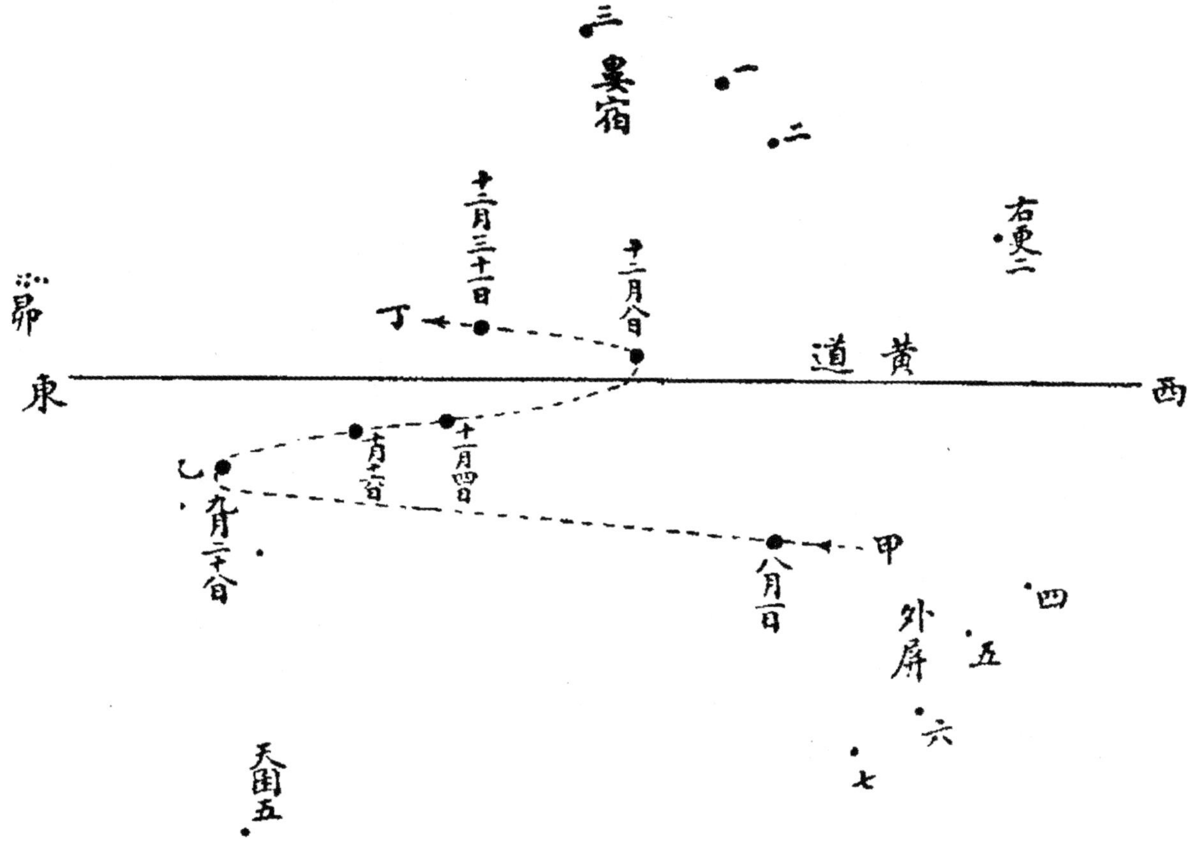

第七圖

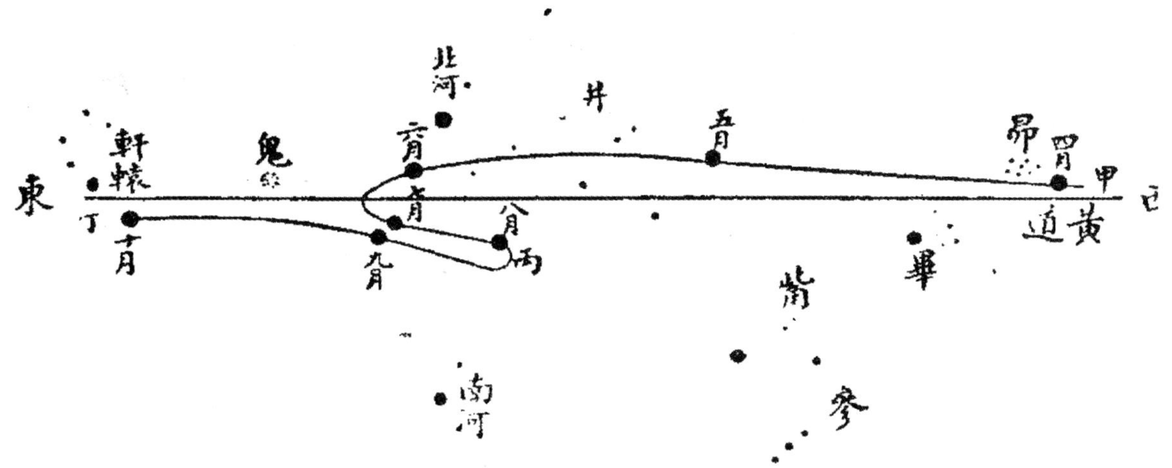

入之時多。逆入之時少。而留守之時更短。因時間之短少。古人遂以逆入留守爲不常。而目爲變異。乃起災祥之占矣。金火二星最近地球。所見順逆留守之象爲尤著。故曰金火尤甚。史記札記曰。司其出。謂自太微廷過五帝坐而東也。守者。留而不去也。犯者。獵其旁也。中坐五帝坐之中一星也。

廷藩西有隋星四。曰少微士大夫。

廷、太微三光之廷。藩、匡衞藩臣也。正義曰。少微四星在太微西。南北列。第一星處士也。第二星議士也。第三星博士也。第四星大夫也。今本史記作隋星五誤。漢書天文志作四是也。索隱宋均曰。南北爲隋。隋垂下也。

權軒轅。軒轅黃龍體。

軒轅諸星在赤道北十度與四十度之間。上台以南。蜿蜒如龍形。故曰黃龍體。西名獅子。以軒轅句曲如鎌之部爲首。五帝坐諸星爲尾。亦象形也。

前大星女主象。旁小星御者後宮之屬。

軒轅第十四星爲一等大星。色純白。最近黃道。因其在五帝坐之旁。故爲女主象。其北諸星皆二等以下言其小。故曰後宮之屬。援神契曰。軒轅。後宮所居。淮南天文訓曰。軒轅者。帝妃之舍也。每年八月二十日。太陽適行過此星。而月則每月行近此星。且或掩之。故西史謂之黃金計里石。蓋所以測日月之行道也。上言三光之廷。衆星之權衡者。其理益顯。

月五星守犯者。如衡占。

軒轅南部諸星。旣近黃道。則月與五星恆得守犯之。天官書以其現象與衡中星同。故曰如衡占。

東井爲水事。

井宿八星越黃道南北。形如井字而不端列。因井字之義而爲水事。

其西曲星曰鉞。鉞北北河。南南河。兩河天闕間爲關梁。

井宿之西有星曰鉞。在黃道之南不過一度。其北爲北河。其南爲南河。南北河各三星。第三星皆爲一等大星。南河色白。北河橙黃。兩河天闕間。爲日月五星之要道。故曰關梁。

輿鬼。鬼祠事。中白者爲質。

鬼宿四星在北河之東南。軒轅之西。離黃道不過五度。中白者爲質。乃著名之星團也。望之如白氣。

如以遠鏡窺之。即能分爲無數小星也。正義云。鬼中星爲積尸。一名質。觀象玩占曰。鬼中央白色如粉絮者。謂之積尸氣。如雲非雲。如星非星。見氣而已。宋史天文志曰。積尸氣在鬼宿中孛孛然。明史天文志曰。雲漢爲無數小星。鬼宿中積尸亦然。英人舊時名之曰蜂窠。亦頗足以形容之。考西曆十六世紀中葉。意國天文家茄蘭利初創遠鏡。窺被鬼宿中積尸。大爲詫異。曰吾以爲積尸祇一星耳。而孰知有四十餘星乎。茄氏於二大星外。得見三十六小星。並作圖以狀其所見。今以原圖複製於此。如第八圖。當時傳爲異聞。又爲天文史上極大發明也。史記正譌。

第八圖

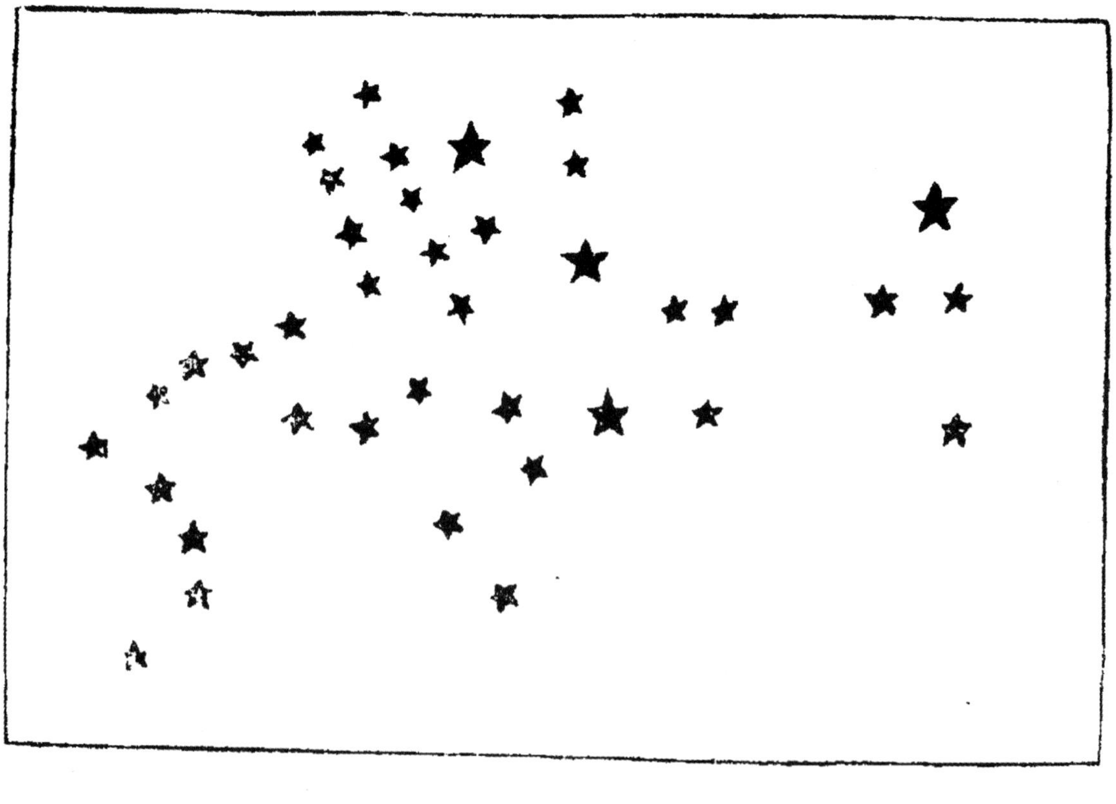

陳子龍曰。舊傳鬼宿中積尸氣如雲耳。近測得二大星中間。實有三十六小星。此皆古人儀器未精之故。陳氏之說。亦採自西史。指茄氏之實測也。故其說相合。若以小遠鏡窺之。其狀如第九圖。可見六七十星焉。其中細星。或成對。或成三角形。亦甚奇也。

火守南北河。兵起。穀不登。故德成衡。觀成潢。傷成鉞。禍成

第九圖

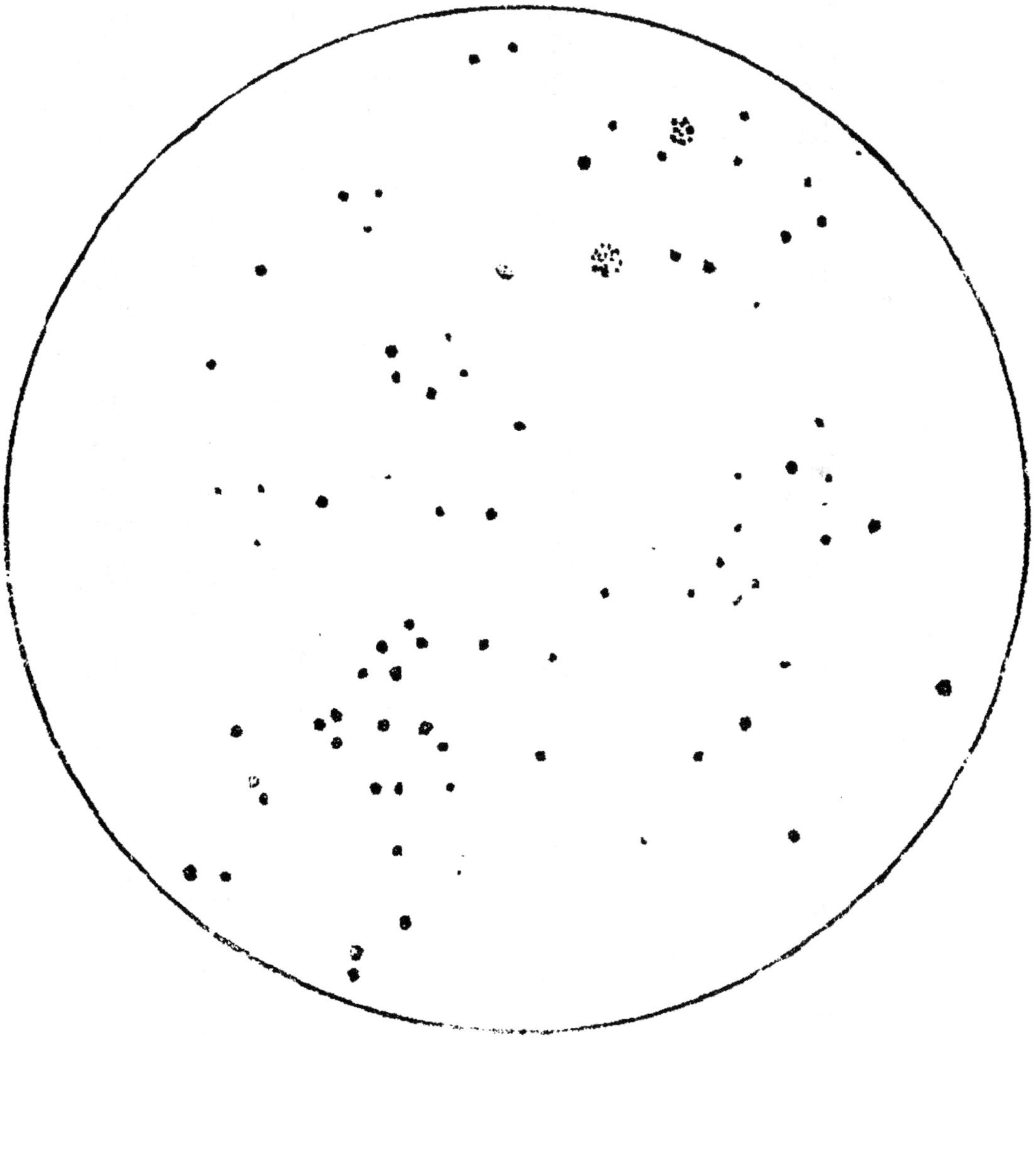

井。誅成質。

南北河爲黃道星象。火星出入必經之道。故得守犯之。衡潢鉞井質亦然。集解曰。潢爲五帝車舍。案五車第五星。頗近黃道。故火星亦得守犯之。因守犯之故天官書各繫於占驗之說。惟潢爲五車。屬西官。似不應列此。史記正譌謂潢係瀆字之譌。因井南有四瀆星故也。然天官書上文未及四瀆。此處附於星占亦文不相屬。或係權字之誤。蓋上文所述權與衡鉞井質皆近黃道者也。

柳爲鳥注。主木草。

柳宿八星。在黃道之南。赤道之北。漢書天文志注作喙。朱鳥之口也。爾雅曰。鳥喙謂之柳是也。因柳字之義而爲主木草。

七星頸員官。主急事。

星宿七星。在柳之東南。形如北斗而微小。惟第一星爲二等。索隱曰。頸、朱鳥頸也。員官、喉嚨也。物在喉嚨。終不久留。故占主急事。

張素爲廚。主觴客。

張宿六星。在星之東。翼之西。赤道南不過十度。索隱曰。素、嗉也。爾雅云。鳥張嗉。郭璞注曰。嗉、鳥受食處也。故占主觴客。

翼爲羽翮。主遠客。

翼宿二十二星。在張之東。太微之南。如朱鳥之羽翮也。

軫爲車。主風。

軫宿四星。在翼之東。朱鳥七宿之一。西名鴉。又名大風之鳥。其命意相類。亦甚奇也。宋均曰。軫四星居中。又有二星爲左右轄。車之象也。軫與巽同位爲風。車動行疾似之。案此言軫爲車。有主風之占。下言畢爲罕車。而古有好雨之說。則星有好風。星有好雨者。豈皆以車動行疾象之乎。殊未可一例論也。

其旁有一小星曰長沙。星星不欲明。明與四星等。

軫四星之中。有五等小星。曰長沙。漢書補注。朱一新曰。星星。微明也。王先謙曰。朱說是也。志序次諸星名。不著星字則星星當屬連下讀明矣。星星者。白微有光似狀不欲明之象。因在軫四星內。特言此別之。案星星二字連讀是也。惟王氏謂漢志諸星名下不著星字誤矣。觀史漢所述輔星建星江星等。皆著星字。王氏何疏忽若此。

五星入軫中。兵大起。

軫近黃道。故五星得入之。兵起之占。因軫有兵車之象也。

軫南衆星曰天庫樓。庫有五車。車星角若益衆。及不具。無處車馬。

庫樓衆星。在軫之東南。赤道南三十度與五十度之間。而五車諸星在赤道北三十度與五十度之間。卽下文所謂五帝車舍也。遠在軫之西北。此言庫有五車者。指軫南庫樓衆星內外之五柱也。晉志云。庫樓十星。其六大星爲庫。南四星爲樓。一曰天庫。兵車之府也。旁十五星。三三而聚者。柱也。隋宋諸志俱同。車星角若益衆者。言星動芒角益見衆多也。五柱十五星。三三而聚。分布五處而不端列。故曰不具。如車馬散處也。下言三柱不具同一體例。

西宮。

西宮七宿。奎婁胃昴畢參觜。或謂象白虎。因參爲白虎。觜爲虎首也。其宮曰降婁實沈大梁。

咸池。

案天官書以咸池爲天五潢。五潢爲五帝車舍。卽今之五車也。咸池三小星。天潢五小星。皆在五車之中。故以咸池爲西方正位也。漢書補注吳仁傑曰。蒼龍總東方七宿言之。朱鳥玄武各總其方七宿而言之。至咸池別一星名。自在二十八宿之外。晉志所謂天潢南三星咸池魚囿者。豈所以總西方七宿。今以咸池與蒼龍朱鳥玄武並稱。又別參爲白虎於昴畢之後。何類例之駁也。錢大昕三史拾遺引淮南子斗杓爲小歲。咸池爲大歲。以斗爲帝車。咸池爲五車。各有運轉之象。謂古書言咸池者。皆兼五潢五車三柱言之。故史公以咸池爲五帝車舍。春秋元命苞曰。咸池主五穀。其星五者。各有所職。然則五車卽咸池也。後人析爲數名。僅以三小星當咸池。而淮南太史公書。遂不能通矣。史公以紫宮房心權衡咸池虛危爲天之五官坐位。豈專指三小星而言哉。又曰。參爲白虎在西南未申之隅。不當西方正位。故史漢不以表西方諸宿。或疑西官當有白虎字。非也。案天官書以紫宮房心權衡咸池虛危爲天之五官坐位者。以紫宮爲中官之正位。房心爲東官之正位。權衡爲南官之正位。咸池爲西官之正位。虛危爲北官之正位。衆星之領袖。各官之總綱也。吳氏謂咸池爲別一星名。在二十八宿之外。然權爲軒轅。衡爲太微。亦不在二十八宿名稱之中。史名以咸池與權衡等並稱。而不與蒼龍朱鳥玄武並提也。史記正譌謂咸池西方七宿之總名。與前後蒼龍朱鳥玄武一例。亦未深考也。天官書言咸池曰天五潢。五潢爲五帝車舍。非西方七宿之總名也。明矣。至參爲白虎。列在昴畢之後者。以恆星之方位次序言也。昴之東爲畢。畢之東爲參。參之東爲井。則及南宮坐位矣。參在西官之界。錢氏所謂不當正位。不足以表西方諸宿者是也。然史公以咸池爲五車等星。五車等星與參宿經度略同。參既不當正位。五車諸星何足當正位乎。蓋參宿爲赤道星座。五車等星較近於極。近極度狹。赤道度闊。經度雖同。而仰觀星象。則五車等星較近於子午圈。而參宿較遠也。故史公以咸池爲西方正位。而漢書天文志亦宗其說。何可膠柱鼓瑟。泥於後世三小星爲咸池之說。遂謂不足當七宿之總哉。亦不必以淮南大歲小歲之說。因咸池爲五帝車舍。強與斗爲帝車牽合也。

曰天五潢。五潢五帝車舍。火入旱。金兵。水水。

案五車五星。在畢東北。其第二星爲一等以上大星。在赤道北約五十度。其第五星爲一等大星。在赤道北不及三十度。而離黃道不過五度。故火金水三星。常得淩犯之。火旱金兵水水。皆以字義占之也。上以庫樓內外之五柱爲五車。故此以五車爲五潢。而曰五帝車舍區別甚明也。

中有三柱。柱不具。兵起。

三柱九星。三三而聚。在五車之中。分布三處而不端列。故曰柱不具。天官書凡言不具者二。上言車不具。無處車馬。此言柱不具。兵起。蓋五柱三柱。皆三三相聚。而分列散處。星形相似。故取象相同也。

奎曰封豕。爲溝瀆。

奎宿十六星。在赤道北三四十度間。正義曰。奎、天之府庫。一曰天豕。亦曰封豕。主溝瀆。西南大星。所謂天豕目。爾雅曰。降婁。奎婁也。孫炎云。降、下也。奎爲溝瀆。故稱降。案奎宿第七星旁。有最著名之星氣。即不用遠鏡亦能識別。形若橢圓。爲星氣中之最大而整齊者。千餘年前波斯天文家謂奎中星氣爲微雲。十七世紀中英人馬流會用遠鏡測之。言若燭光之在明角燈中。候失勒約翰謂馬氏能善喻其狀。漢書天文志曰。燭星見奎婁間。或即指此。所謂如星非星。如雲非雲者。古人雖未明言星氣。已足以形容之矣。

婁爲聚衆。

婁宿三星。在奎之東南約十餘度。去黃道之北不過十度。赤道之北不過三十度。其第一星爲月道所必經。二千年前西人以婁爲黃道星象之首。考之西史紀元前一二百年。依巴谷謂婁宿第二星爲春分星。漢志曰。春分日在婁。蓋其時婁當春分。中西所測。自相符合。

胃爲天倉。其南衆星曰廥積。

胃宿三星。均四等以下之星。在赤道北二十六度與二十九度之間。在婁之東。天倉諸星。在赤道南八度與二十三度之間。遠在胃南。天官書以胃爲天倉。非胃卽天倉也。後世因天官書語。而別增天倉之星。胃宿之南爲芻藁衆星。如淳曰。芻藁積爲廥者是也。

昴曰髦頭。胡星也。爲白衣會。

昴宿爲最著名之星團。尋常目力可視其六七星。目力佳者能多見四五星。如以強力遠鏡窺之。有三四百星。或用照相術攝之。約得一千四百星。且有星氣甚著。如雲非雲。如煙非煙。望之如白氣。天官書曰髦頭。形容星團之多星也。胡星者。言星之奇異不常也。白衣會者。星氣之狀也。古人仰觀星象。全恃目力。乃能言之盡善。與近今實測。若合符節。豈可以占驗之說。概括一切。而失古人仰觀之苦心哉。如第十圖。爲昴宿攝影之圖。附載於後。以備佐證。若以小遠鏡窺之。其狀如第十一圖。

畢曰罕車。爲邊兵。主弋獵。

畢宿八星。在黃道南不過五度。赤道北不過二十度。居昴之東南。五車之西南。其狀如叉。禮宗人執畢。鄭注曰。狀如叉。蓋爲似畢星取名焉。步天歌曰。畢恰如丫叉八星出。亦言其狀也。文選東京賦。雲罕九斿。注曰。雲罕、旌旗之別名。蓋象

第十圖

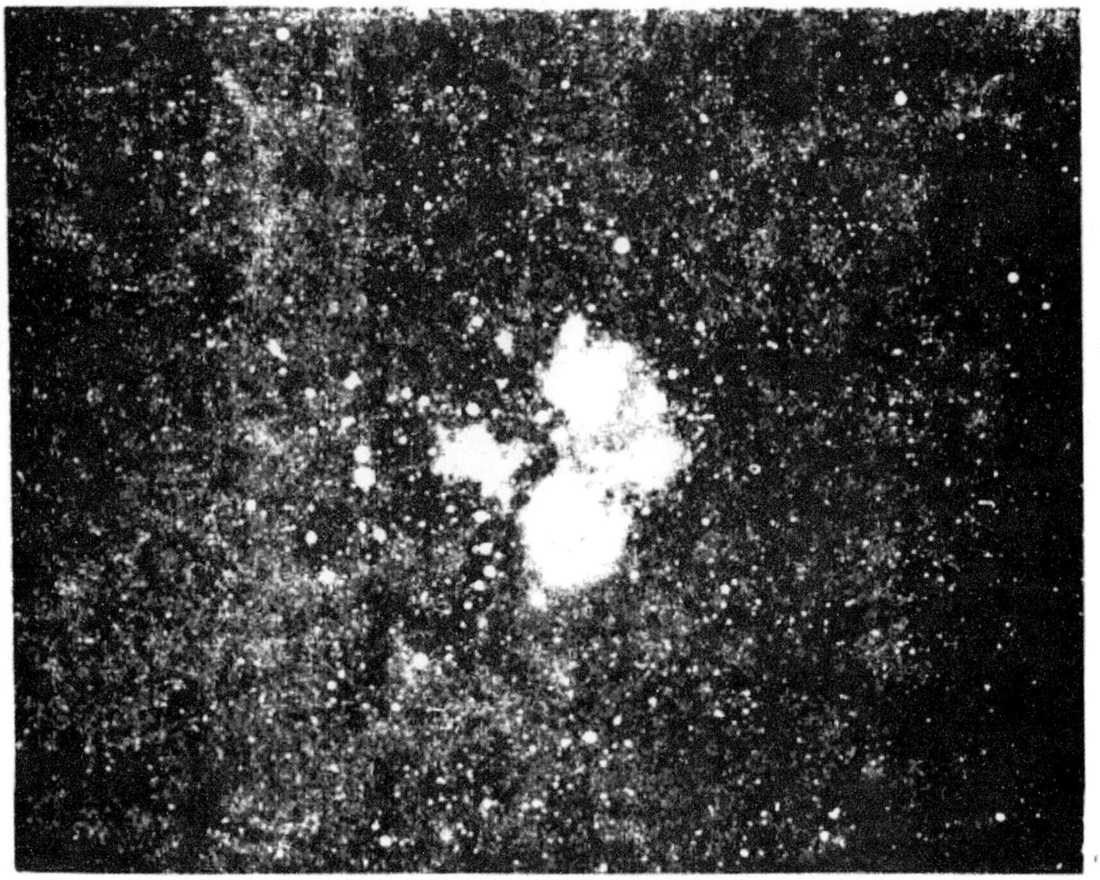

畢星爲旗。樹於車上。故曰罕車。羽獵賦罕車飛揚。注曰。罕車。罕畢也。邊兵弋獵。以罕車字義取象也。其大星旁小星爲附耳。附耳搖動。有讒亂臣在側。

畢宿爲第五星爲一等大星。色紅。爲航海九星之一。月道所必經。所謂大星者。即指此。惟大星之下。並無論述。恐有脫字。晉志云。畢八星。其大星曰天高。然晉

第十一圖

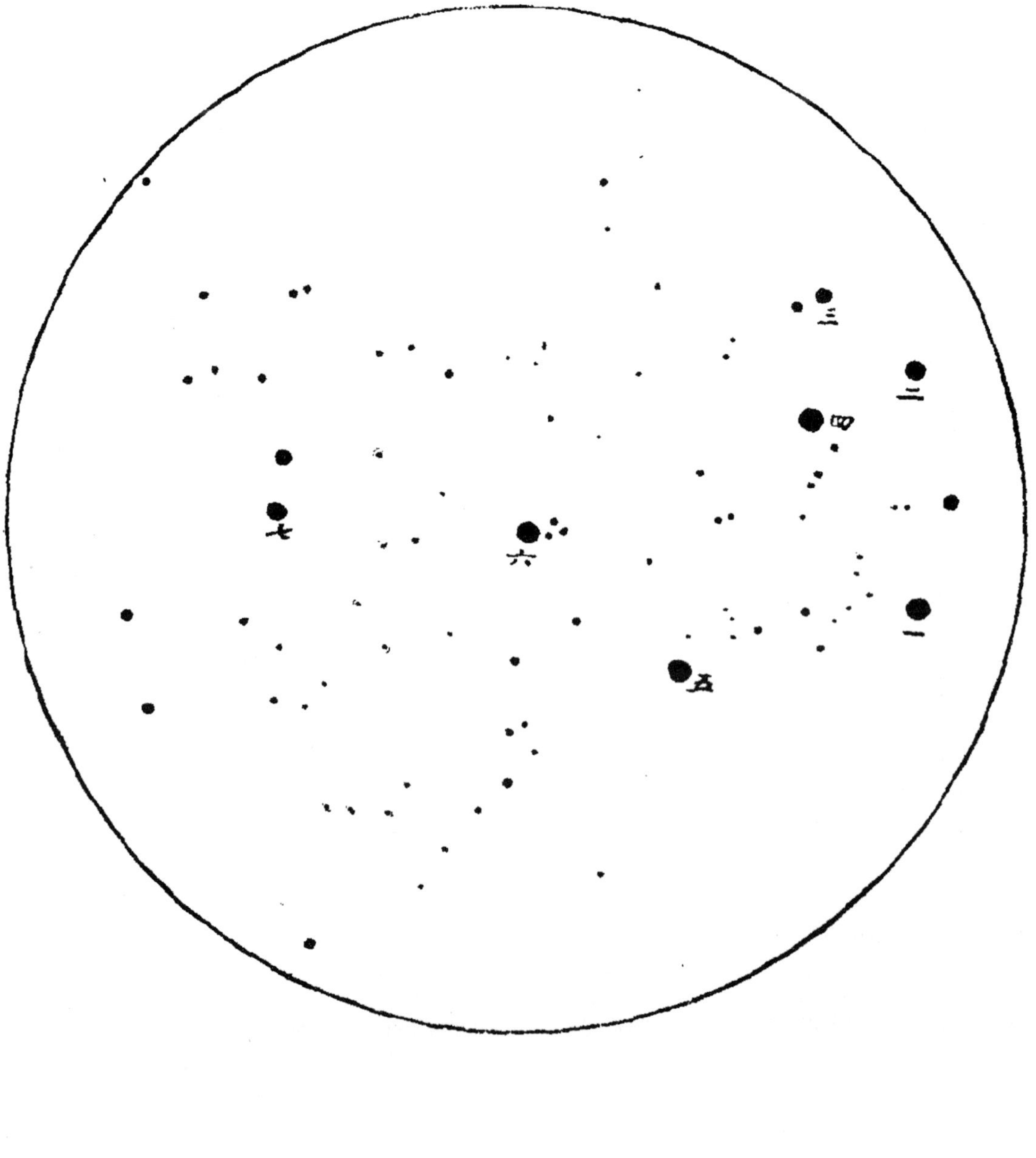

志別有天高四星。在大星東北。是同名而異星也。旁小星曰附耳。爲五等星。在大星之下。搖動者閃光之象也。讒臣之占。以附耳字義比附之也。

昴畢間爲天街。其陰陰國。其陽陽國。

昴在黃道之北。畢在黃道之南。而均與黃道相近。日行黃道。月與五星皆循黃道而行。出入於黃道南北。故昴畢之間。正爲日月五星之要道。若天街也。因名昴畢間之星曰天街。正義曰。天街兩星在昴畢間。主國界。晉書天文志曰。昴西二星曰天街。三光之道是也。案天街兩星。一爲四等。一爲五等。陰者北也。陽者南也。指天街之南北也。

參爲白虎。三星直者是衡石。下有三星兌曰罰。爲斬艾事。其外四星。左右股肩也。

參宿在赤道南北十度之間。而中三星之西一星。正在赤道之上。故參爲赤道星象之最著名者。世界各國皆得見之。且參之四周天空清朗。仰觀尤明。其中三星在一直線上者曰衡石。言其平也。衡石下三小星曰罰。爲斬艾事。西名曰刀。言其銳也。北二星爲左右肩。左肩爲一等大星。近今美國加省利克天文臺測得此星之徑爲二百五十兆英里。約比太陽大三百倍。爲已經測得恆星體最大之一。其色係極美麗之深黃而近於紅。係著名變星。天官書言黃比參左肩是也。右肩爲二等星。其色灰黃。南二星爲左右股。右股亦爲一等大星。其色青白。據近測此星熱度在攝氏一萬六千度。比太陽約高三倍。爲已經測得恆星溫度之最高者。左股爲二等星。其色微白。衡石三星皆爲二等。其西一星爲雙星。正副兩星皆白。中一星亦爲雙星。副星甚小。其色青蒼。東一星爲聚星。三星相聚。正星色黃。兩副星一灰一紫。如以遠鏡窺之。頗爲美觀。罰星四周。有星氣甚著。即不用遠鏡亦可辨認。如在冬夜。參宿中天。畢大星在其前。南北河在其後。天狼五車。輝映於上下。大星棋布。美不勝收。然終不如參之呈現各色。包羅衆象也。

三小星隅置。曰觜觿。爲虎首。主葆旅事。

觜宿三星在參兩肩之上。故曰虎首。形如品字。觀象玩占曰。參爲虎身。觜爲虎首。罰爲虎尾。共爲白虎。明史天文志曰。觜宿距星唐測在參前三度。元測在參前五分。明測已侵入參宿。儀象考成曰。康熙壬子以參中三星之西一星作距星。觜在參後。乾隆甲子以參中三星之東一星作距星。觜在參前。案觜宿經度與參中三星之經度略同。觀明志之言。唐元明所測。因歲差而生前後。考成之言。康熙乾隆所測。因距星而有前後也。

其南有四星曰天廁。廁下一星曰天矢。矢黃則吉。青白黑凶。

天廁四星正在參宿之南。廁南一星曰天矢。此星近南地平界。蒙氣差較大。星光因空氣之曲折。而現諸色。且天矢係變星。其光變。其色亦變。近測此星。常由黃而變橙黃。而紅。而紫。天官書所謂青黃黑白者。明其變色也。足證古人觀測之精。

其西有句曲九星。三處羅。一曰天旗。二曰天苑。三曰九游。

案正義云。參旗九星在參西。天旗也。天苑十六星如環狀。九游九星在玉井西。案玉井四星在參右股之旁。此據晉志之說。天官書以天苑爲九星。古今實測不同也。

其東有大星曰狼。狼角變色。多盜賊。

天狼爲恆星中之最明者。由衡石三星。虛引一直線。偏東南約十餘度。卽得其所在。其色青白。光強眩目。有芒角之象。故曰狼角。當其初升時。近地平界處。恆現如虹之各色。故曰變色。史公測候至密。故能言之盡善。西國天文家始於二十年前證明天狼變色之象。載蘇氏觀象豈得因盜賊之說。目爲占驗而忽之哉。

下有四星曰弧。直狼。

天狼之南有弧矢九星。如弓矢之象。天官書謂爲四星。指其大者言也。直狼者。與狼正相對也。張衡思玄賦云。彎威弧之拔剌兮。射嶓冢之封狼。步天歌曰。左畔九箇彎弧弓。一矢擬射頑狼胸。皆足發明直狼之義。

狼比地有大星。曰南極老人。老人見治安。不見兵起。常以秋分時候之於南郊。

老人爲負一等大星。在天狼之南。狼比地者。去狼不遠也。此星在赤道南約五十二度三十八分半。如在北極出地三十六度之處觀望。高出地平僅一度二十分。爲可見大星之最南者。故曰南極老人。自出至沒。見於南天。不及四小時。又因過近地平。有時或爲蒙氣所蔽。故以老人見爲不常。而以治安占之。若在大江以南。見之較易。唐書天文志云。交州望極纔高二十餘度。八月海中。望老人星下。列星粲然。由此可知見與不見者。南北地勢使然也。當漢初秋分日在亢。寅時老人正南中。天官書謂秋分時候之於南郊者。其理益顯。後世占星。以老人出見。王者多壽。故又名之爲壽星。自北齊邢邵以後。賀表盈廷。詩賦頌揚。史無停筆。淸季猶以秋分占老人。追循故事。寖疏貫諛。是豈天官之職哉。案天官書南郊下。有附耳入畢中兵起七字。史記志疑云。漢志無此七字。當在前文附耳句下。然附耳亦恆星。何能入畢。此非錯簡。疑必有誤。今從漢志刪之。

北宮玄武。

北宮七宿虛危室壁斗牛女象玄武。名其宮曰。星紀元枵娵訾。

虛危。

虛危。北宮二宿之名也。尚書傳曰。虛、玄武之中星。爾雅注曰。北方之宿虛爲中也。北方三次以元枵爲中。元枵有三宿。又虛在其中。案虛與危近居北宮之中央爲七宿之正位。猶中宮之紫宮。東宮之房心。南宮之權衡。西宮之咸池。此天官書之體例也。天官書論曰。紫宮房心權衡咸池虛危。列宿部星。此天之五官坐位也。爲經。不移徙。大小有差。闊狹有常。古人精心測候。言下見象。可謂核要之論矣。至若恆星東行以生歲差。則渾體全轉。其坐位相距之度不改。卽恆星有自行之度而移動極微。非積年久測。亦不覺其移徙也。

危爲蓋屋。

危宿三星。列赤道南北。其第一星爲三等。在赤道南約四十八分二十秒半。第二星爲四等。在赤道北約五度四十二分二十一秒。第三星爲二等。在赤道北約九度二十四分五十九秒。其赤經均在二十二時左右。宋均曰。危上一星高旁二星下隋似乎蓋屋也。正義曰。蓋屋自有星在危南。案宋說爲是天官書言危似蓋屋非危即蓋屋也。後世依據天官書因以名此二星也。上言胃爲天倉。下言虛爲哭泣之事。於是晉以後有天倉哭泣之星矣。

虛爲哭泣之事。

虛宿二星。在危之西。女之東。後世因天官書語增哭泣各二星。索隱云。姚氏案荆州占以爲其宿二星。南星主哭。北星主泣。

其南衆星曰羽林天軍。軍西爲壘。或曰鉞。

羽林軍四十五星。在虛之南。均爲五等以下小星。在赤道南八度與二十三度間。壘即今所謂壘壁陣也。在羽林軍之西北。鉞即今所謂鈇鉞也。與羽林軍相近。非南北河旁之鉞星也。

旁有一大星爲北落。北落若微亡。軍星動角益希。及五星犯北落。入軍軍起。火金水尤甚。火軍憂水患。木土軍吉。

羽林軍之南有一等大星。曰北落師門。其色橙黃。爲南天之大星。約在中秋以後過子午圈。北落若微亡者。或此星近南地平界時。爲蒙氣所蔽也。軍星動角益希者。因羽林軍衆星皆微小。動搖芒角。星光不齊而益希也。上言車星角若益衆。此言軍星動角益希。句例相同。而取象適反也。北落師門爲航海九星之一。月道所必經。故五星皆得犯之。羽林軍自黃道南一度至十六度。故五星皆得入之。

危東六星。兩兩相比。曰司空。

正義曰。比、近也。危東兩兩相比者。是司命等星也。司空惟一星耳。又不在危東。恐命字誤爲空也。司命二星在虛北。司祿二星在司命北。司危二星在司祿北。司非二星在危北。案司空在危之東南。天倉之西。爲二等星。今名土司空者是也。天官書言兩兩相比者六星。而正義羅舉司命等八星。且司非二星。在虛之北。而不在危東。司命等星。均在危西。而亦不在危東。如天官所指爲司命司祿司危六星。則當云危西。而不當云危東。或正文西字誤爲東也。抑或虛字誤爲危也。史記正譌謂危上脫司字。非也。蓋司命司祿在司危東。而司非則又在司危西矣。

營室爲淸廟。曰離宮閣道。

室宿二星在赤道北十度與三十度間。與壁宿二星成大方形。而四角四星。均爲二等。故觀望甚明。爾雅曰。娵訾之口營室東壁也。孫炎注曰。營室東壁四方似口。詩曰。定之方中。孔傳曰。定、營室也。方中。昏正四方。鄭箋曰。其體與東壁連正四方是也。大方形中。星稀而微。尋常目視。若空無所有。惟離宮之二星。視之較明。離宮共六星。皆爲四五等星。與室第一星相近。閣道六星在營室之北。渡天漢以達紫宮。卽上言絕漢抵營室也。

漢中四星曰天駟。旁一星曰王良。王良策馬。車騎滿野。

今星圖王良有五星。而無天駟四星。蓋晉以後始合天駟四星與旁一星爲王良五星。故晉書天文志曰。王良五星在奎北。居河中。據天官書之意。漢中四星謂之天駟。旁一星不在漢中者。謂之王良。王良第一星爲二等。由今之極星虛引一直線。過此星向南。旁壁宿第一星。再向南約三十度。而至赤道。其交點爲春分點。卽黃道與赤道相交之點。恆星經度起算之原。觀王良第一星之所在。可約計恆星赤經時也。在王良閣道間有策一星。爲三等星。星經云。策一星在王良前。爲天子僕策御馬。

晉志云。王良前一星曰策星。王良之御策也。主天子之僕。在王良旁。若移在王良前。居馬後。是謂策馬。則車騎滿野。是因天官之說而推論之。亦屬似是而非。案王良策星之旁。小星密布。故天官書占以車騎滿野。若恆星不移徙。豈得云移居馬前馬後哉。

旁有八星絕漢曰天潢。天潢旁江星。江星動。人涉水。

案天潢諸星皆四五等星。屬畢宿。當入西宮。與咸池相近。在五車之中。不在王良之旁。惟天津諸星。屬北宮婺女宿。去王良不遠。今爲九星。其第四星爲一等大星。在天漢分道處。故曰絕漢。索隱宋均以天潢爲天津是也。李淳風觀象玩占云。天津九星在虛女之北。橫河中。一曰天潢。一曰江星。晉隋志均謂天津九星。一曰天江。案天官書曰。天潢旁江星。是江星在天潢之旁。非卽天潢明矣。自後世以天潢八星。江星一星。合爲天津九星。故李淳風晉隋各志天津謂之天潢。又謂之天江也。正義謂爲尾北之天江四星。則當屬東宮。去天津過遠。不在天潢之旁。其說非是。江星動者。閃光之象也。又案天津第八星旁有人四星。隋宋各志謂人五星。在虛北。車府東南者。卽此星也。天官書以人星近江。又去天潢不遠。而起涉水之占也。

杵臼四星在危之南。

案杵三星。臼四星。與人星相近。在危之北。而非危之南。若在危之南。北落之旁者。有敗臼四星。而無杵星。正義謂杵臼三星在丈人星旁。然丈人星在天廁之南。屬井宿。失之太遠。若在農丈人旁尾宿之南。有杵三星。而無臼星。屬尾宿。與此無涉。正義丈字或爲衍文。而正文南字疑爲北之譌。傳寫之誤也。蓋天官書上述天津。下述瓠瓜。杵臼諸星正在天津瓠瓜間。次序相合焉。

瓠瓜有青黑星守之。魚鹽貴。

瓠瓜五星。爲三四等星。在天津之南。女宿之北。河鼓之東。虛宿之西。宋史天文志曰。瓠瓜、天子果園也。客星守之。魚鹽貴。則青黑星似指客星也。又曰蒼白雲氣入之。果不可食。青爲天子攻城邑。黃則天子賜諸侯果。黑則天子食果而致疾。則青黑星又指五色雲氣矣。

南斗爲廟。其北建星。建星者。旗也。

斗宿六星。在箕之東。甚近黃道。形如北斗。而杓僅二星。正義云。建六星。在斗北。臨黃道。天之都關也。斗建之間。七曜之道。亦主旗輅。爾雅釋天。星紀。斗牽牛也。左傳云。歲在星紀。言歲星在斗牛間也。

牽牛爲犧牲。

牽牛六星。南三星甚近黃道。在斗之東。女之西。史記曆書十一月甲子朔旦冬至。起于牽牛初度。其源蓋出於秦之顓頊曆。考顓頊曆立春日在營室五度。自營室五度至牽牛初度。以今度法推之。約四十六度弱。淮南天文訓言冬至四十六日而立春。日平行不及四十六度。則立春在營室五度。冬至自當在牽牛初度矣。劉歆作三統曆。沿襲太初。依據成法。未敢遽改。故漢書律曆志始言冬至在牽牛初。後乃猶豫其辭曰，冬至進退於牛前四度五分。後漢賈逵論曆。則明言冬夏至不及太初五度。冬至日在斗二十一度四分度之一。時永元元年也。自秦至永元三百二十餘年。歲差約四度半。冬至自當在斗而不在牛。漢人雖不知歲差。而實測所得。其差自顯。

其北河鼓。河鼓大星上將。左右左右將。

牛宿之北。爲河鼓三星。其大者爲一等星。其左右二星。一爲二等。一爲三等。以大小方位之不同。而有上將左右將之分也。張衡曰。牽牛織女七月七日相見者。即此星也。蓋河鼓與織女。在天漢之兩旁。約在七夕之時過子午圈。故有七月七日相見之說。索隱爾雅曰。河鼓謂之牽牛。孫炎注曰。河鼓之旗十二星。在牽牛之北。或名河鼓爲牽牛也。天官書曰。其北河鼓。是河鼓在牽牛之北。非卽牽牛也。明矣。續通志曰。爾雅何鼓謂之牽牛。注今荊楚人呼牽牛星爲檐鼓。檐者荷也。是郭讀何爲荷。而河又從何而變。但史漢分明牽牛河鼓爲二星。爾雅所云何鼓謂牽牛。在河鼓之下。如荷此河鼓者然。義本一致也。

婺女。其北織女。織女、天女孫也。

女宿四星。在虛之西。牛之東。赤道南五度與十度之間。皆四等以下小星。其西北。越天漢。與河鼓相對。在漸臺之北。天津之西。赤道北三四十度間。有一等以上大星。曰織女。其色青白。織女三星。一大二小。形如只字。案歲差之理。赤極繞行黃極一周。約二萬五千八百年。今赤極距句陳一約一度六分。一萬二千年後。赤極行近織女大星。則此星將爲極星矣。天官書以天極起。以織女結五官部星。環天一周。起訖有序。觀察至密。續通志曰。爾雅釋天。略舉星名。至史記天官書而大備。其傳蓋出於周秦之際。顧二千年來。罕有人能知其底蘊者。今之天文家推崇西學。厭棄前說。惜乎其未讀史公之書也。

第十二圖

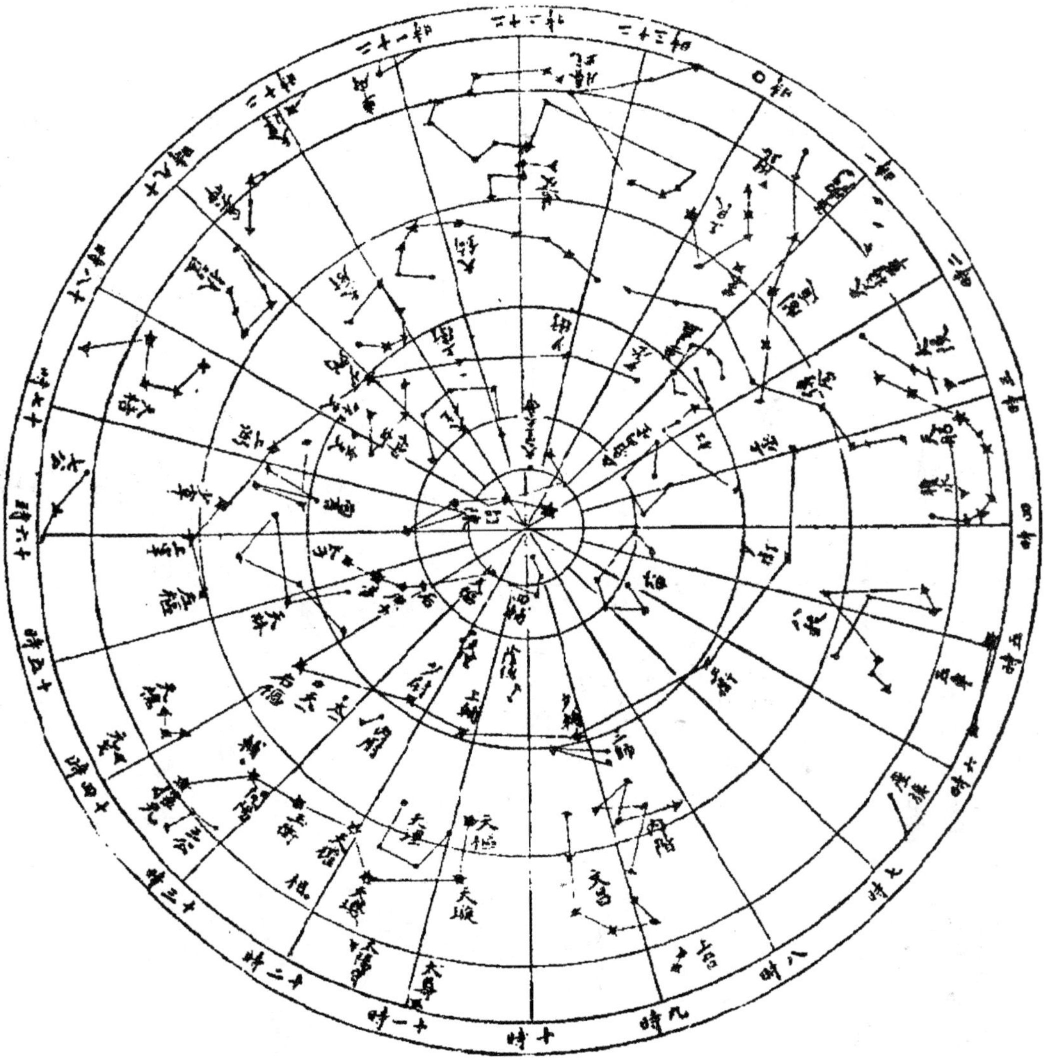

北極星圖

一等 二等 三等 四等 五等 六等

第十三圖

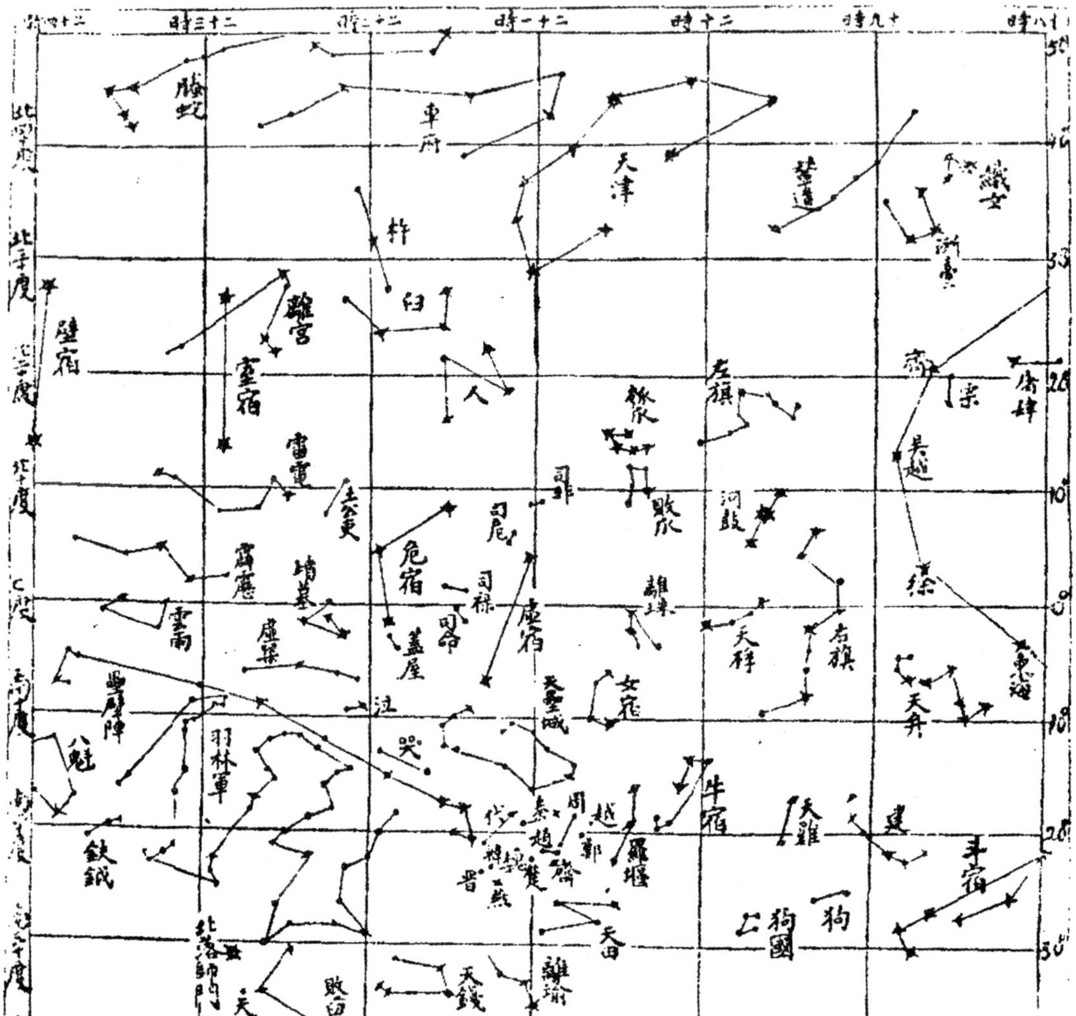
二十四時
二十三時
二十二時
二十一時
二十時
十九時
十八時
360°
345°
330°
315°
300°
285°
270°
車府
天津
杵
臼
離宮
室宿
壁宿
人
雷電
危宿
虛宿
女宿
牛宿
羽林軍
鈇鉞
北落師門
敗臼
天錢
離瑜
九坎
鶴
波斯
天田
狗國
狗
建
斗宿
天雞
羅堰
天弁
哭
泣
敗瓜
左旗
右旗
天桴
河鼓
瓠瓜
離珠
蓋屋
司命
司祿
司危
司非
墳墓
虛梁
霹靂
雲雨
八魁
織女
吳越
燕
晉
鄭
越
周
秦
代

赤道星圖（北官）

第十四圖

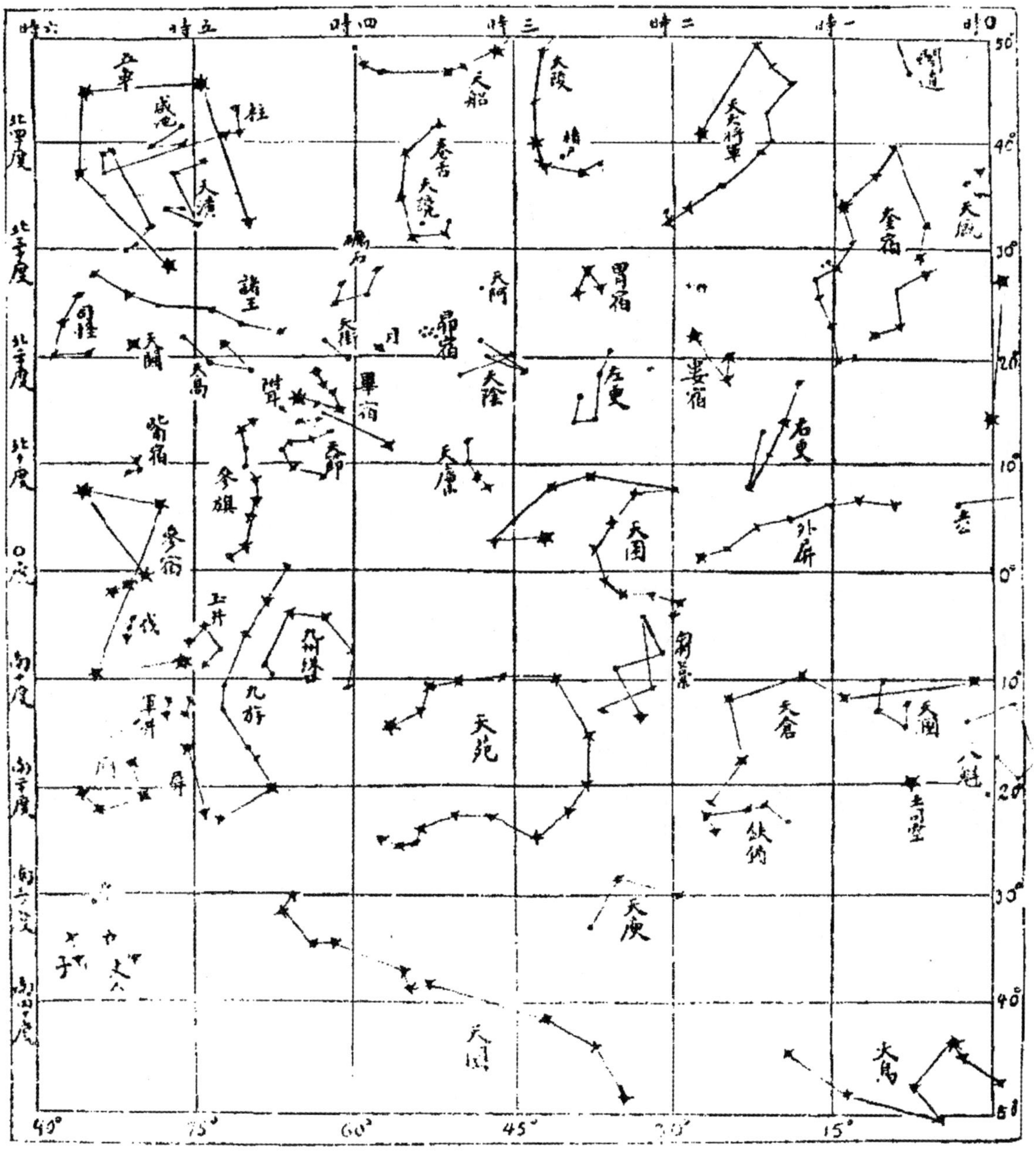

六時
五時
四時
三時
二時
一時
0時
五車
天船
大陵
卷舌
天大將軍
諸王
昴宿
胃宿
婁宿
奎宿
畢宿
參宿
參旗
天節
左更
右更
天囷
外屛
九斿
天苑
天倉
鈇鑕
天庾
土司空
天園
90°
75°
60°
45°
30°
15°
0°

赤道星圖（西官）

第十五圖

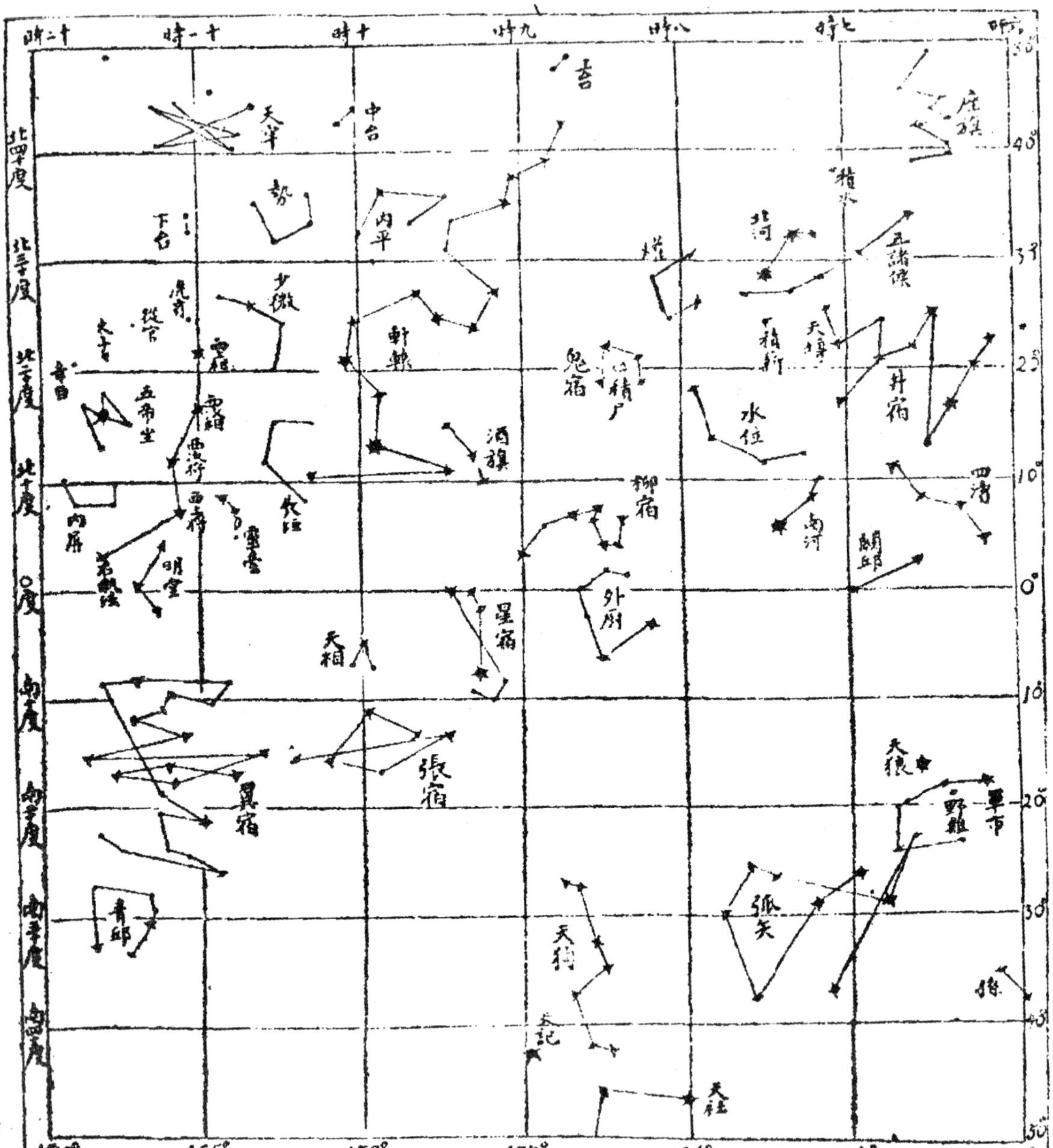

赤道星圖（南官）

第十六圖

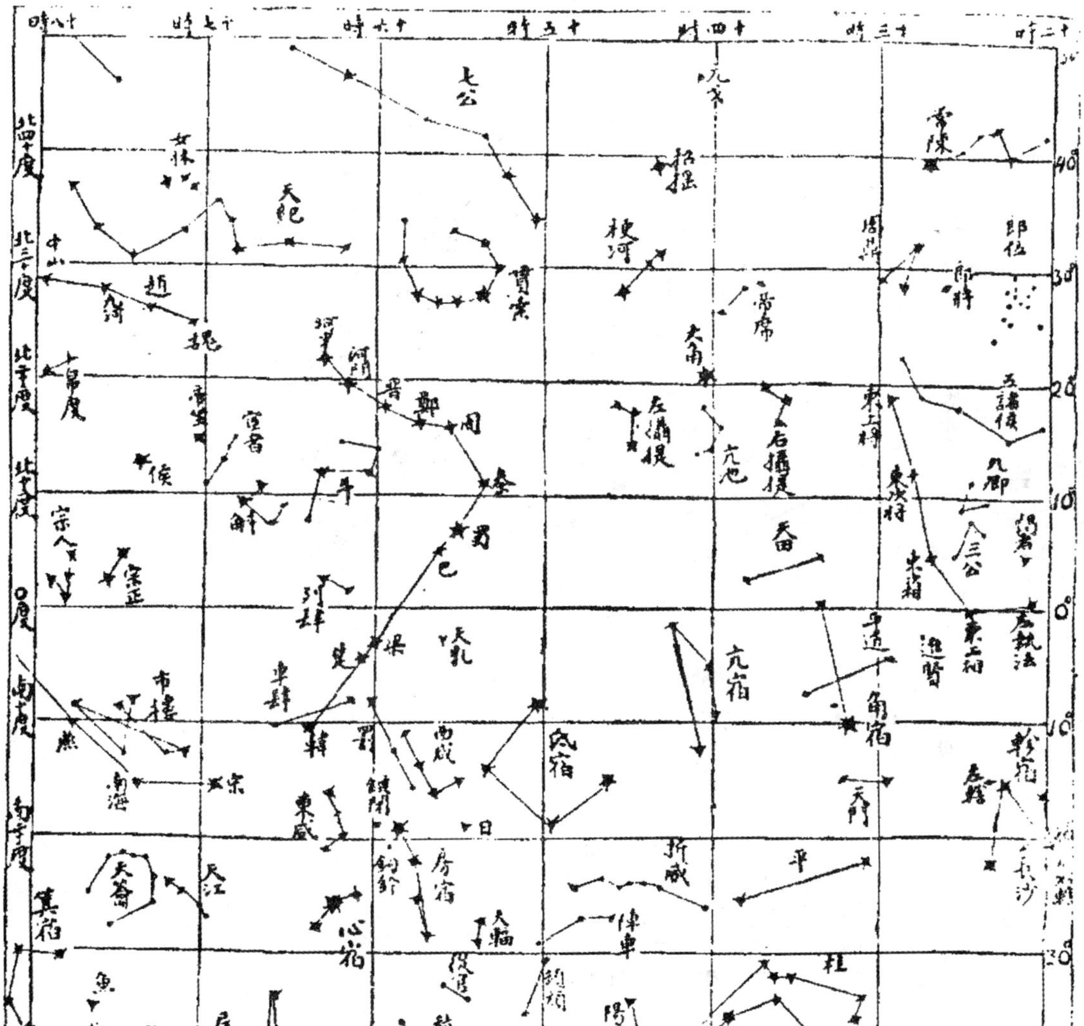
十八時
十七時
十六時
十五時
十四時
十三時
十二時
七公
貫索
天紀
房宿
心宿
尾宿
氐宿
亢宿
角宿
箕宿
平
270°
255°
240°
225°
210°
195°
180°

赤道星圖（東官）

第十七圖

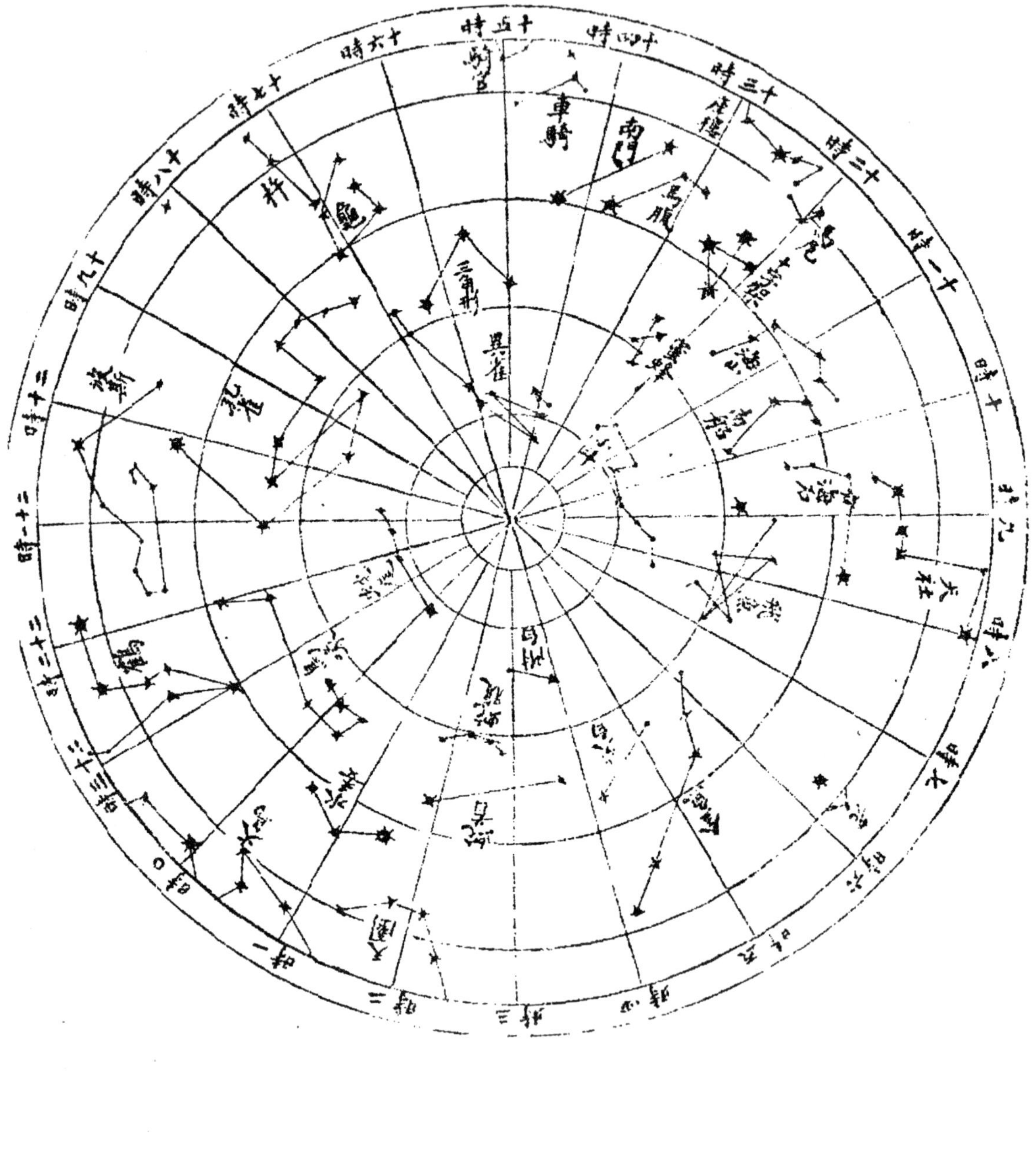
十五時
十四時
十三時
十二時
十一時
十時
九時
八時
十六時
十七時
十八時
十九時
二十時
二十一時
二十二時
二十三時
車騎
南門
馬腹
杵
孔雀
波斯
鶴
天社

南極星圖

天官書大星表（按照民國十五年航海通書經緯度）

東官	色	等	赤經	赤緯	過子午圈 下午九時	西專名
心二	紅	一・二	一六時二四分五一秒・九九九	北二六度一六分八秒・九七	七月中旬	Antares
角一	白	一・二	一三時二一分一七秒・五一	南一〇度四六分三一秒・七二	五月下旬	Spica
大角	橙黃	〇・二	一四時一二分一七秒・一二二	北一九度三四分一秒・〇九	六月中旬	Arcturus
南門二	紅	〇・二	一四時三四分三三秒・五八七	南六〇度三一分五一秒・七七	六月中旬	α Centraus
南官						
軒轅十四	白	一・三	一〇時四分二五秒・九九九	北一二度一九分四六秒・一二	四月上旬	Regulus
南河三	白	〇・五	七時三五分二五秒・七五一	北五度二四分五六秒・二四	三月上旬	Procyon
北河三	橙黃	一・二	七時四〇分四七秒・四四三	北二八度四〇分二三秒・〇六	三月上旬	Pullux
北河二	白	一・六	七時二八分一三秒・二二三	北三二度六分二九秒・一七	三月上旬	Castor
西官						

五車二	黃	○・二	五時一一分一三秒・一七四	北四五度五五分二八秒・一七	一月下旬	Capalla
畢五	紅	一・一	四時三一分四○秒・三二四	北一六度二一分四二秒・六一	一月中旬	Aldebaran
參四	黃	○・九	五時五一分九秒・三二四	北七度二三分四○秒・五五	二月上旬	Betelgeuse
參七	青白	○・三	五時十分五八秒・八三四	南八度一七分九秒・三九	一月下旬	Rigel
天狼	白	負一・四六	六時四一分五三秒・二二	南一六度三六分四八秒・八九	二月中旬	Sirius
老人	白	負一	六時二二分一八秒・五五三	南五二度三九分一七秒・四三	二月中旬	Canopus
北官						
北落師門	橙黃	一・三	二二時五三分三三秒・九二六	南三○度五三秒・七○	十月下旬	Famalhaut
天津四	青白	一・三	二○時三八分五四秒・五二三	北四五度五四秒・五八	九月中旬	Deneb
河鼓二	黃	○・九	一九時四七分一○秒・三六七	北八度四○分一八秒・一七	九月初旬	Altair
織女一	青白	○・一	一八時三四分二五秒・九七八	北三八度四二分五○秒・○二	八月中旬	Vega

引用參考書目

史記索隱（司馬貞）
史記集解（裴駰）
史記正義（張守節）
史記志疑（梁玉繩）
史記札記（張文虎）
史記補注（方苞）
史記三書正譌（王元啓）
史記評林（凌稚隆）
史記三書釋疑（錢塘）
廿二史考異（錢大昕）
後漢書天文志
後漢律曆志
晉書天文志
隋書天文志
唐書天文志
宋史天文志
元史天文志
明史天文志
鄭氏通志天文略
馬氏通考象緯考

諸史拾遺（錢大昕）
四史發伏（洪亮吉）
淮南天文訓補注（錢塘）
漢書補注（王先謙）
開元占經（瞿曇悉達）
六經天文編（王應麟）
新儀象法要（蘇頌）
清會典圖天文類
曆象考成
曆象考成後編
儀象考成
圖書集成乾象典
續通志天文略
續通考象緯考
清通志天文略
清通考象緯考
崇禎曆書（徐光啓等）
梅氏叢書（梅文鼎）
夏小正疏義（洪震煊）
中西經星異同考（梅文鼏）
翠微山房數學（張作楠）
高厚蒙求（徐朝俊）
談天（李善蘭譯）
恆星赤道經緯圖（李兆洛）

尚書釋天（盛百二）
問字堂集（孫星衍）
觀象授時（秦蕙田）
中西對照恆星錄（中央觀象臺編）
鄒徵君遺書（鄒伯奇）

引用西文恆星圖書目

詹白氏天文學（Chambers-Astronomy, Vol. III）

楊氏天文原理（Young-Elements of Astronomy）

勞氏普通天文學（Sir Lockyer-Elementary Lessons in Astronomy）

希氏天文圖志（Heath-Popular Astronomy）

柏女士星象學（Mary Procter-Evenings with Stars）

蘇氏一年星象（Serviss-Round Year with Stars）

蘇氏觀象（Serviss-Astronomy with Naked Eyes）

邁氏識星法（Mckready-Beginner's Star Book）

安氏恆星圖（Upton-Star Atlas）

博氏測天（Ball-A Popular Guide to the Heavens, Revised）

諾氏星圖 (Norton-Star Atlas)

披氏星圖 (Peck-Atlas of the Heavens)

慕氏星圖 (Messer-Starn Atlas fur Himmel-heobachtomgen)

蘇氏戲鏡星象 (Serviss-Astronomy with an Opera-glass)

愛氏星名考 (Allen-Star-names and their Meanings)

馬丁氏星友 (Martin-The Freindly Stars)

博氏談天 (Ball-The Story of the Heavens)

愛博氏恆星與地球 (Abbot-The Earth and the Stars)

福氏星象奇觀 (Forbes-The Wonder and Glory of the Stars)

蘇氏天象奇觀 (Serviss-Curiosities of the Sky)

斐氏天學叢書 (Phillips-Splendour of the Heavens)

三代地理小記

王國維

一九一五年上虞羅氏雪堂叢刻本

三代地理小記

海甯王國維

自契至於成湯八遷

尚書序自契至於成湯八遷正義僅舉其三今考之古籍則世本居篇云契居蕃（水經注泗水篇引通鑑地理通釋引世本作番）契本帝嚳之子實本居亳今居於蕃是一遷也世本又云昭明居砥石（書正義引）由蕃遷於砥石是二遷也荀子成相篇云契玄王生昭明居於砥石遷於商是昭明又由砥石遷商是三遷也左氏襄九年傳云陶唐氏之火正閼伯居商邱祀大火而火紀時焉相土因之故商主大火是以商邱爲昭明子相土所遷又定九年傳祝鮀論周封康叔曰取於相土之東都以會王之東蒐則相土之時曾有二都康叔取其東都以會王之東蒐則當在東岳之下蓋如泰山之祊爲鄭有者此爲東都則商邱乃其西都矣疑昭明遷商後相土又東徙泰山下後復歸商邱是四遷五遷也今本竹書紀年云帝芬三十三年商侯遷於殷（山海經郭璞注引眞本紀年有殷王子亥殷主甲微稱殷不稱商則今本紀年此事或可信）是六遷也又孔甲九年殷侯復歸於商邱是七遷也至湯始居亳從先王居則爲八遷湯至盤庚五遷書序紀其四而前之八遷古未有說雖上古之事若存若亡世本紀年亦未可盡信然要不失爲古之經說也（梁氏玉繩史記志疑引路史國名紀上甲居鄴以當一遷不知鄴即殷也）

商

商之國號本於地名史記殷本紀云契封於商鄭玄皇甫謐以爲上雒之商蓋非也古之宋國實名商邱邱者虛也（說文解字虛大丘也昆侖虛謂之昆侖虛又云丘謂之虛从丘虍聲）宋之稱商邱猶洹水南之稱殷虛是商在宋地左傳昭元年后帝不臧遷閼伯於商邱主辰商人是因故辰爲商星又襄九年傳陶唐氏之火正閼伯居商邱祀大火而火紀時焉相土因之故商主大火又昭十七年傳宋大辰之虛也大火謂之大辰則宋之國都確爲昭明相土故地杜預春秋釋地以商邱爲梁國睢陽（今河南歸德府商邱縣）又云宋商商邱三名一地其說是也始以地名爲國號繼以爲有天下之號其後雖不常厥居而王都所在仍稱大邑商訖於失天下而不改羅參事殷虛書契考釋序云史稱盤庚以後商改稱殷而徧搜卜辭既不見殷字又屢言入商田游所至曰往曰出商獨言入可知文丁帝乙之世雖居河北國尚號商其說是也且周書多士云肆予敢求爾於天邑商是帝辛武庚之居猶稱商也至微子之封國號未改且處之商邱又復其先世之地故宋亦稱商顧氏日知錄引左氏傳孝惠娶於商（哀二十四年）天之棄商久矣（僖二十二年）利以伐姜不利子商（哀九年）以證宋之得爲商閻百詩潛邱劄記駁之其說甚辨然不悟周時謂宋爲商實不止此三條左氏襄九年傳士弱曰商人閱其禍敗之釁必始於火此答晉侯宋知

天道之問商人謂宋人也昭八年傳大蒐於紅自根牟至於商衛革車千乘商衛謂宋衛也吳語闕爲深溝通於商魯之間謂宋魯之間也樂記師乙謂子貢商者五帝之遺音也商人識之故謂之商齊者三王之遺音也齊人識之故謂之齊子貢之時有齊人無商人商人卽宋人也余疑宋與商聲相近初本名商後人欲以別於有天下之商故謂之宋耳然則商之名起於昭明訖於宋國蓋於宋地終始矣

亳

古地以亳名者甚多周書立政云三亳阪尹鄭玄謂湯舊都之民服文王者分爲三邑其長居險故名阪尹蓋東成皐南轘轅

西降谷也（書正義引）皇甫謐則云三處之地皆名爲亳蒙爲北亳穀熟爲南亳偃師爲西亳（同上）括地志申之曰宋州穀熟縣西南三十五里南亳故城卽南亳湯都也宋州北五十里大蒙城爲景亳湯所盟地因景山爲名偃師爲西亳帝嚳及湯所都（史記殷本紀正義引）二說不同然立政說文王事時周但長西土不得有湯舊都之民與南北西三亳之地此三亳者自爲西夷與左氏傳之蕭愼燕亳說文京兆杜陵亭之亳皆與湯都無與者也又春秋襄十一年同盟於亳城北（公穀作京城北公羊疏謂服氏經亦作京今左氏經傳作亳殆字之誤也）則爲鄭地之亳史記五帝本紀集解引皇覽云帝嚳在東郡濮陽頓邱城南亳陰野中則爲衛地之亳左氏傳公子禦說奔亳則

爲宋地之亳與皇甫謐所舉三亳以亳名者八九然則湯之所都果安在乎史記六國表言收功實者常於西北故禹興於西羌湯起於亳徐廣以京兆杜陵之亳亭當之蓋探史公之意以爲說班固於漢地理志則云偃師尸鄉殷湯所都鄭玄亦以爲湯都偃師皇甫謐以爲湯居南亳（尚書正義引）括地志兼采二說以爲湯始居南亳穀熟後居西亳偃師而漢書地理志山陽郡之薄縣臣瓚曰湯所都是湯所都之亳亦有四說余案瓚說是也山陽之薄卽皇甫謐所謂北亳後漢以薄縣屬梁國至魏晉幷罷薄縣以其地屬梁國之蒙縣故謐云蒙爲北亳者渾言之杜預於莊十一年傳注云蒙縣西北有亳城則析言之蒙之西北

卽漢山陽郡薄縣地也（今山東曹州府曹縣南二十餘里）其爲湯都蓋有三證一以春秋時宋之亳證之左氏莊十一年傳宋萬弑閔公於蒙澤立子游羣公子奔蕭公子御說奔亳南宮牛猛獲帥師圍亳冬十月蕭叔大心及戴武宣穆莊之族以曹師伐之殺南宮牛於師殺子游於宋立桓公猛獲奔衛南宮萬奔陳杜注以亳在蒙縣西北如杜說則亳與曹接境曹師之伐先亳後宋猛獲在亳故北奔衛南宮萬在宋故南走陳是宋之亳卽漢之薄縣又哀十四年傳桓魋請以鞌易薄景公曰不可薄宗邑也乃益鞌七邑鞌桓魋之邑地雖無考當與薄近是歲魋入於曹以叛時曹地新入於宋雖未必爲魋采邑亦必與魋邑相近則其所欲

易之薄亦必與曹相近殆卽前漢山陽郡之薄縣而此薄爲宋宗邑尤足證其爲湯所都然則此北亳者於春秋時爲亳爲薄於兩漢爲薄縣晉時縣治雖廢而尙有亳城若南亳西亳不獨古籍無徵卽漢以後亦不見有亳名其證一也二以湯之鄰國證之孟子言湯居亳與葛爲鄰皇甫謐孟康司馬彪杜預酈道元均以甯陵縣（前漢屬陳留郡後漢屬梁國）之葛鄉爲葛伯國謐且謂偃師去甯陵八百餘里不能使民爲之耕以證湯之所都當爲穀熟之南亳然穀熟之去甯陵雖較之偃師爲近中間尙隔二百餘里若蒙縣西北之薄與甯陵東北之葛鄉地正相接湯之所都自當在此其證二也三以湯之經略北方證之湯所伐國韋顧

昆吾夏桀皆在北方昆吾之墟地在衛國（漢東郡濮陽城內）左傳世本說當可據而韋國鄭箋以爲豕韋按續漢書地理志東郡白馬縣有韋鄉杜預亦云白馬縣東南有韋城古豕韋氏之國又白馬之津史記亦稱韋津是韋與昆吾實爲鄰國與亳相距不過二百里顧地無考漢書古今人表作鼓案殷虛卜辭云王步於鼓鼓當卽鼓字卜辭所載地名大抵在大河南北數百里內知亦距韋與昆吾不遠且顧與昆吾鄭語均以爲己姓之國故衛之帝邱城外有戎州己氏而梁國蒙薄之北漢亦置己氏縣疑古顧國當在昆吾之南蒙薄之北然則亳於湯之世居國之北境故湯自商邱徙此以疆理北方逮北伐韋顧遂及昆吾於是商境始北抵河王業之成基於此矣湯之時方有事北方決無自商邱南徙穀熟之理至偃師之地更與諸國風馬牛不相及其證三也自來說湯都者紛歧無定說故舉此三證質之

耿

尙書序祖乙遷於耿史記殷本紀作邢索隱以爲河東皮氏縣之耿鄉然仲丁遷隞河亶甲居相其地皆在河南北數百里內祖乙所居不得遠在河東且河東之地自古未聞河患耿鄉距河稍遠亦未至遽圮也段氏古文尙書撰異引說文邢鄭地有邢亭疑祖乙所遷當是此地然說文邢字下云邢周公子所封地近河內懷其云周公子所封則指邢茅胙祭之邢（杜注在廣平襄國縣）

然又云地近河內懷則又指左傳（宣六年）戰國策（魏策秦固有懷地刑邱史記魏世家作懷地邢邱）之邢邱（杜注在河內平皋縣）也邢邱卽邢虛猶言商邱殷虛祖乙所遷當卽此地其地正濱大河故祖乙圮於此也

殷

殷之爲洹水南之殷虛蓋不待言然自史記以降皆以殷爲亳其誤始於今文尙書書序訛字而太史公仍之書序盤庚五遷將治亳殷（馬鄭本古文同）束晳謂孔子壁中尙書作將始宅殷孔疏謂亳字摩滅容或爲宅壁內之書安國先得治皆作亂其字與始不類無緣誤作始字段氏古文尙書撰異謂治之作亂乃僞古文束廣微當晉初未經永嘉之亂或孔壁原文尙存秘府所說

殆不虛按束晳見壁中書之說雖屬疑問然亳殷二字未見古籍商頌言宅殷土芒芒周書召誥言宅新邑宅殷連言於義爲長且殷之於亳截然二地書疏引汲冢古文云盤庚自奄遷於殷在鄴南三十里（史記索隱引汲郡古文盤庚自奄遷於北蒙則殷虛去鄴三十里今本紀年作自奄遷於北蒙曰殷無在鄴南三十里六字）束晳以漢書項羽傳之洹水南殷虛釋之（見書孔疏）今龜甲獸骨出土皆在此地蓋卽盤庚以來殷之舊都楚語白公子張曰昔殷武丁能聳其德至於神明以入於河自河徂亳蓋用逸書說命之文（今僞古文說命襲其語）書無逸稱高宗舊勞於外當指此事然則小乙之時必都河北之殷故武丁徂亳必先入河此其證也史記既以盤庚所遷爲亳殷在河南而受辛之亡

又都河北乃不得不以去亳徙河北歸之武乙今本紀年襲之然史記正義引古本竹書紀年云自盤庚徙殷至紂之亡七百七十三年更不遷都紂時稍大其邑南距朝歌北據邯鄲及沙邱皆爲離宮別館其語雖不似竹書原文要是束晳輩箋識或沈約舊注且必檃括本書爲之較得事實乃今本紀年於武乙三年書自殷遷於河北又於十五年書自河北遷於沬則又勦史記及帝王世紀之說必非汲冢本文也要之盤庚遷殷經無亳字武丁徂亳先入於河洹水之虛存於秦世此三事已足正書序及史記之誤而殷虛卜辭中所祀帝王訖於康祖丁武祖乙文武丁羅參事以康祖丁爲庚丁武祖乙爲武乙文祖爲文丁其說至不可易（見殷虛書契考釋）則帝乙之世尙宅殷虛史記正義所引竹書獨得其實如是則商居殷最久故亦稱殷詩書之文皆殷商互言或兼稱殷商然其名起於地名之殷而殷地之在河北不在河南則可斷也

殷虛卜辭中所見地名

殷虛卜辭中所見古地名多至二百餘其字大抵不可識其可識者亦罕見於古籍其見於古籍者如齊餗如霍餗如召如噩如剛如向如畫如灉皆距殷頗遠未敢定以爲一地其略可定者曰龔古龔共二字通用左氏傳大叔出奔共杜注今汲郡共縣是也（今河南衞輝府輝縣）二曰盂史記殷本紀以西伯昌九侯鄂侯爲

三公徐廣曰鄂一作邘音于野王縣有邘城左傳邘晉應韓杜注亦云河內野王縣西北有邘城（今河南懷慶府河內縣）盂疑卽邘也三曰雝左傳郜雍曹滕杜注雍國在河內山陽縣西續漢志河內郡山陽縣下有雍城（今懷慶府修武縣西）此三地皆在河北其在河南者曰亳（見上）曰曹（今山東兗州府定陶縣）曰杞續漢志陳留郡雍邱本杞國（今河南開封府杞縣）是也曰𢦏此字卜辭作𢦏从弖从戈與虎敦之𢦏及石鼓文之𢦏略同古文以爲載字殆卽春秋隱九年伐載之載（此字左傳作𢦏公穀皆作載）漢書地理志梁國甾縣故載國今傳世漢封泥有載國大行是漢初尙名載也後漢改爲考城至今仍之其地與亳相鄰卜辭之𢦏蓋是地也（今河南歸德府考城縣）曰雇雇字古書多作

扈詩小雅桑扈左傳及爾雅之九扈皆借雇爲扈然則春秋莊二十三年盟扈之扈殆本作雇杜預云滎陽卷縣北有扈亭（今懷慶府原武縣）此八地者皆在河南北千里之內又周時亦有其地殆可信爲殷天子行幸之地矣

周時天子行幸征伐

殷時天子行幸田獵之地見於卜辭者多[illegible]二百雖周亦然以彝器徵之其云在成周者三盂爵云惟王初□於成周趞鼎云惟王來格於成周季娟鼎云王在成周王格於楚麓是皆周初之器記王由宗周至成周者也其云在䢅京者五召伯虎敦云王在䢅靜彝靜敦小臣靜彝史懋壺皆云王在䢅京其云在他處者六睘卣云王在㡴亢敦云王在鄭亢簋云王在𨙸師酉敦云王在吳虎敦云王在杜㝉督鼎云王在□㝉是也其言籍農者一諆田鼎云王大籍農於諆田言獸（即狩字）者一宰圃卣云王獸於豆麓是也其言征伐者九禽彝云王伐無侯（疑即許侯）大保敦云王伐彔子貞敦云貞從王伐梁迒伯彝云迒伯從王伐叛荊無曩敦云王征南夷唯叔鼎云唯叔從王南征噩侯鼎云王南征伐角□惟還自征在𠂤噩侯馭方納□於王宗周鐘云南國服子敢陷虐我疆土王𦍒伐其至𢦏伐乃都服子乃遣間來逆邵王南夷東夷具見廿有六邦孑田盤云王初格伐玁允於啚盧是也以上皆天子親自行幸征伐之事見於彝器者其事凡

二十有五而爲地凡十有九則其餘未見紀錄者亦可知矣

古諸侯稱王

世疑文王受命稱王不知古諸侯於境內稱王與稱君稱公無異詩與周語楚辭稱契爲玄王其六世孫亦稱王亥（山海經作王亥郭璞注引古本竹書紀年作殷王子亥今殷虛卜辭中屢見王亥是山海經稱名不誤呂氏春秋王仌作服牛仌乃古文亥字之誤）此猶可曰後世追王也湯伐桀誓師時已稱王史記又云湯自立爲武王此亦可云史家追紀也然觀古彝器銘識則諸侯稱王者頗不止一二覩徐楚之器無論已矢王鼎云矢王作寶尊散氏盤云乃爲圖矢王於豆新宮東廷而矢伯彝則稱矢伯是矢以伯而稱王者也彔伯㦰敦蓋云王若曰彔伯㦰□自乃祖考有勞於周邦又云㦰拜手稽首對揚天子丕顯休用作朕皇考釐王寶尊敦此釐王者彔伯之父彔伯祖考有勞於周邦則其父釐王非周之僖王可知是亦以伯而稱王者也善伯敦云王命仲到歸善伯裘王若曰善伯朕丕顯祖玟珷應受大命乃祖克□先生翼自他邦有□於大命我亦弗望（假爲忘字）享邦錫女□裘善伯拜手稽首天子休弗望小□邦歸夆敢對揚天子丕顯魯休用作朕皇考武善幾王尊敦善伯之祖自文武時已爲周屬則亦非周之支庶其父武善幾王亦以伯而稱王者也而彔伯善伯二器皆紀天子錫命以爲宗器則非不臣之國蓋古時天澤之分未嚴諸侯在其國自有稱王之俗即徐楚吳楚之

稱王者亦沿周初舊習不得盡以僭竊目之茍知此則無怪乎文王受命稱王而仍服事殷矣

秦都邑

秦之祖先起於戎狄當殷之末有中潏者已居西垂大駱非子以後始有世系可紀事跡亦較有據其歷世所居之地曰西垂曰犬邱曰秦曰汧渭之會曰平陽曰雍曰涇陽曰櫟陽曰咸陽此九地中惟西垂一地名義不定犬邱涇陽二地有異實而同名者後人誤甲爲乙遂使一代崛起之地與其經略之跡不能盡知後人亦無正其誤者案西垂之義本謂西界史記秦本紀中潏在西戎保西垂又申侯謂孝王曰昔我先酈山之女爲戎

胥軒妻生中潏以親故歸周保西垂西垂以其故和睦又云莊公爲西垂大夫以語意觀之西垂殆泛指西土非一地之名然封禪書言秦襄公既侯居西垂本紀亦云文公元年居西垂宮則又似特有西垂一地水經注漾水篇以漢隴西郡之西縣當之其地距秦亭不遠使西垂而係地名則酈說無以易矣唯犬邱一地徐廣曰今槐里也案槐里之名犬邱班固漢書地理志宋衷世本注均有此說此乃周地之犬邱非秦大駱非子所居之犬邱也本紀云非子居犬邱又云大駱地犬邱夫槐里之犬邱爲懿王所都而大駱與孝王同時僅更一傳不容爲大駱所有此可疑者一也又云宣王子莊公以其先大駱地犬邱爲西垂大夫若西垂泛指西界則槐里尚在雍岐之東不得云西垂若以西垂爲漢之西縣則槐里與西縣相距甚遠此可疑者二也且秦自襄公後始有岐西之地厥後文公居汧渭之會甯公居平陽德公居雍皆在槐里以西無緣大駱莊公之時已居槐里此可疑者三也案本紀又云莊公居其故西犬邱此西犬邱實對東犬邱之槐里言史記之文本自明白但其餘犬邱字上均略去西字余疑犬邱西垂本一地自莊公居犬邱號西垂大夫後人因名西犬邱爲西垂耳然則大駱之起遠在隴西非子邑秦已稍近中國莊公復得大駱故地則又西徙逮襄公伐戎至岐文公始踰隴而居汧渭之會其未踰隴以前殆與諸戎無

異自徐廣以犬邱爲槐里正義仍之遂若秦之初起已在周畿內者殊失實也（此稿既成檢楊氏守敬春秋列國圖西犬邱於漢隴西郡西縣地其意正與余合）

史記於始皇本紀論贊後復敘秦世系都邑陵墓所在其言與秦本紀相出入所紀秦先公謚號及在位年數亦與本紀及六國表不同蓋太史公別記所聞見之異辭未必後人羼入也其中云肅靈公（即秦本紀之靈公）居涇陽爲秦本紀及六國表所未及涇陽一地注家無說余曩作玁狁考曾據此及涇陽君高陵君之封以證詩六月之涇陽非漢安定郡之涇陽縣今更證之考春秋之季秦晉不交兵者垂百年兩國間地在北方者頗爲諸戎蠶食至秦厲共公十六年始塹河旁以兵二萬伐大荔取其王

城則今之陝西同州府大荔縣也二十一年始縣頻陽則今之蒲城同官二縣間地也至靈公六年晉城少梁秦擊之（六國表作七年）（與魏戰少梁）十三年城藉姑皆今之韓城縣地然則厲共公以後秦方東略靈公之時又拓地於東北與三晉爭霸故自雍東徙涇陽涇陽者當在涇水之委（今之涇陽縣地）決非漢安定郡之涇陽也且此時義渠方强緜諸未滅安定涇陽與秦中隔諸戎勢不得爲秦有卽令秦於西北有斗入之地而東略之世決無反從西北之理厥後靈公子獻公徙治櫟陽櫟陽在今高陵縣境西距涇水入渭之處不遠則涇陽自當在高陵之西今涇陽之境矣餘說詳玁狁考中然則有周一代秦之都邑分三處與宗周春秋戰國三期相當曰西垂曰犬邱曰秦其地皆在隴坻以西此宗周之世秦之本國也曰汧渭之會曰平陽曰雍皆在漢右扶風境此周室東遷秦得岐西地後之都邑也曰涇陽曰櫟陽曰咸陽皆在涇渭下游此戰國以後秦東略時之都邑也觀其都邑而其國勢從可知矣

又案秦本紀於獻公卽位前說秦以往者數易君君臣乖亂故晉復强奪河西地孝公元年下令國中亦曰會往者厲躁簡公出子之不甯國家內憂未遑外事三晉攻奪我先君河西地諸國卑秦醜莫大焉獻公卽位鎮撫邊疆徙治櫟陽且欲東伐云云似靈公之世國勢頗蹙又未嘗東徙秦始皇本紀後雖云靈公居涇陽然於其陵墓則云葬悼公西悼公葬雍則靈公亦葬雍厥後簡公出子亦葬於雍是靈公雖居涇陽未嘗定都也然以其經營東北觀之則其居涇陽之事殆無可疑河西之失亦非盡事實本紀書簡公六年塹洛城重泉而靈公之子獻公未立時亦居河西則河西仍爲秦有不過疆場之事一彼一此時有之耳孝公下令欲激發國人故張大其辭觀本紀六國表所紀靈公時事可知矣

鬼方昆夷獯鬻字音之變

余作鬼方昆夷獯鬻玁狁考既考定鬼方之鬼當爲畏字又謂此四族者同實異名今更由音韻上證之古音微齊皆灰同部眞諄臻文殷魂痕同部而此二部之字恒相出入如旂圻頎皆斤聲字也廣韻入微韻而斤字則在眞韻揮煇暉翬皆軍聲也廣韻亦入微韻而軍字則在文韻焄君聲也而古讀若威君在文韻而威則在微韻也餘如賁之爲肥殷之爲衣分之爲匪敦之爲堆啍之爲推雲與鯀韻近與邇韻今截然分爲二部而古多通用然則威畏與昆葷在古音非獨雙聲又屬疊韻非讀威畏如混葷卽讀混葷如威畏故或云畏方或云昆夷或云獯鬻也前考未詳茲復及之

三代地理小記

周末列國有今郡縣考

[清]閔麟嗣

清光緒二十四年高郵王氏鶴壽堂叢書本

周末列國有今郡縣考

古歙閔麟嗣賓連訂　高郵王士濂堅溪補輯

周

文王都豐今陝西西安府鄠縣南有酆城武王都鎬今西安府咸陽縣咸陽凡三處古咸陽在今縣東三十里雍錄在京兆西北四十里本杜縣地徐廣云在長安西北周王季都後爲畢公封邑武王都鎬當是王季舊都成王以鎬爲宗周是爲西都以雒爲成周爲東都一云鎬在長安漢都長安在渭南而咸陽之東南也秦孝公徙咸陽始皇因廣其地成王營洛居在西都平王徙都洛在今河南府洛陽縣西故城春秋時河南府爲王城兼屬晉戰國時河南府洛陽縣爲西周兼屬韓而鞏縣爲東周君都後盡爲秦所有時秦莊襄王元年壬子也

魯

禹貢徐兗二州之域天文奎婁分野都於曲阜春秋時有山東之兗州府東平州寧海州高密縣沂州等處地中雖有一二小國亦俱屬于魯與宋共徐州界左傳蒐於紅紅徐州蕭縣地也至戰國時漸爲秦楚所侵後滅於楚與東周同歲亡

晉

春秋時有山西之全省地如潞安府及諸衛鎮間爲狄所居然未及十之一二有直隸之廣平順德大名三府地有河南之彰德懷慶府地有河南府之陝州地而直隸之河間保定真定三府陝西之西安府兼屬焉至戰國時三卿分有之爲韓趙魏三國

衛

禹貢冀州之域天文室壁分野春秋時分有河南之開封衛輝二府淇縣古朝歌地有山東東昌府之濮州地戰國時則直隸之大名府兼屬焉後漸削去止有濮州之冠縣地至秦二世始亡傳四十一君凡九百五年

燕

武王封召公于薊號爲北燕都於大興縣春秋時有直隸之順天河間保定三府及延慶保安二州地而河間保定又兼屬晉戰國時兼有永平府而河間與趙齊共境後盡歸於秦

鄭

本在西都畿內咸林之地武公得號鄶地乃徙其居是爲新鄭滎澤在北許在東南中牟在東北春秋時分有河南之開封府地烈王元年盡失於韓哀侯時乃戰國初

吳

禹貢揚州之域天文斗分野都於蘇州府治春秋時有江南之江寧蘇州松江常州鎮江太平寧國徽州池州諸府及廣德一州地以上是爲江南及江北之揚州府地分有淮安府地有浙江之湖州嚴州二府地與楚交有江西之南昌饒州南康九江諸府地與越交有浙江之杭州嘉興二府地有江西之廣信建昌撫州臨江吉安瑞州袁州贛州南安諸府地春秋末盡失於越

齊

禹貢青州之域天文虛危分野都於臨淄縣春秋時有山東之青州濟南東昌諸府地而東昌之濮州屬於衛戰國時有登州萊州二府地而東昌與趙魏共境周安王十年盡歸田氏而田氏齊後盡歸於秦孟子所入之齊田氏裔也

楚

禹貢荊州之域天文翼軫分野始都丹陽今湖南荊州府後都郢今荊州府江陵縣昭王徙都鄀今襄陽府宜城縣春秋時有湖廣全省地有江南省江北之鳳陽廬州安慶三府及和州滁州壽州地又有徐州地分有淮安府地與吳交有江西之南昌饒州南康九江諸府地有河南之南

陽府地分有衛輝汝寧二府地戰國時有河南開封府之陳州地有歸德府地有江南省之江南江北諸府地有浙江江西二省地有廣東之南雄韶州二府地侵有山東兗州府地後盡有之莊蹻略至雲南省之雲南澂江景東諸府地有四川夔州府之巫山重慶府之銅梁諸邑地有貴州之思州思南二府地後盡歸於秦

越

禹貢揚州之域天文牛分野都於會稽春秋時有浙江之紹興寧波金華衛州溫州台州處州諸府地與吳交有杭州嘉興二府地春秋末盡有江南省江南諸府地及江北之淮揚地有江西浙江之全省地原吳地有者盡滅有之戰國時敗於楚諸地皆屬焉

宋

禹貢兗豫二州之域天文角亢分野都於商邱春秋時有河南之歸德府地有山東兗州府之曹州地與魯共界有江南徐州地的失於楚戰國時分爲齊楚魏三國

韓

春秋時封邑在陝西西安府之韓城縣城戰國時爲諸侯有山西之潞安府澤州沁州遼州地兼有平陽府地分有河南之開封府地於鄭州地都焉後盡歸於秦

趙

春秋時封邑在山西平陽府趙城地戰國時爲諸侯有山西之太

原太同汾州三府地及直隸之眞定廣平順德保定大名諸府地後盡歸於秦

魏

春秋時封邑在山西平陽府之蒲州戰國時爲諸侯有河南之彰德懷慶府地分有開封衛輝府地分有山西之平陽府地兼有直隸之大名府地後盡歸於秦

秦

禹貢雍州之域天文井鬼分野都于淸水縣春秋時有陝西之西安鳳翔鞏昌以東之地而西安府尙兼屬晉戰國時漸併臨洮慶陽延安平涼諸府及諸衛鎮是皆羌戎地乃有陝西全省後漸蠶食諸

侯溷一字內矣

周末列國有今郡縣考　五　鶴壽堂叢書

周末列國有今郡縣考補　　高郵王士濂望溪訂

蔡

春秋時有河南汝寧府地叔度封於上蔡平侯徙新蔡昭侯徙州來謂之下蔡今江南鳳陽府壽州北有蔡國城濂按新蔡在河南息城北上蔡在新蔡西北後滅於楚

曹

禹貢徐兖二州之域天文奎婁分野春秋時有山東兖州府地與魯分治都於定陶哀公八年滅於宋

滕

禹貢徐兖二州之域天文奎婁分野有山東兖州府地都滕縣在今縣西南十五里古小邾子國在今鄒縣東南二十六里滕鄒相去僅百里戰國策謂滕滅於宋案漢地理志滕封三十一世滅於齊未知孰是

周末列國有今郡縣考補　一　鶴壽堂叢書

杞

春秋時有河南開封府山東靑州府地都杞縣武公遷淳于今靑州府安邱縣東北在桓六年成公遷緣陵今靑州府昌樂縣東南在僖十四年文公又遷淳于在襄廿九年後滅於楚

陳

春秋時有河南開封府地與杞共界都陳州後滅於楚

薛

春秋時有山東兖州府地與曹共界都薛城今滕縣南魯隱十一年獻

侯始來朝後不知爲誰所滅

邾 小邾

春秋時邾都鄒縣今山東兖州府鄒縣後爲楚所并小邾都於郳城杜注東海昌慮縣東北有郳城按昌慮故城在今兖州府滕縣東南後滅於楚

許

春秋時有河南開封南陽府江南鳳陽府地都於許今開封府許州魯成十五年遷葉今南陽府葉縣昭九年遷夷實城父今鳳陽府亳州東南有城父故城十一年遷析實白羽今南陽府鄧州內鄉縣定四年遷容城今湖廣荆州府監利縣或曰容城在葉縣西未知孰是戰國初滅於楚

春秋列國圖

［清］楊守敬　熊會貞

清光緒三十二年刻套印本

春秋列國圖

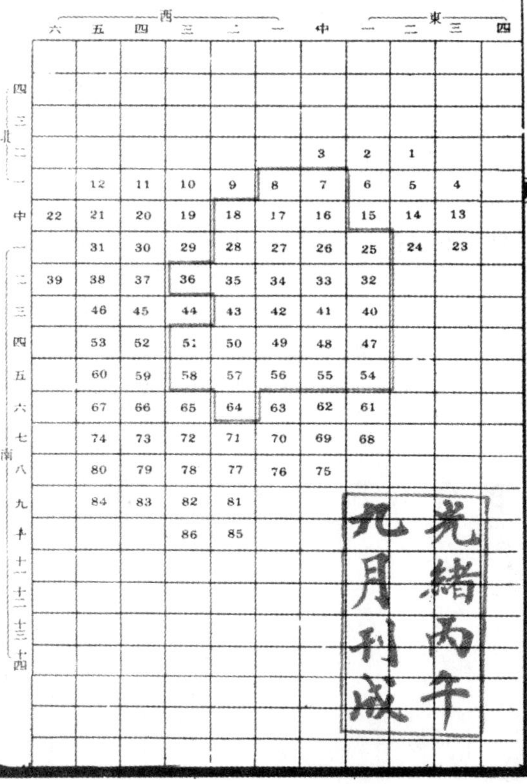

隋書經籍志梁有春秋古今盟會地圖一卷亡新舊唐志及宋人著錄所載春秋圖無慮十餘家而皆不傳相傳東坡指掌圖略具方隅

國朝顧棟高春秋大事表圖稍為詳備而以今日郡縣為主亦散漫不易理六嚴之圖限於篇幅但書國名不著屬地殊未足饜人意余以為治地學者禹貢而下以春秋列國為繁賾故自服杜京相璠以來代有傳述亦多異同而無圖以證明之終少抉擇乃與門人熊君會貞為此圖其中犬牙參錯彼此攘奪既難以專屬故不復為界畫而別為分國目錄并子注其年代使讀者易於尋求焉其無缺為光緒丙午九月楊守敬記

春秋列國地圖序

春秋列國地圖目錄

周

都洛邑王城　遷於成周　始封於駘
邑於豳　遷岐曰周　作都于酆
祭隱元　凡隱七　瓦屋隱八
鄔隱十一　劉隱十一　蔿隱十一
邘隱十一　温隱十一　原隱十一
絺隱十一　樊隱十一　隰郕隱十一
攢茅隱十一　向隱十一　盟隱十一
州隱十一　陘隱十一　隤隱十一
懷隱十一　單莊元　夷莊十
酒泉莊二十一　伊川僖二十二　召僖二十四

甘僖二十四　坎欿僖二十四　毛僖二十四
隰城僖二十五　翟泉僖二十九　滎文五
暴文八　郲垂文十七　郟鄏宣三
鄄成十一　鄇田成十一　檀成十一
成成十三　溴梁襄十六　轘轅襄二十一
鹵襄二十九　平時襄三十　雒汭昭元
三塗昭四　陽城昭四　太室昭四
景亳昭四　孟津昭四　岐陽昭四
酆宮昭四　閻昭九　駘昭九
郊昭十二　甘鹿昭十七　北山昭二十二
滎錡氏昭二十二　要　餞昭二十二　揚昭二十二
領昭二十二　京昭二十二　皇昭二十二
圃車昭二十二　前城昭二十二　東圉昭二十二
社昭二十二　陰昭二十二　侯氏昭二十二
谿泉昭二十二　氾昭二十二　解昭二十二
任人昭二十二　京楚昭二十二　鄩昭二十三
平陰昭二十三　澤邑昭二十三　狄泉昭二十三
訾昭二十三　墻人昭二十三　直人昭二十三
尹昭二十三　阪道昭二十三　尹道昭二十三
左巷昭二十三　唐昭二十三　西闈昭二十三
蒯昭二十三　三川昭二十三　乾祭昭二十四
瑕昭二十四　杏昭二十四　鞏昭二十五
尸氏昭二十六　施谷昭二十六　渠昭二十六
褚氏昭二十六　萑谷昭二十六　胥靡昭二十六

滑昭二十六　闕塞昭二十六　莒昭二十六
圉澤昭二十六　堤上昭二十六　潁昭二十六
鄻昭二十九　馮定六　負黍定六
狐人定六　闕外定六　姑蕕定六
儀栗定七　窮谷定七　轂城定八
簡城定八　盂定八

魯

國于曲阜　蔑隱元　郎隱元
費隱元　潛隱二　唐隱二
棠隱五　中丘隱七　泰山隱八
防隱九　鄧隱十　菟裘隱十一
許田桓元　讙桓三　郕桓三

祝丘桓五 二山桓六 咸丘桓七
夫鍾文十一 闞桓十一 曲池桓十二
趡桓十七 奚桓十七 蒩莊九
洙莊九 生竇莊九 長勺莊十
乘丘莊十 雩門莊十 郚莊十一
濟西莊十八 洮莊二十七 郿莊二十八
諸莊二十九 魯濟莊三十 薛莊三十一
秦莊三十一 梁丘莊三十二 黨氏臺莊三十三
稷門莊三十二 逵泉莊三十二 密閔二
酅僖元 汶陽田僖元 費僖元
甯母僖七 卞僖十七 升陘僖二十二
昌衍僖二十七 重館僖三十一 郚文七

鹹文十一 子駒之門文十一 鄆文十二
勾鼆文十五 戾丘文十五 泉臺文十六
平陽宣八 蜀成二 龍成二
巢丘成二 陽橋成三 棘成三
中城成九 壤隤成十六 貍脤成十七
鹿囿成十七 蒲圃襄四 郰襄十
五父之衢襄十一 台襄十二 劉成十五
遇襄十五 海陘襄十六 桃襄十七
陽關襄十七 旅松襄十七 漷水襄十九
西郛襄十九 武城襄十九 泗上襄十九
鹿門襄二十三 高魚襄二十六 陽州襄三十
庚宗昭四 丘蕕昭四 蚡泉昭五

大庫之庭昭五 塞關昭五 萊柞昭七
紅昭八 郎囿昭九 比蒲昭十一
祲祥昭十一 泉丘昭十一 清丘之社昭十一
昌間昭二十二 沂上昭二十五 郈昭二十五
桐汝昭二十五 淄昭二十六 炊鼻昭二十六
雉門兩觀定二 拔定三 東野定五
房定五 上東門定八 棘下定八
龜陰田定十 武子之臺定十二 姑蔑定十二
蛇淵囿定十三 莒父定十四 霄定十四
漆定十五 啟陽哀二 毗哀五
邾瑕哀六 萊門哀六 負瑕哀七
闡哀八 東陽哀八 五梧哀八

蠶室哀八 黨氏溝哀十一 稷曲哀十一
大野哀十四 丘輿哀十四

齊

國於臨淄 前都蒲姑 石門隱三
盧隱三 艾隱六 嬴桓三
濼桓十八 禚莊二 穀莊七
葵丘莊八 姑棼莊八 貝丘莊八
鮑莊八 乾時莊九 堂阜莊九
北杏莊十三 柯莊十三 落姑閔元
陽穀僖三 海僖四 河僖四
穆陵僖四 無棣僖四 牡丘僖十五
甗僖十八 酅僖二十六 周首文十一

鄟丘文十六　申池文十八　平州宣元
垂宣八　晏宣十四　輂成二
袁婁成二　莘成二　靡笄成二
華不注成二　華泉成二　徐關成二
石窌成二　丘輿成二　馬陘成二
上鄍成二　清成十七　東陽襄二
耏外襄三　郲襄十四　平陰襄十八
防門襄十八　巫山襄十八　京茲襄十八
邿襄十八　雍門襄十八　揚門襄十八
東閭襄十八　郵棠襄十八　濰襄十八
祝柯襄十九　句瀆之丘襄十九　高唐襄十九
灑藍襄十九　大隧襄十九　重丘襄二十五
弇中襄二十五　棠襄二十五　廩丘襄二十六
崔襄二十七　魚里襄二十八　嶽襄二十八
邶殿襄二十八　莒昭三　甯風昭五
羽山昭七　薄姑昭九　稷昭十
莊昭十　鹿門昭十　棘昭十
夫于昭十　渠丘昭十一　澠昭十二
聊攝昭二十　姑尤昭二十　沛昭二十
遄臺昭二十　稷門昭二十二　野井昭二十五
媚定九　杏定九　夾谷定十
安甫定十　賴哀二　駘哀二
殳冒淯哀二　潞哀八　郎哀十
犂哀十　轅哀十　清哀十一

博哀十一　艾陵哀十一　舒州哀十四
檀臺哀十四　豐丘哀十四　郭關哀十四
蒙哀十七　顧哀二十一　舟道哀二十一
留舒哀二十七

晉

國於絳　別都曲沃　遷于新田
隨隱五　鄂隱六　條桓二
千畝桓二　陘庭桓二　汾隰桓二
聚莊二十五　蒲莊二十八　二屈莊二十八
垂棘僖二　屈產僖二　新城僖四
采桑僖八　高梁僖九　下國僖十
韓僖十　沙鹿僖十四　虢略僖十五
華山僖十五　解梁城僖十五　陰僖十五
狐廚僖十六　受鐸僖十六　昆都僖十六
汾僖十六　令狐僖二十四　桑泉僖二十四
臼衰僖二十四　廬柳僖二十四　郇僖二十四
原僖二十四　屏僖二十四　樓僖二十四
緜上僖二十四　南陽僖二十五　冀僖二十五
被廬僖二十七　河陽僖二十七　焦僖三十
瑕僖三十　清原僖三十一　殽僖三十二
箕僖三十三　先茅之縣僖三十三　王官文三
郊文三　茅津文三　甯文五
夷文六　董文六　郫文六
陽文六　堇陰文七　刳首文七

武城 文八　北徵 文十　河曲 文十二
羈馬 文十二　瑕 文十三　桃林之塞 文十三
諸浮 文十三　黃父 文十七　陰地 宣二
首山 宣二　桃園 宣二　邢丘 宣六
向陰 宣七　黑壤 宣七　董澤 文六
清 宣十三　曲梁 宣十五　輔氏 宣十五
稷 宣十五　雒 宣十五　瓜衍之縣 宣十五
斷道 宣十七　野王 宣十七　苗 宣十七
赤棘 成元　邢 成二　梁山 成五
故絳 成六　郇瑕 成六　鹽 成六
新田 成六　澮水 成六　銅鞮 成九
桑田 成十　交剛 成十二　保城 成十三

涑川 成十三　郜 成十三　苦 成十四
苕丘 成十六　虛 成十七　台谷 成十八
瓠丘 襄元　長樗 襄三　鷄澤 襄三
著雍 襄十　霍人 襄十　櫟 襄十一
溴梁 襄十六　長子 襄十八　純留 襄十八
梗陽 襄十八　祁 襄二十一　雍榆 襄二十三
孟門 襄二十三　太行 襄二十三　朝歌 襄二十三
熒庭 襄二十三　郫邵 襄二十三　少水 襄二十三
東陽 昭二十三　范 襄二十四　鄐 襄二十六
木門 襄二十七　任 襄三十　大鹵 昭元
大夏 昭元　大原 昭元　洮 昭元
雍 昭元　中都 昭二　州田 昭七

魏榆 昭八　虒祁之宮 昭八　西河 昭十三
棘津 昭十七　黃父 昭二十五　乾侯 昭二十八
鄔 昭二十八　平陵 昭二十八　塗水 昭二十八
馬首 昭二十八　盂 昭二十八　平陽 昭二十八
楊氏 昭二十八　汝 昭二十九　適歷 昭三十一
大陸 定元　平中 定三　唐 定四
夏墟 定四　五氏 定九　中牟 定九
邯鄲 定十　寒氏 定十　晉陽 定十三
河內 定十三　百泉 定十四　棘蒲 哀元
蒐和 哀四　倉野 哀四　五鹿 哀四
臨 哀四　欒 哀四　鄗 哀四
逆時 哀四　陰人 哀四　壺口 哀四

柏人 哀四　冠氏 哀十五　英丘 哀二十二

鄭

國于新鄭　鄢 隱元　制 隱元
京 隱元　祭 隱元　廩延 隱元
城潁 隱元　潁谷 隱元　長葛 隱五
祊 隱八　鄔 隱十一　劉 隱十一
蔿 隱十一　邘 隱十一　狐壤 隱十一
時來 隱十一　武父 桓十二　渠門 桓十四
牛首 桓十四　周氏之汪 桓十五　櫟 桓十五
滑 莊三　大陵 莊十四　弭 莊二十一
虎牢 莊二十三　匽 莊二十三　純門 莊二十八
桐丘 莊二十八　新城 僖六　新密 僖六

柯澤僖二十一 氾僖二十四 踐土僖二十八
衡雍僖二十八 函陵僖三十 氾南僖三十
原圃僖三十三 郜城僖三十三 匡文元
垂隴文二 郹文八 申文八
狼淵文九 棐文十三 鯈文十七
北林宣元 郔宣三 南里宣三
柳棼宣九 潁北宣十 邲宣十二
管宣十二 敖宣十二 鄗宣十二
滎澤宣十二 伯牛成三 鄤成三
兵輿成三 氾祭成四 蟲牢成五
繞角成六 脩澤成十 訾成十三
暴隧成十五 鳴鴈成十六 鄢陵成十六

督揚成十六 制田成十六 高氏成十七
戲童成十七 曲洧成十七 柯陵成十七
汝上成十七 鄬襄元 洧上襄元
城棣襄五 鄔襄七 鄵襄七
戲襄九 鄟門襄九 師之梁襄九
陰阪襄九 陰口襄九 中分襄九
梧襄十 陽陵襄十 舊許襄十一
向襄十一 瑣襄十一 濟隧襄十一
亳城襄十一 蕭魚襄十一 魚陵襄十八
上棘襄十八 旃然襄十八 胥靡襄十八
獻于襄十八 雍梁襄十八 梅山襄十八
棘澤襄二十四 宛襄二十四 城麇襄二十六

欒氏襄二十六 黃崖襄二十八 墓門襄三十
斗城襄三十 酸棗襄三十 閨門昭元
薰隧昭元 犨郟昭元 釣臺昭四
莵氏昭五 索氏昭五 圉昭五
柤昭六 桑山昭十六 時門洧淵昭十九
雚苻之澤昭二十 皐鼬定四 彌作六邑哀十二
桔柣之門哀二十
衞
國於朝歌 遷於楚丘 又遷帝丘
清隱四 牧隱五 垂隱八
越桓元 蒲桓三 桃丘桓十
莘桓十六 首止桓十八 鄄莊十四

城濮莊二十七 熒澤閔二 共閔二
滕閔二 曹閔二 楚丘僖二
鹹僖十三 匡僖十五 菟圃僖十八
訾婁僖十八 南河僖二十八 五鹿僖二十八
斂盂僖二十八 襄牛僖二十八 鄭僖二十八
有莘之墟僖二十八 宛濮僖二十八 帝丘僖三十一
戚文元 清丘宣十二 新築成二
鞫居成二 桑中成二 鍼成六
馬陵成七 洹水成十七 丘宮襄十四
阿澤襄十四 柯襄十九 澶淵襄二十
商任襄二十一 朝歌襄二十三 茅氏襄二十六
圉襄二十六 懿氏襄二十六 羊角襄二十六

戲陽 昭九　厥慭 昭十一　平丘 昭十三
平壽 昭二十　蓋獲之門 昭二十　閱門 昭二十
馬路之衢 昭二十　死鳥 昭二十　彭水 昭二十
有閻 昭二十　相土之東都 定四　毀虛 定四
豚澤 定六　沙 定七　瓦 定八
曲濮 定八　鄟澤 定八　垂葭 定十三
盂 定十四　牽 定十四　鐵 哀二
犂 哀十一　外州 哀十一　巢 哀十一
鄖 哀十一　少禘 哀十一　黃池 哀十三
平陽 哀十六　藉圃 哀十七　昆吾之觀 哀十七
泠 哀二十五

楚

國於丹陽　遷於郢　又遷於鄀
沈鹿 桓八　郊郢 桓十一　彭 桓十二
鄾 桓十三　荒谷 桓十三　冶父 桓十三
樠木之下 莊四　溠 莊四　漢汭 莊四
那處 莊十八　涌 莊十八　津 莊十八
湫 莊十九　夕室 莊十九　陘 僖四
召陵 僖四　水濱 僖四　方城 僖四
武城 僖六　郢 僖十二　析 僖二十五
析隈 僖二十五　睽 僖二十七　蔿 僖二十七
連穀 僖二十七　泜 僖三十三　商 文十
渚宮 文十　期思 文十　阜山 文十六
大林 文十六　陽丘 文十六　訾枝 文十六

廬 文十六　句澨 文十六　選 文十六
阪高 文十六　陘隰 文十六　臨品 文十六
石溪 文十六　仞 文十六　葉 宣三
轑陽 宣四　烝 宣四　漳澨 宣四
皐滸 宣四　夢中 宣四　滑汭 宣八
郔 宣十一　沂 宣十一　夏州 宣十一
江南 宣十二　九縣 宣十二　沈 宣十二
蒲胥之市 宣十四　州來 宣七　呂 成七
鄧 成九　鍾離 成十五　新石 成十五
汝陰之田 成十六　瑕 成十六　駕釐 成十七
虺 成十七　繁陽 襄四　柤 襄十
庸浦 襄十三　棠 襄十四　湛阪 襄十六
汾 襄十八　雩婁 襄二十六　棘 襄二十六
荆山 昭四　塗山 昭四　櫟 昭四
麻 昭四　夏汭 昭四　瑣 昭五
鵲岸 昭五　羅汭 昭五　萊山 昭五
南懷 昭五　汝清 昭五　坻箕之山 昭五
豫章 昭六　乾谿 昭六　章華之臺 昭七
城父 昭九　夷濮西田 昭九　岡山 昭十一
不羹 昭十一　潁尾 昭十二　中犨 昭十三
息舟 昭十三　魚陂 昭十三　訾梁 昭十三
夏 昭十三　棘闈 昭十三　訾 昭十三
宗丘 昭十四　長岸 昭十七　白羽 昭十八
下陰 昭十九　郟 昭十九　城父 昭十九

雞父昭二十三 遠澨昭二十三 圉陽昭二十三
州屈昭二十五 茄昭二十五 丘皇昭二十五
訾昭二十五 卷昭二十五 潛昭二十七
窮昭二十七 沙汭昭二十七 養昭三十
南岡昭三十一 容城定四 柏舉定四
大隧定四 直轅定四 冥阨定四
大别定四 小别定四 清發定四
雍澨定四 睢定四 雲中定四
稷定五 軍祥定五 棠谿定五
公壻之谿定五 成臼定五 脾洩定五
負函哀四 繒關哀四 豐哀四
少習哀四 三戶哀四 白哀十六
慎哀十六

宋

國於商丘 黄隱元 管隱十
郜隱十 老桃隱十 稷桓二
穀丘桓十二 虚桓十二 龜桓十二
盧門桓十四 袲桓十五 蒙澤莊十二
亳莊十二 蕭莊十二 幽莊十六
梁丘莊三十二 檉 杅 犖僖元 貫僖二
多魚僖元 葵丘僖九 次睢之社僖十九
鹿上僖二十一 盂僖二十一 薄僖二十一
泓僖二十二 緡僖二十三 孟諸僖二十八
承匡文十 長丘文十一 郕門文十一

新城文十四 大棘宣二 沙隨成十六
汋陂成十二 夫渠成十二 汋陵成十二
彭城成十八 朝郟成十八 城郜成十八
幽丘成十八 夷庚成十八 台谷成十八
靡角之谷成十八 虚朾成十八 呂留襄元
犬丘襄元 商丘襄九 訾毋襄十
桐門襄十 楊梁襄十二 合襄十七
澤門襄十七 蒙門襄二十七 商昭八
鬼閻昭二十 南里昭二十一 横昭二十一
舊鄘昭二十一 桑林之門昭二十一 厨昭二十一
鴻口昭二十一 楊門昭二十一 新里昭二十一
赭丘昭二十一 曲棘昭二十五 老丘定十五
蘖蔯定十五 雍丘哀九 城鉏哀十一

戶牖哀十三 鞌哀十四 逢澤哀十四
曹哀十四 空澤哀二十六 連中哀二十六
空桐哀二十六 唐盂哀二十六

陳

國於宛丘 前封虞襄三 又封遂襄三
濮隱四 焦夷僖二十三 壺丘文九
厥貉文十 辰陵宣十一 栗門宣十一
鳴鹿成十六 大冥哀六

蔡

國於上蔡 遷於新蔡昭十三 又遷州來哀元
莘莊十 桑隧成六 鄍陽昭十九

邢

國於邢　夷儀閔二　聶北僖元

秦

國於西垂　遷於平陽　又遷於雍

靈臺僖十五　王城僖十五　具囿僖三十三

彭衙文二　汪文二　邧文四

新城文四　刳首文七　少梁文十

河西文十三　麻隧成十三　涇成十三

侯麗成十三　新楚成十三　棫林襄十四

中南昭四

吳

始居於梅里　遷於姑蘇　鳩茲襄三

衡山襄三　淮上襄三　善道襄五

皐舟之隘襄十四　朱方襄二十八　延陵襄三十一

房鍾昭六　檇李定十四　陘定十四

夫椒哀元　邗溝哀九　橐皐哀十二

鄎哀十二　泓上哀十三　桐汭哀十五

頯黃哀十六　笠澤哀十七　艾哀二十

越

國於會稽　姑蔑哀十三　甬東哀二十二

冥哀十九

徐

國於徐　婁林僖十五　蒲隧昭十六

淮夷昭元

巴

國於巴

曹

國於陶丘　楚丘隱七　洮僖八

曹南僖十九　重丘襄十七　鄸昭二十

郊定十二　黍丘哀七　揖丘哀七

大城哀七　鍾哀七　邗哀七

虞

國於夏墟　共池桓十　顛軨僖二

鄍僖二　三門僖二

虢

國於上陽僖五　玤莊二十一　莘莊三十二

渭汭閔二　下陽僖二　桑田僖二

邾

國於邾　遷於繹文十三　翼隱元

偃僖二　虛丘僖二　魚門僖二十二

訾婁僖三十三　狐駘襄四　漆襄二十一

閭丘襄二十一　蟲昭十九　離姑昭二十三

濫昭三十一　鄒東哀二　沂西哀二

絞哀二　范門哀七　茅哀七

莒

國於莒　初封介根　密隱二

鄢陵文十七　渠丘成八　鄆成十六

且于襄二十三　壽舒襄二十三　蒲侯氏襄二十三

大麗 昭元　常儀靡 昭元　防 昭五
茲 昭五　紀鄣 昭十九　郠 昭十
壽餘 昭二十二　向 僖二十六

杞

國於淳于　遷於緣陵 僖十四　牟婁 隱四
無婁 宣十五

紀

國於紀　浮來 隱八　郱 莊元
鄑 莊元　郚 莊元　酅 莊二

許

國於許　遷於葉 成十五　又遷於夷 昭九
又遷於白羽 昭十八　又遷於容城 定四　展陂 成四
鉏任 成四　泠敦 成四　棫林 襄十六
函氏 襄十六

滕

國於滕

薛

國於薛　邳 定元

小邾

國於郳　句繹 哀二

北燕

國於薊　阪泉 僖二十五　虢 昭七
濡上 昭七　陽 昭十二

諸小國

宿 隱元　申 隱元　虢 隱元
共 隱元　夷 隱元　戎 隱二
向 隱二　極 隱二　燕 隱五
郕 隱五　夫鍾 文十一　郕邽 文十二 以上二地屬郕
凡 隱七　北戎 隱九　郜 桓二
戴 隱九　息 隱十一　芮 桓三
魏 桓三　隨 桓六　速杞 桓八 此地屬隨
黃 桓八　踖陵 莊十九 此地屬黃　鄧 桓七
穀 桓七　鄾 桓九　梁 桓九
新里 僖十八 此地屬梁　荀 桓九　賈 桓九
貳 桓十一　軫 桓十一　鄖 桓十一
蒲騷 桓十一 此地屬鄖　絞 桓十一　州 桓十一
蓼 桓十一　羅 桓十二　賴 桓十三
盧戎 桓十三　牟 桓十五　葛 桓十五
於餘丘 莊二　譚 莊九　蕭 莊十二
遂 莊十三　滑 莊十六　權 莊十八
郭 莊二十四　戎 莊二十八　小戎 莊二十八
陸渾之戎 僖二十二　陰戎 昭九　九州之戎 昭二十二 小戎下皆允姓
驪戎 莊二十八　鄣 莊三十　耿 閔元
霍 閔元　陽 閔二　犬戎 閔二
東山皐落氏 閔二　冀 僖二　江 僖二
舒 僖三　弦 僖五　道 僖五
柏 僖五　揚拒泉皐伊雒之戎 僖十一
鄫 僖十四　厲 僖十五　英氏 僖十七

項僖十七　須句僖二十二　任僖二十二
顓臾僖二十二　頓僖二十三　雍僖二十四
毛僖二十四　郱僖二十四　畢僖二十四
酆僖二十四　郇僖二十四　邘僖二十四
應僖二十四　韓僖二十四　蔣僖二十四
茅僖二十四　胙僖二十四　祭僖二十四
郜僖二十五　夔僖二十六　介僖二十九
姜戎僖三十三　沈文三　六文五
蓼文五　麇文十一　防渚文十一
錫穴文十一以上二地屬麇　鄖瞞文十一　舒蓼文十二
巢文十二　宗文十二　庸文十六
庸方城文十六　裨文十六　鯈文十六

魚文十六以上四地屬庸　羣蠻文十六　百濮文十六
崇宣元　赤狄宣三　郯宣四
良昭十二此地當屬郯　萊宣七　棠襄六
郳襄六以上二地屬萊　根牟宣九　唐宣十二
潞氏宣十五　黎宣十五　甲氏宣十六
留吁宣十六　茅戎成元　廧咎如成三
鄟成六　蠻氏成六　梁哀四
霍哀四以上二地屬蠻　檀成十一　無終襄四
有窮襄四　鉏襄四　寒襄四
有鬲氏襄四　斟灌襄四　斟尋襄四
過襄四　戈襄四　偪陽襄十
邿襄十三　鑄襄二十三　豕韋襄二十四

魯縣昭二十九此地屬豕韋　唐杜襄二十四　舒鳩襄二十四
荒浦襄二十四　離城襄二十五以上三地屬舒鳩　胡襄二十八
邶襄二十九　鄘襄二十九　鄶襄二十九
觀昭元　扈昭元　姚昭元
邳昭元　奄昭元　沈昭元
娀昭元　蓐昭元　黃昭元
仍昭四　肅慎昭九　亳昭九
西不羹昭十一　東不羹昭十一　鮮虞昭十二
中人昭十三此地屬鮮虞　肥昭十二　昔陽昭十二
房昭十三　鼓昭十五　密須昭十五
闕鞏昭十五　甲父昭十六　鄅昭十八
鍾吾昭二十七　飂昭二十九　鬷川昭二十九此地屬飂

桐定二　封父定四　有虞哀元
綸哀元此地屬虞　昆吾哀十七
附無考地
折桓十一　女栗文十　訾文十三
僂句昭二十五

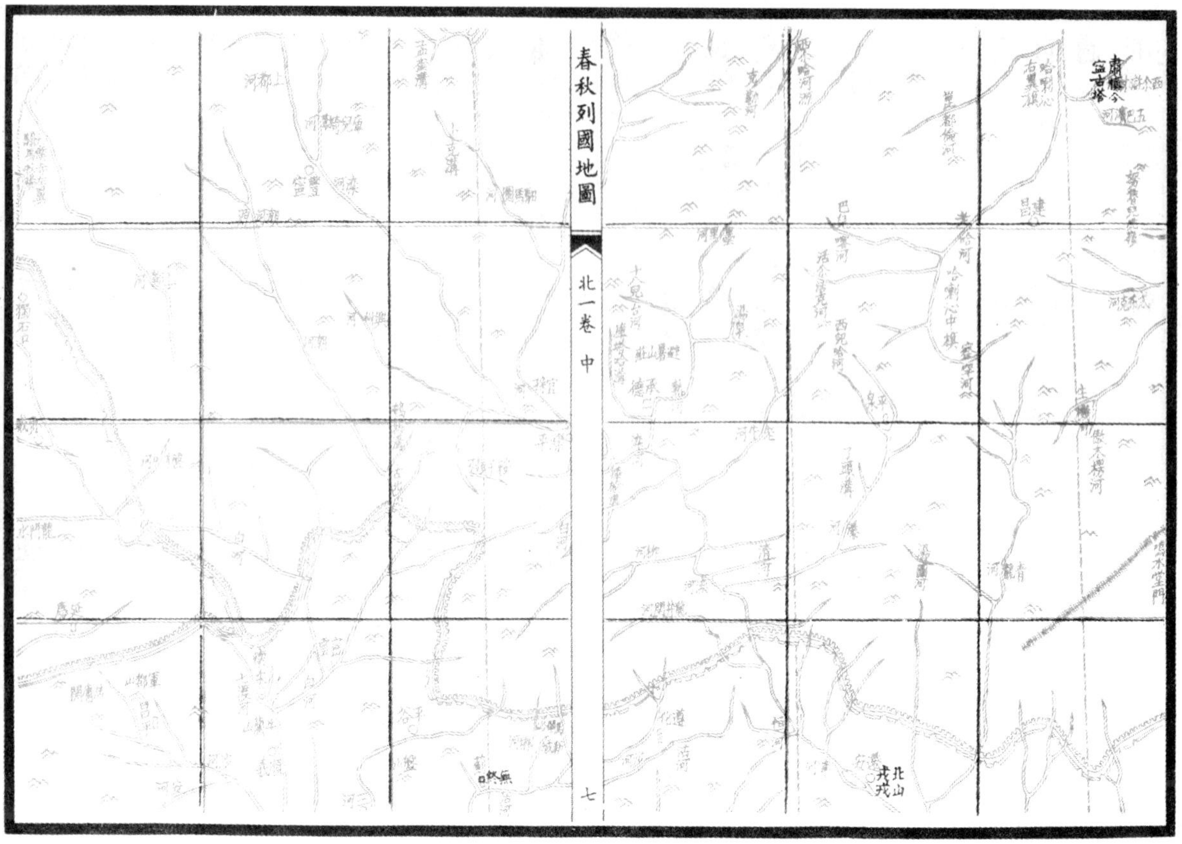

春秋列國地圖
北一卷 中
七

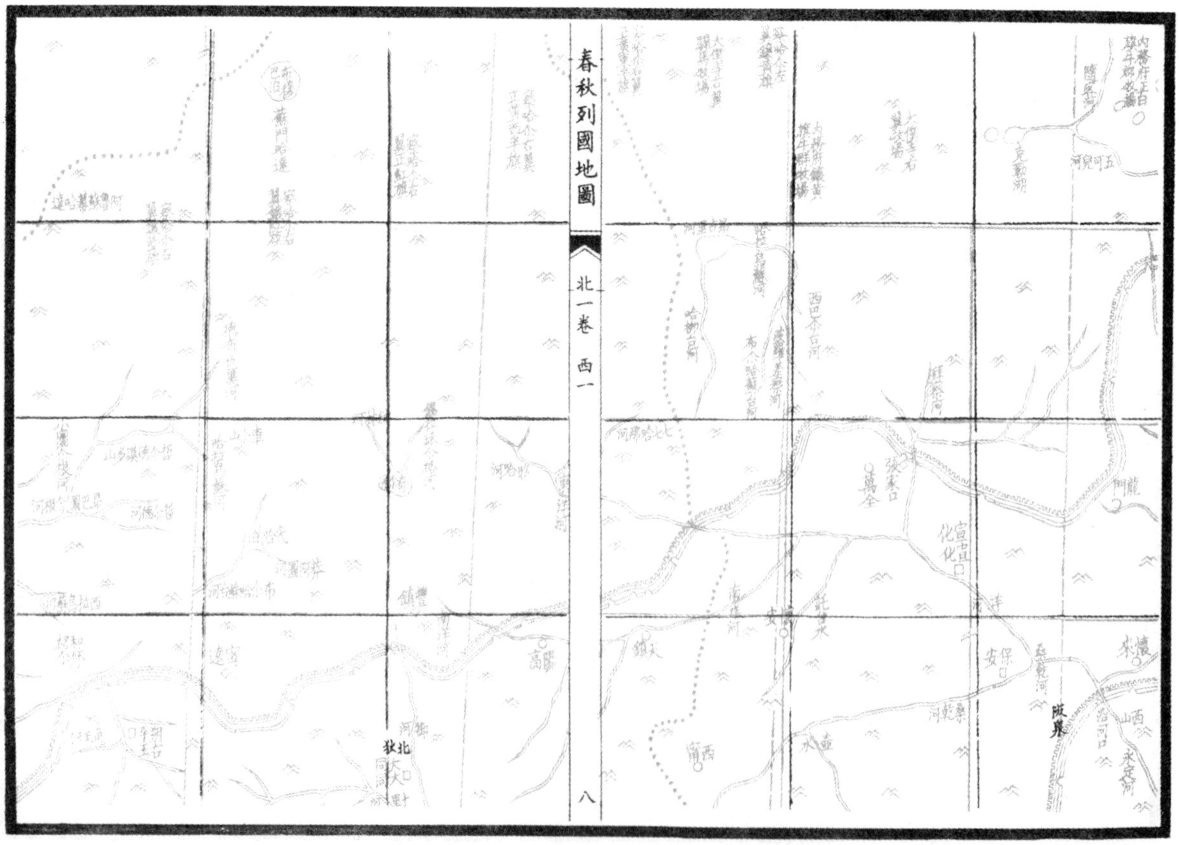

春秋列國地圖
北一卷 西一
八

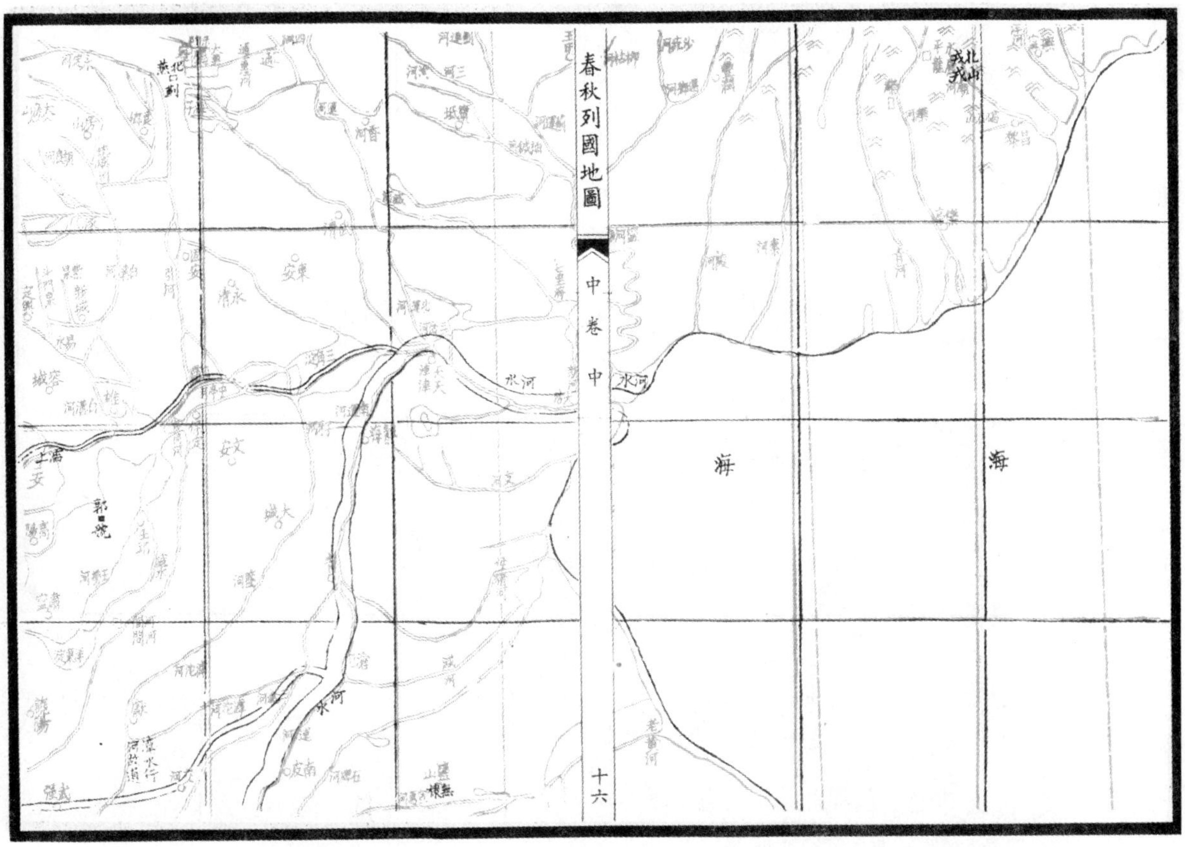
春秋列國地圖
中卷中
十六
海
海

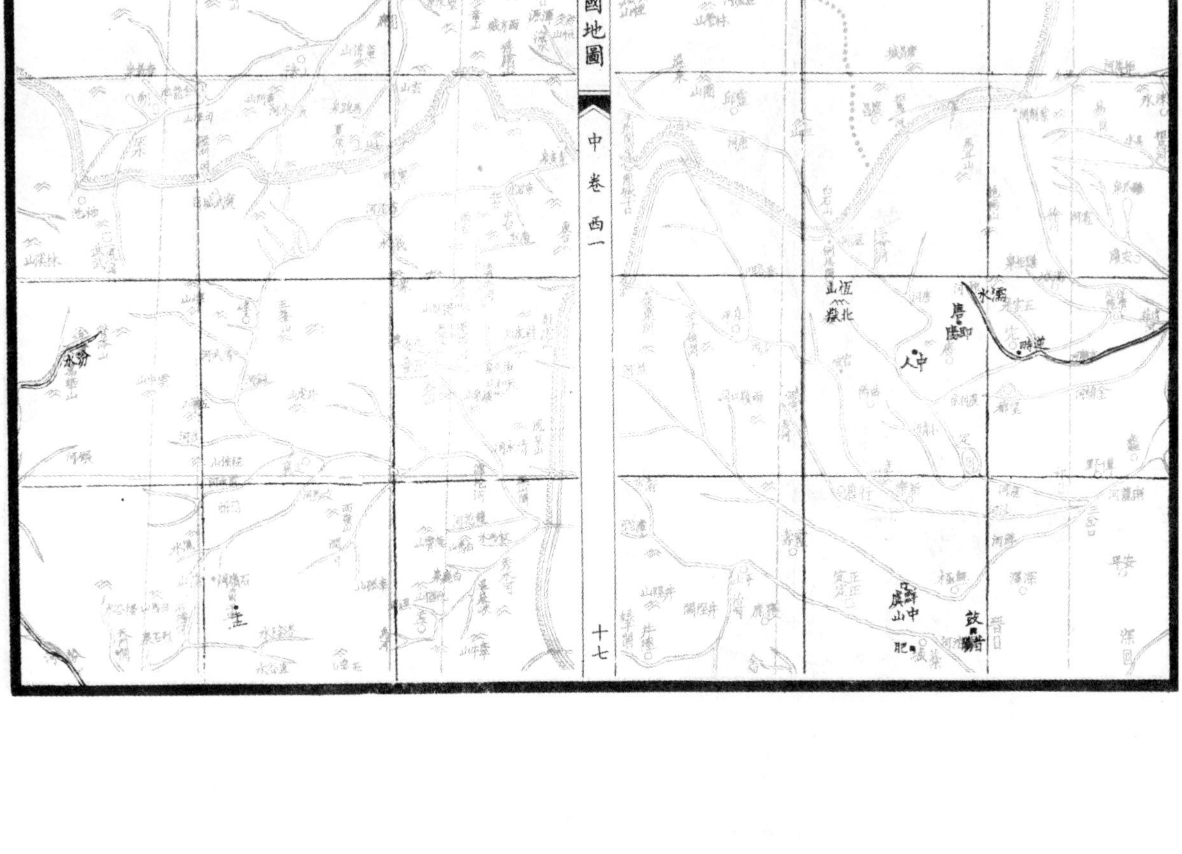
春秋列國地圖
中卷西一
十七

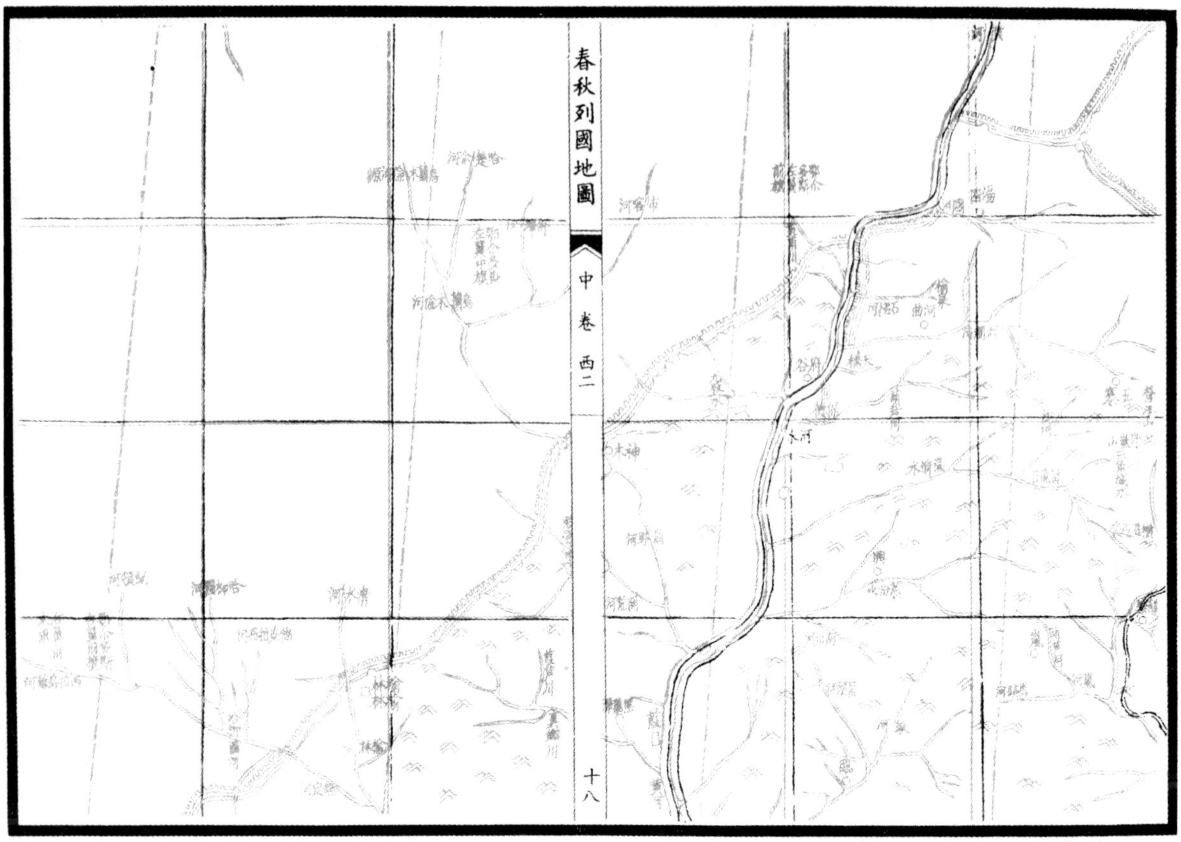
春秋列國地圖
中卷 西二
十八

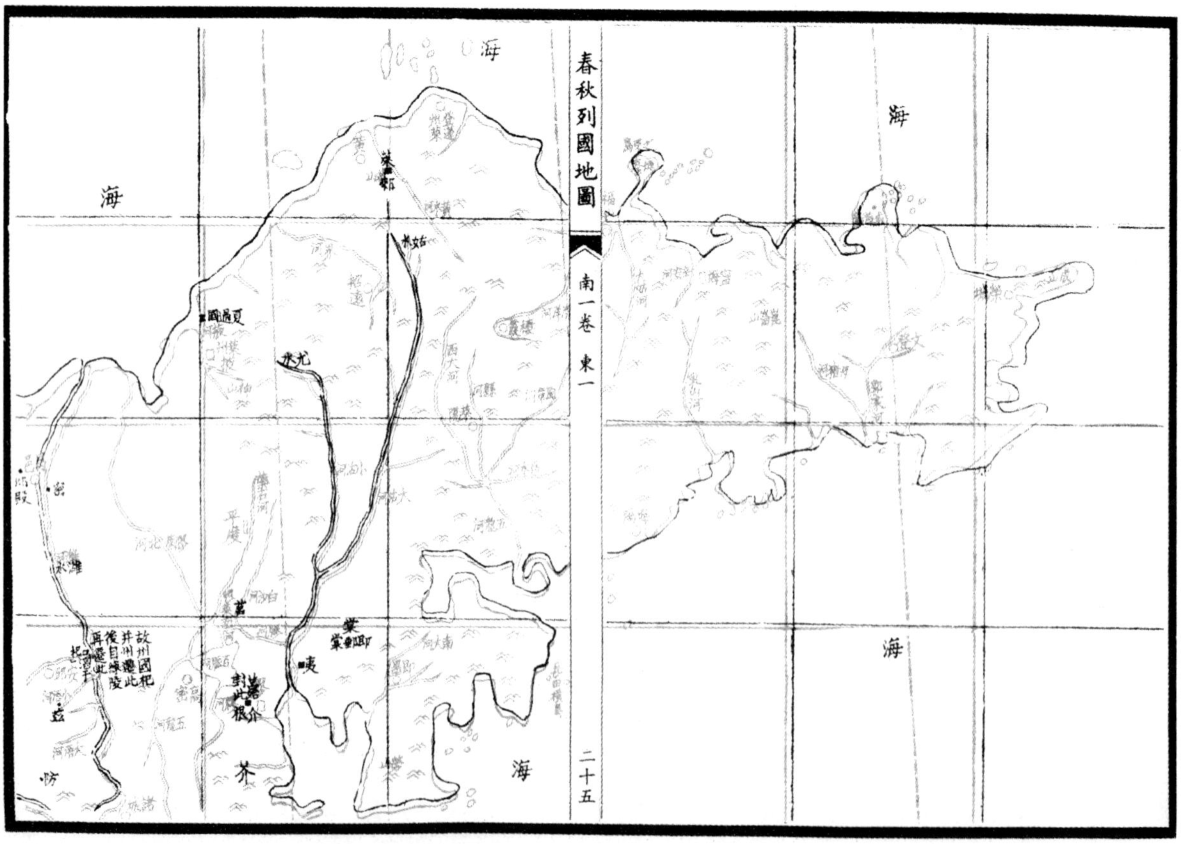
春秋列國地圖
南一卷 東一
二十五
海
海
海
海
海

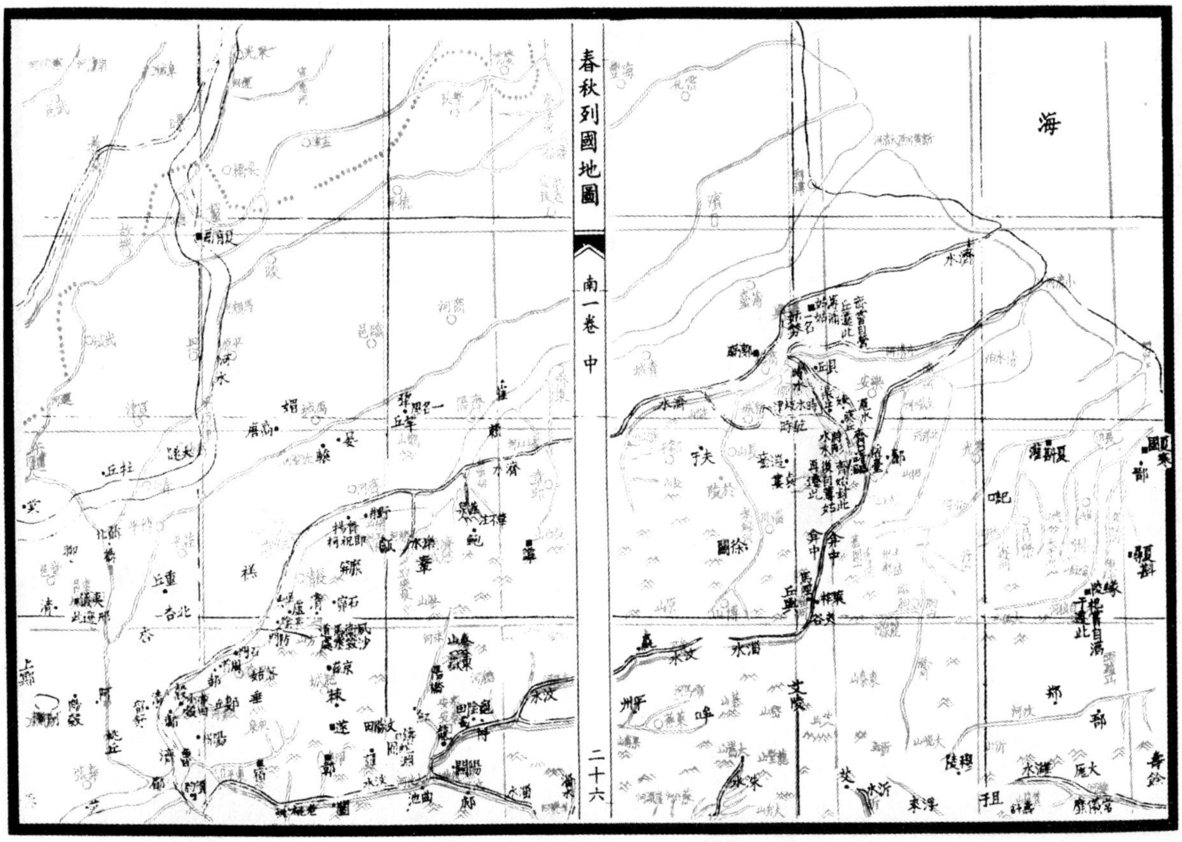
春秋列國地圖
南一卷中
二十六
海

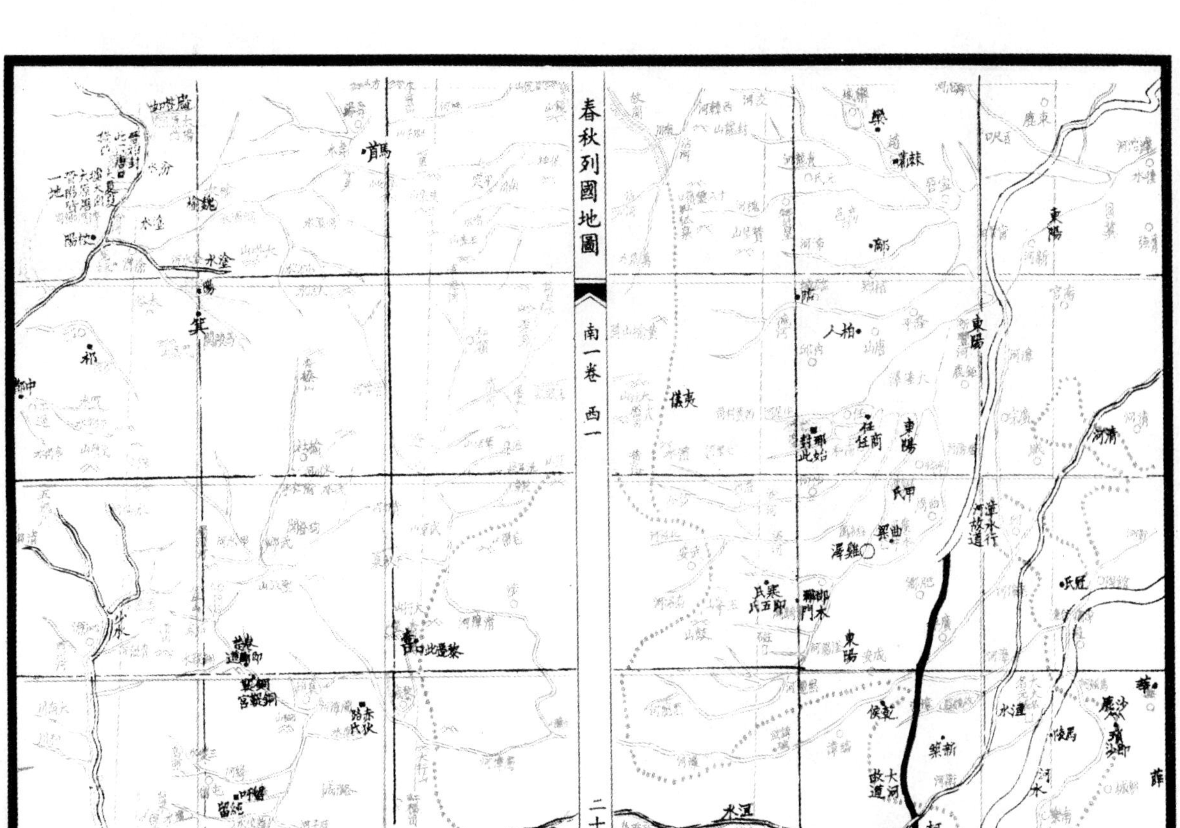
春秋列國地圖
南一卷西一
二十七

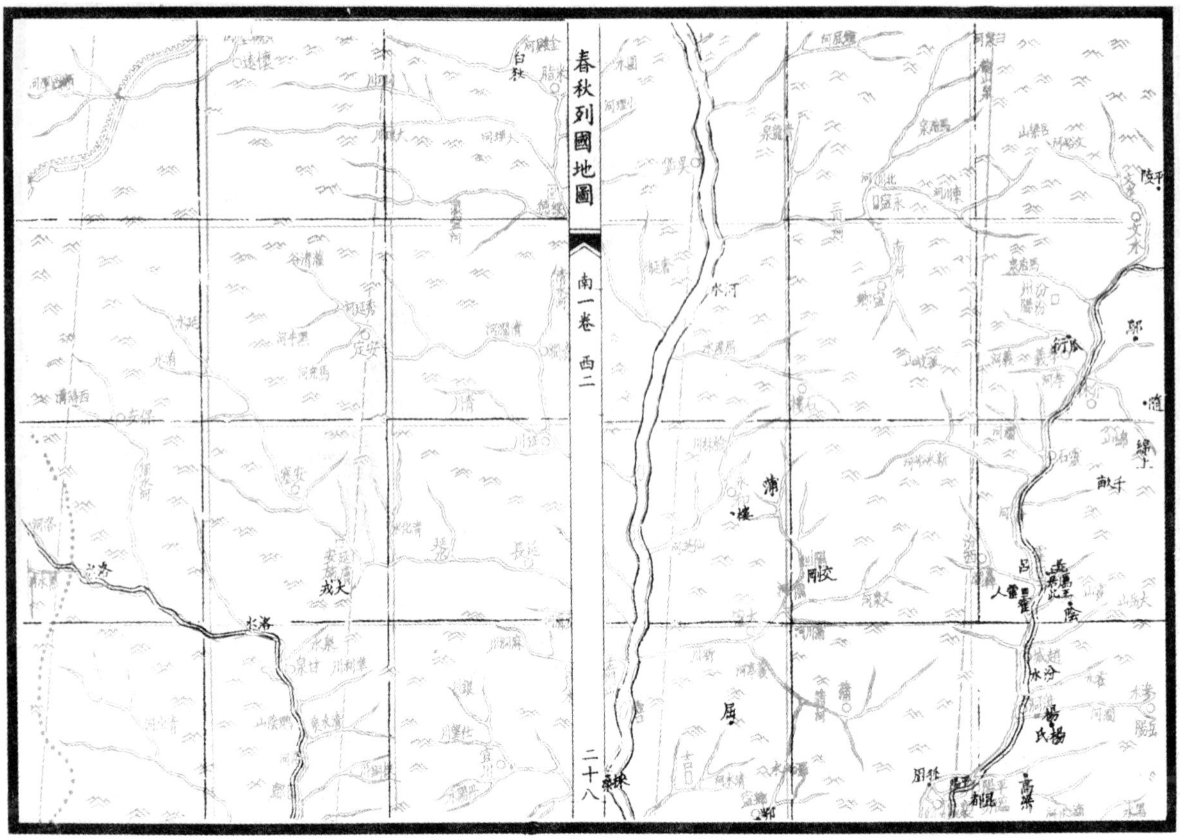
春秋列國地圖
南一卷　西二
二十八

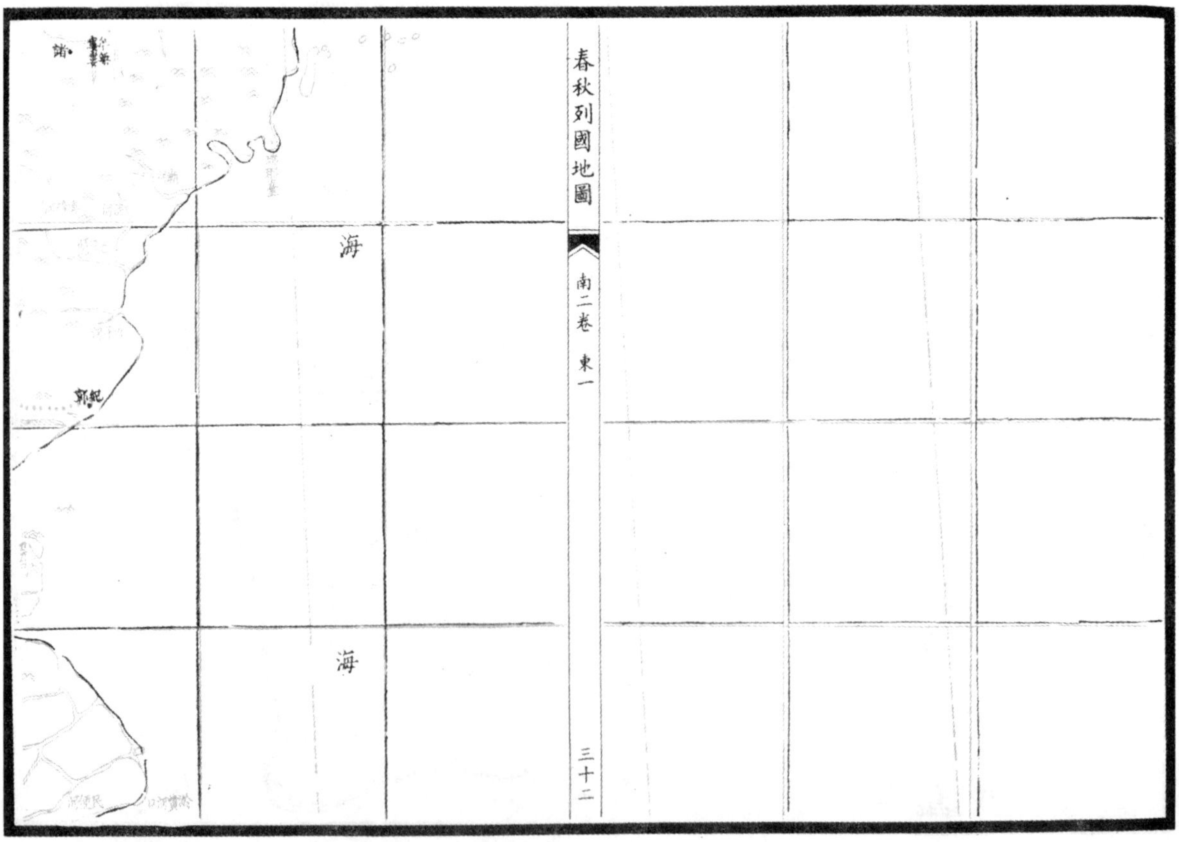
春秋列國地圖
南二卷　東一
三十二
海
海

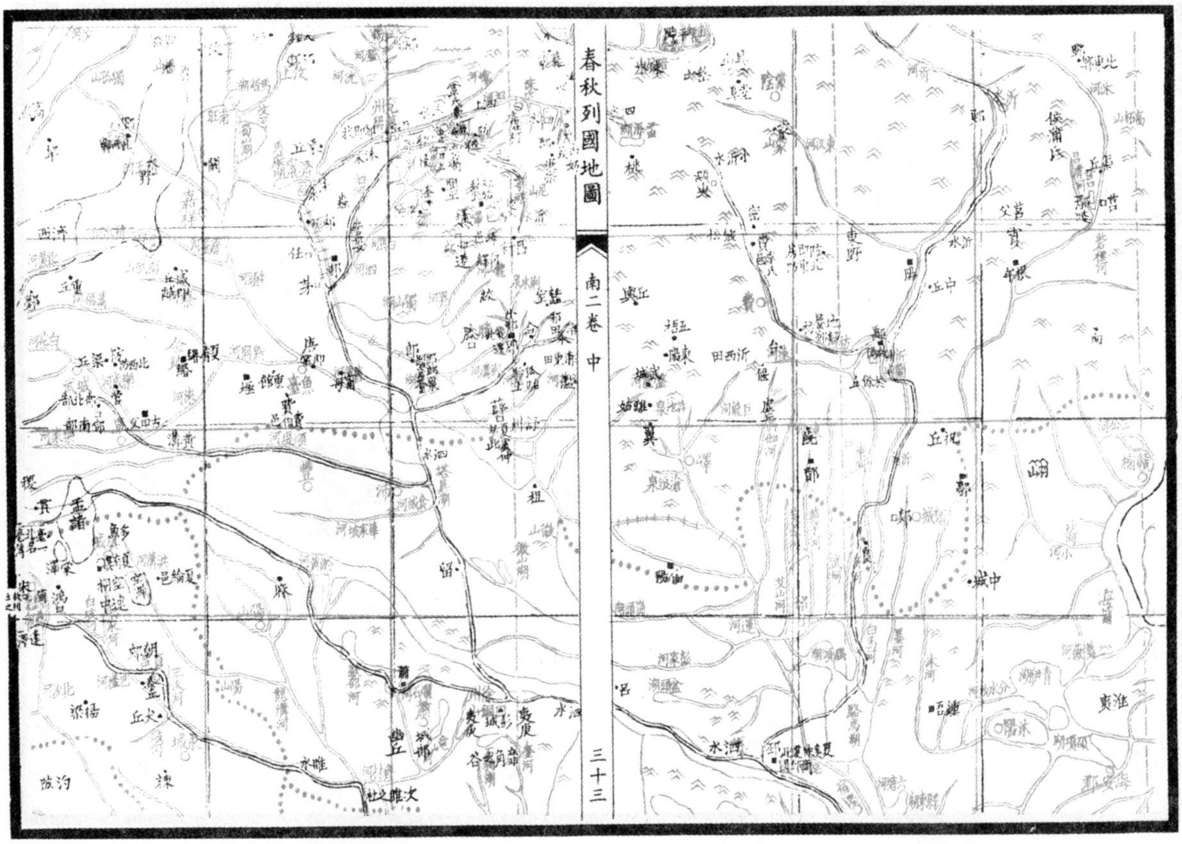
春秋列國地圖
南二卷中
三十三

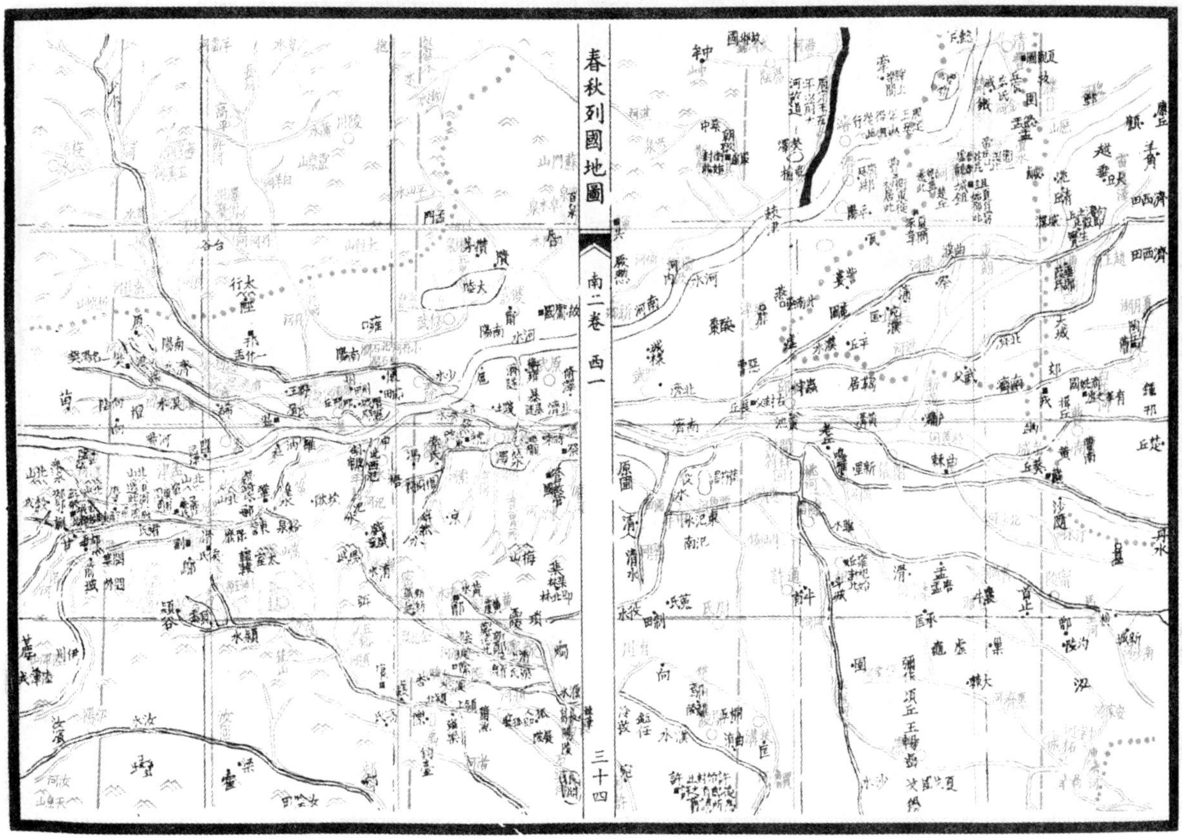
春秋列國地圖
南二卷西一
三十四

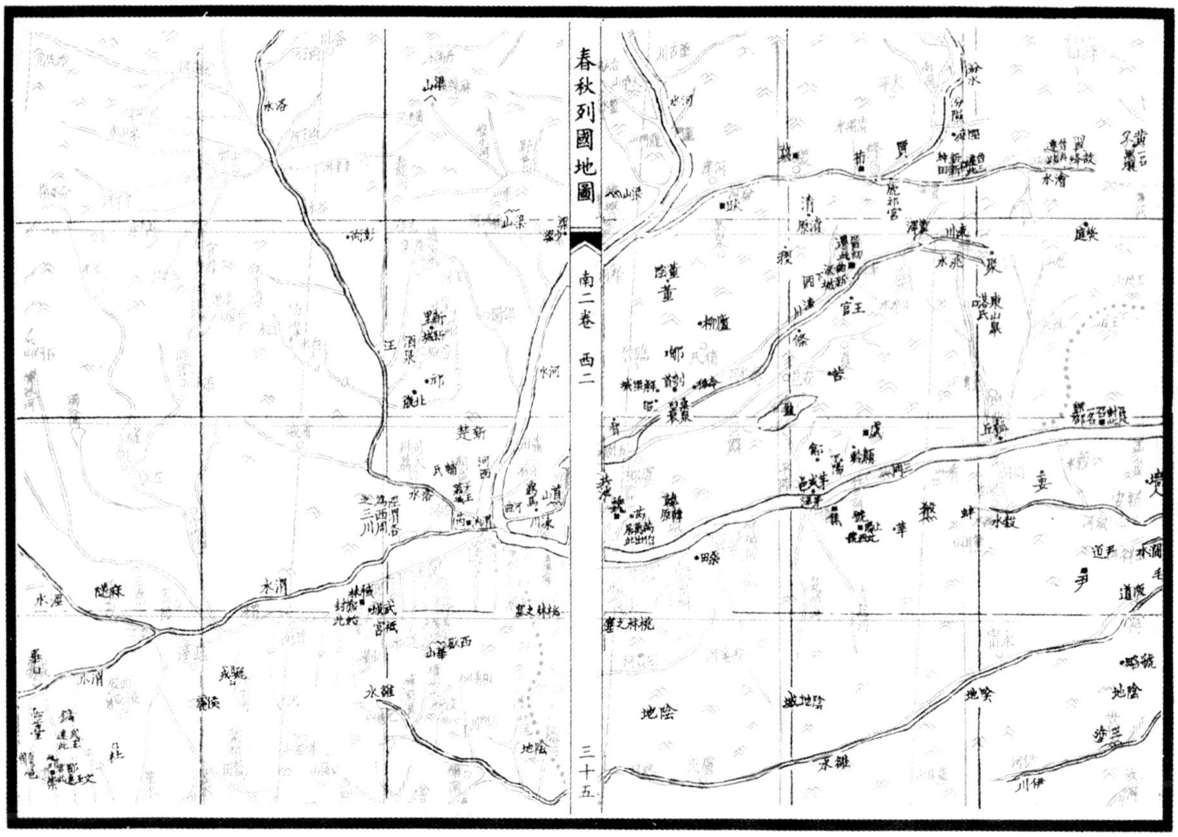
春秋列國地圖
南二卷 西二
三十五

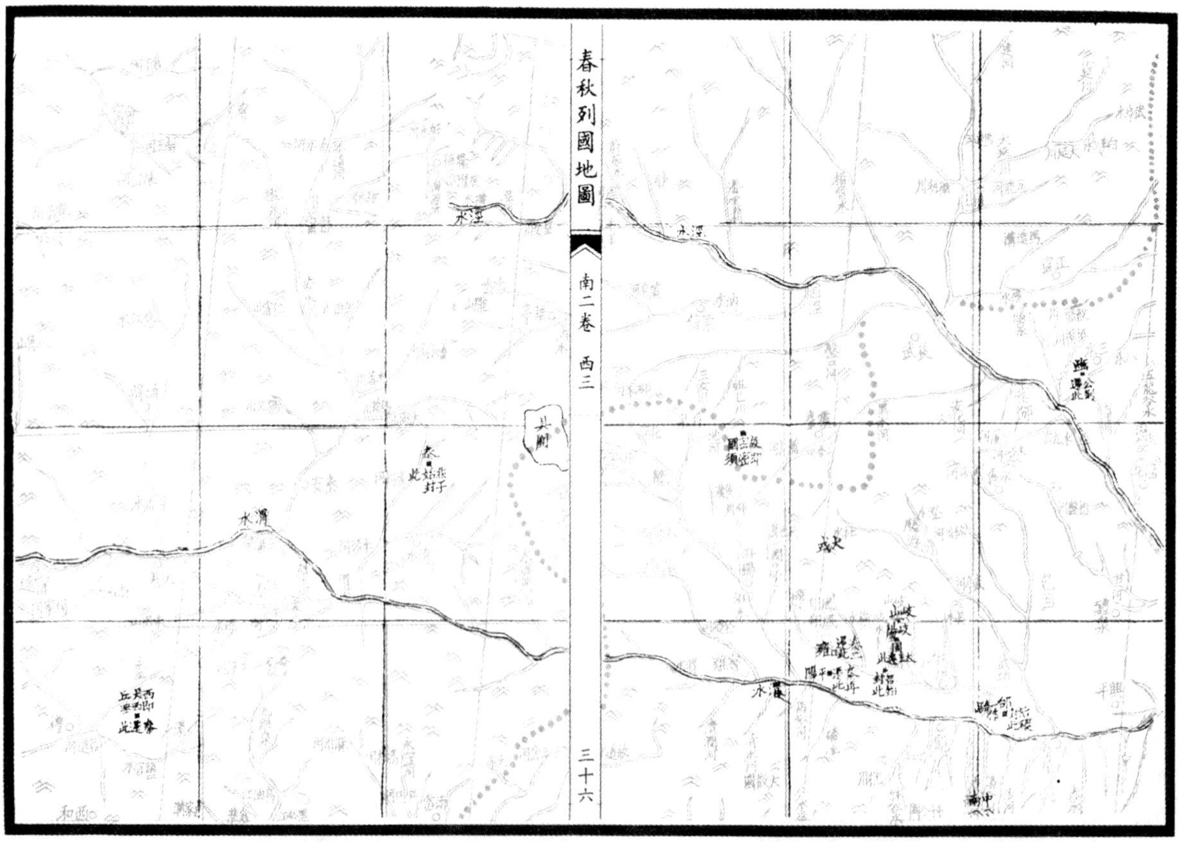
春秋列國地圖
南二卷 西三
三十六

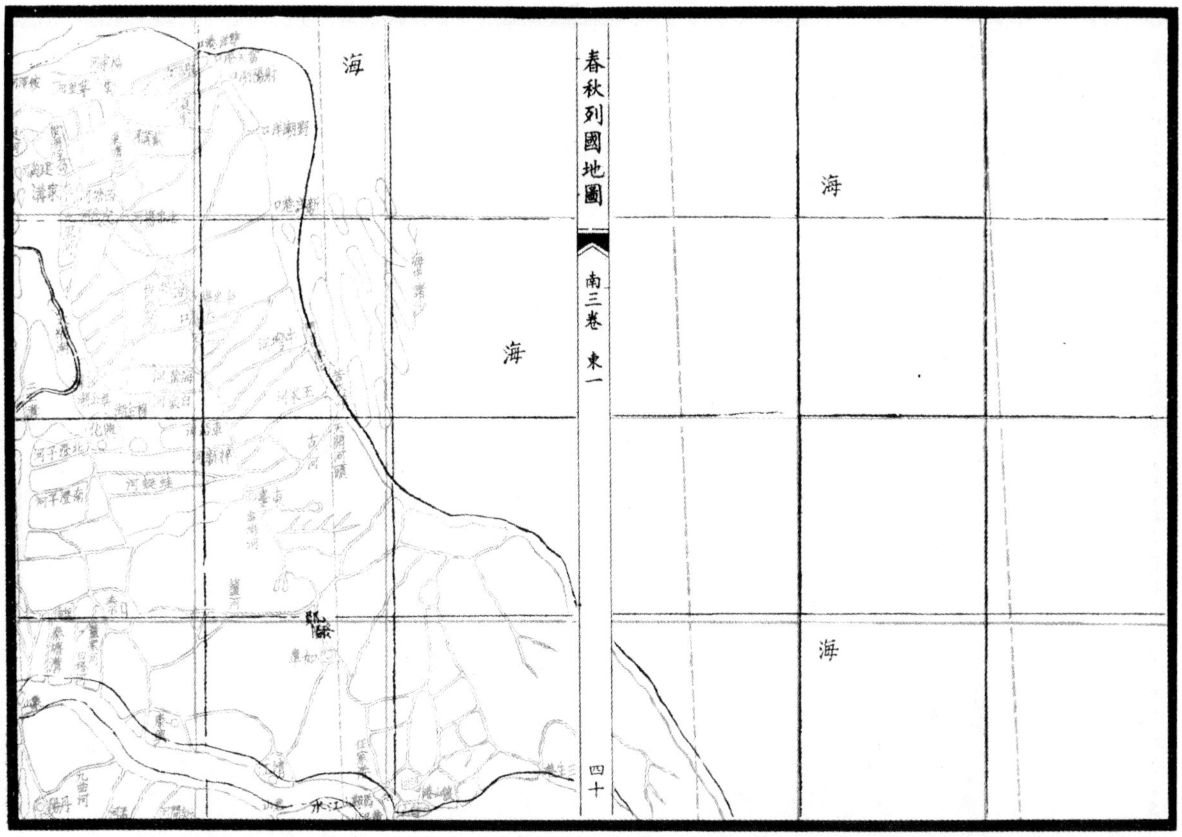
春秋列國地圖
南三卷 東一
四十
海
海
海
海

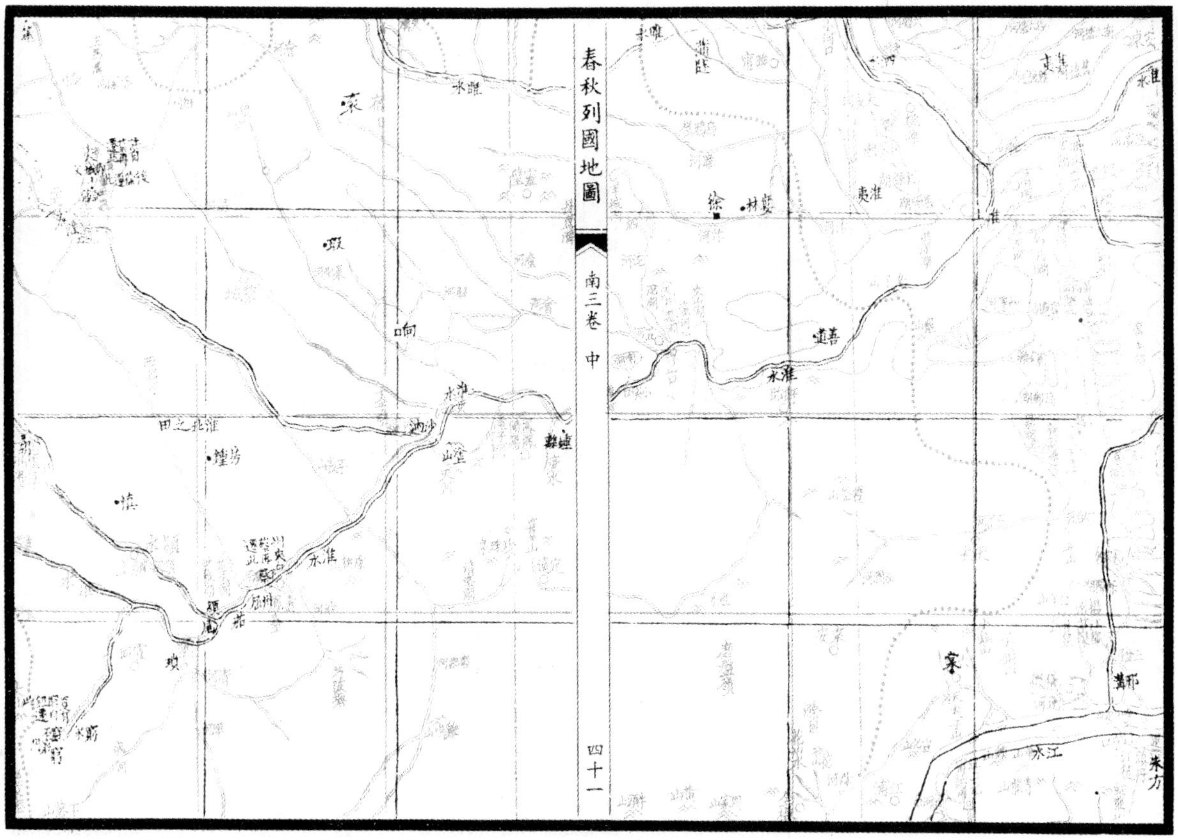
春秋列國地圖
南三卷 中
四十一
徐
淮水
江水

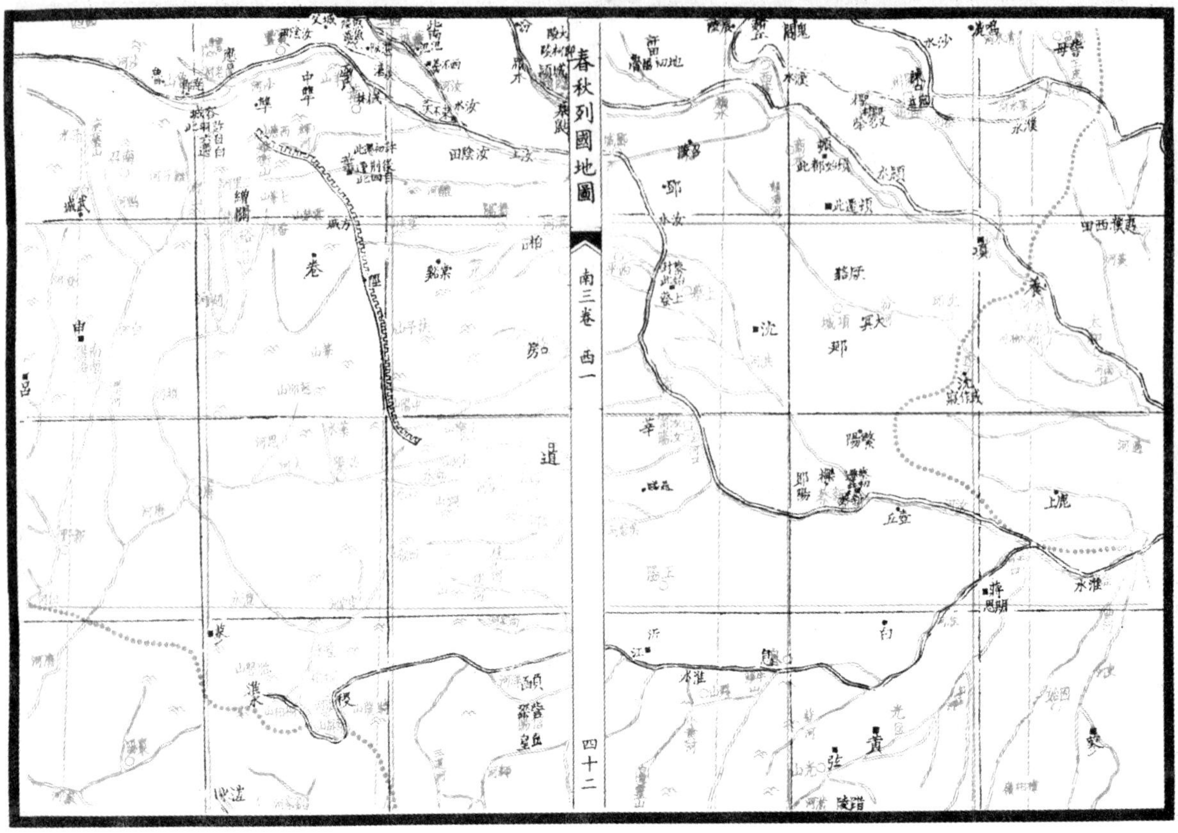
春秋列國地圖
南三卷　西一
四十二

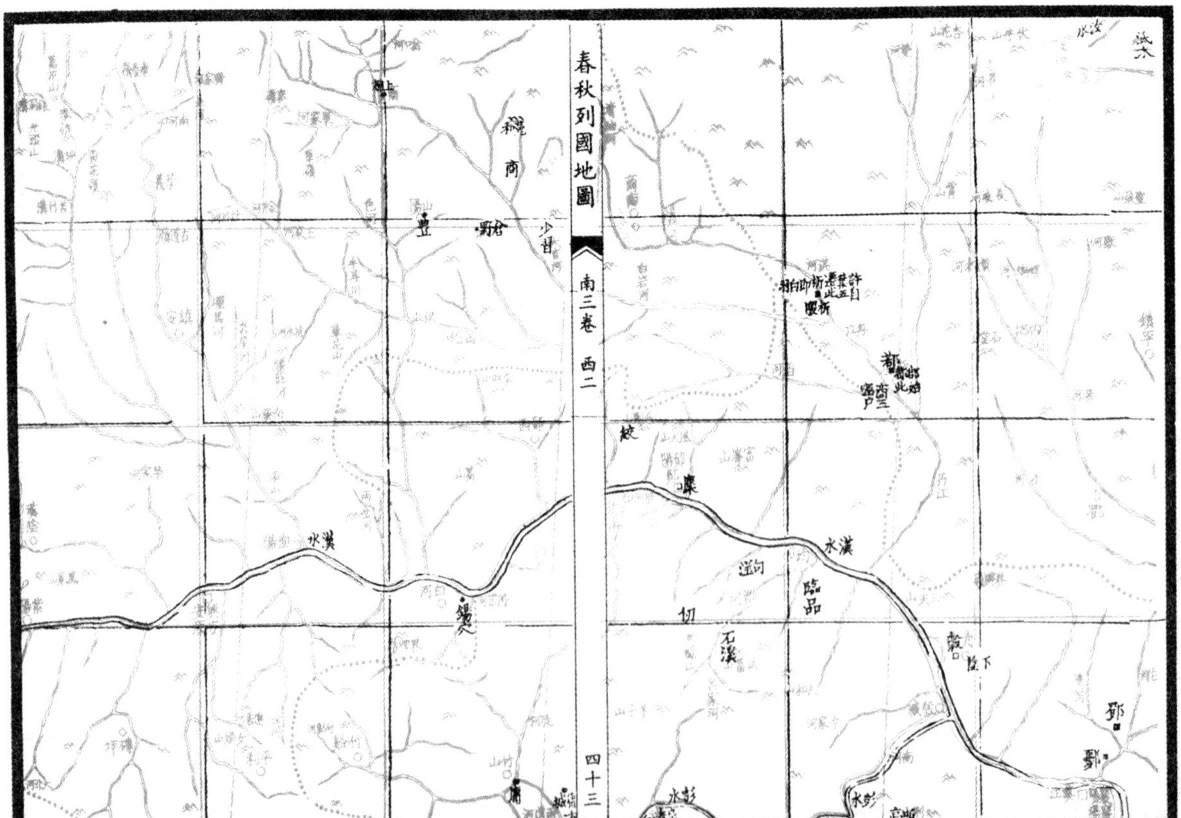
春秋列國地圖
南三卷　西二
四十三

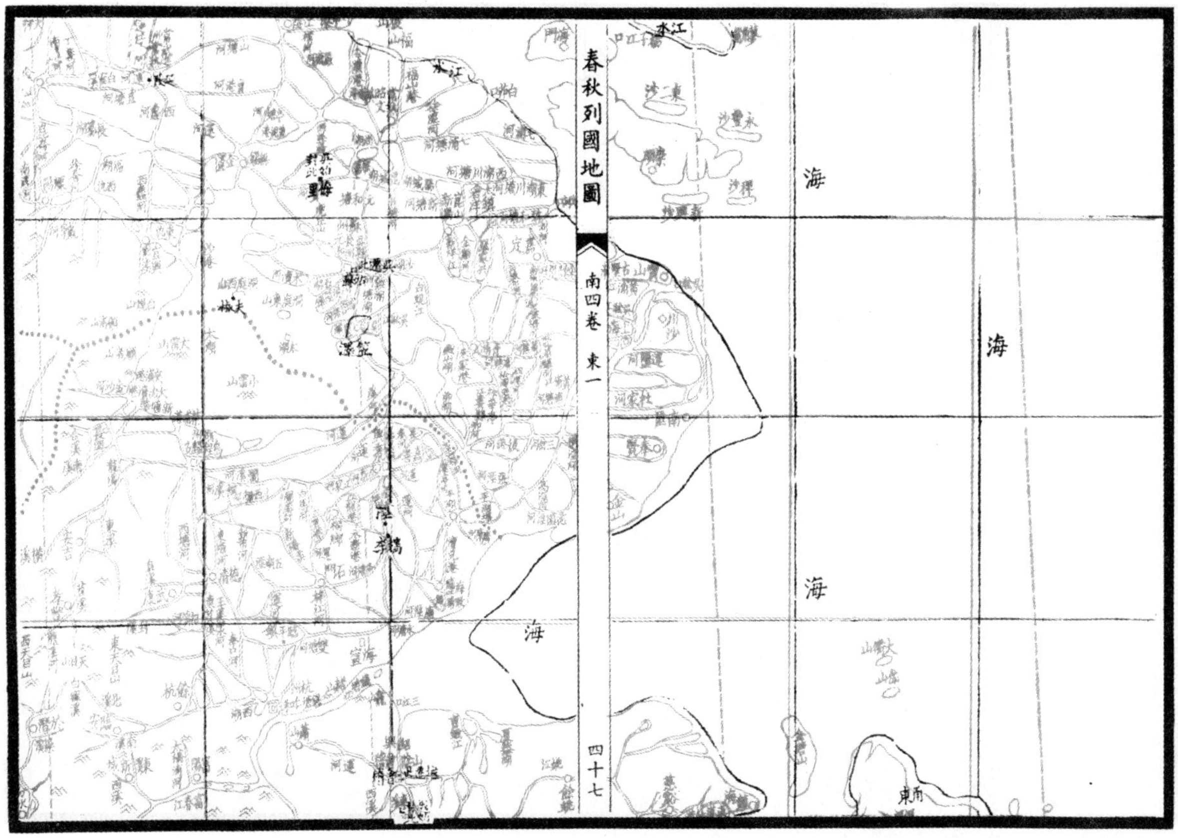
春秋列國地圖
南四卷 東一
四十七
海
海
海
海

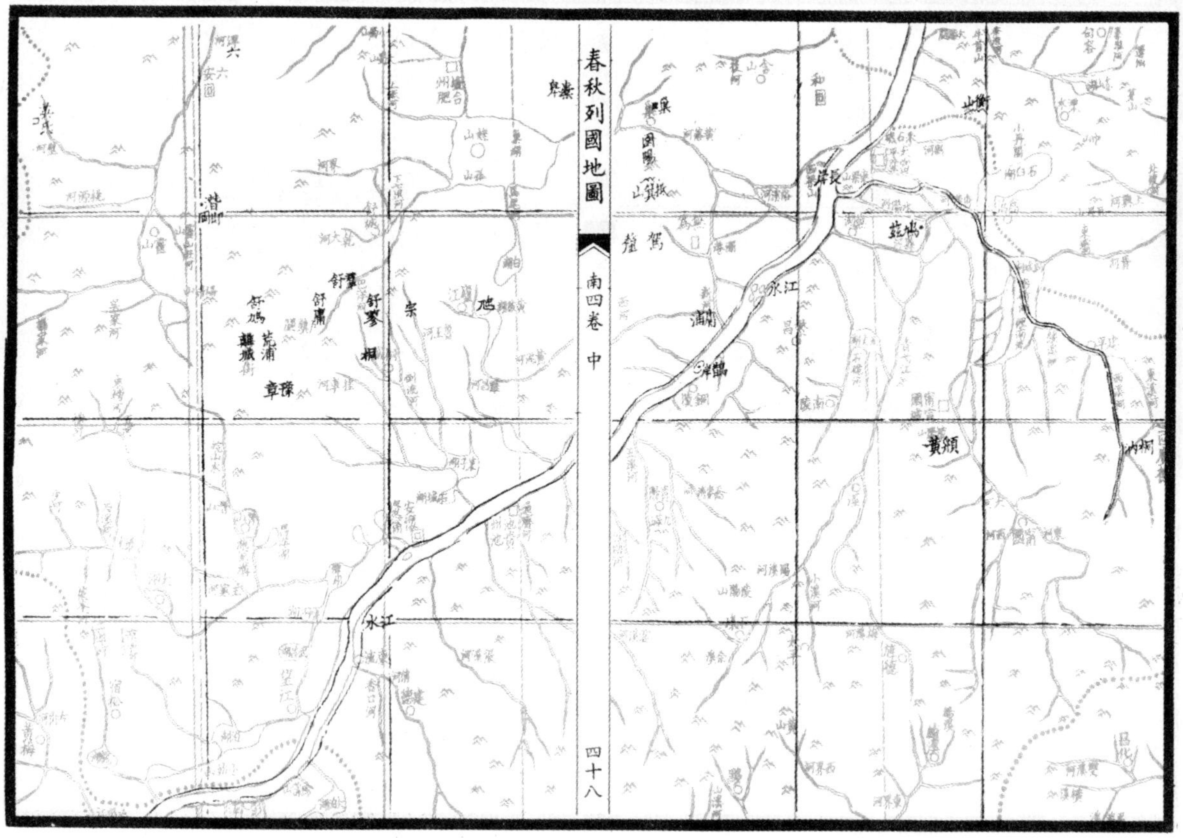
春秋列國地圖
南四卷 中
四十八

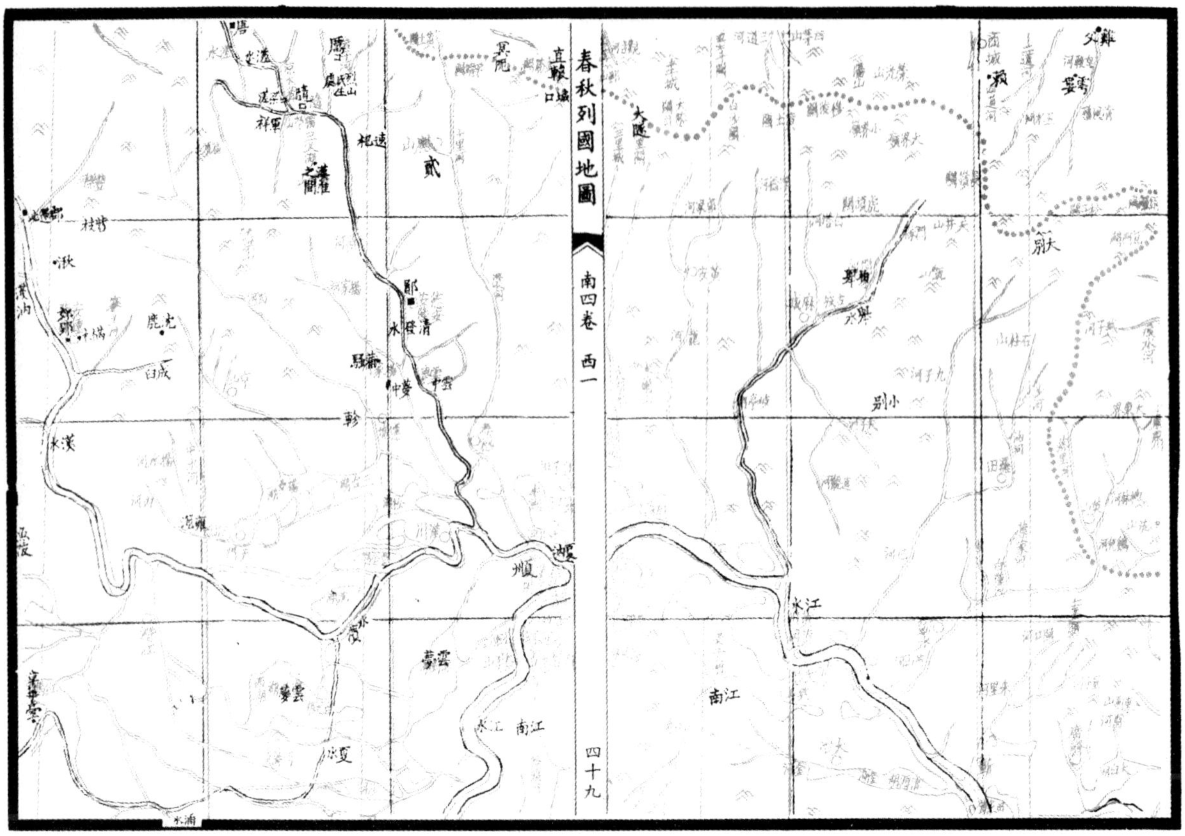
春秋列國地圖
南四卷 西一
四十九

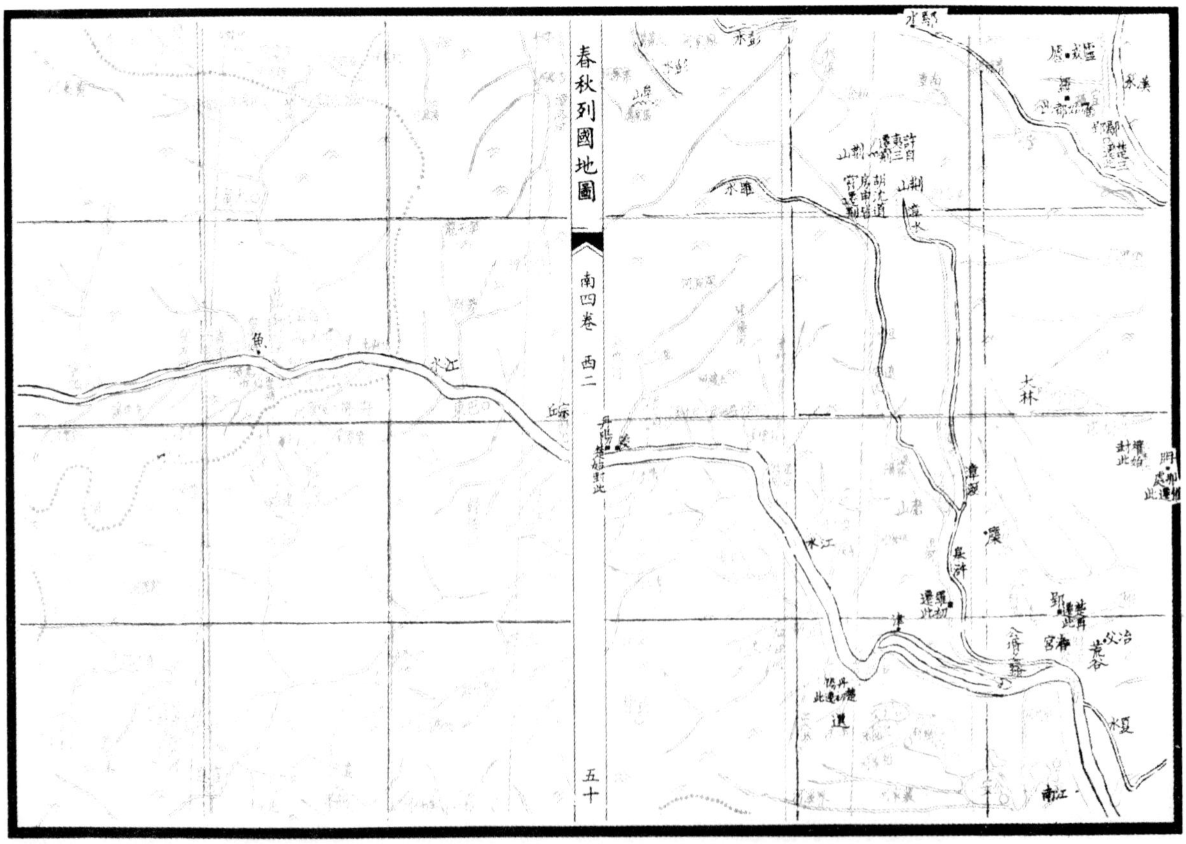
春秋列國地圖
南四卷 西二
五十

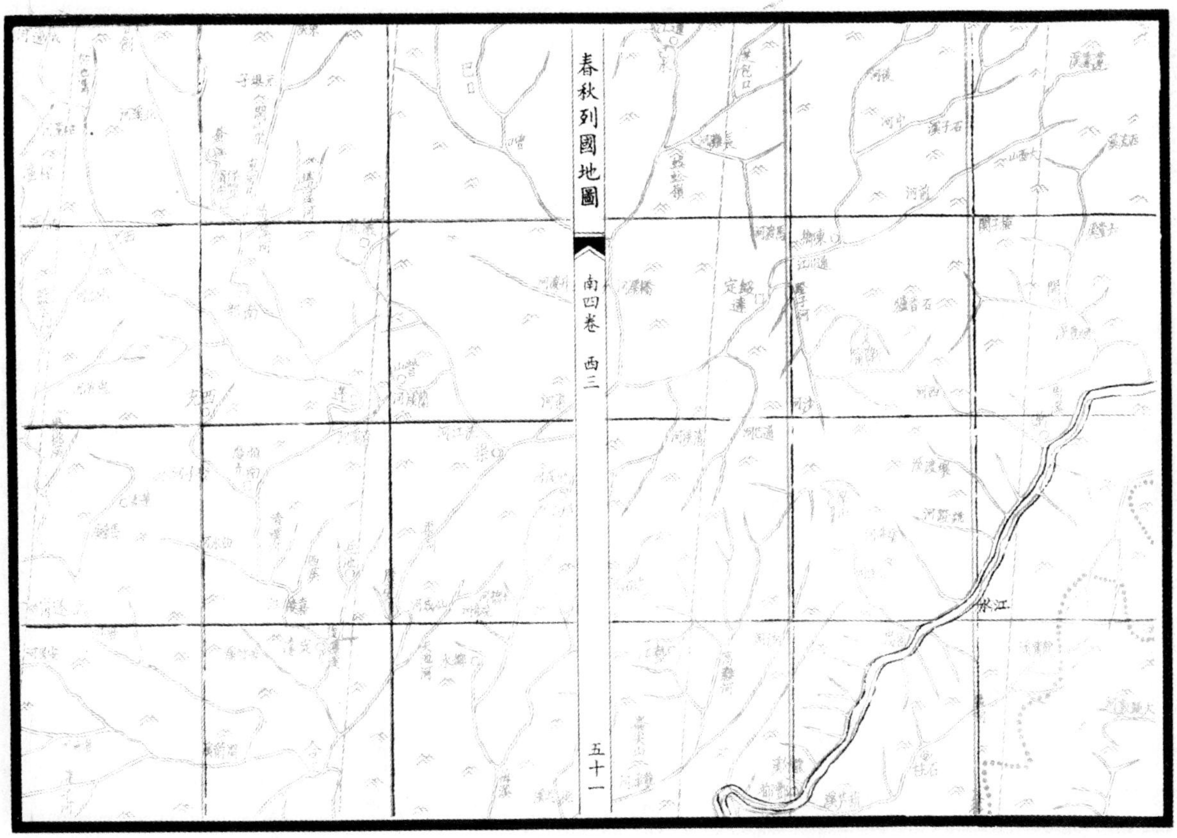
春秋列國地圖
南四卷 西三
五十一
江

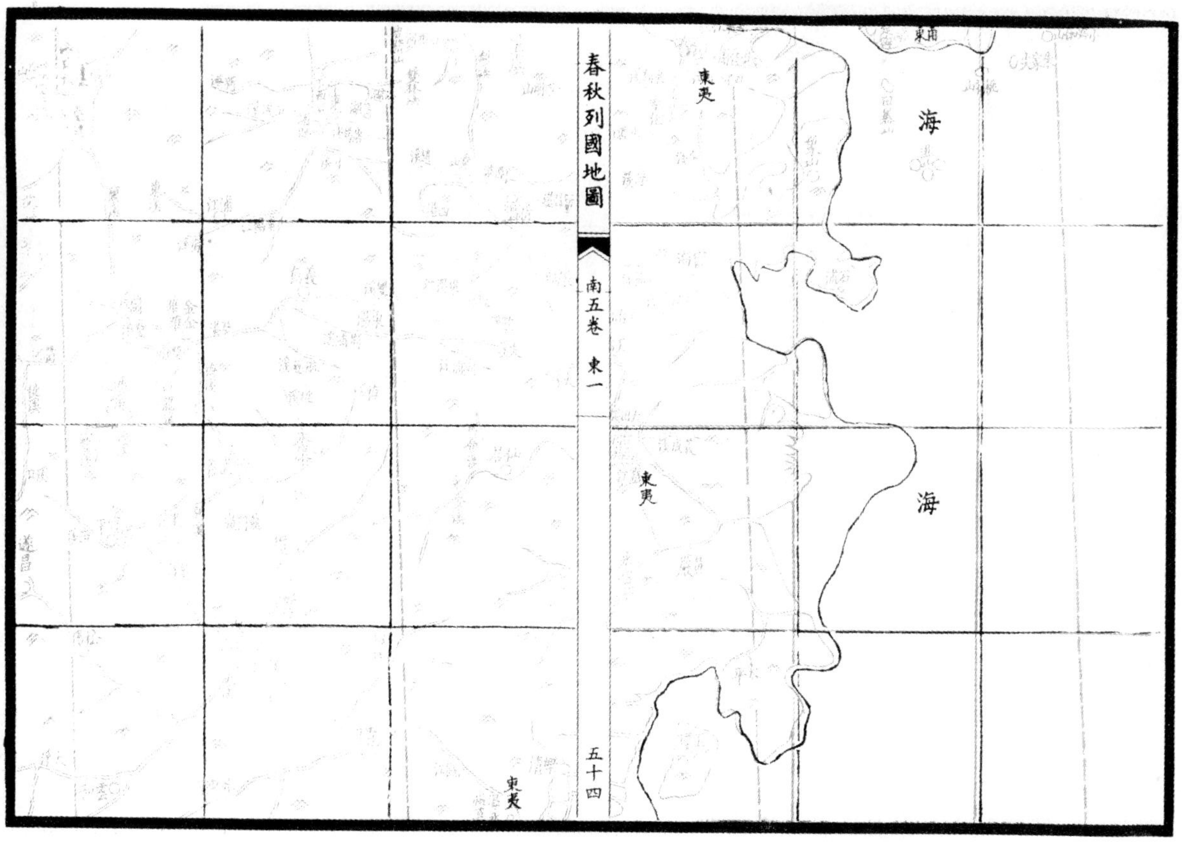
春秋列國地圖
南五卷 東一
五十四
海
海
東夷
東夷
東夷

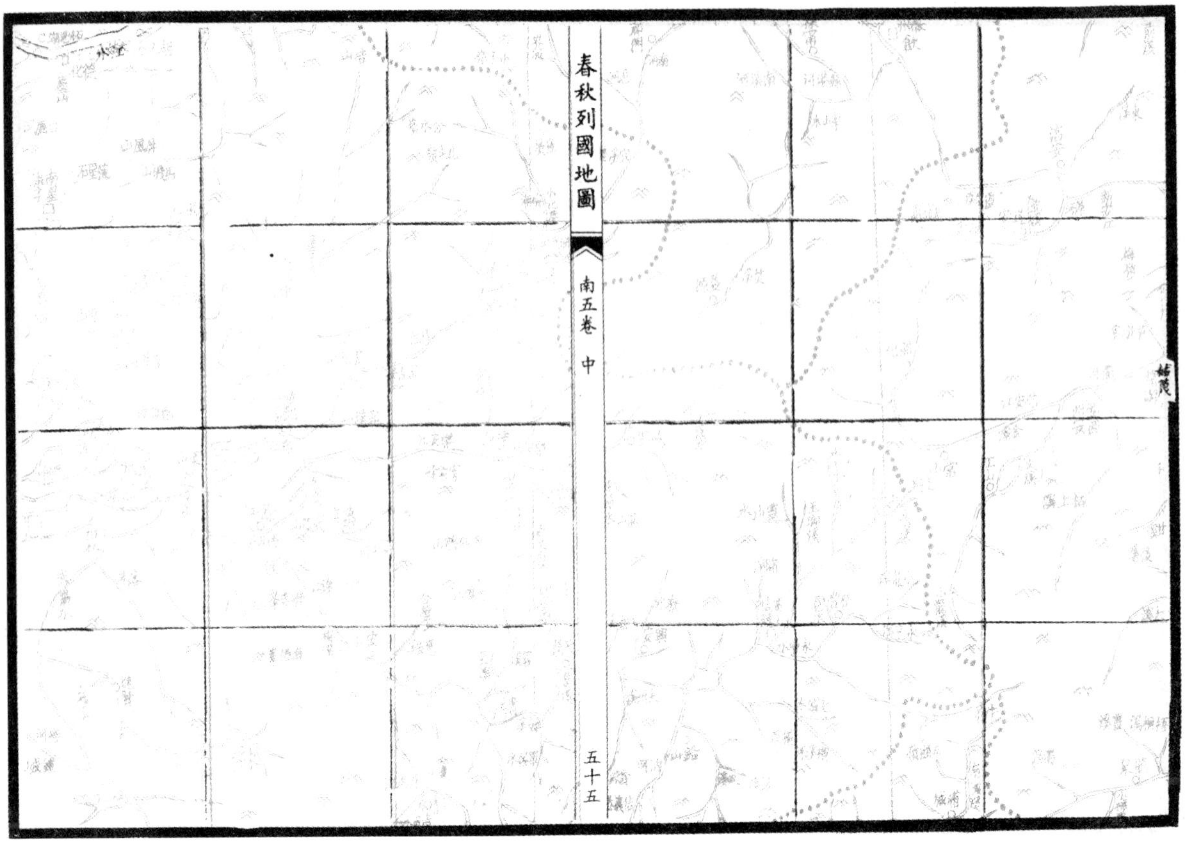
春秋列國地圖
南五卷 中
五十五

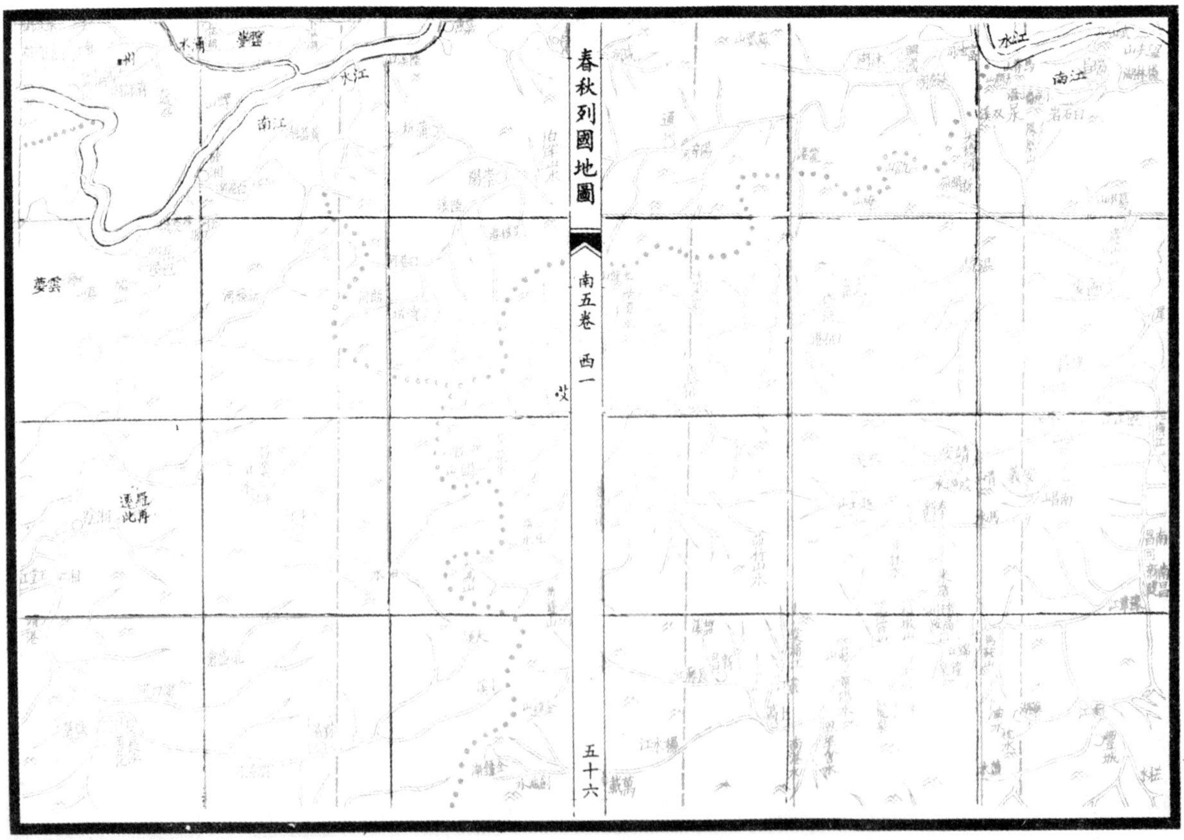
春秋列國地圖
南五卷 西一
五十六

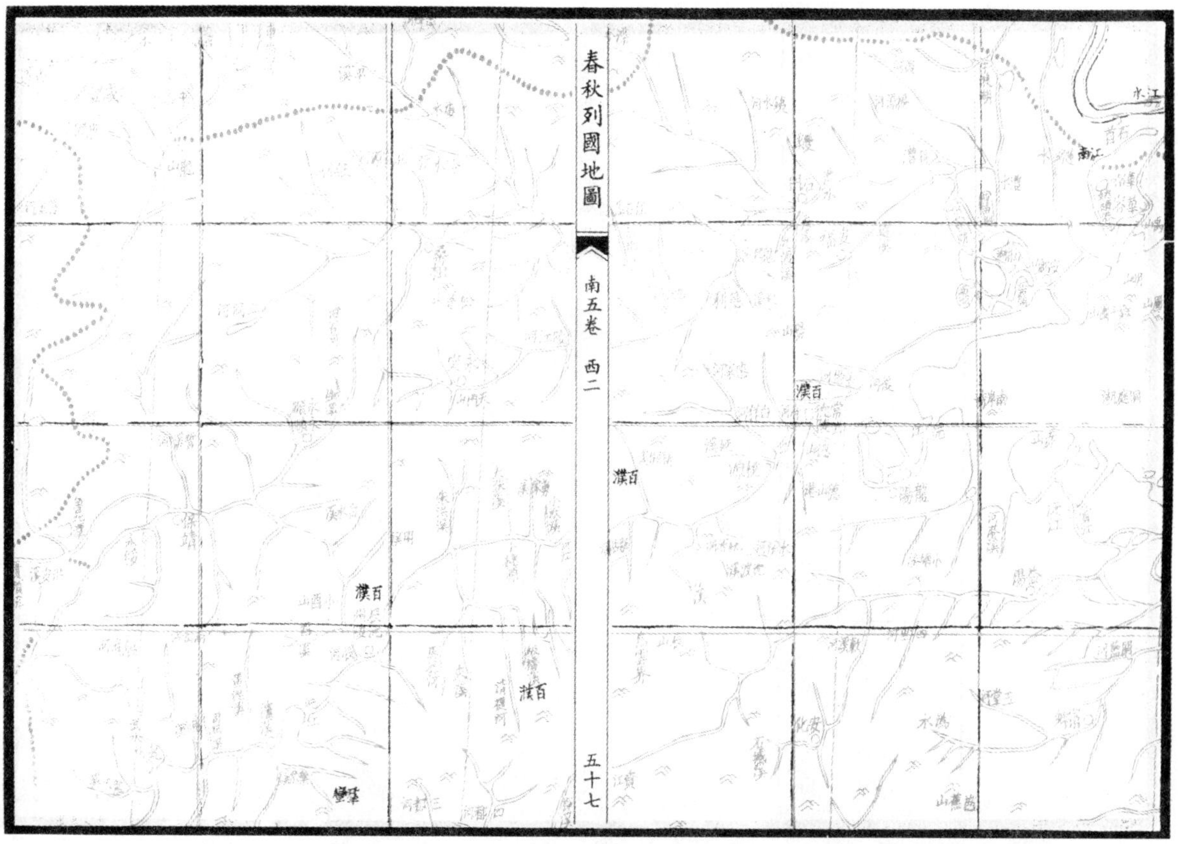
春秋列國地圖
南五卷 西二
五十七

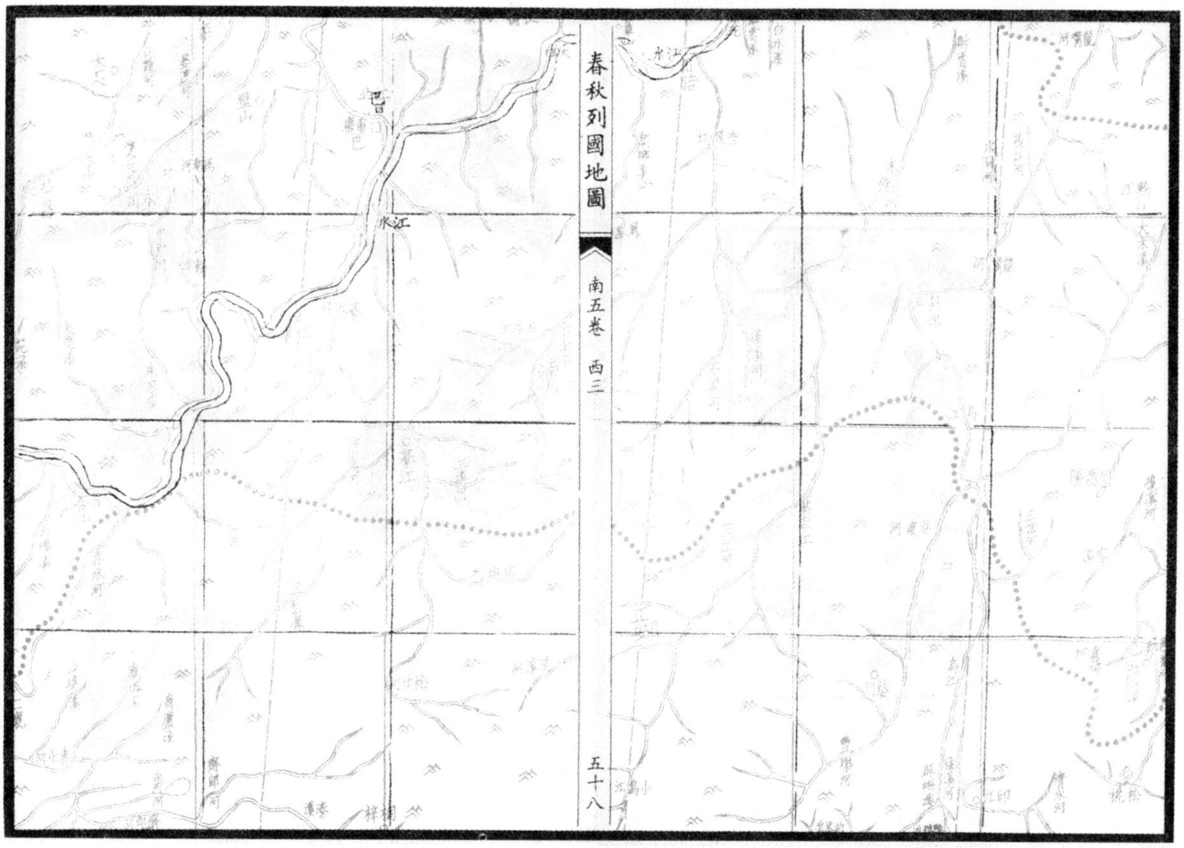
春秋列國地圖
南五卷 西三
五十八

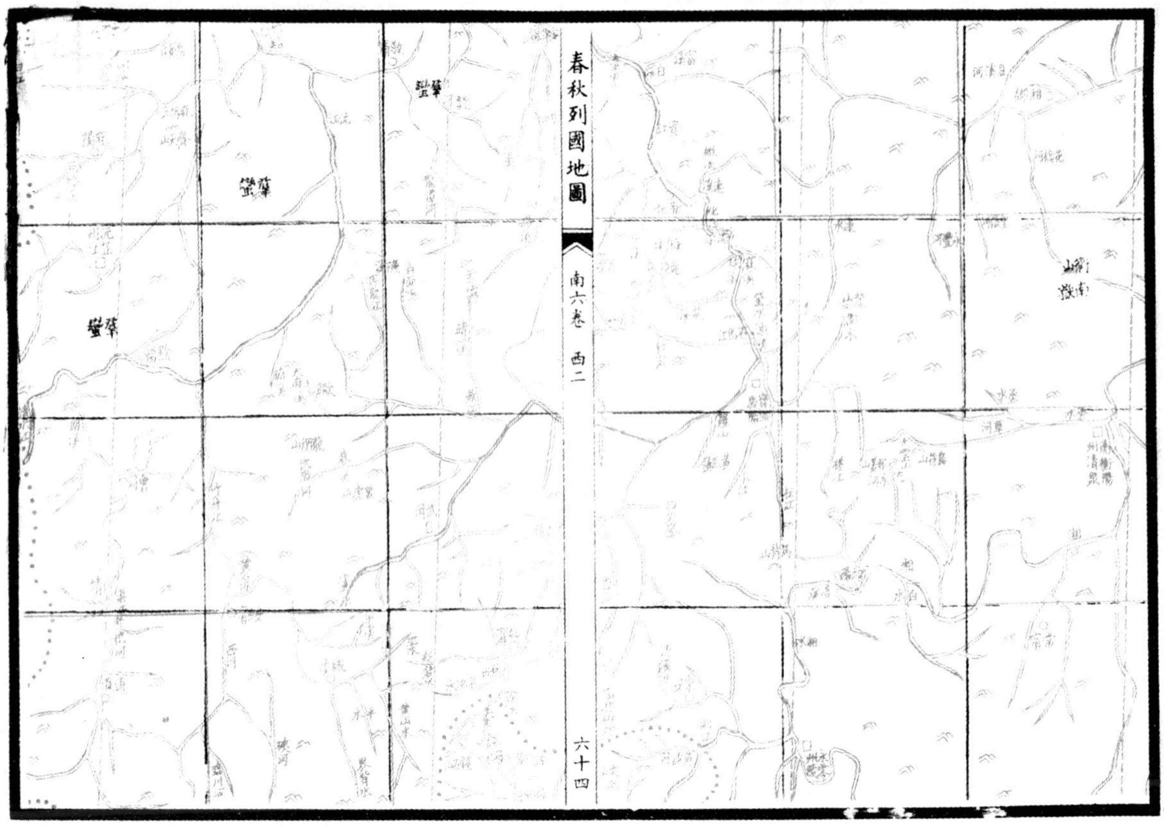

春秋列國圖

光緒丙午九月刊成

戰國疆域圖

[清]楊守敬　熊會貞

清宣統元年鄂城朱墨石印本

戰國疆域圖

宣統元年
刊于鄂城

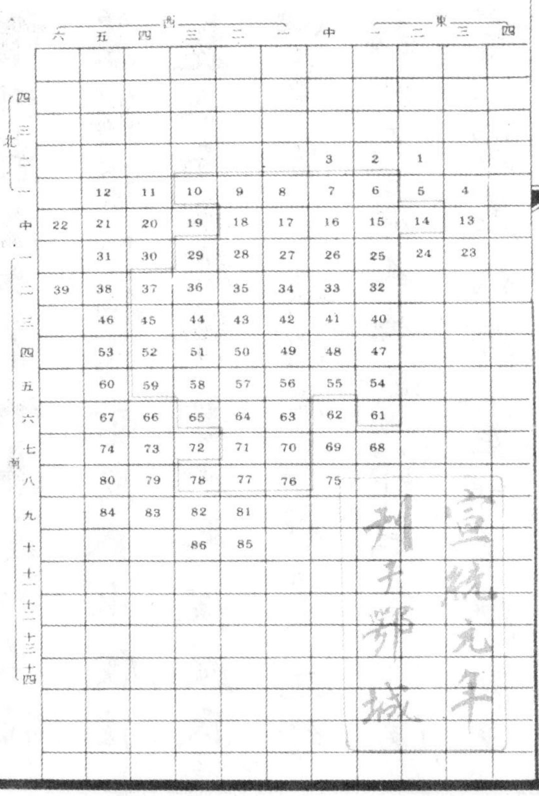

地理之學有關於興衰存亡者亙古今一也而戰國爲尤甚當時將師之明畫筞士之陰謀於地利尤兢兢焉楚失漢中而巴蜀屏撤秦得河西而韓魏土崩其明徵也

國朝爲斯學者有張琦之國筞釋地頗傷簡略狄子奇與程恩澤同撰國策地名考稱詳贍矣然如岸门有二韓策秦與韓戰于岸门此韓之岸门徐廣謂潁陰有岸亭是也史記魏世家走犀首於岸门此魏之岸门晉灼

戰國圖　一

謂河東皮氏有岍亭是也史記
集解誤以穎隤當皮氏水經注
疑氏而未檢得晉灼之説秋氏
以岸首之岍門不見於策遂於
魏地不載又如靈邱亦有之漢
書地理志代郡靈邱下應劭曰

戰國圖 二

趙武靈王葬此因氏焉此趙之靈
邱在今代州東史記趙世家趙敬
侯九年敗齊于靈邱又魏世家武
侯九年使吳起伐齊至靈邱此齊
之靈邱亦見孟子在今滕縣東且贊誤
謂齊靈邱為趙靈邱水經注遂

亦沿其誤秋氏以二靈邱均不見於
趙齊策中乃皆不載竊謂校書
有引國策之而今本失之者秋氏
亦採入附録如史記所載安知非
國策佚文似亦當附録以完戰國
地名從全及國策地名往往不見

戰國圖 二

於本策而見於別國中今據本
策此地標目而注別國于其下以便
翻檢庶不致迷眯云繪圖者枝江
熊會貞

宣統元年春正月宜都楊守敬
記於鄂城菊灣時年七十有二

戰國疆域圖目録

周

周　西周　東周　洛陽秦策

河南本策　鞏韓策　伊闕本策　轘轅秦策

緱氏秦策　河本策　孟津秦策　三川秦策

唐韓策　高都本策　原本策　温本策

温囿本策　九里韓策　乘軒里趙策　上地燕策

山南本策　成補無考

秦上

咸陽本策　山楚策　殽韓策　殽塞本策

黽池齊策　槐谷本策　谷口本策　甘泉本策

隴本策　蜀本策　汶山楚策　汶燕策

巫山本策　河楚策　涇本策　渭本策

江楚策　漢燕策　函谷周策　殽函本策

殽下趙策　關坂本策　武關齊策　臨晉之關齊策

榆關魏策　四塞齊策　關中本策　關內本策

軹道燕策　櫌里周策　杜郵本策　杜陵本策

涇陽本策　高陵本策　藍田本策　鄭本策

商本策　商於本策　山陽韓策　河西魏策

漢中本策　南鄭韓策　巴本策　蜀本策

蜀漢本策　共齊策　上庸楚策　黔中本策

關外本策　宛魏策　穰本策　陰魏策即陶之誤

葉陽趙策　昆陽魏策　應本策　汝南本策

華下本策　華陽本策　新城本策　宜陽楚策

曲沃本策　武遂韓策　懷地魏策　邢邱魏策

垝津魏策　陽晉韓策　陶本策　煮棗周策

平原韓策　河間本策　胡貉代馬本策　楊侯塞本策

河東三城本策　梗陽韓策　皮氏本策　河曲本策

二垂本策　一經兩海本策　咸陽宮燕策　息壤本策

柱山趙策　陽泉本策無考　李帛本策　牛田趙策無考

恆思趙策無考　涉谷魏策　棧道本策　安城魏策安作之誤

齊

臨淄本策　营邱燕策　泰山本策　亢父本策

梁父本策　睪黍本策無考　渤海本策　負海中山策

清河本策　清濟燕策　濟本策　濁河燕策

淄水本策　淄上本策　淄澠本策　泗水秦策

汶篁燕策　長城秦策　鉅防秦策　四塞本策

博關本策　五都燕策　安平本策　千乘本策

博昌本策　夜邑本策　劇邑本策　膠東燕策

即墨本策　夷維趙策　琅邪本策　城陽本策

莒本策　鼓里本策　鍾離本策　華陽本策

淮泗之間本策　淮北燕策　東國秦策　徐州本策

薛周策　靖郭本策　嘗本策　成本策

剛魏策　平陸本策　右壤本策　南陽本策

阿秦策　嬴本策　博本策　高宛本策

天唐本策　於陵本策　昌國本策　聊城本策

濟北本策　濟西燕策　鄄秦策　濮磨之北秦策

新觀魏策　河南秦策　宋地燕策　陽武秦策

平邑中山策　河間燕策　河北燕策　北地燕策
河東趙策　枝桑秦策無考　格道秦策無考　際絶秦策無考
鼓趙策　晉燕策無考　晉下燕策無考　貍燕策
陽城燕策　狐氏趙策無考　章子之路趙策無考
桓之曲本策無考　雍門本策　東閭本策　檀衢本策
章華本策　梧邱本策梧作枯誤

楚

荆秦策　郢秦策　鄢秦策　陳城秦策
陳秦策　方城周策　陘山秦策　汾陘之塞本策
黽塞本策　鄳隘之塞魏策　危隘之塞魏策　江宋策
漢宋策　洞庭秦策　五渚燕策　雲夢宋策
符離之塞秦策　甘魚之口秦策　扞關本策　五都秦策

藍田魏策　夷陵秦策　西陵秦策　竟陵秦策
州本策　隨燕策　隨陽右壤秦策　夏州本策
夏本策　江南秦策　長沙本策　蒼梧本策
桂陽韓策　安陵本策　巫郡本策　巫本策
黔中本策　上庸秦策　枳燕策　巴蜀本策
漢中本策秦策　郇陽本策　北地本策　南陽秦策
宛周策　穰魏策　葉周策　葉庭周策
黄棘秦策　鄧秦策　上蔡本策　葉蔡燕策
陳蔡秦策　新城本策　陽人本策　成陽本策
鄢陵本策　南鄭韓策　三川韓策　潁川韓策
上梁本策　下東國齊策　東國周策　東地本策
泗上本策　泗北秦策　方與秦策　胡陵秦策

沛魏策　留秦策　碭秦策　蕭秦策
彭城本策　相秦策　銍秦策　淮北本策
江東本策　瀨湖本策　春申本策　句章本策
東海本策　海陽本策　重邱本策　垂沙本策
疏章燕策無考　壽陵本策　陽陵本策無考　棘門本策
章臺本策

趙

中牟齊策　晉陽秦策　邯鄲秦策　常山本策
陘山秦策　羊腸秦策　句注本策　河本策
漳本策　河漳本策　漳河本策　薄洛水本策
塗本策　晉水秦策　呼池秦策　洹水本策
清河本策　平原津秦策　河關齊策　扞關本策

太原周策　榆次秦策　祁周策　離石周策
藺周策　馬陵燕策　蔡皋狼本策　上黨秦策本策
長子齊策　長平秦策　閼與本策　武城本策
上郡本策　定陽齊策　平都本策　雲中燕策
原陽本策　榆中本策　胡中本策　遺遺之門本策
九限本策　五陘本策　無窮之門本策　代秦策
延陵本策　三梁魏策　東垣燕策　鄗本策
河間秦策　東陽秦策　鉅鹿本策　沙邱本策秦策
番吾本策　剛平齊策　河東齊策　武安秦策
鄴燕策　平陽本策　蕩陰魏策　朝歌魏策
黎本策　牛狐之城本策無考　河内魏策
修武秦策　李下秦策　河外秦策　焦本策

什本策無考 清本策無考 三公本策無考 望諸燕策
伊是齊策 淄鼠齊策無考 許韓策無考 葉陽魏策無考
濟東三城 盧 高唐 平原本策 東武城本策
鄗城秦策 乘邱魏策 廬陵本策無考 長安本策
負親之邱本策無考 華屋秦策 鑿臺秦策
九門補 大陵補

魏

晉國趙策 安邑秦策 大梁秦策 王屋本策
河齊策 汾水秦策 淮本策當睢之誤 潁本策
沂本策 黃本策 汝本策 鴻溝本策
滎口燕策 逢澤秦策 沙海周策 白馬口秦策
宿胥口燕策 長城本策 上郡趙策 上地本策
上洛秦策 山北本策 西河秦策 汾北本策
太原燕策 女戟燕策無考 河東中山策 絳齊策
皮氏本策 冀燕策 封燕策 封陵燕策
晉陽本策 輸本策 上黨周策 兩上黨周策
河北齊策 棘蒲齊策 葛孽趙策 馬陵齊策
幾趙策 鄴本策 蒲秦策 蒲坂楚策
垣秦策 首垣秦策韓策 平邱秦策 平陽楚策
燕秦策 酸棗秦策 虛秦策本策 頓邱秦策本策
桃人秦策 共本策 汲本策 河內秦策
南陽周策 山陽楚策 甯本策 寍邑趙策
州齊策 邢邱秦策 高平趙策 枳趙策
軹道趙策 溫趙策 河陽趙策 卷本策

河外齊策 河南齊策 陰趙策 成趙策無考
負蒿趙策疑負黍之誤 薔本策 梧韓策
梧下衛策無考 衍本策秦策 林本策 林中齊策
洛林本策 梁門齊策 梁郭秦策韓策 信陵趙策
小黃秦策 黃燕策 濟陽秦策燕策 雝邱燕策
許本策 鄢本策 鄢陵秦策 安陵本策
邵陵本策 上蔡秦策 蔡邵韓策 昆陽本策
舞陽本策 高陵本策 南國本策 汝南本策
陳本策 無疏本策 襄陵齊策 承匡齊策
首秦策 仁秦策 睢濊之間楚策 新鄭本策
海鹽本策海當毋之誤 煮棗本策 桂陵齊策
鄆韓策 文臺本策 垂都本齊 陶本策
衛本策 闞本策 姑密趙策 黃城齊策
范臺本策無考 夾林本策無考 蘭臺本策 京臺楚策無考
暉臺周策無考 郎門衛策郎一作郭 梁囿周策
溫囿周策 長羊本策羊爲平之誤 北郢本策郢爲宅之誤
邢補

韓

平陽秦策 鄭燕策 陽翟周策 太行燕策
陘山本策 陘秦策 冥山本策 黽隘燕策
鄳阨燕策 常坂本策 絳水秦策 洧水本策
洛本策 穀川本策 滎澤魏策 濁澤本策
龍淵本策 三川秦策 河東楚策 安邑秦策
太原趙策 藺本策 離石本策 祁本策

藺石燕策即藺與離石 上黨趙策 兩上黨周策
上地楚策 長子周策 屯留秦策 端氏趙策
路涉趙策即漢之路縣涉縣 邢秦策 少曲燕策
垣雍魏策 武遂本策 河外本策 河南趙策
宜陽燕策楚策 新城秦策 高都周策 陽城趙策
葦本策 成皋本策 滎陽秦策 宛馮本策
華魏策 華陽本策 管魏策 雍氏周策
潁川本策 許本策 岸門本策 汝南秦策
南梁齊策 棠谿本策 合伯本策 成陽本策
南陽周策 宛本策 穰本策 鄧師本策
墨陽本策 均陵燕策 東孟本策 軹深井里本策
鴻臺之宮本策 桑林之地本策

燕

薊城本策 薊丘本策 碣石本策 呼沱本策
易水本策 長城本策 朝鮮本策 遼東本策
林胡本策 樓煩本策 九原本策 雲中本策
雁門本策 代本策 上谷本策 督亢本策
高陽趙策 唐齊策 曲逆齊策 曲吾趙策
權齊策 下曲陽本策 東垣本策 常山之尾五城本策
常山之北趙策 剛成秦策 烏集闕秦策無考元英本策
歷室本策 寍臺本策

宋

外黃本策 陰趙策即陶之誤 平陸齊策 淮北齊策
濟西齊策 五城本策無考

衛

濮陽韓策 濮上齊策 淇趙策 蒲本策
陽晉齊策 陽城齊策城史作地 左氏本策
東野秦策 剛平秦策 單父魏策

中山

薄洛水趙策 呼沱趙策 扶柳趙策 藍諸本策無考
望諸燕策即藍諸

諸小國

泗上十二諸侯楚策 魯齊策 鄒齊策
陳齊策 蔡齊策 高蔡楚策 巫山楚策
高陵楚策 茹溪楚策 湘波楚策 鄭周策
滕宋策 薛宋策 倪宋策 成陽秦策

安陵魏策 沛邱韓策 黃衛策無考 代秦策
荊秦策 吳秦策

諸夷國

越周策 揚越秦策 甌越趙策 巴蜀秦策
義渠秦策 東胡趙策 樓煩燕策 秦韓趙策
參胡趙策參爲東之誤 林胡燕策 山戎趙策
匈奴燕策 北夷燕策 狄齊策 九夷秦策
胡齊策

諸國隙地

山東秦策 西山燕策 河濟秦策 江河楚策
午道趙策 新城韓策 陽晉韓策 牛闌楚策
草下魏策即華下之誤 章武燕策無考 臨武楚策無考

比陽趙策一作北陽無考 襄安趙策 澮北魏策
夏楚策 茲魏策 封陸燕策即封陵之誤
高商燕策無考 懷趙策 觀韓策 鹿燕策
昆山趙策 持邱趙策無考 若耶補 忠山補
虞坂補

諸國姓氏地

申秦策 呂周策 蘇周策 甘周策
尹趙策 樊周策 芮魏策 畢趙策
馮趙策 龐齊策 蒙燕策 祝周策
田秦策無考 譚齊策 劇燕策 顏周策無考
楊秦策 庸秦策 姚秦策 屈秦策
項秦策 聶韓策 杜周策 范秦策

荀秦策 智趙策 虞楚策 任魏策
段齊策 干齊策 新垣趙策無考 向周策
郗趙策 苦城趙策 肥趙策 唐秦策
郭燕策 頓秦策 徐宋策 淳于齊策
貫齊策 江楚策 黃楚策 翟楚策
榮趙策 茅趙策 雍魏策 陽韓策
房韓策 費韓策 臧宋策無考 殷衛策
常中山策 成秦策無考 紀趙策 陰中山策
鮑趙策

古國

補秦策無考 遂秦策 涿鹿秦策 驩兜秦策
三苗秦策 共工秦策 夏秦策 崇秦策

殷周策 箕秦策 微秦策 比秦策
密須魏策 孤竹燕策 鬼趙策 鄂趙策
吳秦策 虞魏策 虢魏策 郭秦策
曹魏策 繒魏策 原魏策 宛周策
邾周策 莒周策 陳蔡周策 鄭周策
萊齊策 [illegible]莒魏策 晉魏策 西戎魏策無考
東夷魏策無考又秦策 祼國趙策 翟魏策
厹由周策 代燕策

古邑

彭蠡魏策 洞庭魏策 文山魏策 衡山魏策
天門魏策 天谿魏策 盧睪魏策無考 伊洛魏策
鳴條燕策 亳楚策 伊燕策 孟門魏策

漳釜魏策 河魏策 山魏策 淇谷秦策
洹水秦策 牧魏策 首陽燕策 楚山魏策
屚里趙策 玉門趙策 鎬楚策 朝歌秦策
棘津秦策 渭陽秦策 周秦策 邵楚策
葵邱秦策 南陽秦策 韓原韓策 城濮秦策韓策
柳下齊策無考 強臺魏策 崩山魏策 江魏策
湖魏策 彷徨魏策 昭關秦策 蔆水秦策
吳市秦策 柏舉楚策 宮唐楚策無考 濁水楚策
遂浦楚策無考 磨山楚策 會稽秦策 艾陵秦策
黃池秦策 干隧秦策 三江之浦秦策 白楚策
費秦策 陶齊策 衛齊策 管秦策
晏燕策 崔楚策 摩笄之山燕策

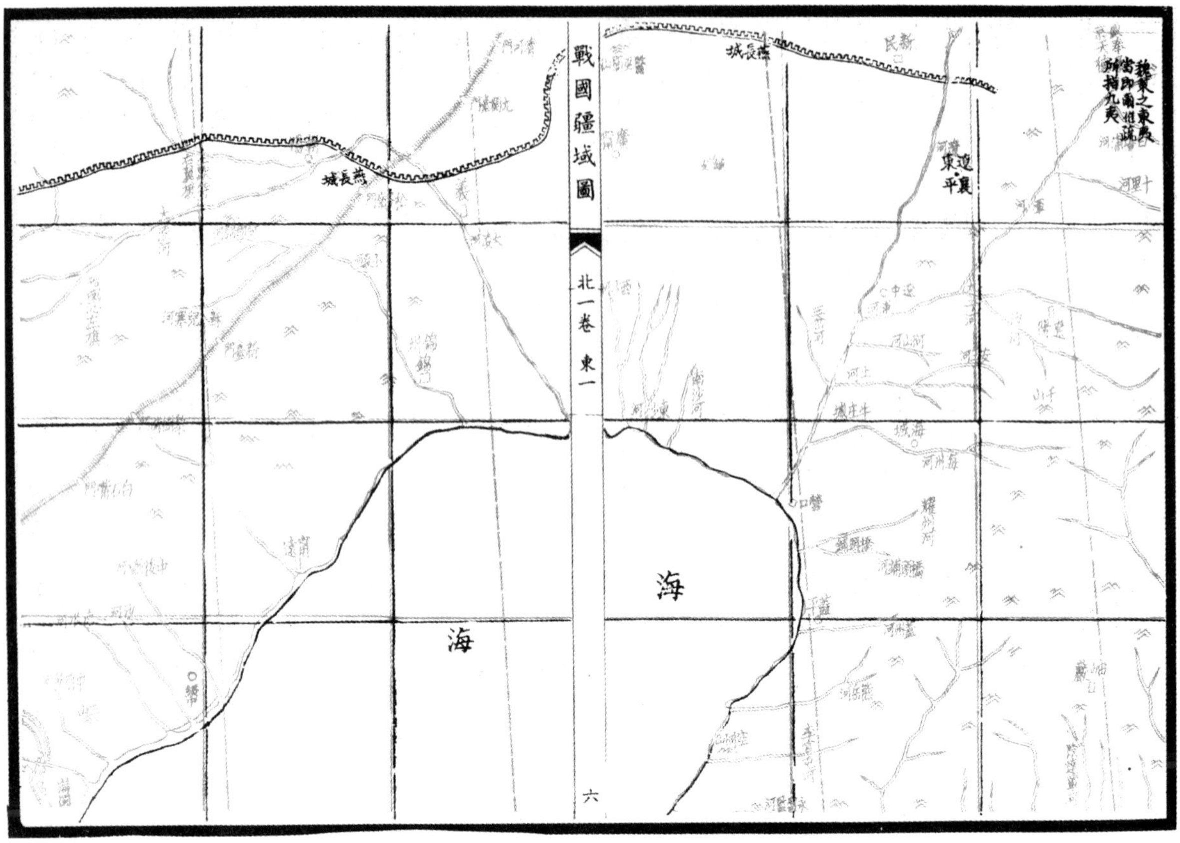
戰國疆域圖
北一卷東一
六
燕長城
海
海
遼東
襄平

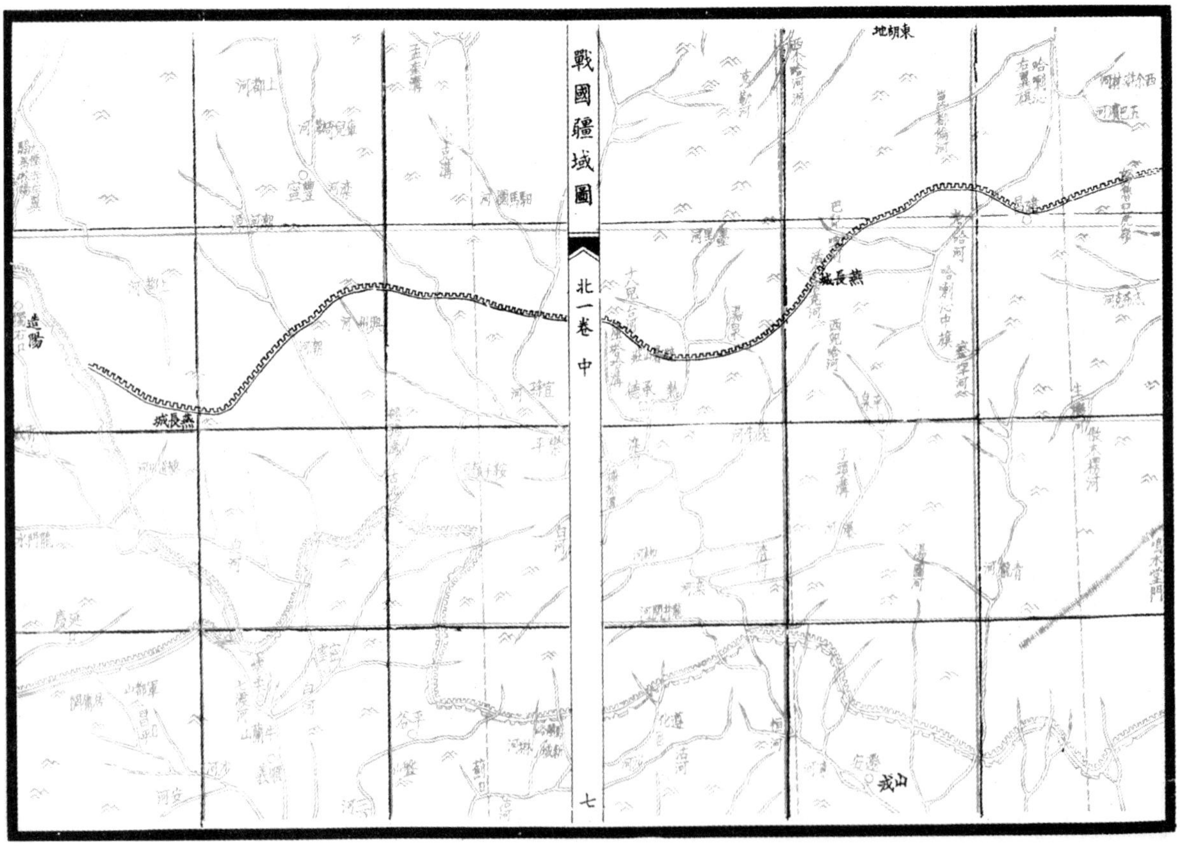
戰國疆域圖
北一卷中
七
燕長城
燕長城
東胡地
造陽

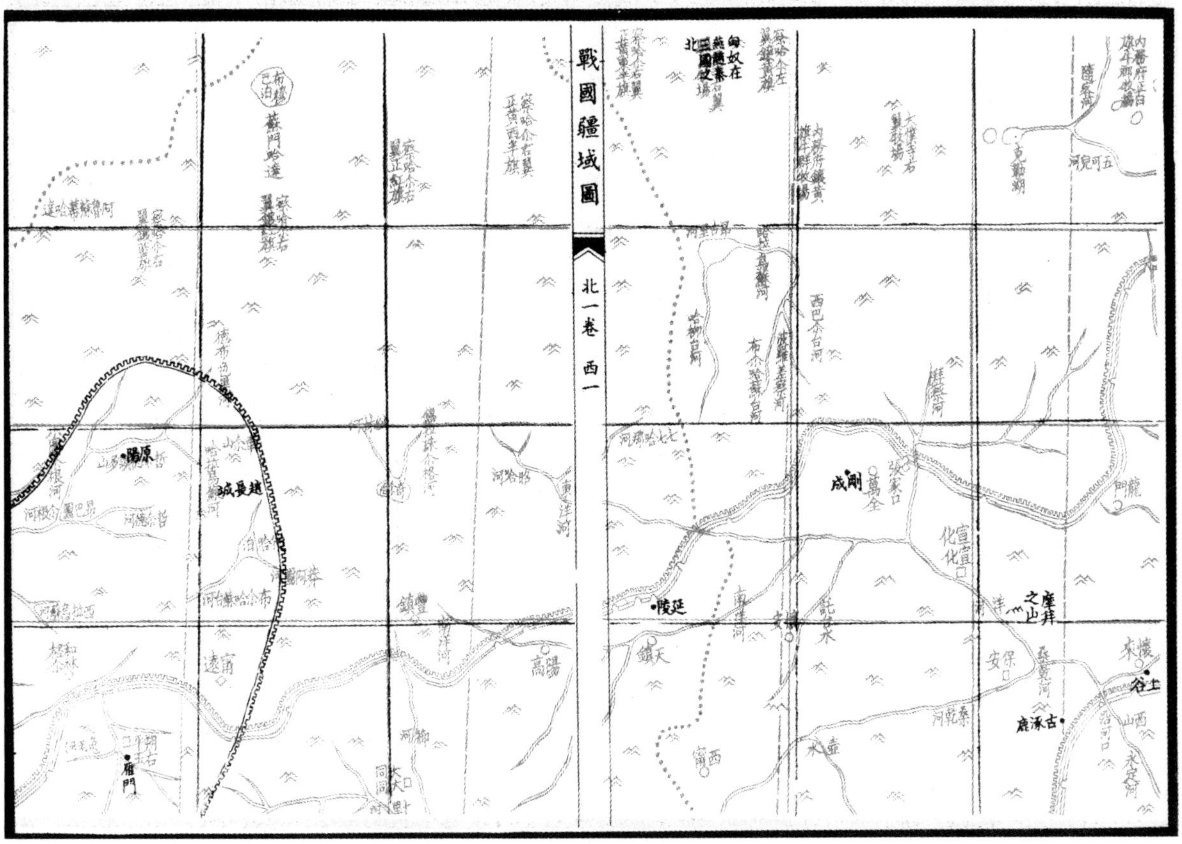
戰國疆域圖
北一卷 西一
趙長城
原陽
雁門
延陵
高陽
上谷
古涿鹿
保安
懷來

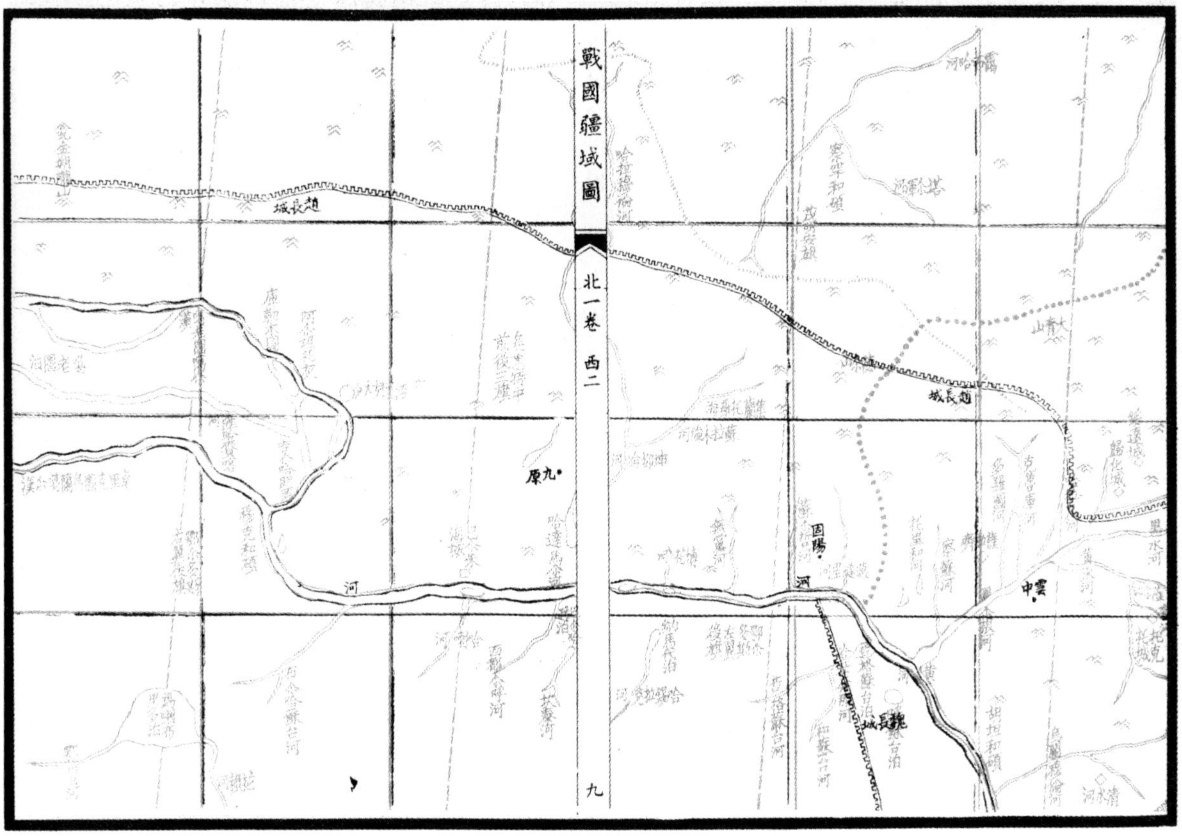
戰國疆域圖
北一卷 西二
趙長城
九原
固陽
雲中
魏長城
河
九

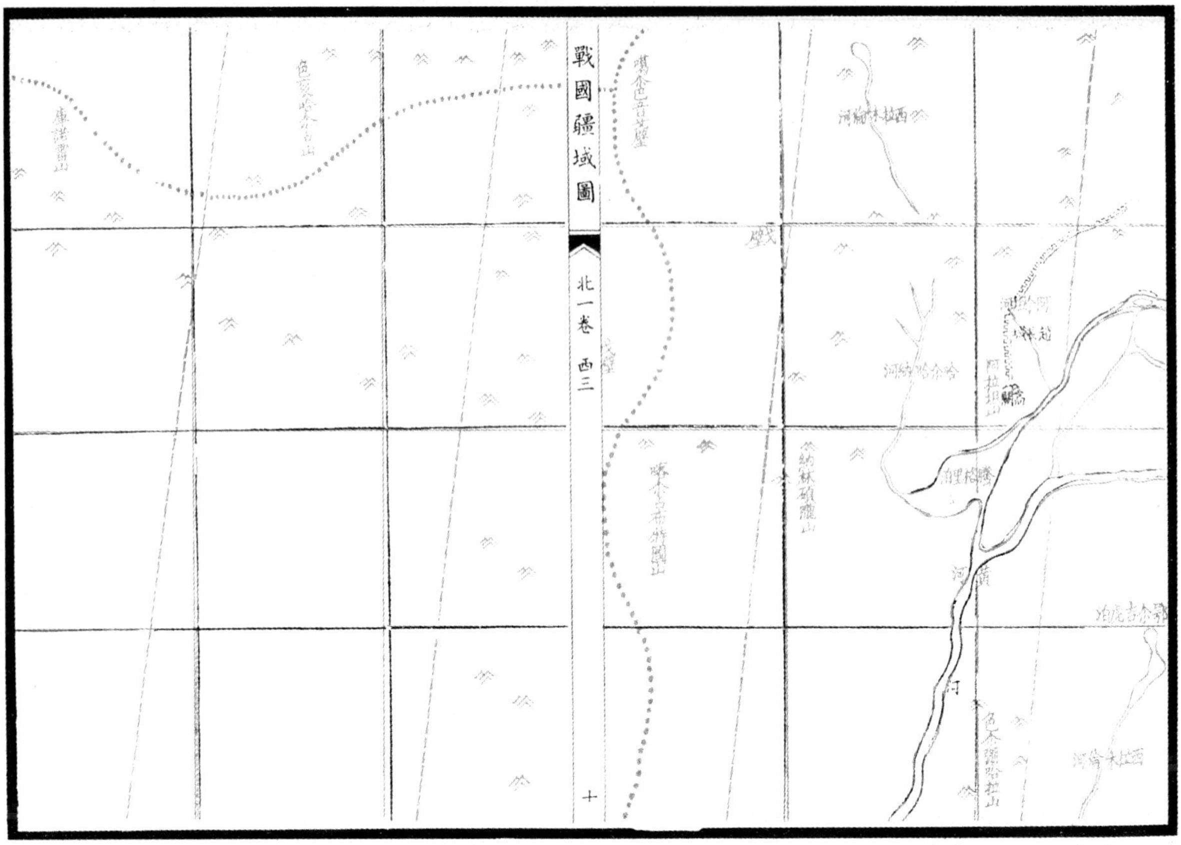
戰國疆域圖
北一卷 西三
十

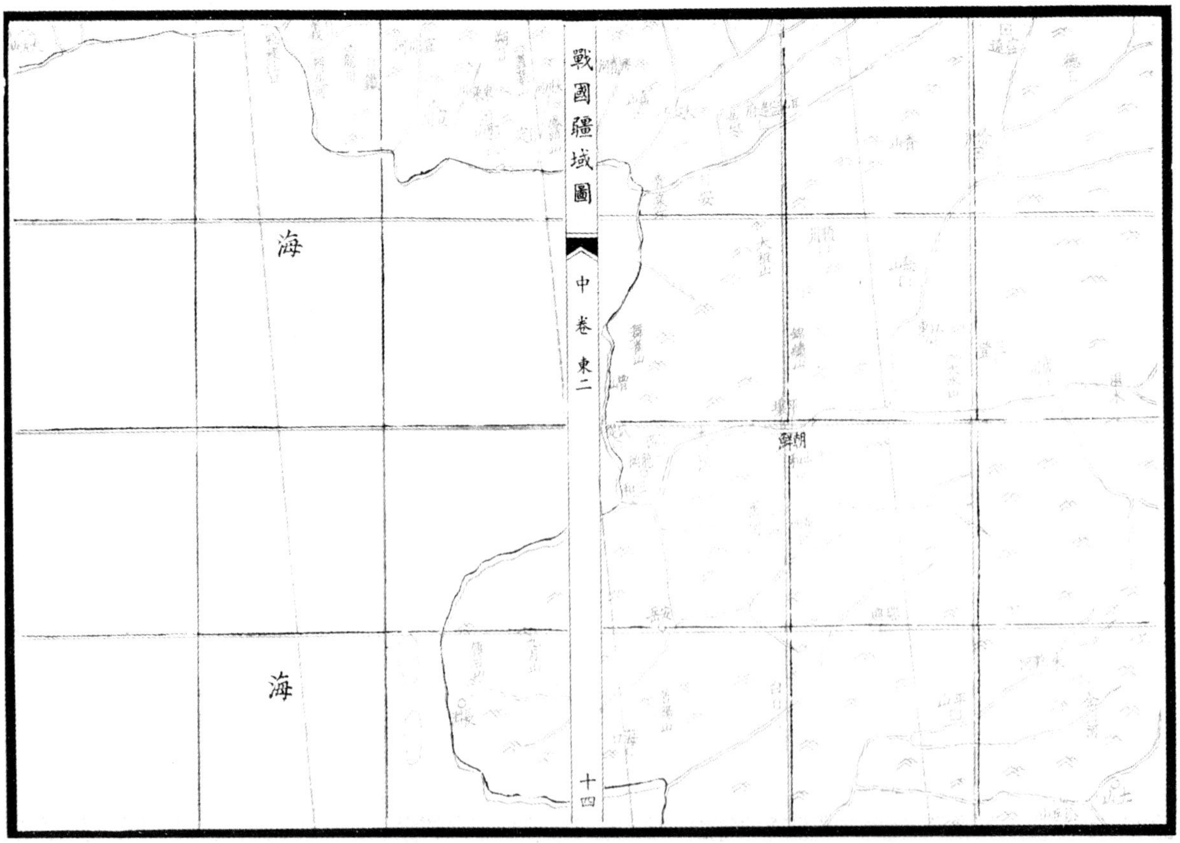
戰國疆域圖
中卷 東二
十四
海
海

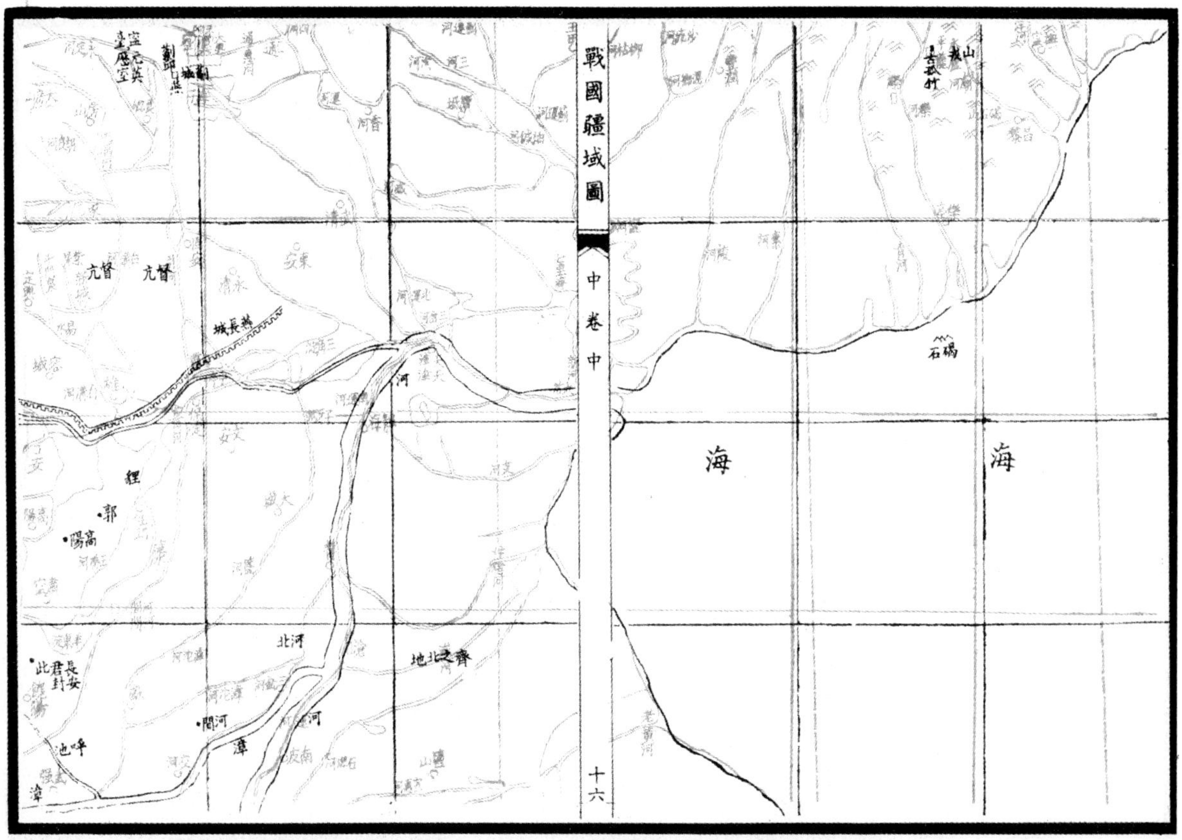
戰國疆域圖
中卷中
十六

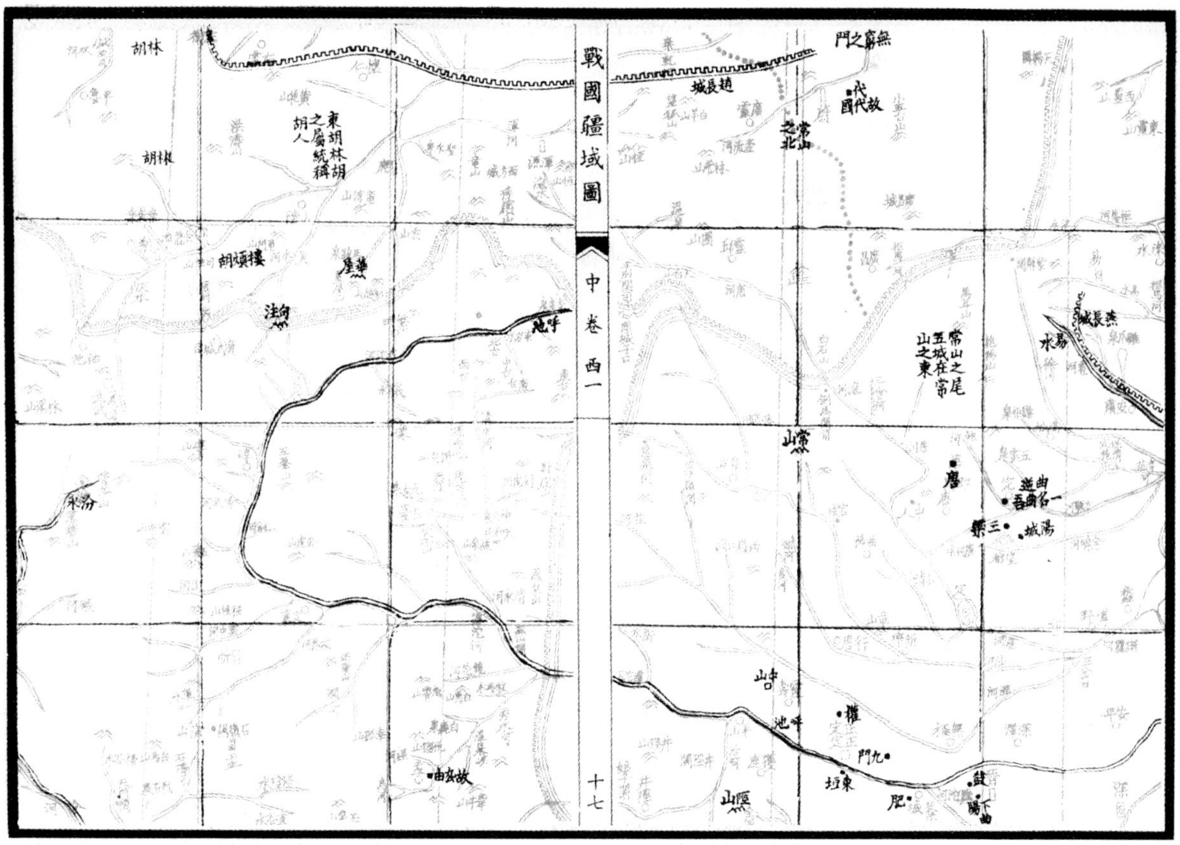
戰國疆域圖
中卷西一
十七

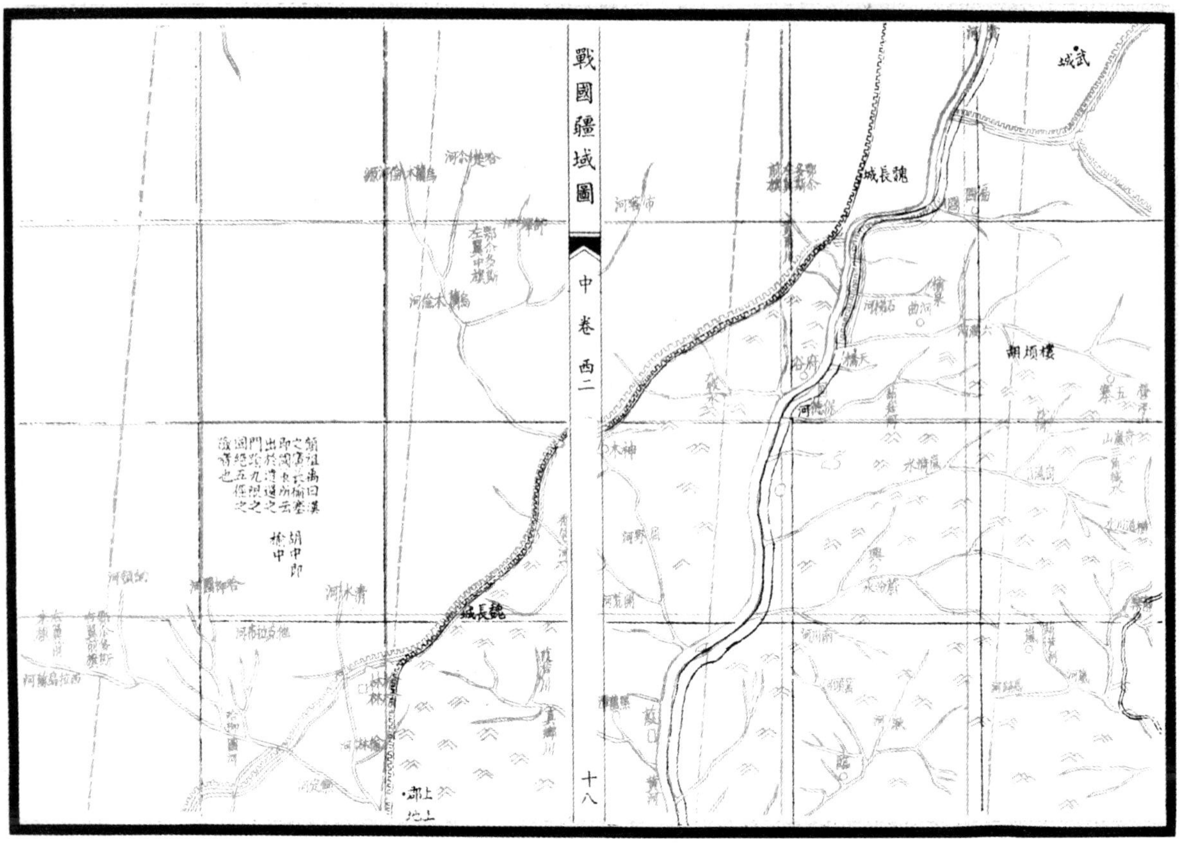
戰國疆域圖
中卷 西二
十八
魏長城
樓煩胡

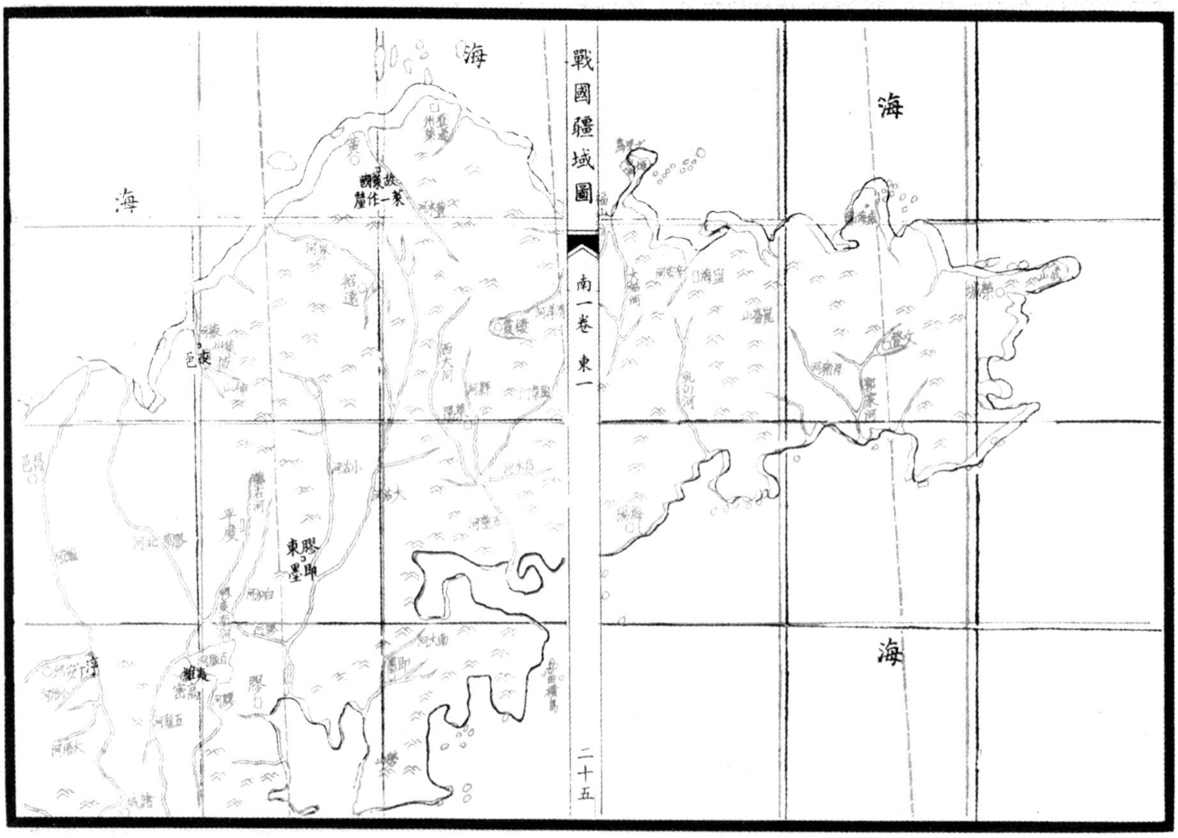
戰國疆域圖
南一卷 東一
二十五
海
海
海
海
即墨
膠東

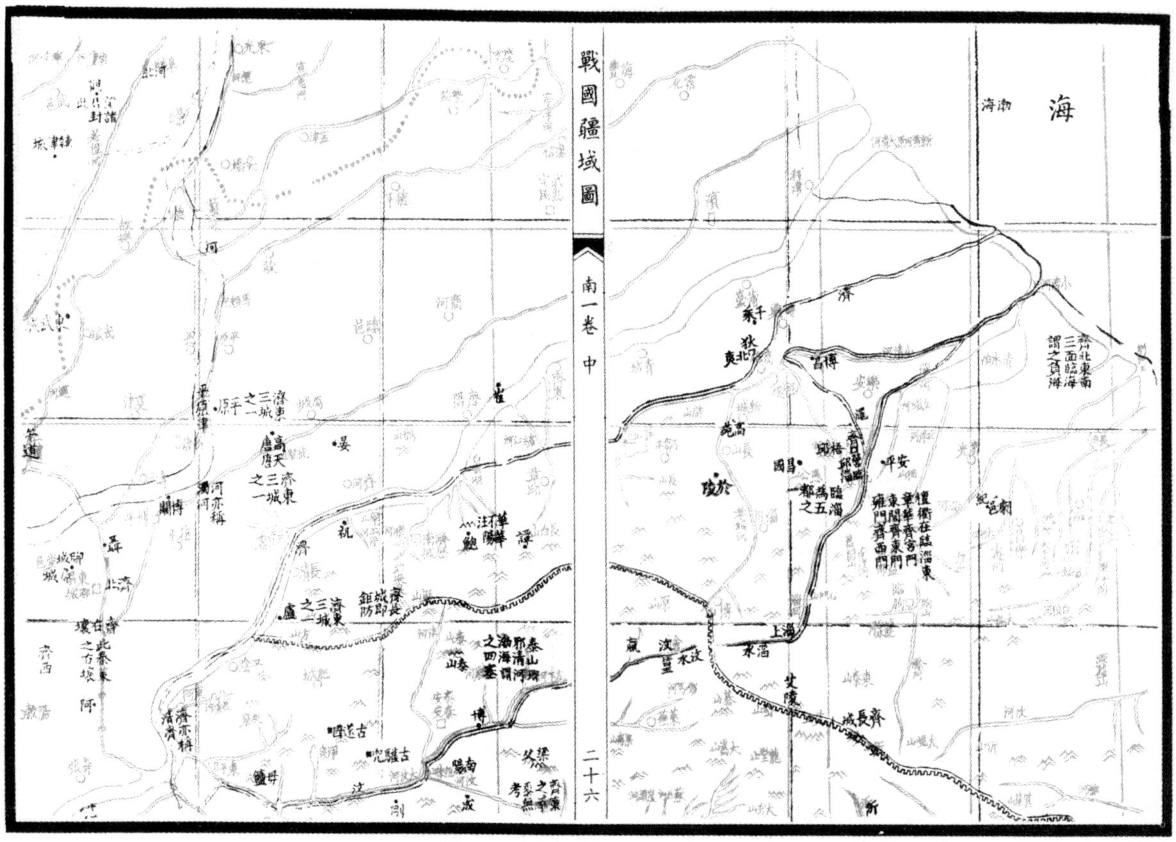
戰國疆域圖
南一卷中
二十六
海
齊北東南三面臨海謂之負海
齊長城

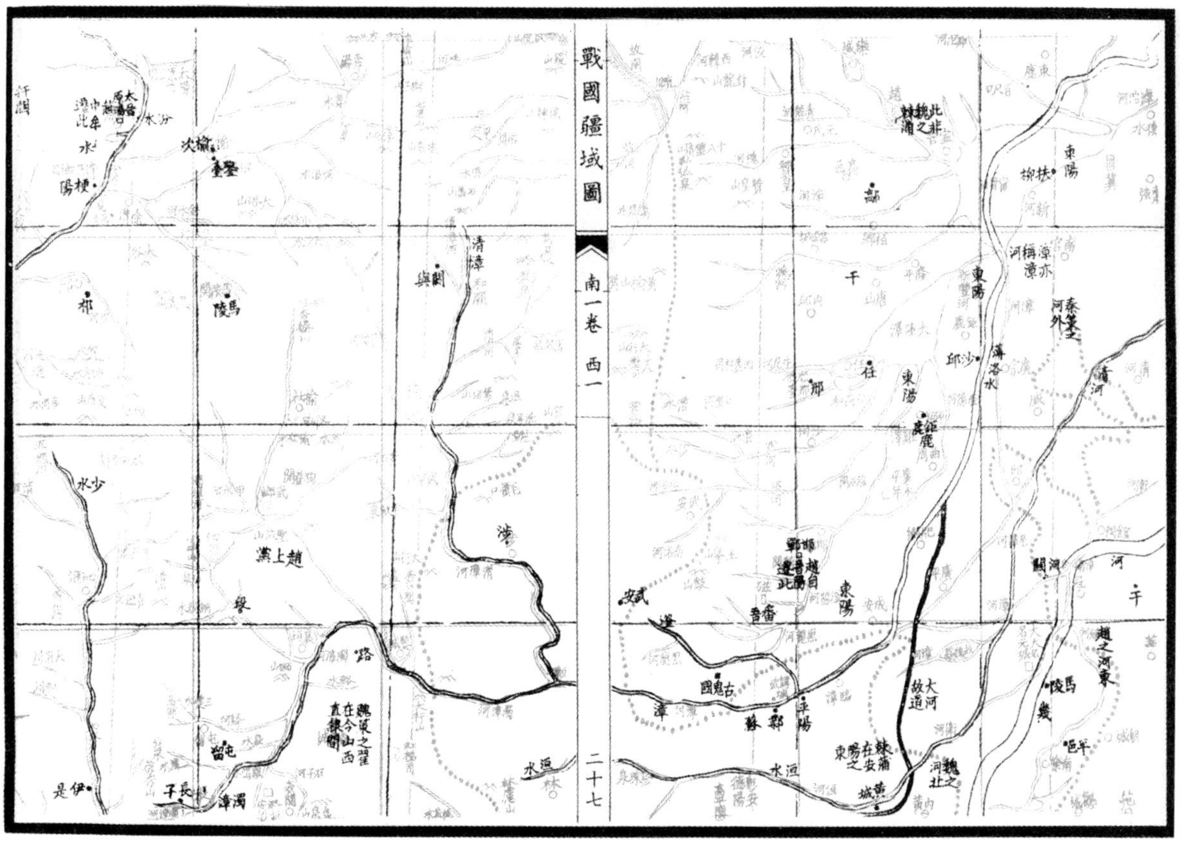
戰國疆域圖
南一卷西一
二十七
大河故道

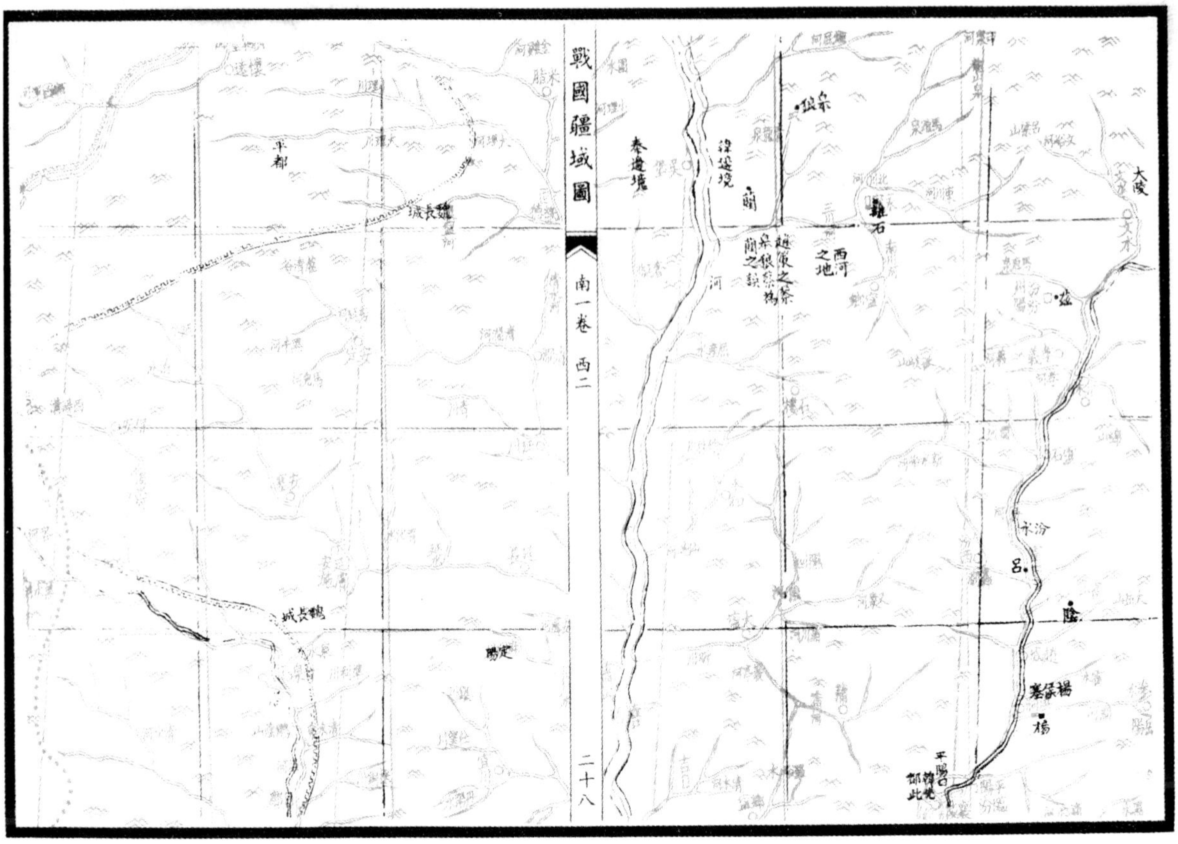
戰國疆域圖
南一卷 西二
二十八
平都
秦邊境
魏邊境
西河之地
汾水

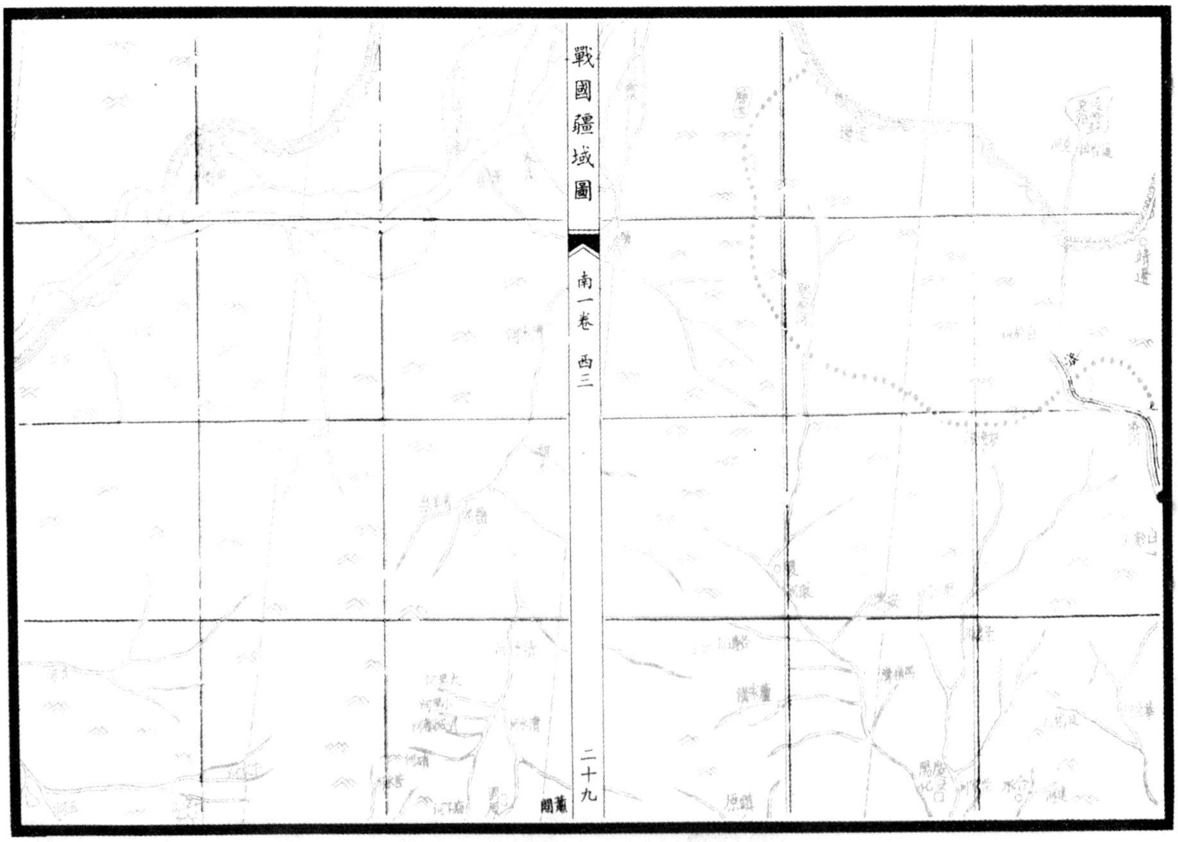
戰國疆域圖
南一卷 西三
二十九
洛

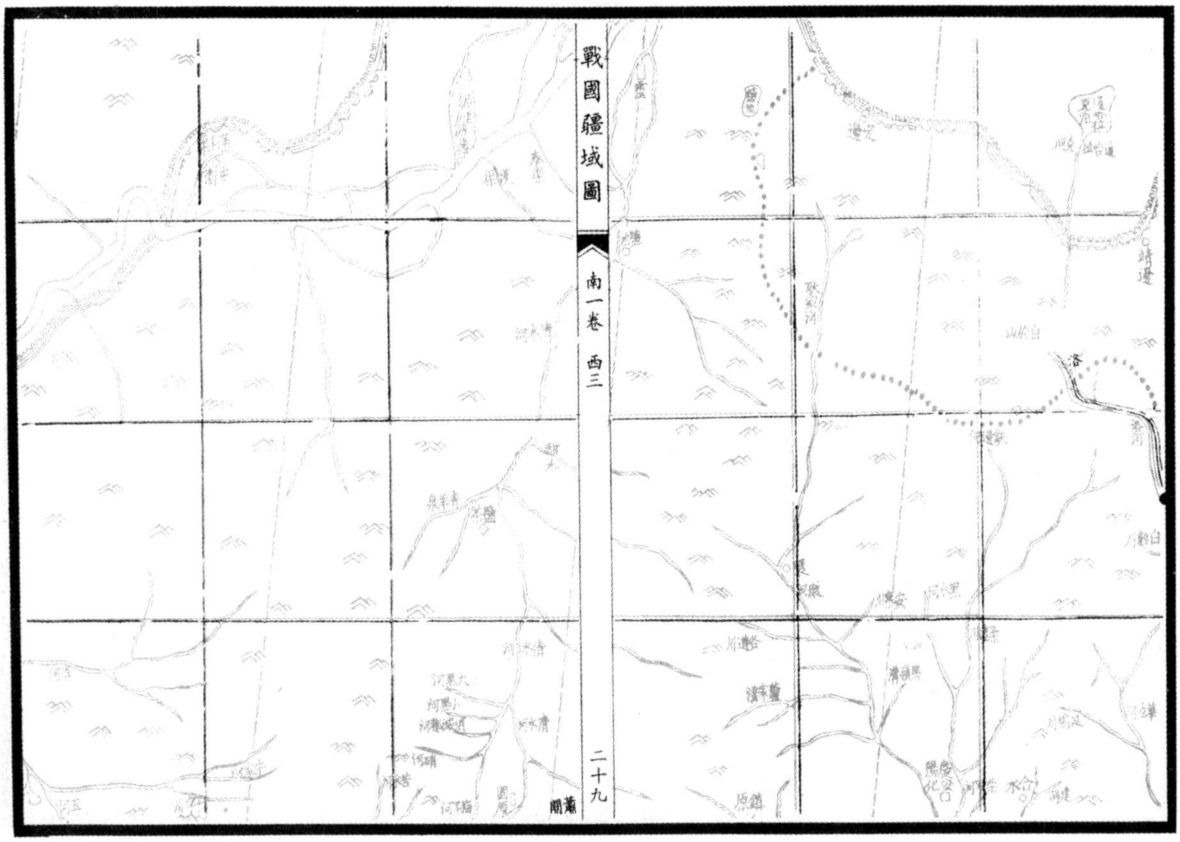
戰國疆域圖
南一卷 西三
二十九

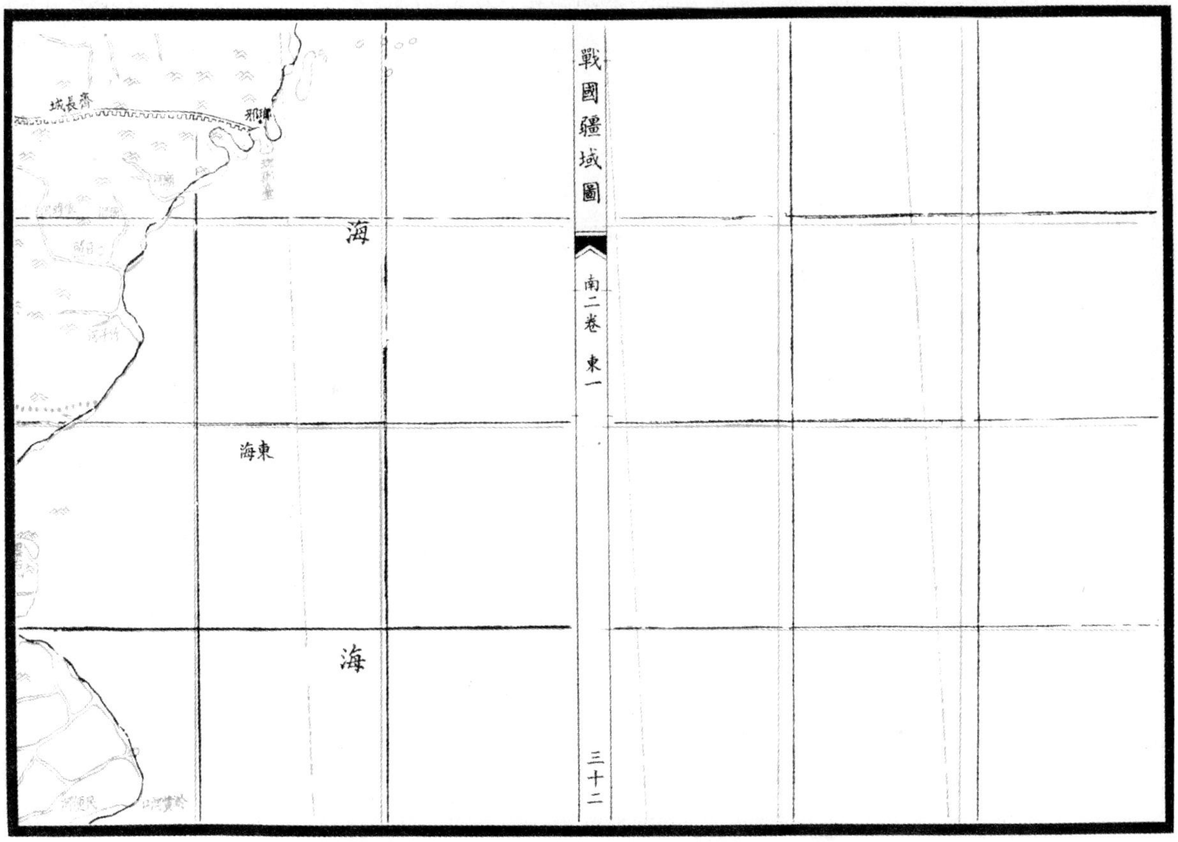
戰國疆域圖
南二卷 東一
三十二
海
東海
海

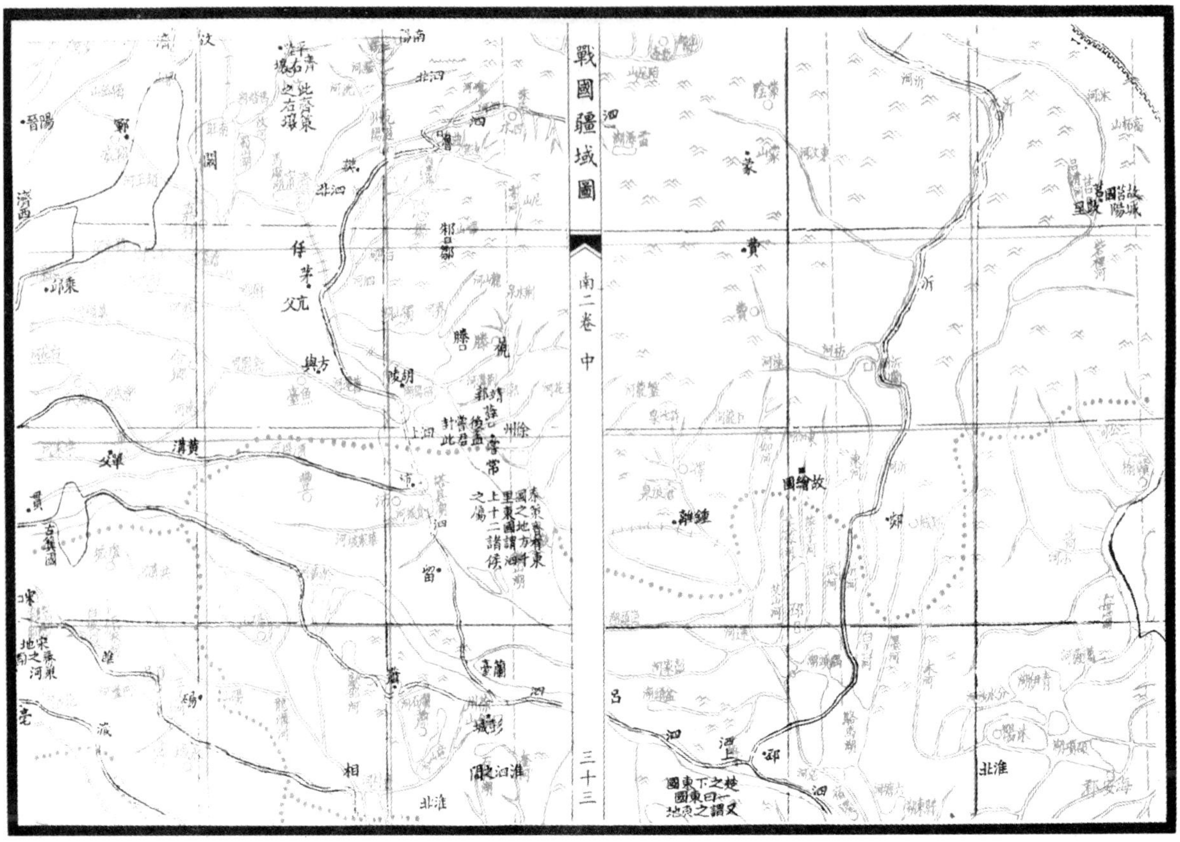
戰國疆域圖
南二卷 中
三十三

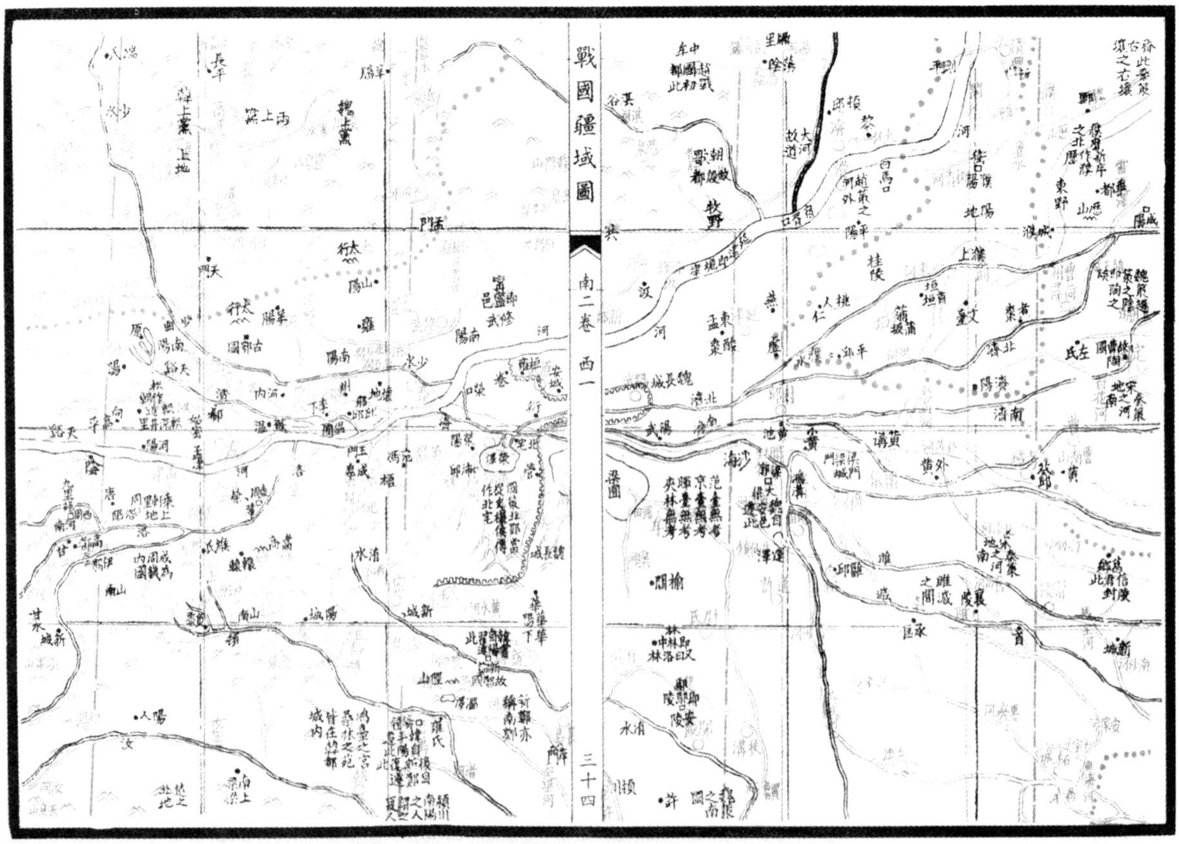
戰國疆域圖
南二卷 西一
三十四

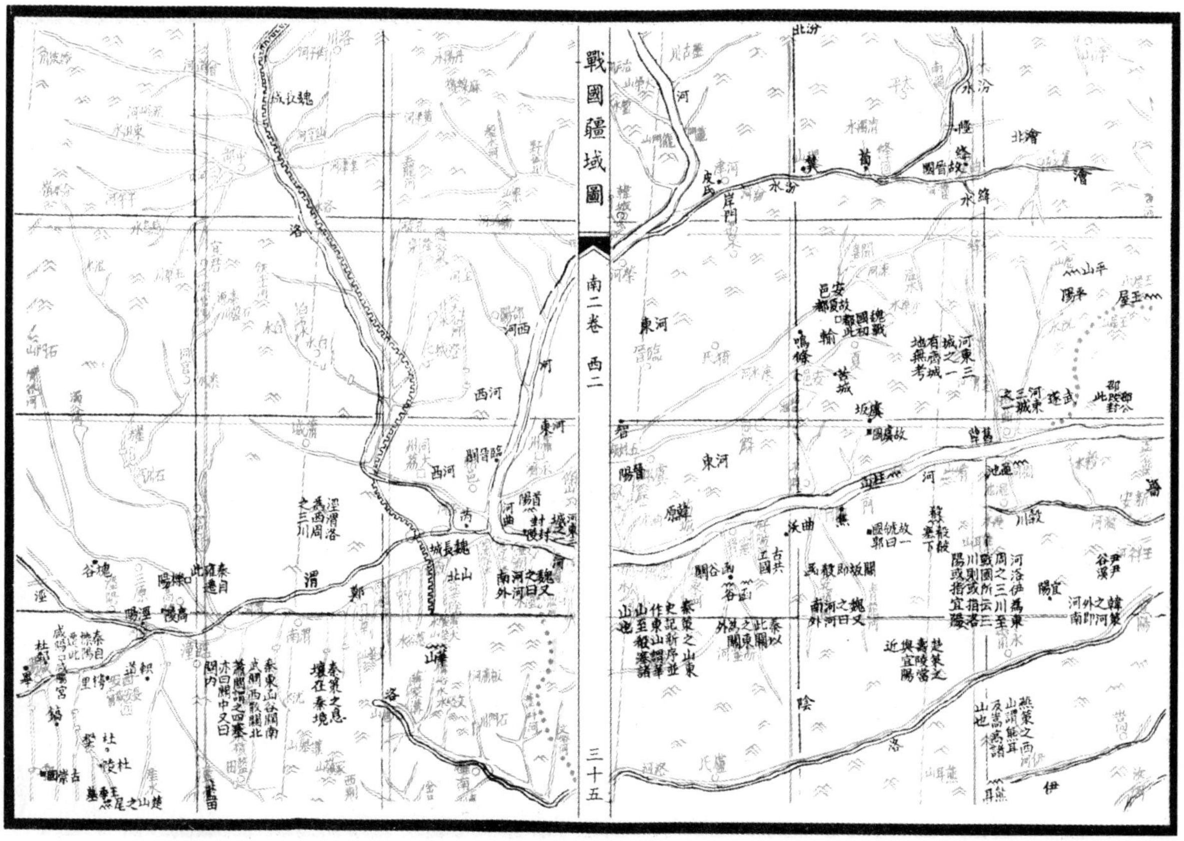
戰國疆域圖
南二卷 西二
三十五

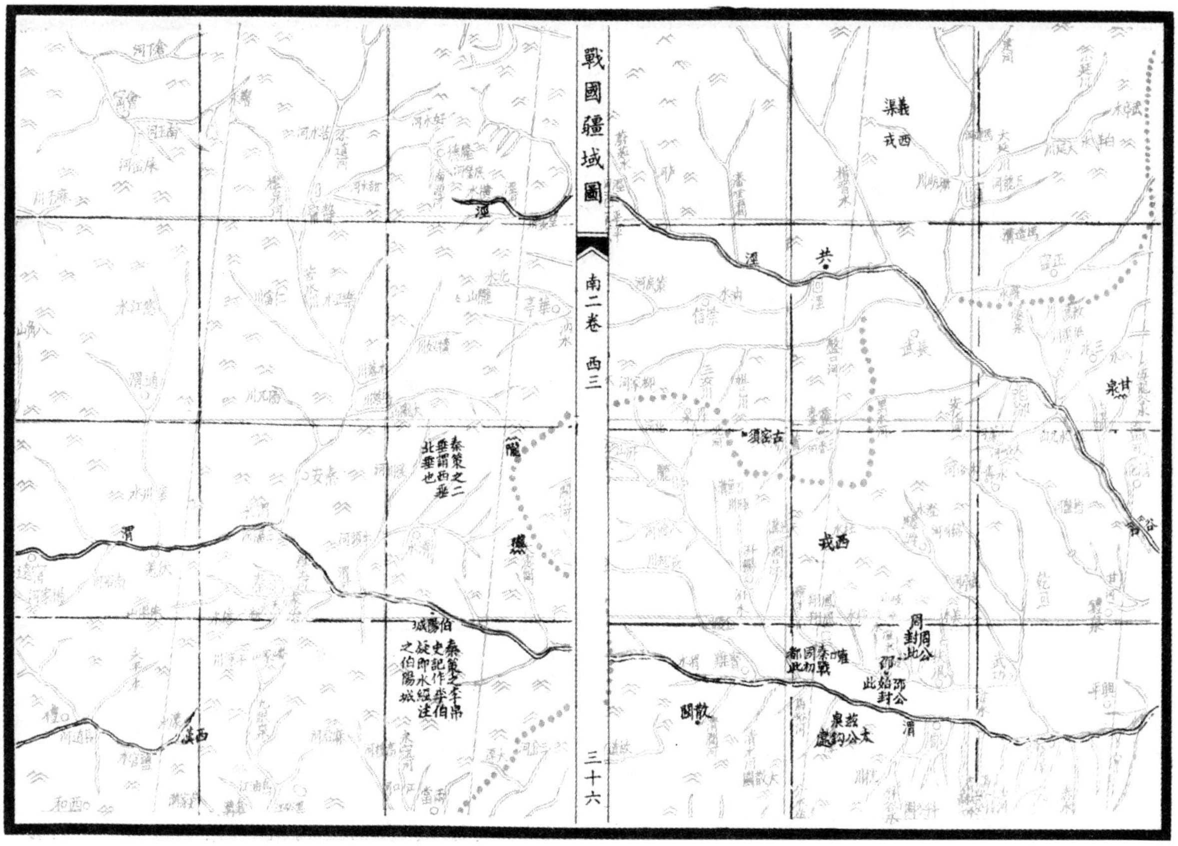
戰國疆域圖
南二卷 西三
三十六

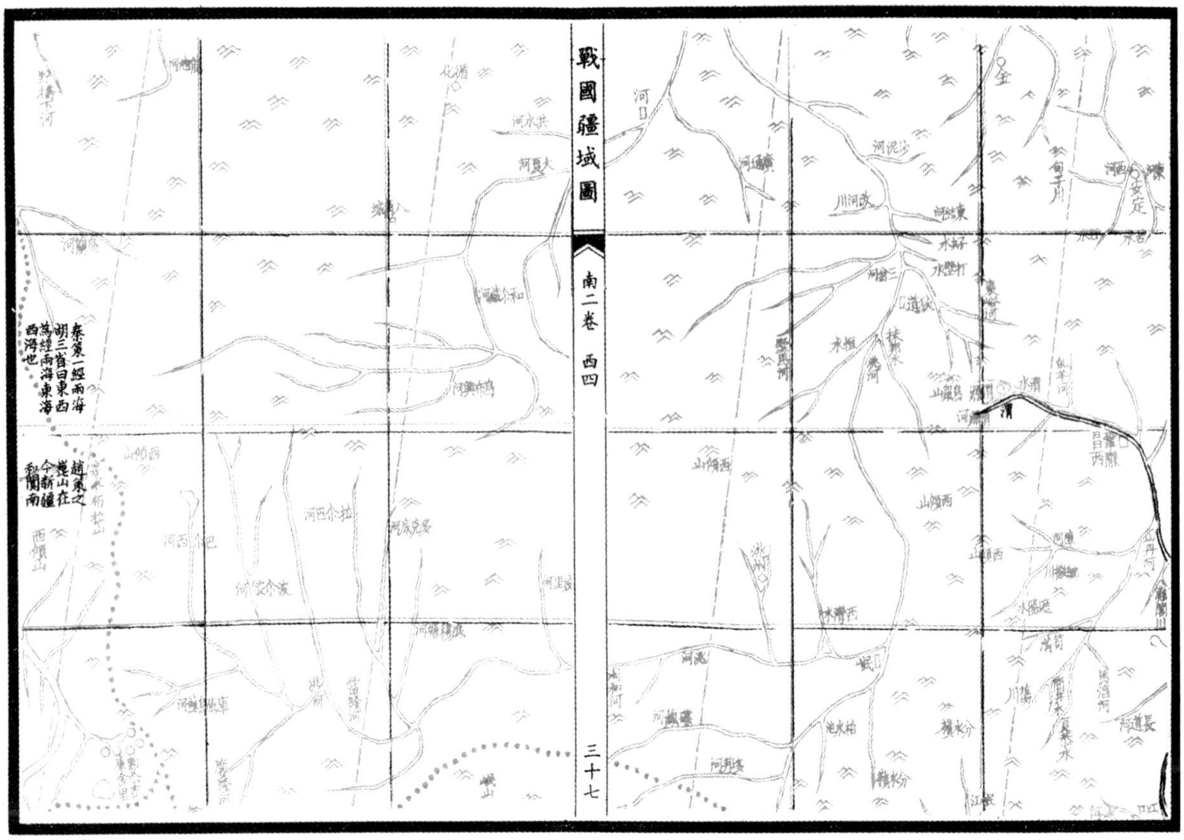
戰國疆域圖
南二卷 西四
三十七
秦策一經兩海
胡三省曰東西
爲經南海東海
西海也
趙策之
崑山在
今新疆
和闐南

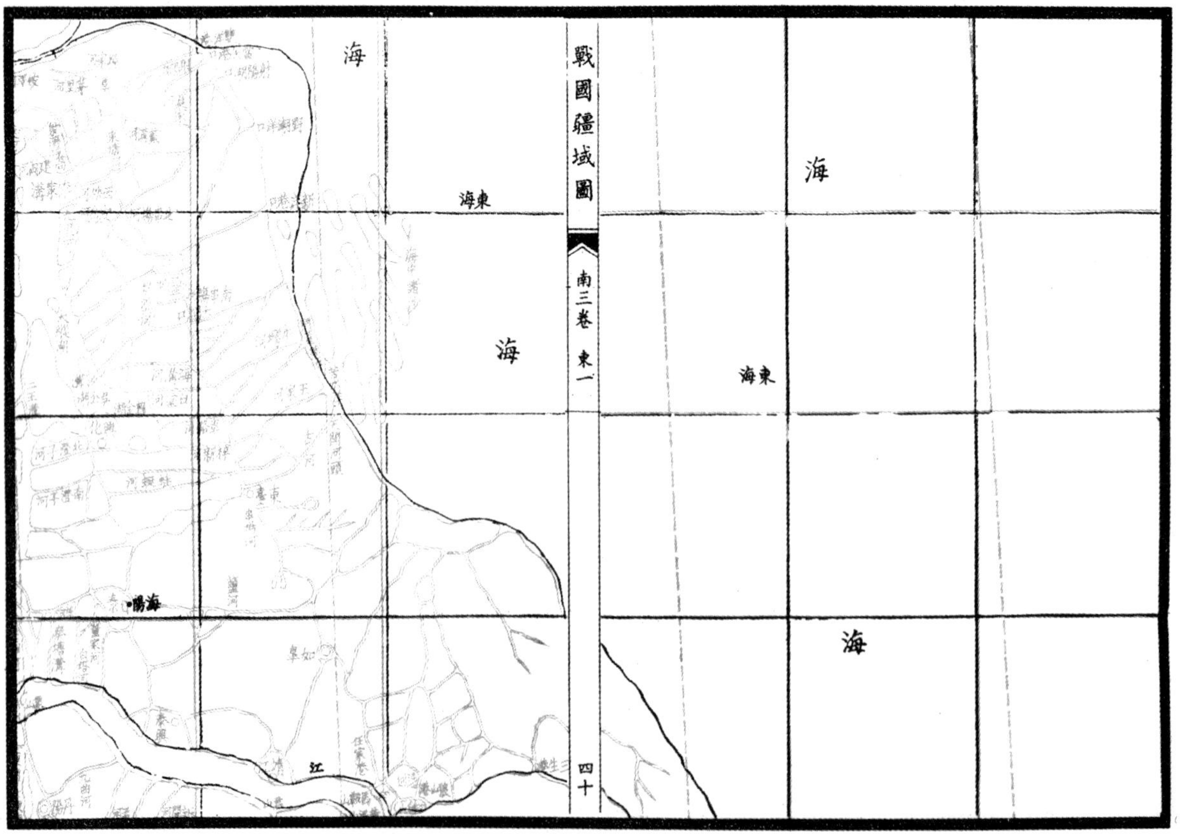
戰國疆域圖
南三卷 東一
四十
海
東海
海
東海
海

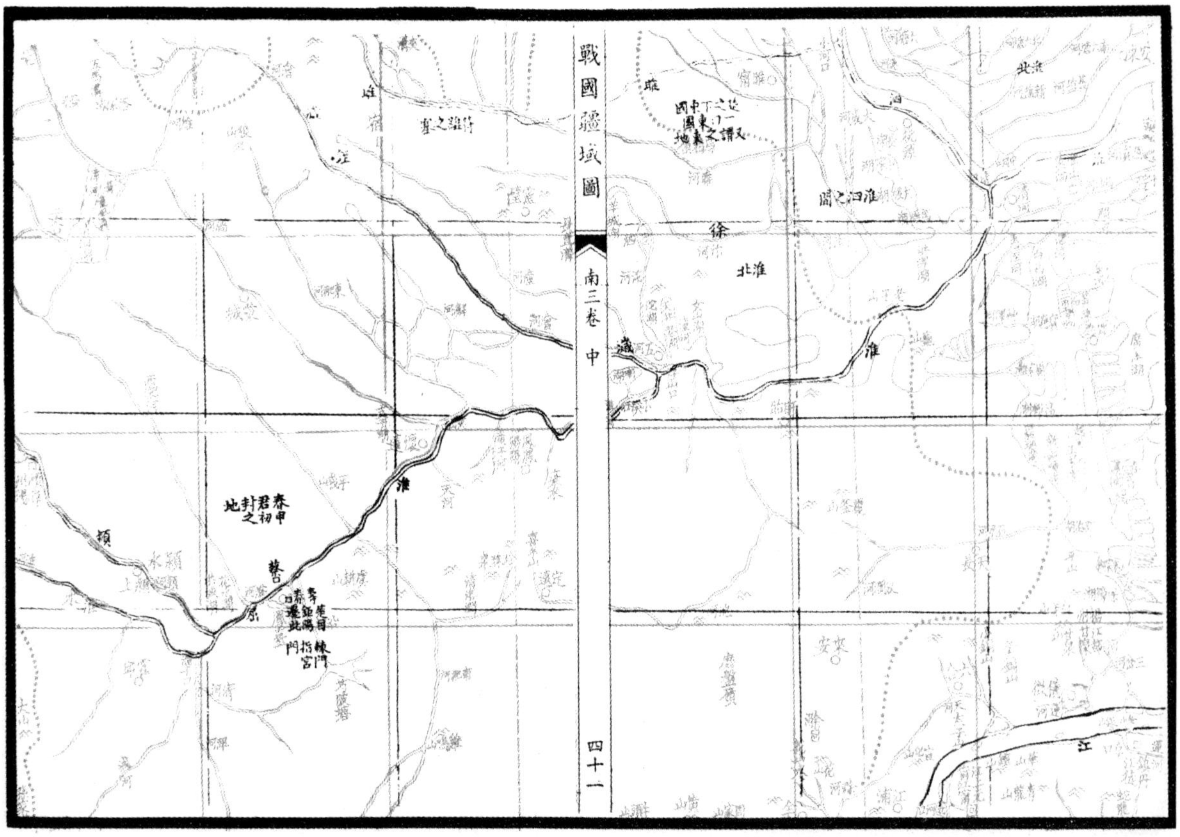
戰國疆域圖
南三卷 中
四十一
春申君初封之地
淮
潁
徐
北淮
江

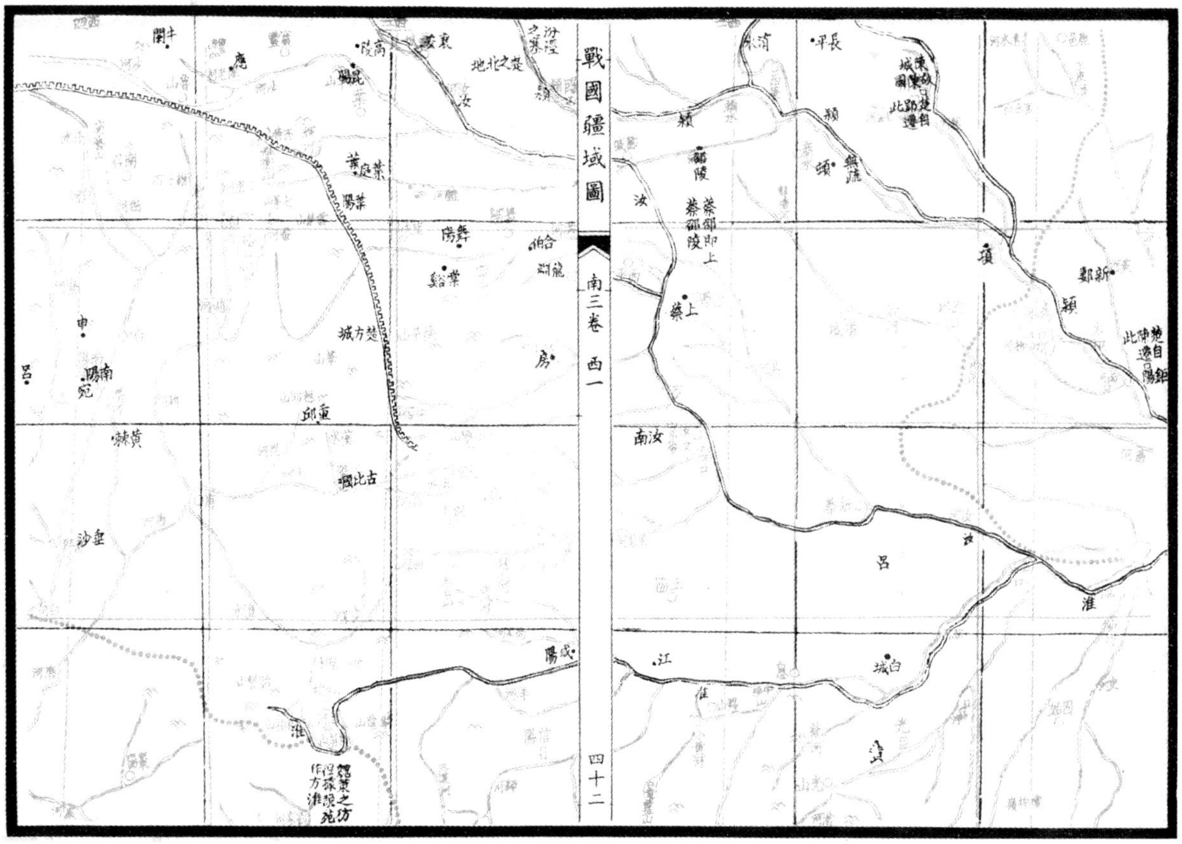
戰國疆域圖
南三卷 西一
四十二
楚方城
古比國
南陽宛
申
呂
上蔡
汝南
汝
淮
江
成陽
白城
新鄭
長平
潁

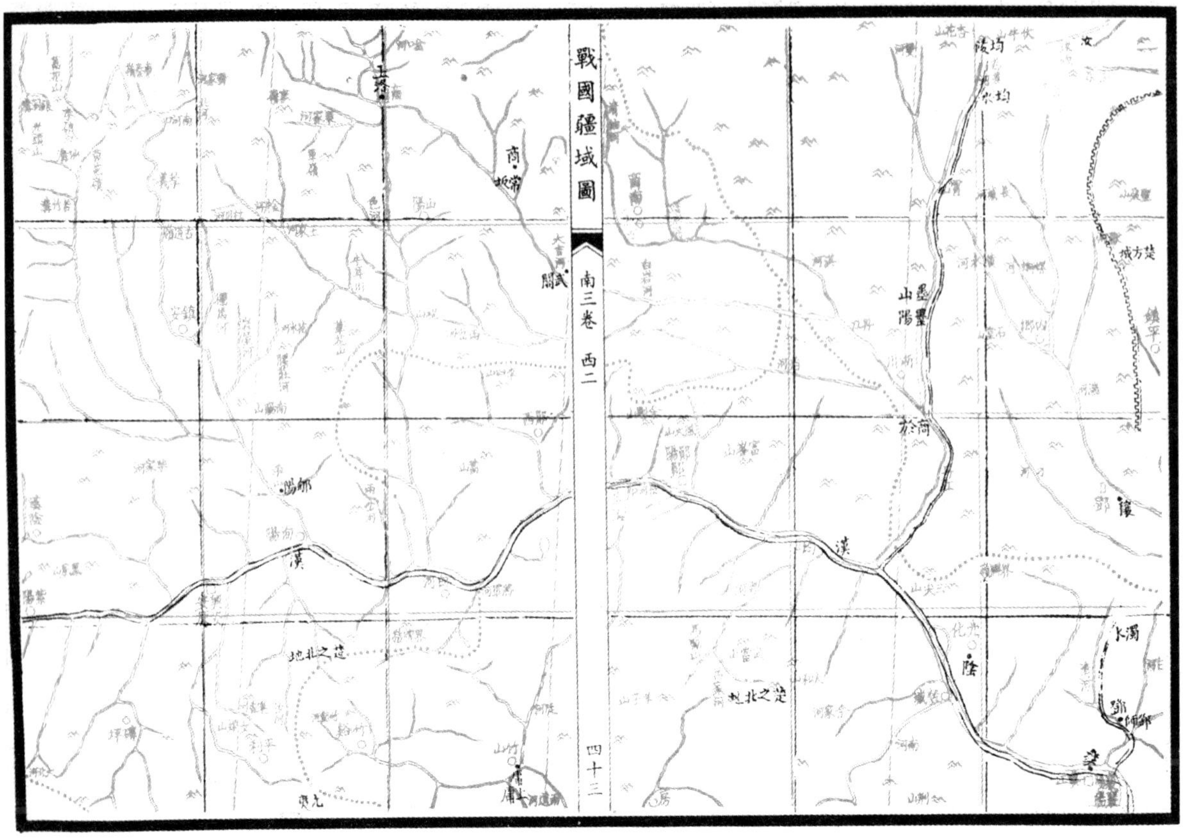
戰國疆域圖
南三卷 西二
四十三
商
武關
漢
楚之北地
方城
鄧

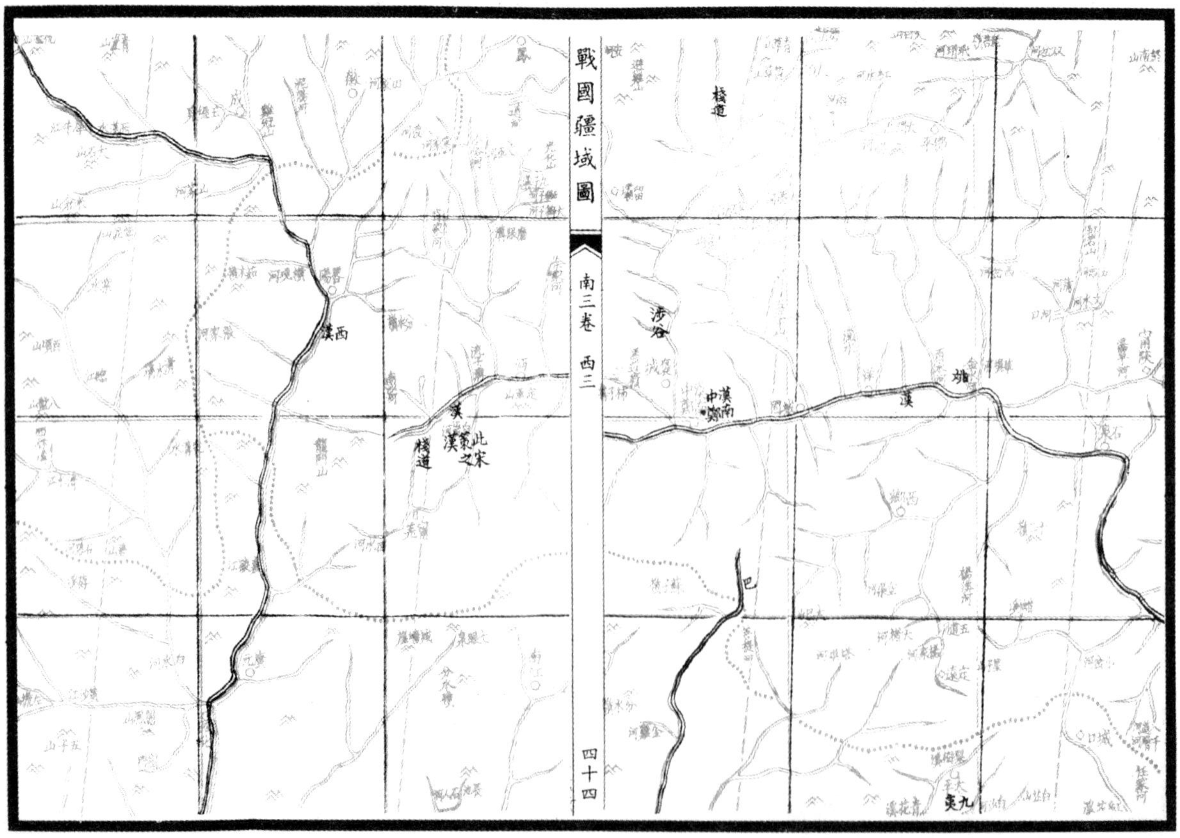
戰國疆域圖
南三卷 西三
四十四
棧道
漢
巴

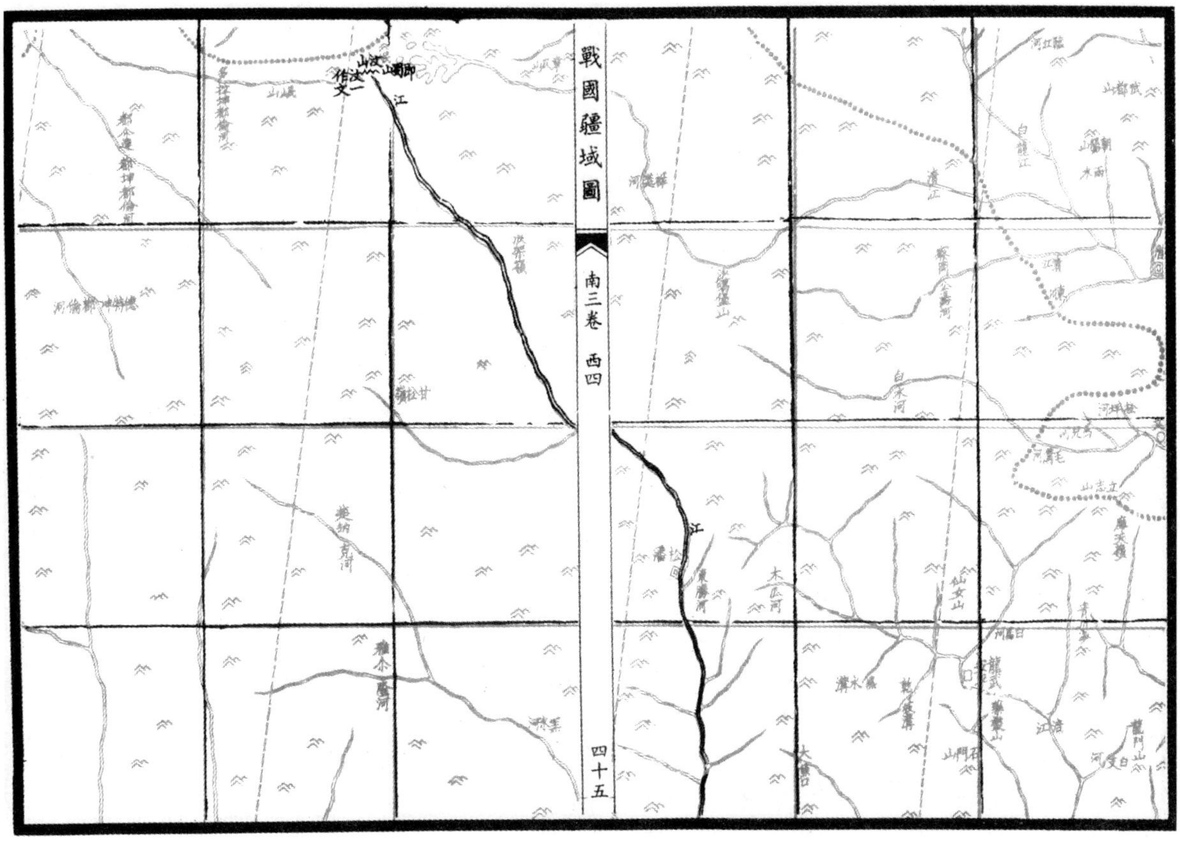
戰國疆域圖
南三卷　西四
四十五

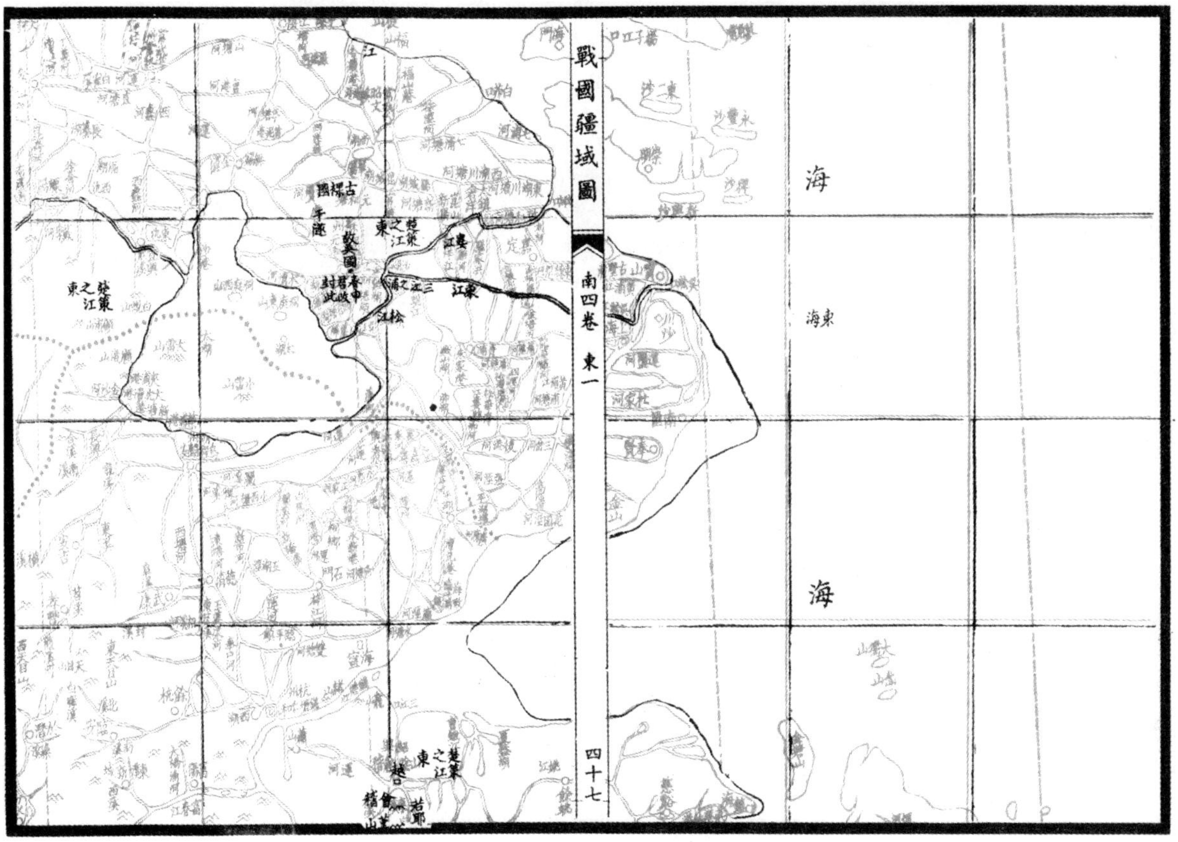
戰國疆域圖
南四卷　東一
四十七
海
海東
海

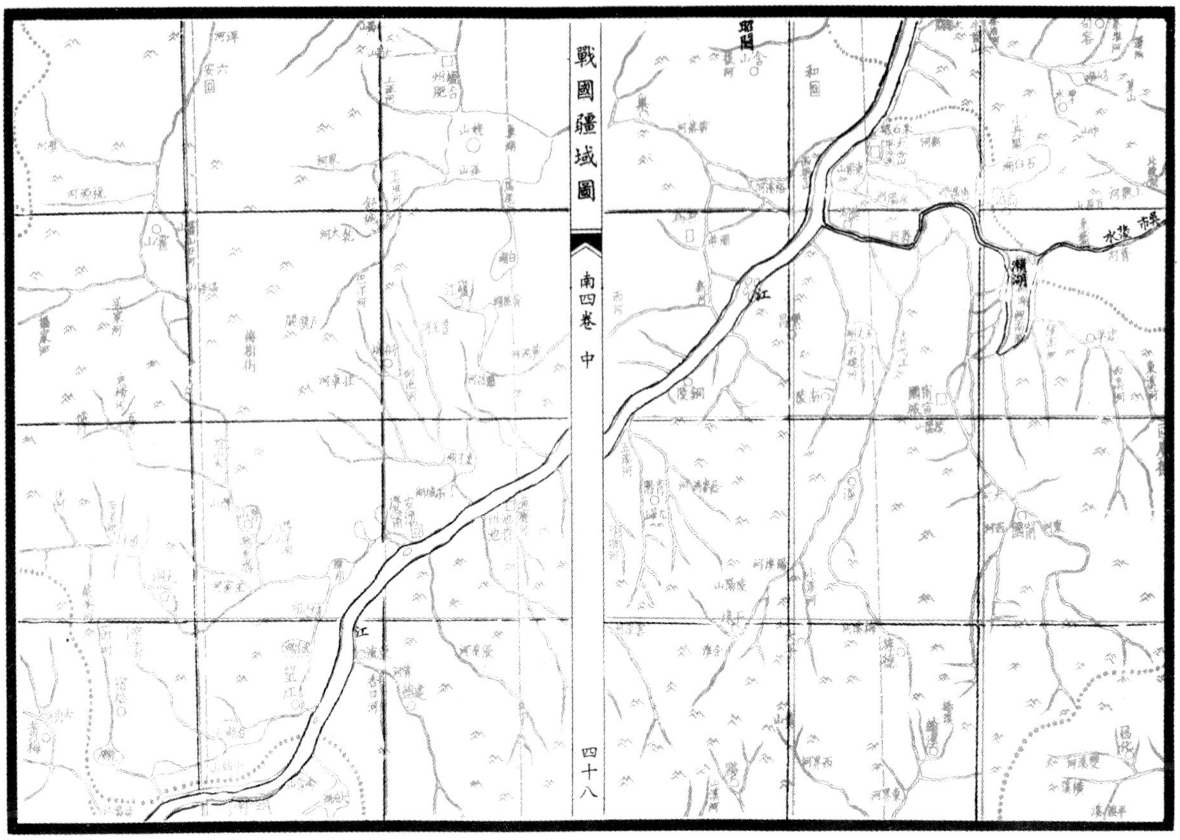
戰國疆域圖
南四卷 中
四十八

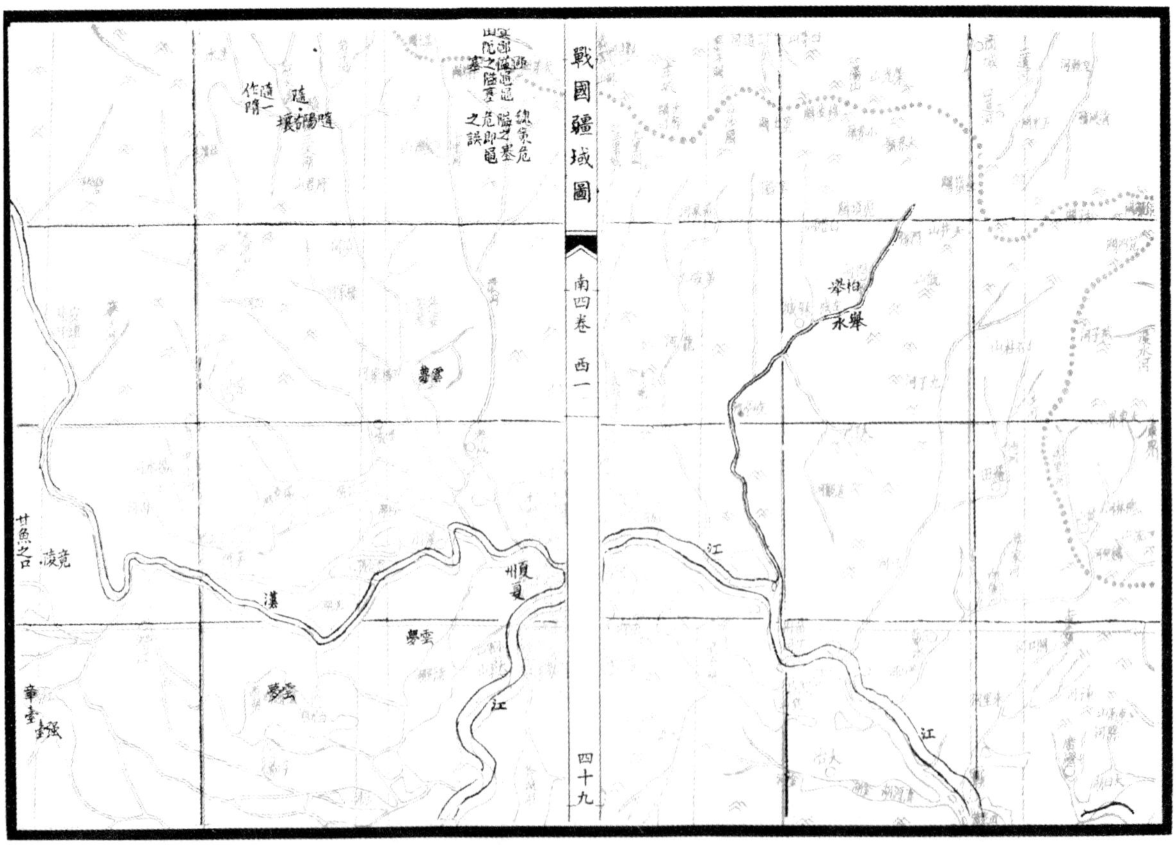
戰國疆域圖
南四卷 西一
四十九

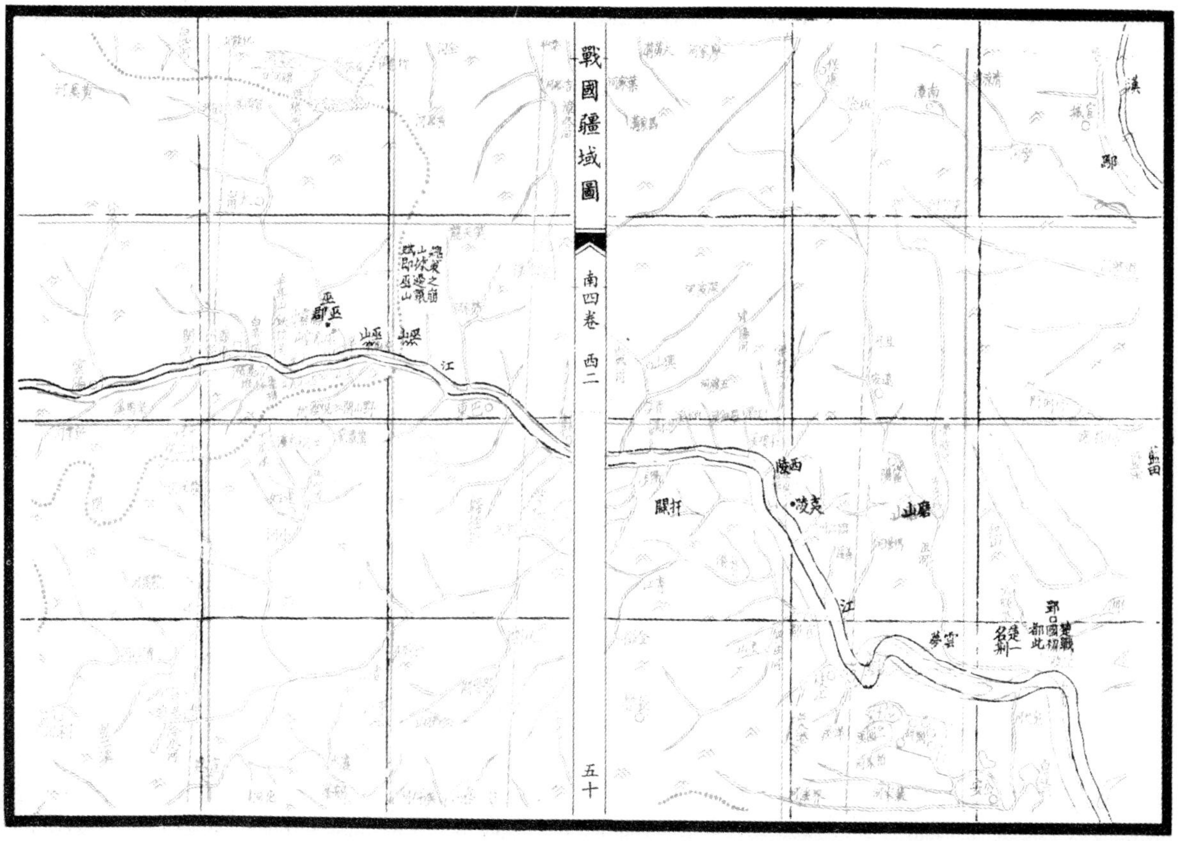
戰國疆域圖
南四卷 西二
五十
江

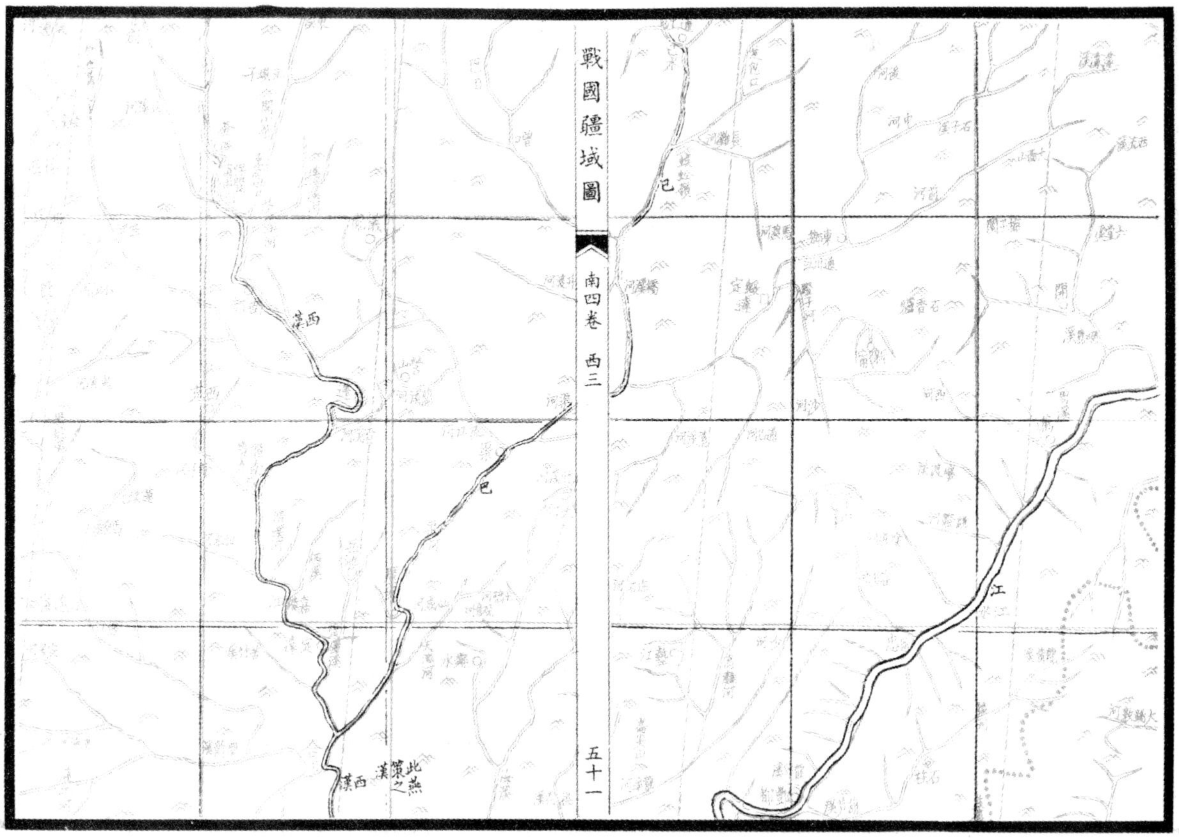
戰國疆域圖
南四卷 西三
五十一
江
巴

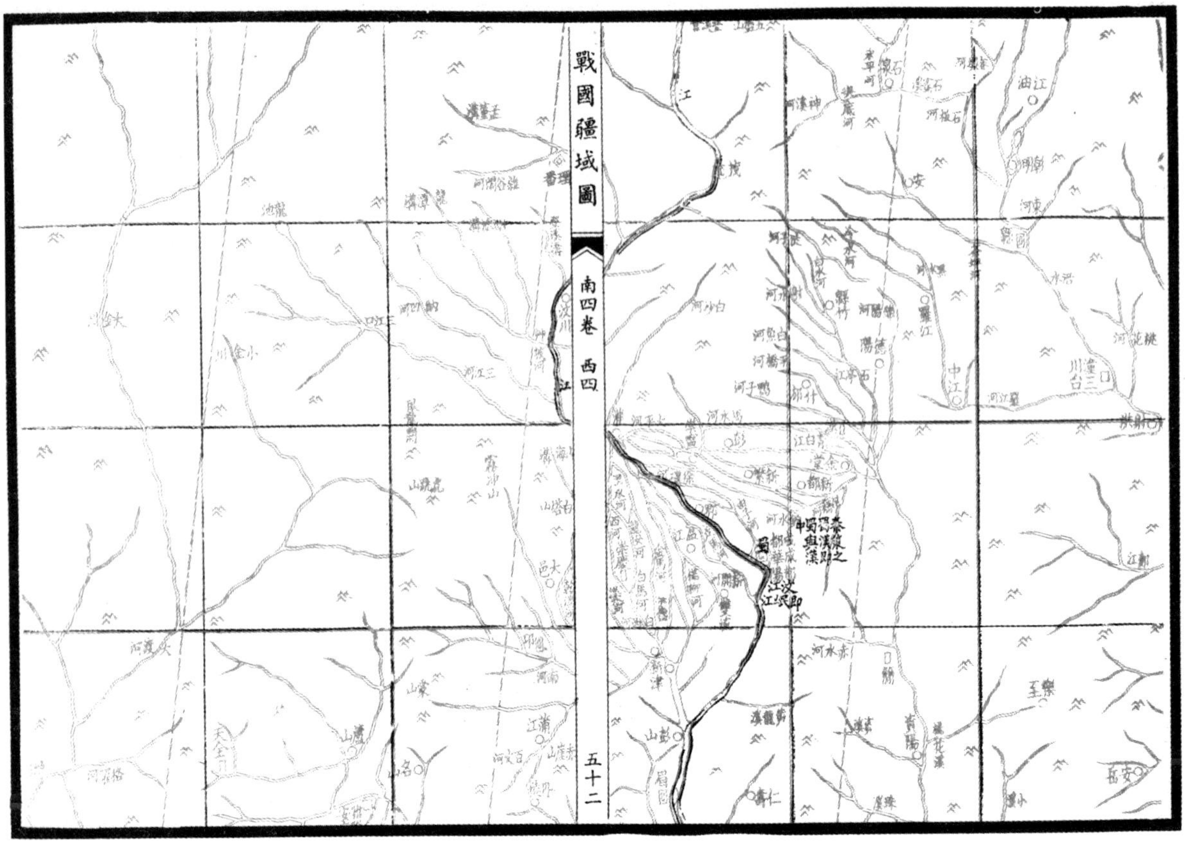
戰國疆域圖
南四卷 西四
五十二

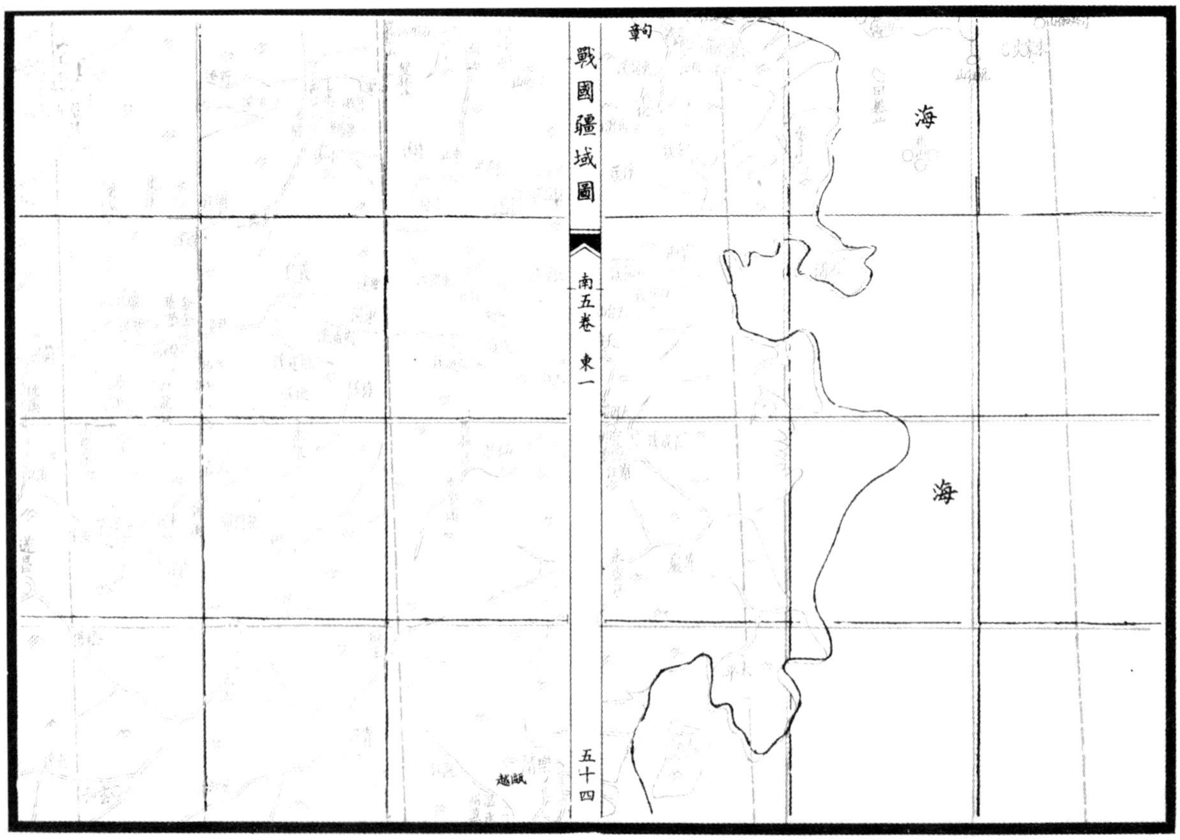
戰國疆域圖
南五卷 東一
五十四
海
海

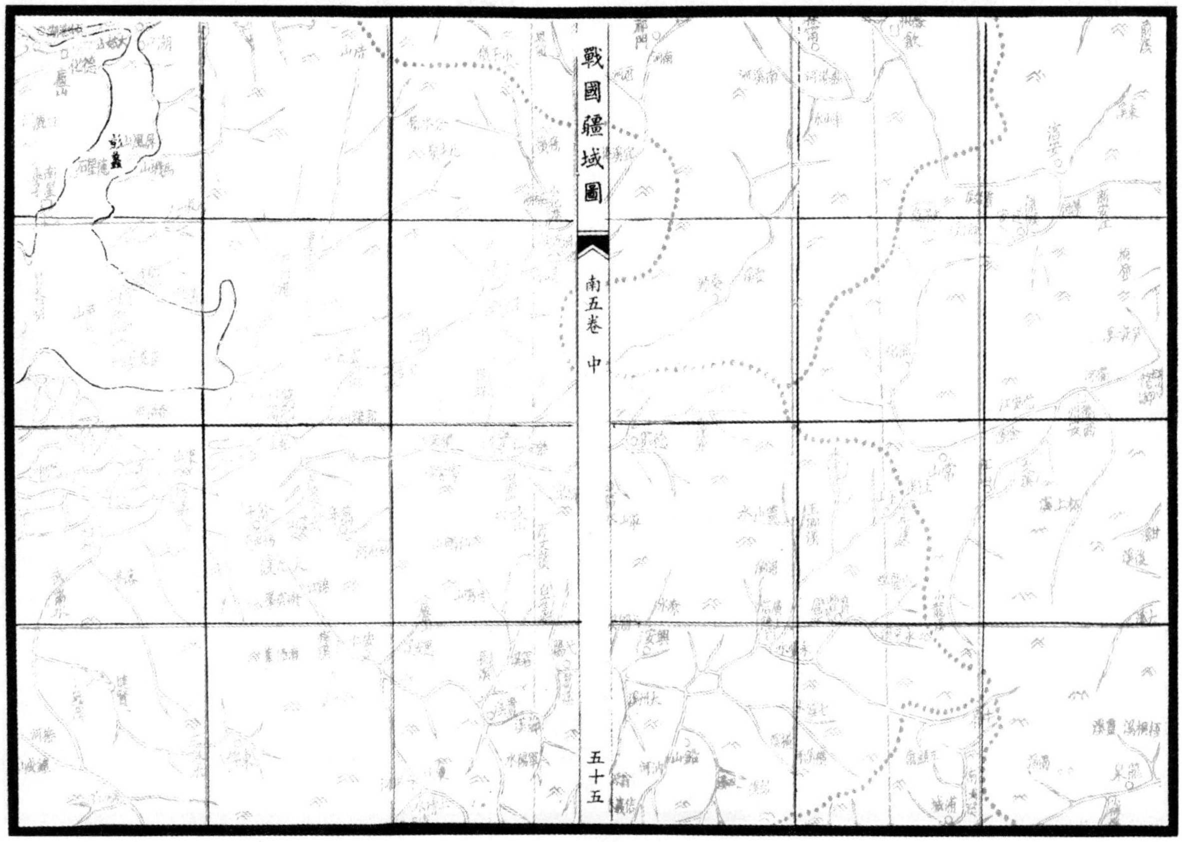
戰國疆域圖
南五卷　中
五十五

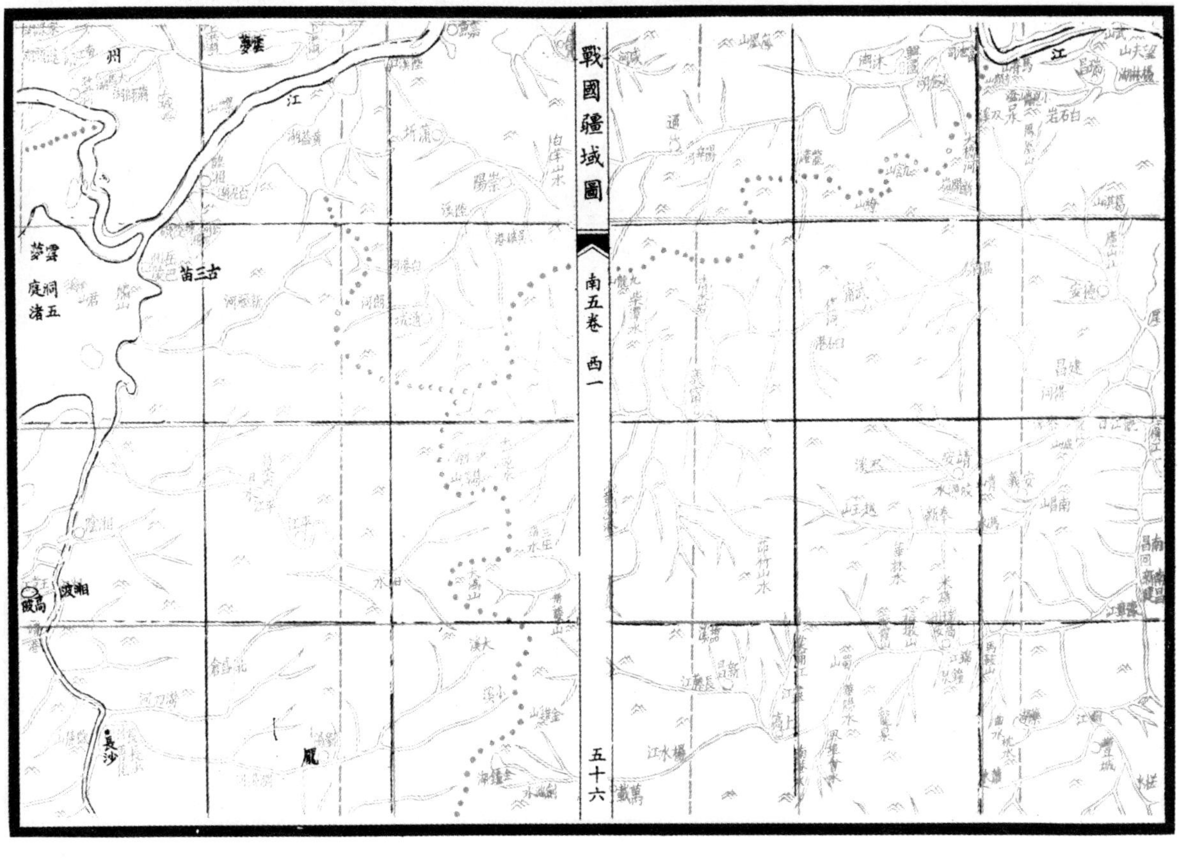
戰國疆域圖
南五卷　西一
五十六
江
長沙

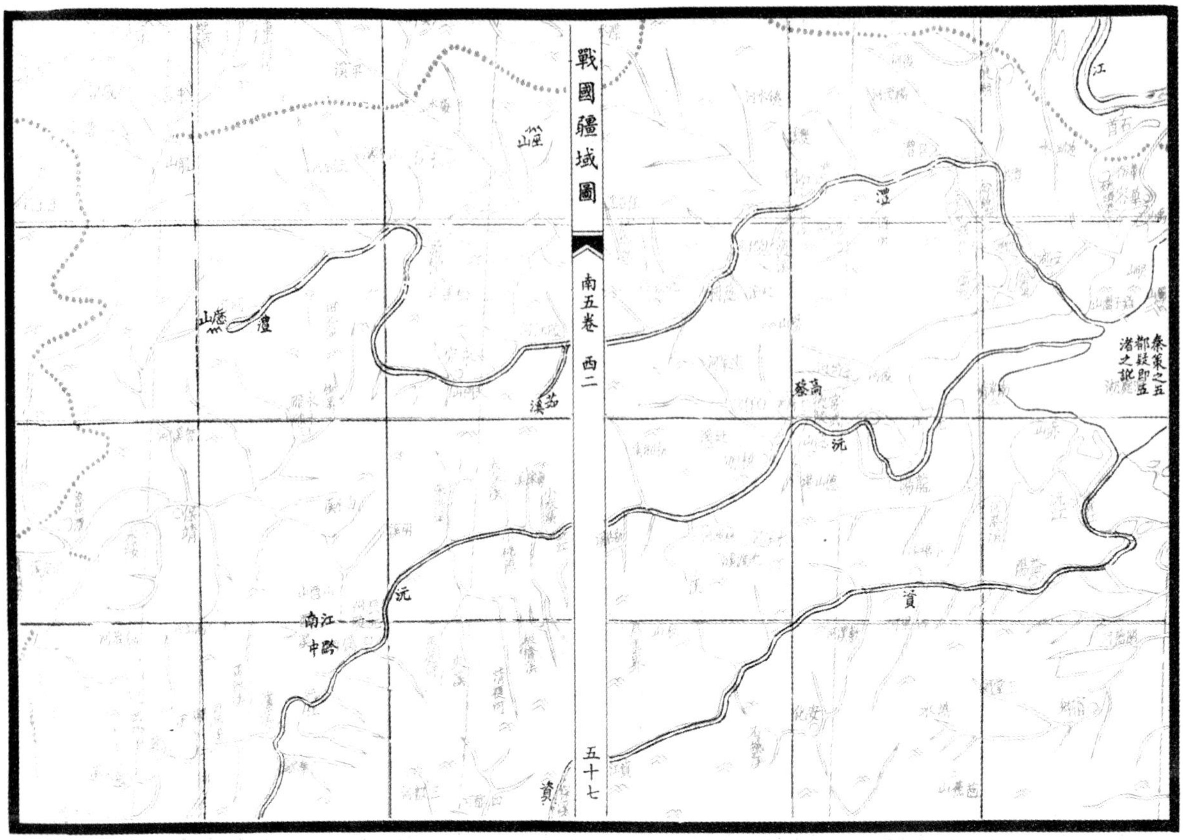
戰國疆域圖
南五卷 西二
五十七
澧
沅
資
江南
黔中

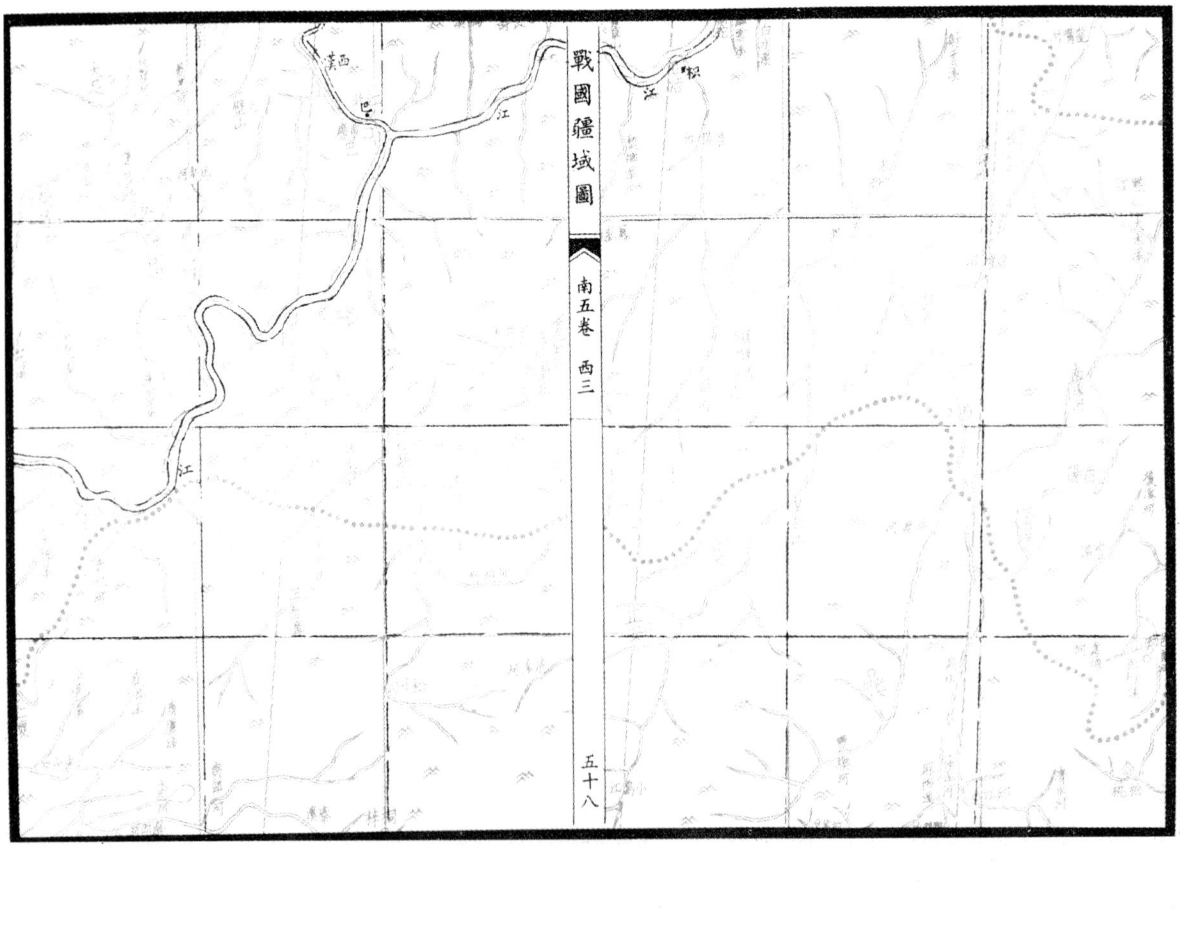
戰國疆域圖
南五卷 西三
五十八
江
巴

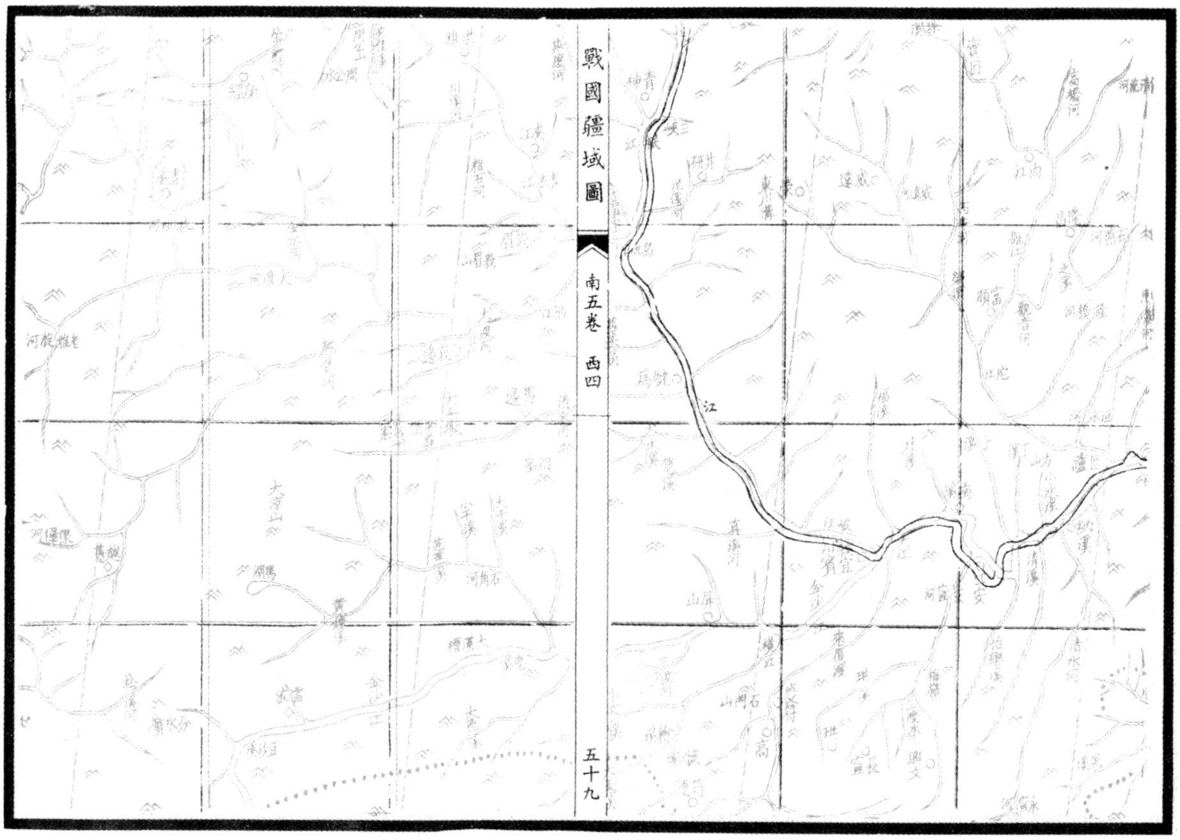
戰國疆域圖
南五卷 西四
五十九
江

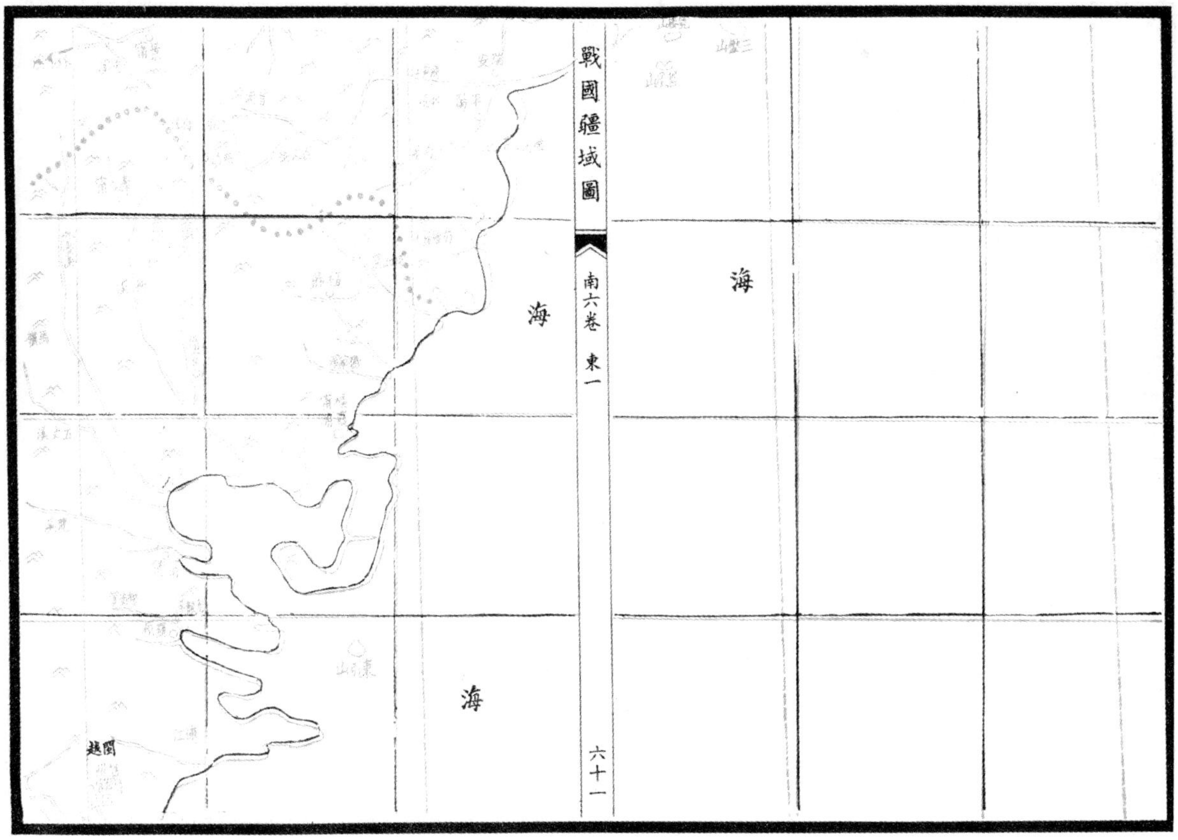
戰國疆域圖
南六卷 東一
六十一
海
海
海

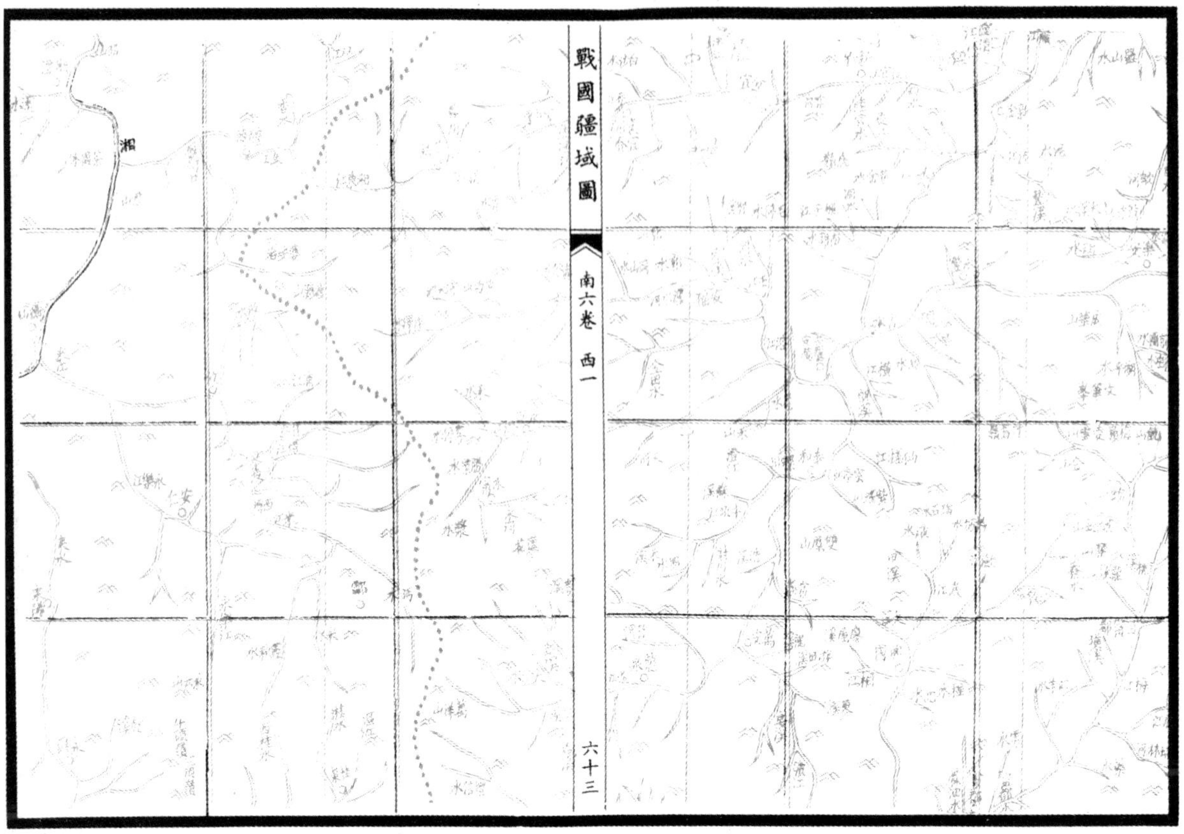
戰國疆域圖
南六卷　西一
六十三
湘

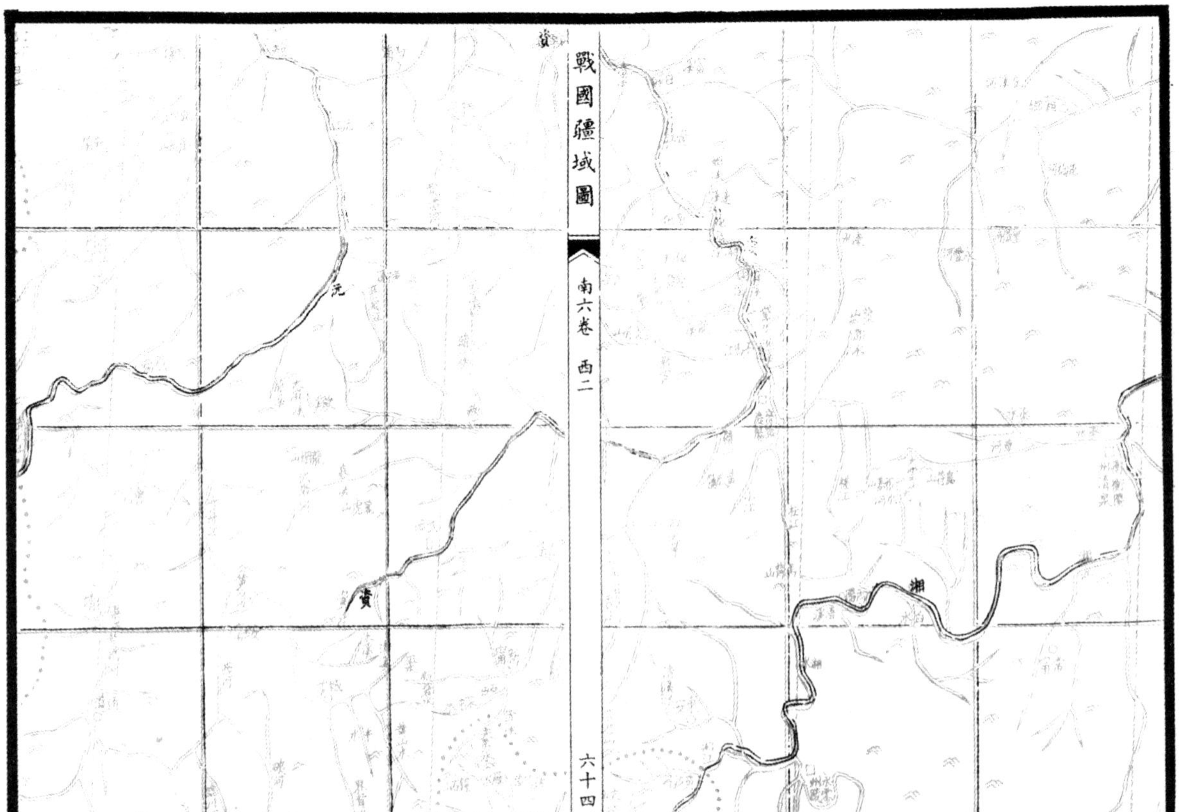
戰國疆域圖
南六卷　西二
六十四
沅
資
湘

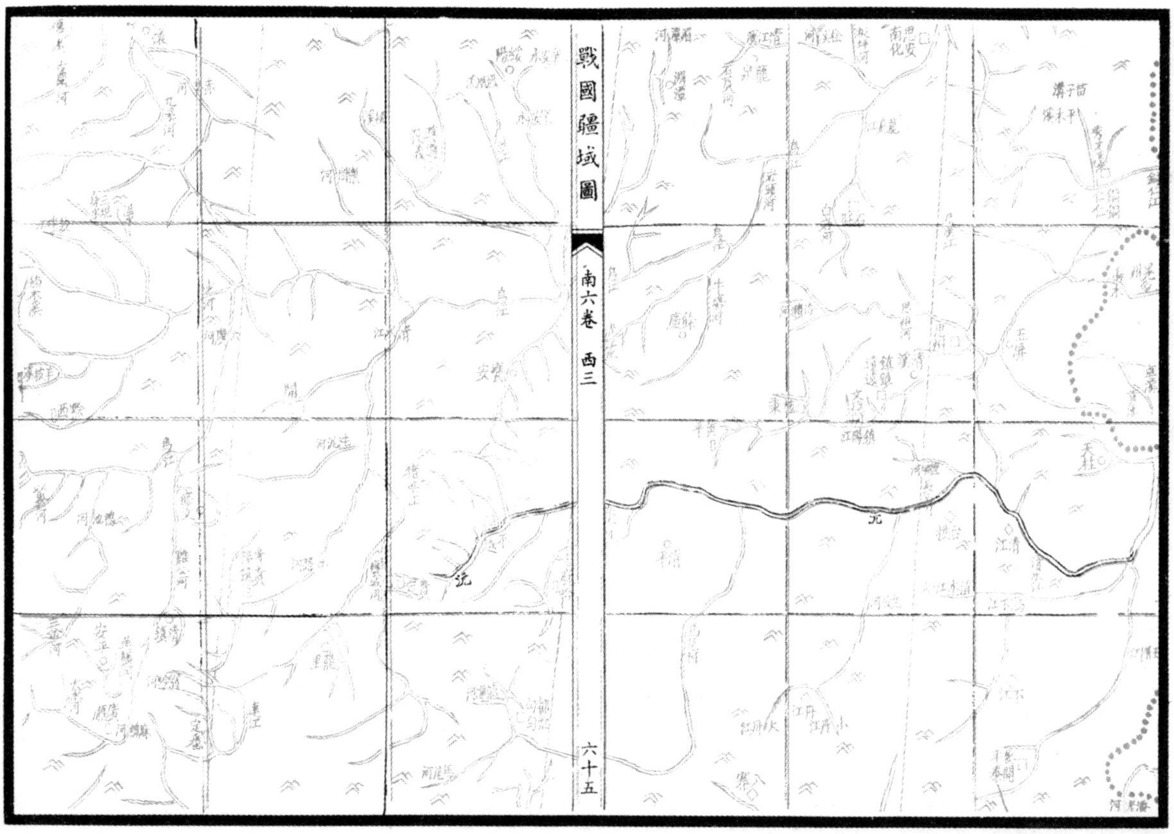
戰國疆域圖
南六卷 西三
六十五

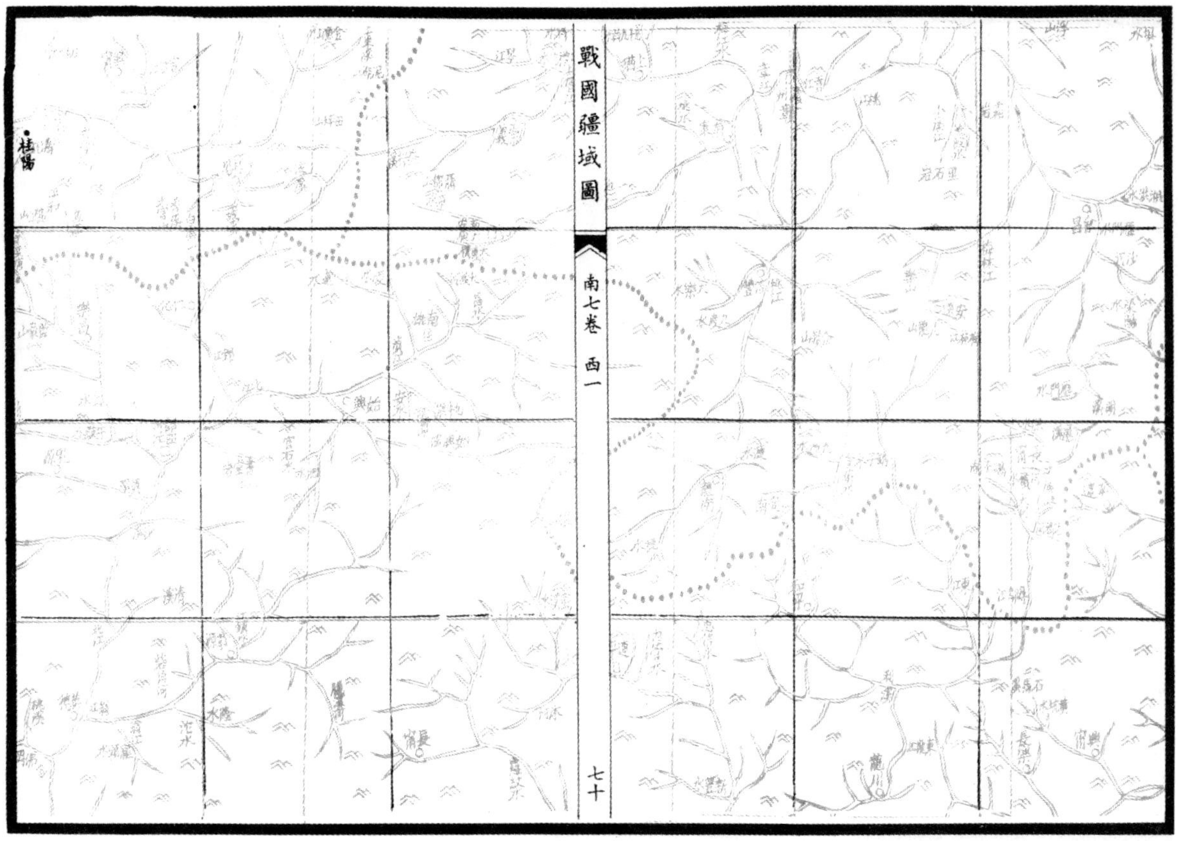
戰國疆域圖
南七卷 西一
七十

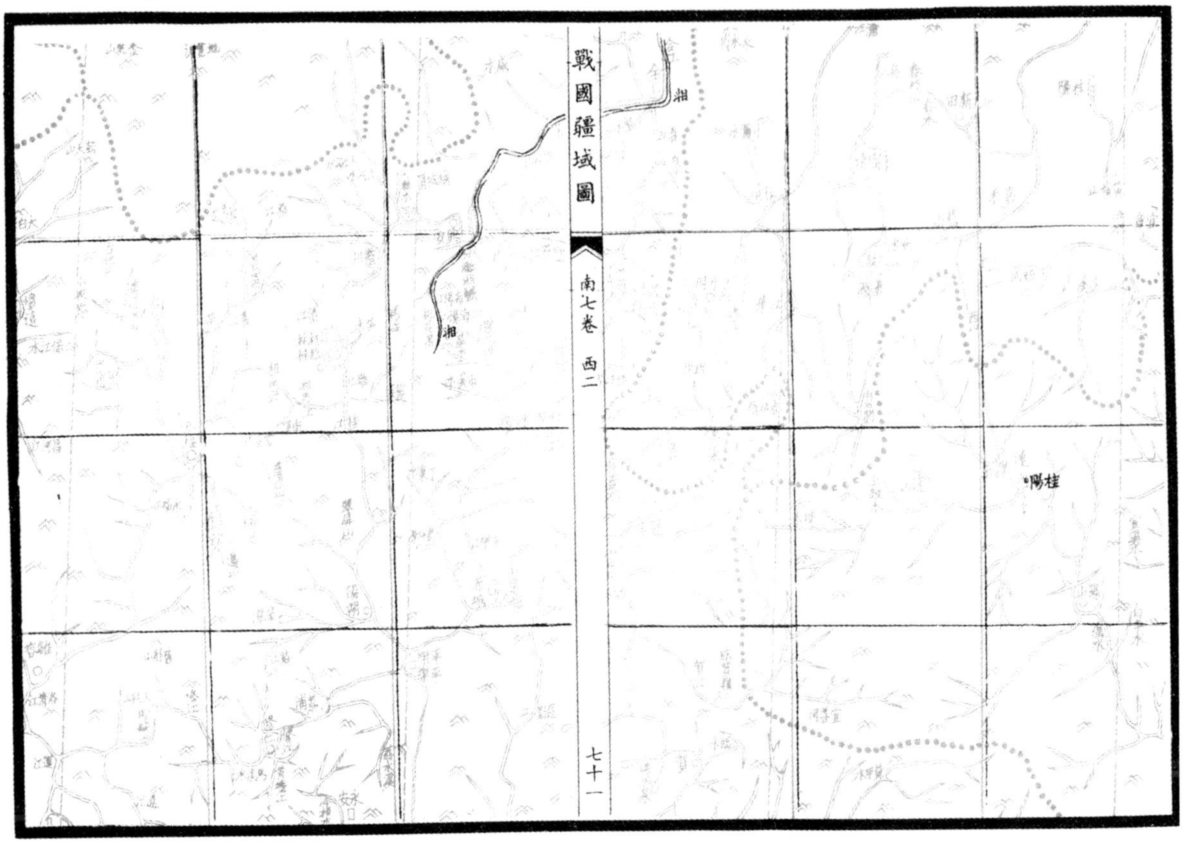
戰國疆域圖
南七卷 西二
七十一
湘
湘
桂陽

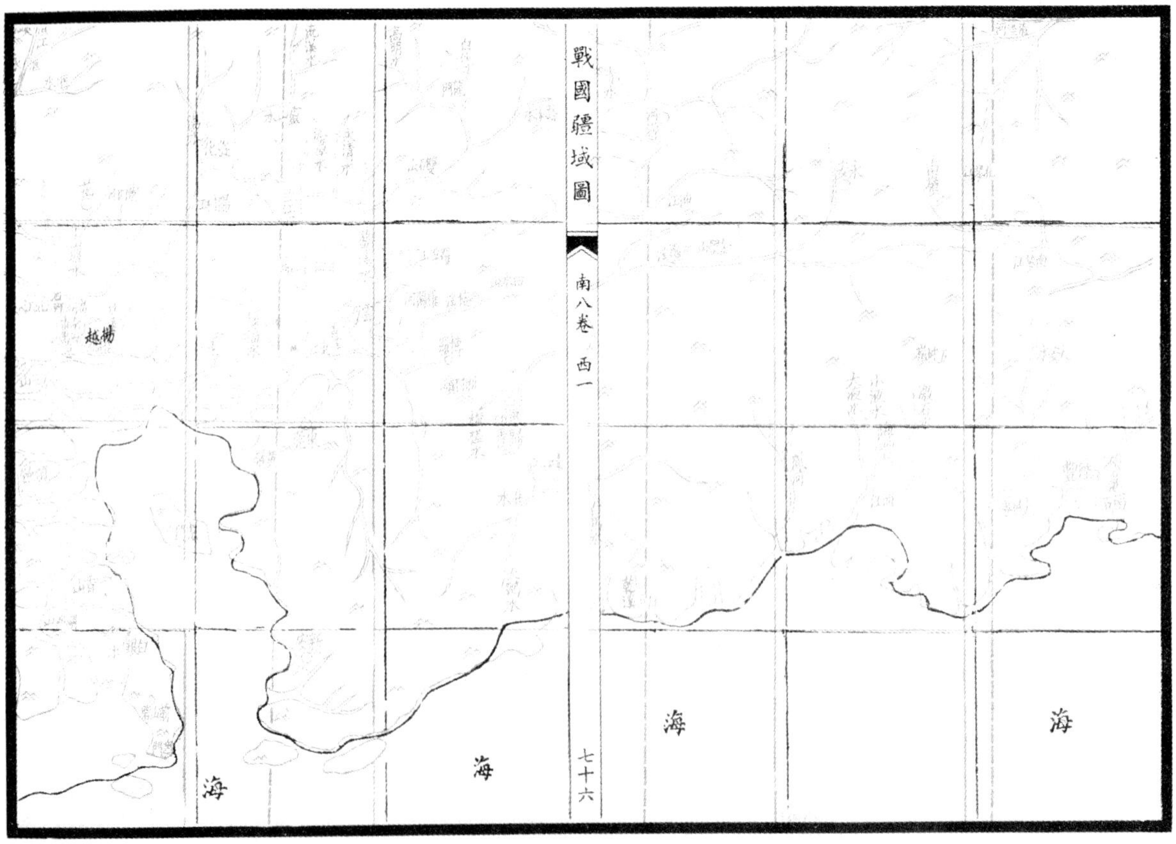
戰國疆域圖
南八卷 西一
七十六
揚越
海
海
海
海

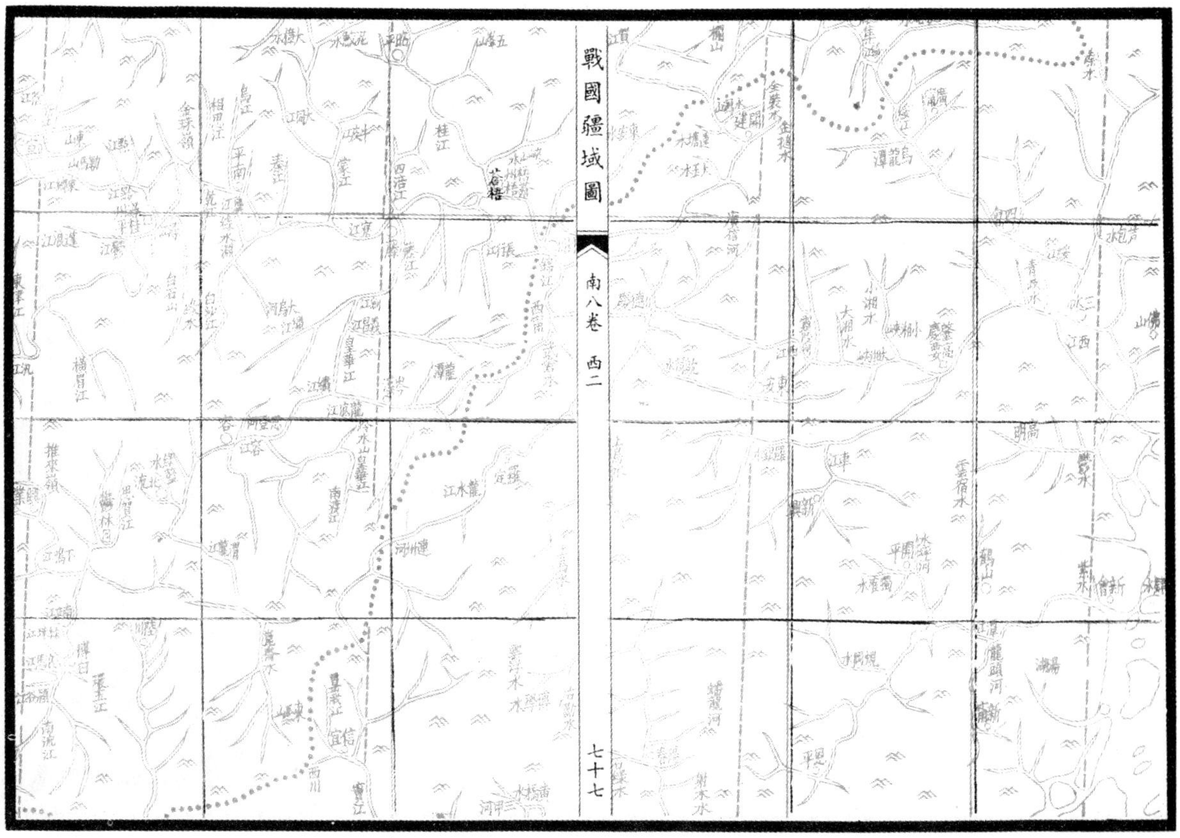
戰國疆域圖
南八卷　西二
七十七

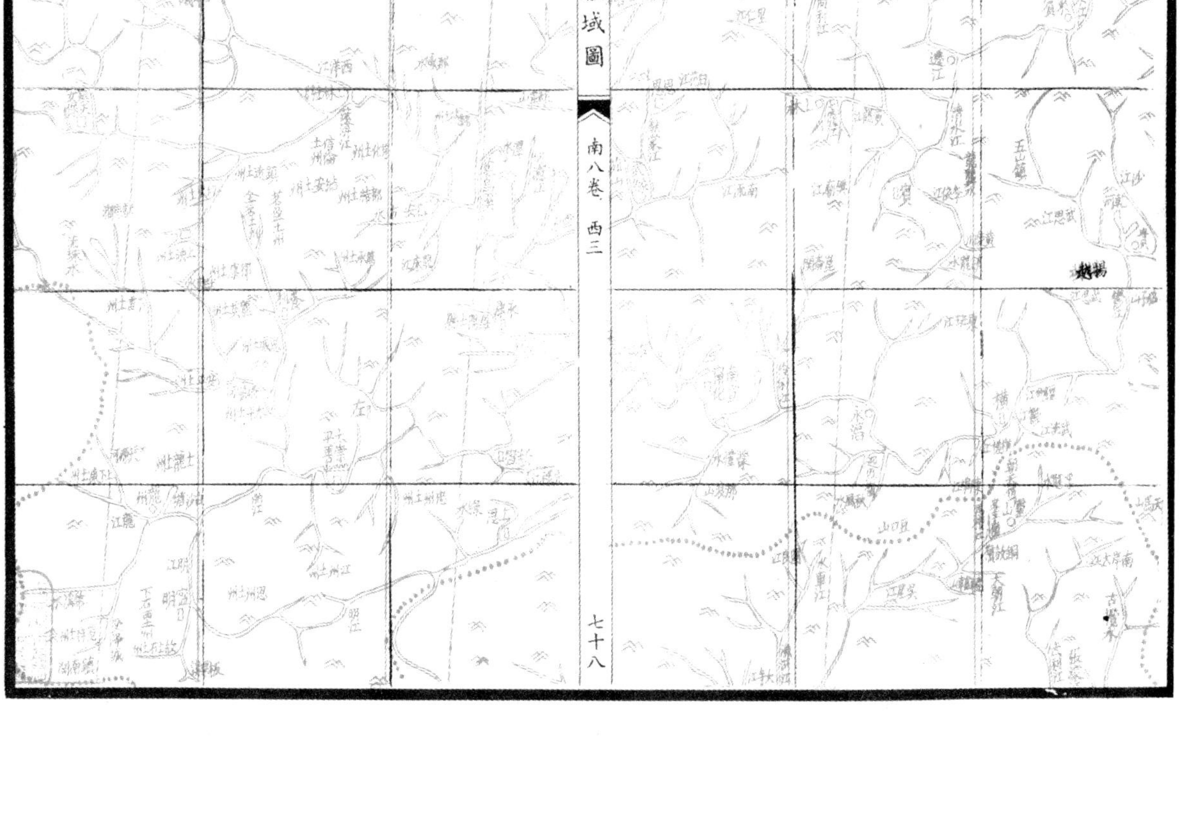
戰國疆域圖
南八卷　西三
七十八

戰國疆域圖

宣統元年
刊于鄂城

嬴秦郡縣圖

[清]楊守敬　熊會貞

清宣統元年鄂城朱墨石印本

嬴秦郡縣圖

宣統元年栞于鄂城

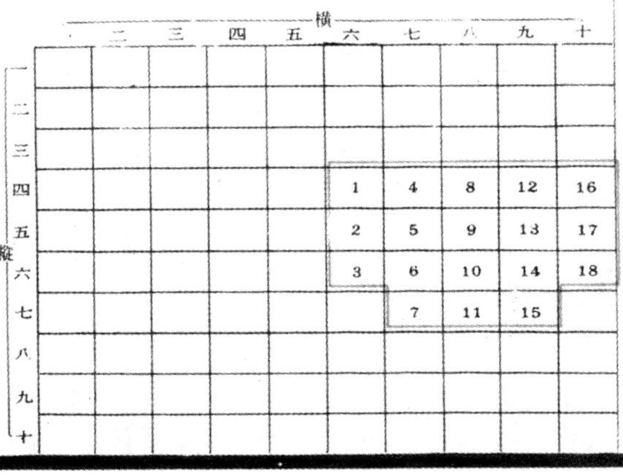

秦三十六郡之目見於漢志者河東太原上黨三川東郡潁川南陽南郡九江泗水鉅鹿齊郡琅邪會稽漢中蜀郡巴郡隴西北地上郡九原雲中雁門代郡上谷漁陽右北平遼西遼東邯鄲碭郡薛郡長沙南海桂林象郡也錢大昕錢坫以爲據考始皇本紀二十六年初并天下分爲三十六郡三十三年略取陸梁地爲桂林象郡南海是置三十六郡初并天下事而置桂林等三郡在後不應入三十六郡之數（詳十七史商榷）故裴駰集解除桂林等三郡而以內史鄣郡黔中充之（本續漢志）晉志從其說又增以東越傳之閩中郡合南海桂林象郡爲四十郡杜佑歐陽忞王應麟說同（通鑑胡注亦據裴說）顧祖禹因之蓋成定論矣而劉敞謂鄣非郡名後人更多異議陳芳績金榜不數內史增以鄣郡全祖望不數內史又謂鄣郡晚出增以東海楚郡梁玉繩取水經注之廣陽郡易鄣郡王鳴盛以黔中郡屬楚在始皇三十年後聚訟紛紛莫衷一是夫人所疑者內史鄣郡黔中耳證以班志郡國一百三合三輔計則秦郡當合內史計司馬彪沈約並稱秦鄣郡安得謂非秦郡楚世家（頃襄王二十二年）秦本紀（昭襄王三十年）均載黔中郡則始皇前卽有此郡何待三十年後況鄣非秦郡劉攽言之秦不名楚郡孫檢言之酈注廣陽郡顧炎武駁之而同一班志稱故鄣郡則去稱故東海郡則取尤爲憑臆進退今仍主裴說參以晉志用息糾紛各郡區域則準通典以君卿之說較古也

至秦縣雖多無考而推求不難得其大數秦本紀惠文王十年魏納上郡十五縣漢志上郡領縣二十三秦縣大抵多於魏少於漢然尙難懸定始皇本紀三十三年西北斥逐匈奴自榆中並河以東屬之陰山以爲三十四縣足徵沿河之縣不少但未指屬何郡無從與漢縣較量據漢書高帝紀項羽立帝爲漢王王巴蜀漢中四十一縣此秦三郡所領縣數也漢志巴蜀漢中領縣三十八華陽國志漢分巴蜀置廣陽犍爲二郡漢志二郡領縣二十五合計漢共領縣六十三與秦四十一縣較秦縣視漢不過少三分之一又周勃傳定雁門郡十七縣漢志郡領縣十四定雲中郡十二縣漢志郡領縣十一定上谷右北平遼西（依史記增此二字）遼東漁陽等郡各縣漢志郡領縣或增或減或同考勃事在高帝時其縣當沿秦之舊雖漢或有析置而約計秦縣少於漢應與巴蜀漢中等以此推之漢縣道國邑千五百八十七除武帝後開者外亦千三四百則秦縣當八九百矣班固得見秦地圖故長廣班氏下兩引其說惜稱秦置秦更名者不過數縣而未即秦縣一一實指之自酈道元李吉甫以來所標秦縣漸多大抵皆據史記秦本紀月表及高祖紀漢諸臣傳著之而缺略仍不少余以爲秦縣之名率本於前其有地見春秋戰國而漢又有其縣者諸家雖不言秦縣安知其非秦置故爲表以空格別之並又爲圖以黑點記之使讀者知秦之立縣皆有

所因而漢志之不詳說者可消息得之矣

秦四十郡

內史 漢志京兆尹左馮翊右扶風並故秦內史通典雍州之域今京兆華陰馮翊扶風汧陽新平及梁州之域上雒郡皆是閻若據云治咸陽

北地郡 匈奴傳秦昭王伐殘義渠於是有北地郡漢志北地郡秦置通典雍州之域今安定彭原安化平涼靈武五原甯朔等郡地顧祖禹云治義渠

隴西郡 漢志秦置水經河水注秦昭王二十八年置通典雍州之域今天水隴西會寧安鄉和政及梁州之域河池郡地皆是顧祖禹云治狄道

上郡 秦本紀惠文王十年魏納上郡十五縣漢志上郡秦置水經河水注秦昭王三年置上郡治膚施通典雍州之域今洛交中部延安咸甯上郡銀川新秦朔方等郡皆是

九原郡 趙世家武靈王攘地西至九原漢志五原郡秦九原郡水經河水注秦始皇置九原郡治九原通典趙置秦因

之雍州之域今九原安北皆是

三川郡 秦本紀莊襄王元年置漢志河南郡故秦三川郡通典荊河州之域今河南府陝郡之河南地弘農臨汝滎陽陳留及冀州之域河內汲郡皆是宋白云治洛陽後徙滎陽

碭郡 漢志梁國故秦碭郡水經睢水注始皇二十二年爲碭郡通典荊河州之域今睢陽譙郡濟陰及兗州之域東平地是顧祖禹云治碭

潁川郡 始皇本紀十七年盡納韓地爲郡命曰潁川漢志潁川郡秦置水經潁水注治陽翟通典荊河州之域今潁川淮陽汝南等郡地是

南陽郡 秦本紀昭襄王三十五年置漢志秦置通典荊河州之域今南陽淮安漢東武當及荊州之域義陽郡地閻若璩云治宛

邯鄲郡 始皇本紀十九年王翦羌瘣盡定取趙地王翦傳盡定趙地爲郡漢志趙國故秦邯鄲郡通典冀州之域今廣平鄴郡信都之西南境鉅鹿之南境閻若璩云治邯鄲

上谷郡 匈奴傳燕置上谷郡漢志秦置水經聖水注始皇二十三年置灅水注治沮陽通典冀州之域今上谷范陽文安河間媯川順義歸化歸德博陵之東境饒陽之北境及兗州之域景城之北境皆是

鉅鹿郡 漢志秦置水經濁漳水法始皇二十五年滅趙以爲鉅鹿郡治鉅鹿通典冀州之域今常山趙郡之東北境博陵之西境鉅鹿之北境饒陽之南境兼兗州之域今清河景城之南境是

漁陽郡 匈奴傳燕置漁陽郡漢志秦置水經鮑邱水注始皇二十二年置治漁陽通典冀州之域今漁陽密雲郡地皆是

右北平郡 匈奴傳燕置右北平郡漢志秦置水經鮑邱水注始皇二十二年滅燕置治無終通典冀州之域今北平郡之西境

遼西郡 匈奴傳燕置遼西郡漢志秦置水經濡水注始皇二十二年置治陽樂通典冀州之域今柳城及北平之東境

皆是

遼東郡 匈奴傳燕置遼東郡漢志秦置水經大遼水注始皇二十二年置治襄平通典青州之域今安東府是

河東郡 秦本紀昭襄王二十一年置漢志秦置水經涑水注治安邑通典冀州之域今河東絳郡陝郡之北境平陽太甯文城等郡是

上黨郡 秦本紀莊襄王四年王齕攻上黨漢志上黨郡秦置水經濁漳水注秦置治長子通典冀州之域今上黨高平樂平陽城等郡是

太原郡 秦本紀莊襄王三年置漢志秦置水經汾水注治晉陽通典冀州之域今太原西河昌化定襄鴈門之南境樓煩等郡是

代郡 匈奴傳趙武靈王置代郡漢志秦置水經灅水注始皇二十五年虜代王嘉以國爲郡張守節云蔚州飛狐縣北百五十里秦漢故郡城通典冀州之域今安邊馬邑之北境是

雁門郡匈奴傳趙武靈王置雁門郡漢志秦置水經河水注治善無通典冀州之域今雁門之北境馬邑之南境是

雲中郡匈奴傳趙武靈王置雲中郡漢志秦置水經河水注始皇十三年置通典冀州之域今雲中單于府及雍州之域榆林郡是閻若璩云秦治遠服縣

東郡始皇本紀五年置漢志秦置水經瓠子河注治濮陽通典兖州之域今臺邑濮陽濟陽魏郡博平及冀州之域汲郡之東南境

齊郡漢志秦置水經淄水注始皇二十六年滅齊爲郡治臨淄通典兖州之域今平原樂安及青州之域北海濟南淄川東萊東牟郡是

薛郡漢志魯國故秦薛郡水經泗水注始皇二十三年置通典徐州之域今魯郡東海郡是閻若璩云治魯

琅邪郡漢志秦置水經濰水郡始皇二十六年滅齊以爲郡治琅邪通典青州之域今高密及徐州之域琅邪郡地皆是

泗水郡漢志沛郡故秦泗水郡水經睢水注始皇二十三年置通典徐州之域今彭城臨淮郡地顧祖禹云治沛

漢中郡楚世家秦敗楚丹陽遂取漢中之郡漢志秦置水經沔水注秦惠王置治南鄭通典梁州之域今漢中洋川安康房陵郡地皆是

巴郡漢志秦置水經江水注秦惠王遣張儀等救苴侯於巴儀貪巴苴之富因執其主以歸置巴郡治江州通典梁州之域今通川潾山南平涪陵南川瀘川清化始寧咸安符陽巴川南賓南浦閬中南充盛山雲安及安岳郡之東境皆是

蜀郡漢志秦置水經江水注秦惠王滅蜀遂置蜀郡通典梁州之域今巴西普安梓潼遂寧益昌蜀郡德陽濛陽唐安臨邛盧山郡地是一統志治成都

九江郡漢志秦置水經淮水注始皇置治壽春通典揚州之域今廣陵淮陰鍾離壽春永陽歷陽廬江同安蘄春弋陽鄱陽章郡臨川廬陵南康宜春潯陽是

鄣郡漢志丹揚郡故鄣郡續漢志秦鄣郡治鄣通典揚州之域今宣城新安新定及丹陽郡西境兼吳興郡之西境皆是顧祖禹云治鄣

會稽郡始皇本紀二十五年置漢志秦置通典揚州之域今晉陵吳郡餘杭會稽餘姚東陽信安縉雲臨海永嘉及丹陽郡之東境兼吳興郡之東境皆是閻若璩云治吳

南郡秦本紀昭襄王二十九年置通典荆州之域今江陵清江巴東竟陵富水安陸齊安漢陽江夏及荆河之域襄陽郡地皆是顧祖禹云治郢

長沙郡漢志長沙秦郡通典荆州之域今長沙巴陵衡陽零陵江華桂陽連山邵陽郡地皆是顧祖禹云治湘

黔中郡楚世家頃襄王二十二年秦拔我黔中郡秦本紀昭襄王三十年伐楚取巫郡及江南爲黔中郡括地志黔中故城在辰州沅陵縣西二十里通典荆州之域今武陵澧陽黔中寧夷盧溪盧陽靈溪潭陽郡地是

閩中郡東越傳秦并天下廢閩越王無諸及越東海王搖以其地爲閩中郡通典揚州之域今建安長樂清源漳浦臨汀郡地皆是

南海郡始皇本紀三十三年置漢志秦置水經浪水注治番禺通典南越之地今南海始興義寧海豐恩平南陵臨賀高要感義晉康臨封開陽高涼連城新興銅陵懷德及揚州之域今潮陽郡皆是

桂林郡始皇本紀三十三年置漢志鬱林郡故秦桂林郡通典南越之域今始安平樂蒙山開江蒼梧潯江鬱林平琴安城賀水常林象郡龍城容水朗寧懷澤寧仁合浦橫山修德龍池永定郡地皆是

象郡始皇本紀三十三年置水經溫水注郎湖浦口有秦時象郡區域猶存通典南越之域今招義南潘普寧陵水南昌定川寧越安南武峩龍水忻城九真福祿文陽日南承化玉山合浦安樂海康溫水湯泉郡皆是

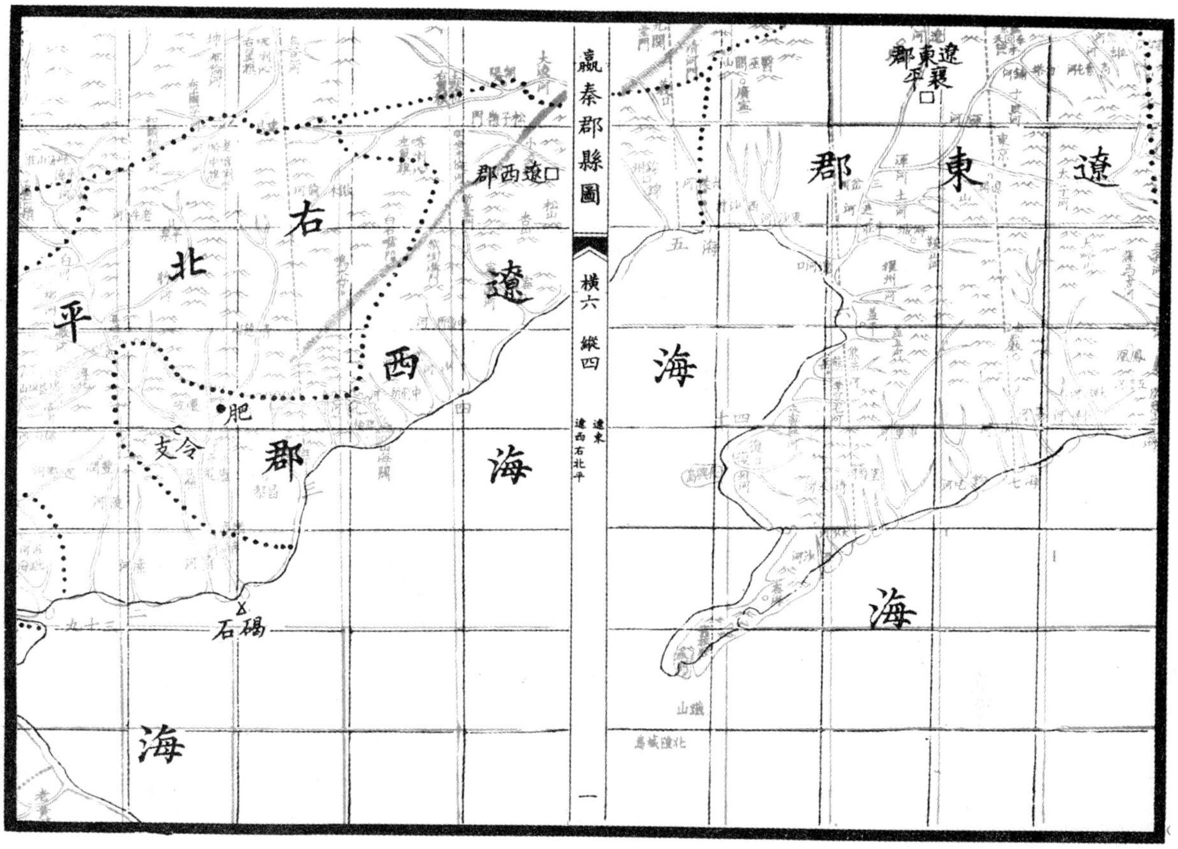
嬴秦郡縣圖
横六
縱四
遼東
遼西
右北平
右北平郡
遼西郡
遼東郡
遼西郡
遼東郡
襄平
海
肥
令支
碣石

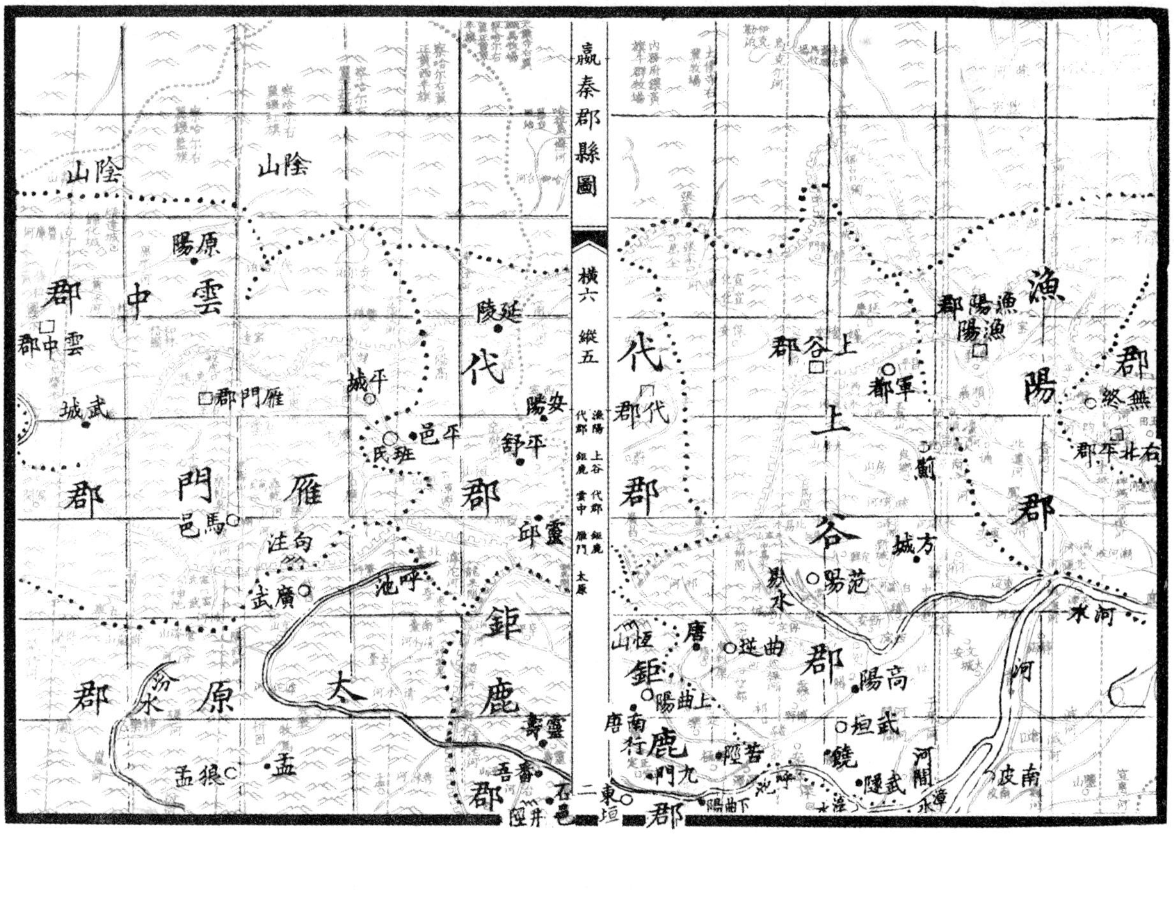
嬴秦郡縣圖
横六
縱五
漁陽
上谷
代郡
鉅鹿
雲中
雁門
太原
陰山
雲中郡
原陽
雲中郡
武城
雁門郡
雁門郡
馬邑
平城
班氏
平邑
延陵
代郡
安陽
平舒
靈丘
句注
廣武
呼池
鉅鹿郡
太原郡
汾水
狼孟
孟
靈壽
番吾
石邑
井陘
東垣
代郡
上谷郡
上谷郡
軍都
薊
方城
范陽
易水
漁陽郡
漁陽郡
無終
右北平郡
曲逆
恒山
唐
鉅鹿郡
上曲陽
南行唐
九門
苦陘
下曲陽
高陽
武垣
饒
武隧
河間
南皮
河水
呼沱
滹水

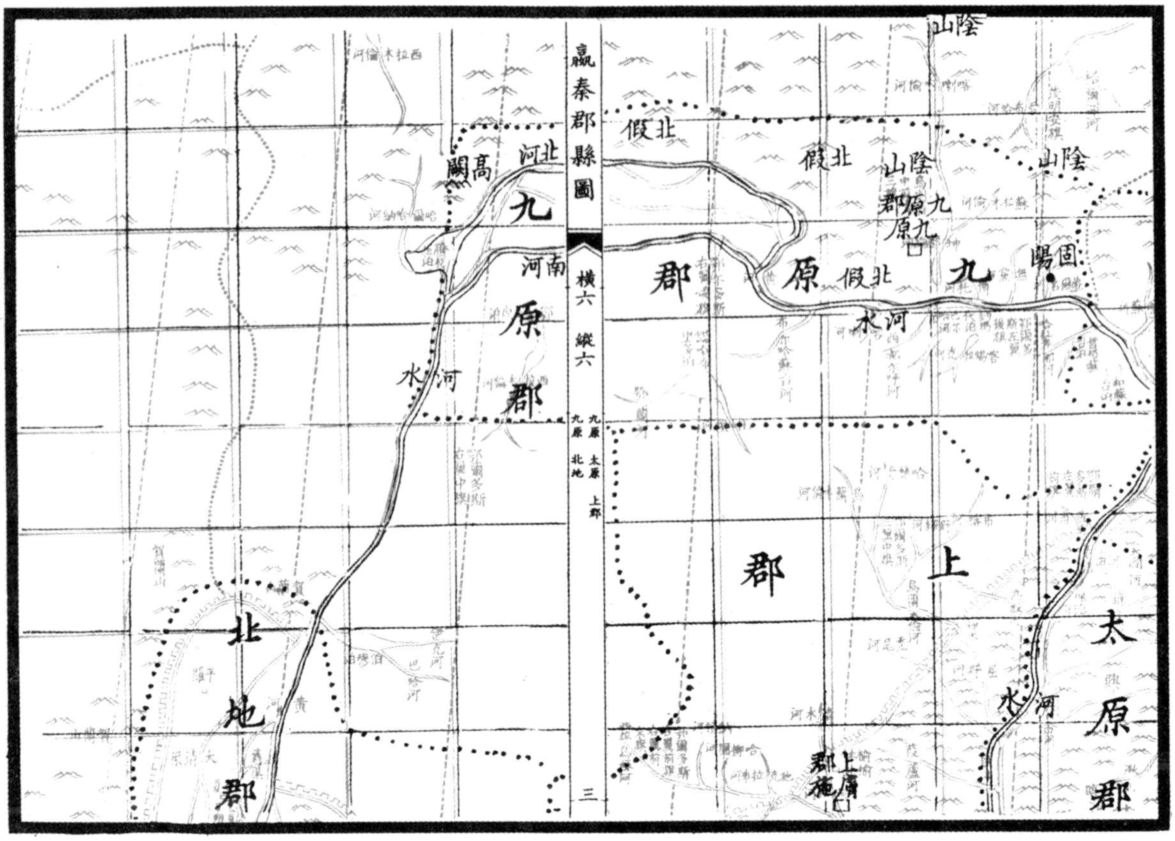
嬴秦郡縣圖
橫六 縱六
九原 太原 上郡
九原 北地
三
九原郡
上郡
北地郡
太原郡
北假
陰山
九原
固陽
高闕
膚施
河水

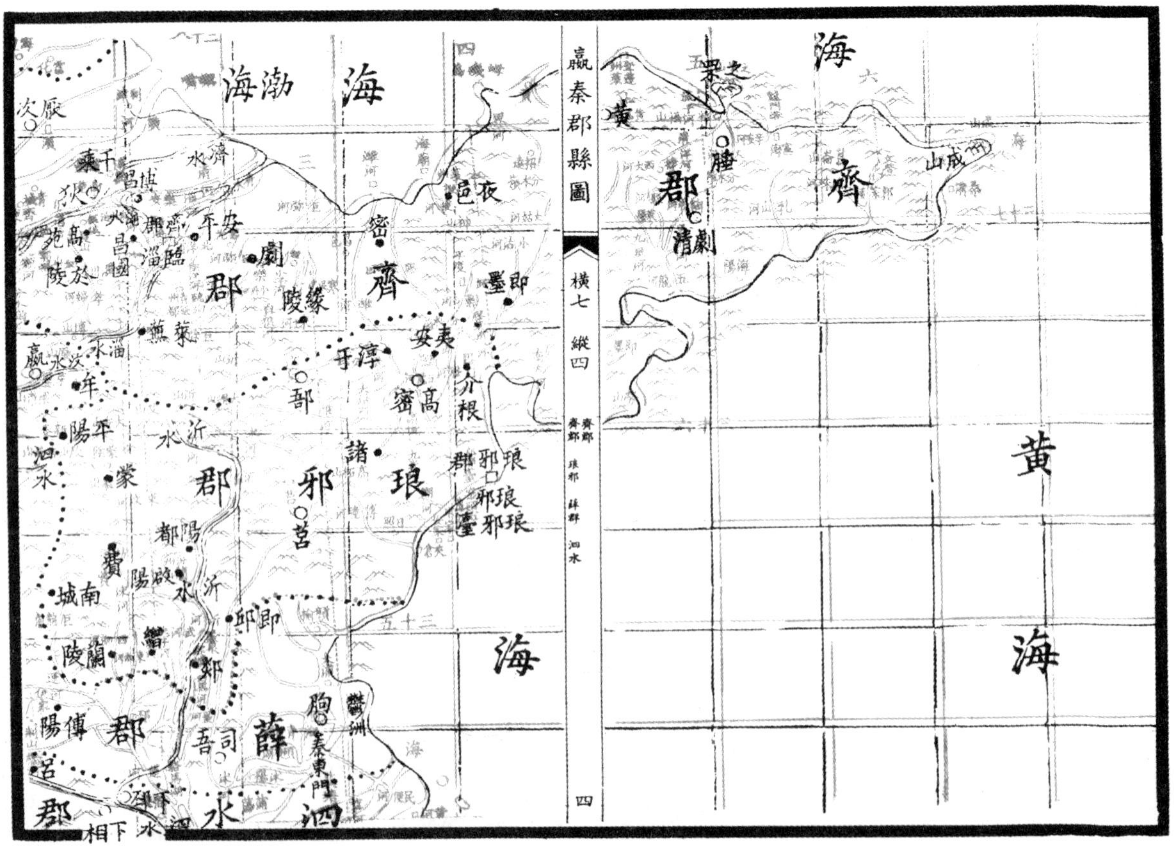
嬴秦郡縣圖
橫七 縱四
齊郡 瑯邪 薛郡 泗水
四
齊郡
瑯邪郡
薛郡
泗水
渤海
黃海
即墨
夜邑
臨淄
琅邪臺
諸
莒
郯
胸
秦東門

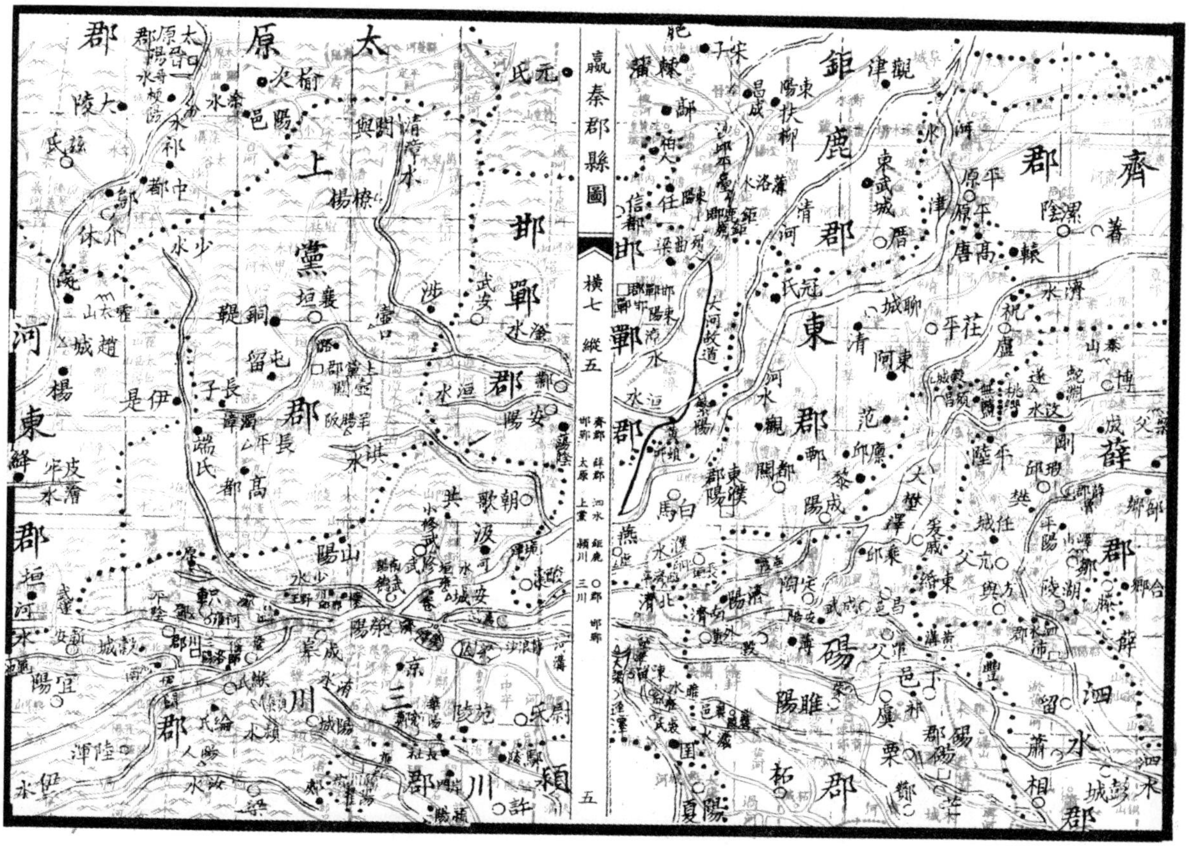
嬴秦郡縣圖
橫七　縱五
齊郡　薛郡　泗水　鉅鹿　邯鄲
太原　上黨　潁川　三川　東郡
五
太原郡
上黨郡
河東郡
三川郡
潁川郡
邯鄲郡
鉅鹿郡
東郡
碭郡
齊郡
薛郡
泗水郡

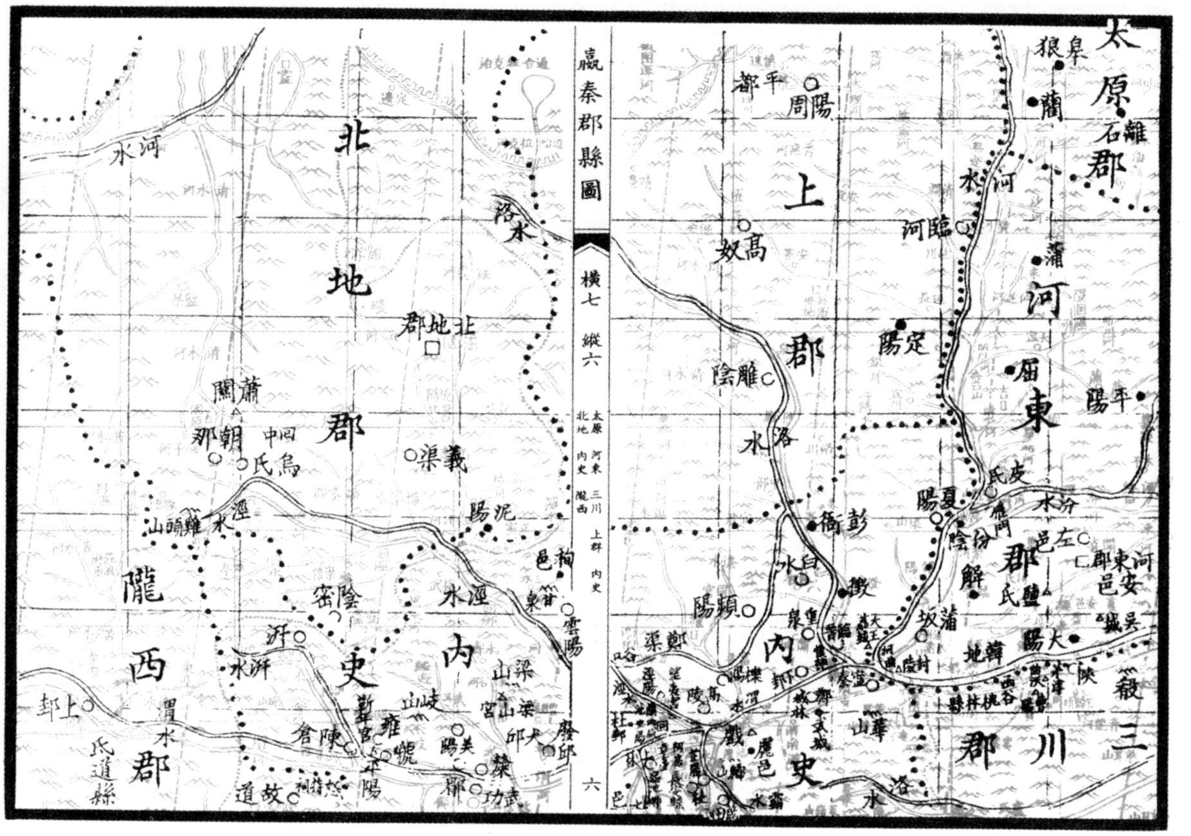
嬴秦郡縣圖
橫七　縱六
太原　河東　三川　上郡　內史
北地　內史　隴西
六
北地郡
上郡
太原郡
河東郡
內史
隴西郡
三川郡
河水
洛水
涇水

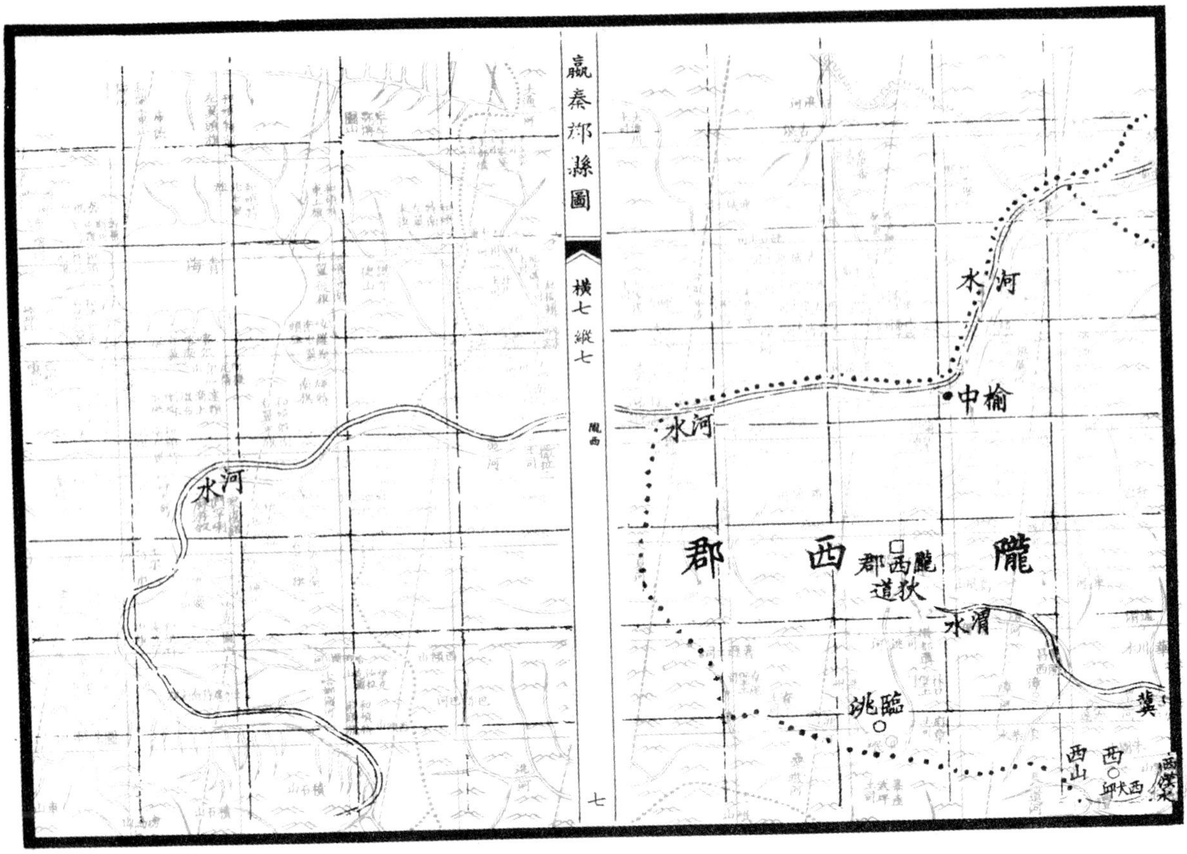
嬴秦郡縣圖
横七縱七
七
河水
河水
河水
榆中
隴西郡
隴西郡狄道
渭水
臨洮

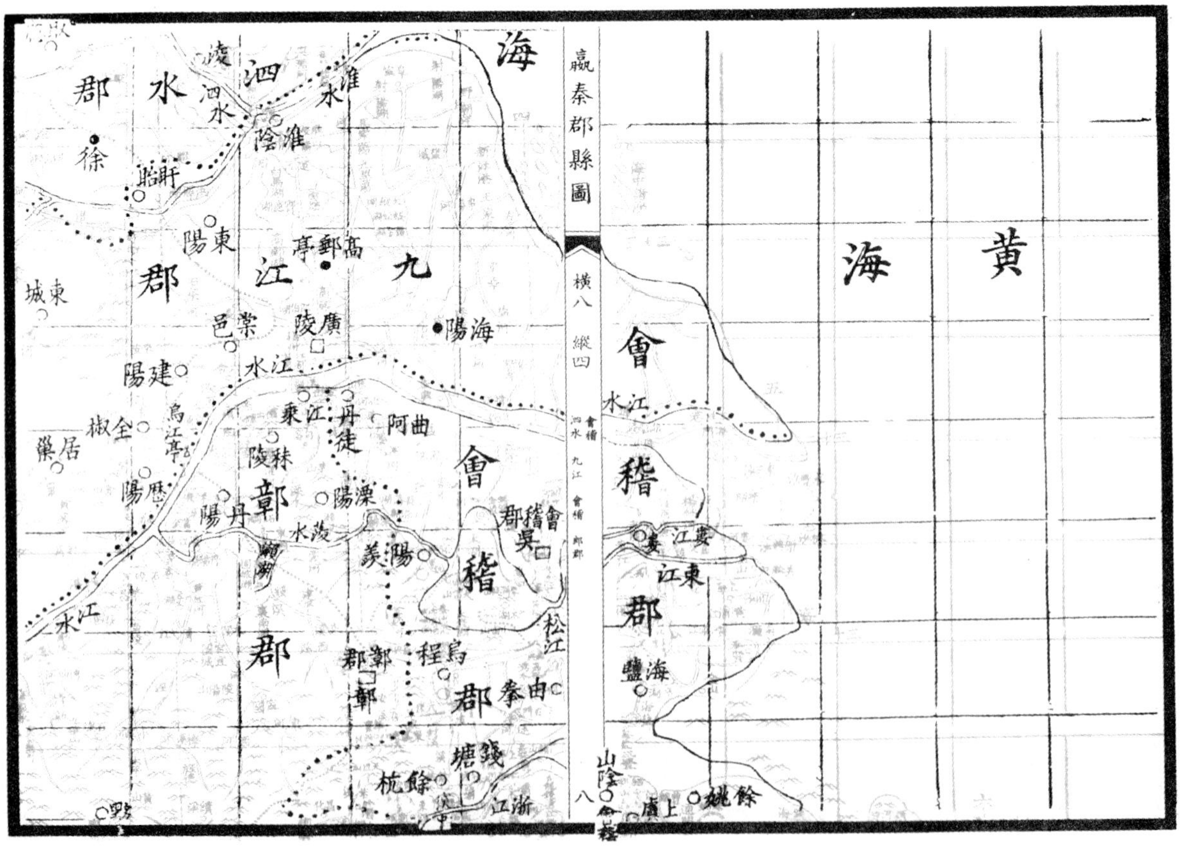
嬴秦郡縣圖
横八縱四
八
泗水郡
泗水
淮水
淮陰
海
徐
盱眙
東陽
九江郡
高郵亭
廣陵
海陽
東城
棠邑
建陽
江水
江乘
丹徒
曲阿
全椒
居巢
烏江亭
秣陵
歷陽
丹陽
鄣郡
溧陽
陽羨
會稽郡
吳
會稽郡
烏程
鄣郡
由拳
松江
錢塘
餘杭
浙江
黃海
會稽郡
江水
婁
東江
海鹽
上虞
餘姚
山陰

分考・嬴秦郡縣圖

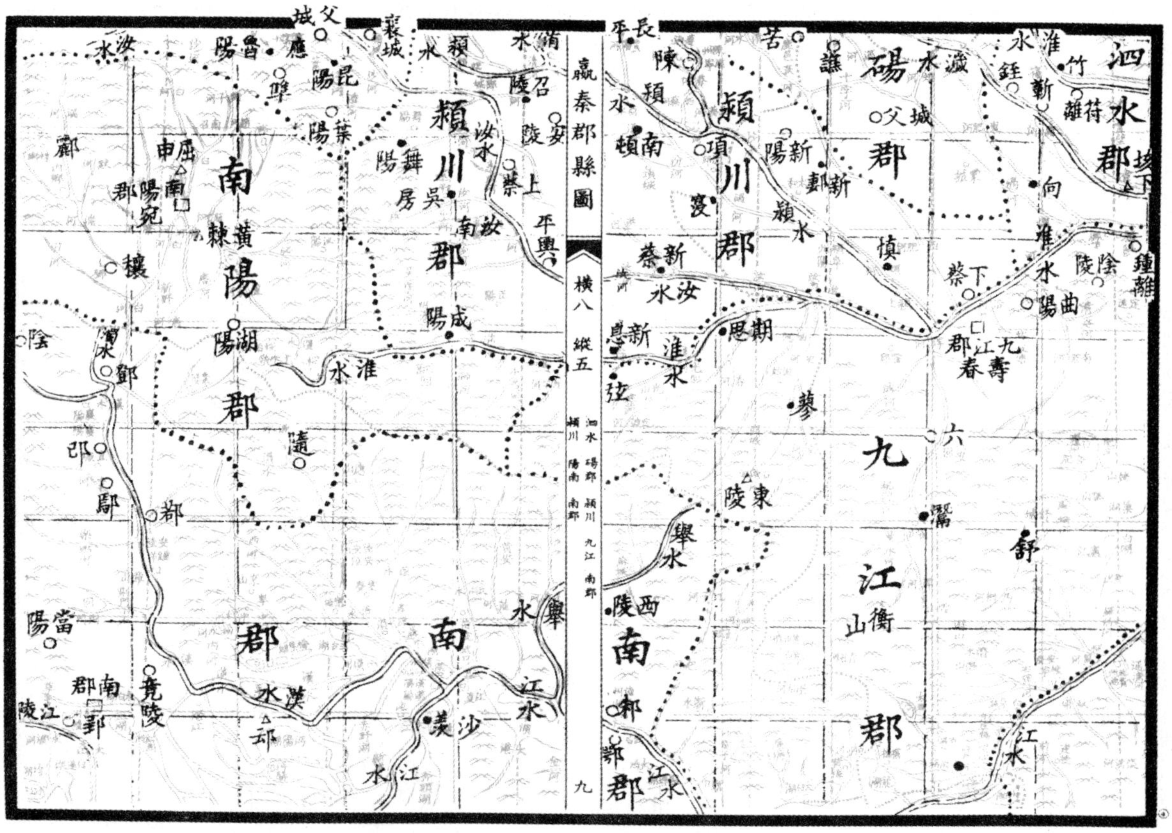
嬴秦郡縣圖
横八 縱五
泗水 碭郡 潁川 陽南 南郡 九江 南郡
九
南陽郡
潁川郡
碭郡
泗水郡
九江郡
南郡

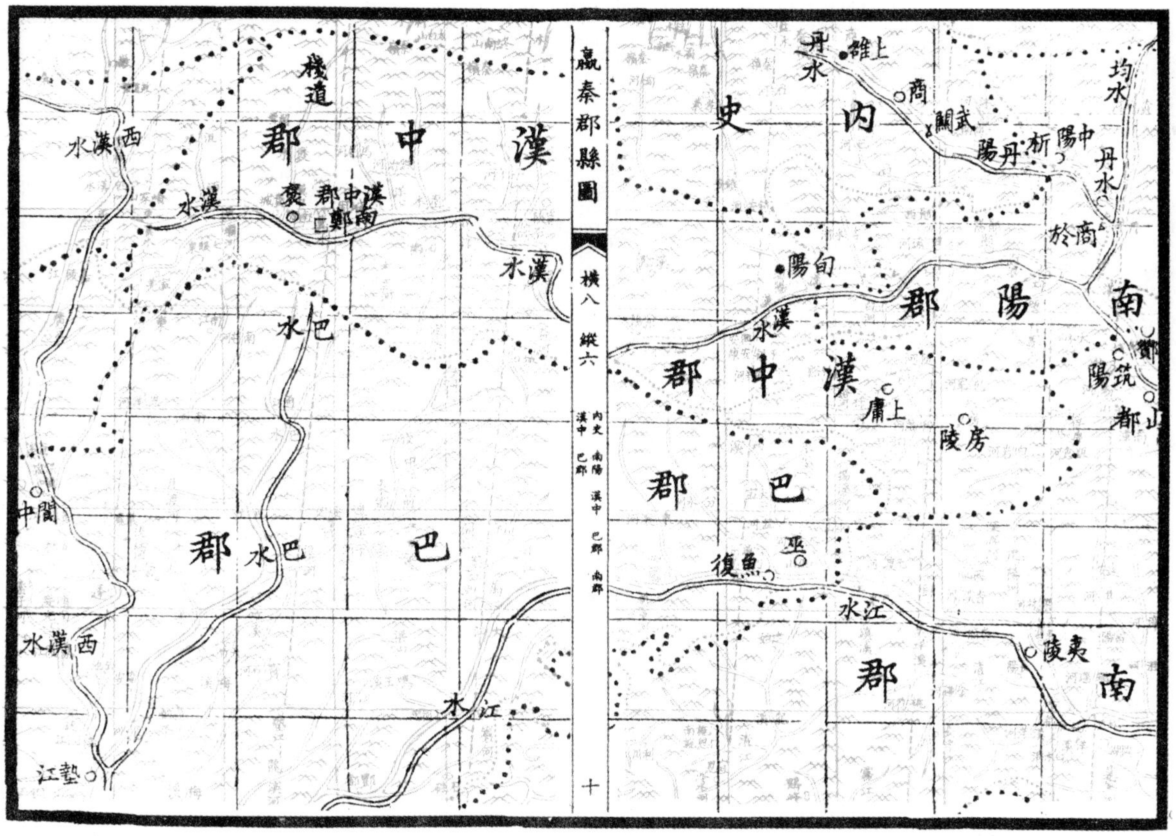
嬴秦郡縣圖
横八 縱六
內史 南陽 漢中 巴郡 南郡
十
漢中郡
巴郡
內史
南陽郡
南郡

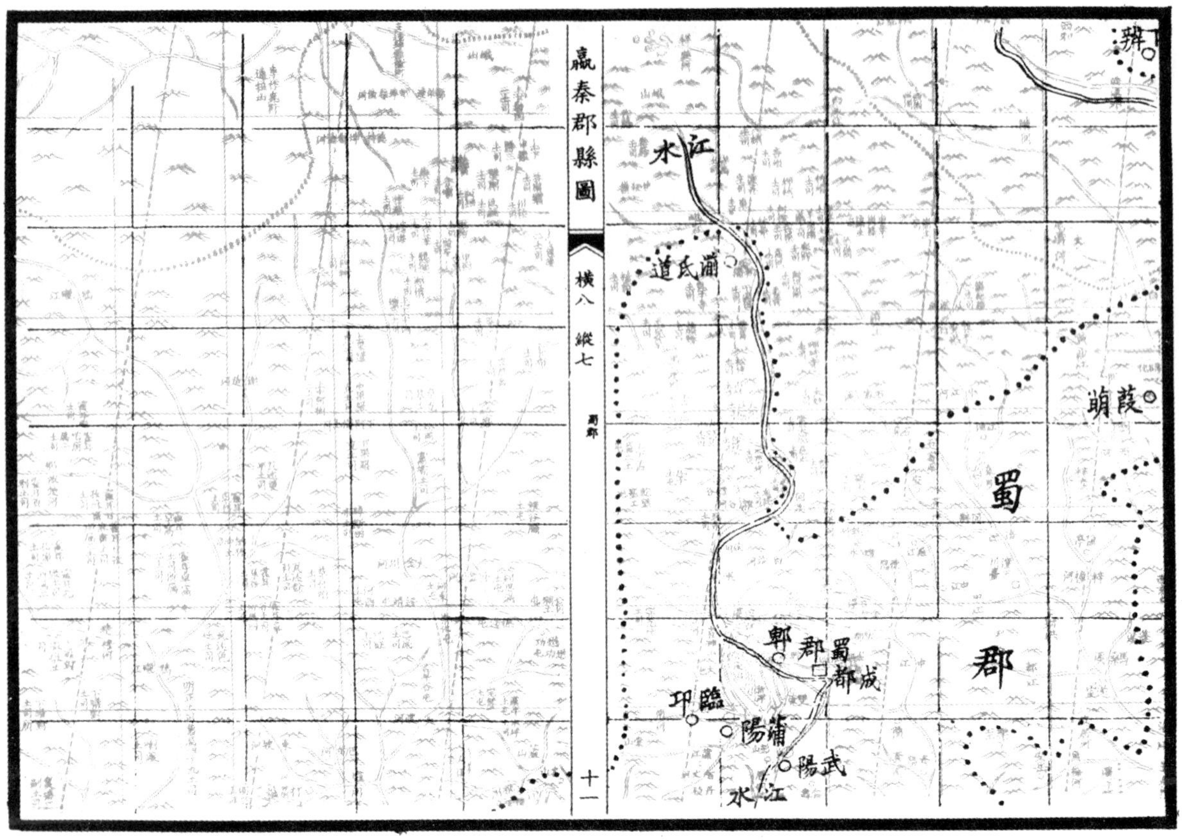
嬴秦郡縣圖
橫八 縱七
蜀郡
十一
江水
湔氐道
葭萌
蜀
郡
郫
蜀郡成都
臨邛
蒲陽
武陽
江水

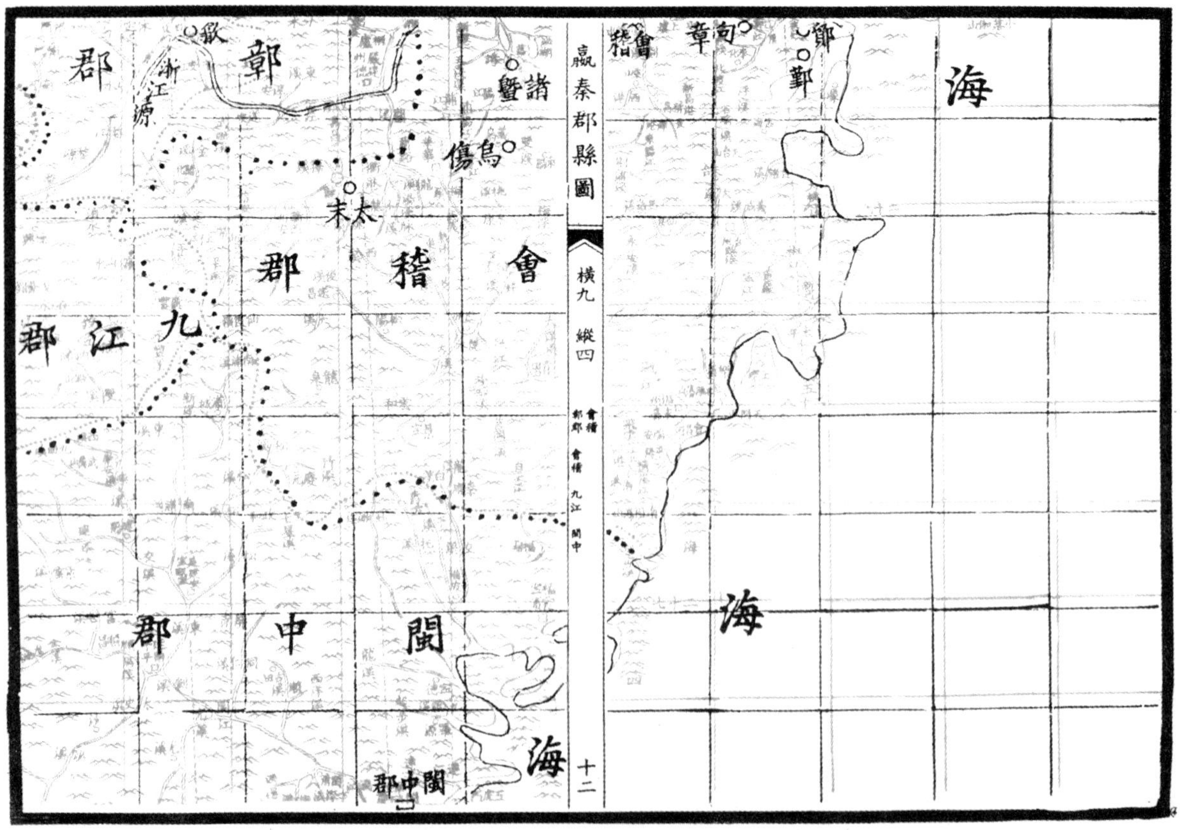
嬴秦郡縣圖
橫九 縱四
會稽郡 會稽 九江 閩中
十二
歙
鄣
郡
浙江源
諸暨
烏傷
太末
會
稽
郡
九
江
郡
會稽
句章
鄮
鄞
海
海
閩
中
郡
海
閩中郡

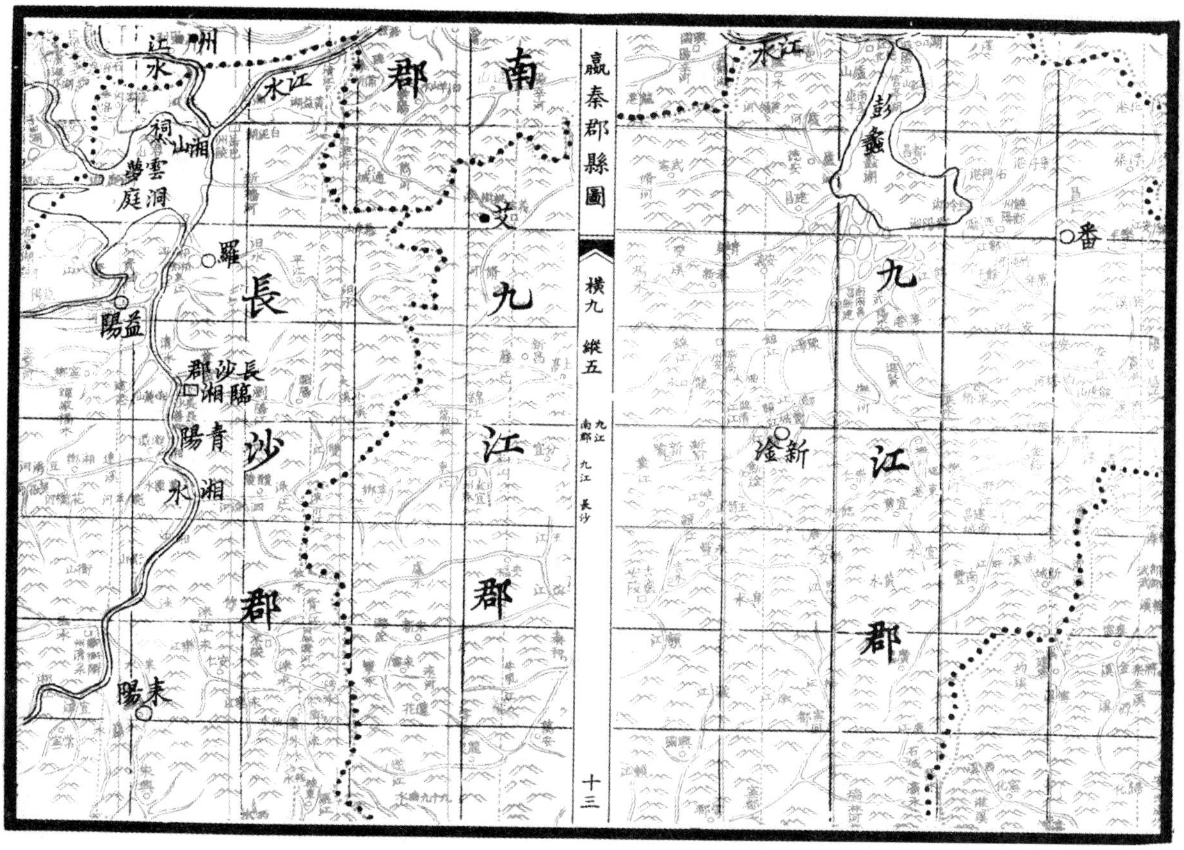
嬴秦郡縣圖
橫九 縱五
九江 南郡 九江 長沙
十三
南郡
九江郡
長沙郡
九江郡
江水
洞庭
雲夢
湘山祠
羅
益陽
臨湘
長沙郡湘
青陽
湘水
耒陽
艾
彭蠡
番
新淦

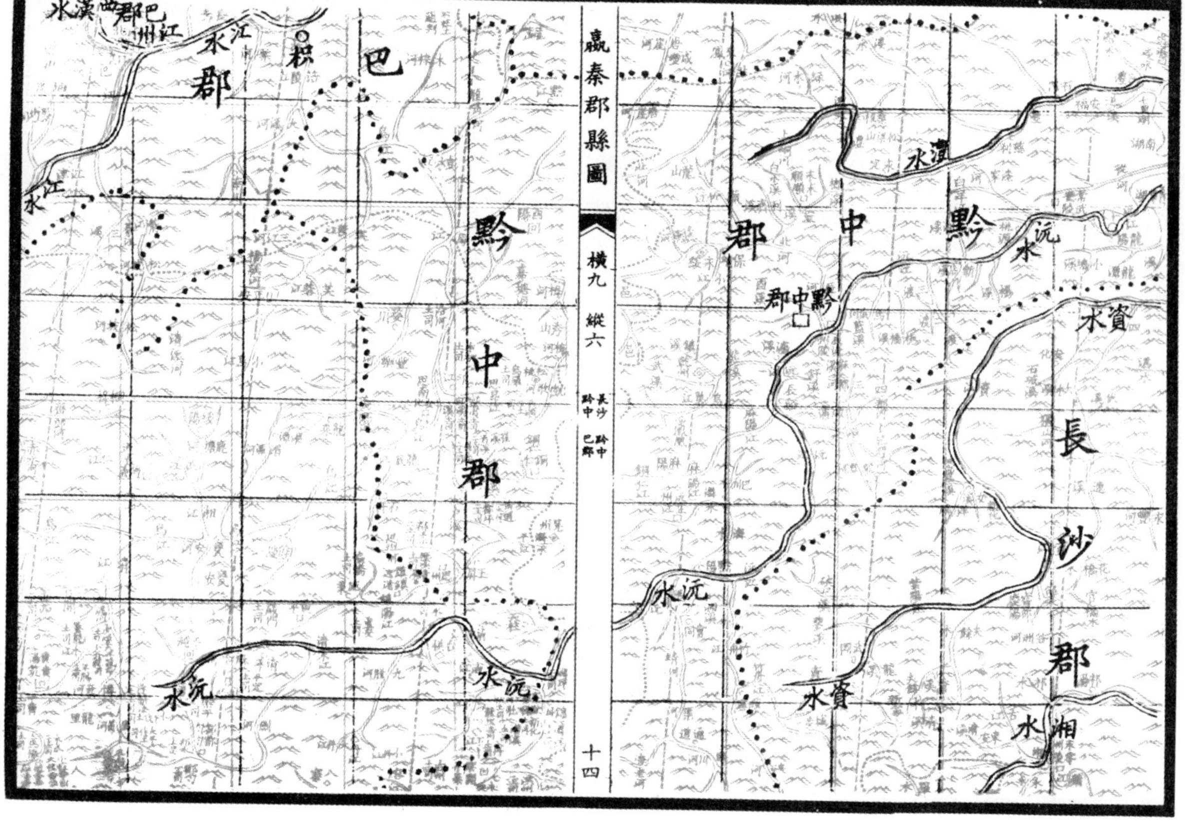
嬴秦郡縣圖
橫九 縱六
長沙 黔中 黔中 巴郡
十四
西漢水
巴郡江州
江水
枳
巴郡
黔中郡
黔中郡
長沙郡
澧水
沅水
資水
湘水

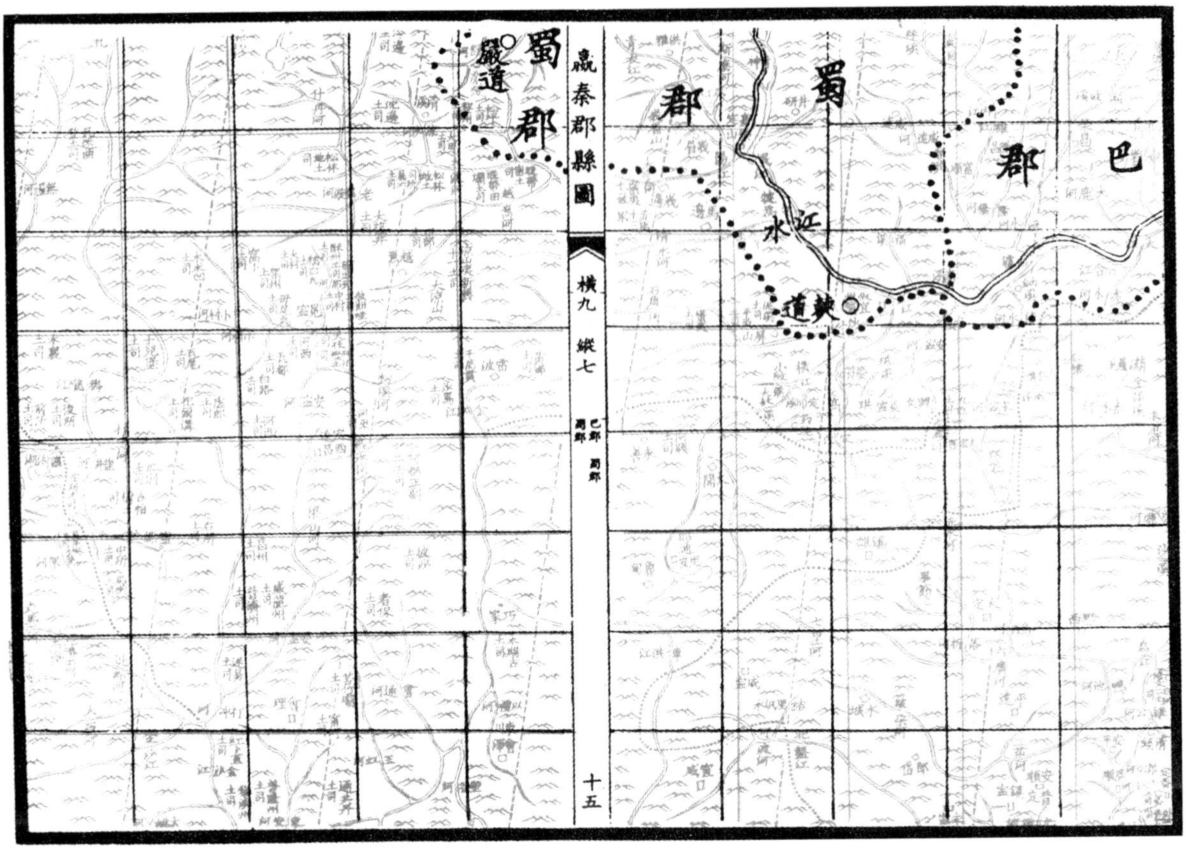
嬴秦郡縣圖
橫九 縱七
巴郡 蜀郡
十五
蜀郡
嚴道
蜀郡
巴郡
江水
僰道

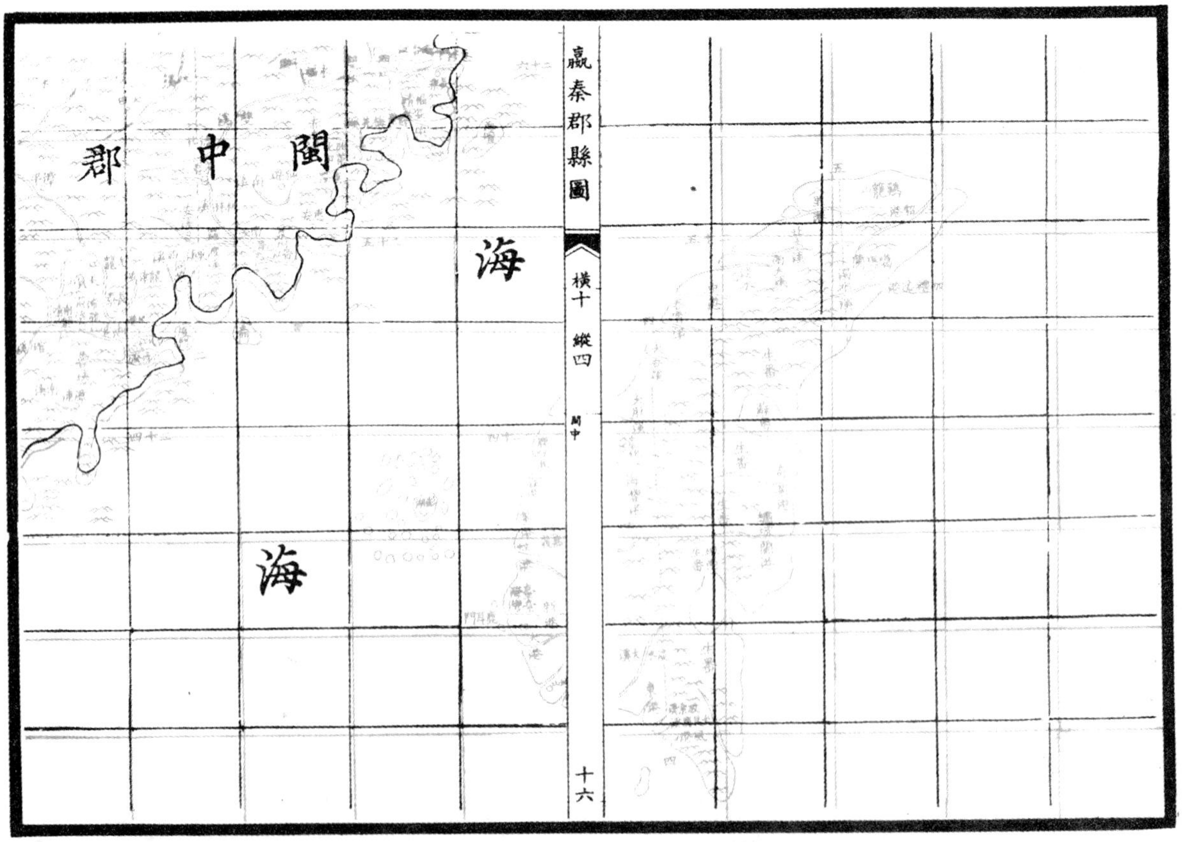
嬴秦郡縣圖
橫十 縱四
閩中
十六
閩中郡
海
海

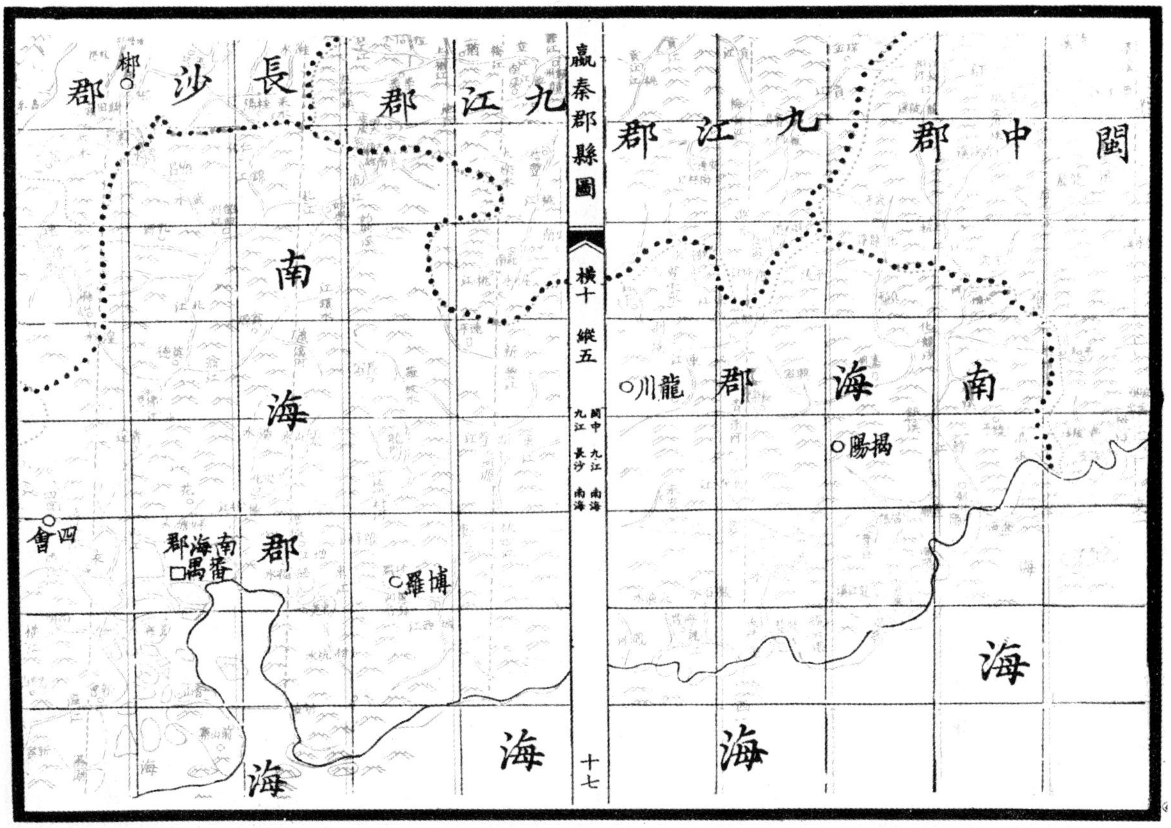
嬴秦郡縣圖
橫十 縱五
閩中 九江 南海
九江 長沙 南海
十七
長沙郡
郴
九江郡
九江郡
閩中郡
南海郡
南海郡
龍川
揭陽
四會
南海郡
番禺
博羅
海
海
海
海

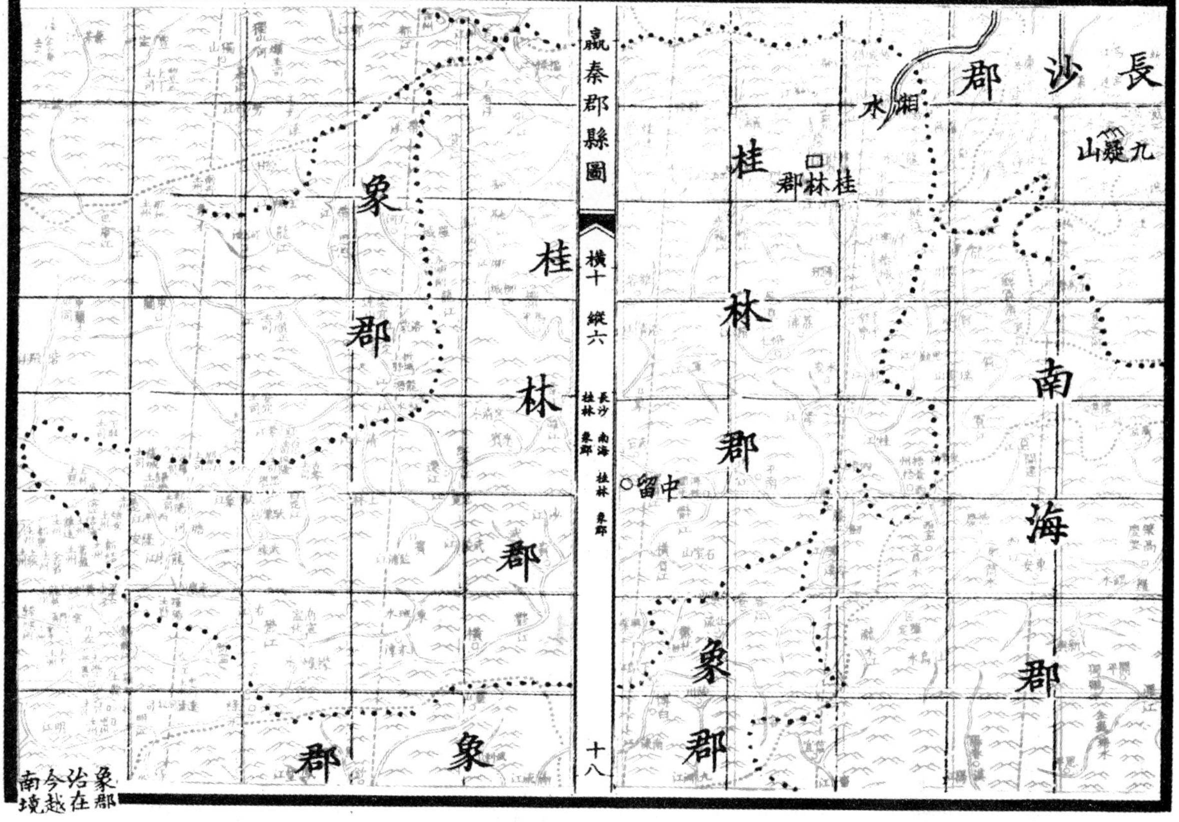
嬴秦郡縣圖
橫十 縱六
長沙 南海 桂林
桂林 象郡
十八
長沙郡
湘水
九疑山
桂林郡
桂林郡
象郡
桂林郡
南海郡
中留
象郡
象郡
象郡
象郡治在今越南境

嬴秦郡縣圖

宣統元年
栞于鄂城

孔子論語年譜

［元］程複心

清道光六安晁氏木活字排印學海類編本

孔子論語年譜

嘗考得論語中十五志學[illegible]孔子自序[illegible]年
譜都是實心實理實事實[illegible]可按年[illegible]
明其言去夢奠不遠蓋作春秋後語也嬉戲陳俎豆
卽是志學不待十五十五以往問禮問官卽是博學
無方之學三十以往從昭公出亡畱齊七年不仕齊
魯此立之大節四十以往儒道修明不惑於老楊晏
墨見行可仕不惑於季平陽貨此不惑之大節五十

以往當學易之年攝相用魯魯國大治女樂去魯席
不暇煖富貴貧賤夷狄患難畢聚十年之閒知進退
存亡而不失其正此知天命之大節六十以往自衛
反魯刪詩書定禮樂贊周易詩三百篇皆弦歌之以
求合韶武雅頌之音此耳順之大節七十以往九月
而成春秋筆則筆削則削此從心不逾矩之大節按
之載籍記事記言表裏互見卽事卽理歲月昭如謹
次孔子論語年譜於左

周靈王二十一年魯襄公二十二年己酉日庚子孔子
生於魯國之昌平鄉鄹邑父叔梁紇爲鄹邑大夫母顏
氏孔子名丘字仲尼生而父卒六歲爲兒嬉戲常陳俎
豆設禮容羣兒化效相與揖讓名聞列國是歲顏路曾
點生明年孔子七歲晏平仲治兗東阿設鄉學孔子居
近往入其學是歲冉耕生明年孔子九歲見季札觀樂
於魯是歲卞仲由生越二年孔子十一歲才過乎仲鄭
駿明欲毁鄉校子產不毁孔子聞之曰人謂子產不仁
吾不信也是歲漆雕開生越三年孔子十五歲五禮六
樂五射五御六書九數無不習而通其藝遂志於大學

之道是歲閔損生孔子適聞孟仲之子殺豎牛於塞關
之外乃憮然而論之曰叔孫昭子之不勞不可能也周
任有言曰爲政者不賞私勞不罰私怨詩曰有覺德行
四國順之越二年孔子十七歲適周訪禮於老子魯大
夫孟釐子誡其嗣懿子及南宮敬叔曰孔丘聖人之後
年少好禮其達者與吾卽没若必師之越二年孔子十
九歲娶宋幵官氏明年二十歲爲魯委吏料量平曰會
計當而已矣是歲生子昭公以二鯉魚賜之因榮君貺
名鯉字伯魚明年孔子二十一歲爲乘田畜蕃息曰牛

羊茁壯長而已矣魯人獵較孔子亦獵較孔子先簿正祭器不以四方之食供簿正鈎而不綱弋不射宿入助祭周公太廟每事問或曰孰謂鄹人之子知禮乎入太廟每事問子聞之曰是禮也明年孔子二十一歲之宋之杞求文獻不足已而反魯孔子身長九尺六寸人皆謂之長人而異之始教於闕里顔路曾點琴張之徒往受學焉講肄近於馬隊明年孔子二十四歲母卒合葬於防明年孔子二十六歲母喪既祥五日彈琴而不成聲十日而成笙歌明年孔子二十七歲郯子來朝孔子

見而問官既而告人曰天子失官學在四夷猶信是歲孔子適宋適杞適鄭兄事子產時子產裨諶諸子仕鄭定公善交鄰固國孔子稱之曰爲命裨諶草創之世叔討論之行人子羽修飾之東里子產潤色之明年孔子二十八歲之郯見郯子而問禮子欲居九夷或曰陋如之何曰君子居之何陋之有時有見程子於塗傾蓋而語之事明年孔子二十九歲適晉學琴於師襄習其志而見文王操焉師襄避席再拜曰吾子聖人也是歲冉雍冉求生明年孔子三十歲適周問禮於老聃因適衛

過秦境界不入反魯是歲齊景公適魯使晏嬰迎孔子與語說琴張將弔宗魯孔子止之子產卒孔子悲之出涕曰古之遺愛也子謂子產有君子之道四焉其行己也恭其事上也敬其養民也惠其使民也義明年孔子三十一歲景公遣使聘孔子子遂適齊景公欲以廩邱之邑爲養辭反魯道始尊弟子信從者衆是歲高柴生明年孔子三十二歲在魯設教衛端木賜生明年孔子三十三歲適齊景公田招虞人以旌不至將殺之子曰志士不忘在溝壑勇士不忘喪其元時居於外館景公

造焉周使至言先王廟災公曰何王之廟曰釐王之廟也既而使報釐王廟災公驚曰善乎聖人之智過人遠矣明年孔子三十四歲孟釐子卒孟懿子嗣與南公敬叔師孔子學禮南宮敬叔請於魯昭公與孔子車一乘馬二匹豎子侍御與敬叔同至周問禮於老聃訪樂於萇宏歷郊社之所考明堂之則察廟朝之度於是喟然曰吾乃今知周公之聖與周之所以興也覩明堂四門之墉有堯舜之容桀紂之象各有善惡之狀興廢之誡焉又有周公相成王抱之負斧扆南面以朝諸侯之圖

爲孔子徘徊望之謂從者曰此周公之所以盛也既而
曰爲政以德譬如北辰居其所而衆星共之又入后稷
之廟堂右階之前有金人三緘其口而銘其背孔子既
讀斯文顧謂弟子曰行身如此豈以口過慮哉古者言
之不出恥躬之不逮也周使伯常騫問道孔子語以四
戒去周老子送子曰當今之世聰明深察而近于死者
好譏議人者也博辨廣大而危其身者好發人之惡者
也孔子曰敬奉教他日曰述而不作信而好古竊比於
我老彭默而識之學而不厭何有於我哉德之不修學

之不講聞義不能徙不善不能改是吾憂也他日又曰
道不同不相爲謀時齊晏嬰墨學也宋墨翟爲非儒非
樂之說以詆孔子老氏之徒楊朱亦爲論非孔子孔子
曰攻乎異端斯害也已孔子自周反魯道彌尊弟子日
進秦商仲由閔損冉耕之徒咸受學焉南容三復白圭
孔子謂邦有道不廢邦無道免於刑戮以其兄之子妻
之四教文行忠信雅言詩書執禮罕言利命與仁不語
怪力亂神曰自行束脩以上吾未嘗無誨焉明年孔子
三十五歲季平子僭孔子謂季氏八佾舞於庭是可忍

也孰不可忍也三家者以雍徹子曰相維辟公天子穆
穆奚取於三家之堂又曰人而不仁如禮何人而不仁
如樂何又曰能以禮讓爲國乎何有不能以禮讓爲國
如禮何昭公告子家駒曰季氏爲無道僭於公室久矣
吾欲殺之何如子家曰諸侯僭於天子大夫僭於諸侯
久矣昭公曰吾何僭矣哉子家曰設兩觀乘大輅朱干
玉戚以舞大夏八佾以舞大武此皆天子之禮也季氏
得民衆君無多辱焉昭公不從季平子與郈昭伯以鬭
鷄故得罪昭公公帥師擊平子平子與孟孫氏叔孫氏

三家共攻昭公公師敗奔齊時公居於長府欲逐殺季
平子以及於難先是魯人爲長府閔子騫曰仍舊貫如
之何何必改作子曰夫人不言言必有中至是公奔齊
魯亂孔子適齊爲高昭子家臣欲以通乎景公景公取
魯之鄆邑以居昭公孔子三十六歲在齊聞韶三月不
知肉味曰不圖爲樂之至於斯也是歲樊須生明年孔
子三十七歲歸魯見延陵季子葬子以爲合禮復適齊
明年孔子三十八歲顏淵生孔子三十九歲四十歲四
十一歲四十二歲皆在齊晉七年齊人高柴公治長從

游孔子謂公治長可妻也雖在縲絏之中非其罪也以其子妻之景公問政孔子曰君君臣臣父父子子景公曰信如君不君臣不臣父不父子不子雖有粟吾得而食諸景公將以尼谿之田封孔子晏嬰沮之曰孔子儒者累世不能殫其學當年不能究其禮君欲用之以移齊俗非所以先細民也後景公敬見孔子不問其禮異日景公止孔子曰以季氏則吾不能以季孟之閒待之齊大夫欲害孔子孔子聞之景公又曰吾老矣不能用也孔子遂接淅而行反於魯是年昭公薨於乾侯定公立

孔子在齊時往觀呂梁之水因而至吳又遊越時吳闔閭伐越隳會稽得骨節專車吳使問孔子孔子答以防風氏之骨吳客曰善哉聖人是歲公西赤生明年孔子四十三歲定公元年季平子强僭陽貨專政孔子不仕退修詩書禮樂以教弟子弟子彌衆生自遠方莫不受業如衛人端木賜秦人石作蜀陳人公良孺蔡人漆雕開以及商瞿梁鱣巫馬施冉雍冉求皆及門還入洙泗設教杏壇孔子曰君子食無求飽居無求安敏於事而愼於言就有道而正焉可謂好學也已矣陽貨欲見孔子

孔子不見歸孔子豚孔子瞰其亡也而往拜之遇諸塗謂孔子曰來予與爾言曰懷其寶而迷其邦可謂仁乎曰不可好從事而亟失時可謂知乎曰不可日月逝矣歲不我與孔子曰諾吾將仕矣或謂孔子曰子奚不爲政子曰書云孝乎惟孝友于兄弟施于有政是亦爲政奚其爲爲政是歲適陳有若生明年孔子四十四歲在魯衛卜商生孔子四十五歲在魯吳言偃生孔子四十六歲觀於魯桓公之廟有欹器焉顧謂弟子曰試注水焉乃注之水中則正滿則覆夫子喟然歎曰夫物惡有

滿而不覆者哉子語魯太師樂曰樂其可知也始作翕如也從之純如也皦如也繹如也以成孔子謂韶盡美矣又盡善也謂武盡美矣未盡善也明年孔子四十七歲季平子卒陽貨囚季桓子與盟而醳之時公山弗擾爲費宰佚犯爲郈宰皆倚陽貨各以邑叛弗擾召孔子子欲往子路不說子曰夫召我者而豈徒哉如有用我者吾其爲東周乎然亦卒不行季桓子立孔子爲中都宰陽虎將以君之璠璵斂平子贈以珠玉孔子聞之歷級而救焉曰送死而以寶玉是猶曝屍於中原也乃止桓

子穿井得土缶中有物問孔子曰得狗子子曰以邱所聞羊也木石之怪夔罔閬水之怪龍罔象土之怪羵羊齊有一足之鳥飛集於公朝舒翅而跳景公大怪之使使聘魯問孔子曰此鳥名商羊水祥也昔兒童有屈一脚振肩而跳其謠曰天將大雨商羊鼓舞今齊有之其應至矣急告民趨治溝渠修隄防頃之大霖雨水溢泛諸國傷害人民齊有備不敗景公曰聖人之言信而有徵矣是歲曾參生邾隱公既即位將冠使大夫因仲孫問禮於孔子孔子告以如世子之冠有冠頌是歲孔子

始讀易曰假我數年五十以學易可以無大過矣明年孔子四十八歲爲中都宰制爲養生送死之節强弱異任長幼異食五十異粻六十宿肉七十貳膳八十常珍九十飲食不離寢膳飲從遊道路男子由右女子由左路不拾遺器不雕僞市不貳價四寸之棺三寸之槨因邱陵爲墳庶人懸棺不封不樹行之一年而四方則之公謂孔子曰學子此法以治魯國何如孔子曰雖天下可也何但魯國哉曰齊一變至于魯魯一變至於道曰道千乘之國敬事而信節用而愛人使民以時是歲顔

孫師生明年孔子四十九歲進位司空別山林川澤邱陵墳衍原隰五土之性使物各得其所生之宜先是季平子葬昭公於墓道之南孔子溝而合諸墓焉謂桓子曰貶君以彰己罪非禮也今合之所以揜夫子之不臣是歲陽貨竊魯寶玉大弓入讙陽關以叛不齊生明年孔子五十歲由司空爲司寇國人誘之曰麛裘而韠投之無戾韠之麛裘投之無郵既而設法不用無奸民定公問君使臣臣事君如之何孔子對曰君使臣以禮臣事君以忠定公問一言而可以興邦有諸孔子對曰言

不可以若是其幾也人之言曰爲君難爲臣不易如知爲君之難也不幾乎一言而興邦乎曰一言而喪邦有諸孔子對曰言不可以若是其幾也人之言曰予無樂乎爲君惟其言而莫予違也如其善而莫之違也不亦善乎如不善而莫之違也不幾乎一言而喪邦乎子曰麻冕禮也今也純儉吾從衆拜下禮也今拜乎上泰也雖違衆吾從下曰事君盡禮人以爲諂也孔子於鄉黨恂恂如也似不能言者其在宗廟朝廷便便言唯謹爾朝與下大夫言侃侃如也與上大夫言誾誾如也君在

踧踖如也與與如也入公門鞠躬如也如不容立不中門行不履閾過位色勃如也足躩如也其言似不足者攝齊升堂鞠躬如也屏氣似不息者出降一等逞顏色怡怡如也沒階趨翼如也復其位踧踖如也緇衣羔裘素衣麑裘黃衣狐裘廄焚子退朝曰傷人乎不問馬君賜食必正席先嘗之君賜腥必熟而薦之君賜生必畜之君命召不俟駕而行孔子與於蜡賓既游於觀之上言偃侍喟然嘆曰夫魯之郊與禘皆非禮周公其衰矣杞之郊也禹宋之郊也契是天子之事守也天子以杞

宋二王之後周公攝政致太平而與天子同是禮也又曰禘自既灌而往者吾不欲觀之矣是歲冉孺曹卹伯虔顏高生明年孔子五十一歲當周敬王十九年魯定公九年爲魯大司寇攝行相事與聞國政七日而誅亂政大夫少正卯於兩觀之下曰巧言亂德小不忍則亂大謀時有父子訟者夫子同狴執之三日不別其父請止孔子赦之曰聽訟吾猶人也必也使無訟乎是歲閔子騫爲費宰問政於是孔子有執轡之論孔子通問於高昭子於是子華使於齊冉子爲其母請粟子曰與之

釜請益曰與之庾冉子與之粟五秉子曰赤之適齊也乘肥馬衣輕裘吾聞之也君子周急不繼富時原思爲孔子宰與之粟九百辭子曰毋以與爾鄰里鄉黨乎是歲陽貨奔齊齊將執之逃奔晉歸寶玉大弓於魯孔子五十二歲爲大司寇攝行相事魯有販羊者沈猶氏常朝飲其羊以詐市人公慎氏妻淫不制慎潰氏奢侈踰法鬻六畜者飾僞以儲價及是則沈猶氏不敢飲羊公慎氏出其妻慎潰氏越境而徙三月鬻牛馬者不豫價賣羔豚者不加飾男女別途耕者遜畔行者遜路道不

拾遺男尚中正女尚柔順四方客至如歸國人誦之曰袞衣章甫實獲我所章甫袞衣惠我無私先是齊魯侵伐無甯歲孔子用魯於是春及齊平夏齊景公會魯定公于夾谷孔子相黎彌言於齊侯曰孔丘知禮而無勇若使萊人以兵刦魯侯必得志焉齊侯從之孔丘以公退曰士兵之兩君合好而裔夷之俘以兵亂之非齊君所以命諸侯也裔不謀夏夷不亂華俘不干盟兵不偪好於神爲不祥於德爲愆義於人爲失禮君必不然齊侯聞之遽辟之將盟齊人加於載書曰齊師出竟而不

以甲車百乘從我者有如此盟孔子使茲無還揖對曰而不反我汶陽之田吾以共命者亦如之齊侯將享公孔子謂梁邱據曰事既成矣而又享之是勤執事也享所以昭德也不昭不如其已也乃不果享齊人來歸鄆讙龜陰之田君召使擯色勃如也足躩如也揖所與立左右手衣前後襜如也趨進翼如也賓退必復命曰賓不顧矣是歲好會成孔子聘於齊執圭鞠躬如也如不勝上如揖下如授勃如戰色足縮縮如有循享禮有容色私覿愉愉如也既聘返魯明年孔子五十三歲齊晏

子卒孔子遣代弔問人於他邦再拜而送之曰晏平仲善與人交久而敬之是歲孔子學易孟懿子問孝子曰無違樊遲御子告之曰孟孫問孝於我我對曰無違樊遲曰何謂也子曰生事之以禮死葬之以禮祭之以禮明年孔子五十四歲行乎季孫三月不違於是言於定公曰臣聞家無藏甲大夫無百雉之城古之制也今三家過制請損之使仲由爲季氏宰將墮三都於是叔孫氏墮郈季氏將墮費公山不狃叔孫輒帥費人以襲魯公與三子入與季氏之宮登武子之臺費人攻之弗克

入及公側孔子命申句須樂頎下伐之費人北國人追之敗諸姑蔑不狃輒奔齊遂墮費將墮成公斂處父謂孟孫墮成齊人必至於北門無成是無孟氏也子僞不知我將不墮公圍成弗克孔子薦閔子爲上卿不用齊犂鉏計沮孔子曰鄰國有聖人己國之憂也歸魯女樂桓子受之三日不聽政郊又不致膰俎於大夫孔子不稅冕而行爲雉噫之歌曰山梁雌雉時哉時哉色斯舉矣翔而後集子路共之三嗅而作於是大師摯適齊亞飯干適楚三飯繚適蔡四飯缺適秦鼓方叔入於河播

鼗武入於漢少師陽擊磬襄入於海是歲叔仲會生明年孔子五十五歲失魯司寇將之荆先之以子夏又申之以冉有不果行於是子適衛冉有僕曰庶矣哉冉有曰既庶矣又何加焉曰富之曰既富矣又何加焉曰教之至儀儀封人請見曰君子之至於斯也吾未嘗不得見也從者見之出曰二三子何患於喪乎天下之無道也久矣天將以夫子爲木鐸衛靈公聞孔子至喜而郊迎孔子至衛主於子路妻兄顔濁鄒家靈公問孔子居魯得祿幾何對曰奉粟六萬衛人亦致粟六萬爾子之

妻與子路之妻兄弟也彌子謂子路曰孔子主我衛卿可得也子路以告孔子曰有命竟不主彌子居頃之或譖孔子於衛靈公靈公使公孫余假一出一入孔子恐獲罪焉是時衛仲叔圉治賓客祝鮀治宗廟王孫賈治軍旅王孫賈問曰與其媚於奧甯媚於竈何謂也子曰不然獲罪於天無所禱也居十月去衛適曹至宋明年孔子五十六歲自宋適陳過匡陽虎嘗暴於匡孔子狀類陽虎匡人拘焉五日弟子懼子路怒奮戟將與之戰孔子止之使子路彈琴而歌孔子和之曰文王旣沒文

不在茲乎天之將喪斯文也後死者不得與於斯文也天之未喪斯文也匡人其如予何曲三終匡人解甲而去顏淵後子曰吾以女爲死矣曰子在回何敢死是時孔子使從者爲甯武子臣於衛然後得去他日曰甯武子邦有道則知邦無道則愚其知可及也其愚不可及也明年孔子五十七歲自匡過蒲月餘反衛主蘧伯玉家時公叔文子爲大令尹治嚴而家富孔子問於公明賈曰信乎夫子不言不笑不取乎公明賈對曰以告者過也夫子時然後言人不厭其言樂然後笑人不厭其

笑義然後取人不厭其取子曰其然豈其然乎公叔文子之臣大夫僎與文子同升諸公子聞之曰可以爲文矣子謂衛公子荊善居室始有曰苟合矣少有曰苟完矣富有曰苟美矣衛靈公夫人南子宋女也有淫行逐世子蒯聵出奔宋使人求見孔子孔子辭謝不得已而見之子路不說夫子矢之曰予所否者天厭之天厭之邦君之妻君稱之曰夫人夫人自稱曰小童邦人稱之曰君夫人稱諸異邦曰寡小君異邦人稱之亦曰君夫人居衛月餘靈公與南子同車宦者雍渠參乘出使孔

子爲次乘招搖市過之孔子曰吾未見好德如好色者也醜之他日曰唯女子與小人爲難養也近之則不遜遠之則怨又曰不有祝鮀之佞而有宋朝之美則難乎免于今之世矣去衛過曹曹伯陽不答去適宋與弟子習禮大樹下曰歲寒然後知松柏之後彫也是時孔子不悅於魯衛遭宋司馬桓魋將要而殺之代其樹孔子微服而過宋曰天生德於予桓魋其如予何時桓與弟子頎子車同惡將爲亂魋弟司馬牛從孔子遊問仁子曰仁者其言也訒問君子子曰君子不憂不懼司馬牛

憂曰人皆有兄弟我獨亡子夏曰君子敬而無失與人恭而有禮四海之內皆兄弟也君子何患乎無兄弟也孔子自宋適鄭弟子相失獨立鄭東門外鄭人姑布子卿謂子貢曰東門有人焉其長九尺六寸河目龍顙其頭似堯其頂似皋陶其肩類子產自腰以下不及禹三寸纍纍然似喪家之狗子貢以告子曰形狀末也而似喪家之狗然哉去鄭適陳是歲魯定公薨哀公立明年孔子五十八歲歲當阨至陳主於司城貞子時爲陳侯周臣陳侯賓之上館時有隼鳥集於陳侯之庭而死楛矢貫之石砮其長尺有咫陳侯問焉孔子曰隼之來遠矣此肅慎氏之矢也昔武王克商肅慎氏貢楛矢以分大姬配胡公而封諸陳公使人求得之故府金櫝如之陳侯就孔子燕遊行路之人云魯司鐸災及宗廟以告孔子孔子曰其桓僖之廟乎桓僖之親盡矣功德不足以存其廟而不毀是以天災加之三日魯使至問焉則桓僖也陳侯謂子貢曰吾乃今知聖人之可貴子貢曰君今知之可以未若專其道而行其化之善也陳司敗問昭公知禮乎孔子曰知禮孔子退揖巫馬期而進之

曰吾聞君子不黨君子亦黨乎君取於吳爲同姓謂之吳孟子君而知禮孰不知禮巫馬期以告子曰丘也幸苟有過人必知之是歲子貢始用於魯孔子在陳聞定公薨訃反魯而弔居魯與弟子講學顏淵問仁子曰克己復禮爲仁一日克己復禮天下歸仁焉顏淵曰回雖不敏請事斯語矣記曰顏淵十八天下歸仁仲弓問仁子曰出門如見大賓使民如承大祭仲弓曰雍雖不敏請事斯語矣顏淵季路侍有盍各言爾志之問子路顏淵以次對子路曰願聞子之志子曰老者安之朋友信之少者懷之子路曾晳冉有公西華侍坐有知爾何以之對夫子喟然歎曰吾與點也孟武伯師事孔子問孝子曰父母惟其疾之憂時有樊遲從遊問知問仁之答蘧伯玉使人於孔子孔子與之坐而問焉夫子何爲對曰夫子欲寡其過而未能也使者出子曰使乎使乎齊大夫子高適魯見孔子曰今而後知泰山之爲高海淵之爲大也是歲吳王夫差敗越於夫椒報攜李也明年孔子五十九歲自魯將適晉晉趙簡子攻范中行氏伐中牟趙氏家臣佛肸爲中牟宰以中牟畔召子欲往子

路曰由聞諸夫子親於其身爲不善者君子不入也佛肸以中牟畔子之往也如之何子曰然有是言也不曰堅乎磨而不磷不曰白乎涅而不淄吾豈匏瓜也哉焉能繫而不食終亦不果往復適陳會陳湣公初立晉楚爭強更伐陳及吳夫差侵陳陳常被寇孔子去陳過蒲會公叔氏以蒲畔蒲人止孔子弟子有公良孺者以私車五乘從孔子其爲人長賢有勇力謂曰吾昔從遇難於匡今又遇難於此命也已吾與夫子再罹難寧鬬而死鬬甚疾蒲人懼謂孔子曰苟毋適衛吾出子與之盟

出孔子東門孔子遂適衛子貢曰盟可負耶孔子曰要盟也神不聽至衛衛靈公問曰蒲可伐乎孔子曰可其男子有死之志婦人有保西河之志吾所伐者不過四五人公曰善然不伐蒲時靈公在位四十二年老怠於政不用孔子孔子喟然嘆曰苟有用我者朞月而已可也三年有成孔子將西見趙簡子至於河而聞竇鳴犢舜華之死也臨河而歎曰美哉水洋洋乎丘之不濟此命也夫子貢問焉子曰竇鳴犢舜華晉之賢大夫也趙氏未得志之時須此二人而後從政得志而殺之君子

惡傷其類也鳥獸之於不義尚知避之況於人乎乃還息於陬作陬操以哀之而反乎衛復主蘧伯玉家初伯玉以史魚薦仕時已不仕孔子曰直哉史魚邦有道如矢邦無道如矢君子哉蘧伯玉邦有道則仕邦無道則可卷而懷之靈公問陳孔子曰俎豆之事則嘗聞之軍旅之事未之學也明日與孔子語見蜚鴈仰視之色不在孔子孔子遂行衛人從後剷其跡復如陳是歲衛靈公卒立孫輒是爲衛出公趙鞅內太子蒯聵於戚陽虎使太子絻八人衰絰僞自衛迎者哭而入遂居焉冉有

問於子貢曰夫子爲衛君乎子貢曰諾吾將問之入曰伯夷叔齊何人也曰古之賢人也曰怨乎曰求仁而得仁又何怨出曰夫子不爲也明年孔子六十歲齊助衛圍戚以蒯聵在故也孔子在陳時被兵久孔子無上下之交暴露而居於桑落之下絕糧從者病莫能興子路慍見曰君子亦有窮乎孔子曰君子固窮小人窮斯濫矣子謂子貢曰女以子爲多學而識之者與對曰然非與子曰非也予一以貫之子曰由知德者鮮矣陳湣公起陵陽之臺未畢數殺人問孔子曰周作靈臺亦殺人

予對曰靈臺以子道來何殺人之有遂罷互鄉難與言
童子見門人惑子曰與其進也子張問行子曰言忠信
行篤敬雖蠻貊之邦行矣子張書諸紳秋季桓子病輦
而觀魯城嘆曰昔此國幾何興矣以吾獲罪於孔子故
不興也顧謂其嗣康子曰我卽死若必相魯相魯必召
仲尼後數日桓子卒康子代立欲召孔子公之魚曰昔
我先君用之不終爲諸侯笑今又用之倘不能終是再
爲諸侯笑康子曰則誰召而可曰召冉求於是使使召
冉求冉求將行孔子曰魯人召求非小用之將大用之

也是日孔子曰歸與歸與吾黨之小子狂簡斐然成章
不知所以裁之子貢知孔子思歸送冉求因誡曰卽用
以孔子爲招云明年孔子六十一歲自陳遷於蔡蔡昭
公將如吳公孫翩射殺昭公楚侵蔡秋齊景公卒孔子
曰齊景公有馬千駟死之日民無德而稱焉伯夷叔齊
餓於首陽之下民到於今稱之是歲魯亳社災哀公問
社於宰我宰我對曰夏后氏以松殷人以柏周人以栗
曰使民戰栗子聞之曰成事不說遂事不諫既往不咎
明年孔子六十二歲自蔡如葉葉公問政孔子曰近者

悅遠者來葉公語孔子曰吾黨之有直躬者其父攘羊
而子證之孔子曰吾黨之直者異於是父爲子隱子爲
父隱直在其中矣葉公問孔子於子路子路不對子曰
女奚不曰其爲人也發憤忘食樂以忘憂不知老之將
至云爾孔子以葉公可與言在葉日久時宰予爲齊大
夫使楚子貢爲楚信陽宰葉公實薦之楚昭王欲以安
車象飾遺孔子宰予曰夫子言不離道動不違仁仕而
有祿不以爲積不合則去退無咎心妻不服綵妾不衣
帛車器不雕馬不食粟道行則樂其治不行則樂其身

臣知夫子無用此車也王曰今而後知夫子之德也於
是昭王使使奉金幣聘孔子時昭王渡江有物觸王舟
王獲而怪之使使問孔子孔子曰此萍實也惟霸能獲
焉子游問曰夫子何以知之子曰吾昔之鄭過乎陳之
野聞小兒謠曰楚王渡江得萍實大如斗赤如日剖而
食之甘如蜜此楚王之應也明年孔子六十三歲自蔡
適陳吳伐陳楚救陳昭王軍於城父聞孔子在陳蔡之
閒使人來聘孔子子貢自信陽至孔子將往拜禮陳蔡
大夫謀曰孔子聖人所刺譏皆中諸侯之疾今者留陳

蔡之閒諸大夫所設行皆非仲尼之意孔子用於楚則陳蔡用事大夫危矣相與發徒兵距孔子不得行絕糧七日孔子時愈慷慨講誦絃歌不衰召子路子貢顏淵而問焉曰詩云匪兕匪虎率彼曠野吾道非耶奚為至於此顏淵以次對曰夫子之道至大故天下莫能容夫子何病不容然後見君子孔子欣然曰有是哉顏氏之子使爾多財吾為爾宰使子貢之楚楚昭王發兵迎孔子孔子浮海至楚曰道不行乘桴浮於海從我者其由與子路聞之喜子曰由也好勇過我無所取材孔子既

見昭王昭王將以書社地七百里封孔子令尹子西不可曰王之使諸侯有如子貢者乎曰無有王之將帥有如子路者乎曰無有王之官尹有如宰予者乎曰無有王之輔相有如顏回者乎曰無有楚之祖封於周號為子男今孔子述三王之法明周召之業王若用之則楚安得世世堂堂方數千里乎夫文王在豐武王在鎬百里之君卒王天下今使孔丘得據土壤賢弟子為佐非楚之福也昭王乃止會昭王有疾不祭河神孔子曰楚昭王可謂知大道矣其不失國也宜哉昭王尋卒於城

父孔子曰夷狄之有君不如諸夏之亡也孔子自楚反蔡楚狂接輿歌而過孔子曰鳳兮鳳兮何德之衰往者不可諫來者猶可追已而已而今之從政者殆而孔子下欲與之言趨而避之不得與之言長沮桀溺耦而耕孔子過使子路問津焉長沮曰夫執輿者為誰子路曰為孔丘曰是魯孔丘與曰是也曰是知津矣問於桀溺桀溺曰子為誰曰為仲由曰是魯孔丘之徒與對曰然曰滔滔者天下皆是也而誰與易之且而與其從辟人之士也豈若從辟世之士哉耰而不輟子路行以告夫

子憮然曰鳥獸不可與同羣吾非斯人之徒與而誰與天下有道丘不與易也子路從而後遇丈人以杖荷蓧子路問曰子見夫子乎丈人曰四體不勤五穀不分孰為夫子植其杖而耘子路拱而立止子路宿殺鷄為黍而食之見其二子焉明日子路行以告子曰隱者也使子路反見之至則行矣子路曰不仕無義長幼之節不可廢也君臣之義如之何其廢之欲潔其身而亂大倫君子之仕也行其義也道之不行已知之矣孔子自蔡反子路宿於石門晨門曰奚自子路曰自孔氏曰是知

其不可而爲之者與明年孔子六十四歲時衛君輒父不得立諸侯數以爲讓而孔子弟子多仕衛於是子路爲蒲宰孔子過蒲有三善之歎曰片言可以折獄者其由也與子路無宿諾時子貢爲衛大夫結駟連騎而過原憲於窮巷子路曰衛君待子而爲政子將奚先子曰必也正名乎子路曰有是哉子之迂也奚其正子曰野哉由也君子於其所不知蓋闕如也名不正則言不順言不順則事不成事不成則禮樂不興禮樂不興則刑罰不中刑罰不中則民無所措手足故君子名之必可

言也言之必可行也君子於其言無所苟而已矣子貢曰有美玉於斯韞匵而藏諸求善賈而沽諸子曰沽之哉沽之哉我待賈者也孔子在衛出遊於吳題季札墓曰嗚呼有吳延陵季子之墓遇舊館人之喪脫驂而賵之子疾病子路請禱子曰有諸子路對曰有之誄曰禱爾於上下神祇子曰丘之禱久矣子疾病子路使門人爲臣病閒曰久矣哉由之行詐也無臣而爲有臣吾誰欺欺天乎且予與其死於臣之手也無甯死於二三子之手乎且予縱不得大葬予死於道路乎他日曰魯衛

之政兄弟也子擊磬於衛有荷蕢而過孔氏之門者曰有心哉擊磬乎既而曰鄙哉硜硜乎莫己知也斯已而已矣深則厲淺則揭子曰果哉莫之難矣夫子擊磬之地在於朝歌朝歌城北有殷太師墓夫子題曰殷比干墓微子去之箕子爲之奴比干諫而死子曰殷有三仁焉衛孔文子使太叔疾出其妻而以其女妻之疾誘其初妻之娣爲之立宮與文子女如二妻之禮文子怒將攻之孔子舍蘧伯玉之家文子就而訪焉孔子曰簠簋之事則嘗聞學之矣兵甲之事未之聞也退而命駕欲

行曰鳥則擇木木豈能擇鳥乎文子遽自止之曰圉也豈敢度其私哉亦防衛國之難也將止會冉有爲季氏將師與齊戰于郎克之季康子曰子之於軍旅學之乎性之乎冉有曰學之於孔子康子曰孔子何如人哉對曰用之有名播之有姓質諸鬼神而無憾求之至於此道雖累千社夫子不利也康子曰我欲召之可乎對曰欲召之則無以小人閒之則可矣康子乃逐公華公賓公林以幣迎孔子孔子歸魯孔子之去魯十有一歲而反乎魯蓋周敬王三十一年魯哀公六年也明年孔子

六十五歲居魯哀公館焉公自阼階孔子賓階升堂侍立公曰夫子之服其儒服與孔子對曰丘少居魯衣縫掖之衣長居宋冠章甫之冠丘聞之也君子之學也博其服也鄉丘未知其爲儒服也公曰敢問儒行孔子曰略言之則不能終悉言之則留更僕未可以對哀公命席侍坐悉陳儒行公曰終没吾世不敢復以儒爲戲矣哀公問政子曰文武之政布在方策其人存則其政舉其人亡則其政息又問政對曰政之急莫大乎使民富且壽也公曰爲之奈何對曰省力役薄賦斂則民富崇禮教遠罪疾則民壽君者舟也民者水也水能載舟亦能覆舟公曰吾於是廢山澤之禁施關市之稅以惠百姓又問政對曰政在選臣又問何爲則民服孔子對曰舉直錯諸枉則民服舉枉錯諸直則民不服季康子問使民敬忠以勸如之何子曰臨之以莊則敬孝慈則忠舉善而教不能則勸又問政對曰政者正也子帥以正孰敢不正季康子患盜問于孔子孔子對曰苟子之不欲雖賞之不竊又問政曰如殺無道以就有道何如對曰子爲政焉用殺子欲善而民善矣君子之德風小人之德草草上之風必偃季康子問仲由可使從政也與子曰由也果於從政乎何有曰賜也可使從政也與曰賜也達於從政乎何有曰求也可使從政也與曰求也藝於從政乎何有季子然問仲由冉求可謂大臣與子曰可謂具臣矣曰然則從之者與曰弑父與君亦不從也子游爲武城宰子之武城聞絃歌之聲莞爾而笑曰割雞焉用牛刀時孔子弟子子賤爲單父宰季路冉求仲弓爲季氏宰有若仕於公室樊遲仕孟氏仲弓問政子曰先有司赦小過舉賢才又曰雍也可使南面子夏仕爲魯大夫吳與魯會鄫徵百牢吳太宰嚭召康子康子使子貢往子貢對以周禮吳止百牢之徵太宰問於子貢曰夫子聖者與何其多能也子貢曰固天縱之將聖又多能也子聞之曰太宰知我乎我少也賤故多能鄙事君子多乎哉不多也季氏將伐顓臾冉有季路見于孔子孔子曰求無乃爾是過與夫顓臾昔者先王以爲東蒙主且在邦域之中矣是社稷之臣也何以伐爲季氏遂不果伐子路使子羔爲費宰子曰賊夫人之子亦不果使季氏使閔子騫爲費宰閔子騫曰善爲我

辭焉如有復我者則吾必在汶上矣明年孔子六十六歲幵官氏卒期年伯魚猶哭子曰噫其甚也伯魚聞之遂除之公伯寮愬子路於季孫子服景伯以告曰夫子固有惑志于公伯寮吾力猶能肆諸市朝子曰道之將行也與命也道之將廢也與命也公伯寮其如命何由是子路去魯適衛爲孔文子邑宰子羔亦仕衛時周室微而禮樂廢詩書缺孔子追迹三代之禮於龜蒙鳧嶧洙泗杏壇之間曰知者樂水仁者樂山知者動仁者靜知者樂仁者壽子在川上曰逝者如斯不舍晝夜曰甚

矣吾衰也久矣吾不復夢見周公於是討論墳典刪書傳上紀唐虞之際下至秦繆編次其事凡百二十篇序其略曰堯曰咨爾舜天之歷數在爾躬允執其中四海困窮天祿永終舜亦以命禹曰予小子履敢用元牡敢昭告於皇皇后帝有罪不敢赦帝臣不蔽簡在帝心朕躬有罪無以萬方萬方有罪罪在朕躬周有大賚善人自富雖有周親不如仁人百姓有過在予一人謹權量審法度修廢官四方之政行焉興滅國繼絕世舉逸民天下之民歸心焉所重民食喪祭寬則得衆信則民任

焉敏則有功公則說古者詩三千餘篇孔子去其重取可施于禮義上采契后稷中述殷周之盛至幽厲之缺關雎爲風始鹿鳴爲小雅始文王爲大雅始清廟爲頌始凡三百五篇孔子皆絃歌之以求合韶武雅頌之音禮樂自此可得而述子曰詩三百一言以蔽之曰思無邪又曰誦詩三百授之以政不達使於四方不能專對雖多亦奚以爲又曰小子何莫學夫詩詩可以興可以觀可以羣可以怨邇之事父遠之事君多識於鳥獸草木之名子謂伯魚曰女爲周南召南矣乎人而不爲周

南召南其猶正牆面而立也與子曰賜也始可與言詩也已矣告諸往而知來者又曰起予者商也始可與言詩已矣遂以詩授子貢子夏明年孔子六十七歲定禮樂曰夏禮吾能言之杞不足徵也殷禮吾能言之宋不足徵也文獻不足故也周監於二代郁郁乎文哉吾從周子張問十世可知也曰殷因於夏禮所損益可知也周因於殷禮所損益可知也其或繼周者雖百世可知也又曰禮云禮云玉帛云乎哉樂云樂云鐘鼓云乎哉又曰吾自衛反魯然後樂正雅頌各得其所因歎曰師

摯之始關雎之亂洋洋乎盈耳哉師摯去官久感被樂者無人云於是明習禮樂者稱子游子夏有若時宓子賤爲單父宰彈琴不下堂而單父治子謂子賤君子哉若人魯無君子者斯焉取斯闕黨童子叔仲會於孔族年相比俱執筆迭侍於夫子將命出入或問之曰益者與子曰吾見其居於位也見其與先生並行也非求益者也欲速成者也他日語武伯曰少成若天性習慣成自然明年孔子六十八歲晚而喜易作十翼以贊易道爲上彖下彖大象小象上繫下繫文言序卦說卦雜卦

讀易韋編三絕曰假我數年若是我於易則彬彬矣遂以易授商瞿子夏亦傳易至是備王道成六藝孔子以詩書禮樂教弟子蓋三千焉身通六藝者七十有二八皆異能之士也子曰志於道據於德依於仁游於藝如顏濁鄒之徒頗受業者甚衆子曰學而時習之不亦說乎有朋自遠方來不亦樂乎人不知而不慍不亦君子乎又曰二三子以我爲隱乎吾無隱乎爾吾無行而不與二三子者是邱也子曰予欲無言子貢曰子如不言則小子何述焉子曰天何言哉四時行焉百物生焉天何言哉子貢曰夫子之文章可得而聞也夫子之言性與天道不可得而聞也顏淵喟然歎曰仰之彌高鑽之彌堅瞻之在前忽焉在後夫子循循然善誘人博我以文約我以禮欲罷不能既竭吾才如有所立卓爾雖欲從之末由也已子曰語之而不惰者其回也與達巷黨人童子曰大哉孔子博學而無所成名子聞之曰吾何執執御乎執射乎吾執御矣牢曰子云我不試故藝明年孔子六十九歲昭夫人孟子卒孔子往弔適季氏不經孔子投經而不拜子游曰禮與孔子曰主未成服則弔者不經禮也退而曰居上不寬爲下不敬臨喪不哀吾何以觀之哉季氏旅於泰山子謂冉有曰女弗能救與對曰不能子曰嗚呼曾謂泰山不如林放乎是歲齊國書帥師伐魯孟孺子洩帥右師顏羽御邴洩爲右冉求帥左師管周父御樊遲爲右師不踰溝遲請三刻而踰踰之右師奔孟之反後入以爲殿子曰孟之反不伐奔而殿將入門策其馬曰非敢後也馬不進也冉有用矛於齊師能入其軍孔子曰義也五月哀公會吳於橐皋吳子使太宰嚭請尋鄫之盟哀公不欲使子貢對使

者曰盟所以周信也今曰必尋盟盟可尋也亦可寒也吳從子貢之言不果尋盟衞孔圉既葬謚曰文子貢聞之問曰孔文子何以謂之文也孔子曰敏而好學不恥下問是以謂之文也是歲孔子之孫伋生伯魚卒伯魚生於昭公九年既長昭公以幣召稱疾不行年五十以哀公十二年卒後數月顏淵卒顏路請子之車以爲之椁子曰才不才亦各言其子也鯉也死有棺而無椁吾不徒行以爲之椁以吾從大夫之後不可徒行也顏淵死子曰噫天喪予天喪予顏淵死子哭之慟從者曰子

慟矣曰有慟乎非夫人之爲慟而誰爲顏淵死門人欲厚葬之子曰不可門人厚葬之子曰回也視予猶父也予不得視猶子也非我也夫二三子也他日曰惜乎吾見其進也未見其止也哀公問弟子孰爲好學孔子對曰有顏回者好學不遷怒不貳過不幸短命死矣今也則亡於季康子問亦云明年孔子七十歲致仕吉月必朝服而朝先是季康子欲用田賦使冉有訪於仲尼曰子爲國老待子而行仲尼不對而私於冉有曰季孫若欲行而法則周公之典在若欲苟而行之又何訪焉弗

聽至是用田賦季氏富於周公冉求爲之聚斂而附益之子曰非吾徒也小子鳴鼓而攻之可也冉子退朝子曰何晏也對曰有政子曰其事也如有政雖不吾以吾其與聞之哀公問於有若曰年饑用不足如之何對曰盍徹乎曰二吾猶不足如之何其徹也對曰百姓足君孰與不足百姓不足君孰與足孔子侍食於哀公設桃與黍君祭孔子先飯黍而後飯桃君問焉曰黍爲五穀長不聞以賤雪貴一日子曰參乎吾道一以貫之曾子曰唯子出門人問曰何謂也曾子曰夫子之道忠恕而

已矣明年孔子七十一歲周敬王三十九年魯哀公十四年也春西狩獲麟叔孫氏之車士曰鉏商采薪於大野獲焉於其前左足載以歸叔孫以爲不祥棄之郭外使人告孔子曰有麕而角者何也孔子觀之曰麟也胡爲來哉胡爲來哉反袂拭面涕泣沾襟叔孫聞之然後取之子貢問曰夫子何泣爾孔子曰麟之至爲明王也出非其時而見害吾是以傷哉他日曰鳳鳥不至河不出圖吾已矣夫喟然嘆曰莫吾知也夫子貢曰何爲其莫子知也子曰不怨天不尤人下學而上達知我者其

天乎曰不降其志不辱其身伯夷叔齊與謂柳下惠少連降志辱身矣言中倫行中慮其斯而已矣謂虞仲夷逸隱居放言身中清廢中權我則異於是無可無不可曰弗乎弗乎君子疾没世而名不稱焉吾道不行矣吾何以自見於後世哉文莫吾猶人也躬行君子則吾未之有得又曰我欲載之空言不如見諸行事之深切著明也乃因史記作春秋上至隱公下訖哀公十四年十二公據魯親周故殷運之三代約其文辭而指博故吳越之君自稱王而春秋貶之曰子踐土之會實召周天

子而春秋諱之曰天王狩于河陽推此類以繩當世貶損之義後有王者舉而開之春秋之義行則天下亂臣賊子懼焉孔子在位聽訟文辭有可與人共者弗獨有也至於爲春秋筆則筆削則削游夏之徒不能贊一辭弟子受春秋孔子曰知我者其惟春秋乎罪我者其惟春秋乎曰吾之於人也誰毁誰譽如有所譽者其有所試矣斯民也三代之所以直道而行也曰天下有道則禮樂征伐自天子出天下無道則禮樂征伐自諸侯出自諸侯出蓋十世希不失矣自大夫出五世希不失矣

陪臣執國命三世希不失矣天下有道則政不在大夫天下有道則庶人不議曰祿之去公室五世矣政逮於大夫四世矣故夫三桓之子孫微矣曰蓋有不知而作之者我無是也多聞擇其善者而從之多見而識之知之次也曰巧言令色足恭左邱明恥之邱亦恥之匿怨而友其人左邱明恥之邱亦恥之孔子作春秋九月而成絶筆於獲麟之一句因所感以此終也是時春秋孝經既成孔子與七十二子向北辰磬折告備於天有赤虹自天而下化爲黃玉其刻文孔子受而跪讀之孔子

曰吾志在春秋行在孝經春秋屬商孝經屬參子游子夏侍側問孝竝作孝經時語是歲子路在魯小邾射來奔季康子命子路要之子路不許閔子侍側誾誾如也冉有子貢侃侃如也子路行行如也子樂曰若由也不得其死然齊陳恆欲作亂憚高國鮑晏故移其兵以伐魯孔子謂弟子曰魯墳墓所處二三子何爲莫出子路請出孔子止之子張子石請行孔子弗許子貢請行孔子許之子貢一出存魯亂齊破吳彊晉而霸越五國各有變孔子曰夫其亂齊存魯吾之初願若彊晉以敝吳

使吳亡而越霸者賜之說也於是子路復之衛爲孔文子之子孔悝邑宰是歲齊陳成子攻殺宰予於庭因弒簡公孔子沐浴而朝告於哀公曰陳恆弒其君請討之公曰告夫三子孔子曰以吾從大夫之後不敢不告也君曰告夫三子者之三子告不可孔子曰以吾從大夫之後不敢不告也明年孔子七十二歲孟懿子卒孔子往弔冉伯牛有疾子問之自牖執其手曰亡之命矣夫斯人也而有斯疾也斯人也而有斯疾也是歲伯牛卒仲弓亦卒子曰從我於陳蔡者皆不及門也德行顏淵

閔子騫冉伯牛仲弓言語宰我子貢政事冉有季路文學子游子夏子曰若聖與仁則吾豈敢抑爲之不厭誨人不倦則可謂云爾已矣公西華曰正惟弟子不能學也子曰吾十有五而志於學三十而立四十而不惑五十而知天命六十而耳順七十而從心所欲不逾矩是歲冬閏十二月衛蒯聵自戚來攻出公輒劫孔悝盟子路結纓而死出公之難出公奔魯孔子聞亂曰柴也其來乎由也其死矣已而果死夫子哭之中庭曰噫天祝予天祝予人有弔者而夫子拜之既哭進使者而問故

使者曰醢之矣遂命覆醢明年孔子七十三歲夏四月孔子晨作負手曳杖逍遙於門而歌曰泰山其頹乎梁木其壞乎哲人其萎乎既歌而入當戶而坐子貢聞之曰泰山其頹則吾將安仰梁木其壞吾將安仗哲人其萎吾將安放夫子殆將病也遂趨而入夫子歎而言曰賜女來何遲予疇昔夢坐奠於兩楹之閒夏后氏殯於東階之上則猶在阼殷人殯於兩楹之閒卽與賓主夾之周人殯於西階之上則猶賓之而丘也殷人也夫明王不興則天下其孰能宗余逮將死矣遂病庚子饋藥

拜而受之曰丘未達不敢嘗疾革哀公視之東首加朝服拖紳前後寢疾七日而終時周敬王四十一年魯哀公十六年四月己丑也哀公誄曰昊天不弔不慭遺一老俾屏余一人以在位煢煢余在疚於乎哀哉尼父無自律子貢曰公其不歿於魯乎生不能用死而誄之非禮也稱一人非名也君兩失之矣既卒門人疑所服子貢曰昔夫子之喪顏回也若喪其子而無服喪子路亦然余請喪夫子如喪父而無服於是弟子皆弔服而加麻出有所之則由經子夏曰入宜經可居出則不經子

游曰吾聞諸夫子喪朋友居則經出則否喪所尊雖經而出可也孔子之喪公西赤掌殯葬爲之志兼用三代之禮所以尊師且備古也葬于魯城北泗水上入地不及泉而封爲偃斧之形高四尺樹以松柏泗水爲之逆流弟子多家於墓行心喪之禮魯人往從冢而家者百有餘室因名其居曰孔里孔子沒三年之外門人治任將歸入揖於子貢相嚮而哭皆失聲然後歸子貢反築室於場獨居三年然後歸他日子夏子游子張以有若似聖人欲以所事孔子事之彊曾子曾子曰不可江漢

以濯之秋陽以暴之皜皜乎不可尚已衞公孫朝問於子貢曰仲尼焉學子貢曰文武之道未墜於地在人賢者識其大者不賢者識其小者莫不有文武之道焉夫子焉不學而亦何常師之有叔孫武叔語大夫於朝曰子貢賢於仲尼子服景伯以告子貢子貢曰譬之宮牆賜之牆也及肩窺見室家之好夫子之牆數仞不得其門而入不見宗廟之美百官之富得其門者或寡矣夫子之云不亦宜乎叔孫武叔毀仲尼子貢曰無以爲也仲尼不可毀也他人之賢者邱陵也猶可踰也仲尼日

月也無得而踰焉人雖欲自絕其何傷於日月乎多見其不知量也陳子禽謂子貢曰子爲恭也仲尼豈賢於子乎子貢曰君子一言以爲知一言以爲不知言不可不慎也夫子之不可及也猶天之不可階而升也夫子之得邦家者所謂立之斯立道之斯行綏之斯來動之斯和其生也榮其死也哀如之何其可及也子貢曰見其禮而知其政聞其樂而知其德由百世之後等百世之王莫之能違也自生民以來未有夫子也宰我曰以予觀於夫子賢於堯舜遠矣有若曰豈惟民哉麒麟之

於走獸鳳凰之於飛鳥泰山之於邱垤河海之於行潦類也聖人之于民亦類也出于其類拔乎其萃自生民以來未有盛于孔子也孟子曰可以仕則仕可以止則止可以久則久可以速則速孔子聖之時者也孔子之謂集大成集大成也者金聲而玉振之也金聲也者始條理也玉振之也者終條理也始條理者智之事也終條理者聖之事也以德服人者中心悅而誠服也如七十子之服孔子也詩云自西自東自南自北無思不服此之謂也孔子沒時子思五歲嘗受業曾子於家廟既

長居於衛爲衛侯臣有齊寇或曰寇至盍去諸子思曰如伋去君誰與守因薦苟變於衛侯在衛縕袍無裏三旬九食田子方遺以狐白裘不受年六十二嘗困於宋作中庸上下二篇以昭明聖祖之德後反於魯爲繆公師繆公無人乎子思之側不能安子思乃歸隱教授其徒數百人道卒傳於孟軻年及百餘歲卒子思生白字子上

按孔子生卒年月鄉多聚訟而仕止久速先後紛糅其孰從而辯之所憑據者左傳公羊穀梁國語家語

史記孔子世家及弟子列傳韓詩傳諸書爲最古而近眞然就諸書之中已自齟齬難合若孔氏志先聖本紀祖庭廣記孔庭纂要孔氏世譜孔子圖譜歷聘紀年闕里志其後以至潘氏通紀素王紀事聖門志聖賢冢墓志事蹟圖譜辨等書又其後已浸淫轉寫愈失本來沿流不若尋源披枝會須見本愚必取近古之原文爲主以後來之流傳爲客參其牴牾之故去其擅改之譌如誅少正卯本見家語而朱子疑其不實以至南宮敬叔之請車適周晏子尼谿之沮都宰司空之治冉有訪田賦子路要盟之事後來季本圖蹟妄辯亦因疑爲不實至其所稱實者年歲卒見淆譌作意必意或云云抑何敢於顚倒無稽也卽如委吏乘田明是少賤爲貧之官見孔氏志而妄連於司寇之比年主顏讎由謝彌子主明是靈公餘桃之日見戰國策而妄移於衛輒之既立小邾要盟自在獲麟之歲子路復往仕衛死衛之時而妄訾左傳爲誣此圖譜辨之至舛也至如史家之辭先經起義後經終事幷在一筆匪云同時孟釐子屬敬叔懿子師

孔子自在釐子不能相禮之年二子往師孔子自在及釐子卒之歲相去遠隔史記於司檝吏之下卽有由是而司空已而去魯斥乎齊逐乎宋衛困乎陳蔡之閒於是反魯一段蓋總絜後文以起義終事之旨跌宕頓挫其閒而昧者謂謬記孔子早歲之事毋乃爲龍門掩口乎若夫攝相明是魯哀十二年而朱子以爲十四反魯明是孔子六十四歲而朱子以爲六十八此大左也更有兩事而譌爲一事者如絕糧一在陳爲厄上下之交一在陳蔡之閒爲兵拒不得往

楚一學易在五十之閒一贊易在七十之前而執彼疑此則紛紜無已矣若夫子退必修詩書禮樂一生皆然記宜數見刪述之業老乃畢功惟春秋則止一番作略耳愚述論語年譜就諸書枘鑿矛盾之處參互會通辭期無礙義歸決定從古什九從今什一記傳得論孟而鏡光可交論孟得記傳而符劵可合所不敢懸虛附會者惟汎論道德與評誨及門至追評昔人往事如令尹子文柳下惠孟公綽二臧孫輩不與孔子同時者不入年譜伯魚子思諸書顛末竝不

詳闕里志所載孔子閒居子思再拜請對及宋大夫樂朔問答語以至不受魯相事悉本孔叢子文不雅馴不足考據漢書藝文志無孔叢子名蓋贗書也今禮記四十九篇而孔叢子云四十九篇明係傳譌藝文志儒家子思子二十三篇又禮家中庸說二篇蓋稱子思子二十三篇實該中庸稱中庸說二篇實該大學今小戴禮記所載中庸第三十一大學第四十二庸在學先現存十三經監本禮記一經中無別出則知中庸上下篇外無子思子小戴記無全曾子書

大戴記乃有十篇曾子書手筆意旨與大學懸絕郎十目所視三句特標曾子曰便曉非曾子書矣子思生平史無記事茲特本孟子稱述及賈誼新書所載附見孔子蓋孟子自稱私淑諸人本受業於子思之門人猶在見知聞知中也記稱叔梁紇與顏氏野合而生孔子世多疑之按古禮男子三十而娶女子二十而嫁女子七七四十九陰絕男子八八六十四陽絕過此爲婚不當年者曰野合時叔梁紇年過六十四娶顏氏少女生孔子而尋卒故云又孔子生卒年月諸書竝存疑義以周正建子改朔不改月同於夏正建寅者計之蓋生于周襄王二十一年魯襄公二十二年八月二十七日申時其所生八字實己酉乙亥庚子甲申也沒于周敬王四十一年魯哀公十六年壬戌四月己丑日

先聖生卒年月日攷

[清]孔廣牧

清光緒十五年廣雅書局刊本

先聖生卒年月日攷一卷

光緒十五年
廣雅書局刻

序

亡友大興孔君力堂生而岐嶷略知前身事穎悟過人稍長從吾邑名儒成芙卿先生遊博覽彊記於天文厤算輿地形聲名物訓詁靡不通貫而享年不永儒者惜之歿時遺孤印川甫七齡逾十年以寶應籍應試爲縣學弟子遂舉君遺箸一一整理待梓合肥蒯君翰卿禮卿博雅耆學有叢刊精秘之願逮見君所箸先聖生卒年月日攷讀而善之遂出貲爲授諸梓其禮記天算釋三卷歸安姚彥士方伯亦謀刊之至漢石經殘字證異禮記鄭讀攷詹岱閣省疚錄勿二三齋詩集飲冰子詞存各若干卷行將陸續問世君於是可不朽矣顧恭冕所重君者尙不在此君少有淑性聞乞丐聲愀然不樂輒命分餐給之所居巷稍僻請於父太僕公置燈路隅以利行人太僕公殉節江上家中落君竭力楮柱一日自戎幕歸時天寒見母氏未衣裘卽脫己所服裘質之寶邑有義舉君聞多贊成其事此皆君懿行抑可謂不負所學者已恭冕與君同里世交又與印川爲同歲生故樂序君書兼舉君學行之大以告觀者已卯十二月劉恭冕序

上　衍聖公啟

伏以
宗公鸞章鳳質衍嗣高
列聖之榮帨義鞶仁禮樂纘神明之緒猗蘭萸漢夾廡騰英文
杏延緣莊壇拂馥怵斯文之墜地厪
皇祖之在天春羽秋干扇流風於廣殿金絲玉竹蒐藏帙於崇
阿四海奉爲儒英九族欽乎宗子牧潢承洙水懼墜宗風
籍寄燕山仰希聖學夢
祖庭於風雨心結朱紱溯教澤於淵源神傾素簡洪維我
先祖經緯六典陶鈞兩儀邁睥謝軒黼扆遵
素王之軌揖堯駕舜緇帷服赤製之神重暉爛於勛華峻烈峨
於嵩岱是故嶽祇誕睿垂珠衡玉斗之徵
聖躅歸貞動木壞山隤之歎生箕詳於世本鳳德非韜卒年書
自續經麐文遂卷然而經史異紀二千年聚訟然疑子集
諸書三百家飇騰雲譎廿一廿七襲疇人之誤己丑乙丑
踵厤術之疏伏念揚芬述祖迺孫子之通規數典忘先亦
儒林之厚恧恭承
嚴命載葺陳編自降瑞於防山端儀万宇訖興悲於楹奠迴
曜三辰綜厥始終庸爲參訂謹成
先聖生卒年月日攷一通楹書未讀敢誇圭撮之知能家法常
垂尚冀春秋之筆例卮言無當藻鑒輕塵伏候化裁無任
戰越謹啟

先聖生卒年月日攷卷上

七十世孫廣牧敬述

春秋襄公二十有一年公羊傳十有一月庚子孔子生
春秋襄公二十有一年穀梁傳冬十月庚子孔子生
世本魯襄公二十二年冬十月庚子孔子生祖庭廣記一謹案祖庭廣記者先五
十一世祖貢政君諱元措所撰也今有四本一爲蒙古壬寅重
雕本卽錢詹事所云金元槧本未有若是完美者一爲昭文張
金吾鈔本卽愛日精廬藏書志所著錄者一爲仁和胡樹聲家
藏鈔本卽其子珽據以校刊張氏鈔本者一爲愛日精廬影鈔
集字本卽胡珽所校刊今所通行者是也宋元豐八年先聖四
十六世孫諱宗翰撰家譜宣和六年先聖四十七世孫諱傳撰
孔氏祖庭雜記貢政君因其舊文增益纂集爲孔氏祖庭廣記
時金哀宗正大四年丁亥事也攷金正大四年當宋理宗寶慶
之三年廣記檢閱書目世本未著錄知首卷所引世本爲家譜
雜記原文二書成於元豐宣和之世是其所據世本乃北宋相
傳舊帙南渡佚之良可惜也故崇文總目亦不著錄秦嘉謨謂
五季時已亡蓋攷之未審耳太平御覽成於太平興國八年引
用書目世本尚著錄亦其證也

漢司馬氏遷史記十二諸侯年表魯襄公二十二年孔子生
魯周公世家襄公二十二年孔子生　孔子世家魯襄公二十
二年而孔子生
劉氏向七錄列子書論尼父而云生在鄭穆之年史通卷十四
後漢賈氏逵襄公二十一年左氏解詁此年仲尼生春秋左傳疏四十
服氏虔昭公二十四年左氏傳解誼賈逵云是歲孟僖子卒屬
其子使事仲尼時年三十五定以孔子爲襄二十一年生也春秋左傳疏四十
邊氏韶老子銘孔子以周靈王二十年生隸釋三
何氏休公羊襄公二十一年解詁時歲在己酉

晉杜氏預左傳襄公二十一年注仲尼以二十二年生　哀公十六年左傳注魯襄二十二年生

王氏嘉拾遺記周靈王立二十一年孔子生於魯

梁蕭氏子顯南齊書臧榮緒傳常以宣尼生庚子日陳五經拜之李延壽南史略同

唐陸氏德明春秋左氏音義注魯襄二十二年生本或作魯襄二十三年生則與史記孔子世家異此本非也　春秋公羊音義二十一年庚子孔子生傳文上有十月庚辰此亦十月也一本作十一月庚子又本無此句

楊氏烱盈川集遂州長江縣先聖孔子廟堂碑夫子周靈王二十一年冬十月庚子生

楊氏士勛穀梁襄公二十一年疏仲尼此年生故傳因而錄之史記世家云襄公二十二年生者馬遷之言與經典不同者非一故與此傳異年耳

劉氏知幾史通申左篇列子書論尼父而云生在鄭穆之年以後爲先日月顚倒上下翻覆古來君子曾無所疑及左傳既行而其失自顯

司馬氏貞史記索隱公羊傳襄公二十一年十有一月庚子孔子生今以爲二十二年葢以周正十一月屬明年故誤也

宋王氏欽若冊府元龜總錄部孔子以魯襄公二十一年十月二十一日庚子生時歲在己卯

趙氏明誠金石錄孔子以周靈王二十年生今以年表及世家攷之孔子以魯襄公二十二年生實靈王二十一年未知孰是

蘇氏轍古史孔子之生魯襄公之二十二年也

劉氏安世元城語錄孔子生於襄公二十二年

劉氏恕通鑑外紀周靈王二十年冬十月庚子孔子生

袁氏樞通鑑紀事本末周靈王二十一年冬十一月孔子生於魯昌平鄉陬邑

四十七世孫傳東家雜記先聖誕辰周靈王二十一年庚戌歲卽魯襄公二十二年也當襄公二十二年冬十月庚子日先聖生

鄭氏樵通志列傳一魯襄公二十二年而孔子生

胡氏安國春秋傳襄公二十有一年己酉靈王二十年是年十

一月庚子孔子生

洪氏興祖闕里系譜孔子生於襄公二十一年己酉周家改月十月二十一日庚子卽夏之八月二十一日

朱氏熹論語序說以魯襄公二十二年庚戌之歲十一月庚子生孔子於魯昌平鄉陬邑

呂氏祖謙大事記解題孔子生於襄公二十二年

呂氏祖謙十七史詳節孔子魯襄公二十二年生

趙氏去疾孔子生年月日攷異春秋用夏正孔子生於十月二十一日

葉氏大慶攷古質疑孔子生於魯襄公二十二年

羅氏泌路史餘論五行書論孔子以庚戌年二月二十三日庚

子甲申時生案庚戌乃魯襄公之二十二年是歲周靈王之二十一年而長厤其年二月二十三日實爲庚子孔氏家譜及祖庭記等俱云二十二年十月庚子乃二十有七日故林開以爲戊子之月節雖已過不知周正乃今之八月亦非得云十月矣今定著八月二十七日爲先聖人孔子生日

陸氏唐老通鑑集注靈王二十一年孔子生

李氏石續博物志孔子生於魯襄公二十二年

王氏應麟困學紀聞公羊傳於襄二十一年云十有一月庚子孔子生穀梁傳於襄二十一年十月云庚子孔子生二十一年賈逵注經云此年仲尼生昭二十四年服虔載賈逵語云仲尼時年三十五定以孔子爲襄二十一年生也孔子世家云魯襄公二十二年生杜注從史記臧榮緒以宣尼生庚子陳五經拜之然以年則公穀史記有一年之差以月則公穀有一月之差今不可攷

黄氏震日鈔闕里系譜孔子周靈王二十年己酉當魯襄公二十一年十月庚子生

家氏鉉翁春秋詳說襄公二十一年十一月庚子公穀書孔子生

金五十一世孫元措孔氏祖庭廣記周靈王二十一年庚戌歲卽魯襄公二十二年當襄公二十二年冬十月庚子日先聖生十月庚子卽今之八月二十七日

元程氏登庸年表辨正孔子生於己酉十月二十一日庚子穀梁解春秋以夏正公羊以周正穀梁之十月建亥卽公羊之十二月而寫公羊者誤書十二月爲十一月

馬氏端臨文獻通考公羊穀梁於襄公二十一年皆書孔子生案春秋惟國君世子生則書之子同生是也其餘雖世卿擅國政如季氏之徒其生亦未嘗書之於冊夫子萬世帝王之師然其始生則鄹邑大夫之子耳魯史未必書也魯史所不書而謂夫子自紀其生年於所修之經決無是理也葢襄二十一年所書者公穀尊其師授而增書之也非春秋之本文也

陳氏繹曾尼山書院碑銘周靈王二十有一年孔子生

呂氏思誠加封啟聖王碑魯襄公二十二年冬十一月庚子生孔子於魯昌平鄉陬邑

倪氏士毅四書輯釋孔子之生左氏春秋不書但於哀公十六年夏四月己丑書孔□卒杜預注魯襄公二十二年生至今七十三也公羊穀梁傳皆於襄公二十一年書孔子生乃己酉歲也與史記杜注皆不合

金氏履祥通鑑綱目前編周靈王二十有一年十一月孔子生公穀二傳皆謂魯襄公二十一年孔子生而史記獨曰二十二年或謂春秋用夏正史記爲秦法然皆不可攷案襄公二十一年日再食決非生聖人之年當從史記

胡氏炳文論語通定宇陳氏曰孔子之生左氏春秋不書杜預注魯襄公二十二年生至今七十三也公羊穀梁傳皆於襄公二十一年書孔子生乃己酉歲也與史記杜注皆不合

明宋氏濂學士集孔子生卒歲月辨公羊穀梁二氏傳經之家也傳經之家當有講師以次相授且去孔子時又爲甚近其言必有據司馬遷固良史則後於穀梁公羊者也吾則無徵乎爾孔子所生之年吾當從公羊氏穀梁氏然以春秋長厤攷之二十一年己酉十一月無庚子庚子乃在十月之二十一日孔子所生之月吾當從穀梁氏注家謂己酉爲己卯卯酉之文相近故誤書也曰馮去疾謂十月庚子在大雪後即爲十一月者可乎曰亦非也世之星史厤生以六物占人休祥當氣會之交固有生於己酉而以庚戌歲推之者孰云吾儒乃有是耶此野人之語舍之勿以汙齒牙可也

無名氏孔庭纂要周靈王二十一年庚戌即魯襄公二十二年

是年冬十月庚子日先聖生十月庚子即今之八月二十七日

胡氏廣四書大全吳氏程曰公穀記孔子生襄之二十一年公羊特書十有一月庚子於是年之末穀梁書庚子於十月之後而世家稱二十二年索隱謂史記以周正十一月爲屬明年故誤然則孔子實生於二十一年己酉而世家逐節所紀歲數皆少一年丹陽洪慶善闕里系譜番陽程登庸年表辨正議論正當援據的確程氏反復數千言皆謂孔子生於己酉十月二十一日庚子無可疑者但穀梁解春秋以夏正則其十月建亥乃左氏公羊之十二月也孔子以十月生而公羊用春秋書法書作十有一月庚辰朔彼豈不知十一月之無庚子哉可見傳寫之訛明矣

胡氏廣春秋大全公羊傳十有一月庚子孔子生何氏曰時歲在己卯上有十月庚辰此亦十月也穀梁無十一月字廬陵李氏曰何休以此年爲己卯杜氏以爲己酉已不合史記世家以爲孔子生於襄公二十二年又不合未詳孰是

胡氏翰胡仲子集先聖孔子生於魯襄公之二十一年五十八世孫瓚輯錄孔顏孟三氏誌孔子生周靈王二十一年即魯襄公二十二年庚戌之歲十一月庚子日甲申時生

六十五世孫衍植重纂闕里志孔子靈王二十一年庚戌生即魯襄公二十二年

薛氏應旂四書人物考孔子以魯襄公二十二年庚戌之歲十月二十一日庚子甲申時生

陳氏堯道尊聖集宣聖年譜庚戌一歲

陳氏士元論語類攷孔子以魯襄公二十二年庚戌之歲十一月庚子生

顧氏應祥人代紀要周靈王庚戌魯孔子生

陳氏深公羊解詁襄公二十有一年十有一月庚子孔子生時歲在己卯

鄒氏元錫函史孔子年表靈王二十有一年庚戌十有一月庚子孔子生

彭氏大翼山堂肆考孔子生辰余昔遊金陵邂逅孔子六十代孫承先者持所誌孔子像授余內稱至聖先師生於魯襄公二十二年庚戌之歲十月庚子即今之八月二十七日也余以爲

先師生年月日時出自其子孫相傳者當得其眞則所謂二十一年十一月生者非矣

夏氏洪基孔子年譜孔子生於襄公二十二年至哀十六年乃爲七十三歲史記所紀正得其實前編從之是也而索隱謂少一歲何耶宋濂著孔子生卒歲月辨於生年從公穀於生月從穀梁而於卒年從左傳直作七十四歲葢謂公穀爲傳經之家當有講師相授其言必有依據又在司馬氏以前故信史不如信傳是固然矣然愚攷孔子作春秋其褒貶意義不可具書皆口授弟子以傳傳者各異其說夫歷年既久又以口授至漢乃成書以顯盌必無誤而公羊書月已訛亦安在盡可據也且孔子七十三歲生於庚戌卒於壬戌見之諸書相傳已久今乃謂七十四歲似乎駭聞以春秋經傳推之則庚子當是十月二十七日其書十一月及二十一日者誤也

李氏槃世史類編周靈王庚戌二十一年魯襄公二十二年十月庚子夏正八月二十七日魯鄹邑大夫叔梁紇生孔子於昌平鄉

王氏圻續文獻通考學校考孔子周靈王二十年己酉當魯襄公二十一年十月庚子生

王氏圻三才圖會孔子周靈王二十一年三月初四日午時生

陳氏禹謨四書人物概路史云八月二十七日爲先聖人孔子生日

呂氏元善聖門志孔子年表一歲庚戌周靈王二十一年魯襄公二十二年生於魯昌平鄉陬邑

徐氏應秋談薈孔子生周靈王二十一年庚戌冬庚子生日

崔氏述洙泗考信錄春秋是年冬十月庚辰朔則庚子乃十月之二十一日也春秋周正之冬十月卽今夏正之秋八月也孔庭纂要云魯襄公二十二年冬十月庚子日先聖生卽今之八月二十七日余案十月庚子之文本之穀梁在襄二十一年非二十二年也二十一年庚子則今之八月二十一日也以爲二十二年者史記誤爾史記未嘗言爲十月庚子生也以穀梁爲不可信乎則十月庚子之文不必采矣以穀梁爲可信乎則固謂二十一年也何得又從世家改爲二十二年乎以世家之年冠穀梁之月未知其爲何說也

郭氏延年史通評釋孔子生於魯襄公二十三年實鄭簡公之十六年也去鄭穆公七十八年劉向七錄誤

無名氏聖蹟圖魯襄公二十一年己酉十月辛亥朔庚辰越二十一日庚子甲申時孔子生於魯國之昌平鄉陬邑

大清一統志魯襄公二十二年庚戌之歲十月庚子先師生於魯昌平鄉陬邑

欽定歷代紀事年表周靈王二十有一年冬十一月庚子孔子生於魯

欽定春秋傳說彙纂案公羊傳襄公二十一年十一月庚子孔子生穀梁傳襄公二十一年冬十月庚子孔子生史記襄公二十二年孔子生三家不同朱子論語集注序採用孔子世家則

專以史記爲憑也宋氏濂作孔子生卒歲月辨力主公穀而亦無確然不易之證但謂史記紀載多失實公穀以次相授必有據依耳夏氏洪基曰孔子生於襄二十二年至哀十六年乃爲七十三歲史記所紀正得其實公羊書月已訛豈盡可據宋濂乃從公穀作七十四歲似乎駭聞夏氏之見卓矣蓋孔子生於庚戌卒於壬戌相傳已久今折衷於朱子而參以夏氏之說則史記良不誣也

山東通志孔子年表一歲庚戌周靈王二十一年魯襄公二十二年生

四庫全書總目史部傳記類東家雜記提要去疾攷中厯駁諸家之誤而以爲春秋用夏正定孔子生於十月二十一日其說

殊謬

黃氏宗羲南雷文約論孔子生卒孔子之生年在庚戌無可疑也家語史記載孔子弟子年歲皆以孔子爲的若孔子不生庚戌則弟子之年無一足憑者矣信公穀必盡廢諸家無乃過歟至於生之月日左傳無文穀梁氏則書冬十月庚子孔子生公羊氏則書十有一月庚子孔子生陸德明釋公羊云庚子孔子生傳文上有十月庚辰此亦十月也一本作十一月庚子又本無此句蓋經文庚辰朔則庚子在二十一日若十一月則己酉朔其距庚子五十有二日十一月無庚子則知有此句者之爲誤本也某以厤法推之襄二十一年中積六十六萬九千一百二十七日五十五刻冬至四十七日五千二十四閏餘二十五

日七千三百四十六其年有閏故子月甲寅朔丑月甲申朔寅月癸丑朔卯月癸未朔辰月壬子朔巳月壬午朔午月辛亥朔未月辛巳朔申月庚戌朔酉月庚辰朔戌月己酉朔亥月己卯朔襄二十二年中積六十六萬八千七百六十二日三十一刻冬至五十二日七四四九閏餘七日七一子月己酉朔丑月戊寅朔寅月戊申朔卯月丁丑朔辰月丁未朔巳月丙子朔午月丙午朔未月乙亥朔申月乙巳朔酉月甲戌朔戌月甲辰朔亥月癸酉朔若不從公穀以家語史記爲準則孔子之生在二十二年酉月自甲戌推至庚子爲二十七日故羅泌以爲八月二十七日是也

萬氏斯大禮記偶箋春秋書季武子之卒在魯昭公七年孔子

生於襄公二十二年至此方十七歲

姜氏兆錫公穀彙義左傳孔子卒於魯哀公十六年壬戌時年七十有三歲當是襄公之二十二年庚戌歲生而公羊二十一年己酉生之說非矣大全吳氏程曰周正己酉歲之十月二十一日實亥月庚子日也其論月建是論歲亦非

馬氏驌繹史先聖年譜周靈王二十一年魯襄公二十二年庚戌孔子生孔子類記公羊穀梁二傳孔子生於襄公二十一年十一月史云二十二年蓋以周正十一月屬明年故也至後云年七十三實差一年前後牴牾

閻氏若璩困學紀聞箋案王氏後宋景濂有孔子生卒歲月辨一篇生主公穀歲己酉卒主左氏歲壬戌相距則七十四年與

厤所傳孔子年七十三者不合辭雖辨實不通厤法近黃太沖以厤上推斷生於襄公二十二年建酉之月二十七日庚子與羅泌路史脗合余亦推以厤歎爲定論

閻氏若璩潛邱劄記周靈王二十一年庚戌卽魯襄公二十二年是年冬十月庚子日先聖生十月庚子卽今之八月二十七日

洪氏若臯釋奠考周靈王二十一年孔子生

毛氏奇齡經問春秋魯史但記孔子卒未嘗記孔子生也孔子之生僅見於春秋襄二十一年公羊傳文然與史世家列傳及家語諸書凡所記孔子出處皆不合故宋王伯厚直謂此無可攷者今第就公羊所言校之則實與春秋經文大相剌謬經云冬十月庚辰朔日有食之而公羊云十有一月庚子孔子生夫經以十月朔爲庚辰則自庚辰至庚寅十日至庚子又十日其二庚相距祇二十日耳經以庚辰爲十月朔日而傳乃以庚子爲十一月是一月祇二十日大不通矣宋景濂云穀梁謂冬十月孔子生亦不讀春秋者穀梁何嘗云冬十月孔子生乎經於冬十月庚辰朔日有食之後又云曹伯來朝又云公會晉矦齊矦宋公衞矦鄭伯曹伯莒子邾子於商任然後穀梁云庚子孔子生並無冬十月三字但附其文於會商任後經云曹伯來朝而傳卽間之云冬曹武公來朝則是曹伯來朝時已非冬十月矣穀梁苟能識公羊之誤而改承十月何難別記孔子生三字於冬十月日食之後而必越來朝會商任二事然後記之則

其同於公羊之十一月而並非十月斷可知也史記作二十二年亦不知所據或者二字卽一字之訛亦不可攷但史記云魯襄公二十二年而孔子生並無庚子二字司馬貞史記索隱云周正十一月屬之明年則從來三正推法祇以後月屬前月並無以前月屬後月者周正十一月第能爲夏正九月未聞又能倒而爲夏正之正月者

曹氏份論語大全史記孔子世家稱孔子之生以襄公二十二年而公羊穀梁則謂二十一年生一爲己酉歲一爲庚戌歲二說不同朱子用史記作論語序說而以生於庚戌爲定論他如左傳注疏釋文蘇子由古史金仁山前編亦皆主史記之說然則且從史記可也宋文憲孔子生卒年月日辨主公穀者也然其論但謂史記紀事多失實而公穀講師以次相授必有據依而已蓋雖以宋氏之辨而卒亦不能有的然可據之實也且公羊謂己酉十一月庚子生而是年十一月實無庚子況公羊於十月既書庚辰朔則庚子亦應在十月又何以繫之十一月有據依者果若是耶

錢氏曾讀書敏求記庚戌乃魯襄公二十二年周靈王二十一年與公穀年月俱差信五行書固不若信公穀

林氏子卿通鑑本末紀要注孔子之生公穀二傳皆在魯襄公二十一年十一月庚子則靈王二十年己酉歲也史記在庚戌注謂公穀以周正十一月屬明年故誤也前編謂己酉歲日食者再必非生聖人之年斷從史記然攷辛亥歲二月癸酉朔日

有食之推之庚子日當在庚戌歲十月下旬闕里志靈王二十一年十月二十七日庚子爲孔子生以爲卽今之八月二十七日似爲得之要當以闕疑爲正

無名氏紀元部表周靈王二十一年庚戌冬十一月庚子孔子生

江氏永孔子年譜魯襄公二十一年冬十月庚子孔子生於昌平鄉陬邑闕里

江氏永鄉黨圖考魯襄公二十一年己酉周靈王之二十年也公羊穀梁皆謂孔子生於是年二家去聖未遠當必有據經書十月庚辰朔日有食之則庚子者十月二十一日也公羊謂十一月庚子則誤矣司馬遷年表世家舛錯者非一言生二十二

年者不足信漢時亦尙公穀之學何以記孔子生年必與公穀差一年乎金履祥通鑑前編謂是年九月十月日兩食之必非生聖人之年此金氏不知厤法故也合朔當交而食必須隔五六月無連月比食之理春秋及漢初有比食者皆史家之誤未可以是斷聖人生年也十月庚辰朔日食庚子孔子生亦何妨乎朱子論語序說旣引史記不得不依其生年然以公羊之十一月庚子係之則亦誤二十二年七月有辛酉二十三年二月癸酉朔日食以此推前後月日則庚戌歲十一月當甲辰不得有庚子矣竊謂孔子生年當以二傳爲信月日當以穀梁爲信

江氏永羣經補義案孔子生年月日諸家記載不同春秋襄公二十一年己酉經書冬十月庚辰朔日有食之而穀梁傳書庚子孔子生公羊傳書十有一月庚子孔子生二家年與日皆同而月或參錯史記月日同公羊而年則後一歲朱子序說引用史記於此不暇致辨惟洪慶善闕里系譜程登庸年表辨正斷以穀梁爲是皆謂孔子生於己酉十月二十一日庚子無可疑者夫穀梁誠是則是年十一月無庚子公羊之誤亦已明矣而程氏乃欲牽合二傳謂穀梁解春秋以夏正公羊以周正穀梁之十月建亥卽公羊之十二月而寫公羊者誤書十二月爲十一月則穿鑿之甚矣夫周人改時又改月此事確有明徵三傳皆同用周正爾豈有穀梁獨用夏正之理愚嘗因近世厤家之法爲春秋厤譜攷其交食合朔知春秋所書無不用周正者又推襄公二十一年十月庚辰合朔十日己丑秋分此非建酉月

而何如曰此建亥月也則合朔當己卯而庚子非二十一日矣惟洪氏言孔子生於今之八月最爲得之其年之先後愚亦意其當以二傳爲信史遷之爲人讀書疏略其書譌舛極多不止此一事也近世薛方山人物考書曰庚戌歲十月二十一日庚子甲申時生此又不思之甚者夫己酉年十月庚辰朔則庚戌年十月當甲戌朔庚子乃二十七日也而顧混穀梁史記而一之可乎

王氏棠知新錄孔聖生卒考孔子生周靈王二十一年庚戌卽魯襄公二十二年是年冬十月庚子卽今之八月二十七日

施氏彥士補史記周世表紀年己酉冬十月庚子孔子生

邵氏泰衢史記疑問孔子世家襄公二十二年孔子生公羊注

曰歲在己卯襄公二十一年係己酉年非己卯也正月甲申朔閏八月辛巳朔九月庚戌朔日食十月庚辰朔二十一日庚子並非二十七日庚戌年至哀公十六年壬戌正合七十三則二十二年生是也正月戊申朔四月丁丑朔十一月内無庚子日十月朔甲戌二十七日適是庚子是庚戌年八月二十七日爲聖誕三命會通作申時乃庚戌年乙酉月庚子日甲申時確乎不可易也惟精麻者知之

李氏鍇尙史孔子繫魯襄公二十一年十月庚子孔子生公穀去孔子近說必有本賈逵注襄公二十一年經云此年孔子生服虔注昭公二十四年經云時仲尼年三十五是皆以爲二十一年生也年之從公穀無疑矣月有可疑者以十有一月無庚子庚子在十月之二十一日是穀梁之說爲無誤故斷之以十月也杜預主史記非是司馬貞主公穀而以周正十一月屬之明年以遷就公穀之異亦非是今斷孔子之生在夏正己酉年之八月二十一日也近庸若朱氏曰當在十有二月二十一日以商任之會下書孔子生知必逾月也其十有一月者必十有二月之訛說亦可從宋羅泌初亦主是說而後復主孔氏之譜

張氏伯行道統錄魯襄公二十二年庚戌之歲十一月庚子生孔子於魯昌平鄉陬邑

張氏四教稽古編年周靈王二十一年十月庚子孔子生

吳氏鳳采春秋集義前書十月庚辰朔則庚子乃十月之二十一日公羊以爲十有一月者非矣朱子論語集注序主史記孔子世家以爲生於襄公二十二年夏氏洪基以爲襄二十二年至哀十六年合七十三歲之數金氏履祥作通鑑前編謂襄公二十一年日再食非生聖人之年甚爲有理蓋孔子生於庚戌卒於壬戌相傳已久故附辨於此

六十九世孫繼汾闕里文獻考至聖先師魯襄公二十一年己酉冬十月二十一日庚子生蓋周靈王之二十年也至公羊傳爲魯襄公二十一年冬十一月庚子穀梁傳則云冬十月史記又云二十二年竊謂徵史不如徵傳而襄公二十一年十一月實無庚子故斷以穀梁爲是得年七十四云

齊氏召南公羊傳注疏考證穀梁云庚子孔子生蒙上十月十月書庚辰朔則庚子是十月二十一日也公羊作十一月庚子

十一月當有庚戌庚申庚午必不得有庚子故陸氏釋文云此亦十月也史記魯世家則曰襄公二十二年孔子生索隱云蓋以周正十一月屬明年故誤也案公穀是孔門弟子所傳於孔子生日當無不確以十月宜有庚子言之則公羊所云十一月者一字或是衍文注時歲在己卯案是歲實在己酉不知何氏何以言歲在己卯疏謂何氏自有長麻不得以左氏難之知何氏竟以是歲爲己卯矣

齊氏召南帝王表周靈王二十一年庚戌魯襄公二十二年孔子生

錢氏大昕十駕齋養新錄賈逵注左傳於襄二十一年云此年仲尼生又昭二十四年服虔注引賈逵說云仲尼時年三十五

是漢儒皆以孔子生在襄二十一年也是年經書十月庚辰朔則十一月無庚子日予以三統術推襄公二十一年十月己卯朔其月二十二日庚子是爲宣尼生之日年從公羊月從穀梁與賈服注左傳亦合公羊傳襄公二十一年十一月庚子孔子生注時歲在乙卯（原注疏作己卯二文當有一誤）疏云何氏自有長厤不得以左氏難之案魏晉以來推襄二十一年皆云己酉而何氏乃云乙卯故疏家依違其詞謂何氏別有長厤亦無明文可證今以三統歲術超辰之法計之襄二十一年歲在實沈太歲當是乙巳則何注乙卯必乙巳之譌也左氏襄二十八年歲在星紀歲星與太歲常相應星在星紀則歲當在子而今人以爲丙辰亦差四算然則孔子生年必乙巳非乙卯無疑

錢氏大昕三史拾遺賈逵注左傳於襄二十一年云此年仲尼生又昭二十四年服虔注引賈逵說云仲尼時年三十五是漢儒皆以孔子生在襄二十一年也是年經書十月庚辰朔則十一月無庚子日予以三統術推之襄公二十一年十月己卯朔庚子月二十二日也是爲宣尼生之日年從公羊月從穀梁與賈服說亦合自是年己酉至哀十六年壬戌實年七十有四

李氏惇羣經識小公穀書孔子之生皆在襄公二十一年穀梁書於十月之後是也公羊傳書十一月庚子一字衍文乃傳寫之誤觀下書十二月庚辰朔及陸氏釋文可見史以爲二十二年非也

梁氏玉繩古今人表考孔子以魯襄公二十二年十月庚子生

梁氏玉繩史記志疑左氏春秋不書孔子之生公穀俱書於襄公二十一年然公羊書十有一月庚子孔子生於是年之末穀梁書庚子孔子生於十月之後徵有不同而史獨稱二十二年（原注隸釋邊韶老子銘以孔子生於周靈王二十年亦從公穀若索隱言史誤以周正十一月屬明年大謬矣從來三正推法祇以後月屬前月並無以前月屬後月周正十一月第能爲夏正九月未聞倒而爲夏正之正月者）二十一年是己酉二十二年是庚戌當從史記爲的其徵有三襄二十一年日食必非生聖人之歲一也公穀皆口授公羊著於漢景之時穀梁顯於漢宣之代歷年既久盍得無譌二也杜注哀十六年傳云仲尼至今七十三五代史馮道傳卒年七十三時人皆謂與孔子同壽則非七十四可知三也若生月必當從穀梁在十月以杜長厤推之是年十一月無庚子況三傳經文於十月

既書庚辰朔則庚子應在十月倘作十一月則一月祇二十日大不可通且陸氏公羊釋文曰上有十月庚辰此亦十月一本作十一月又本無此句知公羊傳寫訛異綜而論之年宜依史記月宜用穀梁日則庚子路史餘論定爲八月二十七日孔子生又引五行書謂生庚戌年二月二十三日甲申時斯不足辨爾

孫氏志祖讀書脞錄公羊襄二十一年十有一月庚子孔子生案經上文云十月庚辰朔則庚子爲十月二十一日十一月不得有庚子也釋文云庚子孔子生傳文上有十月庚辰此亦十月也據此則古本公羊無十有一月四字有者後人妄增今穀梁亦作十月蓋孔子以周之十月夏正八月二十一日生（原注左襄

三十一年正義引公羊傳亦有十有一月四字則穎達所據本已誤

陳氏宏謀四書考輯要闕里志襄公二十二年孔子生

李氏灝春秋求中錄左氏於孔子生年無錄公穀紀其生年又與史記不符且公羊紀襄二十一年十一月庚子穀梁紀十月彼此互異宋景濂孔子生卒辨獨主公穀以史記遼遠不實公穀必有師承但據春秋本文十月庚辰朔日有食之則庚子當在十月公羊已失實

鄭氏環孔子年譜庚戌一歲周靈王泄心二十一年魯襄公二十二年十月庚子孔子生於魯昌平鄉陬邑黃太沖以厤上推即今之八月二十七日也宋氏濂生卒考江氏永年譜俱誤

鄭氏環孔子世家考金氏履祥謂魯襄二十一年九月十月日

再食必非生聖人之年江氏愼修謂金氏不知厤法合朔當交而食必須隔五六月無連月比食之理春秋漢初有比食者皆史記之誤未可以是斷聖人生年殊不知隔五六月而食天之常連月比食者天之變春秋之季變之中又有變焉漢初史官書比食或未足據春秋乃夫子所修豈聖人亦不知厤法邪生年當以史記爲正至月日則名從公羊實從穀梁葢周之十一月夏之九月也八月二十七日已交九月朔氣故公羊作十一月庚子以朔氣言之穀梁作十月庚子以數言之二傳一而已矣諸儒何紛紛聚訟邪

七十世孫廣森公羊通義陸德明曰庚子孔子生傳文上有十月庚辰此亦十月也一本作十一月庚子今以十月庚辰朔校之舊有十有一月字者誤故定從釋文本傳記此者分別自後爲所見之世故也

段氏玉裁經韻樓集公穀記孔子生說公羊襄公二十一年十月庚辰朔日有食之曹伯來朝公會晉侯齊侯宋公衞侯鄭伯莒子邾婁子於商任十有一月庚子孔子生穀梁襄公二十一年十月庚辰至於商任同其下即云庚子孔子生穀謂生於十月公謂生於十一月互異據陸氏釋文公羊與穀梁同上文十月庚辰此亦十月也一本作十一月庚子是公羊有異本今唐石經及板本均從異本耳又案徐彥解云左氏無此言則公羊師從後記之玉裁謂公穀識孔子之生猶左氏記孔子之卒然左大書孔子名以記其卒儼然賡經也公穀曰孔子生不敢書

名則此當爲傳文無疑陸氏云庚子孔子生傳文也又一本無此句可證唐初公羊尙有無此條者自公穀經不別爲書唐開成石經每年經傳揑合之盡一年乃跳起於是經傳不可分經傳不可分而庚子孔子生之文儼然經也故馬端臨謂公穀二經有孔子生而不知固傳也非經也今世板本冠之以傳字較唐石經爲易明葢左氏記卒者用魯史之成文公穀記生者見尊聖之微意皆非敢曰賡經也

吳氏英經句說孔子之生年月日當從穀梁傳公羊音義此亦十月也據此知公羊亦以爲襄公二十一年十月庚子日生也十有一月非衍文而何賈氏服氏皆以二十一年爲孔子生年昭公二十四年左傳注僖子卒時孔子年三十五昭公十七年

左傳注於是仲尼年二十八襄公三十一年左傳注仲尼以二十二年生於是十歲英案此說三十五二十八是也三十一十歲非也史記云襄公二十二年孔子生小司馬亦以司馬氏爲誤而從公穀也公羊傳注時歲在己卯並謂史記諸侯年表於甲辰之下系魯襄公十六年據此知魯襄二十一年爲己酉歲也篆文卯古文丣二字文相近後之傳寫公羊注者誤文作丣

何竹汀謂乙巳卯

阮氏元公羊注疏校勘記案作十月者是也杜氏長厤十月庚辰小十一月己酉大十一月無庚子庚子乃十月二十一日也

汪氏汲事物原會孔子生卒年月日史傳記載靡定攷路史以孔子家譜及祖庭記俱云二十一年十月庚子生遂定今八月

二十七日爲至聖孔子誕辰是孔子生於周靈王二十一年庚戌十月庚子卽魯襄公之二十二年是年十月庚子卽今八月二十七日也學者當以八月二十七日爲聖節焉

周氏照春秋集讀靈王二十有一年十有一月庚子孔子生

蔡氏孔炘孔子年譜魯襄公二十一年己酉冬十月庚子孔子生

李氏許夔誕靈寶笈穀梁傳襄公二十有一年冬十月庚子孔子生孔庭纂要十月庚子卽今之八月二十七日也

七十二世孫憲墳重修孔氏大宗譜始祖孔子周靈王二十年十月庚子生史記作二十一年

狄氏子奇孔子編年魯襄公二十有一年冬十月庚子孔子生於昌平鄉陬邑闕里

夏氏炘景紫堂文集孔子生年月日攷二傳紀孔子之生月不同據釋文本則均作十月無不同也

成先生蓉鏡經義駢枝世傳孔子生於魯襄公二十二年十月庚子爲今之八月二十七日攷杜氏春秋長厤是年十月甲戌朔二十七日正得庚子此卽孔子家譜祖庭記路史餘論山堂肆考諸書所本近黃南雷氏閻百詩氏據新厤推算亦爲八月二十七日似可信已然以古厤步之實八月二十八日也甄鸞五經算術推春秋至朔皆周厤周厤上元丁巳至僖公五年丙寅積二百七十五萬九千七百六十九算加入僖五年至襄公二十二年距積一百四算得積年二百七十五萬九千八百七

十三盈元法去之入紀一千七十三年如蔀歲而一得積蔀一十四命甲子一癸卯二壬午三辛酉四庚子五己卯六戊午七丁酉八丙子九乙卯十甲午十一癸酉十二壬子十三辛卯十四算外得庚午蔀不盈九爲入蔀年以章月乘之如章歲而一得積月一百一十一閏餘六以蔀日乘積月如蔀月而一得積日三千二百七十七大餘三十七小餘八百六十九加朔策九得酉月大餘三小餘六百六十命起庚午算外得癸酉朔二十八日庚子世經四分上元至伐桀十三萬二千一百一十三歲加入伐桀至襄二十二年距積一千二百算得積年十三萬三千三百一十三依四分術推之亦得癸酉朔二十八日庚子班孟堅稱劉歆作三統厤及譜以說春秋三統上元至僖五年十

四萬二千五百七十六歲加距積一百四算得積年十四萬二千六百八十滿統法去之入甲申統一千九十二年以章月乘之如章法而一得積月一萬三千五百六閏餘六以月法乘積月如日法而一得積日三十九萬八千八百四十三大餘三十三小餘六十九加朔策九得酉月大餘四十九小餘五十一命起甲申算外得癸酉朔二十八日庚子古六厤以周厤爲可信兩漢以來演撰諸家以三統爲最古而皆得二十八日庚子後世二十七日之說雖一日之差然所係匪輕有志之士當亟爲正之

七十世孫廣牧謹案

先聖之生年從史記月從穀梁日從公羊穀梁年從史記者世

本云宋孔父嘉生木金父木金父生祈父其子奔魯爲孔防叔生伯夏伯夏生叔梁紇長子曰伯皮有疾不任繼嗣遂娶顏氏禱於尼山得孔子魯襄公二十二年冬十月庚子孔子生生而首上圩頂故因名口字仲尼祖庭廣記一案史記孔子世家曰孔子其先宋人也曰孔防叔防叔生伯夏伯夏生叔梁紇紇與顏氏女野合而生孔子禱於尼山而得孔子魯襄公二十二年而孔子生生而首上圩頂故因名曰口字仲尼全根世本爲說惟隱括先世不詳敘而刪去長子一事妄增野合一言耳攷漢書司馬遷傳贊曰孔子因魯史記而作春秋而左邱明論輯其本事㠯爲之傳又籑異同爲國語又有世本錄黃帝以來至春秋時帝王公矦卿大夫祖世所出然則攷春秋之世世本之功同於內外傳先聖之卒左氏書之而生則無文幸有世本可徵惜史記略其月日也世本久佚今卽錢氏大昭孫氏馮翼洪氏飴孫王氏謨秦氏嘉謨茆氏泮林所輯諸本攷之凡世本所述春秋卿大夫世系悉與左傳合龍門撰史記於先聖生年根據世本爲說誠以其可信也故左傳注拾遺記左氏音義盈川集古史元城語錄通鑑紀事本末東家雜記通志論語序說大事記十七史詳節攷古質疑路史餘論通鑑集注續博物志祖庭廣記啟聖王碑四書輯釋通鑑前編論語通孔庭纂要孔顏孟三氏誌重纂闕里志四書人物考尊聖集論語類考函史山堂肆考夏氏孔子

年譜世史類編三才圖會聖門志一統志歷代紀事年表春秋傳說彙纂山東通志南雷文約禮記偶箋公穀彙義馬氏先聖年譜困學紀聞箋潛邱劄記釋奠考論語大全紀元部表知新錄史記疑問道統錄稽古編年春秋集義帝王表古今人表考史記志疑四書考輯要鄭氏孔子年譜孔子世家考事物原會春秋集讀經義駢枝諸書並從史記是也若左氏解詁左氏傳解誼老子銘公羊解詁穀梁疏史記索隱冊府元龜通鑑外紀春秋胡傳闕里系譜黃氏日鈔春秋詳說年表辨正文獻通考宋學士集四書大全胡仲子集陳氏公羊解詁續文獻通考洙泗考信錄聖蹟圖讀書敏求記江氏孔子年譜鄉黨圖考羣經補義

補史記周世表紀年尙史闕里文獻考養新錄三史拾遺羣經識小讀書脞錄春秋求中錄經句說蔡氏孔子年譜狄氏孔子編年則皆從公穀者殆失之矣至宋濂謂遷史後於公穀不知遷史所本則先於公穀耳夏洪基孔子年譜駁之詳矣故春秋傳說彙纂卽取其說毛西河謂史記二十二年二卽一字之譌案十二諸侯年表魯襄公二十一年公如晉日再蝕二十二年孔子生魯周公世家襄公二十一年朝晉平公二十二年孔□生盜有譌乎然其駁正索隱特爲確當其識在馬宛斯齊次風之上故李鐵君梁曜北從之鄭清如謂生年當以史記爲正甚是其謂五六月而食天之常連月比食天之變春秋之季變之中又

有變焉春秋乃夫子所删豈聖人亦不知厤法耶以此譏金氏石再食非生聖人年之說夫金氏之論雖失之稍拘但連月書食舊史闕文疑以傳疑故聖人不删比月頻食江氏已詳正之吳簡舟謂左傳注三十五二十八是也三十一十歲非也案襄三十一年孔子實十歲昭十七年二十七歲非二十八歲二十四年三十四歲非三十五歲簡舟互誤至郭延年以爲襄公二十三年益不足辨何劭公謂歲在己酉亦誤從公羊冊府元龜陳氏公羊解詁謂歲在己卯葢據誤本引宋景濂吳簡舟謂卯酉文相近是也錢竹汀據俗本乙卯依三統改爲大歲在乙巳齊次風據疏謂何氏自有長厤譏何氏竟以是歲爲己卯皆非何氏

恉矣月從穀梁者以穀梁與世本同故盈川集冊府元龜通鑑外紀東家雜記闕里系譜孔子生年月日考異路史餘論黃氏日鈔祖庭廣記年表辨正宋學士集孔庭纂要四書大全四書人物考山堂肆考夏氏孔子年譜世史類編續文獻通考洙泗考信錄聖蹟圖一統志南雷文約公穀彙義困學紀聞箋潛邱劄記論語大全江氏孔子年譜鄉黨圖考羣經補義知新錄補史記周世表紀年史記疑問尙史稽古編年春秋集義闕里文獻考公羊注疏考證養新錄三史拾遺羣經識小古今人表考史記志疑讀書脞錄春秋求中錄鄭氏孔子年譜公羊通義經句說公羊校勘記事物原會蔡氏孔子年譜重修孔氏大宗譜狄氏

孔子編年景紫堂文集經義駢枝並無異義說者謂穀梁用夏正殆非公羊諸本不同自當以又本爲確又本亦與世本同也故公羊通義從之史記索隱通鑑紀事本末春秋胡傳論語序說啟聖王碑通鑑綱目前編三氏誌論語類考陳氏公羊解詁函史繹史紀元部表道統錄春秋集讀並從誤本公羊春秋詳說亦沿斯失復以爲穀與公同則誤而又誤矣經問謂穀與公同而其誤更甚揆厥由來葢有二失一則不知公羊之衍文一則誤以左傳爲穀梁傳均失之夏氏孔子年譜論語大全鄉黨圖考春秋集義春秋求中錄知公羊之誤而不知其衍公羊注疏考證羣經識小知十一月一字之衍而不知經上文已有冬十月

吳辰蕤此十有一月四字並衍非僅一字爲衍文也南雷文約史記志疑讀書脞錄經句說謂有此句者爲誤本得之矣孔子世家考謂八月二十七日已交九月朔氣故公羊作十一月庚子夫古祇有分至啟閉九月朔氣太初厤以下謂之寒露春秋所無鄭說抑近傅會矣馮去疾謂十月庚子在大雪後卽爲十一月宋景濂駁正極確程登庸朱庸若李鐵君謂十有一月爲十有二月之譌尢鑿空之論不足據也日從公羊穀梁者經義駢枝據周厤三統厤及古四分厤推得十月庚子爲今之八月二十八日牧以黃帝顓頊二厤推之黃帝厤入甲午蔀三十九年積月四百八十二閏餘七積日一萬四千二百三十二大餘一十

三小餘八百一十八周十月癸酉朔大餘三十九小餘六百九得二十八日庚子顓頊厤入丁巳蔀四十三年積月五百三十一閏餘一十六積日一萬五千六百八十大餘二十小餘八百二十九周十月癸酉朔大餘一十六小餘一百七十九得二十八日庚子並與周厤合凡此古厤所推不獨可以正路史餘論祖庭廣記孔庭纂要山堂肆考夏氏孔子年譜世史類編南雷文約困學紀聞箋潛邱劄記知新錄史記疑問史記志疑鄭氏孔子年譜事物原會之譌卽

祖庭享祀之期亦當據此爲定也冊府元龜闕里系譜生年月日攷異年表辨正宋學士集四書人物考洙泗考信錄聖蹟圖公穀彙義鄉黨圖考羣經補義尙史春秋集義闕里文獻考公羊注疏考證讀書脞錄公羊校勘記以爲周正十月二十一日養新錄三史拾遺以爲十月二十二日蓋據襄公二十一年推故皆不能無譌至或以爲十二月二十一日失之遠矣五行書三氏誌四書人物考聖蹟圖史記疑問諸書傅會爲甲申時史記志疑斥之斯爲有識而三才圖會復以爲三月初四日午時益荒謬不足辨云

先聖生卒年月日攷卷上終　番禺沈寶樞初校黃濤覆校字

先聖生卒年月日攷卷下

七十世孫廣牧敬述

春秋哀公十六年續經夏四月己丑孔口卒

春秋哀公十六年左氏傳夏四月己丑孔口卒

九世孫鮒孔叢子荅問昔我先君以春秋哀公十六年四月己丑卒

九世孫鮒詰墨白公立一年然後乃謀作亂亂作在哀公十六年秋也夫子已卒十旬矣

漢十一世孫子國子孔子家語終記解夫子歎曰余殆將死遂寢病七日而終時年七十三矣

司馬氏遷史記周本紀敬王四十一年孔子卒　秦本紀孔子以悼公十二年卒　十二諸侯年表魯哀公十六年孔子卒　魯周公世家哀公十六年孔子卒　燕召公世家獻公十四年孔子卒　陳杞世家陳湣公二十四年是歲孔子卒　衛康叔世家莊公二年魯孔子卒　晉世家定公三十三年孔子卒　鄭世家聲公二十二年孔子卒　孔子世家孔子年七十三以魯哀公十六年四月己丑卒

漢董氏仲舒春秋繁露隨本消息西狩獲麟曰吾道窮吾道窮三年身隨而卒

後漢賈氏逵左氏解詁哀十六年夏四月己丑卒七十三年春秋左傳疏四十

許氏愼五經異義夏四月己丑孔子卒周禮疏十八毛詩正義四之一

晉陳氏壽三國志譙周傳昔孔子七十二而沒

杜氏預哀公十六年左傳注魯襄二十二年生至今七十三也四月十八日乙丑無己丑己丑五月十二日日月必有誤

杜氏預春秋長厤十六年壬戌四月己丑四月十八日有乙丑無己丑己丑五月十二日也日月必有誤

隋劉氏炫春秋規過十六年仲尼卒春秋左傳疏五十九

唐陸氏德明春秋左氏音義魯襄二十二年生至今七十三也本或作魯襄二十三年生至今七十二則與史記孔子世家異此本非也

楊氏炯盈川集遂州長江縣先聖孔子廟堂碑夫子魯哀公十有六年夏四月己丑卒凡享年七十有二

林氏寶元和姓纂孔子魯哀公十六年卒年七十二

司馬氏貞史記索隱若孔子以魯襄二十一年生至哀十六年爲七十三若襄二十二年則孔子年七十二經傳生年不定致使孔子壽數不明

宋歐陽氏修新五代史馮道傳道卒年七十三時人皆共稱歎以謂與孔子同壽

司馬氏光稽古錄周敬王四十一年夏孔子卒

劉氏恕通鑑外紀周敬王四十一年夏四月孔子卒年七十四

蘇氏軾東坡後集志林孔子以哀公十六年卒

蘇氏轍古史哀公十六年孔子年七十有三寢疾七日而沒實四月己丑

袁氏樞通鑑紀事本末敬王四十一年四月己丑孔子卒

四十七世孫傳東家雜記先聖諱日周敬王四十一年辛酉即魯哀公十六年也當哀公十六年夏四月乙丑日先聖薨先儒以謂己丑者誤矣時年七十三

鄭氏樵通志氏族略哀公十六年四月己丑卒年七十三　列傳孔子年七十三以哀公十六年夏四月己丑卒

趙氏明誠金石錄史書周太史儋事云孔子死後二百二十九年徐廣注曰實一十九年今此碑所書正與史合不知徐廣何所據也

羅氏泌路史疏紇紀孔子反魯蓋六年而沒敬之四十有一年也　餘論以哀公十六年壬戌歲四月己丑卒乃敬王之四十一年享七十有三齡

羅氏苹路史注四月無己丑惟有乙丑己丑乃五月十二日林開不知何據以爲四月戊戌戊戌亦在五月故祖庭記直以爲四月乙丑

朱氏熹論語序說史記世家曰十六年壬戌四月己丑孔子卒年七十三

呂氏祖謙大事記周敬王四十一年夏四月孔子卒

呂氏祖謙大事記解題魯史左傳皆書己丑杜預曰四月十八日乙丑無己丑己丑五月十二日日月必有誤孔子生於魯襄公二十二年至是七十三

呂氏祖謙十七史詳節孔子年七十三以魯哀公十六年四月己丑卒

陸氏唐老通鑑集注敬王四十一年孔子卒

葉氏大慶攷古質疑孔子卒於魯哀公十六年即周敬王四十一年也

趙氏去疾孔子生卒年月日考異春秋用夏正孔子卒於四月十八日

魯氏應龍閑窗括異志魏文侯以卜子夏爲師案史記所書少孔子四十四歲孔子卒時子夏年二十八矣是時周敬王四十一年後一年元王立歷貞定王考王至威烈王二十三年魏始爲侯去孔子卒時七十五年文侯爲大夫二十二年而爲侯又十六年而卒姑以始侯之歲計之則子夏已百三歲矣方始爲諸侯師豈其然乎

謝氏維新古今合璧事類續集孔子魯哀公十六年卒年七十二

黄氏震黄氏日鈔闕里系譜哀公十六年孔子卒年七十四

金五十一代孫元措祖庭廣記周敬王四十一年壬戌歲即魯哀公十六年也當哀公十六年夏四月乙丑日先聖薨四月乙丑即今之二月十八日先儒以爲己丑者誤矣蓋四月有癸丑乙丑無己丑五月十二日乃有己丑以乙爲己字之誤也

元馬氏端臨文獻通考左氏於哀公十四年後又復引經至十六年四月書仲尼卒杜征南以爲近誣蓋哀十六年所書者左氏痛其師亡而增書之也非春秋之本文也

金氏履祥通鑑綱目前編周敬王四十有一年夏四月己丑大聖孔子卒於魯

吳氏程書名失攷春秋四月夏正二月也案大衍厤則己丑乃十一日杜氏謂是月無己丑葢長厤之誤是年孔子七十有四公穀載孔子生左氏載孔子卒

明宋氏濂學士集孔子生卒歲月辨或有問於濂者曰孔子之生余既得聞命矣其卒之時亦有一定之說乎曰左氏云魯哀公十六年夏四月己丑孔子卒司馬遷遵之諸儒又從而遵之理之所在孰得而違之故孔子所卒之年吾當從左氏然十六年乃壬戌之歲也是歲四月戊申朔有乙丑而無己丑己丑乃在五月之十二日己與乙文亦相近故誤書也所謂乙丑則四

月十八日謂當夏正二月十八日者非也謂十六日爲辛酉己丑日爲戊戌者亦非也自壬戌歲上泝己酉孔子之年乃七十四謂七十三者尤非也曰近代王應麟博極羣書者也頗致疑於是而謂今不可攷矣子乃質言之何邪曰衆言紛淆者當折衷以經經無明載當索之於傳索之於傳不猶愈於史乎謂今不可攷者過矣

李氏賢明一統志孔子年七十三卒

胡氏翰孔氏家廟碑先聖孔子哀公十六年而卒

胡氏廣性理大全孔子年七十三卒

無名氏素王事紀魯哀公十六年四月乙丑即今之二月十八日孔子卒七十三歲

五十八世孫璜輯錄孔顏孟三氏誌孔子七十三歲魯哀公十六年四月乙丑日卒

六十五世孫衍植重纂闕里志孔子敬王四十一年壬戌卒即魯哀公十六年

辪氏應旂四書人物考孔子七十三歲魯哀公十六年四月己丑卒

陳氏堯道尊聖集宣聖年譜壬戌七十三歲魯哀公十六年四月乙丑日孔子卒

陳氏士元論語類考孔子哀公十六年四月己丑卒

顧氏應祥人代紀要周敬王壬戌孔子卒於魯

陳氏深左傳解詁哀公十有六年夏四月己丑孔子卒魯襄公

二十二年生至今七十三也

鄧氏元錫函史孔子年表敬王四十有一年壬戌夏四月己丑孔子卒

彭氏大翼山堂肆考案左傳載孔子魯哀公十六年四月己丑卒史記載哀十六年壬戌四月己丑卒年七十三或謂卒日乃乙丑非己丑也葢乙丑乃四月十八日若己丑則五月十二日

余昔遊金陵邂逅孔子六十代孫承先者持所誌孔子像授余內稱至聖先師卒於哀公十六年四月乙丑即今之二月十八日也余以爲先師卒年月日出自其子孫相傳者當得其眞則所謂己丑日卒者非矣

李氏槃世史類編周敬王壬戌四十一年魯哀十六年四月己

丑孔子卒
陳氏仁錫孔子家語跋案史記孔子七十四歲壬戌周敬王四十一年魯哀十六年也是年四月十八日乙丑午時孔子卒左傳作己丑日者誤
陳氏循芳洲集太史公記魯哀公十六年四月孔子卒
王氏圻續文獻通考學校考哀公十六年孔子卒年七十四
王氏圻三才圖會孔子周敬王四十一年四月初四日午時薨年七十三歲
陳氏禹謨四書人物概七十三歲魯哀公十六年四月乙丑卽今之二月十八日孔子卒
凌氏迪知古今萬姓統譜孔子年七十三卒

呂氏元善聖門志孔子年表七十三歲壬戌周敬王四十一年魯哀公十六年夏四月孔子病早作寢疾七日而終
徐氏應秋談薈孔子卒周敬王四十一年壬戌夏四月乙丑日年七十三
金氏甡案年表自襄公二十二年庚戌至哀公十六年壬戌正七十三年若自襄二十一年己酉至壬戌則七十四矣索隱不知如何計算
無名氏聖蹟圖十六年四月十八日乙丑午時卒時年七十三歲
大清一統志先師卒於哀公十六年四月己丑年七十三
山東通志孔子年表七十三歲壬戌周敬王四十一年魯哀公十六年夏四月孔子病寢疾七日而終
黃氏宗羲南雷文約論孔子生卒左氏春秋哀公十六年夏四月己丑孔子卒此出於門弟子所書歲月無復可疑矣由是歲上推至襄公二十二年庚戌爲七十三歲孔子之年七十三不特見於史記家語之終記曰寢疾七日而終時年七十三矣杜左注亦云七十三孔子家譜祖庭記無不皆然
馬氏繡繹史先聖年譜七十三哀公十有六年壬戌孔子卒
葉氏澐綱鑑會編敬王四十有一年夏四月孔子卒
曹氏基左氏條貫哀公十六年夏四月己丑孔子卒生魯襄二十二年時年七十三
無名氏紀元部表周敬王四十一年壬戌孔子卒

顧氏棟高春秋大事表哀十六年夏四月己丑孔子卒杜注四月十八日乙丑無己丑據此則四月戊申朔五月戊寅朔
江氏永孔子年譜哀公十六年孔子七十四歲四月己丑孔子卒
江氏永羣經補義周既東遷王室微弱天子未必頒厤列國自爲推步故經傳月日常有參差如昭二十二年劉子單子以王猛居於皇經書六月而傳在秋七月戊寅劉子單子以王猛入於王城經書秋而傳在冬十月丁巳王子猛卒經書冬十月而傳在十一月乙酉經書十二月癸酉朔日有食之而傳此年未有閏明年辛丑正月爲壬寅朔則經之十二月癸酉朔日食卽傳之閏月是周厤魯厤置閏有不同矣哀十五年衞世子蒯聵

自國入於衛傳在此年末之閏月而經書十六年正月己卯是衛厤魯厤不同矣魯厤正月有己卯推之是二十九日故夏四月己丑孔子卒推之是四月十日衛厤閏在十五年之末則十六年四月無己丑矣蓋月朔不同也置閏或在歲終或不在歲終有不同也雖其間未必無史誤而杜注或以爲傳誤皆不足信也倘皆自王朝頒厤何至有參差哉

江氏永鄉黨圖攷四月己丑當爲十一日也時魯厤與衛厤不同蒯聵入衛事傳依衛厤在前年閏十二月而經書此年正月己卯是魯厤前年不置閏故此年正月有己卯正月既有己卯故四月己卯朔十一日爲己丑杜云四月十八日乙丑無己丑己丑五月十二日日月必有誤非也杜又云魯襄二十二年生

至今七十三今據公穀二十一年生當爲七十四先儒攷核不精使聖師生卒年月日不明

李氏鍇尙史孔子繫孔子年七十四以魯哀公十六年四月己丑卒魯襄二十一年至哀十六年爲七十四襄二十二年爲七十三索隱自誤史以襄二十二年生哀十六年卒年七十三亦誤孔子實生於襄二十一年至哀十六年卒年七十四

王氏棠知新錄孔子卒魯哀公十六年四月乙丑哀公十六年卽周敬王四十一年壬戌四月乙丑卽今之二月十八日

全氏祖望經史問荅蔣學鏞問孔子之卒杜氏謂四月十八日乙丑非己丑五月十二日乃己丑然史記孔叢皆作己丑與左氏合則恐是杜氏長厤之訛也吳程以大衍推之乃四月十一日不知誰是荅前二年五月庚申朔是左氏所紀下距是年四月中間當有一閏以庚申朔遞推之六月朔爲庚寅七月八月朔爲己未己丑九月十月朔爲戊午戊子十一月十二月朔爲丁巳丁亥次年正月二月朔爲丙辰丙戌三月四月朔爲乙卯乙酉五月六月朔爲甲寅甲申七月八月朔爲癸丑癸未九月十月朔爲壬子壬午十一月十二月朔爲辛亥辛巳而閏月及次年正月朔爲庚戌庚辰二月三月朔爲己酉己卯四月朔爲戊申是四月十八日乃乙丑也若四月十一日乃戊午也杜氏似不謬宋潛谿謂是年四月壬申朔則謬矣

施氏彥士春秋朔閏表發覆哀公十六年四月己卯朔己丑孔子卒是月十一日杜注四月無己丑不知魯厤置閏在四月後

與衛厤異也

施氏彥士補史記周世表紀年壬戌孔子卒

張氏伯行道統錄魯哀公十六年夏四月己丑卒年七十三

張氏四教稽古編年周敬王四十一年四月己丑孔子卒

六十九世孫繼汾闕里文獻考七十四歲夏四月蓋寢疾七日而終時周敬王四十一年四月己丑也

錢氏大昕十駕齋養新錄自襄二十一年至哀十六年實七十四算而貢云年七十三者古人以周歲始增年也史記謂生於襄二十二年年七十三則以相距之歲計之

錢氏大昕三史拾遺自襄二十二年至哀十六年恰是七十有三歲小司馬何於此致疑乎據前注每少一歲之文則索隱本

實是七十二故於此疑而不決然謂襄二十一年至哀十六年爲七十三襄二十二年至哀十六年爲七十二則少一算豈泥於周正十一月屬明年之見邪

李氏惇羣經識小左傳哀公十六年四月己丑孔子卒推長厤四月無己丑己字乃乙字之誤蓋孔子以襄公二十一年十月二十一日庚子生依夏正則在八月以哀公十六年四月十八日乙丑卒依夏正則在二月歷年凡七十四也

梁氏玉繩史記志疑史公依春秋作己丑日杜注云四月十八日乙丑無己丑己丑五月十二日月必有誤經史問荅曰問史記孔叢皆作己丑與左氏合則恐是杜長厤之譌吳程以大衍厤推之乃四月十一日不知誰是荅前二年五月庚申朔是左

氏所紀下距是年四月中間當有一閏以庚申朔遞推之是年四月朔爲戊申是四月十八日乙丑也若四月十一日乃戊午杜氏似不謬

梁氏玉繩古今人表考孔子以魯哀公十六年四月十八日乙丑卒年七十三

陳氏宏謀四書考輯要史記孔子以魯哀公十六年四月乙丑卒卽今之二月十八日

李氏灝春秋求中錄左氏書卒日己丑而四月並無己丑則三傳本無確據參據史記闕疑可也

鄭氏環孔子年譜壬戌七十三歲敬王四十一年孔子七十三歲夏四月乙丑孔子卒

鄭氏環孔子世家考敬王四十一年孔子七十三歲夏四月乙丑孔子卒

周氏照春秋集讀哀公十六年夏四月己丑孔子卒

邵氏瑛劉炫規杜持平哀十六年孔子卒年已七十四吳氏英經句說魯之史官以衞厤雜魯史中尒史記衞世家曰出公十二年閏月亙夫與太子入舍於孔氏之外圃其事正合然則衞出公之十二年閏月實卽魯哀公十六年之正月亦卽左氏誤以爲魯哀公十五年有閏月者也則左傳已差一年矣不得據史以難經也至於魯厤於此十五年不置閏衞則置閏孰是孰非則不得而攷杜氏春秋長厤於十五年則置閏者亦但據傳有閏月之文尒然而杜氏長厤於十四年二月已置閏矣十四

年之所以置閏者亦因十三年傳有六月丙子乙酉丙戌丁亥秋七月辛丑之文十四年經有五月庚申朔之文故十四年五月之前不得不置閏尒十四年旣閏則十五年不應置閏卽置閏亦在十六年冬乃杜氏不顧經己丑之文而惟從傳閏月之文而頻年置閏然則衞厤魯厤左氏厤杜氏長厤十五年有閏十六年無閏必不止於一失與上文曰春王正月己卯若十五年置閏則十六年之正月己卯爲朔日而十五年不置閏則己卯爲晦日也若己卯爲正月朔則四月無己丑若己卯爲正月晦則四月十一日是己丑也此夏四月己丑之文當據經以知前年之無閏不得據傳以言無己丑也魯哀公十六年之正月當是辛亥朔己卯晦而衞厤卽以爲此年閏月之朔晦者也左

氏作春秋傳時固宜以此月入哀公十六年作正不宜以衞厤雜於魯史中也

汪氏汲事物原會孔子卒於魯哀公十六年壬戌四月乙丑即周敬王之四十一年是年四月乙丑即今之二月十八日也年譜世表亦然

蔡氏孔炘孔子年譜哀公十六年七十四歲夏四月己丑孔子卒

七十二世孫憲璜重修孔氏大宗譜始祖孔子敬王四十一年四月己丑卒年七十四史記作七十三

狄氏子奇孔子編年魯哀公十有六年年七十三夏四月己丑卒

成先生蓉鏡經義駢枝孔子卒日蔣學鏞以杜氏長厤與史記不合稱吳程用大衍厤推之乃四月十一日而謝山先生謂前二年五月庚申朔是左氏所紀下距是年四月中間當有一閏以庚申朔遞推之是年四月朔爲戊申十八日爲乙丑杜似不謬謹案漢末宋仲子嘗集十厤以攷春秋今竊師其意集古今諸厤校之如殷厤上元甲寅距積二百七十五萬九千八百八十八入庚午蔀二十四年積月二百九十六閏餘十六積日八千七百四十一大餘四十一小餘一百二十四周四月大餘九小餘六百八十一魏楊偉景初厤上元壬辰距積三千三百三十一入甲戌紀一千四百八十七年積月一萬八千三百九十一閏餘十六朔積分二億四萬七千五百九十八萬三百三十積日五十四萬三千九十七大餘三十七小餘一千一百七周四月大餘五小餘三千八百五後秦姜岌三紀甲子元厤上元甲子距積八萬二千九百七十八入甲子紀二千九十五年積月二萬五千九百一十一閏餘十六朔積分四億六萬三千九百二十萬九千八十四積日七十六萬五千一百六十七大餘四十七小餘一千五百六十三周四月大餘十五小餘五千一百五十一宋何承天元嘉厤上元庚辰距積四千七百八十二入甲戌紀五百二十六年積月六千五百五閏餘十五朔積分一萬四千四百四十五萬六千五百三十五積日一十九萬二千九十六大餘三十六小餘三百四十三周四月大餘五小餘七百四十二齊祖沖之大明厤上元甲子距積五萬九百九十八年積月六十三萬七百五十七閏餘三百四十一積日一千八百六十二萬六千六百二十七大餘四十七小餘一千二百四十四周四月大餘十五小餘三千五百七十五東魏李業興興和厤上元甲子距積二十九萬二千九百七十九入甲戌紀十二萬四千三百七十九年積月一百五十三萬八千三百四十七閏餘四百六十四朔積分九千四百七十三億一萬六千六百九十七萬七千八百九十九積日四百五十四億二萬八千三百一十七大餘三十七小餘三萬三千八百八十九周四月大餘五小餘一十五萬七千三百隋劉焯皇極厤上元甲子距積一百萬七千七百五十八積月一千二百四十六萬四千二百九十六閏餘五百四十二積日三萬六千八百七萬八千八十七大餘四十七小餘三百一十八周四月大餘一十五小餘一千七十三後周王朴欽天厤上元甲子距積七千二百六十九萬七千一十八年氣積一十九萬一千一百七十五億七萬三千九百一十三萬四千

四百八十七秒二十閏餘一十七萬二百一十八秒九十二朔積一十九萬一千一百七十五億七萬三千八百九十六萬四千二百六十八秒二十八積日二十六萬五千五百二十一億八萬五千六百七大餘四十七小餘一千八百六十八秒二十八周四月大餘十五小餘六千一百二十九秒一十二元郭守敬授時厤至元辛巳距積一千七百五十九年中積六十四億二千四百六十四萬二百一分冬至一十一萬三百九十九分閏餘二十三萬七千六百六十二分八秒天正經朔四十七萬二千七百三十六分九十一秒周四月經朔一十五萬八千六百五十四分七十一秒本朝時憲厤雍正癸卯距積二千二百一年中積分八十萬三千八百九十八日三七八零五八四二通積分八十萬三千八百六十六日二五五五一八四二天正冬至一十三日七四四八一五八紀日一十四積日八十萬三千八百九十九日通朔八十萬三千九百一十三日五零四三八八四二積朔二萬七千二百二十三首朔二日二三八三九零二三周四月平朔一十五日二九九五七一二九皆四月己卯朔十一日己丑與大衍同全氏所以致疑者以左氏五月庚申朔之文耳今以實法步之哀公十四年距雍正癸卯積年二千二百三中積分八十萬四千六百

二十八日八六二七二七二七二六通積分八十萬四千五百九十
六日七四零一八七二六天正冬至三日二五九八一二七四
紀日四積日八十萬四千六百二十九日通朔八十萬四千六
百四十四日一二六三三積朔二萬七千二百四十七首朔二
十四日一二六一五九零九以朔策三相乘加首朔紀日得五
十六日七一七九三零六八命起甲子算外得周五月庚申朔
累加朔策得六月庚寅朔七月己未朔八月己丑朔九月戊午
朔十月戊子朔十一月丁巳朔十二月丁亥朔十五年周正月
丙辰朔二月丙戌朔三月丙辰朔四月乙酉朔五月乙卯朔六
月甲申朔七月甲寅朔八月癸未朔九月癸丑朔十月壬午朔
十一月壬子朔十二月辛巳朔十六年周正月辛亥朔二月庚

辰朔三月庚戌朔四月己卯朔中閒並無閏月四月己卯朔十
一日正得己丑可以釋全氏之疑吳簡舟英謂魯厤十五年不
置閏衞厤則置閏孰是孰非不得而攷據今所推魯厤是而衞
厤非并可釋吳氏之疑矣

　七十世孫廣牧謹案左氏續經孔叢子詰墨孔子家語大
　史公書皆以爲
先聖卒於魯哀公十六年由是歲上溯之襄公二十二年實七
十三算故左氏解詁左傳注左氏音義新五代史古史東
家雜記通志路史餘論論語序說大事記解題十七史詳
節明一統志性理大全素王事紀孔顏孟三氏誌四書人
物考尊聖集陳氏左傳解詁山堂肆考三才圖會四書人
物槪古今萬姓統譜聖門志談薈聖蹟圖　大清一統志
山東通志南靁文約繹史左氏條貫道統錄古今人表攷
鄭氏孔子年譜孔子世家攷孔子編年並同斯說他如劉
氏恕黃氏震吳氏程宋氏濂李氏鍇江氏永六十九世孫
繼汾李氏惇邵氏瑛蔡氏孔炘謂爲年七十四者蓋從襄
公二十一年起算失之陳氏仁錫引史記爲七十四陳氏
循引史記爲哀公十四年皆據誤本也王氏圻續文獻通
考云年七十四自異其三才圖會之說今取其長者若錢
氏大昕彌縫七十三七十四二說牧亦未敢以爲然也至
三國志盈川集元和姓纂合璧事類以爲年七十二此陸
元朗所棄未足爲信杜征南長厤謂是年四月十八日有

乙丑無己丑後儒頗用其說自吳氏程以大衍厤推之定
爲十一日己丑訂正之力撥雲霧而見青天成先生復合
殷厤景初厤三紀甲子元厤元嘉厤大明厤興和厤皇極
厤欽天厤授時厤時憲厤攷之皆得周正四月己卯朔十
一日己丑爲今之二月十一日演校精博千古之疑渙然
冰釋矣廣牧更旁推之如黃帝厤上元辛卯距積二百七
十五萬九千六百七十一入癸酉蔀三十五年積月四百
三十二閏餘一十七積日一萬二千七百五十七大餘三
十七小餘三百八得周四月戊寅朔大餘五小餘八百六
十五十二日己丑顓頊厤上元乙卯距積二百七十五萬
九千八百二十七入丙申蔀三十九年積月四十二閏餘

七積日一萬四千二百三十三大餘一十三小餘八百一
十八得周四月戊寅朔大餘四十二小餘四百三十五十
二日己丑夏麻上元乙丑距積二百七十五萬九千三百
九十七入丁酉蔀六十五年積月八百三閏餘一十八積
日二萬三千七百十三大餘十三小餘二百五十七得周
四月戊寅朔大餘四十一小餘七百五十六十二日己丑
周麻上元丁巳距積二百七十五萬九千九百四十五入
己酉蔀五年積月六十一閏餘一十六積日一千八百零
一大餘一小餘三百五十九得周四月戊寅朔大餘二十
九小餘九百一十六十二日己丑古四分麻上元距積十
三萬三千三百八十五入己酉蔀五年積月六十一閏餘

一十六積日一千八百零一大餘一小餘三百五十九得
周四月戊寅朔大餘二十九小餘九百一十六十二日己
丑漢劉歆三統麻上元距積十四萬二千七百五十二入
甲申統一千一百六十四積月一萬四千三百九十六閏
餘一十六積日四十二萬五千一百二十六大餘二十六
小餘二十六得周四月戊寅朔大餘五十四小餘七十四
十二日己丑後漢四分麻上元庚辰距積八千八百零三
算上入己酉蔀六十三年積月七百六十六閏餘一十六
積日二萬二千六百二十大餘無小餘五百九十四得周
四月戊寅朔大餘二十九小餘二百一十一十二日己丑
後魏張龍祥正光麻上元壬子距積一十六萬六千七百

五十入甲申紀四萬五千五百五十積月五萬六千三百
三十閏餘三百八十八朔積分一十二億四萬六千七百
九十五萬二千六百四十一積日一十六萬六千三百四
十五大餘二十五小餘六萬二千二百零一得周四月戊
寅朔大餘五十四小餘三萬一千六百四十二日己丑皆
後天一日後漢劉洪乾象麻上元己丑距積六千六百九
十四入外紀甲午二百一十五年定積月二千六百四十
六閏餘一十六假積日一萬一千三百八十四萬六千七
百九十六定積日七萬八千一百三十七大餘一十七小
餘一千一百八十七得周四月庚辰朔大餘四十六小餘
五百九十二十日己丑先天一日魯麻上元庚子距積二

百七十六萬二十二入戊子蔀六年積月七十四閏餘四
積日二千一百八十五大餘二十五小餘二百六十六得
周四月辛巳朔大餘五十三小餘八百二十二九日己丑
先天二日然四月有己丑無乙丑諸麻所同足正長麻之
失矣東家雜記路史注大事記解題孔子生卒年月日考
異祖庭廣記宋學士集素王事紀孔顏孟三氏誌尊聖集
山堂肆考家語跋四書人物概談晉聖蹟圖春秋大事表
知新錄經史問答羣經識小史記志疑古今人表考四書
考輯要春秋求中錄鄭氏孔子年譜孔子世家考事物原
會諸書皆爲杜所誤三才圖會謂爲四月初四日九非也
羣經補義鄉黨圖考春秋朔閏表發覆謂魯麻置閏在四

月後經義䮕校復以實法徵之此義益無可疑矣其或謂午時卒者殆無足辨云謹編攷如右異日質之闕里宗人鑒而定之垂之簡編著爲儀典世世子孫遵行勿替此則廣牧纂葺之志也夫

先聖生卒年月日攷卷下終

番禺沈寶樞初校黃濤覆校

跋

右孔子生卒年月日攷二卷力堂先生所箸也演校精博可釋千古之疑先生謂公羊傳十有一月四字皆衍貴曾以三統四分推之襄二十一年於三統術入甲申統一千九十一年積月一萬三千四百九十三閏餘十八閏在二月後積日三十九萬八千四百五十九大餘五十九小餘七十七遞加朔策十一得周九月大餘二十四小餘六十四命起甲申算外得戊申朔於四分術入紀一千七十二年積蔀十四入庚午蔀八年積月九十八閏餘十八閏在二月後積日二千八百九十四大餘十四小餘二十二遞加朔策十一得周九月大餘三十八小餘八百一十一命起庚午算外亦得戊申朔兩術推襄二十一年十一月皆戊申朔無庚子益服先生之說爲特識也附書於此以質世之治公羊者光緒四年孟秋望日儀徵劉貴曾謹跋

洙泗考信錄

［清］崔述

清嘉慶二十二年刻本

重刻洙泗考信錄序

孔子爲萬世師其道載於六經而其行事則史記世家外家語孔叢諸書皆有所記述然世家之言已不能無謬妄何有於餘子孟子曰誦其詩讀其書不知其人可乎是以論其世也是尚友也夫尚友者且當知是而况乎萬世之師當孔子時列國之君雖不能顯其身而賢人君子莫不知其爲聖及乎戰國異端競起陽尊之而陰誣之依托附會思欲凌駕其上以自伸己說二千年來展轉相傳眞僞雜出有識之士雖或隨事糾正而沿襲既久未能粲然曠然也堯舜禹湯文武周公之道備於孔子之身一言一動莫非道之見端事苟滋疑道因而晦考信之功曷可少乎大名崔東壁熟讀三代聖賢之書盡祛後世紕繆之說因疑而徵信於上古唐虞夏商周之事皆錄而辨之題曰考信而孔子之事別爲洙泗考信錄四卷正譌闢妄之功與諸錄等其門人陳介存刻於南昌越十餘年東壁復加審定欲重刻之未就而卒介存之官太谷就東壁家求得之甫刻其三代考信錄而以憂去官洙泗

一錄未及付梓孔生廣沅介存之門人也行誼最篤受書於介存而出貲刻之請序於予爲予嘗序其三代考信錄也自孔子設教洙泗之閒七十子之徒傳其所學遭秦歷漢師承不絕晉氏永嘉喪亂古學遂湮唐宋以來詞章義理帖括之學此盛則彼衰其弊也記誦繁蕪而寡要議論馳騁而無根洙泗一源不啻流爲潢汙行潦矣崔東壁曰學者日讀孔子之書而不知其爲人不能考其先後辨其眞僞僞學亂經而不知邪說誣聖而不覺是亦聖道之一憾也此其著錄之大指也孔生師介存介存師東壁皆能不負所傳庶幾古人師承不絕之義乎介存歸里孔生復從予遊爲予與介存少同學長同遊也然則是書之傳豈不由於師友之相得哉

嘉慶戊寅歲九月望日浪穹王崧舊名藩樂山撰

洙泗考信錄目錄

洙泗考信錄卷之一

大名崔述東壁謹考　石屏門人陳履和校刊

初余爲洙泗考信錄既成尚未敢以自信壬子秋偶攜至京師遇石屏陳履和見而鈔之既而履和隨任江西余亦選得閩之羅源履和遂於南昌授梓寄至羅源然是時余已多所增易與初本不同既歸河北山居無事乃復益加刪改錄爲定本以貧未及梓也恐閱者以兩本互異致疑故特誌其首尾弁於簡端庚午二月述自識

原始

弗父何以有宋而授厲公 事在春秋前文在左傳昭公七年

正考父佐戴武宣三命茲益共故其鼎銘云一命而僂再命而傴三命而俯循牆而走亦莫余敢侮饘於是鬻於是以餬余口 同上

備覽○正考父校商之名頌十二篇於周大師以那爲首 魯語

按國語皆後人所撰往往失實此雖無害於理然難竟信故別之以備覽後凡稱備覽者並倣此

宋穆公疾召大司馬孔父而屬殤公焉（左傳隱公三年）

春王正月戊申宋督弑其君與夷及其大夫孔父（春秋桓公二年）存疑。宋殤公立十年十一戰民不堪命孔父嘉爲司馬督爲大宰故因民之不堪命先宣言曰司馬則然已殺孔父而弑殤公召莊公於鄭而立之（左傳桓公二年）存疑。督將弑殤公孔父生而存則殤公不可得而弑也故於是先攻孔

父之家殤公知孔父死已必死趨而救之皆死焉（公羊傳桓公二年）

按孔父之死經但書及與仇牧荀息同而三傳皆以爲在弑殤公之前穀梁氏曰何以知其先殺孔父也臣既死君不忍稱其名夫春秋之策宋大夫之不稱名者多矣曰華孫曰司馬司城者比比也僅一不稱名遂足以信其爲先死乎哉而公羊左氏因爲原夫孔父所以先死之故正色立朝其論甚美即督之宣言亦近人情然竊意其皆出於臆度恐不足爲據也故附次於經以俟考焉至於左氏目逆之說荒謬已甚故今不錄仍別爲辨於左

左氏目逆之說二傳無之余按古者婦人車必有帷士庶人之家出猶必擁蔽其面況卿之內子乎督安得見之而目逆之也哉齊慶克詐爲婦人蒙衣乘輦而入於閎晉士匄欒王鮒二婦人輦以如公衛世子蒯聵與渾良夫蒙衣而乘以如孔氏稱姻妾以告皆恐人之見之

也是古者婦人之出人不能見明甚督安得見之而目逆之也哉此誣古人之大者且不近情理之尤者余不敢信

備覽。防叔生伯夏伯夏生叔梁紇（史記孔子世家）

按此文或有所本未敢決其必不然然史記之誣者十七八而此文又不見他經傳亦未敢決其必然故附次於備覽

家語本姓解云弗父何生宋父周周生世子勝勝生正考父考父生孔父嘉孔父生木金父金父生睪夷睪夷

生防叔避華氏之禍而奔魯防叔生伯夏伯夏生叔梁紇余按鄹叔以前見於春秋傳者僅弗父何正考父孔父嘉三世見於史記世家者僅防叔伯夏二世此外皆不見於傳記史記之言余猶不敢盡信况史記之所不言者乎且孔父爲華督所殺其子避禍奔魯可也防叔其曾孫也其世當在宋襄成間於時華氏稍衰初無搆亂之事防叔安得避華氏之禍而奔魯乎家語一書本後人所僞撰其文皆采之於他書而增損改易以飾之

如相魯篇采之於春秋傳史記辨物篇采之於春秋傳國語哀公問政儒行兩篇采之於戴記曲禮子貢子夏公西赤問等篇采之於戴記春秋傳以至莊列說苑讖緯之書無不采未有一篇無所本者然取所采之書與家語比而觀之則其所增損改易者文必冗弱辭必淺陋遠不如其本書甚或失其本來之旨其爲勦襲顯而可按而世不察以爲孔氏遺書亦已惑矣漢書藝文志云孔子家語二十七卷師古曰非今所有家語則是孔氏先世之書已亡而此書出於後人所撰顯然可見且家語在漢已顯於世列於七略以康成之博學豈容不見而待肅之據之以駁已耶此必毀鄭氏之學者僞撰此書以爲已證其序文淺語夸亦未必果出於肅就令果出於肅肅之學識亦不足爲定論也故今不見於經傳而但見於家語者概不敢錄寧過而闕不敢過而誣也後並倣此

偪陽人啟門諸侯之士門焉縣門發鄹人紇抉之以出門者

左傳襄公十年

高厚圍臧紇于防師自陽關逆臧孫至于旅松鄹叔紇臧疇臧賈帥甲三百宵犯齊師送之而復　左傳襄公十七年

按鄹叔紇史記作叔梁紇左傳近古而文義亦順適鄹魯邑叔其字紇其名猶云衞叔封申叔時也史記之文未知所本當從左傳稱鄹叔紇爲正

家語本姓解云叔梁紇娶於魯之施氏生女九人無男其妾生孟皮病足乃求婚於顏氏顏父問三女云云二

女莫對徵在進曰從父所制將何問焉遂以妻之余按孔子之母名見於戴記檀弓篇其稱爲顏氏女則本之於史記孔子世家然他經傳初未有言者也檀弓世家之謬不可累舉此文其可信乎至於所載顏父之言淺陋鄙俗不復成語徧覽春秋傳中亦從未有因長疑婚與女商壻者其事其言皆非當日之所宜有其爲臆撰無疑故今不錄雖名氏亦鈌之以昭愼重檀弓世家之謬詳見後各條下

冬十月庚子孔子生（穀梁傳襄公二十有一年）

公羊穀梁兩傳記孔子生皆在襄公二十有一年而公羊傳云冬十有一月庚子孔子生與穀梁年同而月異史記孔子世家則云魯襄公二十二年而孔子生後於春秋傳者一年余按春秋郰費之墮在定公十二年而孔子世家在十三年是史記之年證之孔子所書而不合也魯世家及年表孔子去魯皆在定公十二年而孔子世家在十四年是史記之年卽證之其所自爲之書而亦不合也故今從春秋傳魯襄公之二十有一年則周靈王之二十年己酉也又按春秋是年冬十月庚辰朔日有食之則庚子乃十月之二十一日旣無閏月則十一月中不得復有庚子故今從穀梁周正之冬十月則今夏正之秋八月也

孔庭纂要云魯襄公二十二年冬十月庚子日先聖生卽今之八月二十七日余按十月庚子之文本之穀梁傳在襄二十一年非二十二年也二十一年十月庚子

則今八月之二十一日也以爲二十二年生者史記世家文耳世家未嘗言爲十月庚子生也以穀梁氏爲不可信乎則十月庚子之文不必采矣以穀梁氏爲可信乎則固二十一年生也何得又從世家改爲二十二年以世家之年冠穀梁之月日方底圓蓋進退皆無所據然而世咸信之余未知其爲何說也

伏侯古今注云孔子生之夜有二蒼龍自天而下有五老列於庭有麟吐玉書於闕里云水精之子繼商周而

素王出故蒼龍繞室五星降庭云云余按麟所以爲瑞者以其至仁非能通神而作怪也麟口中安得有書也哉麟雖瑞物亦胎生也書者人之所爲非天地所能生麟亦不能自爲書也麟口中安得有書也哉西狩獲麟春秋志之矣孔子生時果有麟至乃眞祥也春秋何以反不志乎至於蒼龍五星之降事尤荒唐水精之子云者語亦謬戾此說至爲無稽而世亦或信之嘻其眞可異也已

史記載鄭人之言云孔子顙似堯項似皋陶肩類子產自要以下不及禹三寸韓詩外傳載姑布子卿之言云孔子得堯之顙舜之目禹之頸皋陶之喙孔叢子載萇宏之言云孔子河目而隆顙黃帝之形貌也脩肱而龜背長九尺有六寸成湯之容體也而孝經鉤命訣又云孔子牛脣虎掌龜脊海口後世言孔子者多深信而樂道之余按唐虞之時未有土木之像亦無有所謂影堂者下至春秋之世干有七八百年其頭目項喙之詳後人何由歷歷知之且同一顙與目也彼以爲似黃帝此以爲似堯舜同一似禹也彼以爲身此以爲頸同一似皋陶也彼以爲項而此又以爲喙藉令果是亦必有一非矣世家之文本多淺陋至姑布子卿與萇宏之語尤不雅馴明係秦漢人之所爲有一言之類論語春秋傳者乎其言尚非當日之言而欲信其形之爲當日之形嘻亦愚矣夫擬聖人之形於堯舜禹湯妄加之猶不免於誣況擬之於牛虎其侮聖人也孰甚焉其爲說尤不

經薦紳之所難言而後之人乃本之以爲影據之以作像甚矣其樂受人欺也孟子曰何以異於人哉堯舜與人同耳曹交問曰交聞文王十尺湯九尺孟子曰奚有於是亦爲之而已矣聖人之所以爲聖人者固不在於形也執形以求聖人淺矣況其僞焉者乎故并削之以存聖人之眞

備覽○孔子生魯昌平鄉陬邑孔子世家

孔子世家云禱於尼邱得孔子生而首上圩頂故因名

曰某字仲尼余按此說似因孔子之名字而附會之者不足信且既謂之因於禱又謂之因於首司馬氏已自無定見矣今不錄

家語云孔子三歲而叔梁紇卒按孔子世家但云某生而叔梁紇死不言何年孔子之生所傳闕猶異詞況父卒之年乎且不見於經傳無可考今闕之

備覽○孔子爲兒嬉戲常陳俎豆設禮容孔子世家

家語云孔子年十九娶於宋幵官氏一歲而生伯魚伯

魚之生也魯昭公以鯉賜孔子榮君之貺故名曰鯉而字伯魚余按家語稱伯魚卒年五十顏淵卒年三十有二又稱顏淵少孔子三十歲若孔子年二十而生伯魚則伯魚之卒當在顏淵卒後而據論語顏淵死章伯魚之卒乃在顏淵卒前是家語之年不足信矣其年既不足信則幵官之氏賜鯉之說亦安知其不出於附會乎且孔子曰吾少也賤則年二十之時蓋尚未仕安能遂動國君而賜之鯉故今并缺之伯魚卒年之誤詳見後考終篇顏淵條下

闕里志年譜云二十歲爲委吏二十一歲爲乘田吏觀其文若確有所傳而云然者然自二十二歲以後凡二十五年皆不言孔子爲何官謂孔子爲乘田至二十六年之久既無此理謂孔子二十五年皆隱不仕直待陽虎作亂之時方仕尤無此事也然而年譜竟不言者論語孟子春秋傳孔子世家之所不載年譜亦不得而知之也然則年譜之初無所傳而此文但本之孟子也明

矣孟子既不言爲何年年譜何由知之而載之乎蓋揣年譜者因見家語賜鯉之事故臆度其已仕而不知家語之亦出於臆度也孔子曰吾少也賤若年二十而仕不得謂之少賤且天下之生而大夫者有幾人哉官雖卑祿足以自奉豈容遽謂之賤乎今移置之於後

闕里志年譜云二十四歲聖母顏氏夫人卒余按孔子母卒之年不見於經傳世家載之十七歲前而無年月年譜以爲二十四歲亦臆斷也觀孟懿子之事可知矣

古者男子以氏別婦人以姓係世家家語皆稱爲顏氏女雖不足據然謂爲顏氏之女非謂女爲顏氏也顏非姓也何以稱焉年譜乃謂之顏氏夫人夫人之稱或仍當代封贈謂之顏氏則不合今并闕之

戴記檀弓篇云孔子少孤不知其墓殯於五父之衢問於郰曼父之母然後得合葬於防曰古者墓而不墳今某也東西南北之人也不可以弗識也於是封之崇四尺孔子先反門人後雨甚至曰防墓崩孔子流涕曰吾

聞之古不修墓陳氏澔駁之曰顏氏之死孔子成立久矣聖人人倫之至豈有終母之世不尋求父墓之地至母殯而猶不知父墓乎且母死而殯於衢路必無室廬而死於道路者不得已之爲耳聖人禮法之宗主而忍爲之乎此經雜出諸子所記其間不可據以爲實者多矣余按世家載此事無年月而在十七歲前是以孔子爲尚幼也果幼耶孔子何以預自命爲東西南北之人乎而又何以有門人乎年譜蓋亦疑之故以合葬之事載之二十四歲之時孔子曰吾十有五而志於學至二十四歲而尚不知其父之墓然則十年之所學者何事乎孔子爲魯司寇不用去而適衛宋陳蔡諸國不得已焉耳當二十四歲時何以預知其至是孔子僅二十四則門人長者不過十餘歲恐亦不能爲孔子修墓陳氏之辨是也然封墓之故與墓崩之說亦謬易云上古不封不樹是三代以來皆封矣文武周召如皆不封後人何由知其墓處封之不自孔子始也明矣孔子之孝封

墓必堅一日之間遇雨而遽崩尚可謂之墓乎故今皆不錄

世家云孔子母死要絰季氏享士孔子與往陽虎絀之曰季氏享士非敢享子也孔子由是退余按禮居喪者三年不飲酒食肉小功緦麻飲酒食肉不與人樂之酒肉尚不可飲食況敢受大夫之享乎輕喪尚不與人樂之況重喪乎孔子如是不幾貽笑於陽虎耶家語亦載其謬又改其文以曲解之謂陽虎弔孔子告以享士之

事而孔子曰某雖衰絰亦欲與往以示不非陽虎之意則其謬更甚焉何則虎弔而言享士卽失禮其小焉者耳衰絰而往失禮大矣以此答之不亦愼乎且虎果失禮不非之足矣曷爲而更甚之是諂也不往而僞告以欲往是欺也聖人必不如是故今皆不錄

初仕

孔子嘗爲委吏矣曰會計當而已矣嘗爲乘田矣曰牛羊茁壯長而已矣孟子

世家云嘗爲季氏史料量平嘗爲司職吏而畜蕃息余按委季吏史四字相似故誤後人又妄加氏字耳孔子豈爲季氏家臣者哉畜牧不可以云司職二字亦誤

郯子來朝公與之晏昭子問焉曰少皞氏鳥名官何故也郯子曰吾祖也我知之仲尼聞之見於郯子而學之旣而告人曰吾聞之天子失官學在四夷猶信左傳昭公十七年

按孔子初仕之年雖無明據然郯子之朝孔子年二十八爲貧而仕亦其時也且能自通於國君則非庶人可知孔子之受職蓋前此矣故次之於委吏乘田之後

子入太廟每事問或曰孰謂鄹人之子知禮乎入太廟每事問子聞之曰是禮也論語八佾篇

世家不載此事今按入廟助祭其位尊於委吏乘田矣以鄹人之子呼聖人則非年之高位之崇可知也故次之於此

荀子云孔子觀於魯桓公之廟韓詩外傳作周廟有欹器焉顧謂弟子挹水而注之中而正滿而覆虛而欹子路曰敢

問持滿有道乎子曰聰明睿知守之以愚云云余按此喻取意良新警世亦切然玩其詞意正與周廟金人之銘相類皆似黃老家言以語於聖人之道則淺矣且其事不類春秋時事其語亦不類論語中語必後人所託故今不錄

附錄○齊景公田招虞人以旌不至將殺之孔子曰志士不忘在溝壑勇士不忘喪其元孟子○子產卒仲尼聞之出涕曰古之遺愛也左傳昭公二十年

按此二事皆在昭公二十年但入廟助祭之年未有明據則此未知在其前與抑在其後與姑附次於此

孔子世家記昭公二十年齊景公與晏嬰適魯景公問秦穆公於孔子孔子盛稱之以爲可以王云云齊世家云獵魯郊因入魯與晏嬰俱問魯禮年表略同余按齊君如魯史未有不書者而春秋經傳皆無之且使果有此事孔子當述周公明王道以告之豈得盛推秦穆乎又按左傳是年齊侯疥遂痁期年而不瘳至十二月始小愈而田於沛未幾返於遄臺此何暇遠涉於魯境耶且其辭甚淺陋必戰國策士之所僞託今不錄

公至自楚孟僖子病不能相禮乃講學之苟能禮者從之及其將死也召其大夫曰禮人之幹也無禮無以立吾聞將有達者曰孔某聖人之後也而滅於宋自此以下六十餘言已見前原始篇今不復舉臧孫紇有言曰聖人有明德者若不當世其後必有達人今其將在孔某乎我若獲沒必屬說與何忌於夫子使事之而學禮焉以定其位故孟懿子與南宮敬叔師事仲尼學禮事在昭公二十四年以後文在左傳昭公七年

按春秋昭公二十有四年仲孫貜卒其明年昭公孫齊世家所謂魯亂而孔子適齊者也孔子之助祭蓋前此矣故次之於入廟之後

孔子世家云孔子年十七孟釐釐卽僖字古通用子卒懿子及南宮敬叔往學禮焉余按春秋傳此文在昭公七年由襄公二十二年逆推之則孔子至是當年十七是以史記云然然孟僖子之卒實在昭公二十四年傳但因七年孟僖子至自楚病不能相禮而終言其事耳世家不察以爲本年之事誤矣懿子敬叔生於昭公之十二年杜註云似雙生當七年時非惟孔子之年未可爲師而二子固猶未生安得有學禮之事乎近世學者動謂漢儒近古其言必有所本後人駁之非是今史記此言豈無所本者而何以誤也特學者道聽塗說不肯詳考故遂以漢儒爲皆可信耳尤可笑者闕里志云孔子年譜亦載此事於十七歲然則作年譜者但採史記諸子之文綴輯成

書而初非有所傳也明矣學者乃以年譜爲據抑何其不思之甚也

史記孔子世家云南宮敬叔言於魯君請與孔子適周魯君與之一車兩馬一豎子適周問禮見老子老子送之曰聰明深察而近於死者好議人者也博辯廣大危其身者發人之惡者也老莊申韓列傳又云孔子適周將問禮於老子老子曰子所言者其人與骨皆已朽矣獨其言在耳吾聞之良賈深藏若虛君子盛德容貌若

愚去子之驕氣與多欲態色與淫志若是而已孔子謂弟子曰鳥吾知其能飛魚吾知其能游獸吾知其能走至於龍吾不能知其乘風雲而上天老子其猶龍耶余按老聃之學經傳未有言者獨戴記曾子問篇孔子論禮頻及之然亦非有詭言異論如世俗所傳云云也戰國之時楊墨並起皆託古人以自尊其說儒者方宗孔子爲楊氏說者因託諸老聃以詘孔子儒者方崇堯舜爲楊氏說者因託諸黃帝以詘堯舜以黃帝之時禮樂未興而老聃隱於下位其迹有近似乎楊氏者也今史記之所載老聃之言皆楊朱之說耳其文亦似戰國諸子與論語春秋傳之文絕不類也且孔子驕乎多欲乎有態色與淫志乎深察以近死而博辯以危身乎老聃告孔子以此言欲何爲者由是言之謂老聃告孔子以如是云云者妄也孔子稱述古之賢人及當時卿大夫論語所載詳矣藉令孔子果嘗稱美老聃至於如是庶其與門弟子必當再四言之何以論語反不載其一言

以德報怨論語辨之矣此世俗所傳老聃之說也其說雖過然猶未至如骨朽言在之語之尤爲不經也孔子聞之當如何而闢之當如何而與門弟子共正之其肯反稱美之以爲猶龍以惑世之人乎由是言之謂孔子稱老聃以如是云云者妄也昭公二十四年孟僖子始卒敬叔在衰絰中不應適周敬叔以昭公十二年生至是年僅十三亦不能從孔子適周至明年而孔子已不在魯魯亦無君之可請矣諸侯之相朝會容有在喪及

幼穉者彼爲國之大事不獲已也抑特有相者在敬叔不能則已不必使人相之而往適周以學禮也而獨不念適周之非禮乎且敬叔豈無車馬豎子者而必待魯君之與之由是言之謂敬叔從孔子適周而魯君與之車馬者亦妄也此蓋莊列之徒因相傳有孔子與聃論禮之事遂從而增益附會之以詘孔子而自張大其說世家不察而誤采之惑矣道德五千言者不知何人所作要必楊朱之徒之所僞託猶之乎言兵者之以陰符

託之黃帝六韜託之太公也猶之乎言醫者之以素問靈樞託之於黃帝岐伯也是以孟子但距楊墨不距黃老爲黃老之說者非黃老皆楊氏也猶之乎不闢神農而闢許行也如使其說果出老聃老聃在楊墨前孟子何以反無一言闢之而獨歸罪於楊朱乎秦漢以降其說益盛人但知爲黃老而不復知其出於楊氏遂有以楊墨爲已衰者亦有尊黃老之說而仍闢楊墨者楊子雲云古者楊墨塞路孟子辭而闢之廓如也蓋皆不知世所傳爲黃老之言者即爲我之說也自是儒者遂舍楊朱而以老聃爲異端之魁嗚乎冤矣故凡言老聃者惟戴記爲近是然其有無亦不可知故今概不錄其事與言以絕後人之疑

家語觀周篇亦載問禮事大略本之世家而頗增益其語尤爲紕繆所載孔子言云吾聞老聃博古知今通禮樂之原明道德之歸則吾師也今將往矣余按言老聃者惟戴記曾子問篇爲近古然所稱述亦皆禮之繁文

末節子貢所謂識其小者是也烏覩所謂通禮樂之原者哉至於世俗所傳以爲老聃言者道德經耳其言云失道而後德失德而後仁又云上德不德下德不失德其論道德謬矣韓子云道其所道非吾之所謂道也德其所德非吾之所謂德也烏覩所謂明道德之歸者哉

孔子學官於郯子入太廟每事問曰吾自衞反魯然後樂正孔子之學亦頗得諸四方考訂之功詩曰先民有言詢於芻蕘太廟駿奔之人豈必皆嘗聞道者乎然則

孔子即果適周因問禮於老聃以證魯禮有無流傳之誤此亦尋常事耳謂足供聖人之采擇則可矣烏有以爲己師而往從之者哉韓子云老者曰孔子吾師之弟子也佛者曰孔子吾師之弟子也爲孔子者習聞其說樂其誕而自小也亦曰吾師亦嘗師之云爾不惟舉之於其口而又筆之於其書此言正爲家語而發嗚呼以異端攻吾道勝不勝猶未可知也以吾儒自攻吾道而其勢遂必無不勝無怪乎異端之日熾而聖學之日微

也且世家但云敬叔言於魯君請與孔子適周而已家語則載敬叔之言全錄左傳孟僖子將死之語夫此語僖子屬其大夫則可敬叔以適周請於君何必詳敘孔子之祖德乎世家但云自周反魯弟子益進而已家語則云自周返魯道彌尊矣弟子之進蓋三千焉夫孔子之道大矣豈一見老聃之所能尊而是時孔子年僅三十有五弟子安得遂至於三千乎家語一書本魏晉閒人雜取子史中孔子之事綴緝增益以成書者其時方崇老莊故其爲言如此若借老聃以爲孔子重者其識又遠出司馬遷下而文亦淺陋鄙弱本不足較然自宋以來儒者多信之不疑以致沒聖人之實其非小失故余不敢不爲之辨

觀周篇又云孔子入后稷之廟有金人焉三緘其口而銘其背曰古之慎言人也戒之哉勿多言云云余按君子之道時然後言聖人之德恂恂便便聖賢之戒言也曰訥曰無易曰玷不可爲如是焉而已三緘其口則過

於慎矣孔子曰慎而無禮則葸推斯說也必有緘默以取容浮沉以處世者不可以爲訓也且周之太廟誰得而漫置之而漫銘之耶其由來也必遠最近亦當在周初時今其文乃似周末戰國時人之語何耶而其所言執雌守下云云者又皆與道德經之旨若合符焉其爲習黄老之術者所託甚明故不錄

觀周篇又云孔子見老聃而問焉曰甚矣道之於今難行也吾比執道而今委質以求當世之君而弗受也云

云余按此文本之莊子之天運篇采其意而改其文者不知莊子一書特欲張大其荒誕之說以言清凈者之宗老聃也故多託爲老聃之言以偽者之尊孔子也故又借孔子以尊老聃之言皆非以爲實然也家語乃列之於孔子事中謬矣孔子年三十餘而適周尚未及强仕之年何得云道之難行耶尚未歷經列國何得云委質以求當世之君而弗受耶家語乃載之於觀周篇中疏矣莊子一書乃異端之最無忌憚者撰家語者自謂

孔氏遺書乃信莊周以卑孔子而尊老聃豈非孔子之罪人乎嗚呼莊列之書世亦有信之者要其不信者固多也家語采之斯無不信之矣是誤後人者家語也非莊列也故余於莊列異端之書不辨亦不勝其辨采於家語然後辨之以人之所重者在家語也

年譜云三十四歲訪樂於萇弘三十五歲與南宮敬叔適周見老聃而問禮焉余按戴記曾子問篇四言聞諸老聃樂記篇言聞諸萇弘孔子少時或嘗適周亦未可定要之自爲司寇以後其年乃略可考自是以前位尚卑望尚輕弟子時亦尚寡其事多出於後日所追記其有無尚無可取證況其年耶魯之去周千有餘里是時孔子尚貧治行亦大不易旣訪樂於萇弘何不卽問禮於老聃而必待於明年之再往乎且年譜於訪樂則載孔叢子河目隆顙之語於問禮則采史記骨朽言在之文乃楊朱氏所撰以誣孔子者尤君子所必闢也然年譜皆載之則年譜非孔氏遺書而爲後人之所妄撰也

明矣況於年月安可信耶故今皆不采

附錄○將禘於襄公萬者二八其衆萬於季氏（左傳昭公二十五年）

○孔子謂季氏八佾舞於庭是可忍也孰不可忍也（論語八佾篇）

朱子論語集註云季氏以大夫而僭用天子之禮樂孔子言其此事尚忍爲之則何事不可忍爲余按春秋之時三桓之僭多矣聖人何獨於此一事疾之如此然則此事卽傳所稱禘於襄公之事無可疑者但論語文簡

質而此事乃當時之所共知故不必更詳也此事傳不詳其年月特因季氏之逐昭公而追記之然傳所追記者四事而此事獨在後則此事疑卽在於此年所謂孰不可忍云者正謂逐君之事亦所忍爲然則孔子已逆知季氏之將逐君非徒惡其僭而已也孔子之至齊據世家正在此年但謂魯亂而後適齊而玩此章語意已有亂邦不居之心則孔子之去魯當卽在此時不待於昭公之已出也此乃聖人見幾之哲傳記雖無明文然幸此章猶存而其詳又備載於左傳可以深思詳考而自得之余故表而出之列之在齊之前使人知孟子之所稱可仕則仕可止則止者謂此類也

在齊

世家云孔子適齊爲高昭子家臣欲以通乎景公余按春秋傳高昭子名張㖟魯昭公稱爲主君阿景公意輔孺子荼卒爲陳氏所逐其不肖如是孟子曰觀遠臣以其所主况於爲之臣乎百里奚賢人耳或謂其食牛以要秦穆公孟子猶辯而闢之况聖人而爲小人之家臣以干時君乎子禽問於子貢曰夫子至於是邦也必聞其政求之與抑與之與子貢曰夫子溫良恭儉讓以得之若孔子果爲家臣以通乎時君則是非但求之且卑身以求之矣子貢之言一何謬與且此篇前云景公與晏嬰來適魯問孔子云云景公說果如所言孔子已早通乎景公晏子矣亦何待於爲高氏之家臣乎其自相剌謬也如此此必無之事故今不錄

子在齊聞韶三月不知肉味曰不圖爲樂之至於斯也（論語述而篇）

世家云與齊太師語樂聞韶音蓋因論語子語魯太師樂之文而誤不可從

說苑云孔子至齊郭門外遇嬰兒其視精其心正其行端孔子曰趣驅之趣驅之韶樂將作余按樂之感人誠有如說苑所云者然孔子在齊數年矣何時不可聞韶不必初來之日適會韶樂之作而後得聞之也韶之作

也不在於廟朝則在於樂官之所孔子初至人國之日亦無由即入其廟朝官府而觀其樂之理而何趣驅之之有哉此特想像意度之詞雖無害於理實未必然故不錄

齊景公問政於孔子孔子對曰君君臣臣父父子子公曰善哉信如君不君臣不臣父不父子不子雖有粟吾得而食諸

論語顏淵篇

說苑云周廟焚齊景公問孔子曰何廟也孔子對曰必

釐王左傳作僖王傳古逕作釐廟也釐王變文王之制輿馬奢侈故天殃其廟左右入報曰是釐王之廟也景公驚曰聖人之智不亦大乎余按春秋所書並無釐王廟災之文左傳所記釐王亦無變法奢侈之事蓋即左傳哀公三年料魯桓僖廟災一事而傳之者誤耳家語以爲兩事而兼載之則益誤矣世俗所重於聖人者皆此類事而不知聖人之初無借於此也況由魯而之周由陳而之齊又以輿馬之侈附會之傳聞之詞尚足較乎且此幸而

猶有左傳之文在其書其所由以誤之書既亡復誰得而辨其眞僞也者烏知其不皆類此也故凡不見於經傳者概不錄

世家云景公將以尼谿之田封孔子晏嬰進曰夫儒者滑稽而不可軌法倨傲自順不可以爲下崇喪遂哀破產厚葬不可以爲俗游說乞貸不可以爲國自大賢之息周室既衰禮樂缺有間今孔子盛容飾繁登降之禮趨詳之節累世不能殫其學當年不能究其禮君欲用

之以移齊俗非所以先細民也張子厚云晏嬰智矣而不知仲尼是非命耶余按晏嬰齊之賢大夫也孔子之爲聖人晏子未必能知若其有益於人國則晏子必無有不知者藉使景公不用孔子晏子猶當薦之況景公自欲用孔子而晏子乃反沮之乎且晏子以爲孔子不足賢耶則齊大夫如黎鉏梁邱據暨貪諛諂詐而竊祿者何限嬰何以悉不言而反靳之於孔子耶以爲孔子將奪己之權耶則嬰之在齊國無權嬰即不肖亦斷不

至是嬰何爲而沮孔子哉孔子曰先進於禮樂野人也後進於禮樂君子也如用之則吾從先進曰禮云禮云玉帛云乎哉林放問禮之本曰禮與其奢也寧儉喪與其易也寧戚孔子豈盛容飾繁登降之禮趨詳之節者哉伯魚顏淵之葬雖皆後日之事要必非平類然破產厚葬之譏爲不倫矣至於滑稽倨傲游說乞貸云云尤與儒者不類豈孔子耶凡譖人者雖非其實要必取其近似之迹而附會之以取信於世主今晏子之所言事

事皆與孔子相反天下有如是之譖人者乎春秋傳中記晏子言多矣曰禮之可以爲國也久矣與天地並曰先王之濟五味和五聲也以平其心成其政也大抵皆述禮樂稱先王以規當世之失孟子所記亦然非儒者而能爲是言乎今此世家之文獨以儒爲詬病是今而非古蔑禮而棄樂不但所言皆與孔子平生之事相反即與晏子平生之言見於左傳孟子者亦無一不相反而豈不怪也哉且春秋之世固無有所謂滑稽倨傲游說乞貸者也亦無有以是譏人者自戰國時淳于髡到莊周顏斶張儀蘇秦之徒並起然後有以滑稽倨傲游說乞貸著者其人雖非儒然以其處士也或有儒之者而破產厚葬之譏亦自墨氏教行之後始有之然則此言出於戰國時人之口明甚而其文之淺陋亦似戰國秦漢絕不類左傳孟子所述者索隱曰此說出晏子及墨子其文微異然則此文乃戰國以後墨氏之徒之所僞撰以攻吾儒者以晏子之儉故託之而撰晏子者又

從而妄採之耳彼司馬遷固不足怪子厚號爲道學而亦信之何耶又按晏子之立至昭公二十五年孫齊之時四十年矣次年以論彗星見於傳自是以後無聞焉而彗星不書於經其文又附於十二月之後尚不敢必爲本年之事然則孔子至齊之時晏子或猶存若去齊之日則晏子必已卒不待言也接淅而行不知所因者何事要之必不因於平仲也

孔子之去齊接淅而行（孟子）

說苑云齊景公致廩邱於孔子孔子不受曰君子以功受祿今說景公未行而賜廩邱其不知某甚矣遂辭而行余按敬事後食固君子之心制祿養廉亦人君之正景公與孔子邑孔子辭之可也然在景公固未有失也孔子何譏而何行焉孔子於季桓子曰見行可之仕言僅有行之機也於衞靈公曰際可之仕則全未嘗行矣然孔子皆受其祿於景公何辭焉且其語殊淺陋孔子既非說客景公未卒亦不得稱其謚其爲後人所託明甚故不錄

存疑○齊景公待孔子曰若季氏則吾不能以季孟之閒待之曰吾老矣不能用也孔子行論語微子篇

按孟子但言去齊接淅而行未嘗言其何故獨論語微子篇載齊景公之言云云然考其時勢若有不符者孔子在魯昭公世未爲大夫班尚卑望尚輕景公非能深知聖人者何故即思以上卿待之而云以季氏則吾不能也景公是時年僅四五十歲其後復在位二十餘年歲會諸侯賞戰士與晉爭伯亦不當云老不能用也微子一篇本非孔氏遺書其中篇殘簡斷語多不倫吾未敢決其必然姑存之於接淅而行之後以俟夫好古之士考焉

附論○孟子曰去齊接淅而行去他國之道也孟子

孔子之至齊世家載之昭公之世在爲魯司寇之前而春秋傳無之其年無可考者然按孟子云孔子不悅於魯衞遭宋桓司馬將要而殺之微服而過宋是時孔子

當厄主司城貞子爲陳侯周臣是孔子自爲司寇以後去魯適衞過宋以至乎陳無由北行以至齊也春秋齊景公卒在魯哀公五年孔子方在陳蔡之間是孔子自以司寇去魯之後不復能有見齊景公之時則孔子至齊之必在於爲魯司寇之前可知也且自昭公孫齊國中無君權臣擅命正伯玉出近關須無棄十乘之時度孔子此時亦必不肯在魯與季氏周旋世家之說是也其至齊之歲前將禘條下已詳言之惟其去齊之歲未

有明據以理度之孔子歸魯當在定公既立之後或至彼時去齊或先去齊而復晉棲他國迨定公立然後歸魯均未可知大抵自爲司寇以前傳記多闕事難臆斷姑存其可知者如此其不可知者則在乎好學深思者之善悟也

世家孔子止一至齊在魯昭公二十五年年譜則三至齊三十一歲景公遣使來聘孔子適齊居齊者凡三歲及三十六歲又在齊聞韶而反乎魯明年復自齊歸於

魯說與世家大異余按年譜從世家以孔子爲襄公二十二年生則其所云三十一歲者謂昭公之二十一年也昭公二十四年孟僖子始知孔子其言曰將有達者將在孔某將之爲言有待也是孔子此時名猶未甚著望猶未甚隆也僖子本國之大夫景公則異國之君也僖子苟能禮者從之景公則未嘗有好禮名也景公安能先僖子而知孔子而聘之哉二十五年昭公孫齊二十一年魯無事也孔子不應無故而去又不應將亂而

忽歸以時考之固不符矣孔子既在齊三年矣而不聞韶又三年之後乃以聞韶之故特往以理度之亦不似也且去齊已三年矣而又往而又遽來逾年而又遽往又遽來孔子何求於齊而僕僕若是乎然則孔子至齊世家之說近是今從之

自齊反魯

或謂孔子曰子奚不爲政子曰書云孝乎惟孝友于兄弟施於有政是亦爲政奚其爲爲政（論語爲政篇）

此語年月無可考集註以爲在定公初年是時季氏專政集註近是今從之

家語云季平子卒將以君之璠璵斂贈以珠玉孔子初爲中都宰聞之歷級而救焉曰送死而以寶玉是猶曝尸於中原也安用之乃止余按左傳此乃季氏家臣仲梁懷事而家語移之於孔子嗚呼人卽欲爲日增其明亦何至以如螢之火附之人卽欲爲岱增其高亦何至以一撮之土累之人卽欲媚聖人而掠他人之美以增

其德亦何至取季氏家臣小小可喜之事以加於我生民未有之孔子乎叔孫武叔毀孔子子貢曰人雖欲自絕其何傷於日月乎多見其不知量也余謂聖人非但不可毀亦并不可譽人雖欲自媚其何加於日月乎亦徒爲不知量而已矣且平子之歛自有其家臣在孔子非其家臣汲汲何爲焉又按昭定之間季氏擅政孔子不仕故或謂孔子曰子奚不爲政孔子又曰不義而富且貴於我如浮雲撰家語者徒知止季氏璠璵之歛之

爲美而不知無道則歛不與鄙夫共事君者之尤爲不可及也蓋凡孔叢子家語之見類如此其稱聖人也小而誣聖人也大故皆不錄

國語云季桓子穿井獲如土缶其中有羊焉使問之仲尼曰吾穿井而獲狗何也對曰以某之所聞羊也某聞之木石之怪曰夔蝄蜽水之怪曰龍罔象土之怪曰羵羊世家采之以爲在定公五年余按論語曰子不語怪力亂神果有此事荅以不知可也乃獲一土怪而并木石水之怪而詳告之是孔子好語怪也不與論語之言相刺謬乎桓子魯之上卿獲羊而詭語狗以試聖人何異小兒之戲此亦非桓子之所宜爲也且土果有羊怪則當不止一見如水之有龍然苟以前未有此事則古人何由識之既數有之又何以此後二千餘年更不復有穿井而得羊者豈怪至春秋之時而遂絕乎是可笑也故今不取國語又有與吳使論骨事世家亦載之於此年而吳墮會稽據左傳乃在哀元年謂其在此年亦

非是說見後主司城條下

備覽○孔子不仕退而修詩書禮樂弟子彌衆至自遠方莫不受業焉（孔子世家）

世家此文在定公五年陽虎作亂之後其作亂年月與左傳合惟所云桓子嬖臣仲梁懷者按左傳懷乃平子舊臣秉正以拒陽虎者世家所云非是獨此數語爲得聖人之實蓋亂人在朝乃君子獨善之時故附次於此

陽貨欲見孔子孔子不見歸孔子豚孔子時其亡也而往拜

之過諸塗謂孔子曰來予與爾言曰懷其寶而迷其邦可謂仁乎曰不可好從事而亟失時可謂知乎曰不可日月逝矣歲不我與孔子曰諾吾將仕矣（論語陽貨篇）

存疑○陽貨欲見孔子而惡無禮大夫有賜於仕不得受於其家則往拜其門陽貨瞰孔子之亡也而饋孔子蒸豚孔子亦瞰其亡也而往拜之（孟子）

朱子論語集註云陽貨季氏家臣名虎嘗囚季桓子而專國政是陽貨卽陽虎也夫虎乃季氏家臣雖專政未

嘗爲大夫正如季氏雖專魯亦未嘗僭稱魯侯也孟子豈得稱虎曰大夫哉春秋於虎之叛書曰盜竊寶玉大弓其奔齊也書曰得寶玉大弓而皆不書其名其叛與奔亦略而不記虎之身反不若弓玉之重者所以深黜之也縱使虎妄自居於大夫孔子豈得遂以大夫之禮尊虎也哉孟子一書蓋亦成於其門人之手淮泗入江之誤先儒言之矣安知此文之不亦類是乎又按論語有陽貨而無陽虎左氏傳有陽虎而無陽貨傳記陽虎凡數十事獨無饋豚一事傳稱陽虎凡百數十見皆稱爲陽虎未嘗一稱爲陽貨則似乎貨自一人虎自一人也左傳稱人好錯舉其名字謚號如隨會又稱士會范會又稱隨季士季又稱隨武子范武子巫臣又稱屈巫又稱子靈胥臣又稱臼季又稱司空季子之類獨陽虎未嘗一稱陽貨則似乎貨自貨非虎虎自虎非貨也孟子書稱陽貨者一陽虎者一其於歸豚則稱爲陽貨與論語合不稱爲陽虎也其於爲富不仁則稱爲陽虎與

春秋傳鮑文子之言合亦不稱爲陽貨也後之人何以知虎之卽貨而貨之卽虎也哉今若以貨與虎爲二人則孟子之言了然分明無可疑者但經傳皆無明證未敢驟變舊說而論語但云饋豚亦不言其爲大夫與否故今列孟子之言於論語後以俟考焉

世家有爲中都宰及司空事皆在定公九年後家語有事無年年譜則云四十七歲定公以爲中都宰四十八歲遷司空余按年譜所云四十七歲者爲定公之五年

也是年自六月以前權在平子六月以後權在陽虎定公安能自用孔子孔子安能自行其意乎哉魯之亂莫甚於陽虎時是天地閉賢人隱之日也孔子於此時猶爲宰與司空亦何時不可以仕而論語乃有或人不爲政之問何耶陽虎威制魯君三卿多行不義孔子身爲卿貳不能少改其德可謂立乎人之本朝而道不行矣然終不肯去魯及桓子受女樂小於陽虎之惡多矣乃不稅冕而行不幾輕重顛倒矣乎蓋撰家語者爲世家

所誤而附會之以事撰年譜者又爲家語所誤而并附會之以其年而不知其益增而益謬也故今皆不取

洙泗考信錄卷之一終

道光四年東陽署中

洙泗考信錄卷之二

大名崔述東壁譔考　石屏門人陳履和校刊

爲魯司寇上

檀弓云夫子制於中都爲四寸之棺五寸之槨世家云定公以孔子爲中都宰一年四方皆則之由中都宰爲司空由司空爲大司寇家語云孔子初仕爲中都宰制爲養生送死之節爲四寸之棺五寸之槨因邱陵爲墳不封不樹定公謂孔子曰學子此法以治魯何如孔子

對曰雖天下可也何但魯國而已哉於是二年定公以爲司空乃別五土之性而物各得其所生之宜先時季氏葬昭公於墓道南孔子溝而合諸墓焉由司空爲司寇云云余按孟子稱孔子嘗爲委吏乘田考其時皆在昭公世若至此又爲宰則是再仕非初仕也陽虎作亂孔子不仕定八年冬陽虎始敗九年始奔十年孔子已相君於會中間爲時無幾安得爲宰二年始爲司空由司空乃爲司寇乎春秋傳云周禮盡在魯矣魯之制非

不善患其不能行耳孔子爲宰奉周公之法足矣自制何居焉且檀弓所謂四寸五寸云者謂民本薄而教之以厚故曰以斯知不欲速朽也今增以因邱陵爲墳不封不樹之語又似本厚而教之以薄亦與檀弓之文不類而治天下之語尤夸大非聖人之言皆不足信也至於合墓之事據左傳在爲司寇時非爲司空時事而別五十之性云者語亦膚廓無實事可指然則家語所載皆出於後人之所附會無疑也又按左傳魯之孟孫世

爲司空未嘗失職而都邑之宰其職甚卑乃委吏乘田之流孔子在定公世名益崇望益重是以或人有奚不爲政之問陽貨有懷寶迷邦之譏魯人固欲得孔子爲大夫但孔子以魯亂故不仕耳陽虎既去召而用之乃事之常不當僅以爲宰也然則孔子固不能爲司空即有爲中都宰之事亦當在昭公之世不得如世家之說也又按春秋經傳魯有中城而皆不言有所謂中都者既謂之都不宜泯泯無聞如此且檀弓篇所記舛謬殊多而此章所載曾子速貧速朽之語尤不近於理必後人所妄撰然則事之有無蓋不可知而爲宰爲司空又俱不見於他傳記故今皆不錄

葬昭公於墓道南孔子之爲司寇也溝而合諸墓事在定公八年後文在左傳定公元年

孔子爲魯司寇不知何年按春秋陽虎以八年戰敗孔子以十年相定公會於夾谷爲司寇當在虎敗之後夾谷之前故次之於此

劉向新序云魯沈猶氏旦飲其羊飽之以欺市人公慎氏有妻而淫慎潰氏奢侈驕佚魯市鬻牛馬者善豫賈孔子爲魯司寇沈猶氏不敢飲其羊公慎氏出其妻慎潰氏踰境而走鬻牛馬者不豫賈云云家語亦采此事而詞小異余按此數事皆理之所有然聖人盛德感人綏之斯來動之斯和其化當不止此此皆狐假子產輩之所能爲縱有之亦不足以爲聖人重且其事不見於經傳其有無不可知故今不錄

家語云孔子爲魯大司寇有父子訟者孔子同狴執之三月不別其父請正孔子赦之季孫不悅孔子曰上失其道而殺其下非理也云云余按五刑之屬三千而罪莫大於不孝不孝胡可赦也曾子曰上失其道民散久矣如得其情則哀矜而勿喜故失其道哀矜之斯可矣若欲因是而遂廢刑則大亂之道也況於元惡大憝乃欲待教而後刑乎家語此文本之荀子而韓詩外傳亦有之所載又與此異云季孫欲殺而孔子止之云云且

以季孫爲康子而不言孔子爲司寇則是其事固在自衛反魯後也詳玩其語蓋卽論語如殺無道之問而傳之者過當若荀子則又所聞異詞者也原其意皆不過欲明聖人之以德化民耳然言之不審遂流入於異端而不自知嗚乎說經引古又烏可以不愼乎哉

家語云孔子爲魯司寇斷獄訟皆進衆議者而問之曰子以爲奚若余按此乃常人少有識者之所能卽有之不足爲聖人重且其語殊鄙陋顯爲後人所擬故今不取

附錄○孔子之仕於魯也魯人獵較孔子亦獵較孟子○孔子先簿正祭器不以四方之食供簿正上同

附錄○原思爲之宰與之粟九百辭子曰毋以與爾鄰里鄉黨乎論語雍也篇

此事無年可考包氏云孔子爲魯司寇以原憲爲宰說近是故附次於此

春及齊平夏公會齊侯於祝其實夾谷孔某相左傳定公十年

世家云齊大夫黎鉏言於景公曰魯用孔某其勢危齊乃使使告魯爲好會會於夾谷若孔子已得政於魯者余按孔子曰苟有用我者期月而已可也三年有成是孔子見用未嘗至於期月之久也公羊傳曰孔子行乎季孫三月不違於是帥師墮郈帥師墮費是定公至十二年始用孔子未久而遂去也當會夾谷之時孔子不過爲司寇耳非有事權安能危齊若孔子於此年已聽國政至十二年踰三年矣何不聞其有成者何在乎孔

子得百里之地而君之可以有天下後世推之則然其門人或有知之者他人不能也若人盡知孔子之能與其國何至終其身而不見用況犂鉏狙詐之人尤不足知聖人安有遽以危齊爲憂者乎且傳所謂相者謂相禮也非相國也相國者治一國之政相禮者但襄一時之禮與國政無涉也故魯季孫世秉國政而襄公如晉孟獻子相昭公如楚孟僖子相晉韓宣子爲政而晉侯之享齊侯中行穆子相鄭子皮當國子產爲政而鄭伯

之朝晉侯公孫段相此蓋史記誤以相爲相國之相又因傳有犂彌欲以兵劫魯侯之事而遂誤以會時之兼爲在國之謀而不知其謬也曰然則齊何故而與魯爲會也曰經傳之文甚明學者自不察耳蓋自昭公以前諸侯莫不事晉自召陵會後而晉衡以失諸侯故定公之七年齊侯鄭伯盟于鹹齊侯衛侯盟于沙獨魯事晉如故不與諸侯之會而又爲晉討鄭討衛故齊使國夏再伐魯而魯亦兩侵齊直至陽虎奔後而魯始與齊平會于夾谷明年又與鄭平故左傳云始叛晉也然則魯自因叛晉而與齊會豈齊懼魯之用孔子而與魯會哉故今不載史記之文

世家又云魯定公且以乘車好往孔子攝相事曰臣聞有文事者必有武備云云定公曰諾具左右司馬余按春秋諸侯之會皆以兵車唯齊桓公有衣裳之會故孔子曰桓公九合諸侯不以兵車蓋難之也況此時齊魯新和猜嫌未釋定公必無以乘車往之理以傳考之魯

亦未嘗有左右司馬之官蓋史記因見穀梁傳中雖有文事必有武備之語而誤以傳者論孔子之言爲孔子之所自言又因其有命司馬止之之文遂附會而增具左右司馬之事而不知其非也故今亦不取

犂彌言於齊侯曰孔某知禮而無勇若使萊人以兵劫魯侯必得志焉齊侯從之孔某以公退曰士兵之兩君合好而裔夷之俘以兵亂之非齊君所以命諸侯也裔不謀夏夷不亂華俘不干盟兵不逼好於神爲不祥於德爲愆義於人爲失

禮君必不然齊侯聞之遽辟之同上

穀梁傳云兩君就壇兩相相揖齊人鼓譟而起欲以執魯君孔子歷階而上不盡一等而視歸乎齊侯曰兩君合好夷狄之民何爲來爲命司馬止之齊侯逡巡而謝曰寡人之過也世家云獻酬之禮畢齊有司請奏四方之樂旍旄羽被矛戟劍撥鼓噪而至孔子趨而進曰吾兩君爲好會夷狄之樂何爲於此請命有司有司卻之不去則左右視晏子與景公景公心怍麾而去之余按

穀梁傳文與左傳詞小異頗不雅馴疑左氏采之魯史穀梁氏則得之傳聞而撰爲文者要其意不相遠世家則又采穀梁傳之文而附會之以致失其本來之意者也何者傳所謂鼓譟而起者乃戰鼓之鼓非樂鼓之鼓諸侯相會原無奏樂之事矛戟劍撥亦不可以云樂况魯君將爲所執孔子尚得命之爲樂乎所謂視歸乎齊侯者乃孔子言時目視齊侯耳非謂萊人視也萊人受命刼魯此何暇左右視耶且晏子自昭末年至此已十八年不見經傳安得復存如其果存又奚容不諫乎故今從左傳而不從世家

齊侯將享公孔某謂梁邱據曰齊魯之故吾子何不聞焉事既成矣而又享之是勤執事也且犧象不出門嘉樂不野合饗而既具是棄禮也若其不具用秕稗也用秕稗君辱棄禮名惡子盍圖之夫享所以昭德也不昭不如其已也乃不果享同上

穀梁傳云罷會齊人使優施舞於魯君之幕下孔子曰

笑君者罪當死使司馬行法焉首足異門而出世家云有頃齊有司請奏宮中之樂優倡侏儒爲戲而前孔子趨而進曰匹夫而熒惑諸侯者罪當誅請命有司有司加法焉手足異處余按此即左傳齊侯將享公因孔子之言而不果享之事蓋傳聞者異詞穀梁氏誤采之而世家則又采穀梁傳之文不達其意而滋誤焉者也何者萊人之刼意將以懼魯也會畢之享言欲以合歡也若使優施舞於魯之幕下欲何爲者幕下之舞罪之小

者耳何至使之手足異處鼓譟以劫魯君乃反麾而去之而遂已何其刑爵輕重之顚倒耶詩曰柔亦不茹剛亦不吐茹柔而吐剛聖人必不如是且穀梁氏之意以爲會畢而舞於魯之館故魯司馬得以行法若如世家所云奏樂於會所則齊君在前魯有司安得加法於齊人乎至家語則又采世家之文於盟前而復載左傳之語於盟後遂致一事而兩述之齊之樂人既斬於魯有司而復欲以樂事魯君不亦遠於人情矣乎故今皆不

取

附錄○齊人來歸鄆讙龜陰田（春秋定公十年）

左傳云將盟齊人加於載書曰齊師出竟而不以甲車三百乘從我者有如此盟孔某使茲無還揖對曰而不返我汶陽之田吾以共命者亦如之穀梁傳云齊侯退而屬其二三大夫曰夫人率其君與之行古人之道云云罷會此下復有優施舞事乃云齊人來歸鄆讙龜陰之田者蓋爲此也世家云景公懼而動知義不若歸而

大恐告其羣臣曰魯以君子之道輔其君云云乃歸所侵魯之鄆汶陽龜陰之田以謝過余按世家之文本之穀梁而頗增益其詞殊不近理一刼不成何遂至於大恐遽歸田以謝過即云爲義所屈景公之賢亦不能至是且穀梁傳所載景公責其羣臣之言乃在夾谷退會之時非謂其歸國而悔過也然穀梁之文本不分明所謂蓋爲此者爲會故乎爲鼓噪故乎爲司馬行法故乎於文意皆可通何由決知其所指耶惟左傳之文甚爲

分明亦近於理然盟不書於經恐亦出於附會未敢必其然也又按哀十五年成叛適齊其冬及齊平齊人歸成蓋此皆非齊人之所自取乃叛人以之適齊者齊魯既和則復歸之本不足異亦不必爲之說也鄆讙歸陰乃九年陽虎以之奔齊者皆在汶水之陽故傳前云反我汶陽之田後云來歸鄆讙龜陰之田世家云所侵魯之鄆汶陽龜陰之田亦誤家語云歸所侵魯之四邑及汶陽之田分以爲二又分龜與陰爲二邑則尤謬矣至

正義所云魯築城於此以旌孔子之功因名謝城者說尤淺陋不足辨

年譜云五十歲遷司寇五十一歲以司寇攝朝政五十三歲爲大司寇余按年譜此文蓋見家語始誅篇首有爲司寇攝行相事之語其後又有爲大司寇之文遂誤分爲二官且并屬之於兩時耳不知司寇即大司寇若少司寇必加少以別之家語但襲古人成語用之非殊之也以爲二官誤矣且少司寇下大夫耳安能攝朝政哉今不取

孔子行乎季孫三月不違曰家不藏甲邑無百雉之城於是帥師墮郈帥師墮費公羊傳定公十二年

仲由爲季氏宰將墮三都於是叔孫氏墮郈季氏將墮費公山不狃叔孫輒帥費人以襲魯公與三子入於季氏之宮登武子之臺費人攻之弗克入及公側仲尼命申句須樂頎下伐之費人北國人追之敗諸姑蔑二子奔齊遂墮費左傳定公十二年

世家此事在定公十三年今按春秋經傳皆定十二年事世家文誤

按司寇下卿耳然至襄昭之世非上卿亦有爲政者宋樂喜以司城鄭子產以次卿是也桓子知孔子故使以司寇爲政故曰行乎季孫三月不違曰於季桓子見行可之仕也明皆桓子之任之也

論語云公山弗擾以費畔召子欲往子路不說曰末之也已何必公山氏之之也子曰夫召我者而豈徒哉如有用我者吾其爲東周乎余按春秋傳云季氏將墮費

公山不狃叔孫輒帥費人以襲魯入及公側仲尼命申句須樂頎下伐之費人北然則是弗擾叛而孔子伐而敗之耳初無所爲召孔子及孔子欲往之事也孟子曰孔子成春秋而亂臣賊子懼弗擾旣以費叛是亂臣賊子也孔子肯輔之乎春秋於晉趙鞅書曰入於晉陽以叛於荀寅士吉射書曰入於朝歌以叛於魯陽虎書曰盜竊寶玉大弓孔子之惡叛臣如此肯輔之乎陽貨欲

見孔子孔子不見歸孔子豚孔子時其亡也而往拜之孔子居衛彌子謂子路曰孔子主我衛卿可得也子路以告孔子曰有命孔子不肯見陽貨主彌子況肯輔弗擾乎孟子曰枉已者未有能直人者也孔子欲爲東周必將討天下之亂臣賊子也弗擾旣身爲亂賊矣安肯討人縱使肯討人亦不服不見楚靈王之戮慶封乎且夫弗擾庸鄙狡詐之小人也勞仲梁懷而不見敬也則勸陽虎爲亂不得志於季氏也則與陽虎謀殺季孫不

欲墮費也則帥費人以攻公其心甚狡而其謀甚拙安能爲東周邪夫費彈丸地耳其民素服屬於季氏必不久從弗擾叛也觀郈與成之叛皆請降於齊費之不能自立也明甚魯以大師攻之不數月破矣欲爲東周胡可得耶子曰苟有用我者期月而已可也三年有成曰可曰成聖人之謙也如是且方是時周禮未改非戰國時可同而謂孔子公然欲自爲東周乎又按左傳費之叛在定公十二年夏是時孔子方爲魯司寇聽國政弗

擾季氏之家臣耳何敢來召孔子孔子方輔定公以行周公之道乃棄國君而佐叛夫舍方興之業而圖未成之事豈近於人情耶費可以爲東周魯之大反不可以爲東周乎公羊傳曰孔子行乎季孫三月不違曰家不藏甲邑無百雉之城於是帥師墮郈帥師墮費然則是主墮費之議者孔子也弗擾不肯墮費至帥費人以襲魯其讎孔子也深矣必不反召之弗擾方沮孔子之新政而孔子乃欲輔弗擾以爲東周一何舛耶史記亦知

其不合故移費之叛於定公九年然使費果以九年叛魯何得不以兵討之郈之叛也數月而兩圍之成之叛也伐不踰時焉費之叛何以獨歷四年而無事耶定十二年傳云仲由爲季氏宰將墮三都使費果以九年叛則費已非季氏之邑季氏安能墮之子路當先謀討費不當先謀墮都也史記旣移費叛於九年又採此文於十三年不亦先後矛盾矣乎凡夫末之云者歷聘諸侯而不遇之詞也今孔子但嘗至齊耳尚未適衛適宋適

陳蔡也子路何得遽云未之也耶由是言之謂弗擾之召孔子在十二年亦不合謂在九年亦不合總之此乃必無之事也曰然則論語亦有誤乎曰有今之論語非孔門論語之原本亦非漢初魯論之舊本也漢書藝文志云論語古二十一篇出孔子壁中齊二十二篇多問王知道魯二十篇何晏集解序云齊論語二十二篇其二十篇中章句頗多於魯論是齊論與魯論互異也漢書張禹傳云始魯扶卿及夏侯勝王陽蕭望之韋元成皆說論語篇第或異惟王陽傳齊論餘四人皆傳魯論者是魯論中亦自

互異也果孔門之原本何以彼此互異然則其有後人之所增入明甚蓋諸本所同者必當日之本其此有彼無者乃傳經者續得之於他書而增入之者也是以季氏以下諸篇文體與前十五篇不類其中或稱孔子或稱仲尼名稱亦別而每篇之末亦間有一二章與篇中語不倫者正如春秋之有續經孟子之有外篇司馬遷之史記之有元成時事劉向之列女傳之有東漢時人

者然又如近世杜詩韓文之有外集者然非後人有所續入而何以如是然使諸本并存後人猶可考其是非得失不幸遇一張禹彙合齊魯諸本而去取之定爲一書當時學者以其官尊官達遂靡然而從之以致諸本陸續皆亡故漢書張禹傳云禹先事王陽後從庸生二人皆傳齊論者采獲所安又云欲爲論念張文由是學者多從張氏餘家寖微隋書經籍志云張禹本授魯論晚講齊論後遂合而考之刪其煩惑除去問王知道二篇從魯論二十篇爲定號張侯論然則今之論語乃張禹所更

定非龔舊書之舊本篇目雖用魯論而其實兼采齊論之章句者也嗟夫張禹何知知媚王氏以保富貴耳漢宗社之存亡不問也況於聖人之言烏能測其萬一乃竟公然輯而合之其不當刪而刪不當采而采者蓋亦不少矣是以其義或戾於聖人其事或悖於經傳而此章與佛肸章尤害道誣聖人之大者蓋戰國之士欲自便其私而恐人之議已故誣聖人嘗有其事以自解

傳經者不知其僞而誤增之而再又誤采之者也由是言之孟子之外篇幸而有趙岐删之春秋之續經幸而公羊穀梁兩家俱在故人得知其非聖人之筆惟論語一書不遇如趙岐者而反遇一張禹以致純雜不均無從考其同異乃後之人寧使聖人受誣於百世而斷不敢議采輯者千慮之一失亦可謂輕重之失倫矣曰聖人道大德宏無可無不可非可以尋常去就之義律之也衛輒之不道孔子嘗立於其朝矣於費奚擇焉曰聖

人者義之歸也聖人所爲天下將以爲法已則比於叛人而作春秋以治人之叛叛人其心服乎夫所謂無可無不可者猶之乎無適無莫也惠三黜而不去而孔子去魯夷居北海以待天下之清而孔子爲之兆不行而後去可不可必比於義而無成見是之謂無可無不可耳孔子曰不義而富且貴於我如浮雲孟子曰孔子進以禮退以義得之不得曰有命烏有悖禮義而自以爲無害者哉至於衛輒之事尤與弗擾不類輒雖無道然

衛之君也春秋固已衛侯之矣不得以叛臣比孔子居衛乃公養之仕不爲衛君子貢言之矣若欲以費爲東周爲耶不爲耶孟子曰規矩方圓之至也聖人人倫之至也大經大法聖人之所尤重者也是以雖甚盛德亦必有所不爲故舜必不臣堯周公必不代成王踐阼孔子必不從弗擾佛肸以叛戰國之初異端並起始好爲聖人不凝滯之說以自便而子之臣故主蘇代以滅燕矣再盛於西漢之季說經者牽合附會以誣聖人而王

莽踐帝位劉歆以亡漢矣三盛於東漢魏晉之交名士風流皆云禮豈爲我輩設而華歆殷仲文之屬爭附叛臣七賢八達之流遂從而亂天下矣若之何後人猶藉口於無可無不可之言而不悟也曰孔子雖欲往卒不往也夫何害於義曰苟可以爲東周則何爲卒不往苟往有害於義則又何爲欲往蓋卒不往者經傳無其事也欲往者縱橫之徒相傳有是說也卽此亦足以見其爲僞托矣此乃聖人行事大節之所關非小小者比故

余不揣固陋不顧非笑而爲之辨

子路使子羔爲費宰子曰賊夫人之子子路曰有民人焉有社稷焉何必讀書然後爲學子曰是故惡夫佞者（論語先進篇）

公伯寮愬子路於季孫子服景伯以告曰夫子固有惑志於公伯寮吾力猶能肆諸市朝子曰道之將行也與命也道之將廢也與命也公伯寮其如命何（論語憲問篇）

此二事雖無年可考然必皆在子路爲季氏宰之時按魯定公五年公山不狃以費宰見於傳至十二年奔齊

而費始無宰然則子羔之舉當在季氏初墮費之後也景伯之告孔子以道之行廢言之似不僅爲子路發者蓋孔子爲魯司寇子路爲季氏宰實相表裏子路見疑卽孔子不用之由然則伯寮之愬當在孔子將去魯之前也故並次之於此

世家云定公十四年孔子年五十六由大司寇行攝相事有喜色門人曰聞君子禍至不懼福至不喜孔子曰有是言也不曰樂以其貴下人乎余按孟子及春秋傳孔子但爲司寇未嘗爲相公羊傳云孔子行乎季孫三月不違說子云於季桓子見行可之仕也然則是季孫爲魯相而能行孔子之言耳非孔子爲魯相也春秋之時無以相名官者秉政之卿謂之相某君非官之名不可云攝蓋夾谷之會當使上卿相禮以孔子之知禮也越次而使之如狐偃之讓趙衰者然故或謂之攝相傳聞者不知遂誤以爲相國之相耳至於攝相而有喜色亦非聖人之度孔子曰巍巍乎舜禹之有天下也而不

與焉正考父之鼎銘曰一命而僂再命而傴三命而俯循牆而走豈舜禹正考父皆不樂以其貴下人者乎又按定十二年孔子已去魯所云十四年行攝相事者亦非是故今皆不錄說並見後季桓條下

世家云孔子行攝相事誅魯大夫亂政者少正卯家語云朝政七日而誅亂政大夫少正卯戮之於兩觀之下尸於朝三日子貢進曰夫少正卯魯之聞人也今夫子爲政而始誅之或者爲失乎孔子曰天下有大惡者五

而竊盜不與焉一曰心逆而險二曰行僻而堅三曰言
僞而辨四曰記醜而博五曰順非而飾（或作澤又作飾）此五者
有一於人則不免君子之誅而少正卯兼有之其居處
足以撮徒成黨其談說足以飾褒熒衆其彊禦足以反
是獨立此乃人之奸雄者也不可以不除余按論語季
康子問政於孔子曰如殺無道以就有道何如孔子曰
子爲政焉用殺哀公問社於宰我宰我對曰周人以栗
曰使民戰栗孔子曰成事不說遂事不諫既往不咎聖

人之不貴殺也如是烏有秉政七日而遂殺一大夫者
哉三桓之橫臧文仲之不仁不知論語春秋傳言之詳
矣賤至於陽虎不狃細至於微生高猶不遺焉而未嘗
一言及於卯使卯果嘗亂政聖人何得無一言及之史
官何得不識其一事非但不載其事而已亦並未有其
名然則其人之有無蓋不可知縱使果有其人亦必碌
碌無聞者耳豈足以當聖人之斧鉞乎春秋之時誅一
大夫非易事也況以大夫而誅大夫乎孔子得君不及

子產遠甚子產猶不能誅公孫黑況孔子耶家語又載
孔子言云殷湯誅尹諧文王誅潘正周公誅管蔡太公
誅華士管仲誅傳乙子產誅史何按尹諧等五人之誅
不見經傳皆不足信管蔡欲危王室亦非卯之比也此
蓋申韓之徒言刑名者誣聖人以自飾必非孔子之事
且其所謂言辨行堅熒衆成黨云者正與莊韓書中嘗
僞者之語酷相類其爲異端所託無疑而世人皆信之
是助異端以自攻也故余不得不辨

附錄○定公問君使臣臣事君如之何孔子對曰君使臣
以禮臣事君以忠（論語八佾篇）○定公問一言而可以興邦有
諸孔子對曰言不可以若是其幾也人之言曰爲君難爲
臣不易如知爲君之難也不幾乎一言而興邦乎曰一言
而喪邦有諸孔子對曰言不可以若是其幾也人之言曰
予無樂乎爲君唯其言而莫予違也如其善而莫之違也
不亦善乎如不善而莫之違也不幾乎一言而喪邦乎（論語子路篇）

此二條無年可考然皆當在爲魯司寇之時故附次於此

附錄○孟懿子問孝子曰無違樊遲御子告之曰孟孫問孝於我我對曰無違樊遲曰何謂也子曰生事之以禮死葬之以禮祭之以禮（論語爲政篇）

此亦無年可考然昭公之世僖子卒未幾而孔子去哀公之世孔子歸未久而懿子卒惟爲司寇之時同朝相見爲日最多故附次於此

孔子爲魯司寇不用從而祭燔肉不至不稅冕而行（孟子）

存疑○齊人歸女樂季桓子受之三日不朝孔子行（論語微子篇）

按孟子但言不用從而祭不稅冕而行未嘗言歸女樂一事而論語所云三日不朝而孔子行者亦與孟子所稱欲以微罪行不欲爲苟去及遲遲吾行之語若相悖者且春秋於歸俘歸鄆歸讙之事無一不書而女樂之歸獨不書於經亦并不見於傳惟論語微子篇有之而是篇精覈簡斷語多不倫吾未敢決其必然姑存之於不稅冕而行之後以俟夫好古之士考焉

世家云與聞國政三月齊人聞而懼曰孔子爲政必霸霸則吾地近焉我之爲先并矣盍致地焉犁鉏曰請先嘗沮之沮之而不可則致地庸遲乎於是選齊國中女子好者八十人皆衣文衣而舞康樂文馬三十駟遺魯君陳女樂文馬於魯城南高門外季桓子微服往觀乃語魯君爲周道游往觀終日怠於政事此蓋因論語之

言而附會爲之者其謀與秦穆公間由余之智略同皆似秦漢以後詐僞人之所爲不類春秋時事三傳所紀春秋時絕無此等事獨史記數數言之不足信也且考世家所載定公十年犁鉏已有魯用孔子其勢危齊之語既有沮之之方彼時何不用之乃爲會於夾谷是年齊歸汶陽之田已致地矣僅三四年何以又謀致地是年會畢之時景公方責犁鉏謂不以君子之道教已以獲罪於魯君今日何以又聽犁鉏之謀乎詳世家之文

先後矛盾首尾背馳乃必無之事蓋皆戰國策士之所
僞撰故今皆不取說并見前夾谷條下

附論○孟子曰於季桓子見行可之仕也○孟子曰去魯
曰遲遲吾行也去父母國之道也并孟子

史記魯世家孔子去魯在定公十二年孔子世家在十
四年余按春秋定公十二年夏墮郈墮費公羊傳云孔
子行乎季孫三月不違於是帥師墮郈帥師墮費是孟
子所謂見行可之仕者卽此夏墮郈墮費之時既云三

月不違則三月以後魯固不用孔子矣不用而祭祭而
行月餘日事耳然則孔子之去魯當在定十二年秋冬
之閒孔子世家誤也又十二諸侯年表去魯亦在定十
二年與魯世家合當從之

附錄○將墮成公歛處父謂孟孫墮成齊人必至於北門
且成孟氏之保障也無成是無孟氏也子僞不知我將不
墮冬十二月公圍成弗克左傳定公十二年

史記孔子世家圍成之事在去魯前緣其以去魯爲十
四年故也今去魯既在定十二年秋冬之閒而春秋書
圍成乃在是年之十二月則其在去魯之後無疑也且
不知其弗克而輒圍之圍之弗克而遂置之輕舉妄動
有始無終皆非聖人所爲不待辨而明者故附錄於去
魯之後

史記孔子世家攝相去魯皆在定公之十四年孔子年
五十六其年雖未合要其時不甚久也年譜則云五十
一歲以司寇攝朝政五十五歲魯國大治齊人致女樂

云云遂適衞是謂孔子攝政已歷五年矣余按論語孔
子曰苟有用我者期月而已可也公羊傳曰孔子行乎
季孫三月不違明孔子見用未嘗至於一年也若果攝
政五年不可謂不久矣孔子何以言無用已者乎其說
更踈於世家且與孟子所稱見行可者相悖故不取

適衞

按孟子謂孔子不悅於魯衞是去魯後卽適衞也史記
世家年表皆言自魯適衞與孟子合故次適衞於去魯

之後

於衛主顏讎由孟子

世家云主於子路妻兄顏濁鄒家按孟子作顏讎由世家疑誤其謂子路妻兄云者蓋因彌子爲子路僚壻而誤也今不從

附錄○子適衛冉有僕子曰庶矣哉冉有曰既庶矣又何加焉曰富之曰既富矣又何加焉曰教之論語子路篇

此似初至衛時之言故附次於此

彌子之妻與子路之妻兄弟也彌子謂子路曰孔子主我衛卿可得也子路以告孔子曰有命孟子

世家云衛靈公問孔子居魯得祿幾何對曰奉粟六萬衛人亦致粟六萬按春秋傳秦鍼楚比之屬皆以班爵各受應得之祿世家所云頗似戰國養士之風殊欠雅馴今不取

附錄○王孫賈問曰與其媚於奧寧媚於竈何謂也子曰不然獲罪於天無所禱也論語八佾篇

按王孫賈見於論語春秋傳者皆在靈公之世故附次於此

世家云或譖孔子於衛靈公靈公使公孫假一出一入孔子恐獲罪焉居十月去衛將適陳過匡過蒲月餘反乎衛主蘧伯玉家此後乃有見南子之事余按論語孔子曰賢者辟世其次辟地其次辟色其次辟言孟子曰雖未行其言也迎之致敬以有禮則就之禮貌衰則去之又曰於衛靈公際可之仕也所謂際可蓋即禮貌盛

衰之義孔子去衛必不待於靈公之疑烏有恐獲罪而後去者哉且孔子欲適陳則適陳耳匡在衛南過匡可也蒲在衛西過蒲何爲卒不適陳月餘而反乎衛又何爲乎孫林父將作亂先謂之蘧伯玉伯玉從近關出時魯襄公十四年也伯玉居下位而名已爲其卿所重如此當不下四十歲下至魯定公之末六十有五年伯玉至是當百餘歲矣莊子曰蘧伯玉行年五十而知四十九年之非行年六十而六十化莊子之言固不足取信

然使伯玉果有期頤之壽莊子必不僅以五十六十言之而自魯襄公二十九年以後伯玉即不復見於傳又不容晚節竟無一事可述而可述者俱少年事然則孔子適衞之時伯玉之亡固已久矣孔子安得有主伯玉事乎且衞之大夫莫有賢於伯玉者果存耶孔子何以不主伯玉而主讎由既主讎由矣在外月餘而返忽易所主何也將謂與讎由有隙耶孔子必不如是孔子所主之人亦必不至是蓋論語有伯玉使人於孔子之語

故史記妄意孔子嘗主伯玉又因其與孟子不合故爲去衞復返之說以兩全之而不知其謬也余謂伯玉使人必在昭公之初孔子年少之時其平日或嘗一見或兩相慕俱未可知不必强爲之說故今皆不取說並見後異同條下

存疑○子見南子子路不說夫子矢之曰予所否者天厭之天厭之論語雍也篇

此章漢孔安國固已疑之孔氏曰舊以南子者衞靈公夫人淫亂而靈公惑之孔子見之者欲因以說靈公使行治道矢誓也子路不說故夫子誓之行道既非婦人之事而弟子不說與之咒誓義可疑焉蓋男女之別本不應見加以淫亂益非所宜而指天爲誓亦與論語所記聖人平日之言不倫孔氏疑之是也何晏集解全采此說不復別陳所見則晏亦疑之矣自晉以來乃或曲爲之說欒肇訓否爲屈蔡謨訓矢爲陳謂孔子爲子路陳天命否屈乃天命所厭見南子者時不獲已也其說

巧矣然文義則牽强難通事理則無所發明且孔子在衞乃際可之仕禮貌衰則去之亦不至於時不獲已而自屈也朱子謂仕於其國有見其小君之禮且據世家之文以爲南子請見孔子辭謝不得已而見之其說似矣然古禮不可考春秋傳中亦殊不見則朱子亦僅出於臆度恐不足據也或又以南子爲南蒯南蒯固不優於南子而其時亦不合所謂知其不可而强爲之辭者其說益陋不足辨矣按此章在雍也篇末其後僅兩章

篇中所記雖多醇粹然諸篇之末往往有一二章不相類者鄉黨篇末有色舉章先進篇末有侍坐章季氏篇末有景公邦君章微子篇末有周公八士章意旨文體皆與篇中不倫而語亦或殘缺皆似斷簡後人之所續入蓋當其初篇皆別行傳之者各附其所續得於篇末且論語記孔子事皆稱子惟此章及侍坐羿奡武城三章稱夫子亦其可疑者然則此下三章蓋後人采他書之文附之篇末而未暇別其醇疵者其事固未必有不

必曲爲之解也說並見前墮費及後佛肸論語條下

世家見南子後居衛月餘靈公與夫人同車宦者雍渠參乘出使孔子爲次乘招搖市過之孔子曰吾未見好德如好色者也於是醜之去衛過曹適宋桓魋欲殺孔子孔子適鄭遂至陳主于司城貞子家居陳三歲去陳過蒲遂適衛余按孔子之聖必不爲夫人次乘靈公雖無道尚知致敬孔子必不以夫人之次乘辱之君子見幾而作禮貌衰則去之爲夫人次乘不僅衰而已孔子豈待如此然後去乎此事之必無者且孔子旣去衛而適陳矣居陳三歲無故而復適衛何耶豈困於陳而遂忘前此之辱耶與其復來則何如前日之不去之爲愈耶使靈公又辱孔子孔子當何以處之推其前後尤不近於情理故今皆不錄而桓魋之難貞子之主悉載之問陳之後詳見後際可條下

世家云孔子過蒲會公叔氏以蒲畔蒲人止孔子弟子公良儒鬭甚疾蒲人懼謂孔子曰苟毋適衛吾出子與

之盟出孔子東門孔子遂適衛靈公聞孔子來郊迎問曰蒲可伐乎對曰可其男子云云靈公曰善然不伐蒲余按春秋經傳無公叔氏以蒲畔之事定十四年經云衛公叔戌來奔傳云衛侯逐公叔戌與其黨故趙陽奔宋戌來奔而世家以去衛爲定公卒之歲又居陳三歲而後過蒲則公叔戌之亡也久矣蒲旣畔衛孔子何難紆道避之乃輕入險地以自取禍況蒲在衛西陳在衛南自陳來不由蒲也孔子過蒲何爲焉要盟神固不聽

然既許之甫出而即背之亦豈聖人之所爲耶蒲衛之屬邑耳靈公好戰屢伐晉而獨不敢伐一蒲孔子不對靈公之問陳而於靈公之不伐蒲獨力勸其伐不亦先後矛盾矣乎此乃戰國人之所僞撰必非孔子之事今不取

論語陽貨篇云佛肸召子欲往子路曰昔者由也聞諸夫子曰親於其身爲不善者君子不入也佛肸以中牟畔子之往也如之何子曰然有是言也不曰堅乎磨而

不磷不曰白乎涅而不緇吾豈匏瓜也哉焉能繫而不食此事世家載之自蒲適衛之後余按佛肸以中牟畔是亂臣賊子也孔子方將作春秋以治之肯往而助之乎肸與公山不狃皆家臣也孔子魯大夫也孔子往斯臣二人乎抑臣於二人乎臣二人則其勢不能臣於二人則其義不可孔子將何居焉夫堅者誠不患於磨然未有恃其堅而故磨之者也白者誠不患於涅然未有恃其白而故涅之者也聖人誠非小人之所能汚然未有恃其不能汚而故入於小人之中者也若孔子之堅白非佛肸之所能磨涅則彌子瘠環癰疽亦豈獨能磨涅孔子者而孔子乃不肯主其家孟子乃以爲無義無命乎故不磷不緇之說爲見陽貨解則可爲往赴不狃佛肸之召解則斷不可昔有人蓄玉環古劍各一有崑崙奴能沒水取物皆愛之謂之三寶每涉江湖必投環劍水中使奴取之以爲笑樂嘗過洞庭投之奴沒而出泣曰環劍已墮驪龍頷下不可取矣固強之并并奴溺

焉故凡恃其所能而欲嘗試之者未有不爲驪龍之所攫者也且孔子往將何爲耶不助之耶固無所用於往往亦將不相容助之耶則已磷且緇矣尚得自謂堅白乎哉又按佛肸之畔乃趙襄子時事韓詩外傳云趙簡子薨未葬而中牟畔之葬五日襄子興師而次之新序云趙之中牟畔趙襄子率師伐之遂滅知氏并代爲天下劉向列女傳亦以爲襄子襄子立於魯哀公之二十年孔子卒已五年佛肸安得有召孔子事乎左傳定十三

年荀寅士吉射奔朝歌哀三年趙鞅圍朝歌荀寅奔邯鄲四年圍邯鄲邯鄲降齊國夏納荀寅於栢人五年春圍栢人荀寅士吉射奔齊夏趙鞅圍中牟然則此四邑者皆荀寅趙稷等之邑故趙鞅以漸圍而取之當魯定公十四五年孔子在衞之時中牟方爲范中行氏之地佛肸又安得據之以畔趙氏乎此蓋戰國横議之士欲誣聖人以便其私但聞不狃嘗畔魯則附會之以爲孔子欲往而不知其年之不符也但聞佛肸嘗畔晉則

又附會之以爲孔子欲往而不知其世之尤不符也彼横議者固不足怪獨怪後世之儒肩相望踵相接而但高談性命細摘章句竟無一人降心究考肯爲我先師孔子辨其誣者良可嘆也惟漢王充論衡獨以往應佛肸公山之召爲非是然知其非而不辨其誣反議聖人之有遺行則其謬更甚焉且使二人之召子果欲往何以皆卒不往既不往矣猶委曲而誣之曰欲往聖賢處世將何以自免於人言耶既明知其不往矣猶不敢公然代白其無欲往之心儒者之於聖人抑何薄耶又凡夫子云者稱甲於乙之詞也春秋傳皆然未有稱甲於甲而曰夫子者至孟子時始稱甲於甲而亦曰夫子孔子時無是稱也故子禽子貢相與稱孔子曰夫子顏淵子貢自稱孔子亦曰夫子蓋亦與他人言之也稱於孔子之前則曰子如不言曰願聞子之志曰子將奚先不曰夫子也稱於孔子之前而亦曰夫子者惟侍坐武城兩章及此章而已蓋皆戰國時人之所僞撰非門弟子

所記吾不知後世讀論語者何以皆不之察也故今與不狃之召皆削之不書且爲之辨餘見前墮費條下

附錄○子擊磬於衞有荷蕢而過孔氏之門者曰有心哉擊磬乎既而曰鄙哉硜硜乎莫己知也斯已而已矣深則厲淺則揭子曰果哉末之難矣（論語憲問篇）

世家載此事於靈公之世佛肸既召之後今按遯無明文可考則未知其爲靈公之世與孝公之世與但孝公非用孔子之人孔子亦未必有佐孝公之心似於靈公

之世爲宜姑從世家附之於此

世家於擊磬之後載學琴於師襄一事今按論語大師摯章有摯磬襄先儒皆以爲魯人孔子曰吾自衛反魯然後樂正又曰師摯之始關雎之亂洋洋乎盈耳哉子語魯大師樂曰樂其可知也則以摯等八人爲魯人者近是孔子不當學之於衛也聖人固無常師然學琴當在少年時在齊聞韶聖人之於樂已深矣及是又二十年而襄乃摯之屬孔子反魯之後摯方在官則襄於孔子似爲後起襄之琴恐不足爲孔子師也此其事之有無蓋不可知且其所云眼如望羊心如王四國之語皆不雅馴與論語所記孔子之言大不類蓋皆後人所託今不敢載

世家於學琴之後又云孔子既不得用於衛將西見趙簡子至於河而聞竇鳴犢舜華之死也臨河而歎曰美哉水洋洋乎某之不濟此命也夫子貢趨而進曰敢問何謂也孔子曰竇鳴犢舜華晉國之賢大夫也云云乃還而反乎衛此後乃有問陳之事余按春秋經傳定八年趙鞅使涉佗盟衛侯捘其手及腕十三年入於晉陽以叛哀三年殺周萇弘弱王室侮諸侯而叛其君春秋之大夫罪未有大於鞅者也其他黨奸釀亂之事史不絕書不知孔子何取於鞅而欲見之至竇鳴犢舜華之死抑末矣鞅之善惡亦不在於此二人之死生也何爲臨河而遽返邪晉大夫之見於傳者多矣微但大夫也即趙氏之家臣董安于尹鐸郵無恤之倫皆得以其才

見於傳兩人果賢大夫傳記何爲悉遺之乎且鞅衛之仇讐也孔子雖未受職於衛然曰際可之仕則亦有賓主之義焉無故去之而往見其讐於義似亦有未安者往而不遂復返乎衛不知何以對靈公靈公亦安能待之如舊邪佛肸趙氏之叛臣也趙氏衛之仇國也或召而欲往或不召而自往忽而衛忽而中牟忽而晉忽而復反乎衛其仇與叛皆不計焉亦何異於朝秦暮楚者乎此必戰國時人之所僞託非孔子之事故今亦不錄

衞靈公問陳於孔子孔子對曰俎豆之事則嘗聞之矣軍旅之事未之學也明日遂行論語衞靈篇

此事與春秋傳答孔文子語大相類而彼尤詳備蓋本一事而傳聞異辭或以爲靈公或以爲文子耳但此乃論語之文而彼僅見于左傳又無他書可以證其孰誤未敢據彼而廢此故兩存之說並見後孔文條下

備覽○明日與孔子語見蜚鴈仰視之色不在孔子孔子遂行孔子世家

此文與孟子際可之義合疑衞靈禮貌漸衰故孔子見幾而作亦不專因於問陳也孟子曰孔子欲以微罪行不欲爲苟去聖人去衞之故固有人不能盡知者故附次于此

附論○孟子曰於衞靈公際可之仕也孟子

世家孔子於靈公時凡四去衞而再適陳其二皆未出境而反其初適陳也以定公卒之歲乃定公十五年適宋遭桓司馬之難至陳主於司城貞子蓋本之於孟子其再適陳也以靈公卒之春乃魯哀公二年而誤以爲三年因靈公問陳而遂行蓋本之於論語余按論語孟子所記乃一時事論語記其去衞之故而孟子敘其道路所經與在陳所主非再去也世家誤分爲二遂謂孔子至陳三歲而反乎衞由衞而再適陳以實之不思定公卒之歲距靈公之卒僅二年而孔子居陳三歲并曹宋鄭蒲之滯及在衞臨河之日計之當不下四五年如此則靈公之卒固已久矣尚安得問陳事乎其謬一也

論語云子在陳曰歸與歸與吾黨之小子狂簡斐然成章不知所以裁之孟子云孔子在陳曰盍歸乎來吾黨之士狂簡進取不忘其初此兩章亦一時之語而所傳異詞世家亦分以爲二遂謂孔子凡兩發嘆一屬之初至陳一屬之再至陳夫既思狂簡而反衞矣而又至陳奚爲者至陳而又思歸以裁狂簡何其行止之無常乎其謬二也過匡之役以恐獲罪而去未出境也無故而反臨河之役無故而去亦未出境也聞竇鳴犢舜華之

死不得已而復反孔子之去就若是之苟然而已乎孟子曰古之君子言將行其言也則就之言弗行也則去之其次迎之致敬以有禮則就之禮貌衰則去之去果是也則不當不召而自反如可反也則毋寧始之不去之爲愈乎而何爲乎僕僕於道途而不憚其煩也其謬三也且世家以定十四年適衛而年表巳於是年至陳世家以定十五年遭宋桓魋之難而年表乃在哀之三年世家以哀六年再反衛而年表乃在十年世家自陳反衛自衛復至陳之事年表皆無之卽其所自爲說巳自改之而學者反皆遵之謂孔子三至衛而三至陳甚不可解也今取孟子過宋之文論語問陳之事合而爲一在陳之嘆論語孟子所記亦取而合之則事理曉然明白孔子并無由衛而再適陳由陳而再返衛之事矣至其去衛之年雖無可考然衛靈以哀二年夏卒則孔子之去非定之末卽哀之初世家所謂魯定公卒之歲去衛者近是由此過宋至陳而主貞子正與孟子合但無自陳反衛而再適陳之事耳餘巳詳前數條

年譜誤以孔子自衛適陳之後復有反衛而再至陳之事與世家同而其文尤煩碎曹宋皆再至焉其至衛去衛之年亦與世家逈異有先於世家一年者有後於世家二三年者觀其所以改易之故殊不可曉旣無所本考之時勢亦俱不合蓋年譜之作實本於世家而故稍竄易之以泯其迹使若別有所據者然較之世家尤不足信

洙泗考信錄卷之三

大名崔述東壁譔考　石屏門人陳履和校刊

過宋

按孟子於衞章是孔子去魯去衞之後過宋而後至陳也世家亦記過宋於去衞之後如陳之前蓋本之此今從之

孔子不悅於魯衞遭宋桓司馬將要而殺之微服而過宋孟子

按孟子云過宋則是孔子未嘗立於宋之朝也其上文

云不悅於魯衞其下文云主司城貞子則是孔子由衞至陳經宋之境亦未必至於宋之國也曰將要而殺之曰微服而過宋則是魋知孔子將過宋境使人要之於路微服而行則人不知其爲孔子故獲免也其如予何之言當在此時事理甚明無可疑者世家乃云與弟子習禮大樹下魋欲殺孔子拔其樹孔子去弟子曰可以速矣孔子曰天生德云云若果孔子尚在樹下魋拔其樹孔子何以能免至此乃去不亦晚乎兵刃交集猶曰其如予何不亦迂乎故今不載

存疑○子曰天生德於予桓魋其如予何論語述而篇

按子罕篇畏匡章其詞婉此章之詞誇蓋聖人言之聖人原未嘗自書之弟子以口相傳其意不失而詞氣之間不能不小有增減移易以失其眞者學者不可以詞害志也故列之於存疑

家語賢君篇有孔子見宋君相問答之事稱宋公爲主君余按此文本出說苑以爲梁君春秋時未有梁也故

家語改之爲宋而不知其所言皆戰國策士之餘申商名法之論孔子固無此等言也不能辨其誣而反改其文以惑世撰家語者其罪大矣孟子云孔子微服而過宋則是孔子未嘗立於宋之朝也烏得與其君相問答也哉主君之稱自韓魏趙分晉之後始有之以其故大夫也故士之孔子時尚無是稱亦不得以之稱宋公也且其文本韻語家語少竄易之中遂有不叶者所增數語又獨淺陋與前後文不類然則是家語錄說苑而非

說苑之錄家語也彰彰明矣然而世儒猶信家語何耶

附錄○子畏於匡曰文王既沒文不在茲乎天之將喪斯文也後死者不得與於斯文也天之未喪斯文也匡人其如予何（論語子罕篇）○子畏於匡顏淵後子曰吾以女爲死矣曰子在回何敢死（論語先進篇）

世家云或譖孔子於衛靈公孔子去衛將適陳過匡顏刻爲僕以其策指之曰昔吾入此由彼缺也匡人聞之以爲陽虎陽虎嘗暴匡人匡人遂止孔子孔子狀類陽

虎拘焉五日使從者爲甯武子臣於衛然後得去遂過蒲月餘而反乎衛又月餘然後去衛過宋而至於陳余

按孔子在魯爲司寇居衛見禮於其君其去也道路之人當悉知之不得因刻一言而遂誤以爲虎況拘之五日亦當出一言以相詰乃至竟不知其非陽虎豈人情耶匡人欲殺孔子斯殺之矣如不欲殺斯釋之矣拘之五日欲奚爲者而甯武子之卒至是已百餘年甯氏之亡亦數十年從者將欲爲誰臣乎此其爲說至陋皆必無之事而世咸信之雖朱子亦采之其亦異矣家語云孔子之宋匡人簡子以甲士圍之子路奮戟將與戰孔子止之曰歌予和汝子路彈琴而歌孔子和之曲三終匡人解甲而罷余按此言本之莊子外篇莊子本不足信而家語之采之也又并失莊子之意莊子云孔子遊於匡宋人圍之數匝而絃歌不輟是歌自歌圍自圍也歌不因於圍也如家語之言則是孔子欲以歌退敵矣莊子云無幾何將甲者進詞曰以爲陽虎也故圍之今

非也請辭而退是歌自歌解自解也解又不因於歌也如家語之言則是匡人眞以歌退師矣而豈有是理哉後世之臣有欲臨河讀孝經以退敵者未必非此言之誤之也外篇不知何人所撰要其中皆寓言不過欲明安命無爲之意姑借孔子畏匡一事而附會之以自伸其說耳家語以爲實然誤矣且匡人果拘孔子五日而免之則顏淵當同拘而同免矣匡人果圍孔子曲三終而解去則顏淵當同圍而同解矣何以論語云顏淵後

乎此必孔子聞匡人之將殺已而有戒心或改道而行或易服而去倉卒避難故與顏淵相失故不曰拘於匡圍於匡而曰畏於匡不然已爲所拘所圍矣生死係於其手而猶曰其如予何聖人之言不近迂乎然則此事當與微服過宋之事相類不得如世家家語之說也孔子既欲適陳則適陳耳必不中道而返又居衛月餘而後始適陳也靈公既不召孔子孔子無故去而復返不但爲其所輕吾恐其疑將加甚焉然則孔子果以適陳之故過匡當在後日去衛過宋之時不得云自匡返衛而後去也故附次於過宋之後而凡世家家語之文概不載焉

又按定公六年傳云伐鄭取匡往不假道於衛是匡在鄭東也及還陽虎使季孟自南門入是匡在衛南也晉雖取匡勢不能有杜氏疑爲歸之於晉莊子荀子皆以匡爲宋邑鄭東衛南則去宋爲近去晉爲遠晉之滅偪陽也以予宋公取匡之時宋方事晉匡歸於宋理或然

也此事既與過宋之事相類又與其時相同若匡又宋地則似畏匡過宋實本一事者吾惡知非魋聞孔子適陳將出於匡故使匡人要之而後人誤分之爲二事也子罕篇云天之未喪斯文也匡人其如予何述而篇亦云天生德於予桓魋其如予何二章語意正同亦似一時一事之言而記者各記所聞是以其詞小異未必孔子生平每遇患難即爲是言也然則畏匡之與過宋絕似一事恐不得分以爲二也然於經傳皆無明文故今不敢遽合爲一姑兩存之以俟夫博古之士正之說并見前不悅條下

世家於孔子過宋之後云適鄭與弟子相失獨立郭東門鄭人或謂子貢東門有人其顙似堯其項似皋陶其肩類子產自要以下不及禹三寸纍纍若喪家之狗云云余按鄭在宋西陳在宋南自宋適陳必不由鄭且子產鄭相其卒不久鄭人或猶有及見者堯禹皋陶千七百餘年矣鄭人何由知其形體之詳而分寸乃歷歷不

爽矣乎至此聖人與狗造此言者信此說者皆聖門之罪人也此乃齊東野人之語故今皆削之而并爲之辨

厄於陳蔡之間

主司城貞子爲陳侯周臣孟子

世家孔子至陳之時陳侯爲湣公越而孟子作陳侯周史記多誤當從孟子名周爲是

國語云吳伐越墮會稽獲骨焉節專車吳子使來好聘且問之仲尼曰無以吾命賓發幣於大夫及仲尼仲尼

爵之既徹俎而晏客出骨而問曰敢問骨何爲大仲尼曰某聞之昔禹致羣神於會稽之山防風氏後至禹殺而戮之其骨節專車此爲大矣云云余按定公十二年孔子已去魯適衛而吳棲越於會稽乃在哀之元年孔子時方在陳吳使安能發幣於孔子孔子又安能爵吳使於魯廷哉孔子不語神怪論語言之矣或問禘之說子曰不知也況吳使原未明問此事但泛言及骨而孔子遽遠徵神怪以誇之豈聖人之所爲乎堯典曰流共工於幽州放驩兜於崇山竄三苗於三危殛鯀於羽山四凶之罪大矣然不過流放今防風氏但後至耳遽殺而戮之禹亦殘忍矣哉且防風氏人耶神耶人也則與致羣神之言不相蒙神也又安得有骨乎世家此事載之定公五年而哀元年孔子在陳又云吳敗越王勾踐會稽夫會稽之役既在哀元年則定五年又何得預載之然此本無之事其年月亦不足深辨說並見前或謂條下

國語又云仲尼在陳有隼集於陳侯之庭而死楛矢貫之石砮其長尺有咫陳惠公使人以隼如仲尼之館問之仲尼曰隼之來也遠矣此肅慎氏之矢也云云余按肅慎氏之去陳也遠矣隼爲石砮所貫安能飛數千里至於陳廷而後死哉且怪者孔子之所不語而國語所載孔子之事凡四而三語怪焉一似孔子生平專以語怪爲事而他特其餘者則何以論語二十篇中從未載其一事左傳之艷而誣亦從未有一事之似此者此蓋

稱聖人者欲見其博而不知其適以誣聖人小聖人也故今皆不取又按春秋定公四年遷陳惠公孔子至陳之時據史記當爲陳湣公而云惠公亦謬

孔叢子云陳惠公大城因起淩陽之臺未終而坐法死者數十人又執三監吏夫子見陳侯與俱登臺而觀焉曰美哉斯臺自古聖王之爲城臺未有不戮一人而能致功若此者也陳侯默而退遽赦所執吏余按談言微中固足解紛然特滑稽之雄淳于髡東方朔輩之所爲

不但孔子不屑爲此春秋時尚未有此等語也蓋滑稽者所託故不錄陳惠公之誤說已見前條下

存疑○夏五月辛卯司鐸火火踰公宮桓僖災孔子在陳聞火曰其桓僖乎（左傳哀公三年）

按論語孔子之言皆平實切於日用而無億中之事左傳所載列國大夫多億中能預決人之成敗生死竊疑其皆出於事後附會之言而不足爲據夫聖人固有先見之明然觀入廟而每事問謙愼小心蓋知而常自處於不知者未必如是之輕而易也故余不敢盡信姑存之於此

世家云季桓子病謂康子曰必召仲尼康子立將召之公之魚沮之云云曰必召冉求冉求將行孔子曰魯人召求非小用之將大用之也是日孔子曰歸乎云云子貢知孔子思歸送冉求因誡曰卽用以孔子爲招云此後乃有適蔡之事余按論語爲衛君章冉有子貢問答之詞皆似在衛之時有所諱而不敢深言者若冉有果

從孔子反衛則必無自陳歸魯之事矣子曰從我於陳蔡者皆不及門也記者因記弟子姓名凡十人而冉有與焉記云將之荊蓋先之以子夏又申之以冉有歷觀所云皆似冉有始終相從於陳蔡間者然則冉有歸魯當在反衛之後不當在桓子甫卒之時也冉有爲季氏臣不可爲之大用冉有子貢均弟子也冉有果用必請歸孔子不必待子貢之誡子貢之顯悟亦不必待孔子示之以意而後知也此皆後人猜度之辭不足信而孔

子思歸之嘆亦當在將反衛之際不當在未適蔡之前故今皆不取說並見後歸與條下

葉公問政子曰近者說遠者來（論語子路篇）

葉公問孔子於子路子路不對子曰女奚不曰其爲人也發憤忘食樂以忘憂不知老之將至云爾（論語述而篇）

世家云冉求既去明年孔子自陳遷於蔡明年孔子自蔡如葉葉公問政云云余按左傳哀公二年蔡遷於州來四年葉公諸梁致蔡於負函十六年楚白公作亂葉

公自蔡入楚攻白公白公死葉公兼攝令尹司馬國寧乃老於葉則是孔子在陳之時葉公在蔡不在葉也蔡既遷於州來去陳益遠來往當由楚境孔子未必遠涉其地而論語孟子春秋傳中亦俱無孔子與蔡之君大夫相與周旋問答之事則是孔子所謂從我於陳蔡者乃負函之蔡非州來之蔡也葉公本楚卿貳與聞國政不當居外以新得蔡地故使鎮之而孔子適在陳蔡之間因得相與周旋及其請老乃歸於葉史記但見論語孟子中有孔子在蔡之文遂誤以爲州來之蔡又因葉公有問政問孔子於子路之事遂別出自蔡如葉之文以合之而不知其誤分一事爲兩事也故今考而正之列葉公之問於在蔡之時而無孔子如州來及葉之事

存疑○楚狂接輿歌而過孔子曰鳳兮鳳兮何德之衰往者不可諫來者猶可追已而已而今之從政者殆而孔子下欲與之言趨而辟之不得與之言（論語微子篇）

存疑○長沮桀溺耦而耕孔子過之使子路問津焉長沮

曰夫執輿者爲誰子路曰爲孔某曰是魯孔某與曰是也曰是知津矣問於桀溺桀溺曰子爲誰曰爲仲由曰是魯孔某之徒與對曰然曰滔滔者天下皆是也而誰以易之且而與其從辟人之士也豈若從辟世之士哉耰而不輟子路行以告夫子憮然曰鳥獸不可與同羣吾非斯人之徒與而誰與天下有道某不與易也（同上）

存疑○子路從而後遇丈人以杖荷蓧子路問曰子見夫子乎丈人曰四體不勤五穀不分孰爲夫子植其杖而芸

子路拱而立止子路宿殺雞爲黍而食之見其二子焉明日子路行以告子曰隱者也使子路反見之至則行矣子路曰不仕無義長幼之節不可廢也君臣之義如之何其廢之欲潔其身而亂大倫君子之仕也行其義也道之不行已知之矣同上

世家載沮溺丈人之事於自葉反蔡之時而載接輿事於在楚余按此三章其文皆似莊子與論語他篇之言不倫以晨門荷蕢兩章較之可見而此篇雜記古人言

行亦不似出於孔氏門人之手者後兩章末雖載孔子子路之言然於聖人憂世之深心無所發明而分行義與行道爲二於理亦似未安華野南陽豈得概謂之亂倫乎恐係後人之所僞託姑存之以俟有識者決之又按微子以下四章皆以時代先後爲序則此三章之次亦恐不如世家所列故今仍以論語之文次之然其事之有無蓋不可知亦無庸深考也

在陳絕糧從者病莫能興子路慍見曰君子亦有窮乎子曰君子固窮小人窮斯濫矣論語衛靈篇

此事無年可考世家置之遷蔡之後朱子據論語文以爲當在去衛如陳之時按孔子言從我於陳蔡孟子亦言君子厄於陳蔡之間則是孔子往來於陳蔡間原無定居而其厄亦非一日之事也蔡在陳南自蔡反衛亦必由陳始達則是孔子至蔡之後蓋常復歸於陳而後反衛也且孟子以孔子之厄爲無上下之交而過宋之役主司城貞子不得謂之無交然則論語或統言之未

必其事適在於問陳之後也故次之於葉公問答之後

世家云孔子遷於蔡之歲吳伐陳楚救陳軍於城父聞孔子在陳蔡之間使人聘孔子孔子將往拜禮陳蔡大夫謀曰孔子賢者所刺譏皆中諸侯之疾孔子用於楚則陳蔡用事大夫危矣乃相與發徒役圍孔子於野不得行絕糧孔子講誦弦歌不衰於是使子貢至楚楚昭王興師迎孔子然後得免此說世多信之余竊疑焉論語曰在陳絕糧從者病莫能興孟子曰君子之厄於陳

蔡之間無上下之交也但言其君大夫不見禮以至於貧乏耳初未嘗云有兵以圍之也匡人之難兩見於論語宋桓司馬之難一見於論語而詳載於孟子而皆不言陳蔡之圍若如世家所記兩國合兵圍之其事大於桓魋匡人之難多矣而論語孟子反皆不言但謂之絕糧但謂之無交豈理也哉楚大國也陳蔡之畏楚久矣况是時吳師在陳城下陳且夕不自保何暇出師以圍布衣之士陳方引領以待楚救而乃圍其所聘之人以

攖楚怒欲何爲者哀之元年楚子圍蔡蔡人男女以辨蔡於是乎請遷於吳二年遷於州來其畏楚也如此幸其不伐足矣安敢自生兵端由是言之謂陳蔡之大夫圍孔子者妄也蔡方事吳陳方事楚楚圍蔡而陳從之陳圍蔡而吳伐之陳之與蔡仇讐也且蔡遷於州來去陳遠矣孔子時旣在蔡蔡人欲圍孔子斯圍之耳不必遠謀之陳比陳知孔子之往則孔子已至楚矣由是言之謂陳蔡之大夫相與謀圍孔子者妄也陳蔡合兵而

來當不下萬餘人孔子之從者不過數十人圍而殺之如反掌耳圍之七日至於絕糧而不肯殺又不肯縶之以歸國老師費財意欲何爲設使楚竟不救將坐俟其餓死而後去乎其爲謀亦拙矣由是言之謂陳蔡之大夫相與謀圍孔子使之絕糧待楚救至而後免者妄也此皆時勢之所必無人情之所斷不然者而世儒多信之其亦異矣孟子曰孔子於季桓子見行可之仕也於衛靈公際可之仕也於衛孝公公養之仕也獨其於陳

蔡也則曰無上下之交蓋古之適他國者其君大夫必餼之饋而陳蔡皆無之以此致厄如晉重耳之不禮於鄭衛乞食於五鹿者然烏有所謂發徒役以圍孔子於野者哉春秋傳云陳不救火君子是以知其先亡國語亦言陳之道路不修賓旅無所依故單子知其必亡蓋陳之國事日非其君大夫皆不恤賓旅孔子亦不樂立於其朝而蔡乃楚境楚人亦務富國强兵非能尊賢養士之國雖有貞子葉公之輩度亦暫與相依而未必遂

久與相處是以往來兩地未有定居其窘餓窮乏蓋亦非一日之事矣故曰厄於陳蔡之間言其非一時非一地也其反衛也曰公養之仕言其僅能免於昔日之絕糧也後之人但聞有絕糧之事而不知其故遂疑二國大夫之相厄者因附會而爲之說而不知其舛也故今皆不載蔡乃楚境之說詳見前葉公條下

又按陳蔡之圍經傳未有言者獨莊子書數數言之後人相傳之言蓋本於此不知莊子特譏孔子之好言禮

義以自困其身因有厄於陳蔡一事遂附會之以自暢其毀禮滅義之宗旨耳其言既皆寓言則其事亦安得遂以爲實事也世家家語之文采之莊列者半當其在莊列也猶見有一二人以爲異端而不信者及其在世家家語也則雖名儒亦信之矣嗚乎陽闢其名而陰襲其說而不之覺者蓋不乏人矣豈獨姚江之徒乃爲陽儒而陰釋哉故凡不見於經傳者余概不敢妄錄

又按孔氏註論語絕糧章云吳伐陳陳亂故乏食說與世家不同趙氏註孟子厄於陳蔡章亦不用世家說是司馬遷雖載之史記而漢人固不以爲然也朱子論語序說云是時陳蔡臣服於楚若昭王來聘孔子陳蔡大夫安敢圍之是朱子固亦嘗闢之矣自明季講家矜言博覽且爲科場逢世之計乃不辨黑白而采之遂相沿至今以爲固然余故表而出之以見其非先儒之說

世家孔子以困窮告子路子貢色作孔子曰賜爾以予爲多學而識之者與曰然非與曰非也予一以貫之孔

子知弟子有慍心乃召子路而問曰詩云匪兕匪虎率彼曠野吾道非耶吾何爲於此子路曰意者吾未仁耶未知耶告子貢子貢曰夫子之道至大故天下莫能容盍少貶焉告顏回顏回曰不容何病不容然後見君子孔子欣然而笑曰使爾多財吾爲爾宰余按子路慍見而曰君子亦有窮乎雖不能無怨天尤人之意而未嘗有信道不篤之心子曰衣敝縕袍與衣狐貉者立而不恥者其由也與又曰道不行乘桴浮於海從我者其由

與子路閤之齊其自信果決如是烏有以未仁未知疑孔子者哉子貢曰夫子之得邦家者所謂立之斯立道之斯行綏之斯來動之斯和又曰夫子溫良恭儉讓以得之孟子曰子貢智足以知聖人若欲孔子自貶其道識趣之卑陋甚矣何以爲子貢南宮适問於孔子曰羿善射奡盪舟俱不得其死然禹稷躬稼而有天下夫子不答顏淵之言固當然遽欣然而笑欲爲之宰毋乃近於好諛矣乎余觀論語所載諸弟子未有不尊信聖人

者而孔子常有謙遜不敢自是之心如世家之言則是諸弟子自顏淵外皆不足以知孔子而孔子不得不瑣瑣然自明其過之不在已也何其與論語相反乃爾耶此必無之事不待詳辨者至於論語多識一貫之文與絕糧固窮之義毫不相蒙自當別爲一章今朱子集註分之是也世家連而及之亦非是此事又見於韓詩外傳及說苑而文復與世家互異但有與子路問答語而不及於顏淵子貢然其文尤繁碎決係秦漢文字不足

縷辨其謬最顯而易見者孔子以魯哀公六年自陳反衛至十三年吳夫差始賜伍員屬鏤以死而外傳說苑述孔子之言並有子胥抉目於吳東門之語孔子以魯哀公十六年卒至二十二年越始滅吳已後越始通於諸夏而說苑述孔子之言復有句踐霸心生於會稽之語未來之事孔子何由預知之而預告之乎蓋此三書之文皆本論語偶見一事而好事者敷衍其詞遂致失真正如今世閭巷所傳之三國殘唐東西漢晉演義取

史事而易之以俗語加之以枝葉以悅世人之耳目彼固不問其義理時勢之合與否也三子者不察而誤采之耳至家語在厄篇則又兼採三書而合之者是以其文亂雜無章且於句踐子胥二語亦存之而不刪正與阮逸所作僞文中子元經以隋人而避唐廟諱者同其爲僞撰不待辨而明者不知後之儒者何以不之覺而信爲實也故今一概不載

世家云楚昭王興師迎孔子將以書社地七百里封孔

子楚令尹子西曰王之使使諸侯有如子貢者乎曰無有王之輔相有如顏回者乎曰無有王之將率有如子路者乎曰無有王之官尹有如宰予者乎曰無有且楚之祖封於周號爲子男五十里今孔某述三王之法明周召之業王若用之則楚安得世世堂堂方數千里乎夫文王在豐武王在鎬百里之君卒王天下今孔某得據土壤賢弟子爲佐非楚之福也昭王乃止其秋昭王卒於城父孔子自楚反乎衞余按孔子得百里之地而

君之可以有天下孟子推之則然其門人或有知之者外人不能也彼子西者烏足以知之季康子問由求賜可使從政也與當是時三子已有所建白矣猶不敢信如此況於陳蔡之時子貢尚未出使於諸侯顏淵宰予皆無所表見子路亦未嘗爲將帥彼子西者烏足以知之子西之人本不足稱然未嘗有嫉賢妬能之事白公之復言子西用之矣若知之而忌之雖子西亦不至如是之不肖也而是時昭王方在城父以拒吳師竟卒於軍亦非議封孔子時也且書傳皆無見楚昭王之事楚世家及年表亦皆無之則此必後人之所附會無疑也至所稱書社地七百里者語亦誤楚卽欲封孔子安能如是之大蓋古之縣邑多以社計故春秋傳云自莒疆以西請致千社荀子云與之書社三百舊說蓋言楚欲以書社七百爲孔子祿邑史記誤以書社爲地名因加里於七百之文下耳曰然則戴記有之荊之文何也曰蔡楚境也之蔡卽之楚也吾惡知其謂之荊者非之蔡

乎既相傳有至楚之事故疑以爲昭王之聘之也既聘矣而卒於不用故又疑以爲子西之沮之也吾惡知其非因臆度之故遂附會而爲之說乎故今皆不載

子在陳曰歸與歸與吾黨之小子狂簡斐然成章不知所以裁之（論語公冶長篇）

世家載此語於哀公三年明年孔子如蔡又明年如葉反乎蔡居蔡三歲如楚楚昭王卒然後孔子反乎衞夫孔子既思歸矣乃反背轍而適蔡適楚又四五年而始

反衛何爲耶然則此嘆當在反衛之前一二年中故次之於絶糧之後

附錄○子曰從我於陳蔡者皆不及門也德行顏淵閔子騫冉伯牛仲弓言語宰我子貢政事冉有季路文學子游子夏（論語先進篇）

附論○孟子曰君子之厄於陳蔡之間無上下之交也（孟子）

史記孔子世家以定十五年過宋至陳哀四年遷於蔡六年反衛而遷蔡之前復有反衛而再至陳之事年表

則以定十四年至陳哀三年過宋十年自陳反衛其年皆與孔子世家不合而亦無再往來之文陳衛宋世家略與年表同而多闕漏惟蔡世家以昭二十六年至蔡當魯哀之二年則年表所無也余按孔子以定十二年去魯衛靈公以哀二年卒則以爲定十五年去衛至陳者近是既於是年或十四年至陳則不應復於哀之三年過宋論語述而篇云冉有曰夫子爲衛君乎子貢曰諾吾將問之是二子皆嘗從孔子反衛也哀七年傳云

吳人召季康子康子使子貢辭是子貢於反衛後先歸魯也若孔子於十年始反衛則子貢不得於七年已在魯故以爲哀六年反衛者近是此皆當從孔子世家年表不足據也孔子曰從我於陳蔡者孟子曰君子之厄於陳蔡之間皆連舉之而無所分孟子謂孔子有見行可之仕有際可之仕有公養之仕亦不言陳蔡大抵陳蔡不能尊賢禮士不可依以久處是以孔子往來其間初無定居其年月固有不能縷分者也唯孔子世家所謂反衛而再至陳者似無其事當從年表說已見前適衛篇中

年譜誤以孔子自陳反衛之後復有如陳而再反衛之事與世家同其至陳去陳之年亦與世家頗異最可異者六十三歲自衛如陳自陳如蔡自蔡如葉既而反蔡楚昭王使人來聘陳蔡圍之昭王興師迎孔子然後得免孔子自楚反乎衛取世家五年之事悉置之一年之中是年凡七至人國行萬有餘里往來如傳舍然較之

世家尤爲疎脫

反衛

冉有曰夫子爲衛君乎子貢曰諾吾將問之入曰伯夷叔齊何人也曰古之賢人也曰怨乎曰求仁而得仁又何怨出曰夫子不爲也（論語述而篇）

此章所稱衛君先儒皆以爲出公輒玩其詞意良然按春秋傳哀公七年公會吳於鄫太宰嚭召季康子康子使子貢辭十一年冉求爲季氏宰及齊師戰於郊則是

孔子至衛之後二子自衛先歸魯也或者二子知夫子之不爲而遂去耶然則此章問答當在孔子反衛之初哀公六七年間故次之於此

附錄○子路曰衛君待子而爲政子將奚先子曰必也正名乎子路曰有是哉子之迂也奚其正子曰野哉由也君子於其所不知蓋闕如也名不正則言不順言不順則事不成事不成則禮樂不興禮樂不興則刑罰不中刑罰不中則民無所措手足故君子名之必可言也言之必可行也君子於其言無所苟而已矣（論語子路篇）

世家以此章及魯衛之政章皆爲衛君輒之時余按衛自靈公失道政衰已久兄弟之歎不可必其爲輒而魯衛連及又似初從魯來焉者其說未可據唯此章正名之論似爲輒發世家之說近是先儒亦多從之然無明文可考故附次於此

戴記檀弓篇云孔子之衛遇舊館人之喪入而哭之哀出使子貢脫驂而賻之曰予鄉者入而哭之遇於一哀

而出涕予惡夫涕之無從也余按孔子之用財如子華之使齊原思之爲宰顏路之請車或與或不與皆因乎人與己之本量所當然天理人情之不可移易者未有但徇一時之意偶然行之者也若本不應如是但因遇於一哀惡涕之無從之故而脫驂賻之則是可以偶然與之亦可以偶然不與聖人之用財恐不如是之苟也戴記之文本多附會此或別有其故而傳者失其眞或本無此事均未可知故今不錄

孔文子之將攻太叔也訪於仲尼仲尼曰胡簋之事則嘗學之矣甲兵之事未之聞也退命駕而行曰鳥則擇木木豈能擇鳥文子遽止之曰圉豈敢度其私訪衛國之難也將止魯人以幣召之乃歸（左傳哀公十一年）

按此文胡簋四句與論語問陳章俎豆數語相類其事亦相類未必兩事適相符如此而又皆適在衛蓋本一事而傳聞者異也以理度之問陳之失小問攻太叔之失大彼可勿行而此則當去彼可因所問而導之以禮

如以臨事好謀戒子路者然此則但當以不對拒之竊疑此文爲得其實故兩存之以俟夫有識者删其一焉

說並見前衛靈公條下

附論○孟子曰於衛孝公公養之仕也（孟子）

史記衛無孝公而孔子反衛在出公輒之時故朱子以孝公爲輒余按春秋經傳哀二年衛靈公卒衛人立輒十六年正月衛侯輒來奔（傳在十五年冬）至四月孔子卒公養之爲輒無可疑者輒亡在外故稱出公出非謚也輒之謚蓋史逸之矣衛人既以蒯聵得罪於靈公而輒之拒之爲是則謚之爲孝亦無足怪者故從朱子之說

孔子之於衛孝公其詳不可考余按春秋昭七年傳孔成子夢康叔謂己立元余使羈之孫圉與史苟相之哀十五年傳大子與五人介迫孔悝於廁强盟之孔悝立莊公則是靈孝之世孔氏實執國政孔子之在衛文子實留之故有擇木之喻若文子非執衛柄不過衛諸大夫孔子不答所問足矣不必因此而遂去也文子敏而

好學不恥下問則其爲人必好賢禮士者是以孔子爲之留連而不遽去非苟然而已也又按傳記所載從無孔子與衛孝公問答之語則是孝公年少尚未知與孔子相周旋但文子言於君而致饔餼於孔子耳是以孟子謂之公養之仕明非立其朝而食其祿也余恐世之儒者疑孔子之欲輔孝公以行道不然則疑孔子之苟利其養而不肯去故推其前後而爲之解

歸魯上

世家云冉有爲季氏將師與齊戰於郎克之季康子曰子之於軍旅學之乎性之乎冉有曰學之於孔子季康子曰孔子何如人哉對曰云云康子逐公華公賓公林以幣迎孔子孔子歸魯余按所載冉有之言淺陋不足以稱聖人必後人所僞托無疑故今不取而春秋傳言師及齊師戰於郊世家云郎亦誤

家語云孔子自衛反魯息駕於河梁而觀焉有懸水三十仞圜流九十里魚鱉不能道黿鼉不能居有一丈夫方將厲之孔子使人並涯止之丈夫不以措意遂度而出孔子問焉云云余按此言本之莊子外篇其原文云孔子觀於呂梁縣水三十仞流沫四十里黿鼉魚鱉之所不能游也見一丈夫游之數百步而出被髮行歌而游於塘下孔子從而問焉曰吾始乎故長乎性成乎命從水之道而不爲私焉此吾之所以蹈之也然則外篇之意但欲明夫自然之道無爲之旨故設爲丈夫孔子問答之言以暢其說耳非實事也家語以爲實然愚矣

莊周書中蚿蛇河海光景無有皆有問答之語亦將謂光景無有皆能爲人言乎且其所改外篇之文尤無倫理呂梁之水懸三十仞可也自衛以下河流平地安得三十仞而懸之孔子觀於呂梁可也自衛反魯去河絕遠安得河梁而息駕焉丈夫游之而復出孔子問焉可也若丈夫既度河則與孔子各在河之一涯又安能隔大河而與之語乎嗚乎莊子之言之必無者家語皆以爲誠有也莊子之言之容或有之者家語則又改之使之必無此何爲耶又按列子黃帝說符兩篇亦載此事一與莊子文同一與家語文同蓋列子亦後人之所僞撰故柳子厚謂其書多增竄高氏亦謂後人會粹而成之者是以一事而兩采之較之家語尤不可信

季孫欲以田賦使冉有訪于仲尼仲尼曰某不識也三發卒曰子爲國老待子而行若之何子之不言也仲尼不對而私於冉有曰君子之行也度於禮施取其厚事舉其中斂從其薄如是則以邱亦足矣若不度於禮而貪冒無厭則雖以田

賦將又不足且子季孫若欲行而法則周公之典在若欲苟而行又何訪焉弗聽十二年春王正月用田賦左傳哀公十二年

國語亦載此事而文頗與此異蓋國語皆後人所推衍非當日之言是以其文常繁於內傳而多與諸經不合不如內傳爲近其實故棄彼而存此

季氏富於周公而求也爲之聚斂而附益之子曰非吾徒也小子鳴鼓而攻之可也論語先進篇

冉求爲季氏宰無能改於其德而賦粟倍他日孔子曰求非

我徒也小子鳴鼓而攻之可也孟子

按論語孟子所稱乃一事而其文小異者既云賦粟倍他日則所謂聚斂者即左傳用田賦之事可知也以其互有詳略故並次之於此

子曰吾自衛反魯然後樂正雅頌各得其所論語子罕篇

正樂與用田賦未知孰爲先後然孔子之歸在孔文子訪攻太叔之後太叔之出在十一月蓋滕隱公之後則是孔子歲暮始歸魯也田賦之用在明年正月其間當無幾時故次此文於用田賦之後

子語魯太師樂曰樂其可知也始作翕如也從之純如也皦如也繹如也以成論語八佾篇

子曰師摯之始關雎之亂洋洋乎盈耳哉論語泰伯篇

按語樂即正樂之事盈耳即得所之驗故並次之於此

附錄○子所雅言詩書執禮皆雅言也論語述而篇

此孔子平日事不僅歸魯以後爲然以其與正樂之事同類故附次於此

世家云古者詩三千餘篇及至孔子去其重取可施於禮義上采契后稷中述殷周之盛至幽厲之缺三百五篇康成之徒多非其說孔氏穎達云書傳所引之詩見在者多亡逸者少則孔子所錄不容十分去九遷言未可信也而宋歐陽氏修云以詩譜推之有更十君而取一篇者有二十餘君而取一篇者由是言之何啻三千邵氏雍亦云諸侯千有餘國風取十五西周十有二王雅取其六則又皆以遷言爲然余按國風自二南豳以

外多衰世之音小雅大半作於宣幽之世夷王以前寥寥無幾如果每君皆有詩孔子不應盡刪其盛而獨存其衰且武丁以前之頌豈遽不如周而六百年之風雅豈無一二可取孔子何爲而盡刪之乎子曰誦詩三百授之以政不達使於四方不能專對雖多亦奚以爲子曰詩三百一言以蔽之曰思無邪玩其詞意乃當孔子之時已止此數非自孔子刪之而後爲三百也春秋傳云吳公子札來聘請觀於周樂所歌之風無在今十五

國外者是十五國之外本無風可采不則有之而魯逸之非孔子刪之也且孔子所刪者何詩也哉鄭衛之風淫靡之作孔子未嘗刪也絲麻菅蒯之句不遜於縞衣茹藘之章即棣華室遠之言亦何異於東門不即之章此何爲而存之彼何爲而刪之哉况以論孟左傳戴記諸書考之所引之詩逸者不及十一則是穎達之言左券甚明而宋儒顧非之甚可怪也由此論之孔子原無刪詩之事古者風尚簡質作者本不多而又以竹寫之

其傳不廣是以存者少而逸者多國語云正考父校商之名頌十二篇於周大師以那爲首鄭司農云自考父至孔子又亡其七篇是正考父以前頌之逸者已多至孔子又二百餘年而又逸其七故世愈近則詩愈多世愈遠則詩愈少孔子所得止有此數或此外雖有而缺略不全則遂取是而釐正次第之以教門人非刪之也尚書百篇伏生僅傳二十八篇逸者七十餘篇孔安國得多十餘篇逸者尚數十篇禮之逸者尤多自漢以來

易竹以紙傳布最易其勢可以不逸然其所爲書亦代有逸者逸者事勢之常不必孔子刪之而後逸也故今於刪詩之說悉不敢載

僞孔傳書序云伏羲神農黃帝之書謂之三墳言大道也少昊顓頊高辛唐虞之書謂之五典言常道也孔子覩史籍之煩文懼覽者之不一討論墳典斷自唐虞而下書緯云孔子得黃帝元孫帝魁之書迄於秦穆公凡三千二百四十篇爲尚書斷遠取近定其可爲世法者

百二十篇爲簡書後世多以其說爲然余按傳云郯子來朝昭子問焉曰少皡氏鳥名官何故也郯子曰吾祖也我知之仲尼聞之見於郯子而學之聖人之好古也如是果有羲農黃帝之書傳於後世孔子得之當如何而愛護之當如何而表章之其肯無故而刪之乎論語屢稱堯舜孟子言必稱堯舜其道唐虞之事尤詳而皆無一言及於黃炎者則高辛氏以前之無書也明矣唯春秋傳頗言上古時事然其文多平而弱其事多奇而

詭與堯典禹貢大不類蓋皆出於傳聞必非當時之書之所載也三墳五典之名雖見於傳然不言爲何人所作故杜氏註但云皆古書名若書序果出於安國杜氏豈容不見而不註耶虞書曰愼徽五典又曰天敘有典自我五典是知堯舜之世已有五典蓋卽五倫之義書之箴以教民者安知傳之所云非此五典歟古者以竹木爲書其作之也難其傳之也亦不易孔子所得者止於是則遂取是而考訂整齊之以傳於門人耳非刪之也家世但云序書亦無刪書之文漢志雖有周書七十餘篇然皆後人之所僞撰劉向但云孔子所論百篇之餘亦未嘗言孔子之所刪也故今於刪書之說悉不敢載

附錄○子曰加（古本作假）我數年五十（二字古本作卒）以學易可以無大過矣（論語述而篇）

此語無年可考觀其詞意蓋在歸魯以後故附次於正樂之後

世家云孔子晚而喜易序彖繫象說卦文言由是班固以來諸儒之說易者皆謂傳爲孔子所作至於唐宋咸承其說余按春秋孔子之所自作其文謹嚴簡質與堯典禹貢相上下論語後人所記則其文稍降矣若易傳果孔子所作則當在春秋論語之間而今反繁而文大類左傳戴記出論語下遠甚何耶繫詞文言之文或冠以子曰或不冠以子曰若易傳果皆孔子所作不應自冠以子曰字卽云後人所加亦不應或加或不加也孟

子之於春秋也嘗屢言之而無一言及於孔子傳易之事孔孟相去甚近孟子之表章孔子也不遺餘力不應不知亦不應知之而不言也由此觀之易傳必非孔子所作而亦未必一人所爲蓋皆孔子之後通於易者爲之故其言繁而文其冠以子曰字者蓋相傳以爲孔子之說而不必皆當日之言其不冠以子曰字者則其所自爲說也杜氏春秋傳後序云汲縣冢中周易上下篇與今正同別有陰陽說而無彖象文言繫詞疑于時仲

尼造之於魯尚未播之於遠國也余按汲冢紀年篇乃魏國之史冢中書魏人所藏也魏文侯師子夏子夏教授於魏久矣孔子弟子能傳其書者莫如子夏子夏不傳魏人不知則易傳不出於孔子而出於七十子以後之儒者無疑也又按春秋襄九年傳穆姜答史之言與今文言篇首略同而詞小異以文勢論則於彼處爲宜以文義論則元即首也故謂爲體之長不得遂以爲善之長會者合也故前云嘉之會也後云嘉德足以合禮若云嘉會足以合禮則於文爲複而嘉會二字亦不可解足以長人合禮和義而幹事是以雖隨無咎今刪其下二句而冠君子字於四語之上則與上下文義了不相蒙然則是作傳者采之魯史而失其義耳非孔子所爲也論語云曾子曰君子思不出其位今象傳亦載此文果傳文在前與記者固當見之曾子雖嘗述之不得遂以爲曾子所自言而傳之名言甚多曾子亦未必獨節此語而述之然則是作傳者往往旁采古人之言以

足成之但取有合卦義不必皆自己出既采曾子之語必曾子以後之人之所爲非孔子所作也且世家之文本不分明或以序爲序卦而以前序書傳之文例之又似序述之義初無孔子作傳之文蓋其說之晦有以啟後人之誤故今皆不載

附錄。夏五月昭夫人孟子卒孔子與弔 左傳哀公十二年

附錄。冬十二月螽季孫問諸仲尼仲尼曰某聞之火伏而後蟄者畢今火猶西流司歷過也 同上

洙泗考信錄卷之三終

道光四年東陽署中刻

洙泗考信錄卷之四

大名崔述東壁譔考　石屏門人陳履和校刊

歸魯下

春西狩於大野叔孫氏之車子鉏商獲麟以爲不祥以賜虞人仲尼觀之曰麟也然後取之（左傳哀公十四年）有以告者曰有麕而角者孔子曰孰爲來哉孰爲來哉反袂拭面涕沾袍曰吾道窮矣（公羊傳哀公十四年）世衰道微邪說暴行又作臣弑其君者有之子弑其父者有

之孔子懼作春秋（孟子）

按春秋終於獲麟則成於獲麟之後可知故次之於此先儒或謂文成致麟然麟至見獲非瑞乃災其說非是杜氏以爲感麟而作作起獲麟則文止於所起似矣然二傳皆未嘗言故今亦闕之

世家載孔子之言云弗乎弗乎君子疾沒世而名不稱焉吾道不行矣吾何以自見於後世哉乃因史記作春秋云云其言似急於求名者殊失聖人之意今不取

備考○春秋古經十二篇（漢書藝文志）

附論○孟子曰王者之迹熄而詩亡詩亡然後春秋作晉之乘楚之檮杌魯之春秋一也其事則齊桓晉文其文則史孔子曰其義則某竊取之矣○孟子曰春秋天子之事也是故孔子曰知我者其惟春秋乎罪我者其惟春秋乎○孟子曰春秋無義戰彼善於此則有之矣征者上伐下也敵國不相征也（並孟子）

胡氏安國云仲尼作春秋以寓王法惇典庸禮命德討

罪其大要皆天子之事也知孔子者謂此書之作遏人欲於橫流存天理於既滅爲後世慮至深遠也罪孔子者以謂無其位而託二百四十二年南面之權使亂臣賊子禁其欲而不得肆則戚矣余按孔子以東周之世禮樂征伐自諸侯出故修春秋以尊王室故曰自諸侯出十世希不失矣自大夫出五世希不失矣陪臣執國命三世希不失矣蓋位愈卑則愈不可僭況以布衣而專黜陟之大權乎唐哥舒翰討安祿山或勸之還兵以

誅楊國忠曰如此乃踰反非祿山也若孔子先已僭天子之權彼亂臣賊子復何懼焉孟子曰王者之迹熄而詩亡詩亡然後春秋作天子之事云者猶所謂王者之迹也書天子之事也詩天子之事也乘檮杌春秋則諸侯之史而非天子之事也孔子據周禮以書列國之事所關者天下之治亂所正者天下之名分則不可更以諸侯之史目之故曰天子之事耳言其與詩書同而非乘檮杌之比也豈謂其專黜陟之大權哉若僭其黜陟

即可以爲天子之事則吳楚之僭王皆可以謂爲天子之事乎爲是說者非止誣聖人亦教天下以悖上作亂也故余不得不辨

又按春秋傳晉韓起聘于魯見易象與魯春秋曰周禮盡在魯矣然則魯之春秋本據周禮以書時事但自東遷以後時異勢殊盟會擅於諸侯政事專於大夫一切戰爭弒奪之事皆成周盛時所未嘗有者秉筆者苦於無例可循而其識亦未必足以及之則其書法不合於周禮者當亦不少是以孔子取而修之正君臣之分嚴內外之防尊卑有經公私有別然後二百四十年中善不待褒而自見惡不待貶而自明大義粲然功罪莫能逃者故曰孔子成春秋而亂臣賊子懼耳非以其專黜陟爲足懼也惜乎後之儒者過於求深而往往反失其本來之意也

陳成子弒簡公孔子沐浴而朝告於哀公曰陳恒弒其君請討之公曰告夫三子孔子曰以吾從大夫之後不敢不告也

君曰告夫三子者之三子告不可孔子曰以吾從大夫之後不敢不告也（論語憲問篇）

齊陳恒弒其君壬于舒州孔某三日齊而請伐齊三公曰魯爲齊弱久矣子之伐之將若之何對曰陳恒弒其君民之不與者半以魯之衆加齊之半可克也公曰子告季孫孔子辭退而告人曰吾以從大夫之後也故不敢不言（左傳哀公十四年）

程子云左氏記孔子之言曰陳恒弒其君民之不與者半以魯之衆加齊之半可克也此非孔子之言誠若此

言是以力不以義也若孔子之志必將正名其罪上告天子下告方伯而率與國以討之至其所以勝齊者孔子之餘事也豈計魯人之衆寡哉余按傳文前云三日齋而請伐齊三則已告哀公以義之當討矣而公以魯爲齊弱致疑故復言此以釋其疑非以力不以義也哀公之所懼者不克若不告以可克之故尚何望哀公之肯討耶程子未嘗詳繹傳文但節其後數語遽謂之以力不以義不亦冤乎孔子曰暴虎馮河死而無悔者吾

不與也必也臨事而懼好謀而成者也子之所慎齊戰疾聖人舉事固主於義然亦必有知己知彼之明謀定而後戰烏有舉數萬人之命冒然一擲而不慮其事之所終乎哉諸葛武侯之表懷帝也曰今南方已定甲兵已足當獎帥三軍北定中原若以程子論之是武侯亦以力不以義矣孟子曰率其子弟攻其父母未有能勝者也又曰彼陷溺其民王往而征之夫誰與王敵蓋義以民心爲主故孔子以民之不與言之非論力正論義

也況當是時天子已微自晉失伯以來天下亦無方伯與國如宋如衞皆不足與有爲乃欲舍不共戴天之齊民而求助於不可倚仗之鄰國謂因齊民爲以力而率與國則爲以義非獨迂於論事抑亦疎於論義矣此乃宋儒之失非左傳之謬但傳文不若論語醇古疑記言者才有高下之故然與論語互有詳略足相發明而孔子之辭亦與論語不同未知孰是故並存之

附錄○哀公問曰何爲則民服孔子對曰舉直錯諸枉則

民服舉枉錯諸直則民不服（論語爲政篇）○哀公問弟子孰爲好學孔子對曰有顏回者好學不遷怒不貳過不幸短命死矣今也則亡未聞好學者也（論語雍也篇）

附錄○季康子問使民敬忠以勸如之何子曰臨之以莊則敬孝慈則忠舉善而教不能則勸（論語爲政篇）○季康子問仲由可使從政也與子曰由也果於從政乎何有曰賜也可使從政也與曰賜也達於從政乎何有曰求也可使從政也與曰求也藝於從政乎何有（論語雍也篇）○季康子問政

於孔子孔子對曰政者正也子帥以正孰敢不正（論語顏淵篇）○季康子患盜問於孔子孔子對曰苟子之不欲雖賞之不竊（同上）○季康子問政於孔子曰如殺無道以就有道何如孔子對曰子爲政焉用殺子欲善而民善矣君子之德風小人之德草草上之風必偃（同上）○子言衛靈公之無道也康子曰夫如是奚而不喪孔子曰仲叔圉治賓客祝鮀治宗廟王孫賈治軍旅夫如是奚其喪（論語憲問篇）○康子饋藥拜而受之曰某未達不敢嘗（論語鄉黨篇）

附錄○孟武伯問孝子曰父母惟其疾之憂（論語爲政篇）○孟武伯問子路仁乎子曰不知也又問子曰由也千乘之國可使治其賦也不知其仁也求也何如子曰求也千室之邑百乘之家可使爲之宰也不知其仁也赤也何如子曰赤也束帶立於朝可使與賓客言也不知其仁也（論語公冶長篇）

以上十一條雖無年可考然必皆在歸魯之後無疑故並附次於請討陳恆之後

世家云季康子問政曰舉直錯諸枉則枉者直蓋采爲政篇文而誤以哀公爲康子也又因此文與答樊遲之語相類而誤易之則益舛矣今不從

論語先進篇亦載答顏淵好學語而以哀公爲季康子且遺不遷怒等三句孫覺曰夫子之對季康子與哀公同而有略有詳於臣略於君詳者也余按此二章其文極相類疑亦本一事而所記有詳略異同正如史記誤以舉直錯枉爲答康子語耳不必曲爲之解也傳曰所見異辭所聞異辭所傳聞異辭論語諸篇非一人之所記故其中往往有重出異同之語必盡以爲二事則泥

古之過也故今止載雍也篇文

家語載有哀公賜桃以黍雪之之事孔子并食之而辨之云云余按春秋之時風尚近古以黍雪桃必無此事且此亦小事耳聖人之詞簡質而氣渾厚況侍食於君前何至喋喋辨此不休耶此文本之韓非非所引事初無實錄姑妄言以爲說者此說尤陋不足深辨然家語亦采之嗚呼蓋亦無有不采者矣

備覽○恤由之喪哀公使孺悲之孔子學士喪禮士喪禮於是乎書（雜記）

存疑○孺悲欲見孔子孔子辭以疾將命者出戶取瑟而歌使之聞之（論語陽貨篇）

按孺悲果有過孔子責之可也若有大過而不可教絕之可也胡爲乎陽絕之而陰告之有如兒戲然者恐聖人不如是之輕易也使悲果能聞歌而悔則責之而亦必悔可知也使責之而竟不知悔卽聞歌奚益焉孔子

於冉有之聚斂弟子也責之而已於原壤之夷俟故人也亦責之而已未有故絕之而故告之如此一事者獨陽貨篇有之陽貨篇之文固未可以盡信也或當日曾有辭孺悲見之事而傳之者增益之以失其眞故列之於存疑

考終

戴記檀弓篇云孔子蚤作負手曳杖消搖於門歌曰泰山其頹乎梁木其壞乎哲人其萎乎子貢聞之趨而入

子曰予疇昔之夜夢坐奠於兩楹之間予殆將死也蓋寢疾七日而沒余按論語所記孔子之言多矣大抵皆謙遜之辭而無自聖之意皆明民義所當爲而不言禍福之將至獨此歌以泰山梁木哲人自謂而預決其死於夢兆殊與孔子平日之言不類恐出於後人傳聞附會之言故不敢載

夏四月己丑孔某卒（左氏春秋哀公十有六年）

杜氏註云四月十八日乙丑無己丑己丑五月十二日

日月必有誤余按杜氏所以如是註者蓋因哀十五年傳文中有閏月遞推而下則四月不當有己丑耳不知傳雖有此閏月魯實無此閏月己丑正當在四月也何以明之春秋之時列國置閏互異昭二十二年王室之亂經傳之文皆差一月蓋經本之魯史傳采之周史魯於六月置閏周於十二月始置閏故也何以明之景王之葬經傳皆在六月是六月以前周與魯皆不置閏也傳於十二月後始書閏月是周於十二月置閏也王猛

之居皐也經書於夏而傳在秋七月戊寅其入於王城也經書於秋而傳在冬十月丁巳其卒也經書於冬十月而傳在十一月乙酉自六月以後閏月以前經之紀事無不先傳一月是魯於六月已置閏也且以傳文考之十二月有庚戌閏月有辛丑明年正月壬寅朔則十二月當爲癸卯朔而經何以書十有二月癸酉朔日有食之然則是傳之閏月即經之十有二月而周魯諸閏之不同衆證明白曉然而無疑矣哀十二年傳云冬十

二月螽孔子曰火猶西流司歷過也是哀公之世魯歷後天而失一閏之明證也哀十六年續經書云正月己卯衛世子蒯聵自戚入於衛衛侯輒來奔而傳乃在十五年之閏月蓋緣魯失一閏故衛閏月之事在魯明年正月傳採之衛史而續經所書則魯史也是哀十五年十二月以後魯不置閏之明證也由是言之續經所書之四月即杜氏所推之三月此月正當有己丑月日皆不誤矣春秋中如此者甚多不可枚舉杜氏偶未深考

但以傳之月爲據經有與傳異者於他國事則以爲從告於魯事則以爲誤所謂智者千慮必有一失學者不可據註而疑經也故今仍從續經周正之夏四月己丑蓋夏正之春二月十一日也

年譜云魯哀公十六年四月乙丑卽今之二月十八日孔子卒余按此說實本之杜氏左傳注然杜氏之意但以所推長歷未符故疑乙己二字相似而日或誤不則月或誤耳故曰日月必有誤猶有闕疑之意焉未嘗決

以爲乙丑也年譜公然僭改經文以己爲乙斷以爲二月十八日者其意以爲言之不確則人疑己之無所傳而不深信是以居之不疑以欺後世而不知四月之固無乙丑也而不知己丑之反在四月也然則作年譜者本無所據而但掇拾註疏諸子之唾餘以成書也昭昭然矣年譜不知何人所撰今見於闕里志云出素王事紀然觀其中亦似嘗有所刪節者其所去取又出家語之下然而近世之士莫不信而采之其亦可歎矣夫

史記孔子世家及杜氏春秋註皆謂孔子年七十三蓋皆以孔子爲襄公二十二年生也今既從二傳以爲襄公二十一年生則孔子至是當年七十有四而索隱乃云若孔子以二十一年生至哀十六年爲七十三若二十二年生則七十二殊不可解

孔某卒公誄之曰旻天不弔不憖遺一老俾屏余一人以在位煢煢余在疚嗚呼哀哉尼父無自律（左傳哀公十六年）

附錄○子溫而厲威而不猛恭而安（論語述而篇）○子之燕居申申如也夭夭如也（同上）

戴記儒行篇云魯哀公問於孔子曰夫子之服其儒服與孔子對曰某少居魯衣逢掖之衣長居宋冠章甫之冠某聞之也君子之學也博其服也鄉某不知儒服余按此篇語夸而複文淺而放乃戰國之風氣非春秋之語言李氏因已辨之矣孔子見君自有大夫朝服乃一定之制哀公亦不得疑而問之也且玩其語意乃謂宋人冠章甫魯人衣逢掖孔子隨所在國俗而服之不斤斤於禮耳非謂一時兼用之也後人合以爲一反以爲孔子之禮服誤矣莊子外篇亦有與哀公論儒服之事與此如出一口蓋皆放蕩之士疾世儒之拘謹服儒衣冠自命儒者故爲是言以詆之耳豈得以其托諸孔子載諸戴記而遂以爲實然也哉今不錄

附錄○子罕言利與命與仁（論語子罕篇）○子不語怪力亂神（論語述而篇）

家語云齊有一足之鳥飛集於公朝下止於殿前舒翅而跳齊侯大怪之使使聘魯問孔子孔子曰此鳥名商羊水祥也童謡曰天將大雨商羊鼓舞今齊有之將有大水爲災頃之大霖雨水泛溢景公曰聖人之言信而有徵矣余按五石之隕六鷁之退春秋爲宋志之左氏傳中神恠之事尤多商羊之舞春秋何以不書左傳何以不載自春秋來大雨水者無慮千計何以未有一人見商羊乎孔子之所以聖以其祖述堯舜憲章文武而傳道於萬世不以小才小藝故也即以才藝言之達巷

黨人曰大哉孔子博學而無所成名子、曰吾何執執御乎執射乎太宰問於孔子曰夫子聖者與何其多能也子聞之曰吾少也賤故多能鄙事然則所謂博學多能云者亦謂兵農禮樂射御書計之屬非若山海經淮南子之所爲也後之人但聞孔子博學多能遂誤以爲搜神志恠之流然國語猶頗徵引往昔以附會之而此則直以誦童謠之故聖之噂亦陋矣童子言之孔子誦之童子之智勝孔子矣何不聖童子而聖孔子也卜偃師已皆能誦童謠以推未來之事將皆得爲聖人乎此乃無識之士妄撰以見聖人之博而不知其適以小聖人也故今不錄說並見後條下

家語云楚王渡江江中有物大如斗圓而赤直觸王舟舟人取之王大恠之遍問羣臣莫之能識王使使聘於魯問於孔子子曰此所謂萍實者也唯霸者爲能獲焉吾昔之鄭過陳聞童謠曰楚王渡江得萍實大如斗赤如日剖而食之甜如蜜云云余按萍實之事荒誕不經

童謠之言鄙陋可笑春秋之世不但無此等事亦並無此等語而世信之何耶童謠之占自春秋傳國語始有之皆附會耳非實事也然鸜鵒謠於文武之時弧服應以褒姒之獄人固莫之測也漢唐以降此類尤多然千里草桃李子雨帝之屬其文似皆別有所指而好事者假借離合以推之於時事卽間有一二斥言者亦終不甚了了如天下皆烟之類謠者亦莫知其爲何應也從未有明白切直委曲詳盡如商羊萍實之謠者以童子爲無知而妄言乎何以歷歷分明如是以童子爲知之而故言乎已見之物羣臣莫之識也未來之事童子何由知之且孔子適陳偶耳適陳而聞此謠亦偶耳假使孔子偶不過陳或過陳而偶不聞此謠不幾無以答楚王乎他人適不聞耳聞之復誰不能解者亦不必爲孔子貴也此與商羊之事皆本說苑家語復增益之是以其言益陋今並不錄說並見前條下

附錄○子絕四毋意毋必毋固毋我論語子罕篇○子之所慎

齊戰疾論語述而篇

附錄。子以四教文行忠信論語述而篇

戴記射義篇云孔子射於矍相之圃蓋觀者如堵牆射至於司馬使子路執弓矢出延射云云蓋去者半入者半又使公罔之裘序點揚觶而語云云蓋僅有存者余按論語云互鄉難與言童子見門人惑子曰與其進也不與其退也唯何甚又曰有鄙夫問於我空空如也我叩其兩端而竭焉聖人之教人之不輕絕之也如是故

孟子曰仲尼不爲已甚者烏有一射而拒人至於如是者哉且如序點之言好學不倦好禮不變耄期稱道不亂此七十子之所難而乃以責之衆人信如是也其可以受教於聖人者有幾人乎此必傳而失其眞者非孔子之事也家語亦采此文而又增以數語云射既闋子路進曰由與二三子者之爲司馬何如孔子曰能用命矣觀其語乃如今世演劇者之打諢然鄙哉有如是之輕躁而自矜之子路乎哉家語但增一語卽未有不陋者大率如此故今並不錄

韓詩外傳云孔子遭齊程本子於郯傾蓋而語終日顧子路曰由束帛十匹以贈先生云云余按程本子不見於經傳孔子重之如此而論語戴記中顧無一言稱之何耶子夏問孝子曰有酒食先生饌曾是以爲孝乎先生謂父兄也春秋時亦未聞有以先生稱人者且其所載子路孔子問答之言皆淺陋不足道亦必後人所撰故今不錄

世多以孝經爲孔子所作何休公羊春秋序云孔子曰吾志在春秋行在孝經余按孝經十八篇中多孔子與曾子問答之語然則是曾子之門人筆之於書耳非孔子所自爲書也果孔子所自爲豈得稱其門人曰曾子乎其陋一也經也者後世尊古聖人之書之稱孔子孟子之時無此語也自漢以後始有經名孔子之不題以經明矣藉令孔子之世　有此語亦止以經名詩以經名書與易可矣不應自名其言以爲經也孔子曰述而

不作信而好古竊比於我老彭聖人之謙也如是而謂以經自名其言乎哉其陋二也中庸曰君子之道四某未能一焉所求乎子以事父未能也孝雖莫大於聖人然聖人之心必不自以爲孝而乃曰吾在行孝經其陋三也然則其非孔子之言明甚故今不取

補孔子生鯉字伯魚先孔子死孔子世家

按伯魚先孔子卒見於論語先進篇與史記世家文合惟世家所稱年五十者與顏淵之卒年互相牴牾故今采世家文列之而删伯魚之年傳信也說見後顏淵條

下

戴記檀弓篇云子上之母死而不喪門人問諸子思曰昔者子之先君子喪出母乎曰然子之不使白也喪之何也子思曰昔者吾先君子無所失道道隆則從而隆道汙則從而汙伋則安能爲伋也妻者是爲白也母不爲伋也妻者是不爲白也母故孔氏之不喪出母自子思始也又云伯魚之母死期而猶哭夫子聞之曰誰與哭者門人曰鯉也夫子曰嘻其甚也伯魚聞之遂除之解檀弓者皆以先君子爲伯魚由是遂謂孔子嘗有出妻之事伯魚乃出妻之子爲母當期而除故孔子甚之

余按書云觀厥刑於二女詩云刑於寡妻至於兄弟以御于家邦古之聖人未有不能先化其妻而能治國與天下者也孔子之聖不異於舜文王何獨不能刑其妻使有大過以至於出乎孔子能教七十子皆爲賢人而不能教一妻使陷於大過七十子之服孔子也皆中心悅而誠服獨其妻不能率孔子之教以自陷於大過天

下有是理乎孟子曰中也養不中才也養不才故人樂有賢父兄也夫婦之道亦然若無大過而輒出之孔子之於夫婦必不若是薄也檀弓之文本不足信而期而除喪亦不必其母之出始然父在爲母期孔子既在伯魚爲母期而除之亦有何異而解者必委曲遷就之以新合乎喪出母之說然則伯魚必何如服而後可謂其母之非出耶史記孔子世家亦無出妻之事史記之誣

且猶無之後儒何得妄以加聖人乎至於道汚則從而
汚之語尤大悖於聖賢之旨出母之稱古亦無之其非
子思之言明甚且其所稱先君子者亦未明言其爲何
人後儒過於泥古又從而附會之遂致孔氏頓有再世
出妻三世無母之事伯魚之母出子思之母嫁子上之
母又出豈爲聖賢妻者必皆不賢而爲聖賢者必皆不
能教其婦抑爲聖賢妻者本不至於出且嫁而爲聖賢
者必使之出且嫁而後美也又按左傳士大夫之妻出

者寥寥無幾而賢人之妻無聞焉然則不但孔子必無
出妻之事卽子思之出妻亦恐未必然也余寧過而不
信不敢過而信之以誣聖賢故今一概不錄說並見後
子思篇中

附錄○顏淵死顏路請子之車以爲之椁子曰才不才亦
各言其子也鯉也死有棺而無椁吾不徒行以爲之椁以
吾從大夫之後不可徒行也（論語先進篇）

按此文則伯魚之卒在顏子前甚明家語乃稱孔子年
二十而生伯魚伯魚年五十而卒則是伯魚卒時孔子
已年六十有九矣又稱顏回少孔子三十歲三十二而
死則是顏子卒時孔子始年六十有二也然則顏子反
先伯魚而卒而豈不謬也哉朱子或問云有以鯉死之
言爲夫子之設言以人情考之不應如此其說是矣蓋
伯魚年五十先孔子卒之文本出世家家語見其然故
擬爲孔子年二十而生伯魚之語以合之不知史記之
年本不足信强取以附會之是以夥而卒至於抵捂也

備覽○伯魚生伋字子思子思生白字子上子上生求字
子家子家生箕字子京子京生穿字子高子高生子愼（世紀作謙字子順）嘗爲魏相子愼生鮒（世紀字子魚一字甲）爲陳王涉博士死
於陳下（孔子世家）

按自子上以後下去漢世益近世家所載世次名字或
無大誤故今附次於後至於所記年幾何云者必不能
詳密如是孔子伯魚之年已悉不合如前所辨矣則自
子思以下其可信乎今幷删之

遺型

孔子沒三年之外門人治任將歸入揖於子貢相嚮而哭皆失聲然後歸子貢反築室於場獨居三年然後歸孟子

備覽○孔子葬魯城北泗上弟子及魯人往從冢而家者百有餘室因命曰孔里魯世世相傳以歲時奉祠孔子冢而諸儒亦講禮鄉飲大射於孔子冢孔子冢大一頃故所居堂內後世因廟藏孔子衣冠琴車書至於漢二百餘年不絕孔子世家

論衡云孔子將死遺讖書曰不知何男子自稱秦始皇上我堂踞我床顛倒我衣裳行至沙邱而亡後始皇至魯觀孔子宅至沙邱而亡余按前知之術聖人能之而非所以為聖人也然所謂前知者不過剝復倚伏之理治亂循環之運非若後世射覆烏占之術然也況為秘書以遺後世欲何為乎漢人好信讖緯故其為言如此其褻聖人殊甚良可笑也

存參○孔子之喪門人疑所服子貢曰昔者夫子之喪顏淵若喪子而無服喪子路亦然請喪夫子若喪父而無服檀弓

此篇後文又云孔子之喪二三子皆絰而出羣居則絰出則否按既云絰而出又云出則否語殊難解註以為朋友相為服然與上文意不相貫疑有鈌誤故不錄大抵檀弓之文紕繆者多間有當采錄者亦僅列之存參志慎也

附論○孟子曰以德服人者中心悅而誠服也若七十子之服孔子也孟子

世家云孔子以詩書禮樂教弟子蓋三千焉身通六藝者七十有二人余按孟子但云七十子則是孔子之門人止七十子也孔子弟子安能三千之多必後人之奢言之也且漢人所稱六藝即今六經非周官禮樂射御書數之六藝也孔子晚年始作春秋而易道深遠聖人亦不輕以示人其言未足信今不取

備考○論語古二十一篇齊二十二篇魯二十篇漢書藝文志

漢志云論語者孔子應答弟子時人及弟子相與言而接聞於夫子之語也當時弟子各有所記夫子既卒門人相與輯而論纂故謂之論語余按論語中所記之君大夫如哀公康子敬子景伯之屬皆以諡舉曾子有子皆以子稱且記曾子疾革之言則是孔子既沒數十年後七十子之門人追記其師所述以成篇而後儒輯之以成書者非孔子之門人弟子之所記而輯焉者也然其義理精純文體簡質較之戴記獨爲得眞蓋皆篤

實之儒謹識師言而不敢大有所增益於其間也唯其後之五篇多可疑者季氏篇文多俳偶全與他篇不倫而顓臾一章至與經傳抵牾微子篇雜記古今軼事有與聖門絕無涉者而楚狂三章語意乃類莊周皆不似孔氏遺書且孔子者對君大夫之稱自言與門人言則但稱子此論語體例也而季氏篇章首皆稱孔子微子篇亦往往稱孔子尤其顯然而可見者陽貨篇純駁互見文亦錯出不均閒仁六言三疾等章文體略與季氏篇同而武城佛肸二章於孔子前稱夫子乃戰國之言非春秋時語蓋雜輯成之者非一人之筆也子張篇記門弟子之言較前後篇文體獨爲少粹惟稱孔子爲仲尼亦與他篇小異至堯曰篇古論語本兩篇篇或一章或二章其文尤不類蓋皆斷簡無所屬附之於書末者魯論語以其少故合之而不學者遂附會之以爲終篇歷敘堯舜禹湯武王之事而以孔子繼之謬矣竊意此五篇者皆後人之所續入如春秋之有續經者然如孟

子之有外篇者然如以考工記補周官者然其中義理事實之可疑者蓋亦有之今不能以偏舉學者所當精擇而詳考也其前十五篇中唯雍也篇南子章事理可疑先進篇侍坐章文體少異語意亦類莊周而皆稱夫子不稱子亦與陽貨篇同至鄉黨篇之色舉章則殘缺無首尾而語意亦不倫皆與季氏篇之末三章微子篇之末二章相似似後人所續入者蓋當其初篇皆別行傳其書者續有所得輒附之於篇末以故醇疵不等文

體互異惜乎後世未有好學深思之士爲之分別而釐正之也嗚呼孟子之十一篇劉歆已合之矣幸而趙氏去古未遠知其本異而其識又足以辨其眞僞遂斷然以後四篇爲後世之所依倣而托之者決然删而去之以故孟子一書純潔如一趙氏力也彼張禹馬融何晏之輩固不足以及此以康成之名儒乃亦混混無所分別何也及至於宋傳益久尊益至則雖以朱子之賢亦且委曲爲之解說而不敢議然則如趙氏者可不謂孟

子之功臣也與尤可異者宋復有孔子集語明復有論語外篇若猶以論語爲未足而益之者取莊列異端小說之言而欲躋諸經傳之列嗚呼人之識見相越可勝歎哉說並見前墮費南子楚狂諸條下

論語之始篇皆別行各記所聞初不相謀而後儒彙合之故其文有自相複者巧言章學而陽貨兩篇皆有之博學章雍也顏淵兩篇皆有之在位章泰伯憲問兩篇皆有之是也有複而有詳略者學而篇不重章子罕篇止有主忠信以下十四字父在章里仁篇止有三年以下十二字是也有複而有異同者憲問篇不患章衛靈篇作君子病無能焉云云是也此或孔子嘗兩與弟子言之而各述其所聞以詔門人或但一言之而所傳聞不同皆未可知後儒纂輯之時未及删耳至八佾篇太廟章鄉黨篇止有入太廟每事問六字子罕篇齊衰章鄉黨篇作雖狎必變雖褻必以貌此則後人記孔子之事其文之有詳略異同不足異也又有語相似而人地

異者雍也篇哀公章先進篇作季康子問子罕篇畏匡章述而篇作爲桓魋發是也此未必果爲兩事或所傳聞小異後儒尊之不敢復議相沿既久乃復强爲之說以其詞之小異爲聖人之區別恐未必然也

論語之文有與他書複者克己復禮爲仁告顏淵也春秋傳作克己復禮仁也乃引古志之言以論楚靈王者出門如見大賓使民如承大祭答仲弓問仁也春秋傳作出門如賓承事如祭仁之則也乃胥臣告文公者

譬如爲山未成一簣止吾止也孔子自言也僞古文尚書作爲山九仞功虧一簣乃召康公訓武王者入而不爲周南召南其猶正牆面而立也與謂伯魚也僞古文尚書作不學牆面乃成王訓迪百官者余按春秋傳之文於義皆通但不如論語之條暢自然蓋傳聞者異詞疑論語爲得實書之二語則雕琢裁整酷類晉宋間人手筆矣夫此語本之論語則可若在論語前則深屬難解九仞豈足言山所虧寧僅一簣而牆面之上下無猶

正而立之文豈復成文義耶且克己出門二章皆答門人之問述古語以告之可也若周南章伯魚初未嘗問而孔子衍周官之言以告之已爲無謂至爲山章乃孔子所自言書既有之又何必雷同而勦說乎由是言之劉焯之書其爲僞作無疑余甚怪夫宋之儒者不覺劉書之僞而反謂孔子之言之出於旅獒本於周官是所謂信鶡冠子而反訾賈誼之鵩鳥賦爲錄人之舊也

附通論。子曰我非生而知之者好古敏以求之者也。子曰十室之邑必有忠信如某者焉不如某之好學也。子曰吾十有五而志於學三十而立四十而不惑五十而知天命六十而耳順七十而從心所欲不踰矩。子謂顏淵曰用之則行舍之則藏惟我與爾有是夫。子貢曰有美玉於斯韞匵而藏諸求善賈而沽諸子曰沽之哉沽之哉我待賈者也。子曰苟有用我者期月而已可也三年有成。子曰飯疏食飲水曲肱而枕之樂亦在其中矣不義而富且貴於我如浮雲。子曰述而不作信而好古竊

比於我老彭以上並論語

按人之知聖人不如聖人之自知其詞雖謙而其實自有不容掩者學者即是而求之則聖人之真可見故列孔子之自言於後人論贊之前

附通論。顏淵喟然歎曰仰之彌高鑽之彌堅瞻之在前忽焉在後夫子循循然善誘人博我以文約我以禮欲罷不能既竭吾才如有所立卓爾雖欲從之末由也已。子貢曰夫子之文章可得而聞也夫子之言性與天道不可

得而聞也○太宰問於子貢曰夫子聖者與何其多能也子貢曰固天縱之將聖又多能也○衛公孫朝問於子貢曰仲尼焉學子貢曰文武之道未墜於地在人賢者識其大者不賢者識其小者莫不有文武之道焉夫子焉不學而亦何常師之有○叔孫武叔語大夫於朝曰子貢賢於仲尼子服景伯以告子貢子貢曰譬之宮牆賜之牆也及肩窺見室家之好夫子之牆數仞不得其門而入不見宗廟之美百官之富○陳子禽謂子貢曰子爲恭也仲尼豈

賢於子乎子貢曰君子一言以爲知一言以爲不知言不可不慎也夫子之不可及也猶天之不可階而升也夫子之得邦家者所謂立之斯立道之斯行綏之斯來動之斯和其生也榮其死也哀如之何其可及也○儀封人請見曰君子之至於斯也吾未嘗不得見也從者見之出曰二三子何患於喪乎天下之無道也久矣天將以夫子爲木鐸以上並論語

按聖門中知聖人者莫如顏淵子貢聖道之尊於世子貢之功爲多至儀封人未列門牆能知聖人於一見之間亦奇矣故附其言於二子之後

孔子曰我非生而知之者好古敏以求之者也子貢曰文武之道未墜於地在人賢者識其大者不賢者識其小者夫子焉不學是孔子非生知乃學知也而程子云孔子生而知者也言亦由學而至所以勉進後人也自此以後遂皆以孔子爲生知矣余按論語他章或可指爲謙己誨人之語至志學章其年自十五至七十其進

德之序自志立不惑以至於不踰矩歷歷可指若孔子果不由學而至安能憑空撰此次第功程以欺後人耶宰我曰以予觀於夫子賢於堯舜遠矣子貢曰自生民以來未有夫子也有若曰自生民以來未有盛於孔子也門弟子之推尊孔子也不遺餘力矣而未有一語及其生知者孔子或存謙遜之意門弟子必不代孔子謙遜也孔子自言非生知門弟子皆不言孔子爲生知後人去孔子二千年何由而知孔子之爲生知乎記曰或

生而知之或學而知之或困而知之及其知之一也是故生知與學知勞逸殊高下不殊也譬之於位聖人天子也生知者生而爲天子者也學知者由布衣由大夫諸侯升而爲天子者也舜禹湯武王是也不得謂生而爲天子者尊於升而爲天子者也然則孔子雖學知於至聖無所損雖生知於至聖無所加況孔子惟恐人之以已爲生知而汲汲焉自明其爲學知後儒即姑從孔子而信其爲學知亦似無所害何故必以孔子爲生知

乎孟子曰堯舜性者也湯武反之也性之生知安行也反之學知利行也而無一言及於孔子者其末章乃以孔子與湯文王並處於聞知之數而堯舜不與焉然則孟子之意蓋亦以孔子爲學知矣余篤信聖人之言而不敢小有異者且恐人之皆以聖人爲生知而不知學之爲功大也故附辨於門人論贊之後

附通論○孟子曰非其君不事非其民不使治則進亂則退伯夷也何事非君何使非民治亦進亂亦進伊尹也可以仕則仕可以止則止可以久則久可以速則速孔子也公孫丑曰伯夷伊尹於孔子若是班乎曰否自有生民以來未有孔子也曰敢問其所以異曰宰我子貢有若智足以知聖人汙不至阿其所好宰我曰以予觀於夫子賢於堯舜遠矣子貢曰見其禮而知其政聞其樂而知其德由百世之後等百世之王莫之能違也自生民以來未有夫子也有若曰豈惟民哉麒麟之於走獸鳳凰之於飛鳥泰山之於邱垤河海之於行潦類也聖人之於民亦類也出

於其類拔乎其萃自生民以來未有盛於孔子也○孟子曰伯夷聖之清者也伊尹聖之任者也柳下惠聖之和者也孔子聖之時者也孔子之謂集大成集大成也者金聲而玉振之也金聲也者始條理也玉振之也者終條理也始條理者智之事也終條理者聖之事也智譬則巧也聖譬則力也由射於百步之外也其至爾力也其中非爾力也○孟子曰由文王至於孔子五百有餘歲若太公望散宜生則見而知之若孔子則聞而知之由孔子而來至於

今百有餘歲去聖人之世若此其未遠也近聖人之居若此其甚也然而無有乎爾則亦無有乎爾以上並孟子

按七十子以後知聖人者莫如孟子故以孟子之言終焉

孟子歷敘道統之傳自堯舜至湯文王皆有見知聞知之人獨至孔子則曰無有乎爾然則孔子之道將無傳耶曰有之然非孟子之所謂知也夫禹皋陶之知堯舜也伊尹萊朱之知湯也太公望散宜生之知文王也其

德之相去也不遠非若七十子之去孔子遠也顏淵死孔子曰噫天喪予孟子曰予未得爲孔子徒也顏子能見且知而不能傳孟子能知而不能見是孔子無見知者也兩漢以來諸儒遞相授受聖人之道藉以不墜至於唐而有韓子見聖學之大至於宋而有朱子究聖言之詳然賴其言而世之學者得以知所嚮往不迷入於異端而已求其能知孔子亦如孔子之知文王則二千餘年間固未有也且夫道非可以徒傳也孔子曰文王既沒文不在茲乎文也者道之所寄以傳焉者也聖人在上則文播之禮樂聖人在下則文托諸簡編孔子之文六經備之矣自秦火以來殘缺失次儒者穿鑿附會其義之晦而不明者蓋亦不可勝道矣孔子曰知我者其惟春秋乎孟子歷述帝王救世之事至於孔子獨舉春秋一書故曰王者之迹熄而詩亡詩亡然後春秋作是春秋者尤孔子之文之大焉者也然自絕筆以後游夏皆未有所發明雖有公羊穀梁左氏三子者爲之作

傳而亦不盡合於聖人之旨至於今竟未有明之者由是言之孟子謂爲無有誠然非虛語也子貢曰文武之道未墜於地在人賢者識其大者不賢者識其小者聞知雖不易得然識大識小之人皆不可廢余每怪先儒高談性命竟未有考辨孔子之事蹟者以致沿訛踵謬而人不復知有聖人之眞孟子曰頌其詩讀其書不知其人可乎學者日讀孔子之書而不知其爲人不能考其先後辨其眞僞僞學亂經而不知邪說誣聖而不覺

是亦聖道之一樞也孟子曰孔子聖之時者也又曰可以仕則仕可以止則止可以久則久可以速則速孔子也夫仕止久速皆於其行事見之然則孔子之事蹟未嘗非孔子之道之所在胡可以不考也余故本孟子之意歷考孔子終身之事而次第蘇正之附之以辨以自附於不賢識小之義後世有知孔子者出庶幾有所采擇云爾

洙泗考信錄卷之四終　　道光四年東陽署中刻

洙泗考信餘録

[清]崔述

清道光四年東陽縣署中刻本

大名崔東壁先生著

洙泗考信餘録

道光四年正月東陽縣署中刻

附孔檢討大戴記補註序録

家語者先儒馬昭之徒以爲王肅增加肅橫詆鄭君自爲聖證論其說不見經據皆借證於家語大抵抄撮二記採集諸子而古文奥解悉潤色之使易通俗讀唯問郊五帝之等傳記所無者斯與肅說若合符劵其爲依託不言已明公冠篇述孝昭冠辭云陛下者謂昭帝也文武者謂漢文帝武帝也而肅竊其文遂并列爲成王冠頌是尚不能尋章摘句舉此一隅謬陋彌顯況以禮是鄭學無取妄滋異端故於家語殊文別讀獨置而弗論也

余昔會試時曾與檢討相識年甚少也數十年不相見不意其學刻苦如是考信錄既成後始見此書因其論家語與余所見同附錄其文於此

洙泗考信餘錄目錄

洙泗考信餘錄卷之一

大名崔述東壁譔考　石屛門人陳履和校刊

顏子

補 顏無繇字路路者顏回父父子嘗各異時事孔子（史記仲尼弟子列傳）

史記以顏路曾皙皆孔子弟子考之論語曾皙有侍坐章可據顏路則無明文然即使果孔子弟子亦不可列於其子之後又未便列於七十子之前故今做正錄之

體冠於顏子篇首以誌毓德之由曾皙倣此

補 顏回者魯人也字子淵（同上）

按顏氏著於魯者多史記以爲魯人近是至言少孔子三十歲則與世家所載伯魚之年不合必有一誤大概史記之年皆不足據故今諸弟子皆不載其年說詳後弟子通考中

顏子當亂世居於陋巷一簞食一瓢飲人不堪其憂顏子不改其樂（孟子）

附論 ○子曰賢哉回也一簞食一瓢飲在陋巷人不堪其憂回也不改其樂賢哉回也（論語雍也篇）

附論 ○子曰回也其庶乎屢空（論語先進篇）

韓詩外傳云顏淵侍魯定公於臺東野畢御馬於臺下定公曰善哉東野畢之御也顏淵曰善則善矣其馬將佚俄而廐人以東野畢馬佚聞云云余按此事本出呂覽乃顏闔對莊公語非顏淵與定公也定公之時顏子尚少安能自達於君馬之佚不佚小事耳顏子亦非以

此見長者因其氏之同也遂移之於顏淵誤矣新序亦載此事蓋又緣外傳而誤者然觀呂覽之文亦非實事乃爲黃老言者假設此事借治馬以喻其意欲爲政者之安靜無爲耳故曰禮煩則不莊令苛則不聽也傳乃以爲實事且欲借此以增顏子之美而不知其視聖賢太小也故不載

子畏於匡顏淵後子曰吾以女爲死矣曰子在回何敢死（同上）

家語云孔子厄於陳蔡七日不食子貢竊告糴於野人

顏回炊之有埃墨墮飯中取而食之子貢望見之以爲竊食也入告孔子子曰吾將問之召顏回曰疇昔予夢見先人子炊而進飯吾將進焉對曰有埃墨墮飯中回食之不可祭也云云余按聖人以誠待人況於顏淵用舍行藏之所同也乃詐稱夢以鉤距之賢者猶不出此況聖人乎顏淵具體而微而不能不以竊食見疑於子貢子貢智足以知聖人曰賜也何敢望回而不能不以竊食疑顏淵有是理與此其師友之間相猜相試初無

異於今日屠沽駔儈之徒之所爲屠沽駔儈之徒或猶有耻爲之者而以加於聖賢嗚呼此豈復有人心者哉此事本之呂覽而詞與此小異然呂覽之意不過明知人之難目見者猶不足爲信（詳見呂覽任數篇）託於孔子顏子以爲言耳家語遂以爲眞謬矣吾故曰家語非孔氏遺書也僞也家語較之世家其文尤陋然世儒之信家語尤甚於世家韓昌黎云小慚亦蒙謂之小好大慚亦蒙謂之大好嗚呼果有是理乎

顏淵問仁子曰克己復禮爲仁一日克己復禮天下歸仁焉爲仁由己而由人乎哉顏淵曰請問其目子曰非禮勿視非禮勿聽非禮勿言非禮勿動顏淵曰回雖不敏請事斯語矣（論語顏淵篇）

按聖門之學莫要於求仁聖門之人莫賢於顏子乃孔子告顏子之問仁以此則是天下之理更無有高於此遠於此者也後儒不求之此乃好言心性尤好求心性於虛空微渺之間是以其論益精而其於行事益無所

當馴致良知頓悟之說因緣以起而吾道之不流爲禪學者幾希矣豈知理無精粗而功有深淺淺之可以寡過而深之即足以極深研幾顏子之如有所立卓爾固皆自約我以禮來也吾願世之學者篤信孔子之言而勿務爲高遠難徵之說以自誤也

附論○子曰吾與回言終日不違如愚退而省其私亦足以發回也不愚（論語爲政篇）

附論○子曰回也非助我者也於吾言無所不說（論語先進篇）

附論。子曰語之而不惰者其回也與（論語子罕篇）

顔淵問爲邦子曰行夏之時乘殷之輅服周之冕樂則韶舞放鄭聲遠佞人鄭聲淫佞人殆（論語衛靈篇）

朱子論語集註云夏以寅爲人正商以丑爲地正周以子爲天正然時以作事則歲月自當以人爲紀故孔子嘗曰吾得夏時焉余按上古之歷本始於子故歷法必以冬至爲歷元猶月之必始於朔日之必始於半夜也其後聖人修明歷法區畫四時考驗中星晷影而冬至乃在三冬之中不可中分爲二且當閉藏之候亦非發號施令所宜故易而建丑又易而建寅但三代之世三正並行殷周之歷其先皆有所授相沿已久故湯武革命皆因之不改猶徹之不始於武王而始於公劉耳初非以天地人分三正也且孔子取夏時固因其建寅亦以其歷之密觀春秋經傳所載失閏者不一而足日食不於朔者亦多可知周歷之疎不及夏也竊以爲取其建寅猶於聖人之意未盡也

顔淵喟然歎曰仰之彌高鑽之彌堅瞻之在前忽焉在後夫子循循然善誘人博我以文約我以禮欲罷不能既竭吾才如有所立卓爾雖欲從之末由也已（論語子罕篇）

漢人稱黄叔度爲顔子宋人亦以程伯淳擬顔子余按顔子所以幾於聖人者其德之崇不待言其於堯舜禹湯文武之道亦必深有所見故孔子以夏時殷輅周冕韶舞語之非徒以藴藉和平氣象雍容爲勝人也但其不幸早世未及有所建白使見用於世必能移風易俗創制顯庸措天下於唐虞三代之隆即不見用於世而著書立說發明孔子之道亦必不在孟子之下非他人所可望也彼叔度者吾不知其勝人者何在即程子資穎學純啟廸後學非不有功於聖道然所建白皆尋常賢臣循吏之所能此或因其位卑不得盡其所長而其持論教人亦未見其可方孟子之二三也然則二子者不過以其藴藉和平氣象雍容故有此品題耳寧顔子而僅如是已乎蓋漢末之流風漸尚氣度至於魏晉遂

專以風采度量權衡人物以至萬事不理而有劉石之禍宋亦頗有此風是以亦有靖康之亂也而朱以後儒者遂以周程張朱擬之顏曾思孟其視顏孟亦太淺矣夫顏孟下孔子一等耳三代以下吾未見有如孟子者也則亦必無能有如顏子者也而乃紛紛擬之致聖賢之眞不白於天下故附論之如此

顏淵死子曰噫天喪予天喪予（論語先進篇）

顏淵死子哭之慟從者曰子慟矣曰有慟乎非夫人之爲慟

而誰爲（同上）

顏淵死門人欲厚葬之子曰不可門人厚葬之子曰回也視予猶父也予不得視猶子也非我也夫二三子也（同上）

附論。哀公問弟子孰爲好學孔子對曰有顏回者好學不遷怒不貳過不幸短命死矣今也則亡未聞好學者也（論語雍也篇）

附論。子謂顏淵曰惜乎吾見其進也未見其止也（論語子罕篇）

王充論衡書虛篇傳書或言顏淵與孔子俱上魯泰山孔子東南望吳閶門外有繫白馬引顏淵指以示之曰若見吳閶門乎顏淵曰見之孔子曰門外何有曰有如繫練之狀孔子撫其目而止之因與俱下下而顏淵髮白齒落遂以病死蓋以精神不能若孔子彊力自極精華竭盡故早夭死世俗聞之皆以爲然如實論之殆虛言也人目之視也物大者易察小者難審使顏淵處閶門之外望泰山之形終不能見況從泰山之上察白馬

之色不能見明矣非惟顏淵不能見孔子亦不能見也陸賈曰離婁之明不能察帷薄之內師曠之聰不能聞百里之外閶門之與泰山非直帷薄之內百里之外也秦武王與孟說舉鼎不任絕脈而死舉鼎用力力由筋脈筋脈不堪絕傷而死道理宜也今顏淵用目望遠目睛不任宜盲眇髮白齒落非其致也

附通論。子曰回也其心三月不違仁其餘則日月至焉而已矣（論語雍也篇）。子謂顏淵曰用之則行舍之則藏惟我與爾有是夫（論語述而篇）。子曰顏氏之子其殆庶幾乎有不善未嘗不知知之未嘗復行也（易繫辭下傳）。子曰回之爲人也擇乎中庸得一善則拳拳服膺而弗失之矣（中庸）

附通論。子謂子貢曰女與回也孰愈對曰賜也何敢望回回也聞一以知十賜也聞一以知二子曰弗如也吾與女弗如也（論語公冶長篇）。曾子曰以能問於不能以多問於寡有若無實若虛犯而不校昔者吾友嘗從事於斯矣（論語泰伯篇）

孟子書中公孫丑稱冉牛閔子顏淵具體而微自宋以來多以顏曾並稱皆若是班焉者余按論語哀公問弟子孰爲好學孔子對曰有顏回者好學不遷怒不貳過不幸短命死矣今也則亡未聞好學者也哀公之問在孔子歸魯之後後此四五年而孔子卽卒果有可與顏子抗行者孔子必舉以告哀公明矣孔子之言如是則是孔子早有論定顏子非他人所可及矣顏子問仁孔子曰克己復禮爲仁一日克己復禮天下歸仁焉問爲邦孔子曰行夏之時乘殷之輅服周之冕樂則韶舞論語中有孔子以此等語言告他人者乎然則非顏子不能及此矣孔子稱閔子曰夫人不言言必有中稱冉牛曰斯人也而有斯疾也如是而已至於顏子則曰用之則行舍之則藏惟我與爾有是夫曰回也其心三月不違仁曰回也其庶乎曰於吾言無所不說曰惜乎吾見其進也未見其止也其稱顏子至於如是其與閔冉必有間矣曾子稱孔子曰江漢以濯之秋陽以暴之誠哉

知聖人矣然顏子稱聖人曰仰之彌高鑽之彌堅曰循循然善誘人曰既竭吾才如有所立卓爾雖欲從之末由也已較之曾子其於聖道之淺深亦必有辨矣顏子卒孔子曰天喪予天喪予孟子曰然而無有乎爾蓋顏子之造詣已深假之以年聖道不患其不昌明於世不幸早沒故孔子以爲喪予孟子以爲無有也由是言之顏子所至固非諸弟子所可班故今於顏子獨表而出之非敢於古聖賢妄有所低昂於其間誠篤信孔子之

言而不敢以已見參之耳。顏子之事與其問答之言先後皆不可考姑以事類約略次之如右

曾子 史記 曾參字子輿

補 曾蒧論語作點字皙史記仲尼弟子列傳

說已詳前顏子篇中

論語先進篇有曾皙與子路冉有公西華侍坐言志之事余按此章孔子問以何事答知已故子路等三人所言皆從政之事風浴詠歸於知我不知我何涉焉且先

生問更端則起而對禮也孔子方與諸弟子言而皙鼓瑟自如不亦遠於禮乎至在孔子之前而稱夫子乃春秋時所無論語中惟陽貨篇有之乃戰國時人所撰不足據然則此章乃學老莊者之所僞托而後儒誤采之者朱子謂曾點所言有萬物得所之意故孔子與之論雖巧而恐其未必實也故今不載此文

檀弓云季武子死曾皙倚其門而歌余按孟子曰若琴張曾皙牧皮者孔子之所謂狂矣又曰其志嘐嘐然曰古之人古之人夷考其行而不掩焉者也孔子亦曰狂者進取又曰吾黨之小子狂簡斐然成章若大夫喪而倚其門而歌無禮甚矣孔子何取焉且季武子卒於昭公七年孔子僅十八歲度曾皙是時當不過數歲而安能倚其門而歌乎此乃放誕之士莊周之徒之所僞托故今不錄

子曰參乎吾道一以貫之曾子曰唯子出門人問曰何謂也曾子曰夫子之道忠恕而已矣論語里仁篇

先儒釋此章者皆以一貫之詔爲孔子傳道於曾子所謂一者萬理渾然非忠恕也曾子但借學者進修之目欲人之易曉耳余按顏淵問仁孔子曰非禮勿視非禮勿聽非禮勿言非禮勿動仲弓問仁孔子曰出門如見大賓使民如承大祭己所不欲勿施於人子貢問博施濟衆可謂仁乎孔子曰仁者己欲立而立人己欲達而達人所言皆日用尋常平易切實之事凡學者皆可以致力雖大賢由之而未能盡從未有高遠深微難以名

狀使人無從致其力者顏淵曰夫子循循然善誘人博我以文約我以禮果有秘密之傳一言可以悟道孔子何不以告顏子而使之勞勞於博文約禮之中乎蓋曾子子貢其資皆不逮顏子而用力之勤則諸弟子莫有及之者但勤而未得其要故以一貫詔之此乃因所不及而教之非以一貫爲傳道亦非人人皆當聞一貫之旨而後爲聞道也孔子言一不言一爲何物既曾子以爲忠恕則是一即忠恕也謂一非忠恕則是曾子欺門

人也且一既非忠恕果何物乎名之而不能名也則曰萬理渾然而已萬理渾然又何物乎既終莫能名之則又曲爲之解謂聖人之一不待盡不待推者也學者則盡而爲忠推而爲恕者也夫不待盡而自忠謂之非忠可乎不待推而自恕謂之非恕可乎由是言之孔子之所謂一即忠恕也曾子不予欺也大抵儒者之論皆患在於過高欲求加於忠恕之上而不知其反陷入於空虛無用之地吾寧遵曾子之言使學者皆有所持循不

敢從宋儒之說使聖道漸入於杳冥且一之爲何物門人不知一之非忠恕曾子不言門人不知曾子不言而朱子生二千餘年之後獨能默默與聖人之心相契而有以知之吾恐朱子之賢或尚未至於此嗟夫自以孔子之一貫爲傳道而世之學者莫不喜捷得而憚勤求矣自以一貫爲非忠恕而世之學者莫不談虛理而遺實事矣象山開其源陽明揚其波舉天下聰明豪傑之才咸以禪理爲宗門頓悟爲心法至於明季而遂不可

收拾乃世之混同朱陸與軒陸輊朱者輒謂象山高明而朱子平實彼象山者吾不知其高明何在第恐朱子平實之中尚未免有一二之過於高深者存也

附論。曾子曰吾日三省吾身爲人謀而不忠乎與朋友交而不信乎傳不習乎（論語學而篇）

說苑云曾子衣敝衣以耕魯君使人往致邑焉曾子不受曰臣聞之受人者畏人予人者驕人縱子有賜不我驕也我能勿畏乎孔子聞之曰參之言足以全其節也

余按君子之辭受準乎義而已君以畏人驕人爲詞淺矣況國君所賜尤不可以茍辭茍受而乃以俗情之施於平人者施之於君乎且曾子於及門年最少若能爲君所重如此必其中年後事孔子安得復存此乃戰國以後楊氏之徒之所僞托故不錄

說苑稱曾子從孔子於齊齊景公以下卿禮聘曾子曾子固辭余按史記稱曾子少孔子四十六歲雖未必悉實要觀論語之文則曾子於門人中年最少也齊景公以哀之初年卒曾子甫十餘歲孔子以昭之末年至齊曾子時猶未生而何得以下卿禮聘之乎大抵韓詩外傳說苑等書多本於戰國時人之託言而不知考其年世者故今多不採

曾子養曾晳必有酒肉將徹必請所與問有餘必曰有（孟子）

附論。若曾子則可謂養志也（同上）

說苑云曾子耘爪誤斬其根（瓜）晳怒援大杖擊之曾子仆地有頃蘇進曰大人用力教參得無疾乎退屏鼓琴而歌孔子聞之告門人曰參來勿內也云云此說世多信之余按孟子曰中也養不中才也養不才故人樂有賢父兄也如中也棄不中才也棄不才則賢不肖之相去其間不能以寸記曰爲人子止於孝爲人父止於慈傳曰父慈子孝然則其子即不中不才爲之父者且不忍遽棄以傷其天性之親況曾子中且才者也耘瓜而斷其根其細已甚而曾晳聖門高弟其曠達之懷必不至以小物介意寧有因區區之事逞一朝之怒遂不復顧其子之生死乎孟子曰曾子養曾晳必有酒肉將徹必請所與問有餘必曰有其善體親心如是況於身父母之遺體乃毫不自貴重甘奉此身以殉親一時之怒萬一遂死事過而親怒平而悔之無及爲子者何以能自安傳曰小人老而無子知擠於溝壑矣曾子果死異日酒肉之養誰奉之況請所與而進所餘乎然則即養口體者亦不敢輕於一死況曾子之養志者哉余謂曾晳之曠達曾子之孝謹其家庭之間必雍睦異常但曾

子既以孝名後人言孝者因以事附會之故有里名勝母曾子不入之語而孝經一篇亦爲孔子曾子問答之言猶之乎孔子稱閔子之孝而後人遂以蘆花之事附會之也猶之乎今世言耿介者必附會以爲包拯海瑞言推測者必附會以爲諸葛孔明劉伯溫也爲此說者不過欲明大杖則逃之義因借曾子以垂訓於後世而不知其誣古人也故今但采孟子之文載之而他附會之說概不列焉

傳記有云曾子薪於野有客至母以手搤其臂曾子心動棄薪馳歸問母無恙乎或又云曾子在楚心動歸問其母母曰思之齧指余按此二說亦一事而傳聞異其詞者在楚道遠齧指事小似不如前說之近理然皆似因曾子之孝而附會之者故今不録

新序云曾參處鄭有與同姓名者殺人人告其母曰曾參殺人其母織自若也頃一人又告之其母曰吾子不殺人一人又來告其母投杼下機踰牆而走按此乃戰國策士假設之言以見讒言之易入以曾子之賢故托之耳寧有賢如曾子其母知之有素而尚惑於人言者乎說苑又有邑名勝母曾子不入之語亦係假設之言因曾子之孝而托之者故今俱不録

曾晳嗜羊棗而曾子不忍食羊棗孟子

附論○公孫丑問曰膾炙與羊棗孰美孟子曰膾炙哉公孫丑曰然則曾子何爲食膾炙而不食羊棗曰膾炙所同也羊棗所獨也諱名不諱姓姓所同也名所獨也同上

戴記檀弓篇記曾子謂子思曰伋吾執親之喪也水漿不入於口者七日子思曰先王之制禮云云余按此亦因曾子之孝而附會之者曾子能體親心而徹必請問必曰有其獨不能體親心而自重其身乎且即曾子果有此事亦不必呼子思而告之也故不録

韓詩外傳云曾子仕於莒得粟三秉方是之時曾子重其祿而輕其身親沒之後齊迎以相楚迎以令尹晉迎以上卿方是之時曾子重其身而輕其祿又引曾子言

云吾嘗仕齊爲吏祿不過鍾釜尚猶欣欣而喜者非以爲多也樂其逮親也既沒之後吾嘗南遊於楚得尊官焉堂高九仞榱題三圍轉轂百乘猶北鄉而泣涕者非爲賤也悲不逮吾親也余按此特因曾子以孝著故言孝者必歸之耳親存則不擇官而仕親沒則富貴如浮雲此君子之常況於曾子其理固應如是然其事則必無之事也曾子孔門高弟如欲辭尊居卑固自易易不必於齊於莒而齊迎以相楚迎以令尹晉迎以上卿乃

戰國之風氣春秋時固未有如是者且楚僭王猾夏曾子必不仕楚而堂高九仞榱題三圍轉轂百乘亦非曾子之所爲也故今俱不錄

曾子居武城有越寇或曰寇至盍去諸曰無寓人於我室毀傷其薪木寇退則曰修我牆屋我將反寇退曾子反左右曰待先生如此其忠且敬也寇至則先去以爲民望寇退則反殆於不可沈猶行曰是非汝所知也昔沈猶有負芻之禍從先生者七十人未有與焉孟子

附論○孟子曰曾子師也父兄也同上

戴記檀弓篇云有子問於曾子曰問喪於夫子乎曰聞之矣喪欲速貧死欲速朽有子曰是非君子之言也曾子曰參也與子游聞之有子曰然則夫子有爲言之也曾子以告子游子游曰桓司馬自爲石槨三年而不成夫子曰若是其靡也死不如速朽之愈也死之欲速朽爲桓司馬言之也南宮敬叔反必載寶而朝夫子曰若若其貨也喪不如速貧之愈也喪之欲速貧爲敬叔言

之也余按喪欲速貧死欲速朽之語曾子果與子游同聞之則桓司馬南宮敬叔之事曾子必與子游同見之何容曾子不知而子游獨知之公明儀曰三月無君則弔孟子曰惟士無田則亦不祭又曰且比化者無使土親膚於人心獨無恔乎喪之不欲速貧死之不欲速朽此自天理人情之自然以曾子之大賢必不爲是不情之語明矣蓋自孔子沒後諸弟子之門人各私其師故多自尊其師之說而譏他人因而撰爲此等語耳今不

録

世傳曾子以妻蒸梨不熟而出之終身不娶曰高宗以後妻殺孝已吉甫以後妻放伯奇吾上不及高宗中不比吉甫庸知其得免於非乎或疑蒸梨過小不至於出爲之解曰出妻令其可嫁蓋有大過而出以蒸梨爲名爾余按妻也者上奉父母下理內政所關甚重若少年時出妻而不復娶中饋託之何人有母尸饔胡不恤焉而家政亦必至於廢若既老而出之豈數十年皆無大

過獨一日而忽有大過乎且既奉吾親以終天年矣老而棄之亦非君子之所以居心也道之傳也孔子授曾子曾子授子思子思傳之孟子而三人皆以出妻聞孟子之妻亦幾於出豈爲聖賢妻者必皆有大過抑爲聖賢者必求全責備一不當意卽出之乎周公曰無求備於一人孔子謂君子之使人也器之孟子曰中也養不中才也養不才然則於妻亦當如是若爲聖賢妻而必至於出天下誰復敢爲聖賢妻者此皆必無之事故今

不載說並見正錄考終篇中

曾子有疾召門弟子曰啓予足啓予手詩云戰戰兢兢如臨深淵如履薄冰而今而後吾知免夫小子論語泰伯篇

附論○曾子有疾孟敬子問之同上

戴記檀弓篇云曾子寢疾病童子曰華而睆大夫之簀與曾子曰斯季孫之賜也我未之能易也元起易簀曾元曰夫子之病革矣不可以變幸而至於旦請敬易之曾子曰吾何求哉吾得正而斃焉斯已矣舉扶而易之

反席未安而沒余按論語曾子有疾召門弟子曰啓予足啓予手詩云戰戰兢兢如臨深淵如履薄冰而今而後吾知免夫曾子守身慎行動必以正自其平日之事不應臨沒而尚有不得其正者藉令童子不言曾子不將不得正而斃乎大夫之簀如非曾子之所當御則當賜之時固必辭之卽辭之不獲平日亦必屏之而不用如可御於生時烏在病革之時遂必當易之乎爲是說者不過欲明曾子之心安於正雖病革而不肯苟焉而

豈知稱其臨沒之賢而反無說以解於平日邪故今不載

按論語於曾子不字之而子之所記曾子言行亦多疑皆曾子門人所記蓋曾子於孔門年最少而學最純故孔子既沒後學多宗曾子者聖道之顯多由子貢聖道之傳多由曾子子貢之功在當時曾子之功在後世故次曾子於顏子次子貢於閔冉仲弓或以德貴或以功著也。世多以大學爲曾子所作朱子分大學之道至

末之有也爲經爲孔子之言其餘爲傳爲曾子之意而門人所記余按誠意章云曾子曰云云果曾子所自作不應自稱曾子又不應獨冠此文以曾子曰朱子之說近是然即大學之道以下亦殊不類孔子之言且玩通篇之文首尾聯屬先後呼應文體亦無參差其出一人之手明甚恐不得分而二之也凡文之體因乎其時故論語之文謹嚴孟子之文舒暢左傳采之羣書則文錯出不均大學之文繁而盡又多排語計其時當在戰國非孔子曾子之言也然其傳則必出於曾子何以知之論語孔子曰吾道一以貫之曾子曰夫子之道忠恕而已矣今大學所言皆忠恕之事欲脩其身者先正其心欲正其心者先誠其意忠也欲治其國者先齊其家欲齊其家者先修其身恕也如惡惡臭如好好色忠也心不在焉視而不見聽而不聞以其不忠也有諸己而後求諸人無諸己而後非諸人恕也所惡於上毋以使下所惡於下毋以事上戒其不恕也忠恕二言大學之道

盡矣蓋曾子得之於孔子而後人又衍之爲大學者也故今於曾子篇不載作大學之事而仍推其意如此。

曾子之事先後亦難詳考姑取論語孟子之文約略次之如左閔子以下並同不復再舉

閔子騫　史記閔損字子騫

按論語於諸賢皆以字稱或冠以氏（如閔子騫冉伯牛宰我冉有之類）或不冠以氏（如子貢子夏之類）惟曾子有子皆稱子而不以字亦有稱以名者（如有若宰予憲問恥求聚斂之類）要係偶然非通例也

今列諸賢自顏子外皆用論語原稱不敢擅更亦從古之義也

魯人爲長府閔子騫曰仍舊貫如之何何必改作子曰夫人不言言必有中論語先進篇

季氏使閔子騫爲費宰閔子騫曰善爲我辭焉如有復我者則吾必在汶上矣論語雍也篇

韓子外傳云閔子騫始見於夫子有菜色後有芻豢之色子貢問之閔子云云余按此亦形容之詞非眞有是

事閔子天性恬靜雖事孔子不久亦必不至於見羽蓋龍旂而歆慕也故不錄

附論○子曰孝哉閔子騫人不間於其父母昆弟之言論語先進篇

世傳閔子之母早亡父娶後妻更生二子後妻愛其子而虐閔子以蘆花著其袍閔子爲父推車寒不能前父怒鞭之衣破而蘆花見父怒將出後妻閔子泣止之曰母在一子寒母去三子單由是其母感而改之均愛三子如一余按孔子曰人不間於其父母昆弟之言玩其語意乃以父母昆弟之稱其孝爲易而人之稱其孝爲難父母昆弟之言或不免因溺愛而溢美故必人言僉同乃可爲據絕不類身處逆境者若如世俗所傳則閔子之得稱爲孝易反在人而難反在於母與弟聖人不應作是顛倒語也大抵三代以上書缺實多事難詳考後之好事者各自以其意附會之然使其母果有是事稱之可也倘原無是事則是欲稱閔子之孝反至大傷

閔子之心其失不亦大乎孔子稱閔子之孝吾知閔子之孝而已閔子之所以爲孝吾不得而知也吾不知閔子之所以爲孝無害於閔子之爲孝也故今不錄是事

冉伯牛 史記冉耕字伯牛

伯牛有疾子問之自牖執其手曰亡之命矣夫斯人也而有斯疾也斯人也而有斯疾也論語雍也篇

按閔子與伯牛皆居德行之科孔子之稱閔子不一而足而出處之節尤人所難能惟伯牛無所表見此或因

其早亡未及有所樹立故耳孟子書中亦稱二子以爲具體而微故首列之

仲弓

史記冉雍字仲弓

仲弓問仁子曰出門如見大賓使民如承大祭己所不欲勿施於人在邦無怨在家無怨仲弓曰雍雖不敏請事斯語矣論語顏淵篇

附論○或曰雍也仁而不佞子曰焉用佞禦人以口給屢憎於人不知其仁焉用佞論語公冶長篇

仲弓爲季氏宰問政子曰先有司赦小過舉賢才曰焉知賢才而舉之曰舉爾所知爾所不知人其舍諸論語子路篇

附論○子曰雍也可使南面仲弓問子桑伯子子曰可也簡仲弓曰居敬而行簡以臨其民不亦可乎居簡而行簡無乃太簡乎子曰雍之言然論語雍也篇

論語云子謂仲弓曰犁牛之子騂且角雖欲勿用山川其舍諸註云仲弓父賤而行惡故夫子以此譬之余按稱其子之賢而彰其父之惡揆諸人情似屬非宜且本文云子謂仲弓曰云云安知非孔子與仲弓泛論用人之道而遽因此一譬懸坐其父以行惡之名乎竊謂讀書凡遇此等語未有確據者寧可缺其所疑不可斷以爲是萬一不然使古人受誣其失豈不大乎故今闕之

按孔子以南面許仲弓固非治賦爲宰者所可比而問仁問政孔子所荅亦似非諸弟子所能及故居德行之科而列顏閔之次惟嘗仕於季氏似未逮顏閔者然此或爲祿而仕不得已而爲之未可遽以是爲疑也故今

仍從論語列之伯牛之後

子貢

史記端木賜衛人字子貢

子曰賜也女以予爲多學而識之者與對曰然非與曰非也予一以貫之論語衛靈篇

先儒謂曾子之聞一貫直應曰唯而子貢曰然非與不能直應無疑是其不逮曾子者也余按孔子之詔門人皆當應之必不默然無言而獨記曾子之唯者爲下文門人不解而問曾子張本耳若子貢乃因孔子先以云

云問之故有然非與之答曾子則未嘗有此一問而直告之故不容多此一答也今試取參乎章刪曾子曰唯四字則下文門人之問無根取多學章增子貢曰唯四字則贅而無味矣讀古人書當細玩其前後文義不得强取一二字句爲其人優劣也

子貢問政子曰足食足兵民信之矣子貢曰必不得已而去於斯三者何先曰去兵子貢曰必不得已而去於斯二者何先曰去食自古皆有死民無信不立（論語顏淵篇）

子貢方人子曰賜也賢乎哉夫我則不暇（論語憲問篇）

子貢欲去告朔之餼羊子曰賜也爾愛其羊我愛其禮（論語八佾篇）

按子貢與孔子問答之言甚多不勝其載多學問政及此二條皆有關於學識之高下故擇而載之

附論○子貢問曰賜也何如子曰女器也曰何器也曰瑚璉也（論語公冶長篇）

附論○子曰賜不受命而貨殖焉億則屢中（論語先進篇）

漢司馬遷作貨殖傳稱子貢鬻財於曹魯之間且曰使孔子名布揚於天下者子貢先後之也所謂得勢而益彰者乎余按古者金粟皆謂之貨殖猶生也所謂貨殖云者不過留心於家人生產酌盈劑虛使不至困乏耳非糴賤販貴若商賈所爲也樊遲請學稼圃孔子以小人斥之若子貢學道而躬行商賈之事孔子不知當如何斥之何以其辭僅如是而已乎且謂孔子之道之顯爲子貢先後之可也謂子貢以富故能顯之豈聖人之

道亦必藉有財而後能行於世乎此乃司馬氏憤激之言後人不察遂以子貢爲若商賈者然謬矣故不可以不辨

大宰嚭召季康子康子使子貢辭大宰嚭曰國君道長而大夫不出門此何禮也對曰豈以爲禮畏大國也大國不以禮命於諸侯苟不以禮豈可量也寡君既共命焉其老豈敢棄其國大伯端委以治周禮仲雍嗣之斷髮文身臝以爲飾豈禮也哉有由然也（左傳哀公七年）

吳子呼叔孫曰而事何也對曰從司馬王賜之甲劍鈹曰奉爾君事敬無廢命叔孫未能對衛賜進曰州仇奉甲從君而拜左傳哀公十一年

公會吳於橐皋吳子使大宰嚭請尋盟公不欲使子貢對曰盟所以周信也故心以制之玉帛以奉之言以結之明神以要之寡君以爲苟有盟焉弗可改也已若猶可改日盟何益今吾子曰必尋盟若可尋也亦可寒也乃不尋盟左傳哀公十二年

吳人藩衛侯之舍子服景伯謂子貢曰夫諸侯之會事既畢

矣侯伯致禮地主歸餼以相辭也今吳不行禮於衛而藩其君舍以難之子盍見大宰乃請束錦以行語及衛故大宰嚭曰寡君願事衛君衛君之來也緩寡君懼故將止之子貢曰衛君之來必謀於其衆其衆或欲或否是以緩來其欲來者子之黨也其不欲來者子之讎也若執衛君是墮黨而崇讎也夫墮子者得其志矣且合諸侯而執衛君誰敢不懼墮黨崇讎而懼諸侯或者難以霸乎大宰嚭說乃舍衛侯同上

冬及齊平子服景伯如齊子贛爲介見公孫成曰人皆臣人而有背人之心況齊人雖爲子役其有不貳乎子周公之孫也多饗大利猶思不義利不可得而喪宗國將焉用之成曰善哉吾不早聞命陳成子館客曰寡君使恒告曰寡人願事君如事衛君景伯揖子贛而進之對曰寡君之願也昔晉人伐衛齊爲衛故伐晉冠氏喪車五百因與衛地自濟以西禚媚杏以南書社五百吳人加敝邑以亂齊因其病取讙與闡寡君是以寒心若得視衛君之事君也則固所願也成子病之乃歸成公孫宿以其兵甲入於嬴左傳哀公十五年

史記仲尼弟子列傳載有子貢存魯亂齊亡吳強晉而霸越之事余按論語列子貢於言語之科孟子書中亦稱子貢善爲說辭不過其才長於專對若春秋傳中辭盟於吳之類耳非若戰國縱橫之流巧言亂德以傾覆人國家者比也烏有佐陳恒以篡齊欺夫差使亡國者哉此蓋游說之士因子貢之善於辭令而托之非聖賢所爲故今不載

存參。魯國之法魯人有贖臣妾於諸侯者取金於府子

貢贖人於諸侯而還其金（說苑）
按此事未必有然於義無所害且其事亦類子貢所爲
姑列之存參
昔者孔子沒三年之外門人治任將歸入揖於子貢相嚮而
哭皆失聲然後歸子貢反築室於場獨居三年然後歸（孟子）
附錄○子禽問於子貢曰夫子至於是邦也必聞其政求
之與抑與之與子貢曰夫子溫良恭儉讓以得之夫子之
求之也其諸異乎人之求之與（論語學而篇）

洙泗考信餘錄　卷之一

附錄○叔孫武叔毀仲尼子貢曰無以爲也仲尼不可毀
也他人之賢者丘陵也猶可踰也仲尼日月也無得而踰
焉人雖欲自絕其何傷於日月乎多見其不知量也（論語子張
篇）
子貢推尊孔子之言已載正錄惟此二條未載今補於
此
附論○春邾隱公來朝子貢觀焉邾子執玉高其容仰公
受玉卑其容俯子貢曰以禮觀之二君者皆有死亡焉高

仰驕也卑俯替也驕近亂替近疾君爲主其先亡乎○夏
五月壬申公薨仲尼曰賜不幸言而中是使賜多言者也
（左傳定公十五年）
附論○春越子使后庸來聘且言邾田封於駘上二月盟
于平陽三子皆從康子病之言及子贛曰若在此吾不及
此夫武伯曰然何不召曰固將召之文子曰他日請念（左傳哀公二十七年）
按春秋傳所述子貢料事之明不一而足然不關大得

洙泗考信餘錄　卷之一

失無庸盡載惟受玉一事因孔子之戒子貢故載之而
並季孫之思子貢亦列於後
按論語子張篇子貢之推尊孔子至矣則孔子之道所
以昌明於世者大率由於子貢其功不可沒也而與回
孰愈之問亦似伯仲可見者故次之於閔冉仲弓之後
○朱子云曾子本是魯拙後既有所得故守得夫子規
矩定其教人有法所以有傳若子貢則甚敏見得易往
往教人亦不似曾子守定規矩故其後無傳余按史記

所載弟子年歲雖不足盡信然大要不甚遠今以論語春秋傳戴記之文考之康子之問先由而賜而求武伯之問先由而求而赤春秋傳多載子路冉有子貢之事而子貢尤多曾子游夏皆無聞焉戴記則多記孔子沒後曾子游夏子張之言而冉有子貢罕所論著蓋聖門中子路最長閔子仲弓冉有子貢則其年若相班者孔子在時既爲日月之明所掩孔子沒後爲時亦未必甚久而子貢當孔子世已顯名於諸侯仕宦之日既多講

學之日必少是以不爲後學所宗耳若游夏子張曾子則視諸子爲後起事孔子之日短教學者之日長是以孔子在時無所表見而名言緒論多見於孔子沒後也不然閔子具體而微仲弓可使南面何以門人皆無聞焉反不如得一體者猶能傳經於後世乎由是言之羽翼聖道於當時者顏閔子貢由求之力而子貢爲尤著流傳聖道於後世者游夏曾子子張之功而曾子爲尤純時勢不同功業亦異未可謂子貢之不如曾子也故今因敘子貢之事而備論之

洙泗考信餘錄卷之一終

道光四年東陽署中刻

洙泗考信餘錄卷之二

大名崔述東壁譔考　石屏門人陳履和校刊

子路　仲由字子路

子路有聞未之能行唯恐有聞（論語公冶長篇）

子路人告之以有過則喜（孟子）

子路無宿諾（論語顔淵篇）

附論○子曰片言可以折獄者其由也與（同上）

說苑稱子路持劍孔子非之子路請攝齊以事孔子又

稱子路盛服而見孔子非之子路改服而入余按所載孔子之言皆類楊氏之旨蓋戰國人所爲以子路之行行而勇於改過也故託之耳其實古人盛服佩劍皆尋常之事不足爲病故不錄

仲由爲季氏宰將墮三都於是叔孫氏墮郈季氏將墮費公山不狃叔孫輒帥費人以襲魯公與三子入於季氏之宮登武子之臺費人攻之弗克入及公側仲尼命申句須樂頎下伐之費人北國人追之敗諸姑蔑二子奔齊遂墮費（左傳定公十二

備覽○子路爲季氏宰季氏祭逮闇而祭日不足繼之以燭雖有强力之容肅敬之心皆倦怠矣有司跛倚以臨祭其爲不敬大矣他日祭子路與室事交乎戶堂事交乎階質明而始行事晏朝而退（戴記禮運）

論語季氏篇云季氏將伐顓臾冉有季路見於孔子曰季氏將有事於顓臾孔子曰求無乃爾是過與夫顓臾昔者先王以爲東蒙主且在邦域之中矣是社稷之臣

也何以伐爲云云余按此章可疑者五論語所記孔子之言皆簡而直此章獨繁而曲其文不類一也子路爲季氏宰在定公世冉有爲季氏宰在哀公世其時不合二也子路主墮都之謀其剛直有素歸魯之後不肯承季氏意以盟叛人必不一旦驟其毀節以阿季氏其理不似三也顓臾之伐不見於經傳洪氏意其因孔子之言而中止然則田賦之用何以不因孔子之言而止其事無徵四也僖二十一年傳云任宿須句顓臾風姓也

實司大皡與有濟之祀不言爲東蒙主亦不言爲魯臣其說不同五也且此篇文皆稱孔子與前十五篇異其非孔氏之徒所記甚明雖於義無大害然其事未必有且不欲子路受誣於百世故不載

公伯寮愬子路於季孫子服景伯以告曰夫子固有惑志於公伯寮吾力猶能肆諸市朝子曰道之將行也與命也道之將廢也與命也公伯寮其如命何（論語憲問篇）

按伯寮之愬孔子以道之行廢言之則是孔子之去魯

子路之去季氏皆因此一愬也故次之於此說已見正錄爲魯司寇篇中

附錄　子疾病子路請禱子曰有諸子路對曰有之誄曰禱爾于上下神祇子曰丘之禱久矣（論語述而篇）

附錄　子疾病子路使門人爲臣病閒曰久矣哉由之行詐也無臣而爲有臣吾誰欺欺天乎且予與其死於臣之手也無寧死於二三子之手乎且予縱不得大葬予死於道路乎（論語子罕篇）

此二章皆不知的在何時然觀孔子之言無臣而爲有臣當在爲大夫而去位之後姑附錄於此

在陳絕糧從者病莫能興子路慍見曰君子亦有窮乎子曰君子固窮小人窮斯濫矣（論語衞靈篇）

附錄　子路宿於石門晨門曰奚自子路曰自孔氏曰是知其不可而爲之者與（論語憲問篇）

附論　子曰道不行乘桴浮於海從我者其由與子路聞之喜子曰由也好勇過我無所取材（論語公冶長篇）

按石門之宿浮海之歎不知何時以理度之當在去魯之後仕衞之前故次之於在陳之後

小邾射以句繹來奔曰使季路要我吾無盟矣使子路子路辭季康子使冉有謂之曰千乘之國不信其盟而信子之言子何辱焉對曰魯有事於小邾不敢問故死其城下可也彼不臣而濟其言是義之也由弗能（左傳哀公十四年）

秋齊陳瓘如楚過衞仲由見之曰天或者以陳氏爲斧斤既斲喪公室而他人有之不可知也其使終饗之亦不可知也

若善管以待時不亦可乎何必惡焉子玉曰然吾受命矣子使告我弟冬及齊平左傳哀公十五年

衛孔圉取大子蒯聵之姊生悝孔氏之豎渾良夫長而美孔文子卒通於內大子在戚孔姬使之焉大子與之言曰苟使我入獲國服冕乘軒三死無與與之盟爲請於伯姬閏月良夫與大子入舍於孔氏之外圃昏二人蒙衣而乘寺人羅御如孔氏孔氏之老欒寧問之稱姻妾以告遂入適伯姬氏既食孔伯姬杖戈而先大子與五人介輿豭從之迫孔悝於厠

強盟之遂刼以登臺欒寧將飲酒炙未熟聞亂使告季子召獲駕乘車行爵食炙奉衛侯輒來奔季子將入遇子羔將出曰門已閉矣季子曰吾姑至焉子羔曰弗及不踐其難季子曰食焉不辟其難子羔遂出子路入及門公孫敢門焉曰無入爲也季子曰是公孫也求利焉而逃其難由不然利其祿必救其患有使者出乃入曰大子焉用孔悝雖殺之必或繼之且曰大子無勇若燔臺半必舍孔叔大子聞之懼下石乞盂黶敵子路以戈擊之斷纓子路曰君子死冠不免結纓而死孔子聞衛亂曰柴也其來由也死矣孔悝立莊公左傳哀公十五年

存疑　子路有姊之喪可以除矣而弗除也孔子曰何弗除也子路曰吾寡兄弟而弗忍也孔子曰先王制禮行道之人皆弗忍也子路聞之遂除之檀弓

此事無害於理而與子路素行相似姑存之

存疑　子路治蒲三年孔子過之入境而善之曰由恭敬以信矣入邑曰善哉由忠信以寬矣至庭曰善哉由明察

以斷矣子貢執轡而問曰夫子未見由而三稱善可得聞乎孔子曰入其境田疇草萊甚辟此恭敬以信故民盡力入其邑墉屋甚尊樹木甚茂此忠信以寬其民不偷其庭甚閒此明察以斷故民不擾也韓詩外傳

此文文詞冗弱必非孔子之言然其事則容或有之未便刪削姑列之於存疑又此與上除姊喪事皆不知在何時故統列之於後

附論　子曰衣敝縕袍與衣狐貉者立而不恥者其由也

與不忮不求何用不臧子路終身誦之子曰是道也何足以臧論語子罕篇

世傳子路事親嘗食藜藿負米百里之外親沒之後南遊於楚從車百乘積粟萬鍾累茵而坐列鼎而食余按論語稱子路衣敝緼袍與衣狐貉者立而不恥則子路少年之貧固當有之若南遊於楚從車百乘積粟萬鍾則無是事也子路從孔子去魯厄於陳蔡由衛反魯復仕於衛而死於難傳記歷歷可考何嘗有遊楚之時而

百乘萬鍾以自奉亦非子路之所為也此皆後人附會之詞故不載

附論○子曰由之瑟奚為於丘之門門人不敬子路子曰由也升堂矣未入於室也論語先進篇

說苑稱子路鼓瑟有北鄙殺伐之聲孔子聞之云云蓋本於此然樂以宣八風原不可以偏廢故傳云驟歌北風又歌南風而何得崇南而棄北乎其詞意亦淺蔓必非孔子之言明甚且樂以象德瑟之不和由於氣質之未化當從容而涵養之亦非七月不食之所能變也此附會之言故不載

附論○或問乎曾西曰吾子與子路孰賢曾西蹵然曰吾先子之所畏也孟子

按子路於及門中年最長而孔子亦屢稱之雖時有所督責而貶之固不如褒之者之多也升堂入室孔子有定論矣故先之

有子

微虎欲宵攻王舍私屬徒七百人三踊於幕庭卒三百人有若與焉及稷門之內或謂季孫曰不足以害吳而多殺國士不如已也乃止之吳子聞之一夕三遷左傳哀公八年

哀公問於有若曰年饑用不足如之何有若對曰盍徹乎曰二吾猶不足如之何其徹也對曰百姓足君孰與不足百姓不足君孰與足論語顏淵篇

他日子夏子張子游以有若似聖人欲以所事孔子事之彊曾子曾子曰不可江漢以濯之秋陽以暴之皜皜乎不可尚

已孟子

史記云孔子既沒弟子思慕有若狀似孔子弟子相與共立爲師他日問曰昔夫子當行使弟子持雨具已而果雨弟子問曰夫子何以知之夫子曰詩不云乎月離于畢俾滂沱矣昨暮月不宿畢乎他日月宿畢竟不雨敢問夫子何以知此有若默然無以應弟子起曰有子避之此非子之座也余按諸弟子所以尊孔子者以其道大德崇非以其能知雨不雨也所以事有若者以其

言行學問幾於聖人非以其能知雨不雨爲似聖人也烏有因其不知雨不雨遂黜有若者哉論語記孔子言行多矣皆平實切於日用無多言億中之事果以能知晴雨之故聖孔子則論語中亦當載其一言一事何以竟杳然也或問禘之說子曰不知也苟以有所不知而薄之則孔子當先薄於諸弟子矣師之道非苟然而已其尊與君父等故曰民生於三事之如一從師者不可不慎之於始也必審知其可師而後師之既已師之則當終身勿替安有因一事之未知一言之未合而遂黜之者此在世俗之士少知義理者猶不肯爲而謂孔子弟子反爲之乎孟子曰他日子夏子張子游以有若似聖人欲以所事孔子事之但言其似聖人未嘗言其似孔子也但言游夏之徒欲師有若未嘗言有若公然自居於師也孟子曰有若智足以知聖人又述有子言云自生民以來未有盛於孔子也有子既知孔子爲生民所未有則其斷斷不敢使游夏以事孔子者事已明矣

游夏此舉固不得爲無過然其心尚可原若有子公然不自量竟自擬於孔子豈尚足以爲有若哉然則當日之事蓋三子欲師有若而有若不肯居是以中輟好事者因之遂附會爲此言耳大抵七十子之門人各好自尊其師而詆諆他人故此等語多不可信故不載

按游夏以有子似聖人則其言行必有過人者而論語稱爲有子朱子以爲多曾子有子門人所記理或然也然踐履篤實成就後學或尚非曾子之比故次之於子

路之後○經傳之文多以冉有季路並稱世遂視之若班焉者然子路用於季氏而爲之墮費冉有用於季氏而爲之聚斂其行事之相去甚遠也所以多並稱者但以其政事之才相埒耳猶言語之稱宰我子貢非謂二子等量而齊觀也況浮海之許不忮不求之贊皆他人所不易得者至有子務本之旨貴和之説咸能發聖人未發之蘊意其所得有深焉者是以游夏有似聖人之品目也而盍徹之請欲復先王之制其識亦殊卓則二

子雖未逮夫顏閔而固非諸弟子所敢望也故冠之於諸賢之先

原思 史記 原憲字子思

原思爲之宰與之粟九百辭子曰毋以與爾鄰里鄉黨乎 論語雍也篇

附論○克伐怨欲不行焉可以爲仁矣子曰可以爲難矣仁則吾不知也 論語憲問篇

史記云子貢相衛結駟連騎排藜藿入窮閻過謝原憲憲攝敝衣冠見子貢子貢恥之曰夫子豈病乎原憲曰吾聞之無財者謂之貧學道而不能行者謂之病若憲貧也非病也子貢慚不懌而去余按子貢曰貧而無諂富而無驕何如子曰可也未若貧而樂富而好禮者也子貢長於理財先貧後富則有之若以貧爲恥以富爲榮則子貢斷不至是此乃戰國貧賤驕人之士設爲此説以自高者以原思之貧子貢之富也故託之耳新序亦載此事而文更繁蓋後人所衍皆非實事故今並不

錄

公西華 史記 公西赤字子華

子華使於齊冉子爲其母請粟子曰與之釜請益曰與之庾冉子與之粟五秉子曰赤之適齊也乘肥馬衣輕裘吾聞之也君子周急不繼富 論語雍也篇

存參○孔子之喪公西赤爲志焉飾棺牆置翣設披周也設崇殷也綢練設旐夏也 檀弓

按孔子爲司寇以原思爲宰必有可取者在而狷介之

操亦人所難能至子華以應對長才承命出使亦卓卓者且孔子於二子皆無貶詞故並次於有子之後

子賤（史記）密（當作虙）不齊字子賤

備覽〇子賤治單父彈鳴琴身不下堂而單父治巫馬期以星出以星入日夜不處以身親之而單父亦治巫馬期問於子賤子賤曰我任人子任力任人者佚任力者勞（呂覽韓詩外傳同）

備覽〇子賤爲單父宰反命於孔子曰此國有賢不齊者

五人教不齊所以治者（史記仲尼弟子列傳）

附論〇子謂子賤君子哉若人魯無君子者斯焉取斯（論語公冶長篇）

說苑記子賤宰單父事凡四則一任人任力之對與呂覽詩傳同一則辭於孔子而孔子告之以毋迎而距毋望而許也一則陽晝告以陽橋魴魚之說而子賤請其耆老尊賢者而與之共治也一則孔子問以治單父之政所對與史記意略同而其中有父事三人兄事五人所友者十一人之語則史記所未及也余按子賤之宰單父見於呂覽詩傳史記新序而說苑又屢見之然則此事固當有之惟其言之繁冗淺弱多不類春秋時語且單父小邑耳武城大邑子游僅得一人單父何遽多賢如此蓋孔子嘗稱子賤爲君子而云魯無君子者斯焉取斯則子賤蓋能親賢友仁集思廣益以自治而治人者故說者因以其言而附會之其意則是而其言則非當日之言也惟呂覽韓詩史記所載事尚近理文亦較爲簡潔故今但採三書之文列之備覽以爲論語焉

取之證其餘概不載也

新序云子賤爲單父宰請善書者二人使書憲書教品至單父使書子賤從旁掣其肘書醜則怒之書者歸以告魯君魯君乃命有司無得擅徵發單父單父之化大治（原文甚繁今刪而采之如此）余按請人於君而掣其肘無禮甚矣大夫且不可施之於君況宰乎此乃戰國策士因世主之任人不專而寓言者以子賤之治單父有能名也故

託之非實事也故今不錄

按孔子以君子稱子賤而傳記亦多載其賢者蓋聖門高弟也故次之於原思公西華之後

子游 史記言偃字子游

子游爲武城宰子曰女得人焉爾乎曰有澹臺滅明者行不由徑非公事未嘗至於偃之室也（論語雍也篇）

戴記檀弓篇云司寇惠子之喪子游爲之麻衰牡麻絰文子辭子游曰禮也文子退反哭子游趨而就諸臣之位文子又辭子游曰固以請文子退扶適子南面而立子游趨而就客位釋之者曰惠子廢適立庶故子游爲之重服以譏之余按廢適立庶其過在人諫之可也自處於非禮不反失已乎使文子終不悟是徒失已而無救於人也非子游之事故不錄

存疑○子之武城聞弦歌之聲夫子莞爾而笑曰割雞焉用牛刀子游對曰昔者偃也聞諸夫子曰君子學道則愛人小人學道則易使也子曰二三子偃之言是也前言戲之耳（論語陽貨篇）

按魯爲禮樂之邦故孔子曰魯一變至於道弦歌之聲不必武城而後有之孔子既喜之何以不獎之而乃戲之獨不慮聞者之疑之乎以子游之聰敏亦不當聞戲言而誤以爲實也且於孔子之前而稱夫子亦非春秋時語此蓋傳而失其眞者撰此篇者誤采之耳故今列之存疑

子夏 史記卜商字子夏

子夏爲莒父宰問政子曰無欲速無見小利欲速則不達見小利則大事不成（論語子路篇）

說苑云孔子將行無蓋弟子曰子夏有之孔子曰商之爲人短於財吾聞與人交者推其長違其短故能久長矣余按子夏之在聖門亦卓卓者必不至吝一蓋於師子夏不以富稱未必孔子與諸弟子皆無蓋而子夏獨有之且其語甚淺陋必後人所附會故今不錄

備覽○魏成子以食祿千鍾什九在外什一在內是以東

得卜子夏田子方段干木此三人者君皆師之史記魏世家

備覽○子夏居西河教授史記仲尼弟子列傳

先儒多謂毛詩傳自子夏今詩序乃子夏所作余按西漢以前書未有言及毛詩之序者惟後漢書衛宏傳言爲毛詩作序則是詩序乃宏所作且序之不合於經義者甚多參之傳記亦多舛誤而文詞亦不逮論語遠甚其非子夏所作顯然不過漢末魏晉之人傳毛詩者借子夏名以爲重耳後人震於其名遂相視莫敢議雖以

朱子之詳陳纖辨而人猶不信也甚矣識古書之眞僞非易事也故今不載作序之事其序之誤已散見諸錄中茲不複舉也

禮喪服篇大傳先儒相傳亦以爲子夏作余按傳之名言精義甚多然亦往往有與經抵牾者子夏不應如是或子夏之徒之所爲後世傳而失其眞耳故今不錄

附論○子游曰子夏之門人小子當洒掃應對進退則可矣抑末也本之則無如之何子夏聞之曰噫言游過矣君子之道孰先傳焉孰後倦焉譬諸草木區以別矣君子之道焉可誣也有始有卒者其惟聖人乎論語子張篇

附論○子夏之門人問交於子張子張曰子夏云何對曰子夏曰可者與之其不可者拒之子張曰異乎吾所聞君子尊賢而容衆嘉善而矜不能我之大賢與於人何所不容我之不賢與人將拒我如之何其拒人也同上

戴記檀弓篇云子夏喪其子而喪其明曾子弔之子夏哭曰天乎予之無罪也曾子怒曰商女何無罪也使西

何之民疑女於夫子爾罪一也喪爾親使民未有聞焉爾罪二也喪爾子喪爾明爾罪三也余按聞喪而弔朋友之情也方當慰藉而怨數其罪而責之豈人情乎且以喪親喪子相較而以喪明爲罪語亦非是人苟少有知識未有愛其子反勝於親者況子夏尤聖門之高弟乎但人少年血氣盛力能勝哀及老血氣衰力不能勝哀故禮居親喪五十以上飲酒食肉七十惟衰麻在身縱使子夏果因喪子喪明亦以老不勝哀之故過則有

之然必不至喪子之哀反過於喪親不得取喪親時相較而遠以爲罪也此與惡欲速貧一事皆門人各尊其師而譏他人者之所爲説不足信故不錄

子張 史記顓孫師字子張

子張學干祿論語爲政篇

附論○子游曰吾友張也爲難能也然而未仁論語子張篇

附論○曾子曰堂堂乎張也難與並爲仁矣同上

新序稱子張見魯哀公七日而哀公不禮託僕夫而去曰臣聞君好士故不遠千里之外犯霜露冒塵垢百舍重趼不見休息以見君云云余按子張聖門高弟雖有干祿之心必不至屈身以求見而哀公亦初無好士之事且子張從孔子在魯久矣孔子沒後子張猶與游夏時周旋焉則是居於魯也有何塵垢霜露而不遠千里乎觀其語乃戰國策士之習蓋縱橫家之所托故不錄

存疑○子張病召申祥而語之曰君子曰終小人曰死吾今日其庶幾乎檀弓

按子游子夏說禮敎詩以詔後學可謂有功於聖門矣子張好高務外而與游夏均稱得聖人之一體蓋亦賢也但欲以事孔子者事有若則生平之大疵故並次之

子賤之後

宰我 史記宰予字子我

宰予晝寢子曰朽木不可雕也糞土之墻不可圬也於予與何誅論語公冶長篇

哀公問社於宰我宰我對曰夏后氏以松殷人以柏周人以栗曰使民戰栗子聞之曰成事不說遂事不諫既往不咎論語八佾篇

附錄○宰我問曰仁者雖告之曰井有仁焉其從之也子曰何爲其然也君子可逝也不可陷也可欺也不可罔也論語雍也篇

附錄○宰我問三年之喪期已久矣君子三年不爲禮禮必壞三年不爲樂樂必崩舊穀既沒新穀既升鑽燧改火期可已矣子曰食夫稻衣夫錦於女安乎曰安女安則爲

之夫君子之居喪食旨不甘聞樂不樂居處不安故不爲也今女安則爲之宰我出子曰予之不仁也子生三年然後免於父母之懷夫三年之喪天下之通喪也予也有三年之愛於其父母乎論語陽貨篇

孔叢子云孔子使宰予使於楚楚昭王以安車象飾遺孔子宰予曰夫子無以此爲也夫子言不離道動不違仁貴義尚德清素好儉仕而有祿不以爲積不合則去退無吝心妻不服綵妾不衣帛車器不雕馬不食粟故

臣知夫子之無用此車也云云余按孟子嘗稱宰我智足以知聖人而其言止於如是是天下之不知聖人者莫宰予若也宰予以言語著而此言乃淺陋鄙俗如是是天下之不能言者亦莫宰予若也而豈不謬哉孔叢子一書大抵皆欲歸美聖人或附會以所有或撰造以所無惜乎其人無識其所亟稱而大書者皆里巷之士少知自好者之所能爲欲尊聖人而適以淺視夫聖人而不知也故凡孔叢子之所載一概不採不能盡辨姑舉其一二事言之

附論○子曰始吾於人也聽其言而信其行今吾於人也聽其言而觀其行於予與改是論語公冶長篇

按此文以子曰冠之自當別爲一章乃論宰我平日之事非專爲晝寢而發也記者以其皆論宰我事因連類而及之耳故今別錄於後

史記云宰我爲臨菑大夫與田常作亂以夷其族孔子恥之說苑云田成子常與宰我爭宰我夜伏卒將以攻

田成子田成子因爲旌節以起宰我之卒以攻之遂殘之也索隱云按左氏無宰我與田常作亂之文然有闞止字子我而因爭寵遂爲陳恒所殺恐字與宰我相涉因誤云然余按左傳所紀簡公之世止有陳闞二人共政以致相爭不容復有宰予參於其間宰予果有此事亦不容左傳終無一語及之是史記說苑所稱宰予即傳之闞止甚明索隱之說是也闞我自名止宰我自名予闞我自在齊宰我自在魯闞我自事簡公宰我自事

孔子烏得遂以爲一人哉魯哀公之五年齊景公卒公子陽生來奔六年陳僖子召陽生闞止先待諸外公子曰事未可知反與壬也處是時宰我方從孔子於陳蔡之間由陳反衛安得分身在魯而與簡公共處也哉乃後之人猶欲曲全其說謂子實闞氏以嘗爲宰故稱宰我亦勢而拙矣故今不載此事

宋蘇氏志林云李斯上書諫二世其略曰田常爲簡公臣布惠施德下得百姓上得羣臣陰取齊國殺宰子於

庭是宰予不從田常爲常所殺也弟子傳乃云宰予與田常作亂使吾先師之門乃有叛臣焉豈非千載不錮之惑也近令兒子邁考閱舊書究其所因則宰我之不叛其驗甚明且註云李斯事荀卿去孔子不遠宜知其實余按史記之說卽本之李斯之言誤以闞止之事爲宰予耳所謂與田常作亂者卽謂與田常相爭而措詞不審遂若黨於陳恒然者非與李斯爲二說也果黨陳恒則陳氏實專齊政君之生死懸於其手又誰能夷宰我之族者且如李斯之言則君過不能匡君危不能救貪榮希進卒殺其君而喪其身亦豈賢者之所爲乎乃蘇氏誤會史記之意斤斤焉據李斯之言以駁之不斥李斯之誣而反謂李斯之得其實嗚乎不信經傳而信李斯與其博也毋寧寡學問之爲愈乎蓋宰予爲聖門高弟人莫不知有子我者陳恒所殺者子我則遂以爲宰予耳猶之乎白居易詩云退之服琉黃一病訖不痊而宋人雜說遂以衛退之事而譏韓昌黎也張淏雲谷

雜記亦據左傳以駁蘇氏之誤是矣但謂史記此傳實以家語弟子解篇爲之則猶考之未詳史記之誤正沿李斯之說志林誤分以爲二耳

按宰我言語之才不亞子貢而朽木之喻從井之問戰栗之對短喪之請愆尤未免太多故次之於子張之後

冉有　（史記）冉求字子有

齊爲鄎故國書高無丕帥師伐我及清季孫謂其宰冉求曰齊師在清必魯故也若之何求曰一子守二子從公禦諸竟

季孫曰不能求曰居封疆之間季孫告二子二子不可求曰若不可則君無出一子帥師背城而戰不屬者非魯人也魯之羣室衆於齊之兵車一室敵車優矣子何患焉二子之不欲戰也宜政在季氏當子之身齊人伐魯而不能戰子之恥也大不列於諸侯矣季孫使從於朝俟於黨氏之溝武叔呼而問戰焉對曰君子有遠慮小人何知懿子强問之對曰小人慮材而言量力而共者也武叔曰是謂我不成丈夫也退而蒐乘孟孺子洩帥右師顔羽御邴洩爲右冉求帥左師管周父御樊遲爲右季孫曰須也弱有子曰就用命焉季氏之甲七千冉有以武城人三百爲已徒卒老幼守宮次于雩門之外五日右師從之 左傳哀公十一年

師及齊師戰於郊齊師自稷曲師不踰溝樊遲曰非不能也不信子也請三刻而踰之如之衆從之師入齊軍 同上

師獲甲首八十齊人不能師宵諜曰齊人遁冉有請從之三季孫弗許 同上

附論○冉有用矛於齊師故能入其軍孔子曰義也 同上

季孫欲以田賦使冉有訪於仲尼仲尼曰某不識也三發卒曰子爲國老待子而行若之何子之不言也仲尼不對而私於冉有曰君子之行也度於禮施取其厚事舉其中斂從其薄如是則以丘亦足矣若不度於禮而貪冒無厭則雖以田賦將又不足且子季孫若欲行而法則周公之典在若欲苟而行又何訪焉弗聽十二年春王正月用田賦 左傳哀公十一十二年

附論○季氏富於周公而求也爲之聚斂而附益之子曰非吾徒也小子鳴鼓而攻之可也 論語先進篇

附錄○冉子退朝子曰何晏也對曰有政子曰其事也如有政雖不吾以吾其與聞之 論語子路篇

附錄○季氏旅於泰山子謂冉有曰女弗能救與對曰不能子曰嗚呼曾謂泰山不如林放乎 論語八佾篇

存參○伯高之喪孔氏之使者未至冉子攝束帛乘馬而將之孔子曰異哉徒使我不誠於伯高 檀弓

此事頗類冉有所爲故存之然終未有以見其必然也

附錄○春宋景曹卒季康子使冉有弔且送葬曰敝邑有

社稷之事使肥與有職競焉是以不得助執紼使求從輿人曰以肥之得備彌甥也有不腆先人之產馬使求薦諸夫人之宰其可以稱旌繁乎 左傳哀公二十三年

附論〇冉求曰非不說子之道力不足也子曰力不足者中道而廢今女畫 論語雍也篇

按冉有政事之略亦聖門卓卓者然畫退屢見責於師鳴鼓之攻尤非尋常小過可比故次之於宰我之後

子羔 史記高柴字子羔 或作皋

記 高子皋執親之喪也泣血三年未嘗見齒 戴記檀弓

附錄〇子路使子羔為費宰子曰賊夫人之子 論語先進篇

季子將入遇子羔將出曰門已閉矣季子曰吾姑至焉子羔曰弗及不踐其難季子曰食焉不辟其難子羔遂出子路入 左傳哀公十五年

說苑云子羔為衛政刖人之足衛之君臣亂子羔走郭門郭門閉刖者守門曰於彼有缺子羔曰君子不踰曰於彼有竇子羔曰君子不遂曰於此有室子羔入追者罷子羔將去謂刖者曰吾親刖子之足此子報怨時也何故逃我刖者曰斷足固我罪也無可奈何獄決罪定臨當論刑君愀然不樂見於顏色此臣之所以脫君也

余按此說殊足風世然其事則未必有之子羔在衛位卑非與聞政事者良夫之亂欒寧猶行爵而後出何暇獨追子羔且衛之郭門而有缺有竇亦豈可為國乎此或後人設為此言以為從政者勸或有所本而傳之失其真均未可知故今不錄

公會齊侯盟於蒙孟武伯相武伯問於高柴曰諸侯盟誰執牛耳季羔曰鄫衍之役吳公子姑曹發陽之役衛石魋武伯曰然則彘也 左傳哀公十七年

按此文則是子羔去衛之後適魯而遂仕於魯也故以在魯之事次於此後

存參〇成人有其兄死而不為衰者聞子皋將為成宰遂為衰成人曰蠶則績而蟹有匡范則冠而蟬有緌兄則死而子皋為之衰 檀弓

存參○子羔葬其妻犯人之禾申祥以告曰請庚之子皐曰孟氏不以是罪予朋友不以是棄予以吾爲邑長於斯也買道而葬後難繼也〔同上〕

樊遲〈史記〉樊須字子遲

孟孫子洩帥右師顏羽御邴洩爲右冉求帥左師管周父御樊遲爲右季孫曰須也弱有子曰就用命焉〔左傳哀公十一年〕

師及齊師戰於郊齊師自稷曲師不踰溝樊遲曰非不能也不信子也請三刻而踰之如之衆從之師入齊軍〔同上〕

附錄○樊遲從遊於舞雩之下曰敢問崇德修慝辨惑子曰善哉問〔論語顏淵篇〕

附錄○樊遲請學稼子曰吾不如老農請學爲圃曰吾不如老圃樊遲出子曰小人哉樊須也上好禮則民莫敢不敬上好義則民莫敢不服上好信則民莫敢不用情夫如是則四方之民襁負其子而至矣焉用稼〔論語子路篇〕

附錄○樊遲問仁子曰愛人問知子曰知人樊遲未達子曰舉直錯諸枉能使枉者直樊遲退見子夏曰鄉也吾見於夫子而問知子曰舉直錯諸枉能使枉者直何謂也子夏曰富哉言乎舜有天下選於衆舉皐陶不仁者遠矣湯有天下選於衆舉伊尹不仁者遠矣〔論語顏淵篇〕

按論語子羔僅兩見而皆非美辭然其事旁見於傳記者不一其言亦有足多者蓋子羔年少其仕魯在孔子卒後是以不著於論語耳樊遲問答之多略類子張而稼圃之請舉錯之疑亦似於道甚淺者鄙近利之譏不爲無因故又次二人於宰我冉有之後

司馬牛〈史記〉司馬耕字子牛

向魋奔衛向巢來奔○司馬牛致其邑與珪焉而適齊向魋出於衛地公文氏攻之求夏后氏之璜焉與之他玉而奔齊陳成子使爲次卿司馬牛又致其邑焉而適吳吳人惡之而反趙簡子召之陳成子亦召之卒於魯郭門之外阬氏葬諸丘輿〔左傳哀公十四年〕

附論○司馬牛憂曰人皆有兄弟我獨亡〔論語顏淵篇〕

漆雕開〈史記〉字子開

子使漆雕開仕對曰吾斯之未能信子說論語公冶長篇

按二子在聖門皆無所表見故並次之於諸賢之後

公冶長　史記字子長

子謂公冶長可妻也雖在縲絏之中非其罪也以其子妻之論語公冶長篇

世傳公冶長通於鳥言有虎負羊於山鳥告長使取之喪羊者跡得之以爲竊也訟之於吏以此陷於縲絏云云其說荒誕鄙陋本不足辨而好奇之士亦有援以釋

論語者貽惧後學非小也且使長果如此是長以口腹故取非其有以陷於刑雖非盜竊亦不得爲無罪孔子何得謂之非其罪乎學者等諸齊東之語可矣

南容　史記南宮括字子容

論語集解南容弟子南宮縚魯人也

子謂南容邦有道不廢邦無道免於刑戮以其兄之子妻之論語公冶長篇

南容三復白圭孔子以其兄之子妻之論語先進篇

論語集註云南容名縚又名适諡敬叔孟懿子之兄也是謂論語之南容卽春秋傳之南宮敬叔矣余按此說本之鄭氏康成禮記註中而史記索隱亦相承用之然以經傳諸家考之皆兩人也春秋傳云孟僖子將死召其大夫曰我若獲沒必屬說與何忌於夫子使事之而學禮焉然則南宮敬叔自名說不名縚與适也其誤一也論語稱君大夫必舉其諡若定公哀公桓子康子武叔景伯皆然孟懿子與武伯皆遊聖門亦舉其諡南容

果魯大夫何以獨不舉其諡乎其誤二也敬叔爲魯大夫自救火一事外無所表見度亦懿子一流人耳懿子敬叔雖嘗學禮聖門然皆世祿子弟實不知尊聖人公伯寮之愬景伯欲殺之武叔之毁景伯告之子貢而敬叔皆若弗聞也者羿奡之問必非敬叔所能且玩其意似皆隱刺三家尤不似敬叔語也其誤三也孔子稱南容曰邦有道不廢似謂布衣之士者然敬叔孟氏餘子固當不廢無待孔子言之南容三復白圭故孔子曰邦

無道免於刑戮而檀記檀弓篇敬叔乃有載寶而朝之事其言雖不必盡實要其人不似三復白圭者其誤四也論語中南容凡三見或謂之南容或謂之南宮适未嘗一稱爲敬叔與說也亦未嘗有春秋傳中南宮敬叔之一事也然則孔子以兄子妻之者自南容與敬叔無涉也春秋傳中南宮敬叔亦凡三見或謂之說或謂之敬叔未嘗一稱爲南容與适也亦未嘗有論語中南容之一事也然則爲魯大夫者自南宮敬叔與南容亦無

涉也其爲判然兩人甚明奈何合之其誤五也史記孔子世家記學禮事是卽春秋傳中南宮敬叔事也亦稱爲敬叔不稱爲論語之南容於適周事亦然至於弟子列傳則云南宮括字子容不復言爲敬叔並不言爲孟氏之餘子矣所記三事皆采之論語中亦無春秋傳敬叔之一事然則史記亦以爲容自容敬叔自敬叔矣康成何由而知南容之卽爲南宮敬叔也哉其誤六也王肅論語註云南容弟子南宮縚魯人也不言爲魯大夫是魏人未嘗以爲一人矣韋昭國語註云敬叔魯大夫南宮說不言爲南宮适是吳人亦未嘗以爲一人矣微獨肅之與昭而已家語乃晉宋間人之所撰而於弟子解篇亦不言爲敬叔不載敬叔一事至觀周篇記學禮事則云敬叔正論篇記除僖子喪事則云南宮說皆不言爲南容是家語亦以爲兩人矣蓋當是時康成之說尚未盛行故學者猶承古經傳及漢初訓詁而用之惟晉杜預註春秋傳頗似用康成說而未明言自司馬氏

采之以註史記而朱子復據之以註論語世遂無復有知其爲兩人者致使後人疑尚德之人有載寶之事其失似小而正非小也今不欲使賢者代人受過故爲之辨而凡敬叔之事概不附焉

附錄○南宮适問於孔子曰羿善射奡盪舟俱不得其死然禹稷躬稼而有天下夫子不答南宮适出子曰君子哉若人尚德哉若人（論語憲問篇）

存疑○南宮縚之妻之姑之喪夫子誨之髽曰爾毋從從

爾爾毋扈扈爾葢榛以為笄長尺而總八寸檀弓

按論語孔子妻之者南容也而史記謂卽南宮括論語作适

集解謂卽南宮縚玩檀弓文縚妻似是孔子兄子而括

亦與容義相近豈本有兩名如圖與虔鞅與志父耶抑

傳寫異文如蔿與薳姒與弋邪故並存之以備參考

說者或謂公冶長之賢不及南容故孔子以子妻長而

以兄子妻容程子曰此以私心窺聖人也二子之妻或

因其年之相當耳余按此二事不過記者類而記之其

相隔未知數年或十數年原非一時之事而烏得有所

較量區別於其間哉葢公冶長在縲絏中而南容免於

刑戮其事若相反而孔子皆妻之若世俗之情知取其

免刑戮者則在縲絏者為所棄若不以縲絏為病則亦

未必求其免刑戮者而妻之於此見聖人之觀人擇壻

得其中正但取其實之不至於取禍而遇之幸不幸不

計焉不求之此而妄意區別於其間可謂不善讀書者

矣程子之論是矣然於事理尚未盡故今附論之

按南容之謹言賢矣卽公冶長之可妻亦必有所以取

之然史記雖載之於弟子傳中而以論語之文考之長

絕無問答之語适僅有羿奡一問而亦非質疑問難之

比未見其必為弟子也者故附次之於諸弟子之後

洙泗考信餘錄卷之二終

道光四年東陽署中刻

洙泗考信餘錄卷之三

大名崔述東壁謹考　石屏門人陳履和校刊

左子

〔補〕左氏傳三十卷（漢書藝文志）

存叅。○魯君子左邱明懼弟子人人異端各安其意失其真故因孔子史記具論其語成左氏春秋（史記十二諸侯年表序）

劉歆云左邱明好惡與聖人同親見夫子是謂作春秋傳者即論語之左邱明也由是班固漢書謂孔子與左邱明觀史記杜氏集解謂左邱明受經於孔子蓋皆本之於此自唐啖趙宋程朱以來始謂此作傳者與孔子不同時非論語之左邱明而甚者至謂爲秦時人余按左傳終於智伯之亡係以悼公之謚上距孔子之卒已數十年而所稱書法不合經意者亦往往有之必非親炙於孔子者明甚不得以論語之左邱明當之也戰國之文恣横而左傳文平易簡直頗近論語及戴記之曲禮檀弓諸篇絕不類戰國時文何况於秦襄昭之際文

詞繁蕪遠過文宣以前而定哀間反略率多有事無詞哀公之末事亦不備此必定哀之時紀載之書行於世者尚少故爾然則作書之時上距定哀未遠亦不得以爲戰國後人也且史記但以傳爲左邱明所作不言爲何時人而亦未有親見孔子之文不知二人姓名之偶同邪抑相傳爲左氏春秋而司馬氏遂億料之以爲論語之左邱明邪說論語者以左邱爲複姓與公羊穀梁正同乃傳經者云公羊氏春秋穀梁氏春秋而此獨云左氏春秋不云左邱氏又似作傳者左氏而非左邱氏也者然則傳春秋者其姓名果爲左邱明與否固未可定然無此傳則三代之遺制東周之時事與聖賢之事跡年月先後皆無可考則此書實孔子以後一大功臣也不可不標其人既相傳爲左氏春秋故即題以左子而缺其名與字但載史記之語以存叅并識後人軒輊之言以折衷焉

史記自序云左邱失明厥有國語由是世儒皆謂國語

與春秋傳爲一人所撰東漢之儒遂題之曰春秋外傳

余按左傳之文年月井井事多實錄而國語荒唐誣妄自相矛盾者甚多左傳紀事簡潔措詞亦多體要而國語文詞支蔓冗弱無骨斷不出於一人之手明甚且國語周魯多平衍晉楚多尖穎吳越多恣放卽國語亦非一人之所爲也蓋左傳一書采之各國之史師春一篇其明驗也國語則後人取古人之事而擬之爲文者是以事少而詞多左傳一言可畢者國語累章而未足也

故名之曰國語語也者別於紀事而爲言者也黑白迥殊雲泥遠隔而世以爲一人所作亦已異矣又按史記自敍自文王孔子以下凡七事文王羑里之誣余固已辨之矣孔子之作春秋亦不在於陳蔡離騷兵法呂覽說難之作皆與本傳之說互異然則此言亦未可盡信也且列左邱於屈原後言失明而不言名明尚未知其意果以爲卽作傳者之左邱明否不得强指爲一人也故今不採此文

朱子以左氏爲史學公穀爲經學左氏紀事詳贍而是非多謬公穀紀事雖疏而多得聖人之意余按左氏之不盡合於經意誠有然矣謂公穀之能得經意則未見也公穀之說大抵多取月日名字穿鑿附會以爲聖人書法所在且事實者義理之根柢苟事實多疎安望義理之反當乎左傳雖多不合於經然二百餘年之事備載簡冊細心求之聖人之意自可窺測左傳之遠勝於二家者正不在義理而在事實也夫經史者自漢以後

分別而言之耳三代以上所謂經者卽當日之史也尚書史也春秋史也經與史恐未可分也故今獨以左子繼諸賢之後誠見此一書有斷不可廢者耳

子思 史記 伯魚生伋字子思

子思居於衛有齊寇或曰寇至盍去諸子思曰如伋去君誰與守 孟子

附論。孟子曰子思臣也微也 同上

說苑云子思居於衛縕袍無表二旬而九食田子方聞

之使人遺狐白之裘子思辭而不受余按子思魯人其居衛者仕於衛也不至如是之貧而田子方高士亦非有狐白之裘者此與曾子辭邑之事相爲皆楊氏之徒所僞托故不錄說並見前曾子篇中

孔叢子云子思居衛言苟變於衛君曰其材可將五百乘君任軍旅帥得此人則無敵於天下矣衛君曰吾知其材可將然變也嘗爲吏賦於民而食人二雞子以故弗用也子思曰夫聖人之官人猶大匠之用木也取其

所長棄其所短今君處戰國之世選爪牙之士而以二卵棄干城之將此不可使聞於鄰國者也余按衛靈公問陳於孔子孔子對曰軍旅之事未之學也孟子之於齊梁亦勸以施仁政而以興兵構怨爲有災今子思用於衛不聞進治國安民之臣而惟勸衛君羅爪牙之士以期無敵於天下其意何居焉晉文公將救宋謀元帥趙衰曰郤縠可說禮樂而敦詩書子思之此爲毋乃爲霸者之所笑乎且子思之世上去春秋之末未遠何得

即自名爲戰國邪蓋戰國之時遊説之士多蒙物議而患無棄瑕錄用之主故假託之子思以風世耳魏無知之對漢王曰臣所言者能也陛下所問者行也楚漢相距臣進奇謀之士顧其計誠足以利國家不耳盜嫂受金又何足疑乎其意與此正相類然則其爲戰國以後之人所撰非子思之事明甚撰書者誤采之耳孔叢子一書記子思言行甚多皆不足見子思之賢而文詞亦淺陋蓋皆後人之所附會不能悉辨此事頗熟於人口

姑取而辨之舉一隅以三隅反可也

存參○子思之母死於衛柳若謂子思曰子聖人之後也四方於子乎觀禮子盍慎諸子思曰吾何慎哉吾聞之有其禮無其財君子弗行也有其禮有其財無其時君子弗行也吾何慎哉（戴記檀弓篇）

戴記檀弓篇又云子思之母死於衛赴於子思子思哭於廟門人曰庶氏之母死何爲哭於孔氏之廟乎康成鄭氏遂本此以解前章謂柳若見子思欲爲嫁母服恐

其失禮戒之余按女子所重者節中人之家少自愛者猶知勉焉況聖人之婦賢者之妻乎且子思之母如果嫁於他氏則凡棺槨衣衾之備自有其夫若子主之子思所謂有其財無其財者欲何爲乎鄭氏無以自解乃以贈襚之屬當之贈襚之事微矣四方何至遂於此觀禮哉孟子葬母於魯充虞曰木若以美然孟子曰不得不可以爲悅無財不可以爲悅正與子思之言相類然則子思所指亦謂棺槨衣衾之屬明矣若子思治其棺

槨衣衾則伯魚之妻固未嘗嫁也子思嘗仕於衛或者其母從宦而遂卒焉是未可知惡知非後之人聞母之卒於衛而遂誤以爲嫁於衛因附會而爲此說乎大抵檀弓一篇采摭頗雜是以兩章自相矛盾如是本不足信而註之者不知而強爲之說以合之是以費辭傷理而卒於抵捂也故今不載後章之文說並見前考終篇中

魯繆公無人乎子思之側則不能安子思孟子

按論語伯魚卒於顏淵之前史記年表孔子卒後七十有三年繆公始立然則子思壯仕於衛老始歸於魯也故今載之於居衛之後

備覽○繆公之於子思也亟問亟餽鼎肉子思不悅於卒也摽使者出諸大門之外北面稽首再拜而不受曰今而後知君之犬馬畜伋蓋自是臺無餽也同上

備覽○繆公亟見於子思曰古千乘之國以友士何如子思不悅曰古之人有言曰事之云乎豈曰友之云乎同上

按繆公子思上去春秋未遠而此二事頗類戰國風氣其事固當有之然不能保無傳聞之過當或門人記言者措詞之少過其實故列之備覽

孟子書中載淳于髡言云魯繆公之時子柳子思爲臣

余按子思老始歸魯未嘗仕魯髡戰國之辯士不過借古人以自暢其說不必皆實事也莒之役杞梁死而華周生而髡乃曰華周杞梁之妻善哭其夫可類推矣故今不載

附錄○費惠公曰吾於子思則師之矣吾於顏般則友之矣王順長息則事我者也孟子

按孔子沒後諸弟子之賢者多矣諸弟子之後鄒魯齊魏之間羣賢聞風蜂起然世多推子思惜乎所著之書不傳而世所傳中庸者特出於後人所撰無由而徵其造詣之淺深耳然孟子屢稱子思荀卿雖毀之然以子思孟子同稱則其賢固非他人所可及也故今錄於諸賢之後○世傳戴記中庸篇爲子思所作余按孔子孟

子之言皆平實切於日用無高深廣遠之言中庸獨探賾索隱欲極微妙之致與孔孟之言皆不類其可疑一也論語之文簡而明孟子之文曲而盡論語者有子曾子門人所記正與子思同時何以中庸之文獨繁而晦上去論語絕遠下猶不遠孟子其可疑二也在下位以下十六句見於孟子其文小異說者謂子思傳之孟子者然孔子子思之名言多矣孟子何以獨述此語孟子述孔子之言皆稱孔子曰又不當掠之爲已語也其可疑三也由是言之中庸必非子思所作蓋子思以後宗子思者之所爲書故托之於子思或傳之久而誤以爲子思也其中名言偉論蓋皆孔子子思相傳之言其或過於高深及語有可議若追王大王王季之類者則其所旁采而私益之者也又哀公問政以下家語亦有之至擇善而固執之者也止其中每隔數語卽有公曰云云以發之朱子以博學以下爲子思所補而公曰云云乃子思所刪余按論語所記孔子之言未有繁至數百言者而繼

絕舉廢朝聘以時皆天子之事孔子之告哀公何取焉蓋孔子之答哀公本不過十餘言其後則撰書者推衍其說是以好學之句又以子曰發之今世所傳家語本後人所僞撰彼蓋不知孔子之言之於何止故采其文遠於擇善固執耳其公曰云云者詞理淺陋且增此數問前後文義亦間隔不通乃其所妄增無疑也嗟夫中庸之文采之孟子家語之文采之中庸少究心於文義顯然而易見也乃世之學者反以爲孟子襲中庸中庸

襲家語顚之倒之豈不以其名哉韓子云然後識古書之正僞暨夫暨夫此固未可以輕言也○世傳中庸四十九篇而今戴記止有中庸一篇說者謂其四十八篇已亡以余觀之今世所傳中庸非一篇也何以明之自天命之謂性至惟聖者能之僅數百言而中庸之文凡九見中之文凡六見其餘他文亦皆與中庸之義相關自君子之道以後數千言皆與中庸之義不相涉中庸之文僅一見而又與廣大精微高明之文平列非意之

所耑注其可疑者一也君子之道以下皆言日用庸行之常鬼神之爲德也以下皆言禮樂祭祀之事迥不相類哀公問政以後詞意更殊朱子曲爲牽合以道不遠人三章爲費之小者舜其大孝三章爲費之大者哀公以後爲兼小大其說固已矯强而鬼神章明言祭祀之事乃以鬼神爲道爲一氣之屈伸而以齊明盛服數語爲借祭祀之鬼神以明之一章之中鬼神凡爲兩說委曲宛轉以蘄合於費隱之義其可疑者二也自天下至

誠爲能盡其性以下皆分天道人道而愚而好自用二章其文不類聰明睿知二章其序不符則又以小德大德不倍不驕分釋之愚而好自用章以爲不倍固已王天下有三重章其爲不驕者何在其可疑者三也按漢書藝文志稱樂記二十三篇今戴記亦止一篇然以史記及前人之說考之則今樂記實十三篇戴氏刪其十篇而合此十三篇爲一耳然則中庸亦當類此蓋戴氏刪其三十餘篇而取其未刪者合爲一篇也以其首篇

言中庸故通稱爲中庸猶首章言檀弓遂通稱爲檀弓首章言文王世子遂通稱爲文王世子也古者以竹爲簡其勢不能多後世易之以帋故合而錄之因不復存其舊目耳以今中庸通爲一篇而謂四十八篇盡亡誤矣○中庸不但非一篇也亦不似出於一手者其義有極精粹者有平平無奇者間亦有可疑者卽所引孔子之言亦不倫何以參差若是其非一人所作明甚細玩則知之矣

附錄十有二人

孔門諸賢不甚著名而頗有依據與私淑諸儒之有事實若傳經者并附載之於此

琴張　牧皮

萬章問曰敢問何如斯可謂狂矣曰如琴張曾皙牧皮者孔子之所謂狂矣何以謂之狂也曰其志嘐嘐然曰古之人古之人夷考其行而不掩焉者也（孟子）

莊子書稱琴張與子桑戶孟子反三人相與友子桑戶

死未葬或編曲或鼓琴相和而歌曰嗟來桑戶乎而已反其眞而我猶爲人猗余按琴張曾皙之狂不過志期古人而行不掩其言如孟子所言者是已非有悖禮傷教事也如悖禮傷教孔子奚取焉此乃放蕩之士假此言以自恣以琴張之有狂名也故托之而後人或遂以爲實然誤矣

琴張聞宗魯死將往弔之仲尼曰齊豹之盜而孟縶之賊女何弔焉（左傳昭公二十年）

按史記弟子傳及文翁圖惟有曾皙而琴張牧皮皆無之家語有琴牢字子張亦無牧皮今補而附於後至以琴張爲牢本之左傳集解未知所採何書當考

商瞿　季次

存參。商瞿字子木孔子傳易於瞿瞿傳楚人馯臂子弘（史記仲尼弟子列傳）

存參。公皙哀字季次孔子曰天下無行多爲家臣仕於都惟季次未嘗仕（同上）

按二子皆不見於論語獨史記有之然弟子傳中凡不見於論語者皆無事跡可紀獨二子尚有之而其名字亦間見於他篇當有所本或非誤載今並附列於後

秦丕茲

孟獻子以秦堇父爲右生秦丕茲事仲尼（左傳襄公十年）

按史記仲尼弟子列傳作秦商字子丕與此文小異史記多誤不若春秋傳之近古今從傳文

申棖

子曰吾未見剛者或對曰申棖子曰棖也慾焉得剛（論語公冶長篇）
按史記弟子列傳無申棖而文翁圖有之未知其果然否但玩此文孔子名之無異於諸弟子而前後章亦皆諸弟子事則謂爲弟子者近是故今附列於後

段干木　田子方

段干木踰垣而避之（孟子）
存參。田子方段干木吳起禽滑釐之屬皆受業於子夏之倫爲王者師（史記儒林列傳）

按此云受業於子夏之倫則諸子非皆子夏之門人也蓋傳記本無明文司馬氏特以意度之耳故列之於存參

存參。魏文侯過段干木之閭而軾（新序）
新序載此事云秦興兵欲攻魏司馬唐且諫曰段干木賢者也而魏禮之天下莫不聞無乃不可加兵乎秦君以爲然乃案兵而輟不攻魏文侯可謂善用兵矣余按秦尚力棄德之國豈能知段干木之賢而當敬而遂輟不攻文侯之好賢不過貴其行誼貪其啟沃可以風羣臣可以通明於政事以安民而治國則有之矣若藉此爲名高以震耀鄰國則無此事也此特戰國處士設爲此論以見士之有益於人國耳惟過閭而式則理之所有故刪其繁文而列之於存參

備覽。魏成子以食祿千鍾什九在外什一在內是以東得卜子夏田子方段干木此三人者君皆師之（史記魏世家）
說苑云魏文侯見段干木立倦而不敢息及見翟璜踞

堂而與之言翟璜不說文侯云云余按此事或以爲晉亥唐叔向事蓋皆後人揣度附會之語皆未必其實然故不載
說苑云魏文侯從中山奔命安邑田子方從太子擊過之下車而趨子方坐乘如故太子不說因謂子方曰不識貧賤者驕人富貴者驕人乎子方曰貧窮者驕人富貴者安敢驕人云云余按人無富貴貧賤皆不可以驕人聖賢處世惟準乎禮而已田子方既賢人爲魏文侯

所敬必無驕人之事此蓋戰國之士設爲此語託之子方以自高者故今不錄

泄柳　申詳

泄柳閉門而不內孟子

按淳于髡稱魯繆公之時子柳爲臣然以閉門不內推之仕魯與否未可縣定説已見前子思篇中

泄柳申詳無人乎繆公之側則不能安其身上同

按七十子卒後詩書禮樂春秋皆傳於後而論語一書

亦七十子以後之人之所記以是知鄒魯齊魏之間賢者蓋不乏人也但其姓名皆無可考姑就傳記所載名著於當世者附錄數人以見其凡

公羊氏

補 公羊傳十一卷漢書藝文志

存參。公羊子齊人師古曰名高本註

戴宏序云子夏傳之公羊高高傳其子平平傳其子地地傳其子敢敢傳其子壽至漢景帝時壽乃與弟子胡母子都著以竹帛余按子夏生於春秋之末下去漢景帝時四百有餘歲矣安得五傳而至胡母子都此乃傳公羊者自侈其説以爲其師親受業於子夏以炫耀當世而不足信故但載漢志之註以存參餘不敢妄錄也

穀梁氏

補 穀梁傳十一卷漢書藝文志

存參。穀梁子魯人師古曰名喜本註

晁氏云應劭風俗通稱穀梁名赤子夏弟子糜信則以

爲秦孝公同時人阮孝緒則以爲名俶字元始皆未詳也余按説穀梁者名既不同世亦互異學者將何以爲據乎蓋自戰國以後簡殘文絶傳穀梁者莫詳其初各以意附會之爲説是以參差而不一耳不但風俗通諸書不可信卽漢志之註亦未有以見其必然也故本註但列之於存參而餘一概不錄

漢書藝文志云春秋所貶損大人當世君臣有威權勢力其事實皆形於傳是以隱其書而不宣所以免時難

也及末世口說流行故有公羊穀梁鄒夾之傳是其意以爲孔子之意皆在左傳而公羊穀梁皆妄說也余按孔子意果在傳果宜經而隱傳倘傳失其傳經不爲無用之書乎且孔子何不并經亦隱之也蓋孔子之經其意本已分明傳之漸久而失其旨傳經者各自以其意訓釋之惟左傳去聖人之世近記載最廣考核較詳爲大有功於春秋非他家所可及耳故謂左傳遠勝於二家則可謂孔子之意盡在左傳則不可如但據公羊穀

梁以爲得聖人之意則大謬若取此二書以與左傳參互考訂則亦有未可廢者且左氏經終於孔子之卒若無二家何由知其止於獲麟故今公羊穀梁并附錄於餘錄之後

孔門弟子通考

凡稱聖門諸賢有不可分係者通錄於此

德行顏淵閔子騫冉伯牛仲弓（論語先進篇）

冉牛閔子顏淵善言德行（孟子）

冉牛閔子顏淵則具體而微（同上）

言語宰我子貢（論語先進篇）

宰我子貢善爲說辭（孟子）

宰我子貢有若智足以知聖人（同上）

荀子子道篇云子路問曰魯大夫練而牀禮邪孔子曰吾不知也子路出子貢問曰練而牀禮邪孔子曰非禮也子貢出謂子路曰夫子無所不知子問非也禮居是邦不非其大夫余按論語孔子謂季氏八佾舞於庭是可忍也孰不可忍也三家者以雍徹子曰相維辟公天子穆穆奚取於三家之堂子曰臧文仲其竊位者與知柳下惠之賢而不與立也子曰臧武仲以防求爲後於魯雖曰不要君吾不信也季氏旅於泰山子曰曾謂泰

山不如林放乎孔子於季孫臧孫之失皆直指之而無所諱所謂不非其大夫者安在乎居是邦不非其君可也卽非父母之邦亦有臣之義焉若不非其大夫則謟耳孔子曰邦無道危行言孫或不公言之於大廷廣衆以避禍則有之矣非以是爲禮也況與門人私論於几席閒是是非非而遽爲失禮乎且練祥禫喪之大節也然不然喪之常禮也子路子貢於此其講之熟矣是之未知而待臨事之問所謂身通六藝者安在乎此必後人所妄托非孔子子貢之事故今不錄

政事冉有季路 論語先進篇

子路問聞斯行諸子曰有父兄在如之何其聞斯行之冉有問聞斯行諸子曰聞斯行之公西華曰由也問聞斯行諸子曰有父兄在求也問聞斯行諸子曰聞斯行之赤也惑敢問子曰求也退故進之由也兼人故退之 同上

季子然問仲由冉求可謂大臣與子曰吾以子爲異之問曾由與求之問所謂大臣者以道事君不可則止今由與求也可謂具臣矣曰然則從之者與子曰弑父與君亦不從也 同上

孟武伯問子路仁乎子曰不知也又問子曰由也千乘之國可使治其賦也不知其仁也求也何如子曰求也千室之邑百乘之家可使爲之宰也不知其仁也赤也何如子曰赤也束帶立於朝可使與賓客言也不知其仁也 論語公冶長篇

文學子游子夏 論語先進篇

子夏子游子張皆有聖人之一體 孟子

子貢問師與商也孰賢子曰師也過商也不及曰然則師愈

與子曰過猶不及 論語先進篇

戴記檀弓篇云子夏既除喪而見予之琴和之而不和彈之而不成聲作而曰哀未忘也先王制禮而弗敢過也子張既除喪而見予之琴和之而和彈之而成聲作而曰先王制禮不敢不至焉說苑亦載此事而以不敢過者爲閔子騫不敢不及者爲子夏與檀弓正相反蓋皆得之傳聞是以彼此異辭似檀弓爲近古然檀弓之誣者亦多皆難取信故今缺之

子謂子貢曰女與回也孰愈對曰賜也何敢望回回也聞一以知十賜也聞一以知二子曰弗如也吾與女弗如也（論語公冶長篇）

閔子侍側誾誾如也子路行行如也冉有子貢侃侃如也子樂若由也不得其死然（論語先進篇）

季康子問仲由可使從政也與子曰由也果於從政乎何有曰賜也可使從政也與曰賜也達於從政乎何有曰求也可使從政也與曰求也藝於從政乎何有（論語雍也篇）

柴也愚參也魯師也辟由也喭（論語先進篇）

此章或以爲孔子之言蓋以諸賢皆稱名之故然觀論語中稱弟子亦有以名者年饑之稱有若晝寢之稱宰予問恥之稱憲聚斂之稱求是也未可據是遂斷以爲聖人之言章首既無子曰字姑從陳蔡章之例可也

史記仲尼弟子列傳凡七十有七人據司馬氏謂弟子籍出於孔氏古文其有事蹟或年歲者三十有五人而見於論語者二十有七人然確有明徵決知其非誤者顏淵閔子騫冉伯牛仲弓子路曾晳子貢原思有子曾子宰我冉有公西華子游子夏子張樊遲子羔漆雕開司馬牛僅二十人而已其七人者顏路以請車一見公冶長以孔子妻之一見子賤澹臺滅明以孔子與子游稱之而各一見巫馬期則以陳司敗之故而附見皆無他事亦無問答之語惟南容凡三見然僅羿奡一問而亦非質疑問難之比考之他傳記惟子賤多言爲孔子弟子者其餘皆無由而決知其爲弟子與否且巫馬期

在昭公世已與孔子同朝司敗揖之以譏孔子頗不似嘗受業也者而子游爲武城宰孔子始知滅明是時孔子年已老矣滅明又將何時受業於孔子乎列傳乃稱其既已受業退而修行始有不由徑非公事不見之事既與論語刺謬又稱其南游至江從弟子三百人孔子曰吾以貌取人失之子羽則其說益舛而其年亦益不符矣故謂子賤爲弟子近是謂顏路等三人爲弟子或然謂期與滅明爲弟子則恐不然也至於公伯寮者更

無餘事但以愬子路見是時孔子爲魯司寇子路爲季氏宰方相倚以行道愬子路卽所以撼孔子烏有七十子而肯爲是者哉其無事跡年歲者四十有二人皆不見於論語而有見於左傳者二人然確有明徵者秦丕兹一人而已（史記作秦商字子丕）顏高雖見於左傳然觀其事殊不類孔子之弟子也其餘共四十有八人皆不見於經傳然商瞿季次其事跡猶粗具於本傳其名字復間見於他篇或當不誤而自梁鱣以下六人（有年歲者）自冉季以下秦商顏高以外四十八人（無年歲者）并無事跡可考則固無從而知其誠然與否也由是觀之孔氏古文或非當時之書不則孔氏古文不誤而司馬氏誤焉亦未可知觀於史記所引尚書左傳中事亦往往有舛者則是篇豈可以盡信乎哉家語弟子解篇其數與史記同而名字或與史記異且刪史記三人別有琴張陳亢縣亶以合其數余按琴張見於孟子左傳補之良是但謂琴張卽牢未知所本縣亶亦無所考若陳亢乃尊子貢而輕視

孔子者孟子所謂中心悅而誠服者必不如是且論語中亢凡兩問子貢一問伯魚而絶未嘗一問孔子論語中門人未有相稱以子者而亢稱伯魚子貢皆以子則亢乃子貢伯魚之後輩非孔子弟子也明矣又有文翁圖者所載弟子止七十有二人而中有申棖林放申堂蘧伯玉則又史記家語之所無者按申棖見於論語其前後章皆論弟子爲人而孔子名之亦如諸弟子補之近是申堂不見於經傳林放雖見於論語而無明文皆難懸定至蘧伯玉其出近關在魯襄公之十四年是時已爲大夫齒長矣後八年而孔子始生比孔子之冠也則伯玉已老矣夫安得列之於弟子內乎又有見於孟子而三家皆不之載者一人曰牧皮大抵諸家皆各據其所傳而史記爲近古家語文翁圖又似參以己意而去取之者尤不足以爲據概刪之則不可盡信之亦未安故今據史記文定其所可知者顏淵至司馬牛及子賤秦丕兹二十有二人而參以孟子家語文翁圖增牧

皮琴張申棖三人並顏路等三人商瞿等二人共三十人其餘甚可疑者刪之無可考者存而不論可也

史記仲尼弟子列傳著其國邑者凡七人顏子魯人子貢衛人子游吳人子張陳人公冶長齊人皆以國著曾子南武城人子路卞人皆以邑著以余考之惟顏子子貢爲不悞耳何者顏氏之著名於魯者多矣春秋傳有顏高顏羽顏息呂覽亦有顏闔則顏子爲魯人可信也春秋傳艾陵之役吳子賜叔孫甲衛賜進曰州仇奉甲

從君而拜則子貢爲衛人亦無疑也若子張乃顓孫之後也顓孫於莊二十二年自齊奔魯歷閔僖文宣成襄昭定至哀公凡十世子張之非陳人明矣蓋因其先世出自陳而傳之者遂誤以爲陳人耳若子張爲陳人則孔子亦將爲宋人乎孔子弟子魯人爲多其次則衛齊宋皆鄰國也吳之去魯遠矣若涉數千里而北學於中國此不可多得之事傳記所記子游言行多矣何以皆無一言及之且孔子沒後有子曾子子夏子張與子游相問答之言甚多悼公之弔有若也子游擯武叔之母之死也子游在魯而魯之縣子公叔戍亦皆與子游游子游之非吳人明矣而子張之子申詳子游之子言思亦仍居魯是二子固世爲魯人矣安得以爲陳人吳人也哉公父歜公父之後也則公冶長亦當爲公冶之後襄公之自楚歸也季孫使公冶問璽公冶魯大夫也然則長亦非齊人矣南武城者魯南境之邑吳越至魯之衝即子游爲宰之地也孟子書載曾子居武城有越冦

而曾子去孟子曰曾子師也父兄也則曾子非武城人明甚司馬氏蓋見孟子書中有居武城之文而遂誤以爲武城人耳惟子路之爲卞人未有以見其不然然六人之中得者二而失者四焉則亦未有以見其必然故今惟於顏子子貢采史記文註之餘皆缺焉

弟子列傳有年歲者凡二十有三人其文盡有所本然亦不能無悞何者孔子稱子賤君子哉若人魯無君子者斯焉取斯則是子賤已成德矣其親師取友已歷有

年矣而列傳謂其少孔子四十九歲則當孔子卒時年僅二十有五成德安能如是迪乎與之伐魯也微虎欲宵攻王舍有若踊於幕庭當是少壯時事而列傳謂其少孔子十三歲則當伐魯之時年已五十有四力已衰矣又不應孔子存時無所表見至孔子沒後而與諸弟子問答甚多也論語多以子路冉有並稱季康子之問從政也以由賜求孟武伯之問仁也以由求赤其年皆似不甚遠者而列傳謂子路少孔子九歲冉有少孔子

二十九歲子貢少孔子三十一歲公西華少孔子四十二歲年之相隔太遠恐未必盡然也由是言之史記弟子之年不過得其彷彿而已不可盡指爲實故今悉不錄

論語源流附考

論語古二十一篇（出孔子壁中兩子張如淳曰分堯曰篇後子張問何如可以從政已下爲篇名曰從政）齊二十二篇（多問王知道如淳曰多問王知道皆篇名也）魯二十篇傳十九篇（師古曰解釋論語意者）○孔子家語二十七卷（師古曰非今所有家語）

傳齊論者昌邑中尉王吉少府宋畸御史大夫貢禹尚書令五鹿充宗膠東庸生（唯王陽名家師古曰王吉字子陽故謂之王陽）傳魯論語者常山都尉龔奮長信少府夏侯勝丞相韋賢魯扶卿前將軍蕭望之安昌侯張禹皆名家張氏最後而行於世（以上並漢書藝文志）

漢中壘校尉劉向言魯論語二十篇皆孔子弟子記諸善言也太子太傅夏侯勝前將軍蕭望之丞相韋賢及子玄成等傳之齊論語二十二篇其二十篇中章句頗多於魯論琅邪王卿及膠東庸生昌邑中尉王吉皆以教授故有魯論有齊論魯共王時嘗欲以孔子宅爲宮壞得古文論語齊論有問王知道多於魯論二篇古論亦無此二篇分堯曰下章子張問以爲一篇有兩子張凡二十一篇篇次不與齊魯論同（新論）

云文異者四百餘字。論語集解序

按同一論語也而有齊魯之異有多寡之殊則論語一書固有後人之所續入非盡聖門之原本也齊論既多問王知道二篇而二十篇中章句復多於魯論則齊論之中後人所附會者尤多又非魯論之可比矣

初禹爲師以上難數對已問經爲論語章句獻之始魯扶卿及夏侯勝王陽蕭望之韋元成皆說論語篇第或異禹先事王陽後從庸生采獲所安最後出而尊貴諸儒爲之語曰欲

爲論念張文由是學者多從張氏餘家寖微漢書張禹傳

安昌侯張禹本受魯論兼講齊說善者從之號曰張侯論爲世所貴包氏周氏章句出焉古論唯博士孔安國爲之訓解而世不傳論語集解序

張禹本授魯論晚講齊論後遂合而考之刪其煩惑除去齊論問王知道二篇從魯論二十篇爲定號張侯論當世重之周氏包氏爲之章句隋書經籍志

按漢書稱篇第或異又稱張禹采獲所安則禹固嘗更定論語篇章其篇目雖定從魯論其文實兼采於齊論非漢初魯奮所傳魯論之舊本也言學者多從張氏餘家寖微集解隋書亦謂張侯論包周爲之章句則是東漢之所行者乃禹所更定之論語非古之論語矣

按禹學識淺陋豈足以知聖人但當謹守師得不敢增減或不至大謬耳乃擅更定論語必有不當存而存不當采而采者況禹附會王氏以保富貴卒成王莽簒弒之禍公山佛肸兩章安知非其有意采之以入魯論爲

已解嘲地乎

漢末大司農鄭元就魯論篇章考之齊古爲之註近故司空陳羣太常王肅博士周生烈皆爲義說前世傳授師說雖有異同不爲訓解中間爲之訓解至于今多矣所見不同互有得失今集諸家之善記其姓名有不安者頗爲改易名曰論語集解論語集解序

漢末鄭元以張侯論爲本參考齊論古論而爲之注魏司空陳羣太常王肅博士周生烈皆爲義說吏部尚書何晏又爲

集解是後諸儒多爲之注齊論遂亡古論先無師說梁陳之時唯鄭玄何晏立於國學而鄭氏甚微周齊鄭學獨立至隋何鄭並行鄭氏盛於人間（隋書經籍志）

按此文則康成所注之魯論卽張禹所定之魯論其中固雜有齊論非漢初之魯論矣故今論語稱爲魯論而或以季氏一篇爲齊論然則論語一書中未必無一二篇之可疑一篇中未必無一二章之可疑者也學者當統全書而熟玩之以求聖人之意其有一二章之不類者不得以此疑聖人或曲爲聖人解也

按當東漢之世去古未遠齊古尚存猶可考證王充旣知公山佛肸之往之爲非義卽當別其同異考其年世辨其眞僞而去取之若趙岐之刪孟子外篇者然豈非聖門功臣乃反據此以議聖人之失何其謬也至於康成負一代之重望乃於論語但參考齊古爲之注而於篇章無所區別致使後人無可考證亦何其疏濶也

按聖人之言天下後世所當共遵也然必眞爲聖人之言則可非託爲聖人之言而亦當遵也述少年時嘗在府應歲試忽有人持先君書至寄物二事且命述與其人換卷述念先君平日一言一動無不合乎義者不應忽有此舉意甚疑之遂不從命試畢歸而請之果他人所僞爲也故能言於平日則不至見欺於一時竊謂學者之於聖人亦當如是故今備考論語源流載之使人知世所傳之魯論在漢時不無異同更改是以聖謨洋洋之中間有一二章之可疑者學者不可不別而觀之

也。余五六歲時始授論語知誦之耳不求其義也近二十始究心書理於公山佛肸兩章頗疑其事不經然未敢自信也踰四十後考孔子事蹟先後始知其年世不符必後人所僞撰然猶未識其所以入論語之由也六十餘歲因酌定洙泗餘錄始取論語源流而細考之乃知在秦漢時傳齊魯論者不無有所增入而爲張禹采而合之始决然有以自信而無疑故錄其詳附載於此然世之學者惟知玩講章作舉業未嘗有人究其義

理考其首尾辨其源流者無怪乎其見而大駭終不以

余言爲然也

洙泗考信餘錄卷之三終

道光四年東陽署中刻

洙泗考信餘錄 卷之三 　 三

孔子弟子考

[清]朱彝尊

清道光六安晁氏木活字排印學海類編本

序

孔氏之徒三千人身通六藝者七十子其云三千不取盈于三千也其云七十不限止以七十也自孔子徒人法既亡而文翁石室象在顯晦之間世儒據以考定弟子之籍惟史記之傳家語之解而已議配祀之典先横七十之目於心胷慮溢七十二人之外于是論者紛綸以臆斷爲進退舉凡論語春秋傳禮記漫不知省或又于複姓者改姓一字書之栗主自國學下至府州縣學皆然是尙得爲知禮也乎歸田之暇爰作孔子弟子考

下及門人暨孟子弟子竊思杏壇設教必先長幼之序斯史記家語咸紀弟子之年兹先書三十三人而萊蕪侯無年歲次于衞公者依侍坐四子倫序書之不可以鄖公先之也餘從羣書采獲具列焉小長蘆朱彝尊書

孔子弟子考

清 秀水朱彝尊錫鬯撰

魯秦子商字丕兹（家語作不慈 史記作子丕）少孔子四歲唐開元二十七年追贈上洛伯宋大觀四年贈馮翊侯

按高郵夏氏孔門弟子記略及闕里廣志皆云商少孔子四十歲然秦子父堇父偪陽之役與叔梁紇俱以力聞宜與孔子生年相近今據家語舊聞暨史記索隱蘇氏古史文正之又宋大中祥符元年贈孔門弟子侯爵商未得與至大觀四年禮局上言遂補贈

馮翊侯闕里志誤以秦祖鄄城之封移之商非也

魯顔子無繇（家語少無繇字作由）字季路少孔子六歲唐追贈杞伯宋贈曲阜侯元進杞國公謚文裕

蒲大夫卞仲子由字子路（亦作季路）少孔子九歲唐追贈衞侯宋贈河內侯追衞公

魯南武曾子蒧（亦作點）字子晳唐追贈宿伯宋追贈萊蕪侯

蔡漆雕子開字子若（史記作子開）少孔子十一歲習尙書唐追贈滕伯宋平輿侯

漢藝文志漆雕子十二篇

鄭康成曰魯人

按龜山楊氏先聖大訓以閔爲憑恐誤

魯閔子損字子騫少孔子十五歲唐追贈費侯宋贈琅琊公改費公

按閔子少孔子十五歲史記家語文同小司馬索隱可證今本家語多譌作五十歲夏氏從之非也

魯冉子雍字仲弓少孔子二十九歲唐追贈薛侯宋贈下邳公改薛公

按今本家語仲弓無年歲而史記索隱文有之

魯冉子求字子有（家語仲弓之宗族）少孔子二十九歲唐追贈徐侯宋贈彭城公改徐公

魯商子瞿字子木少孔子二十九歲唐贈蒙伯宋贈須昌侯

齊梁子鱣（或作鯉）字叔魚少孔子二十九歲（家語作三十九歲）唐贈趙伯宋贈千乘伯

魯顏子回字子淵少孔子三十歲唐追贈兗國公宋因之元至順中贈復聖公

衛士師齊高子柴字子羔（左傳作季羔檀弓韓非子作子皋）少孔子三十歲（家語作四十）唐贈共伯宋贈共城侯

鄭康成曰衛人

王應麟曰衛高柴爲孔子弟子後居于魯

單父宰陳巫馬子施字子期（史記作旗）少孔子三十歲唐贈鄒伯宋贈東阿侯

鄭康成曰魯人

魯衛相衛端木子賜字子貢少孔子三十一歲唐贈黎侯宋贈黎陽公進黎公

魯有子若字子有（或作子若）少孔子三十三歲唐贈卞伯宋贈平陰侯

按小司馬據家語文云少三十三歲今本家語作三十六歲殆誤也

武城宰吳言子偃字子游少孔子三十五歲（史記作四十五）唐贈吳侯宋贈丹陽公改吳公（許慎說文偃作於象旌旗之游字子游）

魯樊子須字子遲少孔子三十六歲（家語作四十六）唐贈凡伯宋贈益都侯

鄭康成曰齊人

宋原子憲檀弓稱仲憲字子思少孔子三十六歲唐贈原伯宋贈任城侯

鄭康成曰齊人

魯大夫武城澹臺子滅明字子羽少孔子三十九歲唐贈江伯宋贈金鄉侯

單父宰魯宓子不齊字子賤少孔子三十九歲唐贈單伯宋贈單父侯

按史記索隱引家語云少孔子四十九歲而今本家語無九字索隱又引史記文三十而今本史記作四

十流傳既久均失其故矣

陳陳子亢說文作伉字子禽少孔子四十歲唐贈潁伯宋贈南頓侯

按班固古今人表其載孔門弟子甚略獨陳子三見一陳亢一陳子禽居中中一陳子亢居中下不得其解

魯公西子赤字子華少孔子四十二歲唐贈邵伯宋贈鉅野侯

莒父宰衛卜子商字子夏少孔子四十四歲晚爲衛文侯師唐贈衛侯宋贈東阿公或作河東公改魏公

鄭康成曰溫國人

南武城曾子參字子輿少孔子四十六歲初仕于莒其後齊迎以相楚迎以令尹晉迎以上卿唐開元中追贈郕伯宋大中祥符二年進郕侯政和元年改贈武城侯咸淳三年進郕國公元至順中贈宗聖公

漢藝文志曾子十八篇

王應麟曰參與弟子公明儀樂正子春單居離曾元曾華之徒論述立身孝行之要天地萬物之理

魯顏子幸通典作柳咸淳臨安志作韋或作辛字子柳少孔子四十六歲追贈蕃伯宋贈陽穀侯

陳顓孫子師字子張少孔子四十八歲唐贈陳伯宋贈宛邱侯改陳公

魯冉子孺字子魯或作曾少孔子五十歲唐贈紀伯宋贈臨沂侯

蔡曹子卹字子循少孔子五十歲唐贈曹伯宋贈上蔡侯

魯伯子虔家語作處字子析家語作晳少孔子五十歲唐贈郰伯

宋贈沭陽侯
按伯虔史記家語不著何地人考咸淳臨安志云是魯人　宋思陵贊曰有虔子析全魯之彥當必有所本也聊伯志作騈伯
魯顔子高史記索隱云家語名產今本家語作顔刻字子驕少孔子五十歲唐贈琅琊伯宋贈雷澤侯
魯叔仲子會字子期少孔子五十歲魯峻石壁畫像云唐贈瑕丘伯宋贈博平侯
鄭康成曰晉人

楚公孫子龍字子石少孔子五十三歲唐贈黃伯宋贈枝江侯
按家語稱龍衛人然唐宋追封皆楚地蓋從北海鄭氏之說若爲堅白異同之論者乃趙人樂正子輿謂其行無師學無友非孔子弟子可知
右有年歲著于家語史記隸續者三十有一人幷曾蒧共三十二人內顔淵年數王肅疑其錯誤
中都宰魯冉子耕字伯牛唐贈鄆侯宋贈東平侯改鄆公
按聖門志闕里廣志稱伯牛少孔子七歲不審何據
臨淄大夫魯宰子予字子我唐贈齊侯宋贈臨淄公改齊公
魯史記作齊公冶子長家語作萇字子長唐贈莒伯宋贈高密侯
范甯曰名芝字子長
魯南宮子縚或作韜一名括或作适字子容唐贈郯伯宋贈龔邱侯改汝陽侯
夏洪基曰南宮适之爲敬叔非也按史記南宮括字子容初未嘗云是孟僖子之子孟懿子之兄也而索

隱注遽云是孟僖子之子仲孫閱論語集注亦云謚敬叔孟懿子之兄史無其文也可疑一也适見家語一名縚是适已有二名矣而左傳孟僖子云必屬說與何忌于夫子索隱又云仲孫閱是又二名天下豈有一人而四名者乎可疑二也孔子在魯族叔頗微而南公敬叔公族元子遣從孔子時定已娶于强家矣豈孔子得以兄子妻之可疑三也禮記檀弓載南宮敬叔反必載寶而朝孔子曰喪不如速貧之爲愈也若而人豈能抑權力而伸有德謹言語而不廢于

有道之邦邪愚以敬叔之與南宮适皎然二人矣
按史記南宮括字子容論語括作适家語南宮縚字
子容鄭康成注檀弓稱南宮縚孟僖子之子南宮閱
也字子容其妻孔子兄女又稱南宮敬叔魯孟僖子
之子仲孫閱也左氏傳昭公七年孟僖子屬說與何
忌于夫子使事之杜預注云說南宮敬叔僖子之子
然則括也适也縚也說也閱也一子容而名有五也
崇禎末高郵夏洪基元開輯孔門弟子傳略以南宮
縚适括字子容爲一人以仲孫說閱謚敬叔者爲一

人至于說苑所載南宮邊子謂是适字之譌然漢書
古今人表既有南容又有南宮敬叔又有南宮邊子
顏師古注于南容則云南宮縚也于敬叔則名南宮
适也是縚與适适與邊子均未可混而爲一矣
齊公晳子哀家語作克字季次或作沈 唐贈郳伯宋贈北海侯
顧炎武曰汶上縣有漢衛尉卿衡方碑其文曰㑺該
顏原兼修季由洪适以顏原爲顏淵原憲而都穆以
季由即季路與兼修義不協按公晳哀字季次不爲
家臣太史公與原憲竝稱一稱字一稱名亦古文所

嘗有也
陳公良子孺字子正唐贈東牟伯宋贈牟平侯
宋司馬子耕家語耕上有黎字 字子牛唐贈向或作滕伯宋贈楚
邱侯改睢陽侯
衛琴子牛字子開一字子張唐贈南陵伯宋贈頓邱侯
改贈陽平侯
家語有史記無
秦秦子祖字子南唐贈少梁伯咸淳臨安志作沙梁宋贈鄄城侯
衛奚容子蒧字子晳一云字子楷 唐贈下邳伯宋贈濟陽侯

魯公祖子句茲字子之唐贈期思伯宋贈即墨侯
衛廉子潔字子庸唐贈莒父伯宋大觀中補贈胙城侯
齊公西子輿如字子上唐贈重邱伯宋贈臨朐侯
宰父子黑或作罕字子索唐贈乘邱伯宋大觀中補贈祈
鄉侯
魯公西子蒧字子向唐贈祝阿伯宋贈徐城侯
秦壤駟子赤字子徒或作從 唐贈北徵伯宋贈上邽侯
魯冉子季字子產唐贈東平伯宋贈諸城侯
薛子邦字子從

鄭子國字子徒唐贈榮陽伯宋贈朐山侯

司馬貞曰家語薛邦字從史記作國而家語稱邦者蓋避漢祖諱而改鄭與薛字譌也

按仲尼之徒名字閒有同者既有曾蒧亦有奚容蒧又有公西蒧既有冉耕亦有司馬耕既有宓不齊又有任不齊既有公西赤亦有壤駟赤既有卜商亦有秦商既有原亢亦有陳亢既有狄黑亦有宰父黑既有冉孺亦有公良孺既有秦祖亦有顏祖此名不嫌同也冉求字子有有若漆雕徒父亦字子有顏無繇

字季路仲由亦字季路顓孫師字子張琴牢亦字子張巫馬施字子期叔仲會亦字子期公西蒧字子上公西輿如亦字子上秦非字子之公祖句茲亦字子之原憲字子思孔伋亦字子思曾蒧字子晳伯虔狄黑奚容蒧亦字子晳壤駟赤字子徒鄭國亦字子徒秦冉字子開琴牢亦字子開申續字子周公伯繚亦字子周榮旂字子祺縣成亦字子祺顏噲字子聲樂欬亦字子聲漆雕哆字子斂邽巽亦字子斂此字不嫌同也然則薛邦鄭國子徒子從安見其名字相類而并疑其姓氏之誤邪乃議祀典者封鄭而罷薛安見其必爲一人揆之于禮終有未安也

齊后（今本家語誤石）子處字子里唐贈營邱伯宋大觀中補贈膠東侯

魯　人子郢字子行唐贈臨淄伯宋贈南華侯

衞狄子黑字子晳（家語作晳之）唐贈臨濟伯宋贈林慮侯

魯商子澤字子秀唐贈睢陽伯宋贈鄒平侯

楚任子不齊字子選唐贈城伯宋贈當陽侯

魯榮子旂（家語作祈）字子祺（家語作子顏）唐贈雩安伯宋贈厭次

侯

魯顏子噲子聲唐贈朱虛伯宋贈濟陰侯

原子亢（家語作伉或作桃）字子籍唐贈萊蕪伯宋贈樂平侯

晉（或作魯）公肩子定字子中唐贈新田伯宋大觀中補贈梁父侯

魯秦子非字子之唐贈汧陽伯宋贈華亭侯

漆雕子徒父（家語作從）字子文（或云字子友）唐贈須句伯宋贈高苑侯

燕子伋（或作級）字子思唐贈漁陽伯宋贈汧源侯

魯公夏子守字子乘宋大觀中補贈鉅平侯
按魏志有公夏浩或子乘之後
衛句子井疆字子疆唐贈淇陽伯宋贈滏陽侯
齊少叔子乘字子車唐贈淳于伯宋贈博昌侯
按應劭風俗通云凡氏于字伯仲叔季是也氏有太叔仲叔則有少叔無足異者子車之姓家語史記諸書皆作步而廣韻注云孔子弟子有少叔乘係複姓今從之
石作子蜀字子明唐贈石邑伯宋贈成紀侯

魯邽子巽史記索隱作邦巽文翁石室圖作國選家語巽亦作選字子歛唐贈平陸伯宋贈高堂侯
魯施子之常字子恆唐贈乘氏伯宋贈臨濮侯
魯申子續字子周家語今本作績
申子棠字周史記今本作黨禮殿圖作儻唐贈邵陵伯宋贈淄川侯
申子棖論語字子續咸淳臨安志唐贈魯伯臨安志作阿伯宋贈文登侯
陸德明曰申棖鄭康成云蓋孔子弟子申續史記云申棠字周家語云申續字周也
司馬貞曰文翁圖所記有申棖申棠
王應麟曰史記申棠字周家語申續字周今史記以棠爲黨家語以續爲績傳寫之誤也後漢王政碑云有羔羊之潔無申棠之欲亦以棖爲棠則申棠申棖一人耳唐開元封申黨召陵伯又封申棖魯伯本朝祥符封棖文登侯又封黨淄川侯俱列從祀黨卽棠也一人而爲二人失于詳考陸氏釋文也史記索隱謂文翁圖有申棠申棖今所傳禮殿圖有申黨無申棖

按七十子顏氏居其八冉氏居其五秦氏居其四公西氏漆雕氏居其三商氏縣氏原氏居其二若申棖申棠文翁圖記並列開元祥符亦並追封鄭康成陸德明疑爲一人則以續黨並字周也夫棠黨字義相近合之可耳而高郵夏洪基强以棠棖爲諧聲字亦近鑿且如公西蒧公西輿如同字子上未嘗不並祀何獨續與黨同字必當去其一乎竊謂唐宋議禮諸儒未爲不是有其舉之莫或廢也記有之矣
魯樂子欬或作欣字子聲唐贈昌平伯宋大觀中補贈建

成侯

按春秋定公十二年費宰公山不狃率費人以襲魯
孔子命申須句樂頎動士衆下伐之費人北遂墮三
都之城杜預注以二人爲魯大夫考樂欬家語作樂
欣欣與頎偏旁相同疑頎即是欣且文云孔子命之
其爲弟子未可知也

魯顔子之僕字子叔唐贈東武伯宋贈冤句侯

魯孔子忠或作弗字子蔑孔子兄孟皮子唐贈汶陽伯宋
贈郰城侯

魯漆雕子哆字子斂唐贈武城伯宋贈濮陽侯

魯縣子成字子祺今家語作子横唐贈鉅野伯宋贈武城侯

魯顔子相史記作祖字子襄唐贈臨邑伯宋大觀中補贈富
陽侯

司馬貞曰家語無此人

按孟子昔者曾子謂子襄曰或是語顔子亦未可定

魯公伯子寮論語作寮史記索隱作繚今本作僚又作遼或云即申繚字子周唐贈
任伯宋贈壽張侯

馬融曰寮魯人弟子也

按公伯繚見史記弟子傳又見文翁禮殿圖必非無
稽之言後儒以愬子路一事斷爲非聖人之徒然論
語聖門六十八所記公是公非有過未嘗少隱即宰
我冉有陳亢過皆不免似未可以一眚而盡掩其生
平也子長引孔子之言受業身通者七十有七人皆
異能之士寮蓋其一矣而致堂胡氏因家語不列其
名氏謂史記失之迨明程敏政乃建議謂是聖門之
蟊螣請罷其祀嘉靖中行人司正薛侃復謂公伯寮
及秦冉顔何皆不見于家語而傳會于史記請均去

之愚謂家語史記周公禮殿圖傳聞異辭則有之若
專信家語以史記爲傳會未免失之偏矣

鄡子單字子家唐贈銅鞮伯宋大觀中補贈聊城侯

史記禮殿圖有家語無

秦子冉字子開唐贈彭衙伯宋贈新息侯

史記殿禮圖有家語無

魯顔子何字子冉唐贈開陽伯宋贈堂邑侯

史記有家語無

按秦冉顔何二子于宏治元年少詹事程敏政請正

祀典疑爲字畫相近之誤而能其配食自詡不舛于禮一洗前代相習之陋永爲百世可遵之典然生數千載之後安見二子必無其人釋曇積上言于周太祖曰孔子領徒三千達者七十有二升堂入室者莫過數人自餘已外豈容斥逐彼釋氏之言尚然乃以臆見斥先賢之祀天資刻薄之言吾未信爲百世可遵也

廉子瑀

禮殿圖有家語史記無

魯孺子悲

按小戴禮雜記恤由之喪哀公使孺悲之孔子學士喪禮士喪禮于是乎書鄭康成注云士之喪禮已廢矣孔子以教孺悲國人乃復書而存之方愨注云喪禮將亡聖人不可以不書必待孺悲學之然後孔子書之者以明禮之不廢亦有所因也蓋孔門自子夏兼通六藝而外若子木之受易子開之習書子輿之述孝經子貢之問樂有若仲弓閔子騫言游之撰論語而傳士喪禮者實孺悲之功也惟因論語紀悲欲

見而孔子以疾辭疑孔子拒之門牆之外不屑教誨當知始雖辭疾終授以禮以親受禮于孔子之儒反不得與配食之列斯則祀典之闕矣

公罔子之裘

序子點

按二子從射矍相之圃孔子使揚觶而語見禮記射義射既闋子路進曰由與二三子者之爲司馬何如孔子曰能用命矣則家語載之記首言孔子與門人習射于矍相之圃子路之云曰二三子是二子爲孔

子弟子無疑也

仲孫子何忌僖子獲之子也卒諡懿子

按春秋左氏傳孟僖子將死召其大夫曰孔丘聖人之徒也臧孫紇有言曰聖人有明德者若不當世其後必有達人今其將在孔丘乎我若獲後必屬說與何忌于孔子使事之而學禮焉故孟懿子與南宮敬叔師事仲尼據此緣僖子病不相禮故曰禮人之幹也無禮無以立乃屬二子事孔子學禮焉懿子問孝對曰無違蓋語以無違僖子學禮之命樊遲不知子

告之以生事之以禮死葬之以禮祭之以禮舍禮無以教懿子也孔叢子又載懿子問書欽四鄰之義不可不附弟子之列云

仲孫子說亦作閱孟僖子之子懿子之弟居南宮又曰南宮敬叔

按世本仲生貜生南宮縚孔安國以南宮适即敬叔魯大夫鄭康成注禮云敬叔魯孟僖子之子仲孫閱是也又云南宮縚孟僖子之子南宮閱也字子容其妻孔子兄女陸德明釋文云南宮閱一名縚司馬貞史記索隱亦云南宮括家語作南宮縚按其人是魯孟僖子之子仲孫閱也近高郵夏洪基辨南宮适括縚字子容是一人仲孫閱說字敬叔是一人攷春秋名號歸一圖仲孫郎閱南容敬叔僖子之子孔子弟子也而不及括縚則夏說似屬可從者孔子將適周敬叔言于昭公貸車一乘馬二匹與敬叔俱至周問禮于老聃問樂于萇宏歷郊射之所考明堂之制察廟朝之度自周反魯弟子稍益進焉子曰自南宮敬叔之乘我車也而道加行是敬叔在弟子之列有功

于聖門者矣今祀典配适而無閱不無可議焉

孔子璇

按嘉靖中張孚敬改定祀典以秦冉顏何疑爲字畫之誤而罷其祀又以薛邦疑即鄭國遂亦罷祀而并黜孔璇其說本于程敏政攷秦冉開元中追封彭衙伯大中祥符閒加封新息侯顏何開元中封開陽伯大中祥符閒加封堂邑侯自唐迄明從祀已久所謂有其舉之莫或敢廢而孚敬廢之過矣家語孔璇叔仲會年相比俱執筆迭侍孔子孟武伯見孔子而問曰此二孺子之幼也于學豈能識于壯哉孔子曰然少成則天性也習慣若自然也惟因二子合傳故不復別標璇名今會既得祀璇不應獨遺矣此則祀典之闕也

衛司寇惠叔蘭

按家語子游嘗從孔子適衛與將軍子蘭相善使之受學于夫子司寇惠子之喪檀弓文也鄭司農注云惠子衛將軍文子彌牟之弟惠叔蘭也古今議弟子從祀者率本家語而孔璇惠叔蘭獨遺之不當補其

歟乎又荀卿法行篇南郭惠子問于子貢曰夫子之門何其雜也子貢曰君子正身以俟欲來者不距欲去者不止且夫良醫之門多病人檃栝之側多枉木是以雜也楊倞注云夫子弟子未詳其姓名蓋居南郭因以為號据此疑即蘭也

魯太史左邱子明唐貞觀十三年詔與顏淵同從祀廟庭宋祥符中贈瑕邱伯政和中改贈中都伯

葉夢得曰古有左氏左邱氏太史公稱左邱失明厥有國語今春秋傳作左氏而國語出左邱氏則不得為一家文體亦自不同其非一家書明甚

按左氏為孔子弟子主其說者眾矣謂孔子將修春秋與左邱明乘如周觀書于周史歸而修春秋之經邱明為之傳者嚴彭祖也謂左邱明親見夫子好惡與聖人同者劉歆也謂仲尼與邱明觀魯史記有所褒貶口授弟子弟子退而異言邱明恐弟子各安其意以失其真故論本事而作傳者班固也謂左氏傳理長至明至切至直至順長于二傳者賈逵也謂春秋諸家去孔子遠左氏傳出孔子壁中近得其實者

王充也謂邱明之傳囊括古今表理人事者盧植也謂邱明受經於仲尼是為素臣者杜預也謂孔子作春秋邱明子夏造膝親受者荀崧也謂邱明之傳釋孔氏之經子應乎母以膠投漆者孔穎達也謂邱明躬為魯史受經于仲尼者劉知幾也謂左氏受經于仲尼博采諸家敘事尤備能令萬代之下見其本末比餘傳功最高者啖助也謂仲尼明周公之志而修經邱明受仲尼之經而為傳者權德輿也謂孔氏之門左氏富而不誣有以見聖賢之心者劉軻也謂邱明與聖人同時接其聞見參求其長左氏為上者陳岳也蓋自唐以前諸儒之論皆以邱明受業孔門故貞觀永徽中祀周公為先聖孔子為先師是時孔庭配食止顏淵左邱明二人褒崇之禮若此迨宋羣儒盡舍三傳說春秋久而論世者或于趙匡之說則疑左氏在孔子之前或于王安石之說則疑左氏生孔子之後眾口紛綸迄無定論遂使唐代特祀之先賢并不得與七十子之列然則漢晉以來經生之說均不足信邪竊以為議禮者之失矣

又按司馬遷報任少卿書左邱失明厥有國語應邵風俗通邱姓魯左邱明之後然則左邱爲複姓甚明孔子作春秋明爲作傳春秋止獲麟傳乃詳書孔子卒孔子既卒周人以諱事神名終將諱之爲弟子者自當諱師之名此第稱左氏傳而不書左邱也

魯林子放唐贈清河伯宋贈長山侯

按家語弟子解史記弟子傳均無林放姓名惟蜀禮殿圖有之

牧子皮

趙岐曰牧皮事孔子學者

按孟子與琴張曾晳並稱此必孔子之所與似不宜置之祀典之外

常子季

按莊子德充符篇常季問于仲尼曰王駘兀者也從之游者與夫子中分魯郭象注常季孔子弟子

魯大夫子服子何景伯

按漢魯峻石壁畫七十二子像有子服景伯唐劉懷玉作孔聖眞宗錄以子服景伯在七十子之閒

賓牟子賈

廣韻注漢複姓魯有賓牟賈

按樂記賓牟賈侍坐于孔子孔子與之言及樂賓牟賈起免席而請斯弟子之職也子曰居吾語汝論語之命季路孝經之命子輿皆然孔子蓋以師道自居則賈在弟子之列明矣惟是孔子語弟子必呼其名而記稱之曰吾子豈記禮者去聖人之世稍後遂有此失乎

鞠子語

按晏子春秋景公上路寢聞哭聲曰吾若聞哭聲何爲者也梁邱據對曰魯孔邱之徒鞠語者也明於禮樂審於服喪其母死葬埋甚厚服喪三年哭泣甚哀公曰豈不可哉而色悅之孔叢子詰墨篇亦載其事蓋曾參閔損高柴仲由孺悲而外又一孝子也

齊大夫顏子涿聚 或作濁鄒

按呂覽云顏涿聚梁父之大盜也學于孔子爲天下名士以終其壽而史記孔子世家稱弟子三千身通六藝者七十有二人如顏濁鄒之徒受業者甚眾則

雖不在七十子之列然不可謂非孔氏之徒矣
古家語弟子解七十六人又與叔孫會合傳有孔璇
又別見者惠叔蘭共七十八人史記弟子傳七十七
人別見孔子世家者有顏涿聚共七十八人蘇轍撰
古史著錄七十九人家語有而史記無者琴牢薛邦
申續陳亢縣亶也史記有而家語無者公伯寮鄭國
申棠鄡單秦冉顏何也益以文翁禮殿之廉瑀林放
魯峻石壁畫像之子服何禮雜記之孺悲射義之公
罔之裘序點春秋左氏傳之仲孫何忌仲孫閱晏子

之鞠語孟子之牧皮莊子之常季通計九十八人竊
謂中有姓氏相近者不當以臆見去留先師之庭宜
槩應從祀他若論語之闕黨互鄉二童子魯峻石壁
畫象之　子廬襄子孺襄子魯公子庶顏子思夫子
高韋續書品爲素王紀端製麒麟書之申姓名闕失
又蘧伯玉孔子嚴事之友施存雖載陶宏景眞誥在
三千人之數不與弟子之列不復著錄恐滋後學之
惑也
又按孔門弟子籍漢藝文志有孔子徒人圖法二卷

隋經籍志有鄭康成論語孔子弟子目錄一卷（唐藝文志作論語篇目弟子）惜俱失傳議禮者止以國語爲憑至斥史
記爲附會若文翁禮殿圖置之不復參詳矣又會要
通典祖庭廣紀素王紀事孔門簽載闕里志等編紀
諸弟子連書姓名統不分析以致明南北雍闕里廟
暨海內外府州縣衛學從祀弟子率改複姓爲一字
姓沿其誤而不知今依廣韻注如奚容壤駟左人少
叔石作左邱悉爲更正冀信古之君子有取焉又按
古今人表于孔子弟子居第二等者左邱明顏淵閔

子騫冉伯牛仲弓居第三等者宰我子貢冉有季路
子游子夏曾子子張曾晳子賤南宮公治長公西華
有若漆雕啓澹臺滅明樊遲巫馬期司馬牛子羔原
憲顏路商瞿季次公良顏刻顏柳居第四等者孟懿
子南宮敬叔公伯寮公肩子子石琴牢賓牟賈居第
五等者顏濁鄒陳亢林放申棖子服景伯

孔子門人考

[清]朱彝尊

清道光六安晁氏木活字排印學海類編本

孔子門人考

清　秀水朱彝尊錫鬯撰

成回

劉向曰成回學于子路

楚馯臂子弓（或作宏）

司馬遷曰孔子傳易于商瞿瞿傳楚人馯臂子宏

應劭曰子弓是子夏門人

韓子曰荀卿之書語聖人必曰孔子子弓子弓之事業不傳惟太史公書弟子傳有姓名曰馯臂子弓

吳萊曰荀卿所重仲尼子弓子弓未審何人韓子曰仲尼弟子有馯臂子弓漢儒林傳商瞿授易仲尼瞿傳魯橋疵子庸子庸傳江東馯臂子弓子弓與仲尼不同時又行事無大卓卓不足以配孔子邢昺論語疏引王弼說逸民朱張字子弓然弼說又不見有他據也要之孔子嘗稱冉雍可使南面且在德行之科雍字仲弓蓋與子弓同是一人如季路又稱子路然也將荀卿之學實出于子弓之門人故尊其師之所自出與聖人同列

按子庸傳易于子弓弓或作宏吳氏欲更作雍未免失之鑿矣

魯橋庇子庸

班固曰商瞿受易孔子以授魯橋庇子庸

司馬貞曰橋庇世本作橋疵字子肩魯莊公族

按子木傳易史記謂子宏授子庸漢書漢紀釋文謂子庸授子弓所載互異今並存之

魏文侯都

司馬遷曰文侯受子夏經藝

徐廣曰名都世本曰斯也

鮑彪曰桓子之孫

吳師道曰名斯

按文侯受經藝于子夏撰有孝經傳蔡邕明堂論引其文曰大學者中學明堂之位也又賈思勰齊民要術耕田篇引其文曰民春以力耕夏以鋤耘秋以收斂當是孝經用天之道分地之利注也

晉段干木

呂不韋曰段干木晉國之大駔也學于子夏爲天下

名士顯人以終其壽

羅泌曰段干氏初邑段後邑干因邑爲氏魏世家有段干子田世家有段干朋而風俗通氏姓注乃以爲姓段名干木蓋以呂氏春秋干木光于德與魏都賦干木之德之言誤之唐百官表遂謂封段而爲干木大夫疏矣幽通賦云木偃息以藩魏干木豈其哉名

田無擇子方

李頤曰魏文侯師也名無擇

韓子曰子夏之學其後有田子方子方之後流而爲

莊周故周之書喜稱子方之爲人

齊高行子

趙岐曰高子齊人

徐整曰子夏授詩于高行子

王應麟曰高行子即詩序及孟子所謂高子也

曾申子西

劉向曰左邱明授春秋于曾申

趙岐曰曾西曾子之孫

陸德明曰曾參之子受詩于子夏

王應麟曰曾西趙岐注以爲曾子之孫集注因之經典序錄曾申字子西曾參之子子夏以詩傳曾申左邱明作傳以授曾申曾西之學于此可攷楚鬬宜申公子申皆字子西則曾西之爲曾申無疑

按史記吳起事曾子其母死不歸曾子薄之而與起絕所云曾子疑是曾申

齊公羊高宋贈臨淄伯

戴宏論春秋曰子夏傳與公羊高

荀崧曰公羊親受子夏

梁武帝曰公羊稟西河之學

孔穎達曰孔子授春秋于卜商商授弟子公羊高穀梁赤各爲之傳

吳兢曰公羊高乃子夏弟子

魯穀梁赤宋贈龔邱伯改贈睢陽伯

應劭曰穀梁子名赤子夏弟子

楊士勳曰穀梁子名俶字元始

顏師古曰穀梁子名喜受經于子夏

按羅長源摭路史炎帝之後不言有公羊穀梁氏羅

子蒼識遺云公羊穀梁自高亦作傳外更不見有此姓萬見春謂皆姜字切韻腳疑爲姜姓假託然自高傳子平平傳子地地傳子敢敢傳子壽見于戴宏所記而班氏古今人表載有二子居第四等計劉氏宋氏世本亦必載之未必假託也

又按春秋爲孔子所作則說春秋者必係孔氏門人若公羊傳所稱沈子司馬子女子北宮子曾子高子穀梁傳所稱尸子沈子皆是已子言之春秋屬商其皆子夏之徒與

魯孔伋子思宋崇甯初贈沂水侯咸淳中加贈沂國公

孔鮒曰子思受業于曾子

韓子曰子思之學蓋出曾子

按班氏古今人表子思居第二等

樂正子春

鄭康成曰曾子弟子

曾檀弓

陸德明曰檀弓魯人善于禮

胡寅曰檀弓曾子門人纂修論語

沈猶行

趙岐曰曾子弟子

按廣韻注沈直深切漢複姓魯有沈尤氏常朝飲其羊不當從上聲讀

陽膚

包咸曰陽膚曾子弟子

公明高

趙岐曰公明高曾子弟子

公明宣

劉向曰公明宣學于曾子

單居離

大戴禮記注曰單居離曾子弟子

公明儀

孔穎達曰子張之喪公明儀爲志焉公明儀是其弟子儀又爲曾子弟子故祭義云公明儀問于曾子曰夫子可以爲孝乎是也

子襄

趙岐曰曾子弟子

公孫尼子

按漢書藝文志儒家有公孫尼子二十八篇雜家有公孫尼一篇顏師古注云七十子之弟子隋經籍志唐藝文志均載公孫尼子一卷注云似孔子弟子沈約謂樂記取公孫尼子劉瓛謂緇衣公孫尼子所作今從顏氏定爲孔子門人

世碩

按漢志世子二十一篇列在儒家者流王充論衡本性篇周人世碩以爲人性有善有惡在所養焉故作養書一篇宓子賤漆雕開公孫尼子之徒亦論性情與世子相出入志所載宓子十六篇漆雕子十三篇皆宗師仲尼以重其言者也顏師古曰世子陳人七十子之弟子

景子

按漢藝文志景子三篇顏師古云說宓子語似其弟子

王史氏

漢志王史氏二十一篇劉向曰六國時人顏師古曰七十子後學者

李克

漢藝文志李克七篇顏師古曰子夏弟子爲魏文侯相

芊嬰

漢志十八篇顏師古曰齊人七十子之後

公孫段

韓非曰孔子之後儒分爲八有子張氏子思氏顏氏孟氏漆雕氏仲良氏公孫氏樂正氏之儒陶潛曰顏氏傳詩爲道爲諷諫之儒孟氏傳書爲道爲疏通致遠之儒漆雕氏傳禮爲道爲恭儉莊敬之儒仲良氏傳樂爲道以和陰陽爲移風易俗之儒樂正氏傳春秋爲道爲屬辭比事之儒公孫氏傳易爲道爲潔靜精微之儒

按儒分爲八其一公孫氏傳易者也羣輔錄有明徵而未詳其名攷晉書太康二年汲郡人不準發魏王

冢得竹書易五篇公孫段與邵陟論易二篇此則公孫氏之易矣或疑公孫氏爲龍龍字子石雖在七十子之列不聞傳易若趙人名龍者字子秉故莊子謂惠子曰儒墨楊秉四與夫子爲五果孰是邪所云秉者龍也詭辭數萬騁堅白異同之辯初非孔氏弟子小司馬史記索隱誤認爲一人今考定傳易者爲公孫段若鄭大夫字伯石者又一人也

縣亶父（亶索隱作豐家語無父字依廣韻注㨿）子象

王應麟曰縣豐唐宋封爵皆不及禮記檀弓有縣子

豈其人與

按子象爲孔子門人見廣韻注此唐宋封爵未之及云

公休哀

公祈哀

廣韻注孔子門人有公休哀公祈哀

按公祈哀疑即公晳哀以晳作祈形相類而譌也然廣韻注既列孔子弟子公晳哀于前又列孔子門人公祈哀于後則別是一人未可臆決也

盆成括

按晏子春秋景公宿于路寢之宮夜分聞西方有男子哭者公悲之明日朝問于晏子晏子對曰西郭徒居布衣之士盆成括也父之孝子兄之順弟也又嘗爲孔子門人今其母不幸而死祔柩未葬家貧身老子孺恐力不能合祔是以悲也公曰子爲寡人弔之嬰往弔咎公不辱臨公使男子袒免女子髮笄開凶門而迎适則适乃與景公同時不當與孟子弟子之列宋配祀孟子追贈萊陽伯孫宣公言括嘗欲學于

孟子亦疑辭也

歐陽子有言受業者爲弟子受業于弟子者爲門人試稽之論語所云門人皆受業于弟子者也顏淵死門人厚葬之此顏子之弟子也子出門問人此曾子之弟子也子疾病子路使門人爲臣又門人不敬子路此子路之弟子也子夏之門人問交于子張此子夏之弟子也孟子云門人治任將歸入揖于子貢此子貢之弟子也觀洪氏隸釋隸續所載東漢諸碑有弟子復有門生門人弟子固有別矣若夫弟子之子

分比于門人子淵子輿本門人也而列于弟子他如季路之子子崔子輿之子元及華子游之子言思子張之子申詳又齊有芊嬰著芊子十八篇亦七十子之後雖未詳其所師要當互學于七十子者也

又按孔子門人古今人表居第三等者樂正子春段干木田子方第四等者公羊子穀梁子公明高第五等者陽膚第六等者檀弓而子張之子申詳亦置第三等

卜子年譜

［清］陳玉澍

一九一五年上虞羅氏雪堂叢刻本

卜子年譜自叙

天地有牖民之心而不能言聖人代之言六經者聖人之言實天地之心也無六經則聖人之言不可見即天地之心亦無由見矣天地之愛護六經也與愛聖人同有能抱守遺經於湮晦之餘者天必況施神明之壽以緜衍聖人之緒於不墜故伏生轅固生皆秦時人至漢文景時年九十餘而尚存竇公爲魏文侯時人至漢孝文時年百八十歲而尚存卜子爲定哀時人至魏文侯時年百有餘歲而尚存無他存伏生以存書也存轅固生以存詩也存竇公以存樂也存卜子以存羣經也此亦可見天地之心矣當孔子歸與發歎還轅闕里與羣弟子論次詩書修起禮樂及門之士身通六藝者七十有二人其時儒術號稱至盛未幾兩楹夢奠素王告殂其有散遊諸侯訓聚徒衆如曾子居武城子張居陳子貢居齊澹臺滅明居楚並相繼淪逝不可復作下逮戰國之世六籍益替九流並興至聖微言不絕如縷獨賴卜氏以期頤上壽而又値好古賢君傳布經學爲海內大師俾東山之緒復振於西河其功固不在鄒嶧下也今試即其功詳言之爾雅子夏所足張稚讓言之論語子夏所譔鄭康成言之論語崇爵讖亦云子夏等六十四人共譔仲尼微言惠氏棟謂即論語也於易有傳於詩有序於禮有喪服傳有夏小正傳有易本命篇於樂則論今樂古樂之別暢發其旨於魏文侯於書亦有發明章句之功見於後漢徐防所言於詩則授高行子或云以詩授曾申由是而李克而孟仲子而根牟子而孫卿子至漢遂有大毛公小毛公之學春秋則授公羊氏至漢遂有胡毋生董仲舒之學春秋又授穀梁氏至漢遂有江公蔡千秋之學吾嘗謂無曾子則無宋儒之道學無卜子則無漢儒之經學宋儒之言道學者必由子思孟子而溯源於曾子漢儒之言經學者必由荀毛公穀而溯源於卜子是孔子爲宋學漢學之始祖而曾子卜子爲宋學漢學之大宗也又嘗謂羣經之置博士不始於漢而始於魯魯有博士（史記循吏傳公儀休爲魯博士以高第爲魯相）繆公之爲也孔子之功也爲博士置弟子不始於漢而始於魏魏有博士（漢書賈山傳祖父祛故魏博士弟子師古曰六國魏也）文侯之爲也卜子之教也昔胡仔譔孔子編年江氏永作孔子年表馬氏驌繹史有先聖年譜夏氏洪基鄭氏環蔡氏炘孔皆有孔子年譜而於卜子未有譜其年者蒙嘗引以爲憾歲在重光單閼爰有卜子年譜之編或謂卜子少孔子四十四歲雖見家語及史記仲尼弟子列傳而公羊穀梁春秋謂孔子生於魯襄公二十一年史記謂孔子生於魯襄公二十二年主公穀則孔子於定公元年四十四歲子夏當生於定公二年主史記則孔子於定公二年四十四歲子夏當生於定公三年孔子生年先不可定子夏生年曷由定乎予謂公穀雖受經子夏其時皆口授未著竹帛至漢始各

有傳於襄二十一年經記庚子孔子生此非魯史之舊亦非孔子所自書特漢儒傳經者增益以尊至聖爲左氏春秋所無而史記魯世家孔子世家及十二諸侯年表云孔子生於襄公二十二年實有所本金哀宗時有孔元措者上承其先孔宗翰所撰家譜孔傳所作祖庭雜記之舊增益纂輯成祖庭廣記內引世本有云魯襄公二十二年冬十月庚子孔子生攷世本與國語並成於左邱明說見漢書司馬遷傳贊史記記孔子之生於襄二十二年據左氏世本記孔子之卒於哀公十六年夏四月己丑則據左氏之續經也夫羣言淆亂必折衷於聖人主公穀與史記者雖各數十家而

大清一統志從史記

欽定歷代紀事年表亦然而

欽定春秋傳說彙纂折衷朱子兼採夏氏洪基之說斥宋濂力主公穀之非可以息羣喙而衷一是今遵史記以定孔子生年卽孔子生年以定子夏生年不亦可乎所惜者其卒年未能考耳然據史記魏世家文侯二十五年受子夏經藝其時子夏年已百有八歲上距孔子卒歲已八十年矣一老憖遺六籍弗墜謂非天之重愛斯文也乎今編卜子年譜始於周敬王十三年卽魯定公三年終於周安王二年卽魏文侯二十五年以年爲經以事爲緯纂輯彌月成書兩卷唯家鮮卷軸居久離索或漏或外鈞不免焉嗚呼坤純陰而有龍戰剝五陰而有碩果今雖太蒙勢劾神州威歆邪詖淫遁之說奇衺譎觚之徒飈起雲合將拔我漢宋兩家之幟然亦必有如卜子竇公伏生轅固生其人以抱守遺經爲尼山之鄧林者雖窮巷蓬廬門徒三五亦可作隱泉石室觀矣西河有靈當有聞予言而破涕爲笑者也是爲序

士之能立身修己憲章前哲者必其無忘前人所論著而不悖師之本旨者也則小子鷟有深媿焉光緒甲辰小子鷟游學顧穆之先生之門先生詔鷟曰吾鹽惕庵陳先生江淮間大師也論著至多自後樂堂文鈔刊行外有若爾雅釋例毛詩異文箋卜子年譜等稿皆為希世之作鷟竊誌之乙巳春穆之先生逝陳先生率門弟子如干人來弔撫棺慟哭維時鷟始獲識先生面是年冬先生有粵遊越明年歸感疾卒於家鷟聞痛甚歲己酉鷟以事之滬與建業江楚間學士大夫遊每道及先生名靡不悲其遇而景其學甲寅夏先生姪鐘凡自燕京來謀刊先生遺稿未幾以卜子年譜兩卷至附函謂此書序言曾載國粹學報第五十五期順德鄧秋枚跋尾云鹽城陳君以孤貧特立發名海濱此年譜自序一首李君寄余先刊報中年譜之學貴能排比事類廣集左證雖有不合其相距亦不甚遠有求勝之者惟顯有證據始能更之況卜子遠在周世所恃僅經史輿地之書蒐集最錄尤屬不易陳君於此幾經探索始有初稿後據他書改定鉤乙跨勒跡如亂絲復審正而出始付繕寫先印此序亦可見陳君學術之大凡云云當時讀者頗以未窺全豹為憾今商請羅叔言先生以全帙校勘鋟梓俾世之識先生者得益明先生之學而小子鷟亦可稍告無罪於無忘前人所論著而不悖師之本旨焉乙卯正月鹽城印鷟章謹識

卜子年譜卷上

鹽城陳玉澍譔

甲午 周敬王十三年 魯定公三年 卜子生於溫

史記仲尼弟子列傳云卜商字子夏少孔子四十四歲家語同十二諸侯年表魯周公世家孔子世家皆云魯襄公二十二年孔子生左氏襄二十一年傳注仲尼以二十二年生哀公十六年傳注同王子年拾遺記周靈王立二十一年孔子生於魯楊烱盈川集遂州長江縣先聖孔子廟碑夫子周靈王二十一年冬十月庚子生孔子四十七世孫孔傳東家雜記先聖誕辰周靈王二十一年庚戌歲即魯襄公二十二年也冬十月庚子日先聖生案孔子生於周靈王二十一年庚戌下至周敬王十二年癸巳四十四歲子夏少孔子四十四歲是生於敬王十三年甲午即春秋魯定公三年也胡仔孔子編年繫其生於定公二年是少孔子四十三歲也說非是今本史記不言子夏何國人家語以為衛人鄭康成則云溫國卜商藝文類聚六十四文選左太沖招隱詩注並引尚書大傳子夏對夫子云退而窮居河濟之間考春秋傳說彙纂溫縣故城在懷慶府溫縣西南三十里考其地正當河水之北濟水之南與河濟之間正合司馬貞史記索隱云溫國今河南溫縣元屬衛故錢坫論語後錄云漢書地理志溫故國

屬河內郡河內衛地故家語以爲衛人此二說均未當溫本東周畿內蘇子國爲狄所滅狄不能有地歸於周魯僖二十五年襄王以賜晉文公晉以狐溱爲溫大夫左氏定八年傳晉成何曰衛吾溫原也謂衛僅比晉之溫原二邑非謂溫原二邑爲衛地也索隱說非是今河南衛輝懷慶二府皆漢河內郡地始封之衛有河內之汲州共朝歌等縣最後之衛有河內之野王一縣非河內皆衛有當子夏時朝歌等縣已入於晉楚王亦未爲衛有無論溫邑論語後錄之說亦非溫爲晉地子夏在春秋時爲晉人三家分晉溫屬魏故子夏又爲魏人文選李蕭遠運命論子夏升堂而未入於室退老於家

魏文侯師之正謂魏爲其家所在禮記檀弓正義引仲尼弟子列傳子夏姓卜名商魏人也復云子夏魏人也在西河之上然則唐本史記有魏人也三字而今本脫之鄭氏云溫國卜商與史記魏人之說正合宋高似孫史畧言江南史記爲唐舊本有字多者有字少者與今本同異凡四千三百五十條孔穎達所見史記有魏人也三字蓋唐本也今本無此三字蓋宋本也太史公作仲尼弟子列傳皆本弟子籍最爲可據今從之經典釋文序錄云子夏衛人太平寰宇記河南道濮州人物有卜商河北道衛州人物復有之皆本家語禮記樂記正義引馬昭云家語王肅所增加然則據家語遠不如據史記矣

乙未 十四年魯定公四年 卜子二歲

丙申 十五年魯定公五年 卜子三歲

丁酉 十六年魯定公六年 卜子四歲

戊戌 十七年魯定公七年 卜子五歲

己亥 十八年魯定公八年 卜子六歲

庚子 十九年魯定公九年 卜子七歲

辛丑 二十年魯定公十年 卜子八歲

壬寅 二十一年魯定公十一年 卜子九歲

癸卯 二十二年魯定公十二年 卜子十歲

甲辰 二十三年魯定公十三年 卜子十一歲

乙巳 二十四年魯定公十四年 卜子十二歲

金鶚求古錄禮說云子夏少孔子四十四歲此不可信夫子去魯時年五十六如子夏少孔子四十四歲則此時止十二歲而陳蔡相從子夏與焉則去魯時其年必不止十二也古之四字皆積畫易譌四當爲三之譌也案金氏說非是據史記孔子世家孔子由大司空爲大司寇季桓子受齊女樂遂去魯事在定公十四年時子夏十二歲據魯世家衛康叔世家十二諸侯年表事在定公十二年時子夏才十歲無論十歲十二歲其時已從學與否皆不可考安知有相隨去魯之

事未可以與於陳蔡之役遂謂相從於去魯之初陳蔡之厄在哀公六年子夏已十有九歲無可疑者故四爲三殊爲謬妄

丙午 二十五年（魯定公十五年）卜子十三歲

丁未 二十六年（魯哀公元年）卜子十四歲

戊申 二十七年（魯哀公二年）卜子十五歲

鄭環孔子年譜云哀公二年阨於陳蔡子夏才十六歲豈能以文學著名史記家語記弟子之年俱未足據案此說多誤陳蔡之阨不在哀二年子夏於哀二年年十五非十六蓋鄭氏謂子夏生於定二年故有此誤說

己酉 二十八年（魯哀公三年）卜子十六歲

庚戌 二十九年（魯哀公四年）卜子十七歲

辛亥 三十年（魯哀公五年）卜子十八歲

壬子 三十一年（魯哀公六年）卜子十九歲

是年從孔子於陳蔡之間爲孔子之楚復由楚返衛

閻百詩四書釋地三續云按孔子厄於陳蔡年六十三子游年才十八子夏年才十九耳已以文學名

禮記檀弓昔者夫子失魯司寇將之荆蓋先之以子夏又申之以冉有正義云使子夏冉有先適楚又云案世家定十四年齊人歸女樂孔子去魯適衛從衛之陳過匡邑匡人圍之

又復去過蒲又反乎衛又去衛適曹適宋時定公卒宋桓魋欲殺孔子伐夫子所過之樹削夫子所過之迹去宋適鄭去鄭適陳居三歲又適衛衛既不見用將西見趙簡子至河而聞殺竇鳴犢與舜華也又反於衛復行如陳時哀公三年孔子年六十明年孔子自陳遷於蔡三歲孔子在陳蔡之間楚使人聘孔子陳蔡乃圍孔子絕糧乏食七日於是子貢使楚楚昭王興師迎孔子將以書社七百里封孔子楚令尹子西諫而止之是歲楚昭王卒孔子自楚反乎衛孔子年六十三是魯哀公六年以此言之失司寇在定十四年之楚在哀公六年其間年月甚遠且失司寇之後嚮宋不嚮楚而云失魯司寇將之荆者謂失魯司寇之後將往之荆哀公六年之荆亦失司寇之後非謂失司寇之年即之荆也案此說是也古人文字簡渾雖年月相距甚遠多連言之如本傳云孔子卒後居西河教授爲魏文侯師亦是相連言之子夏教授西河之上距孔子卒歲甚遠也

臧庸拜經日記禮記檀弓有子曰昔者夫子失魯司寇將之荆蓋先之以子夏又申之以冉有以斯知喪不欲貧也案正義引世家以此爲魯哀公六年事是也鄭注云將應聘於楚者世家曰吳伐陳楚救陳軍於城父聞孔子在陳蔡之間楚使人聘孔子孔子將往拜禮是也陳蔡大夫相與發徒役圍

孔子於是使子貢至楚楚昭王興師迎孔子然後得免此所謂先之以子夏是也子夏當爲子貢之譌卽世家所謂使子貢至楚是也世家太宰嚭召季康子康子使子貢往然後得已弟子列傳齊田常欲作亂憚高國鮑晏故移其兵欲以伐魯孔子曰父母之國危如此二三子何爲莫出子路請出孔子止之子張子石請行孔子弗許子貢請行孔子許之蓋子貢言語之科故能解圍非文學之士所能勝任也且陳蔡之厄有子貢而無子夏尤足爲證案臧氏此說非也經之所言不必盡記於史史之所言亦不必盡載於經如以史不言子夏之楚遂謂先之以子夏爲子貢之譌史亦不言冉有之楚

則申之以冉有又係何人之誤子貢之使在陳蔡發難之後子夏之行當在陳蔡發難之前有子夏之行而楚乃遣使聘孔子有子貢之使而楚乃興師迎孔子也孔子使子夏之楚將以應聘非以解圍何必如子貢言語之科方能應命耶且子夏曾爲衛行人安知其不長於言語耶

門人劉元準問曰有子明言夫子失魯司寇將之荆先之以子夏之荆與去魯明是一時事似不得謂去魯在定公十四年之荆在哀六年也韓非子內儲說仲尼爲政於魯齊景公患之令黎且以女樂遺哀公哀公樂之果怠於政仲尼諫不聽去而之楚其證一論語齊人歸女樂季桓子受之三日不朝孔子行其下卽記楚狂接輿之事其證二予謂此不足爲證孔子去魯定公時事韓非子乃屬之哀公既可誤定爲哀又何難誤魯爲楚論語記事其連記者不必同時齊人歸女樂記於孔子去齊之後亦非一時事也

癸丑 三十二年 魯哀公七年 卜子二十歲

是年仕衛爲行人

韓詩外傳六衛靈公晝寢而起志氣益衰使人馳召勇士公孫悁道遭行人卜商曰何驅之疾也對曰公晝寢而起使我召勇士公孫悁子夏曰微悁而勇若悁者可乎御者曰可子夏曰載我而反至君曰使子召勇士何爲召儒使者曰行人

曰微悁而勇若悁者可乎臣曰可卽載與來君曰諾延先生上趣召公孫悁至入門杖劍疾呼曰商下我存若頭子夏顧咄之曰咄內劍吾將與若言勇於是君命內劍而上子夏曰來吾嘗與子從君而西見趙簡子簡子披髮杖矛而見我君我從十三行之後趨而進曰諸侯相見不宜不朝服不朝服行人卜商將以頸血濺君之服矣使反朝服而見吾君子耶我耶悁曰子也子夏曰子之勇不若我一矣又與子從君而東至阿遭齊君重輞而坐吾君單輞而坐從十三行之後趨而進曰禮諸侯相見不宜相臨以庶揄其一輞而去之者子耶我耶悁曰子也子夏曰子之勇不若我二矣又與子從君

於囿中於是兩寇肩逐我君拔矛下格而還子耶我耶悁曰子也子夏曰子之勇不若我三矣所貴爲士者上攝萬乘下不敢敖乎匹夫外立節矜而敵不侵擾內禁殘害而君不危殆是士之所長君子之所致貴也若夫以長掩短以衆暴寡凌轢無罪之民而成威於閭巷之間者是士之甚毒而君子之所致惡也衆之所誅鋤也詩曰人而無儀不死何爲夫何以論勇於人主之前哉於是靈公避席抑手曰寡人雖不敏請從先生之勇詩曰不侮矜寡不畏强禦卜先生也案靈公當係出公之誤猶韓非子內儲說誤定公爲哀公耳子夏於哀公二年十有五歲而靈公已卒故知其誤考孔子世家哀

公六年孔子自楚反夫衛其明年孔子弟子多仕於衛子夏爲衛行人當在此時對公孫悁之說疑出後人附會事之有無存而不論可也

家語云夫子在衛司徒敬子卒夫子弔焉檀弓云司徒敬子死子夏弔焉又云司徒敬子之喪夫子相男子西鄉婦人東鄉此子夏從夫子同時在衛之證家語又云嘗返衛見讀史志者云晉師伐秦三豕渡河子夏曰非也己亥耳問諸晉史果曰己亥於是衛以子夏爲聖

甲寅 三十三年魯哀公八年 卜子二十一歲

是年在衛

乙卯 三十四年魯哀公九年 卜子二十二歲

是年在衛

丙辰 三十五年魯哀公十年 卜子二十三歲

是年在衛孔子自衛適陳復自陳返衛據史記十二諸侯年表

丁巳 三十六年魯哀公十一年 卜子二十四歲

是年冬從孔子自衛返魯爲魯莒父宰問政當在是年春秋定十四年城莒父及霄莒父即子夏爲宰處杜預注公叛晉助范氏故懼而城二邑晉在魯西故閻氏四書釋地云莒父屬魯之西鄙子夏爲宰邑去其家密邇玉樹向謂魯當定哀

之際西備晉南禦吳備晉則莒父當其衝禦吳則武城扼其要魯人使子夏宰莒父以晉人備晉也使子游宰武城以吳人禦吳也杜氏之說確不可易而王氏鎣四書地理考乃云杜氏備晉之說屬臆度不亦妄乎顧棟高春秋大事表江永春秋地理考實沈欽韓左傳地名補注陳卓人公羊義疏及山東通志皆以莒州當之莒州爲莒國與魯邑何涉高士奇乃云取地於莒遂謂之莒然則魯嘗伐莒取向取鄆何以不謂之莒而仍謂之向謂之鄆耶此眞臆度之說也莒州有子夏祠出後人附會不足據

戊午 三十七年魯哀公十二年 卜子二十五歲

是年居親喪

己未 三十八年 魯哀公十三年 卜子二十六歲

是年居親喪

檀弓云子夏既除喪而見予之琴和之而不和彈之而不成聲作而曰哀未亡也案哀十四年西狩獲麟之後子夏爲夫子往周求史記斷無縗絰出使之理如謂自周返魯始居親喪則不及二十七月而禫而夫子已歿喪畢時不獲見夫子夫子又何從與之琴乎故知子夏居喪在獲麟之前哀十二年十三年皆居喪時也喪畢入見在哀十四年春也前此爲莒父宰不久卽以憂解組亦可知矣

卜上　十

尙書大傳云子夏讀書畢夫子問曰吾子何爲於書對曰書之論事也昭昭若日月爲所受於夫子者弗敢忘退而窮居河濟之間深山之中壞室蓬戶云云下記孔子之言顏淵之問考顏淵實卒於獲麟之歲（翟灝四書考異云史記云顏子年二十九歲髮盡白蚤天二十九乃其髮白之年非其死之年也其死無所記但云蚤耳旁考之則顏子之死乃在哀公十四年獲麟之後其次年子路亦死故公羊傳連譏之曰有以麟告者曰吾道窮矣顏淵死子曰噫天喪予子路死子曰噫天祝予公羊氏去聖較近所傳述定得本眞也江永孔子年譜臧庸拜經日記說略同）而退居河濟云云其時顏淵尙存當亦爲獲麟以前之事退居河濟正與居喪同時然則子夏非居喪於魯乃居喪於河濟之間也喪畢見夫子由河濟之間至魯見夫子也壞室蓬戶殆卽枕塊寢苫之意乎

庚申 三十九年 魯哀公十四年 卜子二十七歲

是歲親喪服闋爲夫子適周求史記

史記云哀公十四年狩大野獲麟仲尼視之曰麟也吾道窮矣乃因史記作春秋公羊十四年傳注得麟之後天下血書於端門曰趨作法孔聖沒周姬亡彗東出秦政起胡破術書記散孔不絕子夏明日往視之血書飛爲赤烏（一作赤鳥）化爲白書署曰演孔圖藝文類聚引春秋說題辭云孔子謂子夏曰得麟之月天當有血書魯端門子夏至期逢一郎言門有血書往寫之血飛爲赤烏化爲帛書（帛與白古字通用故公羊注作白書詩六月白旆央央公羊疏爾雅疏引作帛旆央央）署曰演孔圖太平御覽卷六百一十羅泌

卜上　十一

路史餘論卷五引孝經中契云子夏往觀寫之得十七字餘文二十消滅飛爲赤烏翔摩青雲又徐彥公羊疏引閔因敍云昔孔子受端門之命制春秋之義使子夏等十四人求周史記得百二十國寶書九月經立感精符考異郵說題辭具有其文春秋說題辭云孔子作春秋一萬八千字九月而書成以授游夏之徒游夏之徒不能改一字公羊疏又云孔子至聖却觀無窮知秦無道將必燔書故春秋之說口授子夏度秦至漢乃箸竹帛孝經說云孔子曰春秋屬商孝經屬參然則其微似之語獨傳子夏子夏傳與公羊氏五世乃至漢胡毋生董仲舒推演其文然後世人乃聞此言矣史記云孔

子在位聽訟文辭有可與人共者弗獨有也至於爲春秋筆則筆削則削子夏之徒不能贊一辭弟子受春秋孔子曰後世知我者以春秋而罪我者亦以春秋明歲子路死於衛合觀諸書而知孔子修春秋成春秋授子夏春秋皆十四年事也

辛酉 四十年魯哀公十五年 卜子二十八歲

是年子路卒於衛案檀弓云孔子之喪二三子皆絰而出羣居則絰鄭注羣謂七十弟子相爲朋友服子夏曰吾離羣而索居據此知子路之喪子夏爲朋友服亦絰而居也

壬戌 四十一年魯哀公十六年 卜子二十九歲

夏四月十一日戊午孔子疾十八日乙丑孔子卒與羣弟子服心喪

檀弓云蓋寢疾七日而歿世家云予夢坐奠兩柱之間予始殷人也後七日卒孔子年七十三以魯哀公十六年四月己丑卒左氏續經同杜氏以長厤推之謂四月無己丑有乙丑乙丑乃四月十八日也而吳程用大衍厤推之謂己丑乃四月十一日成氏蓉鏡孔氏廣牧皆從吳氏之說而以長厤爲誤然易林暌之恒云孟巳乙丑哀呼尼父明德訖終亂虐滋起焦氏當西漢之世所見左氏續經正是乙丑與元凱之說不謀而合今從之史云後七日卒則寢疾在七日之前故知爲戊午日家語云孔子曰吾死之後則商也日益賜也日損曾子曰何謂也子曰商也好與賢己者處此當是孔子彌留之語

檀弓云孔子之喪有自燕來觀者舍於子夏氏子夏曰聖人之葬人與人之葬聖人也子何觀焉案禮大夫三月而葬孔子爲魯司寇當用大夫之禮燕人舍於其家乃七月事也孔氏正義云舍住也燕人來住子夏家也此子夏移家於魯之證或云家語云葬於魯城北泗水上藏入地不及泉而封爲偃斧之形高四尺樹松柏爲志焉弟子皆家於墓行心喪之禮既葬有自燕來觀者舍於子夏氏燕人之舍殆即舍於墓

上之家歟予曰不然據孟子所言惟子貢於三年之後築室於場獨居三年並非弟子皆家於墓墓上即有室亦甚庳狹不堪容客無容以此爲疑且據檀弓則燕人舍於其家在未葬之先據家語則燕人舍於其家在既葬之後夫燕人何以來來觀葬禮也既葬又何觀焉家語之不可盡信有如此者惟行心喪之禮史記亦載之又家語云孔子既卒門人疑所以服夫子者子貢曰昔夫子喪顏回也若喪其子而無服喪子路亦然今請喪夫子若喪父而無服於是弟子皆弔服而加麻出有所之則出絰子夏曰入宜絰可也出則不絰子游曰吾聞諸夫子喪朋友居則絰出則否喪所尊雖絰而出可

也據此是子夏尊孔子不如子游然檀弓但云孔子之喪二三子皆絰而出（鄭注：尊師也）羣居則絰出則否不載子夏子游之語家語特緣檀弓而附會其說耳

魯應龍閒窗括異志洪邁容齋續筆皆謂孔子卒時子夏年二十八說誤金誠齋求古錄禮說謂夫子卒時子夏年方三十亦誤

癸亥 四十二年（魯哀公十七年）卜子三十歲

是年居魯服心喪

甲子 四十三年（魯哀公十八年）卜子三十一歲

是年居魯服心喪

案父母之喪二十七月而禫師服若與之同是年七月十一日當除服然史記云孔子葬魯城北泗上弟子皆服心喪三年畢相訣而去則哭各復盡哀孟子亦云昔者孔子歿三年之外門人治任將歸則非二十七月釋服可知也

卜子年譜卷上

卜子年譜卷下

鹽城陳玉澍譔

乙丑 元王元年（魯哀公十九年）卜子三十二歲

是年四月十一日心喪服闋

案孟子云三年之外門人治任將歸其時子夏未歸也子貢反築室於場獨居三年然後歸其時子夏亦未歸也孔子之喪有燕人舍於子夏氏子夏固移家於魯者也他日子夏與子游子張以有若似聖人欲以所事孔子事之彊曾子曾子曰不可不獨子夏未歸卽子游子張亦未歸也曾子有若本魯人子游雖吳人子張雖陳人皆移家於魯家語云子張有

父之喪公明儀相焉問啓顙於孔子是子張之父終於魯也檀弓云子張死曾子有母之喪齊衰而往哭之是子張終於魯也惟終於魯故曾子能齊衰往弔若終於陳安能越國而往乎（史記儒林傳孔子歿後子張居陳當在推尊有若之後居陳之後仍歸於魯而終焉）且子張之子申詳事魯繆公亦其證也檀弓又云有若之喪悼公弔焉子游擯由左是悼公時子游尚在魯也推尊有若之議爲羣賢居魯之徵在子貢既歸之後無可疑者匪特此也子夏之門人述子夏論交之言子張譏之子夏之門人小子習洒掃應對進退之事子游譏之知子夏居魯已教授生徒不待居於西河之上以詩授曾子之子曾申以春秋口授齊人公羊高

魯人轂梁淑此居魯教授時之門人也曾子之言曰吾與汝事夫子於洙泗之間退而老於西河之上使西河之民疑女於夫子（案疑當讀若擬擬比也文選李蕭遠運命論西河之人肅然歸德比之於夫子而莫敢間其言李善注引檀弓疑女於夫子以釋之是疑當訓比之證正義與皇氏之說俱未當）由洙泗而至西河時年已老矣教授西河之後又歸於魯喪子喪明曾子弔之乃弔之於魯非弔之於西河也歸魯之後復至安邑爲魏文侯師其時子夏已在百餘歲外矣綜而論之欲尊有若在孔子歿後之六年設教於魯後之設教西河又後之喪明見責曾子又後之最後至魏爲文侯師年不盡可考總撮其先後之序如此

卜下　二

丙寅　二年　魯哀公二十一年　卜子三十三歲

丁卯　三年　魯哀公二十一年　卜子三十四歲

戊辰　四年　魯哀公二十二年　卜子三十五歲

是歲子貢始去魯反衛他日子夏子游子張欲以事孔子之禮事有若曾子不可史記云孔子既歿弟子思慕有若狀似孔子相與共立爲師師之如夫子時也不屬之子夏子游子張三人與孟子所言稍異

己巳　五年　魯哀公二十三年　卜子三十六歲

庚午　六年　魯哀公二十四年　卜子三十七歲

辛未　七年　魯哀公二十五年　卜子三十八歲

壬申　八年　魯哀公二十六年　卜子三十九歲

癸酉　貞定王元年　魯哀公二十七年　卜子四十歲

是年魯哀公如越復歸魯卒於有山氏（六國表繫於定王二年之下誤通鑑前編載在定王元年與魯世家合）子悼公立哀公嘗問於子夏曰必學然後可以安國保民乎子夏曰不學而能安國保民者未之有也哀公曰然則五帝有師乎子夏曰臣聞黃帝學乎大墳顓頊學乎綠圖帝嚳學乎赤松子堯學乎務成子附舜學乎尹壽禹學乎西王國湯學乎貸子相文王學乎錫疇子斯武王學乎虢叔仲尼學乎老聃此十一聖人未遭此師則功業不能著乎天下名號不能傳乎後世者也詩曰不愆不忘率由舊章（韓詩外傳及新序）

卜下　三

甲戌　二年　魯悼公元年　卜子四十一歲

乙亥　三年　魯悼公二年　卜子四十二歲

丙子　四年　魯悼公三年　卜子四十三歲

丁丑　五年　魯悼公四年　卜子四十四歲

戊寅　六年　魯悼公五年　卜子四十五歲

己卯　七年　魯悼公六年　卜子四十六歲

庚辰　八年　魯悼公七年　卜子四十七歲

辛巳　九年　魯悼公八年　卜子四十八歲

壬午　十年　魯悼公九年　卜子四十九歲

癸未 十一年 魯悼公十年 卜子五十歲

檀弓曾子曰退而老於西河之上古者五十以上稱老不必七十教授西河當在此後後漢書徐防傳永元十四年上疏言臣聞詩書禮樂定自孔子發明章句始於子夏章懷注引史記孔子沒子夏居西河教弟子三百人爲魏文侯師今本史記無弟子三百人一語係脫屚章懷所見自是古本後復由西河反魯有喪子喪明之事不知當在何年後至魏爲文侯師係由魯往魯在魏東故李克謂魏成子東得卜子夏也

甲申 十二年 魯悼公十一年 卜子五十一歲

乙酉 十三年 魯悼公十二年 卜子五十二歲

丙戌 十四年 魯悼公十三年 卜子五十三歲

卜下 四

丁亥 十五年 魯悼公十四年 卜子五十四歲

戊子 十六年 魯悼公十五年 卜子五十五歲

己丑 十七年 魯悼公十六年 卜子五十六歲

庚寅 十八年 魯悼公十七年 卜子五十七歲

辛卯 十九年 魯悼公十八年 卜子五十八歲

壬辰 二十年 魯悼公十九年 卜子五十九歲

癸巳 二十一年 魯悼公二十年 卜子六十歲

甲午 二十二年 魯悼公二十一年 卜子六十一歲

是年子張卒年五十七見掘坊志子張少孔子四十八歲史記家語並同是子張少子夏四歲

未 二十三年……歲

丙申 二十四年 魯悼公二十三年 卜子六十三歲

丁酉 二十五年 魯悼公二十四年 卜子六十四歲

戊戌 二十六年 魯悼公二十五年 卜子六十五歲

是年子游卒年六十四歲見言氏舊譜子游少孔子四十五歲少子夏一歲孟子曰子夏子游子張以有若似聖人公孫丑曰子夏子游子張皆有聖人之一體先子夏次子游次子張以齒爲序

己亥 二十七年 魯悼公二十六年 卜子六十六歲

庚子 二十八年 魯悼公二十七年 卜子六十七歲

卜下 五

辛丑 考王元年 魯悼公二十八年 卜子六十八歲

壬寅 二年 魯悼公二十九年 卜子六十九歲

癸卯 三年 魯悼公三十年 卜子七十歲

甲辰 四年 魯悼公三十一年 卜子七十一歲

乙巳 五年 魯悼公三十二年 卜子七十二歲

丙午 六年 魯悼公三十三年 卜子七十三歲

丁未 七年 魯悼公三十四年 卜子七十四歲

戊申 八年 魯悼公三十五年 卜子七十五歲

是年曾子卒曾子少孔子四十六歲生於定公五年卒年七十三見曾子年譜學統繫其卒於考王五年非也子夏生平

所尊敬者孔子而外唯有子曾子二人欲以聖人事有子子夏實爲之倡於哀痛深至之時一聞曾子切責之言投杖而拜不諱其過其見憚如此論語二十篇中唯有子曾子未有書其字者其尊之也至矣

己酉　九年魯悼公三十六年　卜子七十六歲

庚戌　十年魯悼公三十七年徐廣引皇甫謐云悼公四十年元辛未終庚戌案辛未爲哀公二十五年非悼公元年也魯世家謂悼公立於哀公二十七年與左傳合與皇甫謐終庚戌之說亦合但謐上誤以哀公之辛未壬申癸酉屬之悼公甚誤　卜子七十七歲

辛亥　十一年魯元公元年　卜子七十八歲

壬子　十二年魯元公二年　卜子七十九歲

癸丑　十三年魯元公三年　卜子八十歲

甲寅　十四年魯元公四年　卜子八十一歲

乙卯　十五年魯元公五年　卜子八十二歲

丙辰　威烈王元年魯元公六年　卜子八十三歲

丁巳　二年魯元公七年魏文侯斯元年　卜子八十四歲

戊午　三年魯元公八年魏文侯斯二年　卜子八十五歲

己未　四年魯元公九年魏文侯斯三年　卜子八十六歲

庚申　五年魯元公十年魏文侯斯四年　卜子八十七歲

辛酉　六年魯元公十一年魏文侯斯五年　卜子八十八歲

壬戌　七年魯元公十二年魏文侯斯六年　卜子八十九歲

癸亥　八年魯元公十三年魏文侯斯七年　卜子九十歲

甲子　九年魯元公十四年魏文侯斯八年　卜子九十一歲

乙丑　十年魯元公十五年魏文侯斯九年　卜子九十二歲

丙寅　十一年魯元公十六年魏文侯斯・十年　卜子九十三歲

丁卯　十二年魯元公十七年魏文侯斯十一年　卜子九十四歲

戊辰　十三年魯元公十八年魏文侯十二年　卜子九十五歲

己巳　十四年魯元公十九年魏文侯十三年　卜子九十六歲

庚午　十五年魯元公二十年魏文侯十四年　卜子九十七歲

辛未　十六年魯元公二十一年魏文侯十五年　卜子九十八歲

子夏譔論語在元公之世檀弓悼公之喪季昭子問於孟敬

子敬子之歿必在悼公歿後論語於孟敬子稱謚故知其成於元公之世說本常熟張氏瑛論孟書法

壬申　十七年魯穆公元年魏文侯十六年　卜子九十九歲

癸酉　十八年魯穆公二年魏文侯十七年　卜子百歲

甲戌　十九年魯穆公三年魏文侯十八年　卜子百有一歲

史記六國表魏文侯十八年受經子夏本傳云爲魏文侯師家語云魏文侯師事之而諮以國政焉史記儒林傳云子夏居西河子貢終於齊如田子方段干木吳起禽滑釐之屬皆受業於子夏之倫爲王者師是時獨魏文侯好學呂氏春秋白圭對孟嘗君曰文侯師子夏友田子方敬段干木魏世家

李克謂翟璜曰魏成子食祿千鍾什九在外什一在内是以東得卜子夏田子方段干木此三人者君皆師之韓詩外傳説同據此知子夏爲文侯師實成子汲引之力

劉向別錄云墨子書有文子文子子夏之弟子而問於墨子呂氏春秋段干木晉國之大駔也學於子夏爲天下名士顯人以終其壽陸璣毛詩疏及陸德明經典釋文敘錄皆云子夏傳曾申傳曾申魏人李克是李克爲子夏再傳之弟子案克既與子夏同時居魏必親受經於子夏之門何待曾申之轉相傳授漢書藝文志李克七篇子夏弟子爲魏文侯相此爲可據潘維城論語古注集箋遍數子夏門人有田子方段

干木吳起禽滑釐曾申公羊高穀梁赤魏文侯獨無文子李克未考別錄藝文志故耳李克韓詩外傳十作里克陳樸園韓詩遺説考據釋文而疑漢志謂李克乃子夏門人非子夏弟子説非是

乙亥　二十年　魯繆公四年　魏文侯十九年　卜子百有二歲

是年授魏文侯經

丙子　二十一年　魯繆公五年　魏文侯二十年　卜子百有三歲

是年授文侯經

丁丑　二十二年　魯繆公六年　魏文侯二十一年　卜子百有四歲

是年授魏文侯經

戊寅　二十三年　魯繆公七年　魏文侯二十二年　卜子百有五歲

是年授魏文侯經　魏始受王命列爲諸侯　容齋續筆謂魏文侯始侯之歲子夏百有三歲説誤黎庶昌拙尊園叢稿三大儒畫像記言子夏爲魏文侯師年且八九十約畧言之未詳考耳

己卯　二十四年　魯繆公八年　魏文侯二十三年　卜子百有六歲

是年授魏文侯經

庚辰　安王元年　魯繆公九年　魏文侯二十四年　卜子百有七歲

是年授魏文侯經

辛巳　二年　魯繆公十年　魏文侯二十五年　卜子百有八歲

是年授魏文侯經藝

史記魏世家文侯二十五年受子夏經藝客段干木過其廬未嘗不式也秦嘗欲伐魏或曰魏君禮賢國人稱仁上下協和未可圖也文侯由此得譽於諸侯按六國表云受經者以六經言之也文選司馬長卿難蜀父老注引尚書大傳魏文侯問於子夏子夏遷延而退是子夏授文侯尚書之證書者六經之一也朱彝尊曝書亭集曰文侯受經藝於子夏撰有孝經傳蔡邕明堂論賈思勰齊民要術皆引其文是子夏授文侯孝經之證孝經者十三經之一也魏世家云經藝者兼六藝言之也樂記載子夏與魏文侯論古樂新樂之異甚詳

樂者六藝之一也閻百詩尙書古文疏證曰文侯受子夏經藝爲二十五年事見魏世家是年子夏已百有八歲可爲高壽而魯應龍乃云孔子卒時子夏年二十八矣是時敬王四十一年後一年元王立歷貞定王考王至威烈王二十三年魏始爲侯去孔子卒時七十五年文侯爲大夫二十二年而始爲侯又十六年而卒姑以始侯之歲計之則子夏已百三歲矣方始爲諸侯師豈其然乎魯氏此說甚謬漢書藝文志六國之君魏文侯最爲好古孝文時得其樂人竇公師古曰桓譚新論云竇公年百八十歲文侯之樂人可得壽百八十歲豈文侯之師不可得壽百八十歲乎古多上壽此何足疑

且孔子卒時子夏年二十九非二十八文侯稱侯之時子夏年百有五非百有三也樂記載子夏答文侯之問稱君者二在二十二年爲侯之後甚明魏世家非有誤也然子夏卒於何年究不可考矣而子夏陵據水經注在劉仲城東南所謂徐水右逕劉仲城北又東南逕子夏陵北東入河也劉仲城即漢郃陽縣今郃陽縣屬陝西同州府而聖門志則云墓一在山東兗州府曹州西四十里卜堌都一在山西平陽府河津縣西五里

附西河考

史記仲尼弟子列傳孔子既沒子夏居西河西河說有三而史記孔子世家婦人有保西河之志索隱謂西河在衛地竹書紀年帝君放王季子武觀於西河武觀以西河叛統箋謂在東郡畔觀縣者不與焉太平寰宇記相州安陽西河隨圖經云卜子夏田子方段干木所遊之地以魏趙多儒學齊魯及鄒皆謂此爲西河非龍門之西河也此一說也索隱曰在河東郡之西界蓋近龍門劉氏云今同州河西縣有子夏石室學堂也此又一說也正義曰西河郡今汾州也子夏所敎處括地志云謁泉山一名隱泉山在汾州隰城縣北四十里注水經云其山壁立崖半有一石室去地五十丈頂上平地十許頃隨國集記云此爲子夏石室退老西河居此有卜商神祠今現在此亦一說也相

州安陽之說古今引者絕少殆無足辯而索隱正義之說寰宇記咸從之云汾州西河縣本漢茲氏縣曹魏於此置西河郡晉改爲國改茲氏爲隰城謁泉山在縣東北四十里一名隱泉山上有石室去地五十餘丈頂上平地可十頃相傳以爲子夏石室此正義之說也又云同州韓城縣隨文帝分郃陽縣地置子夏石室孔子弟子爲毛詩序昔處於此有石室在焉此索隱之說也而顧祖禹讀史方輿紀要獨遵用正義之說云隱泉山在文水縣西南二十五里文水志曰隱泉一名謁泉其石窟曰隱堂洞亦曰子夏室昔子夏退居西河之上即此故山亦兼子夏之稱又云隱泉山在汾州府北四十里山有湯泉一名湯泉山

或謂之謁泉山上有石室相傳子夏所居俗謂之子夏山與太原府文水縣接界困學紀聞亦云子夏居西河在汾州文中子之教興於河汾郡國利病書說與方輿紀要略同孫星衍校水經注亦引史記正義之說玉樹案史記正義說誤諸書從之非也子夏之西河戰國時屬魏不屬趙謁泉山今屬文水縣趙大陵地也史記趙世家肅侯十六年武靈王十六年皆遊大陵正義曰括地志云大陵城在并州文水縣北十三里文獻通考文水有大陵城一統志大陵故城在太原府文水縣東北二十五里方輿紀要作二十里晉平陵邑春秋地理考實引彙纂平陵亦曰大陵今太原府文水縣東北二十里有大陵故城戰國時趙改大陵

漢因之後魏置受陽縣隨改文水十三里二十里二十五里說雖小異而以文水縣爲趙大陵則同文水縣既不屬魏則文水西南二十五里之謁泉山不屬魏國何疑謁泉山北屬文水南屬汾州府汾陽縣汾陽亦趙地文獻通考輿地廣記寰宇記皆謂汾州春秋時晉地六國時屬趙是也汾州治汾陽縣汾陽之南爲孝義縣孝義之南爲霍州霍州之南爲趙城縣仍屬趙地其地有豫讓橋謁泉山既與魏無涉卽與子夏之西河無涉水經注汾水篇雖詳言謁泉石室但記沙門之刹不言卜氏是居括地志隨國集記蓋誤以漢魏之西河漢西河郡初治平定後治離石魏西河郡治茲氏卽唐隰城宋西河縣今汾陽縣爲六國魏之西河張守節不察遂據以爲說困學紀聞閻注謂宋汾州治西河縣非子夏設教

地又困學紀聞集證云汾州西河縣本隰城肅宗上元元年更名與子夏西河無涉張守節誤沈欽韓左傳地名補注云張守節謂汾州西河者此舉漢魏以後西河郡所治非春秋戰國時之西河說皆是也然則西河說當何從曰從索隱索隱之說實本於鄭氏康成禮記檀弓退而老於西河之上鄭注西河自龍門至華陰之地孫希旦禮記集解朱彬禮記訓纂於西河皆從鄭注未嘗別引他說又禹貢黑水西河爲雍州孔傳龍門之河在冀州西孔疏云河在雍州之東而謂之西河者龍門之河在冀州西界故謂之西河王制云自東河至於西河千里而近是河相對爲東西也禹貢錐指云河經龍門而南至於華陰爲西

河左傳昭十三年晉叔魚謂季孫曰將爲子除館於西河禮記子夏退而老於西河之上史記魏武侯浮西河而下封吳起爲西河守皆此水也自河經龍門以下至此皆禹貢錐指語至汾州之西河本漢茲氏縣地魏黃初二年於此置西河郡見元和志寰宇記晉爲西河國領離石隰城中陽介休四縣晉書地理志後魏置汾州後齊置南朔州後周曰介州隋曰西河郡隋書地理志唐曰浩州曰汾州曰西河郡乾元元年復爲汾州唐書地理志西河以文湖得名與黃河無涉水經注所謂文水南逕茲氏縣故城東爲文湖東西十五里南北三十里世謂之西河者也寰宇記云文湖一名西河泊在西河縣東十里又水經注河水篇細水東流注於崌谷側溪山南有石室西面有兩石室北

面有二石室東廂石上猶傳杵臼之蹟似是栖遊隱學之所昔子夏教授西河疑即此也而無以辨之又云河水又南逕子夏石室東南北有二石室臨側河崖即子夏廟堂也河水又南逕汾陰縣西（縣在河東今榮河縣北有汾陰故城）又南逕郃陽城東（城在河西今郃陽縣東四十里有郃陽故城）故禹貢錐指謂子夏石室在今郃陽縣界郃陽縣北爲韓城縣龍門山在其北（漢書地理志云龍門山在馮翊夏陽縣北案夏陽縣即今韓城魏少梁邑）禹貢錐指引韓城縣志云河自龍門而南距郃陽不百里此索隱所謂西河近龍門者矣而寰宇記謂子夏石室在韓城者即水經注所言崌谷之石室是說也酈氏亦疑之

卜子年譜卷下

孔門師弟年表

[清]林春溥

清嘉慶二十一年刊本

孔門師弟年表

嘉慶丙子開雕

孔門師弟年表 孟子時事年表

竹柏山房藏板

孔門師弟年表

孔子年譜作者衆矣未有合弟子而一之者嘗曰轍環所至師弟相隨考事徵年相因互見非合證不明也爰本史記表而次之其姓名不經見論語者附於後旁參三傳家語附以雜說善者從之並採每年時事足爲證明者列之上方一緯一經引伸觸類雖明文或缺而意會可知於以讀孔氏書想見其爲人未必非一助云閩中林春溥謹述

魯襄公二十一年十月二十一日庚子孔子生據穀梁傳　時周靈王二十年	孔子宋之後也微子啓卒弟衍嗣號微仲生宋公稽稽生丁公申申生湣公共及煬公熙共生弗父何及厲公方祀方祀弑煬公欲立何何不受厲公立何世爲宋卿何生宋父周周生世父勝勝生正考甫考甫生孔父嘉五世親盡别爲公族故以孔爲氏一曰孔父生時所賜號也孔父生子木金父金父生睪夷睪夷生防叔避華氏之亂而奔魯防叔生伯夏伯夏生叔梁紇紇取魯之施氏生九女其妾生孟皮字伯尼有足疾乃婚於顏氏徵在禱尼丘之山生孔子於魯昌平鄉陬邑故名丘字仲尼孔子未生時有麟吐玉書於闕里人家文曰水精之子繼衰周而爲素王〇案孔子世系家語與宋世家小異今從宋世家
二十二年	二歲
二十三年	三歲叔梁紇卒葬于防山
二十四年	四歲
二十五年	五歲
二十六年衛甯喜弑殤公納獻公蘧伯玉從近關出	六歲爲兒嬉戲常陳俎豆設禮容
二十七年	七歲
二十八年	八歲　冉耕二歲　顏無繇字路生於魯搏史記

	二十九年周景王元年	三十年	三十一年	昭公元年
	九歲	十歲	十一歲	十二歲
		仲由字子路生於卞據史記	三歲	漆雕開字子若生於蔡據家語三歲
字巾年生於特據聖門志及闕里廣志	二歲	三歲	四歲	五歲
	三歲	四歲	五歲	六歲

			漆雕子路伯牛顏路
二年	十三歲	○史記字子開鄭康成云魯人	二歲四歲六歲七歲
三年	十四歲	有若字子有生於魯據史記○正義引家語云少三十三歲今本家語作三十六歲	三歲五歲七歲八歲

魯年	孔子	弟子
四年	十五歲	二歲 四歲 六歲 八歲 九歲
五年	十六歲	閔損三歲 五歲 七歲 九歲 十歲 字子騫生於魯據史記
六年	十七歲	二歲 四歲 六歲 八歲 十歲 十一歲
七年公如楚孟僖子爲介不能相儀　季武子宿卒平子意如嗣	十八歲	三歲 五歲 七歲 九歲 十歲 十二
八年	十九歲娶於宋之亓官氏○案亓官家語作丌官廣韻作并官並誤據漢韓勅禮器碑宋祥符元至順追封孔聖夫人詔俱作亓官又漢有亓官武印見山左金石志	四歲 六歲 八歲 十歲 十二 十三
九年	二十歲生伯魚時昭公以鯉賜孔子榮君之貺故名鯉字伯魚 孔子貧且賤及長嘗爲季氏史料量平史記索隱曰有本作委吏	五歲 七歲 九歲 十一 十三 十四
十年	二十一歲嘗爲司職吏而畜蕃息　職杙同[illegible] 之所此官即孟子所謂乘田○案子入太廟當在此時	六歲 八歲 十歲 十二 十四 十五
十一年	二十二歲始教闕里　新序曰孔子在州里篤行孝道居於闕黨闕黨之子弟畋漁分有親者得多孝以化之也	七歲 九歲 十一 十三 十五 十六

		閔子	有若	漆雕	子路	伯牛	顏路			
							里			
十二年南蒯以費叛季氏奔齊	二十三歲	八歲	十歲	十二	十四	十六	十七			
十三年春費人叛南氏	二十四歲母顏氏卒孔子少孤不知其墓殯於五父之衢問於郰曼父之母然後得合葬於防於是封之崇四尺孔子先反門人後雨甚至曰防墓崩孔子流涕曰吾聞古不修墓	九歲	十一	十三	十五	十七	十八			
十四年齊人來歸費	二十五歲母喪既練陽貨弔焉私曰季氏將饗士子聞諸孔子曰弗聞也聞之雖在衰絰亦欲與往貨曰季氏饗士不及子也貨出曾點問曰何謂也孔子曰己則喪服猶應其言示所以不非也	十歲	十二	十四	十六	十八	十九			
十五年	二十六歲既祥五日彈琴而不成聲十日而成笙歌	十一	十三	十五	十七	十九	二十			
十六年	二十七歲	十二	十四	十六	十八	二十	二十一			
十七年郯子來朝	二十八歲學官於郯子	十三	十五	十七	十九	二十一	二十二			
十八年	二十九歲適衛從師襄學琴見歷聘記時衛靈公十一年	十四	十六	十八	二十	二十二	二十三			
十九年	三十歲	十五	十七	十九	二十一	二十三	二十四	冉求字子有生於魯據史記	冉雍字仲弓生於魯據家語	
二十年秋衛齊豹殺公孟縶及	三十一歲齊景公與晏嬰畋魯界因入魯問禮景公問孔子曰昔秦穆公國小處辟其霸何也對曰秦國雖小身舉五羖爵之大夫	十六	十八	二十	二十二	二十四	二十五	二歲	二歲	宓不齊字子　巫馬施字子

琴張聞宗魯死將往弔之仲尼曰齊豹之盜而孟縶之賊女何弔焉〇十二月齊景公田于沛招虞人以弓不進仲尼曰守道不如守官孔子適之鄭子產卒仲尼聞之出涕曰古之遺愛也	二十一年	二十二年周景王崩悼王立子朝作亂王出奔
與語三日授之以政以此取之雖王可也其霸小矣景公說	三十二歲	三十三歲
子賤子賤生生於生於於衛魯據索隱史史索史記記〇隱引〇家正義家語云引家〇史陳人語云記作字子齊人少四期今家十九語作歲今少四家語十歲作少四十歲	端木賜字子貢生於衛據史記	二歲
	一歲	二歲
	二歲	三歲
	二歲	三歲
	三歲	四歲
	三歲	四歲
	十七	十八
	十九	二十
	二十一	二十二
	二十三	二十四
	二十五	二十六
	二十六	二十七

晉納王入。冬，悼王崩，敬王立。

二十三年　子朝入于王城，敬王居狄泉。

三十四歲

二十四年　王子朝入于鄔。　孟僖子將死，屬其大夫使懿子、南宮敬叔學禮於孔子。二月丙戌，僖子卒。　五月乙未朔，日食。

三十五歲

二十五年　會于黃父，謀王室。

將禘於襄公，萬者二人，其衆萬於季氏。臧孫曰：此之謂不能庸先君之廟。大夫遂怨平子。○林堯叟謂季氏雖八佾，此即指此。

九月，昭公伐

三十六歲。魯亂，適齊，至郭門外，遇一嬰兒挈一壺，相與俱行。其視精，其心正，其行端。孔子謂御曰：趣驅之，韶樂方作於是。於而聞韶，學之三月，不知肉味，曰：不圖爲樂之至於此也。孔子舍於外館，景公造焉，問使適至，言先王廟災，公問何王之廟。孔子曰：此必釐王之廟。釐王變文武之制，宮室崇峻，輿馬奢侈，故天殃所宜加。俄頃，左右報曰：釐王廟也。公再拜曰：聖人之智過人遠矣。　齊有一足鳥，舒翅而跳，齊侯使問孔子。孔子曰：此鳥名商羊，水祥也。急告民治溝渠，修隄防，將有大水爲災。頃之，大霖雨，惟齊有備不敗。景公曰：聖人之言信而徵矣。　景公致廩丘之邑以爲養，孔子辭不受，謂弟子曰：君子當功受賞，今吾言於君，君未之行，而賜吾邑，其不知仁

子貢　子賤　巫馬子朞　冉有　仲弓　閔子　有若　漆雕子　路　伯牛　顏路

三歲　四歲　四歲　四歲　五歲　五歲　十九　二十一　二十三　二十五　二十七　二十八

四歲　五歲　五歲　五歲　六歲　六歲　二十　二十二　二十四　二十六　二十八　二十九

五歲　六歲　六歲　六歲　七歲　七歲　二十一　二十三　二十五　二十七　二十九　三十

七歲

孔子過泰山側，聞婦人哭於墓甚哀，使子路問

季氏不允出奔齊

二十六年昭公居鄆　夏齊侯將納公不克　十一月敬王入成周

亦甚矣

三十七歲齊大旱春饑景公問於孔子曰如之何孔子曰凶年則乘駑馬力役不興馳道不修祈以幣玉祭祀不懸祀以下牲此賢君自貶以救民之禮也　景公問政孔子曰君君臣臣父父子子他日又問曰政在節財公說欲以尼谿田封孔子晏嬰曰孔子盛容飾繁登降之禮累世不能殫其學當年不能究其禮君欲用之非所以先細民也異日景公待孔子曰奉以季氏吾不能以季孟之間待之

原憲字子思生於衛據史記○家語云宋人

六歲　七歲　七歲　七歲　八歲　八歲　二十二　二十四　二十六　二十八　三十　三十　三十

之

二十七年春吳季札聘上國秋晉謀納公不果盜殺子陽虎伐鄆

三十八歲齊大夫欲害孔子景公曰吾老矣弗能用也孔子遂行反乎魯　吳季札適齊反子死葬於嬴博之間孔子曰延陵季子吳之知禮者也往而觀其葬焉

二歲　七歲　八歲　八歲　八歲　九歲　九歲　二十二　二十五　二十七　二十九　三十一　三十二

二十八年公如晉次于乾侯

三十九歲

三歲　八歲　九歲　九歲　九歲　十歲　十歲　二十四　二十六　二十八　三十　三十二　三十三歲

生顏回字子淵據聖門通考○顏

二十九年晉鑄刑鼎仲尼曰晉其亡乎失其度矣

四十歲

三十年

四十一歲

三十一年季孫意如會晉荀躒于適歷逆如乾

四十二歲

原思　子貢　子賤　巫馬子議　冉有　仲弓　閔子　有若　漆雕　子晳　伯牛　顏子

氏家語曰顏路爲魯卿士娶齊姜氏生回二歲○以後但紀顏淵之年

澹臺滅明字子羽生於武城據史記

澹臺四歲　九歲　十歲　十一歲　十一歲　十一歲　十一　二十一　二十五　二十七　二十九　三十一　三十一　三十一

陳亢字子禽生於陳據家語

陳亢二歲　五歲　十歲　十一　二十一　二十一　二十一　二十一　二十六　二十八　三十一　三十二　三十四　三十三歲

二歲　三歲　六歲　十一　十二　二十二　二十二　二十三　二十三　二十七　二十九　三十一　三十三　三十五　三十四歲

侯公不果歸
三十二年晉合諸侯之大夫于翟泉城成周
昭公薨于乾侯

四十二歲

公西赤字子華生於魯據史記

三歲四歲七歲十二十三十三十三十四十四二十三十二十三十二十五歲

八 二 四 六

定公元年葬昭公于墓道南立煬宮 南容說仲孫何忌既除喪而昭公在外未之命也定公即位乃命之辭曰先臣有遺命囑家老使命二臣必事孔子而學禮以定其位公許之見家語

四十四歲孟懿子南宮敬叔來學

二歲四歲五歲八歲十三十四十四十四十五十五二十二十二十三十二十六歲

九 一 三 五 七

二年

四十五歲

卜商字子夏生於衛據史

三歲五歲六歲九歲十四十五十五十五十六十六三十三十三十三十三十七歲

二 四 六 八

子夏　子華　陳亢　滅明　原思　子貢　子賤　巫馬　子羔　冉有　仲弓　閔子　有若　漆雕　子路　伯牛　顏子

三年

四十六歲

記

言偃字子游生於吳據史記○家語云少三十五歲

二歲　四歲　六歲　七歲　十歲　十五　十六　十六　十六　十七　十七　二十　三十　二　三十　五　三十　七　三十　九　三十八歲

四年劉文公合諸侯于召陵謀伐楚衛祝佗從衛靈公于會言于萇弘乃長衛于蔡　時邾隱公元年

四十七歲邾隱公旣卽位將冠使大夫因孟懿子問禮於孔子子曰其禮如世子之冠見家語

樊須字子遲生於魯據家語○史記云齊人少三十六歲

曾參字子輿生於南武城據史記

一歲　三歲　五歲　七歲　八歲　十一　十六　十七　十七　十七　十八　十八　二十　一　三十　四　三十　八　三十　八　四十　九歲

五年六月季平子卒陽虎囚季

四十八歲陽虎叛不仕退修詩書禮樂弟

二歲　二歲　三歲　四歲　六歲　八歲　九歲　十二　十七　十八　十八　十八　十九　十九　三十　三　三十　五　三十　七　三十　九　四十　一　十歲

桓子及公父文伯逐仲梁懷十月盟桓子于稷門之內庚寅大詛叔孫不敢季武叔嗣

六年公侵鄭取匡往不假道于衛及還陽虎使季孟自南門入出自東門衛使彌子瑕追之公叔文子言于公乃止○案虎脅暴于匡即此

陽虎又盟公及三桓于周社盟國人于亳社詛于五父之衢

七年陽虎居鄆陽關以爲政

子獳與○案或問奚不爲政及陽貨歸豚當在此時

四十九歲季桓子穿井獲如土缶其中有羊焉子張使問之仲尼曰生於何也對曰羊也史記季桓嶽孫

二歲　三歲　四歲　五歲　七歲　九歲　十歲　十三　十八　十九　十九　十九　二十　二十　三十四　三十六　三十八　四十　四十二　十一

五十歲季桓子二歲

四歲　四歲　五歲　六歲　八歲　十歲　十一　十四　十九　二十　二十二　二十一　二十一　三十五　三十七　三十九　四十一　四十三　十二

木石之怪曰夔罔兩水之怪曰龍罔象土之怪曰羵羊

以粟千鍾辭夫子夫子受之以頒門人之無者子貢曰無乃非

八年衛侯叛晉
陽虎將享季
氏于蒲圃而殺
之栢子使林楚
御以適孟氏陽
虎劫公與武叔
伐孟氏不勝入
讙陽關以叛

子張樊遲曾子子游子夏子華陳亢滅明原思子貢子賤巫馬子羔冉有仲弓閔子有若漆雕子路伯牛顏子

季孫之言乎子
曰與季孫之惡
一人豈若無徼
百人哉
五十一歲南見三歲五歲五歲六歲七歲九歲十一十二十五二十一十二十二十二十三十三十四十四十四十十三
二一一三二六八二四
老聃見莊子
家語孔子謂南
宮敬叔曰吾聞
老聃通禮樂之
原明道德之歸
則吾師也今將
往矣對曰謹受
命乃言於魯君
以乘車之且請
與往公曰諾與
孔子車一乘馬
三匹敬叔與俱
至周問禮於老
聃訪樂於萇弘
歷郊社之所考
明堂之則察廟
朝之度喟然曰
吾乃今知周公
之聖與周之所

以王也　九月

觀乎明堂覩四門墉有堯舜之容桀紂之象而各有善惡之狀興廢之誡焉又有周公相成王抱之負斧扆南面以朝諸侯之圖焉謂從者曰此周之所以盛也　又入后稷廟右階有金人三緘其口而銘其背曰古之慎言人也顧謂弟子曰小子識之　萇宏語劉文公曰吾觀仲尼有聖人之表言稱先王躬履謙讓洽聞強記博物不窮非聖人之興者乎　自

九年伐陽關陽虎奔齊齊侯囚之以甚審逃奔宋遂奔晉適趙氏仲尼曰趙氏其世有亂乎

周反魯道彌尊遠方弟子之進蓋三千焉　孔子嘗曰季孫之賜我粟千鍾也而交益親自南宮敬叔之乘我車也而道加行

五十二歲公山不狃以費叛季氏使人召孔子孔子循道久溫溫無所試欲往子路不說然亦卒不行　孔子初仕為中都宰制養生送死之節長幼異食强弱異任男女別塗路無拾遺器不雕偽行之一年而四方諸侯則焉定公曰學子此法以治魯

子張　四歲
樊遲　六歲
曾子　六歲
子游　七歲
子夏　八歲
子華　十歲
陳亢　十二
滅明　十三
原憲　十六
子貢　二十一
子賤　二十二
巫馬　二十二
子羔　二十二
冉有　二十三
仲弓　二十三
閔子　三十七
有若　二十九
漆雕　四十一
子路　四十三歲
伯牛　四十五
顏子　十四

孔子欲往公山子路不說子曰夫召我者而豈徒哉如有用我者吾[illegible]

國何如對曰雖天下可也豈但魯國而已哉

十年公會齊侯于夾谷孔子相齊使萊人以兵劫公將孔子言乃止齊人來歸鄆讙龜陰田　侯犯以郈叛奔齊齊人乃致郈　史正義曰魯築城以旅孔子功因名謝城　春秋繁露曰孔子爲魯司寇斷獄屯屯與衆共之不敢自專是以死者不恨生者不怨　是歲齊晏嬰卒見齊世家

五十三歲爲司寇别五土之性物各得其宜由司寇爲大司寇設法而不用無姦民季氏墮郈公於墓道南孔子溝而合諸墓謂桓子曰合之所以揜夫子之不臣魯有父子訟者孔子拘之三月不别其父請止教之季孫不說冉子以告孔子歎曰上失其道而殺其下非理也不教以孝而聽其獄是殺不辜也

五歲

七歲

七歲

八歲

九歲

十一

十三

十四

十七

二十二歲爲　孔子孔子宰孔爲太子與司寇之粟團殿九百焚子辭子退朝曰毋而之以與火所鄰鄰郷人里鄉有爲黨乎火來者拜之子貢曰何也子曰其來者亦相弔

二十三

二十三

二十三

二十四

二十四

二十八

三十四

四十二

四十四　平

四十六歲　孔子爲魯司寇以冉耕爲中都宰見通考

四十五

子張樊遲曾子子游子夏子華陳亢滅明原思子貢子賤巫馬子羔冉有仲弓閔子有若漆雕子路伯牛顏子

十一年

之道也故拜之

五十四歲侍坐於季孫季孫之宰通曰君使人假馬其與之乎孔子曰吾聞君取於臣謂之取不曰假季孫悟告宰通曰今以往君有取謂之取無曰假見韓詩外傳○案定公問君使臣臣事君問一言興邦當在此時

六歲八歲八歲九歲十歲十二十四十五十八二十三二十四二十四二十四二十五二十五二十四十一四十三四十五四十七十六

十二年仲由爲季氏宰將墮三都叔孫氏墮郈季氏將墮費公山不狃叔孫輒帥費人襲魯仲尼命申句須樂頎伐之二子奔

五十五歲行乎季孫三月不違曰家不藏甲邑無百雉之城於是帥師墮郈墮費　孔子用魯衆師襄爲樂官見歷聘記○案

七歲九歲九歲十歲十一十三十五十六十九二十四二十五二十五二十五歲二十六二十六二十四十二四十四四十六歲四十八十七

○案子路使子羔爲費宰當在

爲季氏宰墮三都○案公伯寮

[illegible]墮費將墮成公斂處父不可十二月公圍成不克	十三年孔子相魯大治齊人懼曰孔子爲政必霸霸則我爲先幷矣盍致地焉黎鉏曰請先嘗沮之于是選好女八十人皆衣文衣而舞康樂文馬三十駟遺魯君陳魯城南高門外季桓子微服往觀再三將受乃語魯君爲周道游往觀終日怠于政事子路曰夫子可以行矣孔子曰魯今且郊如致膰乎大夫則吾
叔孫武叔毀仲尼疑在此時	五十六歲攝行相事七日誅大夫亂政者少正卯與聞國政三月粥羔豚者弗飾賈男女行者別於塗塗不拾遺四方客至者如歸焉沈猶氏不敢朝飲其羊公愼氏出其淫妻愼潰氏奢侈越境而徙　初爲司寇國人誦之曰麛裘而韠投之無戾韠之麛裘投之無郵既而政化盛行國人誦之曰袞衣章甫爰得我
	八歲
	十歲
	十歲
	十一
	十二
	十四
	十六
	十七
	二十
	二十五歲孔子誅少正卯子貢趨進曰卯魯之聞人也孔子曰天下有大惡五心逆而險行辟而堅言僞
	二十六
此時	二十六
	二十七歲子適衛冉有僕有問既庶既富當在此時
	二十七
	四十一
	四十三
	四十五
想子路疑在此時	四十七歲齊人歸女樂子路曰夫子可以行矣孔子適衛主顏讎由彌子之妻與子路之妻兄弟也謂子 四十九
	十八歲天下歸仁見後漢書○家語有對定公東野畢善御之語疑在此時

仲可以止恒子卒受女樂三日不聽政郊又不致膰俎于大夫孔子遂行宿乎屯師己送孔子歌曰彼婦之口可以出走彼婦之謁可以死敗優哉悠哉維以卒歲師己反以告桓子歎曰夫子罪我以群婢故也夫　夏葉殺謝國大蒐于比蒲　晉趙鞅殺邯鄲午荀寅范吉射伐趙氏趙鞅奔晉陽衛韓不信魏侈奉奉公以伐范氏中行氏二子遂戊公敗奔朝歌歸魏以趙氏爲

所章甫裘衣患我無私　季桓子受齊女樂孔子行適衛主子路妻兄顏濁鄒家蘧公致粟六萬○案王孫賈問媚竈當在此時又歷碑記曰天子以女樂去魯師襄入于海則太師摯諸人去魯亦在此時一　拾遺記曰孔子相魯有神鳳遊集至哀公之末不復來翔故曰鳳鳥不至

而辨記醜而博順非而澤少正卯兼有之不可以不除

謂子路曰孔子主我衛卿可得也子路以告孔子曰有命

請十二月衛入于絳盟于公宮
十四年衛侯為夫人南子召宋朝會于洮太子蒯聵謀殺南子不克奔宋　晉人圍朝歌
曹伯陽六年
宋景公二十一年鄭聲公五年
陳湣公周六年

五十七歲居衛十月或譖之去衛將適陳過匡顏刻為僕以策指之曰昔吾入此由彼缺也匡人以為陽虎陽虎嘗暴匡人孔子狀類陽虎拘焉甚由彈劍而歌孔子和之曲三終而匡解去即過蒲月餘反乎衛主蘧伯玉家衛夫人南子請見孔子辭謝不得已而見之入門北面稽首夫人自絺帷中再拜環珮玉聲璆然月餘靈公與夫人同車宦者雍

九歲
十一
十一
十二
十三
十五
十七
十八
二十

二十二　六歲　孔子之衛遇舊館人之喪入而哭之哀出使子貢說驂而賻之孔子適鄭與弟子相失獨立郭東門鄭人
二十二　七
二十二　七
二十二　七
二十二　八
二十二　八
二十四　二
四十四　四
四十四　六
四十五　八歲　匡簡子以甲士圍孔子子路將與戰孔子止之曰由歌予和汝子見南子子路不說夫子矢之曰予所否
十九　歲子畏於匡顏淵後子曰吾以汝為死矣曰子在回何敢死

子張樊遲曾子子游子夏子華陳亢臧明原思子貢子賤巫馬子施冉有仲弓閔子有若漆雕子路伯牛顏子

渠驂乘出使孔子爲次乘孔子曰吾未見好德如好色者也醜之去衛過曹適宋與弟子習禮大樹下司馬魋欲殺孔子拔其樹孔子微服過宋弟子曰可以速矣孔子曰天生德於予桓魋其如予何適鄭遂至陳主司城貞子家○案陳司敗問昭公知禮當在此時

或謂子貢曰東門有人其顙似堯其項類皋陶其有並子產自要以下不及禹三寸纍纍若喪家之狗子貢以實告孔子曰形

者天厭之

	十五年春邾隱公來朝子貢觀焉邾子執玉高容仰公受玉卑容俯子貢曰高仰驕也卑俯替也驕近亂替近疾君爲主其先亡乎夏公薨仲尼曰賜不幸言而中是使賜多言也	哀公元年春楚圍蔡蔡遷于吳　吳夫差敗越于夫椒遂入越越保會稽使大夫種因吳太宰
	五十八歲在陳有隼集於陳廷而死楛矢貫之石砮矢長尺有咫陳湣公使使問孔子孔子曰隼來遠矣此肅慎氏之矢也	五十九歲吳伐越越墮會稽得骨節專車吳使使問孔子骨何者最大孔子曰禹致羣臣於會稽
	十歲	十一
	十一	十二
	十二	十三
	十三	十四
	十四	十五
	十六	十七
	十八	十九
	十九	二十
	二十二	二十三
財求也而似喪家之狗然哉	二十七歲邾隱公朝魯子貢觀焉知二君皆將死亡	二十八歲孔子與蒲人盟遂適
	二十八	二十九
	二十八	二十九
	二十八	二十九
	二十九	三十
	二十九	三十
	四十三	四十四
	四十五	四十六
	四十七	四十八
	四十九	五十歲佛肸召孔子孔子欲往
	五十一	五十二
	二十	二十一

鄭行成　夏齊衛伐晉救范氏　八月吳侵陳　十一月晉趙鞅伐朝歌

子張樊遲曾子子游子夏子華陳亢滅明原思子貢子賤巫馬子羔冉有仲弓閔子有若漆雕子路伯牛顏子

山防風氏後至禹殺之其節專車此爲大矣客曰善哉聖人居陳三歲會吳侵陳常被寇于是去陳過蒲會公叔氏以蒲叛止孔子弟子公良孺有勇力鬥甚疾蒲人懼謂孔子曰苟毋適衛吾出子與之盟出遂適衛靈公聞郊迎公怠于政事不用孔子孔子歎曰苟有用我者期月而已可也三年有成　佛肸爲中牟宰趙簡子攻范中行氏伐中牟佛肸畔使人召孔子不果

衛子貢曰盟可負耶孔子曰要盟也神不聽孔子將西見趙簡子臨河而嘆子貢曰何謂也孔子曰竇鳴犢舜華晉之賢大夫

路曰由聞諸夫子其身親爲不善者君子不入也今佛肸親以中牟畔子欲往如之何孔子曰有是言也不曰堅乎磨而不磷

二年夏衛靈公卒輒立晉趙鞅納蒯聵于戚冬蔡遷于州來

[illegible]於衛過何罪將西見趙簡子至河聞竇鳴犢舜華之死臨河嘆曰美哉水洋洋乎丘之不濟此命也夫乃還息乎陬鄉作陬操以哀之反衛主蘧伯玉家

六十歲靈公問兵陳孔子曰俎豆之事則嘗聞之軍旅之事未之學也明日與孔子語見蜚雁仰視之色不在孔子遂行如陳○案儀封人請見當在此時朱子曰據論語則絕糧當在此時今以爲夏之年

十二
二十四
十四
十五
十六
十八
二十一
二十二　四
二十二　九歲○案公孫朝問仲尼焉學當在此年歟
二十三
三十二
三十三
三十三
三十六　一
十一
四十　五
四十　七
四十四　九
四十五　二
五十五　三
十二
二十　二

也而鉏子殺之六鳥獸術謹傳其類而況丘乎

不曰白乎湼而不淄我豈匏瓜也哉焉能繫而不食

子張樊遲曾子子游子夏子華陳亢滅明原思子貢子賤巫馬子旗冉有仲弓閔子有若漆雕子路伯牛顏子

三年齊衛圍戚 五月桓宮僖宮災 七月季桓子病輦而見魯城歎曰昔此國幾興矣以吾獲罪于孔子故不興也顧謂康子曰我死必召仲尼桓子卒康子欲召仲尼公之魚曰昔先君用之不終爲諸侯笑今又用之不終是再爲諸侯笑康子曰誰召而可曰必召冉求於是使使召冉求

證之恐不然也

六十一歲在陳聞火曰其桓僖乎 季康子召冉求孔子曰魯人召求非小用之將大用之也因曰歸與歸與吾黨之小子狂簡斐然成章不知所以裁之

十三
十五
十五
十六
十七
十九
二十一
二十三
二十五
三十歲冉求將歸魯子貢知孔子思歸誠冉求曰即用以孔子招云
三十一
三十一
三十一
三十二歲以康子召歸魯
三十二
四十六
四十八
五十
五十三
五十四
二十三

四年春蔡公孫翩弒昭侯成侯朔立 邑衆公諸梁致蔡于負

六十二歲自陳遷於蔡

十四
十六
十六
十七
十八
二十二
二十三
二十六
三十一
三十二
三十二
三十二
三十三
三十三
四十七
四十九
五十一
五十三
五十五
二十四

□六月辛丑
亳社災
五年齊景公卒

六十三歲自蔡
遷葉葉公問政
問道躬反於蔡
遇長沮桀溺
孔子使宰予使
楚昭王以安車
象飾因宰予以
遺孔子宰予曰
君能行其道夫
子雖徒步以朝
固猶爲之何必
遠辱君之重賜
乎宰予歸以告
夫子曰言貴實
使人信之賜之
華不若予之實
也見孔叢子

十五
十七
十七
十八
十九歲孔子將之荊先之以子夏
二十一
二十二
二十四
二十七
三十二
三十三
三十三
三十三
三十四歲孔子將之荊申之以冉有
四十八
五十二
五十四歲葉公問孔子子路不對問津於長沮桀溺又嘗從而後遇荷篠丈人
五十六
五十二五

六年春吳伐陳
楚救陳師于城
父　是歲有雲
如衆赤鳥夾日
以飛三日周太

六十四歲楚昭
王軍於城父聞□從
孔子在陳蔡之在陳
間使人聘孔子蔡困
孔子將往拜禮問行

十六
十八歲從孔子於陳在楚蔡困心勵從適
十八歲從孔子於陳
十九歲從
二十一
二十二四
二十二五
二十三八
三十三歲四從於陳蔡孔子
三十四
三十四
三十五歲從於陳蔡至衛
三十五歲從於陳蔡
四十九歲從於陳蔡
五十一
五十三
五十五歲從於陳蔡慍見
五十七歲從於陳蔡後有孔子
十六歲從於陳蔡

子張樊遲曾子子游子夏子華陳亢滅明原憲子貢子賤巫馬子期冉有仲弓閔子有若漆雕子路伯牛顏子

迎円其肖楚王
之身乎若禜之
可移於令尹司
馬王弗禜昭王
有疾卜曰河爲
祟王弗祭秋七
月昭王卒孔子
曰楚昭王知天
道矣其不失國
宜哉　齊陳乞
弒其君荼

曾吳伐陳陳亂見弟
之食絕糧七日子傳
從者病莫能興
孔子講誦絃歌
不衰於是使子
貢使楚昭王興
師迎孔子乃免
○案陳蔡之厄
史記家語皆謂
陳蔡大夫恐其
用發徒圍之將
蔡已遷州來故
地盡屬楚而陳
方被吳伐望楚
救豈敢圍楚所
聘之人哉孔安
國註云會吳伐
陳陳亂故乏食
孟子曰君子之
厄於陳蔡之間
無上下之交也
豈独備兵荒君
大夫不見機以
至困乏耳故今

辭歸衛與
問以將軍
母曰文子
吾思衛年
爾留之弟
指見子蘭
撰祕柏善
記　使之
受學
於孔
子

問曰
吾道
非耶
對曰
夫子
之道
至大
故天
下莫
能容
盍少
貶焉
孔子
曰賜
良農
能稼
而不
能爲
穡良
工能
巧而
不能
爲順
君子

問子
貢曰
夫子
爲衛
君乎

曰君疾子問吾
子亦聞之道非
有窮先孔邪對
乎子子卒曰夫
曰君其年子之
子固不可道道
窮小人大故
人窮天下
斯濫莫能
矣子容雖
路曰然不
意者容何
吾未病不
仁邪容然
人之後見
不我君子
信也孔子
吾未欣然
知邪笑曰
人之有是
不我哉使
行也爾多
孔子財吾
曰由爲爾

吾孔謀　昭王將以書社地七百里封孔子令尹子西曰王之使諸侯有如子貢者乎輔相有如顏回者乎將率有如子路者乎官尹有如宰予者乎今孔丘得據土壤賢弟子爲佐非楚之福也昭王乃止　楚王渡江有物大如斗圓而赤觸王舟王使使問孔子孔子曰此所謂萍實者也　楚昭王卒於城父楚狂接輿歌而過孔子於是孔子自楚反乎衛時衛君輒欲得孔子

能脩其道而不能爲容今不脩爾道而求爲容賜而志不遠矣於是使子貢使楚乃免於厄至衛問伯夷叔齊何人也

使仁者而必信安有伯夷叔齊使知者而必行安有王子比干至衛問衛君待子爲政子將奚先子曰必也正名乎

七年公會吳于鄫吳來徵百牢太宰嚭召季康子康子使子貢辭　康子伐邾以邾子益來獻于亳社

八年吳爲邾故伐魯克武城王犯嘗爲之宰澹臺子羽之父好焉吳師克東陽而進次于泗上微虎欲宵攻王舍私屬徒七百人卒三百人有若與焉吳人行成乃盟而還

子張　樊遲　曾子　子游　子夏　子華　陳亢　滅明　原思　子貢　子賤　巫馬　子羔　冉有　仲弓　閔子　有若　漆雕　子路　顏子

爲政有魯衛兄弟之語

六十五歲居衛　十七　十九　十九　二十一　二十三　二十五　二十六　二十九　三十四歲見太宰嚭召季康子康子使子貢辭　三十五　三十五　三十五　三十六　三十六　五十　五十二　五十四　五十六歲○案子路爲蒲大夫疑在此時　二十七

六十六歲居衛子路爲蒲令春修溝瀆予人一簞食一壺漿孔子聞之使子貢止之曰爾以民爲餓何不告君發倉廩而以私饋之是不明君之惠見汝之德也速已則可否則罪矣見說苑　是歲哀公以

十八　二十　二十　二十二　二十四　二十六　二十七　三十　三十五　三十六　三十六　三十六　三十七　三十七　五十一　五十三歲微虎私屬徒卒欲宵攻吳王於泗上有若與焉　五十五　五十七歲孔子過蒲三稱其善舊當欲代衛長子路不歆過蒲疑在此時　二十八

毁之于艾陵冬季孫欲以田賦使冉有訪諸仲尼仲尼不對而私于冉有曰子季孫若欲行而法則周公之典在若欲苟而行又何訪焉弗聽

子張　樊遲　曾子　子游　子夏　子羔　陳亢　滅明　原思　子貢　子賤　巫馬子燕　冉有　仲弓　閔子　有若　漆雕　子路　顔子

子孔子曰胡簋之事則嘗學之矣甲兵之事未之聞也退命駕而行文子遽止之魯人以幣召孔子乃歸孔子去魯凡十四歲而反乎魯然魯不能用孔子孔子亦不求仕追迹三代之禮序書傳禮記詩魯太師樂晚而喜易韋編三絕曰假我數年若是我於易則彬彬矣又曰吾自衛反魯然後樂正師摯之始關雎之亂洋洋乎盈耳哉復有杞宋損益從周等語伯魚卒時年

樊遲曰非不能也不仁乎也請三刻而歸之如之來從之

曰州穫是仇牽使民甲從樂有君而恐也拜

〇案子賤爲單父宰所父事者三人兄事者五人友者士一人當在此時

國有聖人而不能用欲以求治不可得已今孔子在衛衛將用之已有才而以資鄰國非智也請以重幣迎之季孫以告哀公

憂之有若曰治細而丞治天下將奈何

十二年春用田賦　夏五月昭夫人孟子卒孔子與弔適季氏季氏不絻放絰而拜　吳使太宰嚭請尋盟公不欲使子貢辭乃不尋盟　秋衛侯會吳于鄖吳人藩衛侯之舍子貢爲言于太宰嚭乃舍衛侯　冬十二月螽季孫問諸仲尼仲尼曰丘聞火伏而後蟄者畢今火猶西流司曆過也

五十

七十歲顏淵卒　哀公患盜使人訪於孔子孔子曰凡在封內皆民子也禮君弔其臣升自東階向尸而哭其恩賜之施不有算也　○案季康子問仲由求可使從政問政患盜問殺無道問使民敬忠以勸爲則民服季子然問仲由冉求可謂大臣當在此時

二十二

二十四

二十四

二十五歲　○案子之武城聞弦歌之聲疑在此時

二十六歲　○案爲莒父宰問政疑在此時

二十八

三十一歲　○案子游爲武城宰子問得人曰有澹臺滅明者疑在此時

三十四

三十九歲　辭吳尋盟說吳舍衛侯○案太宰問夫子多能當在此時

四十歲　○說苑曰宓子賤治單父彈鳴琴身不下堂而單父治巫馬期亦治單父以星出以星入單父亦治

四十一歲　○案季氏旅泰山伐顓臾冉有聚斂攻退朝何晏之問在此歟年

從之

四十一歲　○案爲季氏宰問政疑在此時

五十五

五十七

五十九

六十一

三十二歲卒子哭之慟曰噫天喪予顏路請車子不許門人厚葬之時顏路年六十四其卒不可考後有顏氏之儒

十三年

七十一歲顏淵二十二十二十二十二十二十二十三十三十三十四十四十四十四十四十五十五十六十六十二

子張　樊遲　曾子　子游　子夏　子華　陳亢　滅明　原憲　子貢　子賤　巫馬　子羔　冉有伯[illegible]　閔子　有若　漆雕　子路

十四年春西狩獲麟以爲不祥以賜虞人仲尼觀之曰麟也然後取之　五月宋向魋入于曹以叛出奔衛遂奔齊司馬牛致邑與珪而適齊陳成子使爲次卿牛又致其邑適吳吳人惡之而反卒于魯郭門之外　八月孟懿子卒武伯嗣　冬魯饑

之喪饋祥肉孔子出受之入彈琴而后食之

三　五　五　六　七　九　一　二　五　一　一　一　二　二　六　八

七十二歲西狩獲麟孔子曰吾道窮矣乃西觀周室因史記作春秋有莫我知之嘆知我罪我之語　六月齊陳恒弒簡公於舒州孔子沐浴而朝請討之三家不可○案孟武伯問子路仁子當在此時

二十四　二十六　二十六歲　二十七歲　二十八歲　三十　三十二　三十三　三十六　四十一　四十二　四十　四十二歲　四十三歲　四十三　五十七　五十九歲　六十一　六十三歲

孔子問孔孔子七十子曰作春二歲今麟秋丘語曾見其明子子著誰應耳逃孝經之子勝親見孝泣曰受經援麟出公羊神契而死疏引直道閔因窮矣教云見孔孔子歎子使子夏游十四人求附史記得西二

孔子季康往觀子使騂商冉有柴爲告子御見路要孔叢小邾子　子路辭

哀公問年饑用不足如之何有若對曰盍徹乎

[illegible]小邾射以句繹奔魯曰使季路要我吾無盟矣子路辭

[illegible] 九月 經立

十五年春成叛于齊武伯伐成不克 秋齊陳瓘過衛仲由見之曰天或者以陳氏爲斧斤既斲喪公室而他人有之不可知也其使終饗之亦不可知也若善魯以待時不亦可乎何必惡焉子玉曰吾受命矣子使告我弟 冬及齊平 子服景伯如齊子貢爲介陳成子乃歸成 衛孔悝立蒯聵輒奔魯

七十三歲聞衛亂曰柴也其來由也死矣哭子路於中庭曰噫天祝予既哭進使者問故使者曰醢之矣遂命覆醢孔子之喪顏淵若喪子而無服喪子路亦然 孟氏之臣叛武伯問孔子曰如之何孔子曰叛臣天下所不容將自反子姑待之三旬果自歸孟氏武伯將執之訪於孔子孔子曰罪以反除又何執焉

二十五

二十七

二十七

二十八

二十九

三十一

三十三

三十四

三十七

四十二歲 子服景伯如齊子貢爲介陳成子曰寡君願事君如事衛君子貢對曰寡君之願也成子乃歸

四十三

四十三

四十三歲 孔悝之難子路將入過子羔將出曰門已閉矣弗及不踐其難子路曰食焉不辟其難子羔遂

四十四

四十四

五十八

六十

六十二

六十四歲秋齊陳瓘過衛仲由見之告以善齊 冬衛孔氏之豎渾良夫私納蒯聵劫孔悝登臺輒奔魯子路欲燔臺石乞盂黶以戈擊之斷纓子路曰君子死冠不免結纓而死 仲子崔者子路之子告孔子欲報父讎子曰行[illegible]與子偕[illegible]死見孝子[illegible]向曰成回[illegible]子路

子張樊遲曾子子游子夏子羔陳亢漆雕明原思子貢子賤巫馬子燕冉有仲弓閔子有若漆雕

戍
出

十六年夏四月
十一日己丑孔
子卒時周敬王
四十一年哀公
誄之曰旻天不
弔不憖遺一老
俾屏余一人以
在位煢煢余在
疚嗚呼哀哉尼
父子貢曰生不
能用死而誄之
非禮也稱一人
非名也君兩失
之○哀公二十
七年卒悼公
三十七年元公
二十一年穆公
三十三年共公
二十二年康公
九年景公二十
九年平公二十
年潛公二十一

武伯乃止見孔
叢子
七十四歲寢坐二十
奠於兩楹之間六歲八
寢疾七日而沒○孔
葬魯城北泗上子卒
○孔子生孟皮後子
生弗字子襄子張居
伯魚生伋字子陳子
思受業於曾子張之
年十六適宋宋襄公
大夫樂朔與之明儀
言學不說而退爲志
其徒請攻之遂爲孔
圍子思宋君不親達
待駕救之既免曰是
撰中庸四十九其弟
篇見孔叢子至子辯
魯穆公立常見非子
脩禮距此已六曰孔
十九年奐穆公氏之
三年齊田和伐後儒
衛取毋丘當時分爲
孟子所謂子思八有

一十二十二十三十三十三十
八歲九歲歲孔二歲四
○曾參康子之孔子
子曾子謂我有之喪
仕於子游自燕公西
莒得曰鄭來觀赤爲
粟三子産者含志焉
秉方死鄭於子
是之人三夏氏
時重刀不子夏
其膝開學曰人
而彈琴之之莖
其身聲仲聖人
親沒尼死也子
之後不聞何觀
齊迎魯國焉○
以相之愛孔子
楚迎夫子既沒
以合衆也子夏
尹方子游西河
是之曰贊教授
將重于齊爲觀

三十三十三十四十四十
五歲八歲三歲四歲四
○孔孔子孔子○讓
子卒卒憲之喪藝文
後澹亡在門人志儒
臺子卑澤疑所家爲
羽居中後服子十
楚當隱於貢曰六篇
南游衛請若又景
至江喪父子三
從弟而無篇說
子三服既怨子
百人三年許似
設取門人其弟
子去將歸子韓
就名入揖非子
施乎於子曰川
諸侯貢皆明棄
喪失則怨
聲子子賤
貢又宋書
廬家曰怨

四十四十四十四十五十
四歲五歲五歲九
○明○哀○鄭
年公公二康成
會齊十三謂論
侯盟年朱諸爲
于棠景曹仲弓
孟武卒季子夏
伯相康子所撰
問高使冉定
柴曰有弔
諸侯且送
盟諸楚
執牛
耳對
曰鄭
衛之
役吳
公子
姑曹
發陽
之役

六十六十三歲○開習尚
一歲書不樂仕後有漆雕
孔子氏之儒孔叢子曰漆
既沒離開形殘非行已所
三年致何傷於德哉
子夏
子游
子張
以有
若似
聖人
欲以
所事
孔子
事之
强曾
子不
可後
有若
之喪
悼公
弔焉

□□公二十五
年秦滅魯時東
西二周俱亡實
秦莊襄王之元
年也

居衛有齊絶當子張
而史世家乃謂氏之
子思年六十二臨子
誤也子思生白申詳
字子上年四十七與穆
七子上生求字子公子
子家年四十五思同
子家生箕字子時
京年四十六子
京生穿字子高
年五十一嘗適
趙與平原君客
公孫龍論臧三
耳與魯平公同
時子高生斌字
子慎亦作子順
年五十七嘗爲
魏安釐王相與
魯頃公同時子
慎生鮒年五十
七爲陳王涉博
士死于陳下

其封之與文侯
而輕夫子師說
其獻其猶喪子
子曾浸水失明
元曾之與紫魏
申中天雨文侯
受詩予氏以魯
於子生以元公
夏受時雨六年
春秋鼻愛立距
於左其賜此也
丘明見說五十
孫日姬七年
曾西子游是子
曾子子言是年
門人思九十
可考餘也
者樂孔子
正子授春
春沈秋於
猶行子貢
陽膚子夏
公明授公
高公羊高

上三賤娥
年然領血
後歸不足
○哀伯○
公二柴門
十六道考
年衛日子
出公聵後
自城爲將
鉏使使吳
以弓卒於
問了道漢
貢日碑云
皆其濟南
入乎伏生
子貢卽子
私於賤之
使者後見
日君顏氏
再在家訓
孫內
外甥
親賜
不識

紂不
燋武
伯日
然則
鮑也
嘗爲
成宰
非其
妻犯
人之
禾申
詳以
告日
請更
之子
業日
吾爲
邑長
貫道
而鑿
後雖
繼出
成人
有其

子游
猶由
丕

明儀子喪公明官單君離而子思之學出於曾子孟子叉學於之思人門有後思子孟氏樂氏氏正儒之衛叉見起始宰

穀梁亦魏文侯受經嬖居子夏授有者經傳又曾申尚行子受詩於子夏子弓段干木田子方李克皆子夏門人韓子曰子方

所出人也二十七年越君朋來聘且齊新田封於騎上康子痾之曰者子貢在此君不及此夫武伯曰然何不名曰閒將召之

見死而不爲衰者閭子無將爲成宰遂爲殺

曾子以毋死不奔喪絕之李克進之於魏文侯爲西河守

之後流而爲莊周故周之書篇稱子方之爲人

文子曰他月請念子貢嘗爲信陽半辭於孔子後相魯衞家累千金卒終於齊其世癸端木叔家富盡散與人見列子一呂氏

春秋
目田
子方
學於
子貢

孔門師弟年表後說

孔子生卒編年惟江慎修聖蹟年表頗爲精核益以世家爲主而取證於三傳以訂其訛其辨論俱見本書今不贅錄但其間尚有未安者故稍爲更正具說於後至弟子之年多以史記弟子傳爲主惟樊遲史云少孔子三十六歲家語作四十六據左傳郊之戰樊遲爲右季孫曰須也弱禮二十曰弱以家語推之時年二十三其說爲合故從之又子賤史云少四十九歲家語作四十索隱引家語又作三十案孔子嘗許子賤君子則道明德立當在强仕之年索隱所引竊爲近之又史記家語並云顏子少孔子三十歲其卒史記但云早死家語云三十二早死知家語之說是卒於厄陳蔡伯魚卒之前顯與論語不合聖門通考謂顏子少孔子三十八歲未知所據而其說爲近今姑從之（四書釋地謂回少孔子三十七歲史脫七字蓋本薛應旂甲子會紀之說論語稽求篇以少三十歲是四十之誤皇王大紀書回死於哀公十一年均無所據）

孔子弟子其有年可考者表外尚有十人秦商字丕慈（史記作子丕）魯人（鄭康成曰楚人）少孔子四歲商瞿字子木魯人梁鱣字叔魚齊人皆少孔子二十九歲（梁鱣今家語作少三十九歲）顏幸字子柳魯人少孔子四十六歲冉孺字子魯魯人曹䘏字子循（文獻考云蔡人）伯虔字子析顏高字子驕（今家語作顏刻）皆少孔子五十歲公孫龍字子石楚人（家語云衛人孟子曰趙人）少孔子五十三歲叔仲會字子期晉人（家語云魯人）少孔子五十四歲此類於事罕徵且非表所能容故不載案弟子傳孔子傳易於商瞿又云瞿年三十八無子其母爲更取室孔子使之齊瞿母請之孔子曰無憂瞿年四十後當有五丈夫子已而果然今以年考之瞿之使齊值孔子居衛之日是越國而使之也恐未然矣（家語謂梁鱣年三十未有子欲出其妻商瞿謂曰昔吾年三十八無子夫子曰瞿過四十當有五丈夫今果然案家語梁鱣少商瞿十歲是鱣三十歲時瞿年逾四十安得遽有五子而云果然耶）又家語云叔仲會與孔璇年相比每孺子之執筆記事於夫子二人迭侍左右孟武伯見孔子而問曰此二孺子之幼也於學豈能識於壯哉孔子曰然少成則若性也習慣若自然也此却可爲闕黨童子之證

襄公二十六年衛甯喜謀納獻公蘧伯玉從近關出時孔子方六歲而襄十四年孫林父謀出獻公伯玉從近關出尚在孔子未生之前七年其時伯玉當已壯年後孔子五十九歲將西見趙簡子不果反衛主伯玉家計其年不下九十矣而文翁孔廟圖列之弟子豈其然乎（弟子傳云孔子之所嚴事於周則老子於衛蘧伯玉於齊晏平仲於楚老萊子於鄭子產於魯孟公綽）

孔子弟子當以曾晳爲最長據檀弓季武子之喪曾點倚其門而歌武子以昭公七年卒時孔子年十八想曾晳年亦相埒而論語記侍坐乃在子路之後蓋與顏淵季路侍一例耳

江慎修謂古人埋棺於坎爲殯殯淺而葬深其說未知所本又云五父之衢似在城外括地志謂在曲阜縣西南二里魯城內未知孰是今案左傳定六年陽虎盟公及三桓于周社盟國人于亳社詛于五父之衢是必城內四達之衢爲人人往來共見之地豈淺葬之所哉觀其合葬之言曰古者墓而不墳今丘也東西南北之人也不可以不識也於是封之崇四尺蓋卽有隧於前此之不壞致不知其處而云然耳當仍從舊說爲是

家語孔子有母之喪既練陽貨弔焉私於孔子曰季氏將饗士子聞諸孔子曰弗聞也聞之雖在衰絰亦欲與往此不似聖人

語且貨於昭公末年始見於傳距此尚十餘年時未擅權孔子何至言遜如是今姑錄之以傳疑史記謂孔子要絰與饗爲陽虎所絀其妄更不足辨

史記昭公二十年齊景公與晏嬰來適魯景公問孔子秦穆之霸因說其言此事不見於傳即如其說是景公已知孔子矣而後二十五年魯亂孔子適齊又云爲高昭子家臣以通乎景公何姓也今姑存前事而削其後齊魯世家年表並載齊景公與晏嬰獵魯郊因入魯問禮當別有所本

鄭世家曰孔子嘗過鄭兄事子產據孔子世家則適鄭在定公十四年時子產歿二十六年矣豈早年固嘗適鄭而孔子世家遺之耶

閻氏四書釋地曰史記載孔子適周在昭公二十年莊子云孔子年五十一南見老聃是爲定公九年水經注云孔子年十七適周是爲昭公七年索隱謂孟僖子卒南宮敬叔始事孔子實敬叔言於魯君而得適周則又爲昭公之二十四年四說不同考曾子問孔子有吾從老聃助葬於巷黨及堩遇日食語而春秋昭公二十四年夏五月乙未朔日有食之正與此合即孔子從老聃問禮時也宜以昭公二十四年爲是江慎修曰僖子卒於二月而日食在五月則孔子適周宜在三四月間但敬叔方有父喪家語謂與孔子俱至周恐未必然蒙謂敬叔父喪方在三月之內非惟不可適周恐亦非受業之時且衰絰不入公門何由得請於魯君資孔子車馬耶又懿子南宮敬叔俱以昭公十一年生見左傳則是時甫十四歲耳而孔子語老聃云甚矣道之難行亦不類三十五歲時語也且懿子既學於孔子而乃與陽虎伐鄆敗公徒曾入聖門而猶若是而孔子亦何無一言責以大義凡此皆事理之可疑者考家語正論解南容說仲孫何忌既除喪而昭公在外未之命也謂未命爲卿大夫定公即位乃命之辭曰先臣有遺命囑家老使命二臣必事孔子而學禮以定其位公許之二子學於孔子然則其及門實在定公元年而適周又後乎此則惟莊子孔子年五十一南見老聃之說爲可信維時爲定公八年適陽虎將享季氏於蒲圃之歲蓋孔子適周固爲問禮亦以避亂而敬叔與俱當亦以家難故耳閻氏徒見是年無日食遂斷爲非然助葬安見即在此時而巷黨未必即屬周地此刻舟膠柱之見非篤論也案史記孔子干七十餘君莫能用故西觀周室論史記舊聞興於魯而次春秋又公羊疏引沈氏云嚴氏春秋引觀周篇云孔子將修春秋與左丘明乘如周觀書於周史歸而修春秋之經丘明爲之傳共爲表裏今家語觀周篇無此文則嚴氏所引乃古家語也據孔子世家儒林傳春秋爲獲麟而作則如周當在哀公十四年是孔子嘗再適周而是年五月庚申朔日有食之孔子所云從老聃助葬遇日食其在此時乎

世家稱孔子年三十五魯亂適齊以景公不能用遂行反乎魯孔子年四十二魯昭公卒於乾侯通鑑前編遂謂孔子在齊八年不知年四十二句乃連下文言之非足上文語也但於何時反魯世家無明文據檀弓延陵季子適齊反子死葬於嬴博之間孔子往而觀葬季子之聘上國在昭公二十七年春見左傳傳又紀季札觀樂在襄公二十九年時孔子方九歲知非觀葬時也而嬴博在泰安縣境距齊都遠於曲阜爲近夫子觀葬蓋亦自齊歸魯途中偶遇未必特爲此行則歸魯當在是年春可知也孟子稱孔子未嘗有所終三年淹齊景既不能用接淅遂行豈有遲至八年之久乎

說苑曰曾子從孔子於齊齊景公以下卿禮聘曾子曾子固辭案孔子年三十六適齊後反乎魯遂不復至齊而曾子少孔子四十六歲其妄明矣

昭公二十五年將禘于襄公萬者二人其衆萬于季氏臧孫曰此之謂不能庸先君之廟大夫遂怨平子林堯叟曰季氏舞八佾恐卽指此是也時臧孫與諸大夫皆不平其秋昭公遂伐季氏正所謂是可忍也孰不可忍者也然則容忍之義爲長

崔述洙泗考信錄曰孔子爲魯司寇子路爲季氏宰實相表裏觀墮都之事可見子路見疑卽孔子不用之由故公伯寮之愬孔子以道之行廢言之似不僅爲子路發也蒙謂武叔之毀仲尼桓子之受女樂亦當由墮都之故蓋始患家臣之强而墮之繼聞處父之言而疑之物必先腐而後蟲入焉使桓子不疑孔子豈女樂所能閒哉

子路使子羔爲費宰蓋在墮費之後夫子以爲賊夫人之子者非惟質美未學亦緣少不更事劇邑非所宜耳子羔時年二十五故以夫人之子稱之

江愼修曰攝相乃是相禮如夾谷相會是也若魯相自是三卿執政自是季氏（此說始于毛西河）不知攝之云者特行其事而未居其位固不害其爲相也若僅僅相禮豈能使塗不拾遺衆衣致誦而齊人遂有爲政必霸之懼乎管仲以堂阜之囚而鮑叔薦以爲相其實二守自是國高其平戎于王只稱陪臣寧得謂之非相耶

孔子不以女樂去魯而以膰肉當時及門並無一問想皆默喩其意後至孟子始發之若桓子雖不至以爲爲肉度亦不過謂爲無禮追師已以歌告乃歎曰夫子罪我以羣婢故也夫此史公傳神之筆

孔子世家以攝相去魯在定公十四年孔子年五十六案史記謂孔子生于魯襄公二十二年較穀梁後一年故云爾其實五十六歲當定公十三年也十二諸侯年表及魯世家皆于定公十二年書女樂去魯誤衛表世家則于靈公三十八年書孔子來祿之如魯實當定公十三年此爲得之江愼修曰女樂事蓋在十二十三冬春之間去魯實在十三年春魯郊嘗在春也案是則然矣但江以去魯居衛適陳畏匡反衛俱十三年事則不然據世家攝相三月居衛十月又過匡過蒲復月餘始反乎衛是其閱月已十有四五豈止一年耶年表謂十三年至衛十四年適陳爲得其實故今從之（案世家書孔子如蔡當哀公二年年表書哀公三年孔子過宋十年自陳至衛皆與孔子世家異然不可從）

梁玉繩史記志疑曰顏濁鄒卽讎由孟子疏言之極明史稱讎由是子路妻兄便是彌子瑕妻兄瑕見主其妻兄之家遂邀孔子來主亦非無因而濁鄒緣孔子主於家受業爲弟子理固宜然蒙謂濁鄒及門實由子路滅明子羽之受業又由子游子曰自吾有回門人益親抑豈獨回哉

家語云顏刻少孔子五十歲案孔子五十七歲過匡顏刻爲僕是方七歲也家語之年不可盡信如此（顏刻卽子驕家語又云孔子適衛子驕爲僕衛靈公與夫人南子同車出其年亦不合）

孔子去魯弟子多從如子路子貢冉有顏淵其載在傳記者尤爲較著然子貢于定公十五年觀邾公朝魯于哀公七年爲康子辭吳是或有他故或卽夫子所使如先之子夏申之冉有之類俱不可知冉有雖于哀公三年以康子召歸魯而六年仍從陳蔡又有夫子爲衛君之問是亦從居衛也至十一年用矛入齊師而夫子卽以是歸魯所謂疏附先後二子有焉而其奔走

槳傳出處必偕者子路一人而已夫子用魯則子路仕于季氏畏匡過宋絕糧問津死生以之最後夫子四年居衛則子路三年宰蒲嗣從反魯再屈私門匀繹辭要以前何非亦趨亦步迨明年斷纓于衛未幾夫子亦夢奠兩楹矣子曰從我其由蓋深許之也

儀封人請見閻潛丘謂在夫子去魯司寇而適衛時事考之地理殊覺未協時衛都帝丘（今直隸開州西南）在曲阜之西而儀即今之祥符（續漢郡國志浚儀本大梁注云晉地道記儀封人此邑也西征記亦以浚儀為封人之邑見水經注浚儀今河南祥符縣）在衛都西南自魯之衛必不由此王中川謂在去衛適陳時得之蓋陳都宛丘（今河南淮寧縣南三里）在祥符之南故儀為自衛適陳必由之道也

陳蔡之厄論語只云絕糧不云兵圍又云在陳或云陳蔡或云陳蔡之間不名一地是時蔡遷州來上蔡新蔡故地盡已屬楚曰蔡者仍其名耳實即楚也曰陳蔡之間者所云匪兕匪虎率彼曠野不能指名何地而强名之耳蓋地處邊境無館舍飲食之司又吳方伐陳兵荒道梗人民失所賓旅無依七日絕糧實由于此孔安國註曰會吳伐陳陳亂故乏食（楚陳世家並云楚昭王卒于城父時孔子在陳論語亦云在陳絕糧知與蔡無涉）孟子曰君子之阨于陳蔡之間無上下之交也斯言得之矣至其年朱子據論語謂當在去衛如陳時然論語問陳絕糧文法兩分與齊景公待孔子齊人歸女樂二節相似未見定是一時之事江慎修謂在自陳遷蔡之年而盡削楚聘事未免臆斷無據今仍從史記而參用孔註庶得其實聖門之厄莫過于陳蔡聖門之盛亦莫過于陳蔡惟曾子以傳道之賢而適不與搜神記謂曾子從孔子在楚心動辭歸或為此也自是之後子貢冉有先歸魯而子游之宰武城子夏之宰莒父仲弓之宰季氏想俱在夫子反魯之後又伯牛顏淵子路相繼死亡夫子所以有皆不及門之歎

孟子稱孔子沒三年之外子夏子游子張以有若似聖人欲以所事孔子事之强曾子曾子不可今以諸子之年證之時有子六十三子夏三十二子游三十一子張二十八曾子三十禮曰年長以倍則父事之游夏之徒亦非無見也

孔子逸事見于雜說者尚多如戰國策蘇代曰陽貨之難孔子逃于衛事文類聚引符子曰魯侯因左丘明之言召孔子為司徒此類亦足備異聞又後漢書徐防傳注引史云子夏居西河教弟子三百人亦與今本異（顏氏家訓曰曾子七十乃學名聞天下鹽鐵論曰孔子能方不能圓故饑于黎丘）

家語曰冉雍伯牛之宗族生于不肖之父史記曰仲弓父賤人而論衡云鯀惡禹聖叟頑舜神伯牛寢疾仲弓潔全顏路庸固回傑超倫是竟以仲弓為伯牛之子可怪也（家語曰冉求仲弓之宗族）

子游之年史記云少孔子四十五歲家語作三十五案禮運仲尼與于蜡賓與子游言禮家語以為孔子為司寇時事若如史記之說時子游纔八歲耳則假家語為是然家語多出入大小戴而稍有添設多見其疎如孔子適齊過泰山之側有婦人哭于野者而哀使子貢往問之云云案孔子以魯亂適齊在昭公二十五年時子貢纔五歲耳則不如檀弓以為子路之為得也（時子路二十七歲）又左傳成公二年新築人仲叔于奚救孫桓子衛人賞之以邑辭請曲縣繁纓以朝仲尼聞之曰惜也不如多與之邑唯器與名不可以假人此事非夫子所親見故曰聞也而家

語云子路仕衛見其政以訪孔子皆疎謬之顯然者左傳昭公二十年齊景公田于沛招虞人以弓不進仲尼曰守道不如守官君子韙之家語以爲孔子在齊語亦與史記不合又閔子騫辭費宰明見論語而家語云閔子騫爲費宰問政于孔子更不足信

孟子年譜

[元]程複心

清道光六安晁氏木活字排印學海類編本

孟子年譜

元　星源程復心子見編

孟子非編年之書安得以見梁惠王爲應聘第一事其見齊宣王實前乎此矣後乎此而去梁則見齊湣王矣一見曰叟知非復四十不動心之時其不以遊梁始甚明著也如齊卿相則四十不遠時語也梁則何以始梁惠王也孟子一書無非欲君臣父子兄弟去利懷仁義以相接而弗放其良心也以見梁惠王始以不仁梁惠王終以仁義君民之治統爲前序以

堯舜湯文孔子見知聞知之道統爲後序此孟子作書之大旨全不因歲月編次故知不自見梁惠王始也藉曰不然滕文公問事齊楚恐齊築薛何以越在前而滕文公爲世子滕定公薨何以越在後也是知孟子之篇義非編年也然則孟子不可編年乎曰論語可編年孟子何不可編年論語編年所以補孔子世家也孟子編年所以補孟子列傳也本太史公世家列傳之記事以證記事本論語孟子之記言以參記事而孔孟之記事履歷思過半矣惟子思中庸史無記事而孔叢子所載語不雅馴無足考據故止附見孔子凡於史記世家列傳及竹書紀年皇極經世韓詩外傳劉向列女傳之外別采他書以裨益孟子履歷者皆譌謬於是乎本孟子書作孟子編年略

孟子名軻字子車一云字子輿魯三桓孟孫氏之後兗鄒邑人也孔子生魯昌平鄉陬邑郞叔梁紇所治地爲故鄒城孟子居去故鄒城五十里孟子曰近聖人居若此其甚也生三歲喪父其母氏賢其舍始近墓孟子少嬉戲爲墓閒事踊躍築埋母曰此非所以居吾子也去

舍市其嬉戲爲賈衒事母又曰非所以居吾子也遂徙舍學宮之旁其嬉戲乃設俎豆揖讓進退母曰此可以居吾子矣孟子少時誦其母方織孟子輟然中止乃復進其母知其諠也呼而問之曰何爲中止對曰有所失復得其母引刀裂其織以此戒之自是之後孟子不復諠矣受業子思之門人孟子曰君子之澤五世而斬予未得爲孔子徒也予私淑諸人也孟子居鄒教授弟子不見諸侯曰得天下英才而教育之一樂也曰君子之所以教者五有如時雨化之者有成德者有達財者有

答問者有私淑艾者此五者君子之所以教也曰教亦多術矣予不屑之教誨也者是亦教誨之而已矣公孫丑曰不見諸侯何義孟子曰古者不爲臣不見段干木踰垣而辟之泄柳閉門而不納是皆已甚迫斯可以見矣陽貨欲見孔子而惡無禮大夫有賜於士不得受於其家則往拜其門陽貨瞯孔子之亡也而饋孔子蒸豚孔子亦瞯其亡也而往拜之當是時陽貨先豈得不見陳代曰不見諸侯宜若小然今一見之大則以王小則以霸且志曰枉尺而直尋宜若可爲也孟子曰如不待

其招而往何哉枉尺而直尋者以利言也如以利則枉尋直尺而利亦可爲與且子過矣枉己者未有能直人者也萬章曰敢問不見諸侯何義也孟子曰在國曰市井之臣在野曰草莽之臣皆謂庶人庶人不傳質爲臣不敢見於諸侯禮也曰庶人召之役則往役君欲見之召之則不往見之何也曰往役義也往見不義也欲見賢人而不以其道猶欲其入而閉之門也夫義路也禮門也惟君子能由是路出入是門也周霄問曰古之君子仕乎孟子曰仕傳曰孔子三月無君則皇皇如也出

疆必載質公明儀曰古之人三月無君則弔三月無君則弔不以急乎曰士之失位也猶諸侯之失國家也禮曰諸侯耕助以供粢盛夫人蠶繅以爲衣服犧牲不成粢盛不潔衣服不備不敢以祭惟士無田則亦不祭牲殺器皿衣服不備不敢以祭則不敢以宴亦不足弔乎出疆必載質何也曰士之仕也猶農夫之耕也農夫豈爲出疆舍其耒耜哉曰晉國亦仕國也未嘗聞仕如此其急仕如此其急也君子之難仕何也曰丈夫生而願爲之有室女子生而願爲之有家父母之心人皆有之

不待父母之命媒妁之言鑽穴隙相窺踰牆相從則父母國人皆賤之古之人未嘗不欲仕也又惡不由其道不由其道而往者與鑽穴隙之類也孟子居魯久之齊宣王喜文學游說之士騶衍淳于髡田駢接予愼到環淵之徒七十六人皆賜列第爲上大夫不治而議論是以齊稷下學士復盛且數百千人招孟子孟子往爲齊宣王客卿時孟子年四十歲矣宣王問曰齊桓晉文之事可得聞與孟子對曰仲尼之徒無道桓文之事者是以後世無傳焉臣未之聞也無以則王乎曰德何如則

可以王矣曰保民而王莫之能禦也曰若寡人者可以保民乎哉曰可曰何由知吾可也曰臣聞之胡齕曰王坐於堂上有牽牛而過堂下者王見之曰牛何之對曰將以釁鐘王曰舍之吾不忍其觳觫若無罪而就死地對曰然則廢釁鐘與曰何可廢也以羊易之不識有諸曰有之曰是心足以王矣百姓皆以王爲愛也臣固知王之不忍也古之人所以大過人者無他焉善推其所爲而已矣今恩足以及禽獸而功不至於百姓者獨何與今王發政施仁使天下仕者皆欲立於王之朝耕者皆欲耕於王之野商賈皆欲藏於王之市行旅皆欲出於王之途天下之欲疾其君者皆欲赴愬於王其如是孰能禦之王曰吾惛不能進於是矣願夫子輔吾志明以教我我雖不敏請嘗試之曰明君制民之產必使仰足以事父母俯足以畜妻子樂歲終身飽凶年免於死亡然後驅而之善故民之從之也輕五畝之宅樹之以桑五十者可以衣帛矣雞豚狗彘之畜無失其時七十者可以食肉矣百畝之田勿奪其時八口之家可以無饑矣謹庠序之教申之以孝悌之義頒白者不負戴於道路矣老者衣帛食肉黎民不饑不寒然而不王者未之有也莊暴見孟子曰暴見於王王語暴以好樂暴未有以對也曰好樂何如孟子曰王之好樂甚則齊國其庶幾乎他日見於王曰王嘗語莊子以好樂有諸王變乎色曰寡人非能好先王之樂也直好世俗之樂耳曰王之好樂甚則齊其庶幾乎今之樂由古之樂也今王與百姓同樂則王矣齊宣王問曰文王之囿方七十里有諸孟子對曰於傳有之曰若是其大乎曰民猶以爲小也曰寡人之囿方四十里民猶以爲大何也曰文王之囿方七十里芻蕘者往焉雉兔者往焉與民同之民以爲小不亦宜乎臣始至於境問國之大禁然後敢入臣聞郊關之內有囿方四十里殺其麋鹿者如殺人之罪則是方四十里爲阱於國中民以爲大不亦宜乎齊宣王問曰交鄰國有道乎孟子對曰有惟仁者爲能以大事小是故湯事葛文王事昆夷惟智者爲能以小事大故大王事獯鬻句踐事吳以大事小者樂天者也以小事大者畏天者也樂天者保天下畏天者保其國詩云畏天之威于時保之王曰大哉言矣寡人有疾寡人

好勇對曰王請無好小勇夫撫劍疾視曰彼惡敢當我哉此匹夫之勇敵一人者也王請大之詩云王赫斯怒爰整其旅以遏徂莒以篤周祜以對於天下此文王之勇也文王一怒而安天下之民書曰天降下民作之君作之師惟曰其助上帝寵之四方有罪無罪惟我在天下曷敢有越厥志一人衡行於天下武王恥之此武王之勇也而武王亦一怒而安天下之民今王亦一怒而安天下之民民惟恐王之不好勇也齊宣王見孟子於雪宮王曰賢者亦有此樂乎孟子對曰有人不得則非其上矣樂民之樂者民亦樂其樂憂民之憂者民亦憂其憂樂以天下憂以天下然而不王者未之有也齊宣王問曰人皆謂我毀明堂毀諸已乎孟子對曰夫明堂者王者之堂也王欲行王政則勿毀之矣王曰王政可得聞與對曰昔者文王之治岐也耕者九一仕者世祿關市譏而不征澤梁無禁罪人不孥老而無妻曰鰥老而無夫曰寡老而無子曰獨幼而無父曰孤此四者天下之窮民而無告者文王發政施仁必先斯四者詩云哿矣富人哀此煢獨王曰善哉言乎曰王如善之則何

爲不行王曰寡人有疾寡人好貨曰昔者公劉好貨詩云乃積乃倉乃裹餱糧于橐于囊思戢用光弓矢斯張干戈戚揚爰方啓行故居者有積倉行者有裹糧也然後可以爰方啓行王如好貨與百姓同之於王何有王曰寡人有疾寡人好色對曰昔者太王好色愛厥妃詩云古公亶父來朝走馬率西水滸至於岐下爰及姜女聿來胥宇當是時也內無怨女外無曠夫王如好色與百姓同之於王何有時周顯王三十六年蘇秦說六國爲從親以擯秦秦爲從約長佩六國相印是歲燕文公卒太子立是爲易王易王初立齊宣王立十年矣明年宣王因燕喪伐燕齊人伐燕勝之宣王問曰或謂寡人勿取或謂寡人取之以萬乘之國伐萬乘之國五旬而舉之人力不至於此不取必有天殃取之何如孟子對曰取之而燕民悅則取之古之人有行之者武王是也取之而燕民不悅則勿取古之人有行之者文王是也以萬乘之國伐萬乘之國簞食壺漿以迎王師豈有他哉避水火也如水益深如火益熱亦運而已矣宣王勿聽取燕十城齊人伐燕取之諸侯將謀救燕宣王曰諸

侯多謀伐寡人者何以待之孟子對曰臣聞七十里爲政於天下者湯是也未聞以千里畏人者也天下固畏齊之強也今又倍地而不行仁政是動天下之兵也王速出令反其旄倪止其重器謀於燕衆置君而後去之則猶可及止也于是燕易王謂蘇秦曰往日先生至燕而先王資先生見趙遂約六國從今齊先伐趙次伐燕以先生之故爲天下笑先生能爲燕得侵地乎蘇秦大慙曰請爲王取之乃見齊宣王再拜俯而慶仰而弔王曰是何慶弔相從之速也蘇秦曰燕雖弱小秦王之少

壻也大王利其十城而長與強秦爲仇今使弱燕爲鴈行而強秦敝其後以招天下之精兵是食烏喙之類也齊王愀然變色曰然則奈何蘇秦曰古之善制事者轉禍爲福因敗爲功大王誠聽臣計卽歸燕之十城燕無故而得十城必喜秦王知以己之故而歸燕之十城亦必喜此所謂棄仇讎而得石友者也王曰善於是乃歸燕之十城公孫丑問曰夫子當路於齊管仲晏子之功可復許乎孟子曰子誠齊人也知管仲晏子而已矣曰管仲以其君霸晏子以其君顯管仲晏子猶不足爲與

曰以齊王猶反手也當今之時萬乘之國行仁政民之悅之猶解倒懸也故事半古之人功必倍之惟此時爲然公孫丑問曰夫子加齊之卿相得行道焉雖由此霸王不異矣如此則動心否乎孟子曰否我四十不動心曰不動心有道乎曰有我知言我善養吾浩然之氣孟子處齊有憂色擁楹而歎孟母見曰子擁楹而歎若有憂色何也對曰軻聞之君子稱身而正位不爲苟得而受賞不貪榮祿今道不用於齊願行而母老是以憂也孟母曰婦人之禮精五飯冪酒漿養姑舅縫衣裳而已

故有閨內之修而無境外之志今子成人也而我老矣子行乎子義吾行乎吾禮子何憂乎居亡何孟母卒於齊鄒魯邑也孟子自齊葬於魯反於齊止於嬴充虞請曰前日不知虞之不肖使虞敦匠事嚴虞不敢請今願竊有請也木若以美然曰古者棺槨無度中古棺七寸槨稱之自天子達於庶人非直爲觀美也然後盡於人心吾聞之也君子不以天下儉其親齊宣王欲短喪公孫丑曰爲朞之喪猶愈於已乎孟子曰是猶或紾其兄之臂子謂之姑徐徐云爾亦教之孝弟而已矣王子有

其母死者其傳爲之請數月之喪公孫丑曰若此者何如也曰是欲終之而不可得也雖加一日愈於已謂夫莫之禁而弗爲者也王子墊問曰士何事孟子曰尚志曰何謂尚志曰仁義而已矣殺一無罪非仁也非其有而取之非義也居仁由義大人之事備矣孟子謂齊宣王曰王之臣有託其妻子於其友而之楚遊者比其反也則凍餒其妻子則如之何王曰棄之曰士師不能治士則如之何王曰已之曰四境之內不治則如之何王顧左右而言他孟子見齊宣王曰所謂故國者非謂有喬木之謂也有世臣之謂也王無親臣矣昔者所進今日不知其亡也王曰吾何以識其不才而舍之曰國君進賢如不得已將使卑逾尊疏逾戚可不慎與齊宣王問曰湯放桀武王伐紂有諸孟子曰於傳有之曰臣弒其君可乎曰賊仁者謂之賊賊義者謂之殘殘賊之人謂之一夫聞誅一夫紂矣未聞弒君也孟子見齊宣王曰爲巨室則必使工師求大木工師得大木則王喜以爲能勝其任也匠人斲而小之則王怒以爲不勝其任矣夫人幼而學之壯而欲行之王曰姑舍女所學而從

我則何如齊宣王問卿孟子曰王何卿之問也王曰卿不同乎曰不同有貴戚之卿有異姓之卿王曰請問貴戚之卿曰君有大過則諫反覆之而不聽則易位王勃然變乎色曰王勿異也王問臣臣不敢不以正對王色定然後請問異姓之卿曰君有過則諫反覆之而不聽則去孟子告齊宣王曰君之視臣如手足則臣視君如腹心君之視臣如犬馬則臣視君如國人君之視臣如土芥則臣視君如寇讎王曰禮爲舊君有服何如斯可爲服矣曰諫行言聽膏澤下於民有故而去則君使人導之出疆又先於其所往去三年不反然後收其田里此之謂三有禮焉如此則爲之服矣今也爲臣諫則不行言則不聽膏澤不下於民有故而去則君搏執之又極之於其所往去之日遂收其田里此之謂寇讎寇讎何服之有淳于髡曰男女授受不親禮與孟子曰禮也曰嫂溺則援之以手乎曰嫂溺不援是豺狼也男女授受不親禮也嫂溺援之以手者權也曰今天下溺矣夫子之不援何也曰天下溺援之以道嫂溺援之以手子欲手援天下乎淳于髡曰先名實者爲人也後名實者

自爲也夫子在三卿之中名實未加於上下而去之仁者固如此乎曰孔子爲魯司寇不用從而祭燔肉不至不稅冕而行不知者以爲爲肉也其知者以爲爲無禮也乃孔子則欲以微罪行不欲爲苟去君子之所爲衆人固不識也於是孟子知齊宣王不能用去齊時梁惠王立三十五年矣數敗於軍旅卑禮厚幣以招賢者孟子鄒衍淳于髡皆至梁孟子見梁惠王王曰叟不遠千里而來亦將有以利吾國乎孟子對曰王何必曰利亦有仁義而已矣王曰何以利吾國大夫曰何以利吾家

士庶人曰何以利吾身上下交征利而國危矣萬乘之國弑其君者必千乘之家千乘之國弑其君者必百乘之家萬取千焉千取百焉不爲不多矣苟爲後義而先利不奪不饜未有仁而遺其親者也未有義而後其君者也王亦曰仁義而已矣何必曰利孟子見梁惠王王立於沼上顧鴻鴈麋鹿曰賢者亦樂此乎孟子對曰賢者而後樂此不賢者雖有此不樂也梁惠王曰寡人之於國也盡心焉而已河內凶則移其民於河東移其粟於河內河東凶亦然鄰國之民不加少寡人之民不加

多何也孟子對曰不違農時穀不可勝食也數罟不入洿池魚鼈不可勝食也斧斤以時入山林材木不可勝用也使民養生喪死無憾王道之始也七十者衣帛食肉黎民不飢不寒然而不王者未之有也王無罪歲斯天下之民至焉梁惠王曰寡人願安承教孟子對曰殺人以梃與刃有以異乎曰無以異也以刃與政有以異乎曰無以異也曰庖有肥肉廄有肥馬民有飢色野有餓莩此率獸而食人也獸相食且人惡之爲民父母行政不免於率獸而食人惡在其爲民父母也梁惠王曰

晉國天下莫強焉叟之所知也及寡人之身東敗於齊長子死焉西喪地於秦七百里南辱於楚寡人恥之願比死者一洗之如之何則可孟子對曰地方百里而可以王王如施仁政於民省刑罰薄稅斂深耕易耨壯者以暇日脩其孝弟忠信入以事其父兄出以事其長上可使制梃以撻秦楚之堅甲利兵矣越明年惠王卒子襄王立孟子見梁襄王出語人曰望之不似人君就之而不見所畏焉卒然問曰天下惡乎定吾對曰定于一孰能一之對曰不嗜殺人者能一之孰能與之對曰天

下莫不與也今夫天下之人牧未有不嗜殺人者也如有不嗜殺人者則天下之民皆引領而望之矣誠如是也民歸之由水之就下沛然誰能禦之梁惠王既不果所言見以爲迂遠而闊於事情嗣君又不令於是孟子去梁孟子曰不仁哉梁惠王也仁者以其所愛及其所不愛不仁者以其所不愛及其所愛公孫丑曰何謂也梁惠王以土地之故糜爛其民而戰之大敗將復之恐不能勝故驅其所愛子弟以殉之是之謂以其所不愛及其所愛也孟子之宋時宋王偃自立爲王東敗齊取

五城南敗楚取地三百里西敗魏軍乃與齊魏爲敵國萬章問曰宋小國也今將行王政齊楚惡而伐之則如之何孟子曰不行王政云爾苟行王政四海之內皆舉首而望之欲以爲君齊楚雖大何畏焉孟子謂戴不勝曰子謂薛居州善士也使之居於王所在於王所者長幼卑尊皆薛居州也王誰與爲不善在王所者長幼卑尊皆非薛居州也王誰與爲善一薛居州獨如宋王何戴盈之曰什一去關市之征今兹未能請輕之以待來年然後已何如孟子曰如知其非義斯速已矣何待來

年滕文公爲世子將之楚過宋而見孟子孟子道性善言必稱堯舜世子自楚反復見孟子孟子曰世子疑吾言乎夫道一而已矣今滕絕長補短將五十里也猶可以爲善國書曰若藥不瞑眩厥疾不瘳孟子去宋過薛宋餽兼金七十鎰而受薛餽五十鎰而受他日適齊陳臻問焉孟子曰當在宋也予將有遠行行者必以贐辭曰餽贐予何爲不受當在薛也予有戒心辭曰聞戒故爲兵餽之予何爲不受薛君田文齊滅薛以封少子嬰嬰傳子文號孟嘗君處齊竟先是孟子居鄒齊復來聘

季任爲任處守以幣交受之而不報他日由鄒之任見季子滕君之弟彭更問曰後車數十乘從者數百人以傳食於諸侯不以泰乎孟子曰非其道則一簞食不可受於人如其道則舜受堯之天下不以爲泰子以爲泰乎滕定公薨世子謂然友曰昔者孟子嘗與我言於宋於心終不忘今也不幸至於大故吾欲使子問於孟子然後行事然友之鄒問於孟子孟子曰不亦善乎親喪固所自盡也三年之喪齊疏之服飦粥之食自天子達於庶人三代共之然友反命定爲三年之喪父兄百官

皆不欲曰吾宗國魯先君莫之行吾先君亦莫之行也至於子之身而反之不可謂然友曰吾他日未嘗學問好馳馬試劍今也父兄百官不我足也恐其不能盡於大事子爲我問孟子然友復之鄒問孟子孟子曰然不可以他求者也孔子曰君薨聽於冢宰歠粥面深墨卽位而哭百官有司莫敢不哀先之也上有好者下必有甚焉者矣是在世子然友反命世子曰然是誠在我五月居廬未有命戒百官族人可謂曰知及至葬四方來觀之顔色之戚哭泣之哀弔者大悅孟子之平陸謂其

大夫曰子之持戟之士一日而三失伍則去之否乎曰不待三然則子之失伍也亦多矣凶年饑歲子之民老羸轉於溝壑壯者散而之四方者幾千人矣曰此非距心之所得爲也曰今有受人之牛羊而爲之牧之者則必爲之求牧與芻矣求牧與芻而不得則反諸其人乎抑亦立而視其死與曰此則距心之罪也他日見於王曰王之爲都者臣知五人焉知其罪者惟孔距心爲王誦之王曰此則寡人之罪也時齊宣王卒湣王立六年矣初孟子處於平陸儲子爲相以幣交受之而不報至

是由平陸之齊不見儲子屋廬子曰之齊不見儲子爲其爲相與曰非也爲其不成享也屋廬子悅曰儲子得之平陸他日儲子曰王使人瞯夫子果有以異於人乎孟子曰何以異於人哉堯舜與人同耳孟子爲卿於齊出弔於滕王使蓋大夫王驩爲輔行王驩朝暮見反齊滕之路未嘗與之言行事也公孫丑曰齊卿之位不爲小矣齊滕之路不爲近矣反之而未嘗與言行事何也曰夫既或治之予何言哉公行子有子之喪右師往弔入門有進而與右師言者有就右師之位而與右師言

者孟子不與右師言右師不悅曰諸君子皆與驩言孟子獨不與驩言是簡驩也孟子聞之曰禮子敖以我爲簡不亦異乎樂正子從於子敖之齊樂正子見孟子孟子曰子亦來見我乎曰先生何爲出此言也曰子來幾日矣曰昔者曰昔者則我出此言也不亦宜乎曰舍館未定曰子聞之也舍館定然後求見長者乎曰克有罪孟子謂樂正子曰子之從於子敖來徒餔啜也我不意子學古之道而以餔啜也是時孟嘗君在薛招致諸侯賓客及亡人有罪者皆歸孟嘗君孟嘗君舍業厚遇之

以故傾天下之士食客數千人始孟嘗君列能爲鷄鳴狗盜二人於賓客賓客盡羞之及孟嘗君入秦秦昭王欲殺之卒得此二人以免孟子曰飲食之人則人賤之矣爲其養小以失大也曰爲機變之巧者無所用恥焉曰齊人有一妻一妾而處室者其良人出則必饜酒肉而後反其妻問所與飲食者則盡富貴也而未嘗有顯者來謂食客輩也孟子曰說大人則藐之勿視其巍巍然堂高數仞榱題數尺我得志弗爲也食前方丈侍妾數百人我得志弗爲也般樂飲酒驅騁田獵後車千乘

我得志弗爲也在彼者皆我所不爲也在我者皆古之制也吾何畏彼哉謂齊田嬰田忌田文輩是時齊湣王七年蘇秦死于齊梁襄王卒哀王立初張儀相秦惠王去秦相魏陰令秦伐魏魏與秦戰敗明年秦又來敗魏于觀津秦復欲攻魏先敗韓申差軍斬首八萬諸侯震恐而張儀說秦王曰今從者一天下約爲昆弟刑白馬以盟洹水之上以相堅也而親昆弟同父母尚有爭錢財而欲恃詐僞反覆蘇秦之餘謀其不可成亦明矣大王不事秦梁之亡可立而須也事秦則楚韓必不敢動

無楚韓之患則大王高枕而臥國必無憂矣哀王乃倍從約而因儀請成於秦張儀歸復相秦三歲而魏復與蘇代約背秦爲從秦攻魏取曲沃明年魏復事秦秦欲伐齊齊楚從親於是張儀往相楚誑楚懷王以商於之地六百里使絕齊懷王遂閉關絕約於齊使勇士至宋借宋之符北罵齊王齊王大怒折節而下秦秦齊之交合張儀與楚邑六里楚王大怒於是秦楚搆兵犀首公孫衍與張儀不善張儀爲秦之魏魏王相張儀犀首以收韓爲功相魏張儀去復相秦張儀卒犀首入相秦嘗

佩五國之相印爲約長景春曰公孫衍張儀豈不誠大丈夫哉一怒而諸侯懼安居而天下熄孟子曰是焉得爲大丈夫乎以順爲正者妾婦之道也居天下之廣居立天下之正位行天下之大道得志與民由之不得志獨行其道富貴不能淫貧賤不能移威武不能屈此之謂大丈夫宋牼將之楚孟子遇於石邱曰先生將何之曰吾聞秦楚搆兵我將見楚王說而罷之楚王不悅我將見秦王說而罷之二王我將有所遇焉曰說之將何如曰我將言其不利也曰先生之志則大矣先生之號

則不可何必曰利初孟子見王於崇有去志王餽兼金一百而不受曰無處而餽之是貨之也焉有君子而可以貨取乎繼而王有師命不可請去於是畱齊爲卿不受祿孟子將朝王王使人來曰寡人如就見者也有寒疾不可以風朝將視朝不識可使寡人得見乎對曰不幸而有疾不能造朝明日出弔於東郭氏王使人問疾醫來孟仲子對曰昔者有王命有采薪之憂不能造朝今病小愈趨造於朝我不識能至否乎使數人要於路曰請必無歸而造於朝不得已而之景丑氏宿焉景子曰內則父子外則君臣人之大倫也父子主恩君臣主敬丑見王之敬子也未見所以敬王也曰惡是何言也齊人無以仁義與王言者豈以仁義爲不美也其心曰是何足與言仁義也云爾則不敬莫大乎是我非堯舜之道不敢以陳於王前故齊人莫如我敬王也景子曰否非此之謂也禮曰父召無諾君命召不俟駕而行固將朝也聞王命而遂不果宜與夫禮若不相似然曰豈謂是與天下有達尊三爵一齒一德一朝廷莫如爵鄉黨莫如齒輔世長民莫如德惡得有其一以慢其二哉

故將大有爲之君必有所不召之臣欲有謀焉則就之其尊德樂道不如是不足與有爲也孟子曰無或乎王之不智也雖有天下易生之物也一日暴之十日寒之未有能生者也吾見亦罕矣吾退而寒之者至矣吾如有萌焉何哉齊饑陳臻曰國人皆以夫子將復爲發棠殆不可復孟子曰是爲馮婦也孟子謂蚳鼃曰子之辭靈邱而請士師似也爲其可以言也今既數月矣未可以言與蚳鼃諫於王而不用致爲臣而去齊人曰所以爲蚳鼃則善矣所以自爲則吾不知也公都子以告曰吾聞之也有官守者不得其職則去有言責者不得其言則去我無官守我無言責也則吾進退豈不綽綽然有餘裕哉齊湣王九年燕王噲之六年也噲初立三年屬國於子之子之南面行王事而噲老不聽政顧爲臣國事皆決於子之三年國大亂將軍市被與太子平謀將攻子之諸將謂齊湣王曰因而赴之破燕必矣齊王因令人謂燕太子平曰寡人聞太子之義將廢私而立公飭君臣之義明父子之位寡人之國小不足以爲先後雖然則唯太子所以令之太子因要黨聚衆將軍市

被圍公宮攻子之不克將軍市被及百姓反政太子平將軍市被死以殉因搆難數月死者數萬衆人恫恐百姓離志王因命章子將五都之兵因北地之衆以伐燕士卒不戰城門不閉燕君噲死齊大勝燕子之亡二年而燕人共立太子平是爲燕昭王先是沈同以其私問曰燕可伐與孟子曰可子噲不得與人燕子之不得受燕於子噲有仕於此而子悅之不告於王而私與之吾子之祿爵夫士也亦無王命而私受之於子則可乎何以異於是齊人伐燕或問曰勸齊伐燕有諸曰未也沈同問燕可伐與吾應之曰可彼然而伐之也彼如曰孰可以伐之則將應之曰爲天吏則可以伐之今有殺人者或問之曰人可殺與則將應之曰可彼如曰孰可以殺之則將應之曰爲士師則可以殺之今以燕伐燕何爲勸之哉燕人畔王曰吾甚慙於孟子陳賈曰王無患焉賈請見而解之見孟子問曰周公何人也曰古聖人也曰使管叔監殷管叔以殷畔也有諸曰然曰周公知其將畔而使之與曰不知也然則聖人且有過與曰周公弟也管叔兄也周公之過不亦宜乎且古之君子過則改之今之君子過則順之豈徒順之又從爲之辭匡章曰陳仲子豈不誠廉士哉居於陵三日不食耳無聞目無見也井上有李螬食實者過半矣匍匐往將食之三咽然後耳有聞目有見也孟子曰於齊國之士吾必以仲子爲巨擘焉雖然仲子惡能廉充仲子之操則蚓而後可者也孟子曰仲子不義與之齊國而不受人皆信之是舍簞食豆羹之義也人莫大焉亡親戚君臣上下以其小者信其大者奚可哉公都子曰匡章通國皆稱不孝焉夫子與之遊又從而禮貌之敢問何也孟子曰夫章子子父責善而不相遇也爲得罪於父不得近出妻屏子終身不養焉其設心以爲不若是是則罪之大者是則章子已矣盆成括仕於齊孟子曰死矣盆成括盆成括見殺門人問曰夫子何以知其將見殺曰其爲人也小有才未聞君子之大道也則足以殺其軀而已矣孟子自范之齊望見齊王之子喟然歎曰居移氣養移體大哉居乎夫非盡人之子與王子潛王子法章後湣王走死田單迎立爲襄王者也湣王十年周赧王之元年魯平公之三年也時齊强與秦擊敗楚於邱重

又與韓魏共攻秦至函谷軍焉秦昭王使魏冉致帝於齊於是秦昭王爲西帝齊湣王爲東帝蘇代勸齊將伐桀宋孟子致爲臣而歸王就見孟子曰前日願見而不可得得侍同朝甚喜今又棄寡人而歸不識可以繼此而得見乎對曰不敢請耳固所願也他日王謂時子曰我欲中國而授孟子室養弟子以萬鍾使諸大夫國人皆有所矜式子盍爲我言之時子因陳子而以告孟子陳子以時子之言告孟子孟子曰夫時子惡知其不可也如使予欲富辭十萬而受萬是爲欲富乎孟子去齊宿於晝有欲爲王留行者坐而言不應隱几而臥客不悅曰弟子齊宿而後敢言夫子臥而不聽請勿復敢見矣曰坐我明語子昔者魯繆公無人乎子思之側則不能安子思泄柳申詳無人乎繆公之側則不能安其身子爲長者慮而不及子思子絕長者乎長者絕子乎孟子去齊尹士語人曰不識王之不可以爲湯武則是不明也識其不可然且至則是干澤也千里而見王不遇故去三宿而後出晝是何濡滯也士則茲不悅高子以告曰夫尹士惡知予哉千里而見王是予所欲也不遇

故去豈予所欲哉予不得已也予三宿而出晝於予心猶以爲速王庶幾改之王如改諸則必反予夫出晝而王不予追也予然後浩然有歸志予雖然豈舍王哉王由足用爲善王如用予則豈徒齊民安天下之民舉安王庶幾改之予日望之予豈若是小丈夫然哉諫於其君而不受則怒悻悻然見於其面去則窮日之力而後宿哉尹士聞之曰士誠小人也孟子去齊充虞路問曰夫子若有不豫色然前日虞聞諸夫子曰君子不怨天不尤人曰彼一時此一時也五百年必有王者興其間必有名世者由周而來七百有餘歲矣以其數則過矣以其時考之則可矣夫天未欲平治天下也如欲平治天下當今之世舍我其誰也吾何爲不豫哉孟子去齊居休公孫丑問曰仕而不受祿古之道乎曰非也於崇吾得見王退而有去志不欲變故不受也繼而有師命不可以請久於齊非我志也孟子去齊後齊去帝復爲王秦亦爲去帝君子謂孟子以一去改齊王也先是春秋邾子國至七國時更名爲鄒名同魯國古鄒邑孟子自齊歸道鄒鄒穆公館焉鄒與魯鬨穆公問曰吾有司

死者三十三人而民莫之死也誅之則不可勝誅不誅則疾視其長上之死而不救如之何則可也孟子對曰凶年饑歲君之民老弱轉乎溝壑壯者散而之四方者幾千人矣而君之倉廩實府庫充有司莫以告是上慢而殘下也曾子曰戒之戒之出乎爾者反乎爾者也夫民今而後得反之也君無尤焉君行仁政斯民親其上死其長矣孟子將歸曹交從遊於孟子問曰人皆可以為堯舜有諸孟子曰然交聞文王十尺湯九尺今交九尺四寸以長食粟而已如何則可曰奚有於是亦為之

而已矣堯舜之道孝弟而已矣曰交得見於鄒君可以假館願留而受業於門曰夫道若大路然豈難知哉人病不求耳子歸而求之有餘師孟子之滕館於上宮有業屨於牖上館人求之弗得或問之曰若是乎從者之廋也曰子以是為竊屨來與曰殆非也夫子之設科也往也不追來者不拒苟以是心至斯受之而已矣滕文公問為國孟子曰民事不可緩也賢君必恭儉禮下取於民有制夏后氏五十而貢殷人七十而助周人百畝而徹其實皆什一也夫世祿滕固行之矣詩云雨我公

田遂及我私惟助為有公田由此觀之雖周亦助也設為庠序學校以教之庠者養也校者教也序者射也夏曰校殷曰序周曰庠學則三代共之皆所以明人倫也人倫明於上小民親於下使畢戰問井地孟子曰子之君將行仁政選擇而使子子必勉之夫仁政必自經界始經界不正井地不均穀祿不平是故暴君汙吏必慢其經界經界既正分田制祿可坐而定也請野九一而助國中什一使自賦卿以下必有圭田圭田五十畝餘夫二十五畝方里而井井九百畝其中為公田八家皆

私百畝同養公田公事畢然後敢治私事此其大略也若夫潤澤之則在君與子矣有為神農之言者許行自楚之滕踵門而告文公曰遠方之人聞君行仁政願受一廛而為氓文公與之處其徒數十人皆衣褐捆屨織席以為食陳良之徒陳相與其弟辛負耒耜而自宋之滕曰聞君行聖人之政是亦聖人也願為聖人氓陳相見許行而大悅盡棄其學而學焉陳相見孟子道許行之言曰滕君則誠賢君也雖然未聞道也賢者與民並耕而食饔飧而治今也滕有倉廩府庫則是厲民而以

自養也惡得賢孟子曰有大人之事有小人之事或勞心或勞力勞心者治人勞力者治於人治於人者食人治人者食於人天下之通義也堯以不得舜爲己憂舜以不得禹皋陶爲己憂夫以百畝之不易爲己憂者農夫也堯舜之治天下豈無所用其心哉亦不用於耕耳吾聞用夏變夷者未聞變於夷者也陳良楚產也悅周公仲尼之道北學於中國北方之學者未能或之先也彼所謂豪傑之士也子之兄弟事之數十年師死而遂倍之今也南蠻鴃舌之人非先王之道子倍子之師而

學之亦爲不善變矣墨者夷之因徐辟而求見孟子孟子曰吾固願見今吾尚病病愈我且往見夷子不來他日又求見孟子孟子曰吾今則可以見矣不直則道不見我且直之吾聞夷子墨者墨之治喪也以薄爲其道也然而夷子葬其親厚則是以所賤事親也徐子以告夷子夷子曰之則以爲愛無差等施由親始徐子以告孟子孟子曰天之生物也使之一本而夷子二本故也蓋上世嘗有不葬其親者其親死則舉而委之於壑他日過之狐狸食之蠅蚋姑嘬之其顙有泚睨而不視夫

泚也非爲人泚中心達於面目蓋歸反虆梩而掩之掩之誠是也則孝子仁人之掩其親亦必有道矣徐子以告夷子夷子憮然爲閒曰命之矣滕文公問曰滕小國閒於齊楚事齊乎事楚乎孟子曰是謀非吾所能也及也無已則有一焉鑿斯池也築斯城也與民守之效死而民弗去則是可爲也滕文公問曰齊人將築薛吾甚恐如之何則可孟子對曰苟爲善後世子孫必有王者矣君子創業垂統爲可繼也若夫成功則天也君如彼何哉彊爲善而已矣滕文公問曰滕小國也竭力以事

大國則不得免焉如之何則可孟子對曰昔者太王居邠狄人侵之去邠逾梁山邑於岐山之下居焉邠人曰仁人也不可失也從之者如歸市或曰世守也非身之所能爲也效死勿去居請擇于斯二者孟子於是去滕歸魯魯欲使慎子爲將軍孟子曰一戰勝齊遂有南陽然且不可慎子勃然不悅曰此則滑釐所不識也曰徒取諸彼以與此然且仁者不爲況於殺人以求之乎君子之事君也務引其君以當道志於仁而已魯欲使樂正子爲政孟子曰吾聞之喜而不寐公孫丑曰樂正子

强乎曰否有知慮乎曰否多聞識乎曰否然則奚爲喜而不寐曰其爲人也好善好善足乎曰好善優於天下而況魯國乎魯平公將出嬖人臧倉者請曰他日君出則必命有司所之今乘輿已駕矣有司未知所之敢請公曰將見孟子曰何哉君所爲輕身以先于匹夫者以爲賢乎禮義由賢者出而孟子之後喪逾前喪君無見焉公曰諾樂正子入見曰君奚爲不見孟軻也曰或告寡人曰孟子之後喪逾前喪是以不往見也曰何哉君所謂逾者前以士後以大夫前以三鼎而後以五鼎與

曰否謂棺槨衣衾之美也曰非所謂逾也貧富不同也樂正子見孟子曰克告於君君爲來見也嬖人有臧倉者沮君君是以不果來也曰行或使之止或尼之行止非人所能也吾之不遇魯侯天也臧氏之子焉能使予不遇哉時天下方務於合從連衡以攻伐爲賢而孟軻乃述唐虞三代之德是以所如者不合退而與公孫丑萬章之徒序詩書述仲尼之意作孟子七篇曰聖王不作諸侯放恣處士橫議楊朱墨翟之言盈天下天下之言不歸楊則歸墨楊氏爲我是無君也墨氏兼愛是無父也無父無君是獸禽也揚墨之道不息孔子之道不著是邪說誣民充塞仁義也仁義充塞則率獸食人人將相食昔者禹抑洪水而天下平周公兼夷狄驅猛獸而百姓甯孔子成春秋而亂臣賊子懼我亦欲正人心息邪說距詖行放淫辭以承三聖者豈好辯哉予不得已也能言距楊墨者聖人之徒也曰逃墨必歸於楊逃楊必歸於儒歸斯受之而已矣孟子生於周烈王四年魯共公五年己酉四月二十卒於周赧王二十六年魯文公六年　五日周正建子改朔不改月也壽

八十四歲以冬至日終鄒邑人悲感遂輟賀正迄茲成俗二子孟仲子對齊王使人問疾孟季子問公都子義內並見於書

按孟子一書其義之最大者在正人心格君心求放心不失赤子之心以不忍人之心行不忍人之政平旦鷄鳴火然泉達皆所以存仁義之良心也知性知天養性事天皆所以盡仁義之良心也論語二十篇要在兩心字夫子直以從心自許以其心許顏回亦止得兩性字夫子謂性相近子貢謂夫子言性不可

得聞如是已耳至子思而言率性盡性性誠性明早發孟子性善之旨幾無餘蘊獨心字止列身意知之中正心止列格致誠脩之內其旨專主誠意而不專主正心至孟子則橫口所說橫手所指上陳君王下教弟子無非心者言性善卽言根心言人心卽言天性夫子之引而不發者乃至此一發無遺蘊略不留待後來直指人心明心見性之說也子思之中庸上下二篇以性命始以義利終義利以勿用小人終似因內聖而及外王孟子之書上下七篇以義利始以

性命終性善以距楊墨惡鄉原終似因外王而歸內聖此作書之全旨不可以歲月編次論者也卽如孟子書中堯舜禹湯文武伊尹周公孔子之逸事辯證極詳告子白圭輩之訓答反覆必盡伯夷柳下惠以至管仲晏子百里奚之品量可否屢見未卜論世當在何日舉屬歲月編次列者也其非歲月編次不明者最要在不見諸侯與見諸侯兩端或有人問孟子不見諸侯因何開書便見梁惠王人無以對蓋舉世仿讀孟子文若今日見而明日說不見也要知孟子

不見諸侯是四十以前居魯教授弟子時事故相與問答如此非在齊梁開語也不見諸侯是本國魯康公景公始禮士居本國必君先就見然後往見異國君不以禮先亦不得越境而見故曰在國曰市井之臣在野曰草莽之臣庶人不委質爲臣不敢見於諸侯禮也往役義也往見不義也皆就本居之國言也末年魯平公不往見究亦不見此謂不見諸侯也見諸侯自齊宣王始自四十不動心之年始見齊宣王後適梁見梁惠王惠王薨卒見梁襄王去梁適宋受

宋餽時值宋王假滕文公過宋見孟子適薛受薛餽時值薛孟嘗君復適齊見齊湣王久於齊去齊見鄒穆公之滕復見滕文公始歸魯魯平公欲往見不果此孟子往來齊梁開見諸侯事不見在隱居求志之日見在行義達道之時本前後兩截事曰迫斯可以見曰古之人未嘗不欲仕也又惡不由其道由其道固可往見也如是則見不見乃竝行不悖其不可不編年者一史傳本云孟子鄒人不云那國人如云子路弁人曾子武城人不言魯明乎弁武城鄒皆魯下

邑也孟子書云自齊葬於魯不云葬於鄒因其時邾國亦改爲鄒慮混魯鄒邑名又書中往來齊境見鄒穆公時客邾鄒與然友之鄒孟子居鄒異慮鄒國鄒邑後人失考者或疑爲一故葬母大事特書自齊葬於魯明魯爲父母之邦也趙岐註誤云孟子時邾改爲鄒後人遂信邾鄒爲一夫邾魯在春秋世敵仇也三桓孟孫氏居魯不居邾明矣孟子爲孟孫氏後在春秋時季孟屢伐邾安得爲邾人且邾在兗北青境鄒在兗南徐境道里甚遠安得云近聖人之居如此

其甚說文云鄒孔子鄉即叔梁紇所治地所謂鄒人之子也孔子所生名故鄒城云孟子所居五十里以邑則孔孟皆鄒人以國則孔孟皆魯人鄒魯可合孔孟而稱不可分孔孟而稱是以孟子去齊曰致爲臣而歸歸魯也孟子對齊王稱臣臣爲卿也梁王不稱臣不爲卿也對鄒穆公不稱臣而其語倨曰君之民曰夫民今而後得反之視對滕文公尤不同以此知其爲異邦非本國即如鄒人與楚人戰一語明乎鄒非本國也樂正子語魯平公則曰君奚爲不見孟軻

君前臣名也曰後喪逾前喪棺槨衣衾之美專議孟子家事也明乎父母國之義也孟子曰臧氏之子臧氏臧文仲後與孟子同姬姓各氏者也曰吾之不遇魯侯天也如孔子云吾舍魯何適深以不遇本國之君老而更無可遇故曰天也魯欲使愼子爲將軍欲使樂正子爲政非居魯而何以遂知也孟子居鄒邑即是居魯明乎父母之邦也書有二鄒爲故邾故鄒之別千古殽譌其不可不編年者二所見諸侯先孟子而卒者齊宣王梁惠王梁襄王鄒穆公滕文公魯

平公書中俱稱謚後孟子而死者齊湣王宋王偃不稱謚止稱王因書中無湣王謚遂混齊兩王爲一王兩伐燕爲一伐燕幸史記列傳世家互載甚明去齊乃適梁去梁復適齊久於齊不久於梁久於湣不久於宣曰此則寡人之罪曰今又棄寡人而歸是王由足用爲善也今又棄云者前後兩去齊也書史參互自見其不可不編年者三滕出自周文王第十四子叔繡之後見春秋者滕侯縠宣公嬰齊孝侯輒昭公元文侯壽成公原悼公甯頃公結隱公虞毋再傳戰

國有定公文公見孟子倶失名古統世本諸侯之世滕國有考公麋元公宏則文公後也或云周赧王二十九年滕爲宋所滅則去孟子卒三年誤也傳記滕文公卒再傳二十一年滅於宋春秋釋例云滕國春秋後七世爲齊所滅又云滕自叔繡以下至公邱二十一世爲秦所滅互異公邱亡國故無論也小國得延至秦并喪禮井田之效略可見於茲矣不得編年則滕文公爲世子滕定公薨越在後而文公問事齊楚問築薛間不得免越前矣薛在春秋時自薛伯穀

至薛惠公凡六傳黄帝之苗裔奚仲後也至戰國爲齊威王所滅以封其少子田嬰嬰傳子田文即孟嘗君當孟子時滕猶論語之滕薛非論語之薛矣不得編年則在薛受餽不知其爲何人既云齊人莫如我敬王又云說大人則藐之其言自在更不知大人爲何人矣孟子見梁襄王謂望之不似人君就之不見可畏厥後魏襄之年屢困秦楚孟子自范之齊望見齊王之子謂其居移氣養移體王子若彼云云有先幾歎羨之意厥後湣王死法章復國爲齊襄王不得

編年則不知孟子立湣王朝將以齊王之子爲宣王子則孟子於齊梁二王子何無故軒輊如此也其不可不編年者四孟子編年悉本史記世家列傳參以皇極經世竹書紀年若通鑑所載歲月殽譌殊甚不足憑也孟母三遷斷織諸事不見史記韓詩外傳所載在史記前劉向列女傳所載特詳徵之孟子書自齊葬於魯充虞木若以美之說及臧倉後喪逾前喪之說則賢母在齊歸葬與母氏罔極之思隱躍七篇内矣傳首必稱母氏傳中復述母語非稗說也孟子

願學孔子誦詩讀書教授弟子必在博學無方强立不反之日始公孫丑萬章之徒悉自魯而從遊齊梁間者也後車數十乘從者數百人所過必傳食所處必館宮齊以雪宮始以授室終滕以上宮館皆師賓之道也其不可不編年者五孟子爲孟孫氏後學者或多疑之愚獨以爲信何也左傳昭公七年公至自楚孟僖子病不能相禮乃講學之苟能禮者從之及其將死也召其大夫曰禮人之幹也無禮無以立吾聞將有達者曰孔丘聖人之後也而滅於宋其祖弗

父何以有宋而授厲公及正考父佐戴武宣三命兹益共臧孫紇有言曰聖人有明德者若不當世其後必有達人今其將在孔丘乎我若獲沒必屬說與何忌於夫子使事之而學禮焉以定其位故孟懿子與南宮敬叔師事仲尼仲尼曰能補過者君子也詩曰君子是則是傚孟僖子可則傚已矣僖子祖獻子為卿不驕禮賢下士處己若虛士以是多歸之歷相三君五十年魯人謂之社稷臣僖子父莊子不改父之臣與父之政夫子稱其孝為難能僖子子懿子問孝

懿子子武伯又問孝孟氏可為世有子世知孝矣南宮适亦稱南容即南宮敬叔也從夫子適周問禮訪樂三復白圭夫子稱其有道不廢無道免於刑戮以兄之子妻之懿子子敬子能事曾子問道並非魯三桓中所多見季叔二氏獨有季文子叔孫昭子耳當孟僖子時孔子雖以知禮聞年未三十也僖子即以二子屬師之又作之以獻子則如孟氏者豈非有明德之流亞與其後必有達人不亦宜乎觀孟子書不侵及魯三桓一語獨稱孟獻子百乘之家友德不挾以比於小國費惠公之師子思大國晉平公之尊亥唐上遡堯舜以天下友匹夫其所以述祖德者不亦淵遠哉然則孟子之為孟孫氏後信也編年以母氏始以仲子季子終孟子書中自齊葬魯對王使人問疾問公都子義內皆著意語略見於句字間者也若父名激公宜母仉氏妻田氏仲子名澤雜見他書不妄載此其不可不編年者六於戲孟子姬姓夫孔孟固契稷湯文之後夫

孟子遊歷攷

[清]潘眉

清道光世楷堂刻昭代叢書本

孟子遊歷攷　補編卷第七

吳江潘　眉稚安著

姓氏名字

孟趙岐引或說魯公族孟孫後

父名激字公宜見孟氏譜母或云仉氏音掌元張題

據鄒公墳廟碑云母氏李元封父爲邾國公母爲邾

國宣獻夫人見蘇天爵元文類

孟子字趙岐曰未聞孔叢子稱孟子居顏師古漢志

注引聖證論作字子車而云未詳其所得傳子又稱

鄒之君子孟子輿王伯厚疑皆附會

妻由氏見續文獻通考亦無古據

國邑

鄒人趙岐曰鄒本春秋邾國孟子時改曰鄒國近魯

後爲魯所并今鄒縣是也或言邾爲楚所并非魯也

元譚氏編年略云鄒爲魯下邑即說文所稱孔子

鄉叔梁紇所治地非鄒國也趙誤以鄒爲邾邾在

兖北青境鄒在兖南徐境道里甚遠安得云近聖

人之居如此其甚孔子所生名故鄒城去孟子所

居五十里以邑則孔孟皆鄒人以國則孔孟皆魯

人故孟子居鄒即是居魯周廣業駁之曰此言殊

謬說文鄒魯縣古邾國帝顓頊之後所封從邑芻

聲郰魯下邑孔子之鄉從邑取聲二字形義判然

鄒他書或作騶俗通作邹郰通作鄹亦作陬若鄒

郰之字考古書從無通借至水經注始譌郰爲鄒

而以孔子爲鄒國人其言曰魯國鄒山即左傳嶧

山邾文公所遷故邾婁國曹姓叔梁紇之邑也孔

子生此後乃縣之陸德明春秋序釋文又譌鄒爲

郰而云孟子郰邑人此皆五代及唐俗本傳訛急

待後人是正者故羅泌國名紀于郰下特别白之

曰孔子生處與孟子之鄒異又注云或作鄹非極

爲了當左傳魯擊柝聞于邾漢志魯騶蕃三縣俱

屬兖州魯即魯國蕃即邾國騶即邾文公所遷之

繹也此甚近之確證如曰居鄒即是居魯則彼曹

交所欲見而假館者果何君邪案周說惟此條最

是故錄之

生卒

史記索隱云孟子生于周定王三十一年卒于赧王二十六年壽八十有四元張題孟母墓碑記據鄒公墳廟碑云孟子後孔子三十五年生時周定王三十七年也陳士元孟子雜記載孟氏譜云孟子以周定王三十七年四月二日生卽今之二月二日赧王二十六年正月十五日卒卽今之十一月十五日壽八十有四留青日札都穆聽雨紀談並同（日札四月朔生正月望卒）瞿九思定爲烈王四年己酉生赧王二十六年壬申卒年八十有四

按鄒公墳廟碑云孟子後孔子三十五年生時周定王三十七年攷孔子以敬王四十一年壬戌卒後三十五年實貞定王二十五年丁酉孟子至魏在顯王三十三年乙酉逆數至貞定丙申爲一百十年其生不在孔子卒後三十五年明矣蓋後周定王三十五年而生者孔子也（簡王十四年靈王二十一年孔子生定王崩後之三十五年也）他書或言孔子後周定王三十五年生而孔子誤爲孟子周定王誤爲孔子又有周定王三字遂顚倒錯亂而成此誤三十七年亦因三

十五年影響附會也定王在位二十一年貞定王在位二十八年皆無三十七年其誤顯然潘彥登孟子生日考疑是安王十七年而安誤爲定王誤爲三周廣業從之謂卒當在赧王十三年愚謂孟子生卒史無明文可考見者惟索隱爲最古其生年雖譌而以卒年存年逆推之則烈王四年生之說爲近陳士元雜記孟氏世譜（譜又一）孟衍泰三遷志萬斯同生卒年月攷皆主烈王四年

孟子以烈王四年生至顯王三十三年（梁惠王三十五年）遊梁時已三十七歲與稱叟之文似乎不合顧亭林謂在惠王後元末年至梁如其說則孟子年五十可以稱叟矣（周廣業云五十不爲老何叟之有此言非也王制養老之禮從五十始五十稱叟可矣）然余以爲孟子至梁當依史記惠王三十五年不宜移在後元之末（說見後）未老而稱叟者叟猶先生云爾先生訓父兄叟訓長老老猶父也長猶兄也稱先生不必年老則稱叟可類推集注考證所謂相尊之詞非必年長其說頗通左文十二年傳趙有側室曰穿晉君之壻也有寵而弱不

在軍事杜注弱年少也宣十二年傳趙旃求卿未得杜注旃趙穿子又趙旃棄車而走林逢大夫與其二子乘謂其二子無顧顧曰趙傁在後杜注傁老稱也按文公十二年至宣十二年共十九年文十八年趙穿于文公十二年尚年少加十九年計其年當在四五十歲之間則其子之年可知而亦稱曰傁則叟之云者豈必年老皓首乎大抵晉國方言尊稱則曰叟故杜注曰老稱非眞老也成三年趙旃始爲卿六年繞角之役始佐下軍十三年麻隧之戰始將新軍十六年鄢陵之戰郤犨代趙旃稱傁至此廿三年

喪葬

趙岐題辭曰夙喪其父幼被慈母三遷之教

薛應旗四書人物考四書直解集語續文獻通考闕里志三遷志皆言孟子三歲喪父王復禮曰若前喪在三歲則豐嗇非所自主臧倉安得譖之其三遷斷機或者公宜出遊慈母代嚴父耳周廣業曰以士大夫三鼎五鼎推之相隔必不甚久遠祭以三鼎明在孟子仕鄒爲士之後時年蓋已四十餘矣按王駁三歲甚是至言豐嗇非所自主倉安得譖之未免厚待臧倉彼小人之言豈必斟情酌理而後出諸口哉凡年未冠以前皆可曰幼大約在弱冠之前耳周言四十餘殊乖趙氏夙喪之義而以祭禮證喪年亦未確

于欽齊乘孟母墓在馬鞍山屬滕州鄒縣

按孟子言葬于魯而齊乘言鄒縣者据後世地界言也齊乘又云鄒縣有昌平山夫子所生之鄉馬鞍山在其南則舊爲魯地可知孟爲公族之後則祖墓自當在魯

又按孟子以愼靚王三年去梁適齊在齊六七年其葬母當在赧王元年二年間魯平公亦元年二年平公或在孟子葬魯時欲見故臧倉言後喪踰前喪以毀之

師承

史記本傳受業子思之門人漢蓺文志注云子思弟子趙岐亦曰長師孔子之孫子思子韓退之李習之皆云學于子思王劭謂史傳衍一人字

按孔子卒後至烈王四年百有七年伯魚先孔子四年卒卽令子思于伯魚卒年始生至孟子生年相去百十有三年逮孟子長而謂猶親受業于門其不然明矣史記本傳作受業于門人者是而孔叢子等書載思孟問荅僞書不足辨

遊歷

史記本傳游事齊宣王宣王不能用適梁梁惠王不果所言風俗通窮通篇荀敘孟子仕齊爲卿去之鄒薛作書中外十一篇終言梁惠王復聘請之爲上卿

近周廣業謂始仕鄒爲士繼之任遊齊去齊歸鄒適宋適薛適滕適梁適齊而卒

以上三說皆先齊後梁小國不論

衛嵩謂自宋歸鄒之任之薛之滕而後之梁之齊閻若璩謂晚始遊梁繼仕齊歸鄒如宋至曾之滕歸老于鄒

以上二說皆先梁後齊與通鑑綱目同

蘇轍古史謂先齊宣後梁惠梁襄齊湣

此一說言孟子凡兩至齊

薛應旗謂始至梁繼至齊爲卿復至梁

此一說言孟子凡兩至梁

陳士元謂先至梁次至齊反魯居鄒又自任之梁復至齊之宋之滕而歸老于鄒

此一說言孟子兩至梁亦兩至齊

合諸說觀之以先梁後齊爲是蓋梁齊之年均有可移燕年實無可移燕年既不可移則燕人畔後孟子去齊至梁已不及見惠王諸家皆欲移燕事于前以就齊宣曲附史記先齊後梁不知史記雖

不言兩至齊而兩至齊之事自見燕世家載孟子與湣王問荅是也卽古史所本今既不從史記以伐燕事屬湣王而猶執先齊後梁之說宜其多穿鑿也故余以先梁後齊爲是宋石君相國云孟子前二卷卽其自敘去就先後本末之跡故始于梁惠王而襄王而齊宣王而鄒穆公而滕文公而魯平公論世者當以此爲傚

遊梁之年

史記六國表梁惠王三十五年孟子來顯王三十三年顧亭

林曰孟子先梁後齊在二國皆不久于齊當有四五年若適梁乃惠王後元之末而襄王立即行適齊史謂惠王三十五年至梁者誤

按以惠王後元之末孟子始至梁其說未敢從使以惠王後元末年至梁及襄王立即去梁適齊在齊亦不過四五年合齊梁兩國僅七八年其餘任薛滕宋可知然則孟子自少至老八十四年中在家之日居多也殆非通論況惠王即位年三十歷三十六年後元十六年至後元之末年已八十

餘孟子年五十餘孟子自四十不動心知言養氣自信有素亦可謂道既通矣不于此時求所以致主澤民而復因循十餘年始出而就桑榆垂莫之主欲令其改八十年前之非以從王道抑何所見之晚也近來諸家皆爲惠王後元末年至梁之說亦不過因書中梁事少不及齊事多疑孟子居梁日淺試思孔子留楚甚暫而論語載葉公者三在齊八年而論語載景公者二未可以書之詳略定年月之短長也或又以晉國一章所言多後元事

以此證孟子至梁必在昭陽敗梁以後然使以惠王三十五年至梁久留不去至是梁兵屢挫惠王思發憤報復求教于孟子亦何不可而必謂事皆在至梁之前者何也今當依通鑑綱目孟子以顯王三十三年至梁慎靚王三年去梁凡在梁十九年（惠王三十五三十六後元十六年年襄王元年共十九年）

在梁之年

周顯王三十三年梁惠王三十五年孟子至梁

三十四年梁惠王三十六年史記惠王卒紀年惠王

改元從一年始

按紀年改本年元後元凡十七年通鑑改明年元後元得十六年今從通鑑

三十五年惠王後元一年（從紀年通鑑增後元年）史記襄王元年（誤）

齊魏爲王（六國表）

按秦本紀亦云齊魏爲王則是年爲齊魏稱王之始魏世家云襄王元年與諸侯會徐州以相王追尊父惠王爲王蓋誤以惠王後元一年爲襄王元年也孟子于未稱王之前而稱惠王曰王者或是

著書時追攷（史記稱君）或是當時羣臣已通稱其君爲
王未可知也（如蘇秦說六國俱稱大王是時秦趙韓燕諸君俱未爲王）
又攷史記國策齊魏稱王當猶在前不始于是年
田敬仲世家云威王二十六年擊魏大敗之桂陵
于是齊最強于諸侯自稱爲王則齊自稱王在周
顯王之十六年也國策衛鞅見魏王曰大王有伐
齊楚從天下之志不如先行王服然後圖之魏王
說其言廣公宮制丹衣柱建九斿之旗此天子之
位也而魏王居之于是齊楚怒伐魏殺其太子（卽馬

陵之戰在梁惠王三十年）覆其十萬之衆當是時秦王垂拱而
得西河之外則魏僭爲王在周顯王二十八年
三十六年惠王後元二年六國表秦攻魏于雕陰
按孟子以顯王三十三年至梁而秦攻梁以顯王
三十六年始（孟子至梁後之始）三十九年四十年四十一
年四十七年皆有攻梁事以梁年計之則秦攻梁
在後元二年至後元十三年耳自後元十四年至
後元十六年惠王卒秦無攻梁事北齊劉晝新論
云昔者秦攻梁惠王謂孟子云云如舊說孟子于

惠王三十五年至梁明年惠王卒又明年襄王元
年孟子去梁此三年秦不攻梁又如亭林諸公謂
孟子于後元末年至梁則後元十四五六年秦亦
不攻梁劉孔昭六朝人其時孟子外書猶存必非
無據所云秦攻梁雖不明指某年大約總在後元
二年至後元十三年中可見孟子實在梁與惠王
問荅而彼二說者均未爲合也
三十七年惠王後元三年六國表齊魏伐趙魏納秦
陰晉爲和（和雕陰之戰）

按史記本傳梁惠王謀欲攻趙孟子稱太王居邠
云云自三十五年至後元末年梁攻趙惟此一事
亦可爲是年孟子在梁之證史記惠王無後元諸
年而博采羣書多自相矛盾處故不詳其年
三十八年惠王後元四年
三十九年惠王後元五年六國表秦圍魏焦曲沃與
秦河西之地
四十年惠王後元六年六國表秦取魏汾陰皮氏焦
四十一年惠王後元七年六國表魏盡入上郡十五

縣于秦秦降魏蒲陽

按鹽鐵論大夫曰孟子居梁西敗于秦地奪壤削亡河内河外觀此亦可見獻河西入上郡漢人皆以爲孟子居梁之日矣

四十二四十三四十四四十五年惠王後元八九十十一年

四十六年惠王後元十二年六國表楚使柱國昭陽攻魏破之于襄陵得八邑

按晉國章問答當在此年戰敗之後朱注亡其七

邑誤八爲七

四十七年惠王後元十三年六國表秦取魏曲沃平周

四十八年惠王後元十四年

愼靚王元年辛丑惠王後元十五年

二年惠王後元十六年卒子襄王立史記是年襄王卒誤

三年梁襄王元年孟子去梁史記是年魏哀王元年誤

去梁適齊

通鑑愼靚王三年孟子去魏適齊

按去魏當歸鄒而之任而之平陸而之齊

在齊之年

愼靚王三年史記燕噲王三年齊湣王六年通鑑齊宣王十五年（通鑑增十年于威王之下宣王即位移下十年以合孟子）今改爲齊宣王十三年孟子至齊在此年或在次年

愼靚王四年史記燕噲王四年子之相燕貴重主斷通鑑齊宣王十六年今改爲齊宣王十四年

愼靚王五年史記燕君讓其臣子之國通鑑齊宣王十七年今改爲齊宣王十五年

愼靚王六年通鑑齊宣王十八年今改爲齊宣王十六年

赧王元年史記齊伐燕燕君噲及子之皆死通鑑齊宣王十九年今改爲齊宣王十七年（是年魯平公元年）

赧王二年通鑑齊湣王元年今改爲齊宣王十八年（是年魯平公二年）

按孟子自齊葬魯魯平公欲見當在此時

赧王三年史記燕人共立公子平通鑑齊湣王二年今改爲齊宣王十九年孟子去齊在齊七年或六年按燕人畔章王曰吾甚慙于孟子正與伐燕章語意相承亦爲宣王無疑通鑑雖移下十年至此仍爲湣王畢竟未能全合史記田敬仲世家田和二年卒桓公六年卒威王三十六年卒宣王十九年卒湣王四十年亡索隱于桓公卒下注云按紀年齊桓公十八年後威王始見則桓公十八舊譌爲九今校正年卒又魏世家武侯九年齊威王初立注云按

紀年齊桓舊譌爲幽今校正公之十八年而威王立据紀年始知桓公本十八年非六年史記正脫去十二年並桓公六年表載齊康公卒亥年遂書齊威王元年誤以威王與康公繼世而立其實威王與康公不相連屬康公者太公之齊末君田氏所篡而桓公六年固未嘗卒也若于桓公六年後增十二年以足十八年之數繼以威王三十六年仍依史記不必增則宣王元年在周顯王三十九年恰好移下二年依通鑑移下二年依史記移下十二年燕噲讓國在宣王十五年非十七年矣齊伐燕在宣王十七年非十九年矣燕立太子平在宣王十九年非齊湣二年矣燕人畔孟子致爲臣而歸宣王卒皆在是年而所增之年又非鑿空無据豈非一大快事且卽以史記考之齊宣王實以赧王三年卒可證六國表之誤六國表齊宣王卒當燕易王九年齊湣王元年當燕易王十年而燕世家云燕易王十年蘇秦使齊爲反間蘇秦傳云蘇秦佯爲得罪于燕而亡走齊齊宣王以爲客卿則燕易王十年齊宣王尚在而謂卒于燕易王九

年者誤乎否乎又張儀傳楚懷王失漢中在赧王三年恨張儀欲得而殺之張儀至楚因鄭袖爲言旣出未去聞蘇秦死乃說楚王以敗從約是歲秦惠王卒燕世家云蘇秦已死而齊宣王復用蘇代由是觀之蘇秦死時齊宣王尚在蘇秦死而齊宣王亦卒皆在赧王三年張儀聞蘇秦死因連橫在秦惠王卒年周赧王之四年也六國表列蘇秦死于愼靚王元年與張儀連橫之年相去十年而蘇秦死後十年張儀始聞其死儀不應若是之憒憒也故

蘇秦死必在赧王三年張儀傳文可證六國表之誤齊宣王于蘇秦死後尙用蘇代則赧王三年之齊君兩宣王非湣王也表乃于顯王四十五年即燕易王九年列齊宣王卒前于赧王三年十二年誤乎否乎此無他皆因表中脫去齊桓公十二年以致表與世家列傳亦多牴牾如增桓公至十八年則合者多矣余非偏據紀年以改史表即證之史文亦知表中之誤而齊宣王實在赧王三年燕立太子平爲昭王之後始卒也

周廣業亦知齊桓公有十八年而泥于紀年當梁惠王十三年之文于是田太公和本二年卒改爲十一年卒桓公本十八年卒改爲十九年卒誤于索隱之譌字威王本三十六年卒宣王本十九年卒改威宣爲一王三十六年卒又改湣王之四年爲元年則是田齊自和至湣五世無君不改無年不移矣而威宣之卒又僅在顯王四十八年是年燕易王方卒次年始爲燕噲元年自知仍與孟子不合又欲盡改燕君之年移燕事于前以合宣王斯亦拙矣抑知竹書皆古文古文四字多作三安知非即梁惠王三年譌爲十三年乎否則齊年有誤梁年豈必無一誤即如魏文侯在六國表止三十八年而紀年云文侯在位五十年與史記不合且就紀年從魏文侯立數至魏文侯卒實有五十四年一書之中亦復不合設從紀年謂魏文侯元年當周考王元年而改史記魏文侯元年當威烈王二年通盤移易其不爲叢棘之囹者鮮矣又如梁惠王史記以爲惠王紀年以爲惠成王又如徙都大梁

史記在惠王三十一年紀年在惠成王九年總之二書不能盡合此讀書論古所以貴乎通人也如周君之說則盡改齊君之年而仍不合不若但增桓公之十二年以補通鑑兩年之缺而田和之二年卒如故威王之三十六年卒如故宣王之十九年卒如故而孟子之書前後悉合不較爲直捷乎近周柄中據孟子去齊時有由周而來七百有餘歲之語以宣王卒在顯王四十五年丁酉此依六國表之舊距武王伐紂計七百九十八年與孟子語合以

爲當移上燕噲之年以合齊宣不當移下齊宣之年以就燕噲移下齊宣之年則八百餘歲非七百有餘歲矣且辨竹書武王克殷歲在辛卯下到乙巳周亡共計七百九十五年爲非其論甚暢然欲移燕噲于前此事亦大難燕噲當于何年卽位于何年讓國燕自獻公至易王何君當刪何年當減恐亦徒恃空言毫無措手處也竹書晚出固難盡以爲据若通經如鄭康成者宜爲學者所崇信矣則試引鄭君之說以折之乾鑿度今入天元二百

七十五萬九千二百八十歲昌以西伯受命鄭注云受洛書之命爲天子以秝法實當云二百八十五歲此略其筭數也孔穎達以紀法除之得千八百一十五紀餘四百八十歲入後紀之年其初年還歲甲寅又以六蔀除之餘二十四年卽入戊午蔀二十四年矣更加五年爲二十九年太歲在戊午文王受命之年也三統曆隱公元年已未其前惠公末年戊午計文王受命是戊午至惠公末年又値戊午當三百六十歲鄭注緯師謀云數文王

受命至惠公末年三百六十字衍五歲今依鄭說自文王受命至魯惠公末年三百六十年合春秋二百四十二年又敬王四年六國表二百二十一年周亡共八百二十七年如增入桓公十二年移下宣王至赧王三年卒自赧王四年起至五十九年周亡尙餘五十六年在後則于赧王三年宣王卒孟子去齊正得文王受命以來七百七十一年其始于武王伐紂之年無論矣然則移下齊宣之年以就燕噲何嘗非七百有餘歲信劉歆不如信鄭

康成也

去齊所適

按孟子陳臻問章于齊言前日于宋薛言今日則之宋之薛在去齊之後明矣宋薛之後當又歸鄒故滕文公見孟子在宋及然友問禮則之鄒其後乃之滕而後歸老于鄒與萬章之徒著書此遊歷之大略也

右雜考一卷孟子生卒主索隱遊歷主先梁後齊至梁主惠王三十五年在梁主通鑑十九年在齊

主七年皆舊說也稍有辨論不過因新說盡翻舊案駁正之以復于古云爾其齊宣之年通鑑移下十年與燕畔章尚未合乃据紀年以符燕畔之爲宣王如是而已新說多欲移燕事于前卷中已爲駁正夫燕年非真不可移如譙周謂襄公下無桓公十六年紀年簡公下無獻公十二年如二說則燕年共差二十八年使刪去二十八年則燕滅在秦始皇未即位前二年而燕太子丹刺秦皇等事皆無位置處可見桓獻二公或可刪而二十八年

必不可缺或并于前君或增于後君其年雖有移易而仍歸未移燕畔之年周如故也至若海寧周氏以爲燕事可移有二證一据趙策武靈王首篇云齊破燕趙欲存之武靈元年史表當齊宣十八年策繫于首則知破燕在其前矣駁之曰國策非編年之體而以首篇屬元年可乎鮑彪注曰武靈王十二年事按之史記仍在齊湣王十年未嘗移也趙策武靈王首篇齊破燕次篇張儀爲秦連橫一在周赧王元年一在周赧王四年赧王元年趙武靈之十二年赧王四年趙武靈之十五年若以首篇當元年將以次篇爲二年事乎即以史記論其時蘇秦尚未死也史記蘇秦亦在武靈王六年而謂張儀連橫知不然矣一据魏策楚許魏六城與之伐齊而存燕張儀欲敗之謂史表儀相魏在周顯王四十七年此欲敗魏必在未相魏之前爲秦惠文王相之時約其年亦宣王時也駁之曰張儀始相秦至周顯王四十七年相魏相魏六年慎靚王四年復相秦赧王元年齊破燕時張儀正爲秦惠文王相知相魏之前

相秦不知相魏之後復相秦既屬考史之疏如其知之而以敗魏伐齊在前相秦時不在後相秦時果何所見而云然耶大抵理不足者其辭必枝紛紛之說皆無一是從可知燕事萬無可移之理不然司馬温公何不移燕以就齊而必移齊以就燕耶

周安王十六年乙未
魏武侯元年
燕釐公十七年
齊康公十九年田和始列爲諸侯元年
遷康公海上食一城
齊康公二十年田和卒桓公元年
韓趙魏滅晉丙午
分爲三晉
周烈王元年
周顯王元年
癸丑
齊威王元年
燕桓公元年
孟子生
燕文公元年
魏惠王元年
齊康公二十六年
卒田氏并齊

魏惠王三十五年
魏惠王三十六年改元稱一年
至梁
燕易王元年
齊宣王元年
周慎靚王元年辛丑
燕王噲元年
宋王偃元年
魏襄王元年
至滕
燕噲讓子之國
周赧王元年丁未
齊伐燕
衞嗣公元年
燕人共立太子平是爲燕昭王元年
至齊
齊湣王元年
魏昭王元年
[illegible]元年
孟子卒

孟子遊歷攷跋

欲稽孟子之事實必先攷定七國之紀年史記多所漏略幸有竹書可據田敬仲世家云桓公六年卒索隱引紀年曰齊桓公十八年後威王始見魏世家云武侯九年齊威王初立索隱引紀年曰齊桓公之十八年而威王立蓋史記脱去十二年遂與燕噲讓國之年不合司馬温公雖多所更正亦未能盡協也近日談孟子者紛紛辨論獨于索隱所引二條俱未見及吾邑潘壽生即據此以定田齊之紀年而燕噲讓國之年數定而孟子先梁後齊之年數亦定此係一已獨見確有明徵他人不得而易之矣庚子仲夏同里沈楙悳識

孟子事實録

[清]崔述

清道光二年遺經樓刻本

道光二年刊

孟子事實録

遺經樓藏板

孟子事實録目

孟子事實錄卷上

大名崔述東壁譔考　石屏門人陳履和校刊

在鄒

補孟軻騶人也史記孟子荀卿列傳

列女傳云孟軻之母其舍近墓孟子之少也嬉戲爲墓間之事踊躍築埋孟母曰此非所以居子也乃去舍市其嬉戲爲賈衒孟母曰此非所以居子也乃徙舍學宮之旁其嬉戲乃設俎豆揖讓進退孟母曰此真可以居

子矣遂居之余按孟母教子之善當非無故而云然者即三遷之事亦容或有之然謂孟子云云者則必無之事也孔子曰唯上知與下愚不移孟子曰豪傑之士雖無文王猶興人之相遠固由於習然大聖賢之生必與衆異必不盡隨流俗爲轉移孟子雖幼安得遂與市井墟墓之羣兒無以異乎孟子曰舜之居深山之中與木石居與鹿豕遊及其聞一善言見一善行若决江河沛然莫之能禦也然則孟子亦當如是使孟子幼時絕不知自異於羣兒則孟子壯時亦安能自異於戰國縱橫之徒哉且孟母既知墓側之不可居則何不即擇學宮之旁而遷之乃又卜居於市側乎國語稱文王曰在母弗憂在傅弗勤列女傳云文王生而明聖太任教之以一而識百後世儒者遂謂文王生有聖德大王知其必能興周故舍泰伯而傳國焉夫同一聖人也文王則生而即爲聖人孟子則幼時無少異於市井小兒一何其相去之懸絕乎蓋凡稱古人者欲極形容其人之美遂

不復顧其事之乖其通病然也故欲明太任之胎教遂謂文王之聖生而已然欲明孟母之善教遂若孟子之初毫無異於庸愚其實聖人之爲聖人亦必由漸而成聖人幼時雖未即爲聖人而亦必不與流俗同也善讀書者當察其意所在不必盡以爲實然也故今不載此事

韓詩外傳云孟子少時誦其母方織孟子輟然中止乃復進其母引刀裂其織以此誡之孟子問其母曰東家

殺豚何爲母曰欲啖汝其母自悔乃買東家豚肉以食之余按自裂其織以喻學之不可中輟理固當然然且誦且思豈無中止之時乃責其斷之必無斷續乎至於啖汝云者不過一時之戲言耳其失甚小因悔此一戲而遂買豚肉以彌縫之是教之以文過遂非也孟母何反出於此乎此皆說者欲極形容孟母之善教而附會之反失其正者皆不可爲信故今並不録

韓詩外傳云孟子妻獨居踞孟子入戶視之白其母曰

婦無禮請去之母曰乃汝無禮也禮不云乎將上堂聲必揚將入戶視必下不掩人不備也於是孟子自責不敢去婦余按獨居而踞偶然事耳教之可也非有大過豈得輒去聲揚視下亦謂朋友賓客間耳房幃之內安得事事責之此蓋後人之所附會必非孟子之事故亦不載

備覽〇受業子思之門人同上

附論〇孟子曰予未得爲孔子徒也予私淑諸人也孟子

趙岐謂孟子親師子思王劭謂史記人字爲衍余按孔子之卒下至孟子遊齊燕人畔時一百六十有六年矣伯魚之卒在顏淵前則孔子卒時子思當不下十歲而孟子去齊後居鄒之宋之薛之滕爲文公定井田復遊於魯而後歸老則孟子在齊時亦不過六十歲耳卽令子思享年八十距孟子之生尚三十餘年孟子何由受業於子思乎孟子云予未得爲孔子徒也予私淑諸人也若孟子親受業於子思則當明言其人以見其傳之

有所自何得但云人而已乎由是言之孟子必無受業於子思之事史記之言是也然孟子之學深遠恐不僅得之於一人殆如孔子之無常師者然故但云私淑諸人耳

適梁

孟子見梁惠王王曰叟不遠千里而來亦將有以利吾國乎

孟子對曰王何必曰利亦有仁義而已矣

葉大慶考古質疑云墨客王聖美少謁一達官問聖美

曰嘗讀孟子否曰都不曉其義問不曉何義曰從頭不曉孟子不見諸侯何以見梁惠王其人愕然無對此雖若戲笑之談匆遽中亦自難對近見陳氏新語云孟子之書有一言可萬世行者有言之今日而明日不可用者孟子不見諸侯而見梁惠王學者至今疑之大慶嘗思而得之孟子論去就之義曰迎之致敬以有禮言將行其言也則就之按史記魏世家惠王卑禮厚幣以招賢者鄒衍淳于髡孟某皆至然則孟子之見惠王非以

其迎之致敬而有禮乎原文甚繁今刪而采之如此余按孟子之見梁王無難解者不知聖美何以不曉逵官何以無對陳氏何以致疑葉氏何以待思而後得也孟子所謂不見諸侯者謂草莽之士不屈身先容以求見諸侯耳非謂終古不可與一見也故曰庶人不傳質爲臣不敢見於諸侯曰如不待其招而往何哉曰段干木踰垣而辟之泄柳閉門而不內是皆已甚迫斯可以見矣語意甚明豈容有不曉其義者而乃紛紛疑之議之眞吾所不曉也若謂終古不可一見諸侯則禹臯陶何以見堯舜伊尹何以見湯太公何以見文王乎孟子居鄒季任爲任處守以幣交受之而不報他日由鄒之任見季子然則孟子之見時君皆當如是不但於梁然也即無史記之文而孟子之爲應聘而往亦無可疑者但記書者止欲明先義後利之旨不暇於未見之前一一鋪敘如今演義之文法耳齊景公問政於孔子衛靈公問陳於孔子未問之前亦必有其相見之因但無關於義理故不必一一而書之策也今論者乃以是爲疑豈宋人沿唐舊

習喜奔競怪孟子不見諸侯之言而欲以其矛刺其盾乎不然如是讀書書無不可議者無怪乎陶淵明之不求甚解也

按孟子先義後利之旨深切戰國時人之病要亦古今之通患也三代以上人皆尚義逮春秋時人漸重利然尚有好義者亦頗有假義者至於戰國非惟人不好義即假義者亦不可得何者人皆惟利是圖無所用於假

義者也人心一專於利則但知有利而不知有義且但知有己而不知有人甚至但知有目前之利而不知有日後之害以故列國之君惟務戰爭以辟土地聚歛以充府庫其臣亦惟務逢君以取富貴其閭巷之間亦惟事強淩弱衆暴寡以自利此無他皆好利之心驅之使至是也是以戰國之時生民塗炭風俗頽敝死於兵者動至一二十萬然則孟子此言誠救時之上策亦千古之炯鑑也故以此章冠七篇之首而太史公讀之亦深

嘆美之也

聖人何嘗不言利易曰乾元亨利貞曰坤元亨利牝馬之貞曰利建侯曰利見大人曰利涉大川者不一而足聖人何嘗不教人以趨利而避害乎但聖人所言義中之利非義外之利共有之利非獨得之利永遠之利非一時之利此其所以異也故曰見利思義曰因民之所利而利之曰小人樂其樂而利其利此以没世不忘也無如世俗之人惟利是圖而不復顧義之是非不但損人以利己也為臣者且耗國以肥家甚至貪一時之利而致釀終身之害者亦往往有之不可謂大愚哉孟子此言可謂深切著明惜乎世人不之察也

按孟子與齊梁滕君問答之言文繁不可悉載而孟子乃人所共讀亦無庸悉載也故但撮其要旨及有關於時事者次其先後不備録也

梁惠王曰晋國天下莫強焉叟之所知也及寡人之身東敗於齊長子死焉西喪地於秦七百里南辱於楚寡人耻之願

比死者一洒之如之何則可孟子對曰地方百里而可以王王如施仁政於民省刑罰薄税歛深耕易耨壯者以暇日修其孝悌忠信入以事其父兄出以事其長上可使制梃以撻秦楚之堅甲利兵矣同上

備覽〇惠王數敗於軍旅卑禮厚幣以招賢者鄒衍淳于髠孟軻皆至梁史記魏世家

史記此文載於魏世家惠王三十五年以年表考之乃周顯王之三十三年乙酉也余按史記惠王在位三十

六年而卒子襄王立在位十六年卒襄王元年乃周顯王三十五年丁亥與諸侯會徐州相王也追尊父惠王爲王是丁亥以前梁未稱王也而孟子之見梁王乃云王何必曰利王好戰請以戰喻王往而征之夫誰與王敵惠王果未稱王孟子何由預稱之曰王乎又按史記梁予秦河西地在襄王五年盡入上郡於秦在襄王七年楚敗魏襄陵在襄王十二年皆惠王身後事而惠王之告孟子乃云西喪地於秦七百里南辱於楚未來之

事惠王何由預知之而預言之乎按杜預左傳後序云古書紀年篇惠王三十六年改元從一年始至十六年而稱惠成王卒即惠王也疑史記誤分惠成之世以爲後王年也然則史記所稱會徐州相王者即惠王非襄王矣所稱襄王之元年即惠王之後元年而予河西入上郡敗於襄陵皆惠王時事非襄王時事矣蓋惠王本稱魏侯既僭稱王則是年乃稱王之始年故不稱三十七年而稱元年史記不知惠王改元之故但見其於三十六年之後又書元年遂誤以爲襄王之元年耳然則孟子之至梁不在惠王三十五年而在後元十二年襄陵既敗之後則孟子與惠王之所云者無一語不符矣孟子與齊宣問答甚多而與梁惠殊少在梁亦無他事則孟子居梁蓋不久也然猶及見襄王而後去則孟子之至梁當在惠王之卒前一二年辛丑壬寅兩歲之中於年表則周慎靚王之元年二年也史記所云非是說並見後襄王條下

孟子見梁襄王出語人曰望之不似人君就之而不見所畏焉卒然問曰天下惡乎定吾對曰定于一孰能一之對曰不嗜殺人者能一之孟子

史記梁惠王三十六年卒子襄王立十六年卒子哀王立竹書紀年梁惠王立三十六年改元又十六年而卒其後稱爲今王至二十年而其書止杜氏左傳後序謂史記誤分惠成即惠王之世以爲後王之年哀王二十三年乃卒故特不稱謚謂之今王余按杜氏以史記襄王

之年爲惠王後元之年是已至謂竹書之今王爲哀王而無襄王則非也孟子書稱見梁襄王孟子門人記此書者皆當時目覩之人不容誤哀爲襄則是梁固有襄王也世本稱惠王生襄王襄王生昭王則是梁有襄王無哀王也襄哀二字其形相似蓋有誤書襄王爲哀王者史記因疑梁有襄哀兩王又不知惠王之改元故誤以惠王後元之十六年爲襄王之年以襄王之二十三年爲哀王之年耳然則紀年之所謂今王卽孟子所記

之襄王不得以爲哀王也說並見前惠王條下

附録○周霄問曰古之君子仕乎孟子曰仕傳曰孔子三月無君則皇皇如也出疆必載質公明儀曰古之人三月無君則弔○曰晉國亦仕國也未嘗聞仕如此其急仕如此其急也君子之難仕何也曰丈夫生而願爲之有室女子生而願爲之有家父母之心人皆有之不待父母之命媒妁之言鑽穴隙相窺踰牆相從則父母國人皆賤之古之人未嘗不欲仕也又惡不由其道不由其道而往者與鑽穴隙之類也

按孟子嘗見梁惠王惠王自謂晉國天下莫強則當戰國之初猶皆以韓趙魏爲晉國也孟子未嘗至韓與趙則晉此言在孟子居梁之時無疑所謂晉國卽指梁而言也觀晉以難仕疑孟子則孟子在梁但如賓客然未嘗受其爵祿觀孟子鑽穴踰牆之喻則當時求仕者率有所因緣而得之孟子則必待人君之自知之而自任之不肯效當時游士之所爲也故史記於齊稱游事齊

宣王而於梁則但稱適梁蓋并客卿亦未嘗受之矣學者不可不分別觀之也

游齊上

齊宣王問曰齊桓晉文之事可得聞乎孟子對曰仲尼之徒無道桓文之事者是以後世無傳焉臣未之聞也無以則王乎曰德何如則可以王矣曰保民而王莫之能禦也○無恒產而有恒心者惟士爲能若民則無恒產因無恒心苟無恒心放辟邪侈無不爲已及陷於罪然後從而刑之是罔民也

焉有仁人在位罔民而可爲也○五畝之宅樹之以桑五十者可以衣帛矣鷄豚狗彘之畜無失其時七十者可以食肉矣百畝之田勿奪其時八口之家可以無飢矣謹庠序之教申之以孝弟之義頒白者不負戴於道路矣老者衣帛食肉黎民不飢不寒然而不王者未之有也

史記孟子荀卿列傳云道既通游事齊宣王宣王不能用適梁梁惠王不果所言則見以爲迂遠而濶於事情是謂至齊在至梁之前也余按孟子梁惠王篇皆以時

之先後爲序而至梁在篇首見襄王後乃次之以齊宣則是見梁惠在先見齊宣在後也即以史記之文論之周顯王三十三年乙酉孟子至梁後二十三年齊始取燕當是時梁惠王卒已久矣然則孟子去齊以後必無復有適梁之事故今次至齊於至梁之後

說者謂孔子修春秋尊周室而孟子勸齊梁行王政爲有悖於孔子之旨以余考之不然史記趙世家成侯七年與韓攻周八年分周以爲兩以周本紀計之則顯王

二年也蓋周之東遷晉鄭焉依故令雖不行於天下而猶足以立國烈王元年韓滅鄭六年趙成侯韓共侯遷晉桓公於屯留語本竹書紀年與史記文小異晉鄭既亡周孤立無所依故韓趙得分之自晉亡至此凡四年然則顯王之世已失其國無復尺土一民之爲已有矣是以戰國策中所記周事但有西周君東周君而無一語及王且云東周與西周爭東周與西周戰然則東西二周亦判然爲兩國而周王特寄食於其間乃欲於此時責天下以尊周亦不情

之至矣史記周本紀顯王五年賀秦獻公二十六年致伯於秦孝公三十三年賀秦惠王如小國之事大國者然蓋諸侯惟秦史尚存故司馬氏得以據而記之其於三晉齊楚當亦類是然則周於是時固已降同諸侯但其名差異耳至三十五年諸侯會徐州以相王則并其名亦無異於列國故傳曰成王定鼎於郟鄏卜世三十卜年七百孟子曰由周而來七百有餘歲矣然則自此以後已不在卜年之數之內周禮亦無復有存者是以

孟子欲得王者以安天下不得以孔子之所爲責孟子也孟子曰春秋無義戰彼善於此則有之矣征者上伐下也敵國不相征也又曰天子討而不伐諸侯伐而不討五霸者摟諸侯以伐諸侯者也由斯以觀使孟子生春秋之世亦必尊周室無疑矣孟子曰禹稷顔回同道又曰禹稷顔子易地則皆然其於曾子子思之去與留亦云是故孔子之德非孟子之所及若尊周與不尊周則聖人所處之時勢不同非其道之異也學者考古不

詳而妄議聖人余甚不取故今考其前後而備論之

孟子何爲以王説齊宣也古之聖王皆非有心於王天下也德盛化行人自歸之非齊王所及也顧戰國之時民困已極孟子急欲救之故以王歆動齊王之心使勉爲保民之事耳何以有恒產恒心之論也聖人之治天下非但養之也亦將以教之故舜命棄播百穀即命契敷五教所以無飢之後必繼之以庠序之教也申以孝弟之義何以言頒白者之不負戴也古之所謂弟者非惟事兄也亦將以事老也故契敎以人倫而曰長幼有序孔子曰入則孝出則弟若惟事兄而已當云入則弟不當云出則弟矣

按人君撫有一國當先自正其身心不溺於私欲至於淫聲蕩人心志尤所當痛絶者乃齊王好貨好色孟子不匡其失而但以爲與民同之即可以王齊王好世俗之樂而孟子以爲今之樂由古之樂此何説乎無他戰國之時生民塗炭孟子目擊其艱急欲拯於水火之中

而是時大國之君惟齊宣猶足用爲善齊宣所好又非旦夕所能改者故不得已而爲此言冀其或能行仁政耳此孟子救世之苦衷非正論也讀孟子者當以意逆志不可執詞以害其意亦不得以是輒議孟子也故今皆不載并識其説於此

孟子見齊宣王曰所謂故國者非謂有喬木之謂也有世臣之謂也王無親臣矣昔者所進今日不知其亡也王曰吾何以識其不才而舍之曰國君進賢如不得已將使卑踰尊疏

踰戚可不慎與左右皆曰賢未可也諸大夫皆曰賢未可也國人皆曰賢然後察之見賢焉然後用之左右皆曰不可勿聽諸大夫皆曰不可勿聽國人皆曰不可然後察之見不可焉然後去之

按治國莫要於用人不得其人則雖善政亦不能行故周公有立政之篇孔子有人存政舉之對孟子此章實治國之要術故今載於保民章之後至是而王道全矣

○雖然孟子此言特爲齊王言之耳左右之言不可信

固也諸大夫多矣何以其言猶皆不可信而必訪諸國人而又以身察之人主之勞何至於是堯舜大聖人也然其命官也不過咨於四岳訪於廷臣而已皆得其人建大功於天下亦非惟聖帝哲王然也齊桓公聽鮑叔之薦而相管仲晉文公聽趙衰之薦而用郤縠欒枝先軫皆能治其國而霸諸侯而孟子乃爲是言者何哉蓋齊之廷臣不肖者多而賢者少惟諸大夫之言是聽則必有夤緣權倖以求進身者觀於王驩陳賈齊之大夫可知矣觀於牽牛章中肥甘輕煖采色聲音便嬖王之諸臣皆足以供之大夫之逢迎其君者不乏人矣觀於王驩至公行氏有進而與言者有就其位而與言者庶僚之奔走於大夫之前者亦不乏人矣如是而欲責大夫之薦引安能得賢士而用之其必至於蠹國害民者勢也雖有即墨大夫而無如毀之者之多雖有阿大夫而無如譽之者之衆齊之往事概可見矣故凡人主處休明之世俊傑盈廷政事修舉則不必過爲其煩若不

幸值廢弛之後朝多倖位阿諛成風非大振乾綱廣開耳目不足以起其衰而革其弊孟子此言誠撥亂反治之良策也夫

吾讀春秋傳至晉楚邲之戰而知晉政之衰也邲之役晉師何以敗也曰晉之軍帥不和既不量力而輙濟河又不設備故敗曰固也然猶非其本也傳曰晉魏錡求公族未得又曰趙旃求卿未得卿大夫豈可求者乎蓋有求而得者與夫不求而遂不能得者是以人競於求

若得者皆不因於求則無復有求之者矣文公之世趙衰薦郤縠爲元帥縠豈嘗求之乎胥臣薦郤缺之賢而文公以爲下軍大夫缺亦未嘗求也亦非但不求也文公以趙衰爲卿而衰讓於欒枝先軫且以已所得者讓之於人矣無怪乎所用皆賢一戰而遂霸也且凡求進用者非逢迎則賄賂逢迎賄賂而得爲卿大夫其人必不肯以報國安民爲事逢迎賄賂而後得爲卿大夫則賢才必無由而進雖文襄之澤未衰晉卿大夫之中非

無賢者顧賢者少而不肖者多則賢者亦不得展其用是以事權不一在國則無以撫其民在軍則無以勝厥敵也若果能如孟子之言見賢然後用之豈復有求之者吾故觀於城濮與邲之事而益信孟子之言之可爲世鑒也

附録○儲子曰王使人瞯夫子果有以異於人乎孟子曰何以異於人哉堯舜與人同耳

觀此文則齊王於孟子可謂心悅誠服矣梁惠王公孫丑兩篇叙孟子事皆以時之先後次之其見於他篇者無可考其先後故皆因事而附録之

孟子將朝王王使人來曰寡人如就見者也有寒疾不可以風朝將視朝不識可使寡人得見乎對曰不幸而有疾不能造朝明日出弔於東郭氏公孫丑曰昔者辭以病今日弔或者不可乎曰昔者疾今日愈如之何不弔王使人問疾醫來孟仲子對曰昔者有王命有采薪之憂不能造朝今病小愈趨造於朝我不識能至否乎使數人要於路曰請必無歸而造於朝

不得已而之景丑氏宿焉景子曰內則父子外則君臣人之大倫也父子主恩君臣主敬丑見王之敬子也未見所以敬王也曰惡是何言也齊人無以仁義與王言者豈以仁義爲不美也其心曰是何足與言仁義也云爾則不敬莫大乎是我非堯舜之道不敢以陳於王前故齊人莫如我敬王也景子曰否非此之謂也禮曰父召無諾君命召不俟駕固將朝也聞王命而遂不果宜與夫禮者不相似然曰豈謂是與曾

子曰晉楚之富不可及也彼以其富我以吾仁彼以其爵我以吾義吾何慊乎哉夫豈不義而曾子言之是或一道也天下有達尊三爵一齒一德一朝廷莫如爵鄉黨莫如齒輔世長民莫如德惡得有其一以慢其二哉故將大有爲之君必有所不召之臣欲有謀焉則就之其尊德樂道不如是不足與有爲也

天子諸侯之覲朝也皆有定期此何以稱孟子將朝又何以齊王不知孟子之將朝而使人召之蓋孟子之在

齊乃客卿也與居官任職者不同戰國之世凡客游於諸侯之國者朝皆未有定日欲朝則往朝耳故史記云游事齊宣王言游事以別於居官任職者也是以孟子將朝而齊王猶不知而使人召之也此蓋當時風氣如是非但孟子然也但在他人聞王之召則疾趨而赴之惟孟子不欲因召而往耳若果居官任職豈容如是觀此章之文及後蚳鼃不受祿兩章孟子在齊所處之時勢可知矣

孟子之平陸謂其大夫曰子之持戟之士一日而三失伍則去之否乎曰不待三然則子之失伍也亦多矣凶年饑歲子之民老羸轉於溝壑壯者散而之四方者幾千人矣曰此非距心之所得爲也曰今有受人之牛羊而爲之牧之者則必爲之求牧與芻矣求牧與芻而不得則反諸其人乎抑亦立而視其死與曰此則距心之罪也他日見於王曰王之爲都者臣知五人焉知其罪者惟孔距心爲王誦之王曰此則寡人之罪也

此章孟子責孔距心之罪宣王亦自引咎人莫不謂齊大夫之曠職而齊王之失政矣然吾讀之而猶覺齊君

臣之殊不易得也距心誠爲曠職然其心猶知恤民其言猶知引咎初未嘗剝民之膏脂以自奉益君之倉庫以自肥亦未嘗自矜其能而歸咎於歲也齊王誠爲失政然猶自知其過未嘗怙終而拂諫也是其國事尚未大壞是以宣王雖不能辟土地朝秦楚而猶能保其國至於閔王爲燕所滅止守莒即墨二邑而其臣民猶知

發憤距敵卒盡復其舊土直至王建之世秦滅三晉燕
楚之後力不能敵而後國亡孔子言觀過知仁吾故讀
平陸一章而知齊之猶能自固也唐宋之季世遠書缺
吾不知其詳矣若明季之事則吾鄉前輩之所記載尚
可考而知之崇禎十二三年大名大荒不惟轉且散也
甚至於人相食然上之所免賦稅道府皆匿不下行仍
使州縣催徵而與之均分之民之飢寒朴責而死者累
累此其視孔距心何如也民之困至是極矣然莊烈帝

皆不之知惟知任用奸邪俾得互相朦蔽有直言時事
者必致之罪直至城破之時猶自謂非亡國之君其視
齊宣又何如也所以自成獻忠烏合之衆本不難於勦
滅乃至一府則一府歸之至一縣則一縣歸之求其如
齊而不可得無他其人心風俗已壞故也由是言之齊
之君臣尚有可取是以孟子謂王猶足爲善而不忍去
齊也

孟子謂蚳鼃曰子之辭靈丘而請士師似也爲其可以言也
今既數月矣未可以言與蚳鼃諫於王而不用致爲臣而去
齊人曰所以爲蚳鼃則善矣所以自爲則吾不知也公都子
以告曰吾聞之也有官守者不得其職則去有言責者不得
其言則去我無官守我無言責也則吾進退豈不綽綽然有
餘裕哉

觀此章孟子自言無官守無言責則孟子在齊乃客卿
非居官受職者明矣蓋戰國之士游於鄰國者多雖不
受職苟爲時君所禮亦畀以爵戰國策所謂魏王使客

將軍辛垣衍間入邯鄲者是也說並詳前將朝王章
及後不受祿章

附録○孟子爲卿於齊出弔於滕王使蓋大夫王驩爲輔
行王驩朝暮見反齊滕之路未嘗與之言行事也

附録○公行子有子之喪右師往弔入門有進而與右師
言者有就右師之位而與右師言者孟子不與右師言

按王驩齊王之寵臣恃寵而驕常也然乃朝暮見焉雖
不與言行事而不改是何其敬孟子乃爾以宣王之敬

孟子故也然則宣王亦戰國之英主未嘗不知孟子之賢但不能用孟子之言耳故孟子曰王猶足用爲善也

○公行氏之事不知在何時因與弔滕之事畧同故因類而次之

孟子自齊葬於魯反於齊止於嬴充虞請曰前日不知虞之不肖使虞敦匠事嚴虞不敢請今願竊有請也木若以美然曰古者棺槨無度中古棺七寸槨稱之自天子達於庶人非直爲觀美也然後盡於人心不得不可以爲悅無財不可以

爲悅得之爲有財古之人皆用之吾何爲獨不然且比化者無使土親膚於人心獨無恔乎吾聞之也君子不以天下儉其親孟子以上并

存參○或曰孟子魯公族孟孫之後故孟子仕於齊喪母而歸葬於魯也趙岐孟子題詞

游齊下

齊人伐燕或問曰勸齊伐燕有諸曰未也沈同問燕可伐與吾應之曰可彼然而伐之也彼如曰孰可以伐之則將應之曰爲天吏則可以伐之今有殺人者或問之曰人可殺與則將應之曰可彼如曰孰可以殺之則將應之曰爲士師則可以殺之今以燕伐燕何爲勸之哉

齊人伐燕勝之宣王問曰或謂寡人勿取或謂寡人取之以萬乘之國伐萬乘之國五旬而舉之人力不至於此不取必有天殃取之何如孟子對曰取之而燕民悅則取之古之人有行之者武王是也取之而燕民不悅則勿取古之人有行之者文王是也以萬乘之國伐萬乘之國簞食壺漿以迎王

師豈有他哉避水火也如水益深如火益熱亦運而已矣

戰國策云燕人恫怨百姓離意孟某謂齊宣王曰今伐燕此文武之時不可失也王因令章子將五都之兵以因北地之衆以伐燕史記燕世家采之余按此卽孟子書中所載沈同之問而或以爲勸齊伐燕之事孟子固已辨其非矣至所稱文武云者卽勝燕章孟子引文王武王以告宣王之語而失其意者孟子方以燕民之悅不悅決之何嘗以爲時不可失乎嗟乎孟子一書幸而猶存

故今得以考而知之外此若信陵平原廉頗樂毅虞卿
魯仲連之屬其人未嘗著書或其書已亡無可據以証
史記之是非者學者必謂史記之得其實然則古人之
受誣於後世者豈可勝道哉吾願世之文人學士毋據
斷簡殘編傳聞之詞而輕責古人也
齊人伐燕取之諸侯將謀救燕宣王曰諸侯多謀伐寡人者
何以待之孟子對曰臣聞七十里爲政於天下者湯是也未
聞以千里畏人者也○今燕虐其民王往而征之民以爲將

拯已於水火之中也簞食壺漿以迎王師若殺其父兄係累
其子弟毁其宗廟遷其重器如之何其可也天下固畏齊之
强也今又倍地而不行仁政是動天下之兵也王速出令反
其旄倪止其重器謀於燕衆置君而後去之則猶可及止也
燕人畔王曰吾甚慙於孟子以上并孟子
齊之取燕史記六國年表在周赧王元年於齊爲湣王
之十年燕世家亦以爲湣王而齊世家無之蘇子由古
史據史記年表文斷以爲齊湣王陳氏新話從之而謂

孟子書爲其徒所記以故致悞惟葉氏大慶考古質疑
據戰國策之文謂齊宣用蘇代使於燕代激燕王厚任
子之燕國大亂儲子謂齊宣王因而赴之破燕必矣皆
稱宣王與孟子合是矣然吾猶惜其論未盡而疑史記
之不應有悞之猶未免於過也按孟子書中與宣王問
答有明文者凡一十四章而絶無與湣王問答之事記
此書者不過萬章公孫丑之屬皆嘗從孟子在齊目覩
此事者必無以湣王之事無故移之宣王之理由是言

之孟子之不悞無可疑者史記魏世家稱惠王三十五
年而孟子至梁孟子列傳又謂孟子先至齊而後適梁
自梁惠王三十五年下至齊取燕之歲凡二十有三年
如是則孟子去齊已久矣何由得見取燕之事由是言
之史記之有悞亦無可疑者蓋自陳恒得政以來凡十
二代而滅故莊子云田成子殺齊君十二代而有齊國
鬼谷子亦云然而史記止有成子恒襄子盤莊子白大
公和桓公午威王嬰齊宣王辟彊湣王地襄王法章及

王建十代其悼子田侯剡二代皆遺之又楔以桓公爲在位六年是以威宣兩代移前二十二年而取燕遂當湣王世耳索隱云紀年齊康公二十二年田侯剡立又云紀年梁惠王十三年當齊桓公十八年後威王始見則桓公十九年而卒據此則齊威立於周顯王之十二三年以史記之年遞推而下之取燕正在齊宣之六七年非湣王時事矣故以紀年爲據則孟子莊子戰國策鬼谷子之言皆合若以史記爲據則此四書無一合者

而宋人乃欲據史記以駁孟子其亦異矣司馬溫公通鑑從孟子以伐燕爲宣王時是矣然以取燕燕畔爲一年事在宣王十九年數月而湣王立亦於事理未合講章家解孟子者又以取燕爲宣王事燕畔爲湣王事而云燕人畔章但稱王曰者湣王生而未有諡也其說尤謬夫不聽孟子言而取燕者既爲宣王矣燕人之畔湣王何慙於孟子乎此無他皆由未嘗深考戰國時事不知史記之移威宣兩代於前二十餘年是以委曲求全其說而卒不能合也故今取燕燕畔數章並依孟子國策紀年之文載之宣王之世

附錄○齊饑陳臻曰國人皆以夫子將復爲發棠殆不可復孟子曰是爲馮婦也晋人有馮婦者善搏虎卒爲善士則之野有衆逐虎虎負嵎莫之敢攖望見馮婦趨而迎之馮婦攘臂下車衆皆悅之其爲士者笑之

此事未知何時然揆其理勢當在將去齊之前故附錄於此

孟子致爲臣而歸王就見孟子曰前日願見而不可得得侍同朝甚喜今又棄寡人而歸不識可以繼此而得見乎對曰不敢請耳固所願也他日王謂時子曰我欲中國而授孟子室養弟子以萬鍾使諸大夫國人皆有所矜式子盍爲我言之時子因陳子而以告孟子陳子以時子之言告孟子孟子曰然夫時子惡知其不可也如使予欲富辭十萬而受萬是爲欲富乎

孟子去齊宿於晝有欲爲王留行者坐而言不應隱几而卧

孟子去齊尹士語人曰不識王之不可以爲湯武則是不明也識其不可然且至則是干澤也千里而見王不遇故去三宿而後出晝是何濡滞也士則玆不悅高子以告曰夫尹士惡知予哉千里而見王是予所欲也不遇故去豈予所欲哉予不得已也予三宿而出晝於予心猶以爲速王庶幾改之王如改諸則必反予夫出晝而王不予追也予然後浩然有歸志予雖然豈舍王哉王由足用爲善王如用予則豈徒齊民安天下之民舉安王庶幾改之予日望之

按孟子去齊之故致爲臣章不言所以宿晝章雖有不及子思一語而亦未明其所以然至此章始詳言其故蓋孟子之至齊無他不過欲救民於水火之中耳而戰國之君多不足與有爲幸而齊宣猶足用爲善是以孟子戀戀而不忍遽去也庶幾改之必有一事孟子言之而宣王不從者不從則不能行仁政不行仁政則不能救民於水火之中孟子雖在齊何益且孟子之去齊齊王何嘗不留孟子授室中國養以萬鍾齊王之意渥矣然非孟子之所望於王者也王不能改雖萬鍾何加焉王自留之不可代王留行豈有益乎欲及子思惟有勸王改過而已觀此章然後知孟子之所以去齊與其所以不遽去齊皆非苟然者學者不可以不察也然尹士亦當時之賢人其所譏刺皆近於理非若淳于髡輩漫然而妄議者但未識孟子救世之苦心耳觀其聞孟子之言而卽自謂爲小人則其人亦非易及者矣

附論○孟子去齊充虞路問曰夫子若有不豫色然前日

虞聞諸夫子曰君子不怨天不尤人曰彼一時此一時也五百年必有王者興其閒必有名世者由周而來七百有餘歲矣以其數則過矣以其時考之則可矣夫天未欲平治天下也如欲平治天下當今之世舍我其誰也吾何爲不豫哉

此章乃孟子自明其心事前章雖言去齊之故然特爲齊王言之此乃聖賢平治天下之素志也蓋聖賢之生於世非徒自淑其身而已必將使天下皆登於衽席也

自周之衰王者不作百姓之塗炭極矣必使唐虞三代復見於今日而後足遂聖賢之心然秦楚韓趙之君未有可以行王政者惟齊宣猶足用爲善而國勢亦足以有爲然竟不能有所遇而卒去之此孟子之所以不樂也乃後世說者猶以孟子之勸齊梁行王政爲譏嗟夫使孟子不勸齊梁以行王政終老於鄒可矣胡爲乎日出入於風塵馬足之間而不憚其煩也

附論○孟子去齊居休公孫丑問曰仕而不受祿古之道乎曰非也於崇吾得見王退而有去志不欲變故不受也繼而有師命不可以請久於齊非我志也

按前章云孟子爲卿於齊而公孫丑云仕而不受祿孟子既爲卿何以不受祿既不受祿又何以自贍乎蓋古者卿大夫之祿皆以邑若他國之大夫居是邦者則致餼遺僚牽春秋傳所謂秦鍼與楚比酋者是也士之遊是邦者則餽以粟帛孟子所謂君餽之則受之者是也孟子既見齊王知其不能行道故不受其采邑以爲久居之計齊王雖授以卿之位而初無卿之職是以朝王無定期而孟子亦自謂無官守無言責也合此三章觀之則孟子所處之時勢了然可見然則孟子在齊正與孔子際可之仕相類故曰所就三所去三也

附論○孟子曰無或乎王之不智也雖有天下易生之物也一日暴之十日寒之未有能生者也吾見亦罕矣吾退而寒之者至矣吾如有萌焉何哉

按孟子稱齊王猶足用爲善宣王之勝人者何在乎蓋有三焉孟子言無已則王宣王卽問德何如則可以王孟子言保民而王宣王卽問寡人可以保民乎哉是其有志向善不囿於世俗之說勝於人者一也孟子論交鄰國王曰寡人有疾寡人好勇孟子論行王政王曰寡人有疾寡人好貨寡人好色燕人畔則王慙於孟子告以孔距心之事則王以爲已罪是其有過而能自知又不自諱勝於人者二也儲子曰王使人瞰夫子果有以異於人乎是其心中深服孟子之賢以爲伊呂之儔王

驩王之寵臣也弔滕之役朝暮見焉非惟不敢恃寵而驕孟子且欲承奉孟子以冀得其歡心無他知王之敬孟子故也使宣王如魯平公者驩何難爲臧倉之所爲勝於人者三也戰國之君如宣王者蓋不可多得矣是以孟子以爲足用爲善已宿於晝而猶不忍去也然而卒無成者何也在廷之臣罕有賢者故聞孟子之言則好之與他人燕處而不見孟子則忘之而不復有遠志惟狥已之嗜欲而已故孟子曰吾見亦罕矣吾退而寒

之者至矣孟子蓋深惜之也

卷上終

孟子事實錄卷下

大名崔述東壁譔考　石屏門人陳履和校刊

由宋歸鄒之滕至魯

滕文公爲世子將之楚過宋而見孟子孟子道性善言必稱堯舜世子自楚反復見孟子孟子曰世子疑吾言乎夫道一而已矣　今滕絶長補短將五十里也猶可以爲善國書曰若藥不瞑眩厥疾不瘳孟子

此孟子去齊以後居宋時事故次之於此

附錄○孟子謂戴不勝曰子欲子之王之善與我明告子子謂薛居州善士也使之居於王所在於王所者長幼卑尊皆薛居州也王誰與爲不善在王所者長幼卑尊皆非薛居州也王誰與爲善一薛居州獨如宋王何

孟子在宋不載有他事不勝宋大夫也故附錄此章於此萬章盈之之問亦當在此時可類推也

鄒與魯鬨穆公問曰吾有司死者三十三人而民莫之死也誅之則不可勝誅不誅則疾視其長上之死而不救如之何

則可也孟子對曰凶年饑歲君之民老弱轉乎溝壑壯者散而之四方者幾千人矣而君之倉廩實府庫充有司莫以告是上慢而殘下也曾子曰戒之戒之出乎爾者反乎爾者也夫民今而後得反之也君無尤焉君行仁政斯民親其上死其長矣

此孟子居鄒事當在去宋之後至滕之前但未知與然友之問孰爲先後姑次之於此

此章發明上下之間出爾反爾之義最爲深切民之死

與散也有司不之恤也曰非我也歲也有司之死於魯也民亦不之恤也曰非我也魯也曾子之言眞千古之炯鑒甚矣仁政之不可不行也雖然吾讀此章而嘆鄒有司之猶爲賢也何者君之倉廩實有司不之盜也君之府庫充有司不之竊也賢何如之有司之過惟不告民隱耳然較世之以民隱告於君請君賑以錢粟不以與民而但以飽已之貪橐者其賢奚啻數倍故曰鄒有司之猶爲賢也是以孟子但勸穆公以行仁政即可以致親上死長之美若有司如後世之貪吏君雖行仁政惠斷不能及民甚至仁政反爲弊政者有之勢必盡罷諸有司别易以賢人然後能施仁政於民以是知鄒有司之猶爲賢也是以有司雖死於戰而國不危及齊失國而鄒猶能自保也

附錄○滕定公薨世子謂然友曰昔者孟子嘗與我言於宋於心終不忘今也不幸至於大故吾欲使子問於孟子然後行事然友之鄒問於孟子孟子曰不亦善乎親喪固

所自盡也曾子曰生事之以禮死葬之以禮祭之以禮可謂孝矣諸侯之禮吾未之學也雖然吾嘗聞之矣三年之喪齊疏之服飦粥之食自天子達於庶人三代共之然友反命定爲三年之喪父兄百官皆不欲曰吾宗國魯先君莫之行吾先君亦莫之行也至於子之身而反之不可且志曰喪祭從先祖曰吾有所受之也謂然友曰吾他日未嘗學問好馳馬試劍今也父兄百官不我足也恐其不能盡於大事子爲我問孟子然友復之鄒問孟子孟子曰然

不可以他求者也孔子曰君薨聽於冢宰歠粥面深墨即位而哭百官有司莫敢不哀先之也上有好者下必有甚焉者矣君子之德風也小人之德草也草尚之風必偃是在世子然友反命世子曰然是誠在我五月居廬未有命戒百官族人可謂曰知及至葬四方來觀之顏色之戚哭泣之哀弔者大悅

此與鄒魯之鬨未知孰爲先後姑附錄於此

滕文公問爲國

朱子謂文公以禮聘孟子故孟子至滕而文公問之然則此事當在文公即位以後孟子由鄒至滕故梁惠王下篇文公三問皆在鄒與魯鬨章之後也

孟子曰民事不可緩也詩曰晝爾于茅宵爾索綯亟其乘屋其始播百穀民之爲道也有恒產者有恒心無恒產者無恒心苟無恒心放辟邪侈無不爲已及陷乎罪然後從而刑之是罔民也焉有仁人在位罔民而可爲也

治國之事多端要莫重於敎養然必先養然後能教是以虞書命稷之文先於命契故以農事爲最急也民事即農事也民莫衆於農故以農事爲民事引七月詩者所以證其不可緩無恒產云云者所以明其不可緩之故衣食不足且將肆意妄行蹈於刑辟况望其人倫明而小民親乎故孟子之告齊梁亦於樹桑授田之後始繼之庠序之教也故民事不可緩一句神氣已直注於人倫明於上二句養之即所以爲教之地非分教養爲二事也

是故賢君必恭儉禮下取於民有制陽虎曰爲富不仁矣爲仁不富矣

禮下者所以待臣取民有制者所以恤民兼言之者賢君於此二端不可偏廢者也下文但言有制不復言禮下者恭者文公已能之故孟子不必更告之也有制必先之以儉者取民之多由於用度之奢奢則不足於用雖欲寡取之而不能也取民有制一句乃一章之綱領

自夏后氏以下至雖周亦助詳言取民之制取民有制

然後能以庠序學校教民而使之明且親也引陽虎之言者所以明取民之不可過也取民無制則富而不仁取民有制則仁而不富二者不可兼故寧舍富而不可失仁也

夏后氏五十而貢殷人七十而助周人百畝而徹其實皆什一也徹者徹也助者藉也

此承上取民有制句遂言鄉遂取民之制也鄉遂者君所自取於民者也上下之情易通故不患其法之弊也

惟患其取之多什一則取之得其正矣無論貢助徹皆可行也

龍子曰治地莫善於助莫不善於貢貢者校數歲之中以爲常樂歲粒米狼戾多取之而不爲虐則寡取之凶年糞其田而不足則必取盈焉爲民父母使民盻盻然將終歲勤動不得以養其父母又稱貸而益之使老稚轉乎溝壑惡在其爲民父母也夫世祿滕固行之矣詩云雨我公田遂及我私惟助爲有公田由此觀之雖周亦助也

此因上言鄉遂取民之制遂言都鄙取民之制也都鄙者卿大夫之有世祿采邑者所取於民者也非惟患所取之多也尤患其法之弊故必用助然後得其平也使滕不行世祿則助不助無大損益也世祿滕固行之安可以不用助豈謂周人百畝而徹不用助乎試觀大田之詩周人世祿詩也而云雨我公田遂及我私徹則通力合作計畝均分安得有所謂公田者惟助爲有公田耳然則雖周之世祿亦未嘗不用助也大抵龍子之言

卽爲世祿而發故引之以見都鄙之當用助也○朱子集註云周時一夫授田百畝鄉遂用貢法十夫有溝都鄙用助法八家同井耕則通力而作收則計畝而分余按謂鄉遂十夫有溝是也謂用貢法則不合謂都鄙用助法是也謂通力而作計畝而分則混助於徹余欲易其文云鄉遂用徹法耕則通力而作收則計畝而分都鄙用助法中百畝爲公田外八區爲私田庶爲分明易曉說已詳見經界通考中玆不悉贅也

設爲庠序學校以教之庠者養也校者教也序者射也夏曰校殷曰序周曰庠學則三代共之皆所以明人倫也人倫明於上小民親於下

取民有制則民有恒心矣夫然後可以教故繼之以庠序學校之制也然則何以教之人倫而已父父子子兄兄弟弟夫夫婦婦而家道正豈惟不至放辟邪侈以陷於罪將見孝友睦婣任恤皆相習而成俗雖唐虞之教亦如是而已矣此與上恒產恒心之文正相呼應至於

此然後知民事果不可以緩也唐宋以後世俗惟尚詞章雖立學舍不以人倫教之故小民不相親三代以上不如是也○民事以下數十言以取民有制句爲要領夏后以下數言以其實皆什一句爲要領龍子以下數十言以雖周亦助句爲要領設爲庠序以下十餘言以人倫二句爲要領學者不可以不細玩其文義也

有王者起必來取法是爲王者師也詩云周雖舊邦其命維新文王之謂也子力行之亦以新子之國

此勉滕文公語通結上文數段之意

使畢戰問井地孟子曰子之君將行仁政選擇而使子子必勉之夫仁政必自經界始經界不正井地不均穀祿不平是故暴君汙吏必慢其經界經界既正分田制祿可坐而定也

井地卽助法也孟子之告文公凡三事曰什一曰助法曰教民此獨問井地者什一教民皆易行者舉而措之耳惟助法須經畫得宜故使畢戰專主其事而問其詳於孟子也井地采邑之法所以養卿大夫士者故言井

地必及穀祿分田卽井地事也制祿卽穀祿事也二事相爲表裏井地均卽穀祿平矣故合而言之

夫滕壤地褊小將爲君子焉將爲野人焉無君子莫治野人無野人莫養君子請野九一而助國中什一使自賦卿以下必有圭田圭田五十畝餘夫二十五畝

君子承上制祿而言之也野人承上分田而言之也君子野人不可偏廢故助法不可以不行也九一而助治野之政也國中什一使自賦因治野而連及之也不言

行何法者但取之以什一民卽得其所矣不拘拘於貢助徹也圭田五十畝制祿之餘政也餘夫二十五畝分田之餘政也至是而君子與野人皆無憾矣

死徙無出鄉鄉田同井出入相友守望相助疾病相扶持則百姓親睦

此因上國中什一之文遂言鄉遂之政也鄉卽齊語所稱士鄉十五之鄉鄉田同井者每夫授田百畝與井地之田同也相友相助相扶持者卽所謂小民親於下也

方里而井井九百畝其中爲公田八家皆私百畝同養公田公事畢然後敢治私事所以別野人也

此承上九一而助之文詳言都鄙之法也古者百步爲一畝三百步爲一里方里則每面皆三百步以開方法分爲九區則每區皆百畝形如井字故謂之方里而井也同養公田所謂助也公事畢然後敢治私事所以教野人使知有上下之分也○此答井地之問乃治都鄙之政然國中什一鄉田同井者鄉遂之制百姓親睦先公後私者教民之方其事相因其理相通故其言亦適而及之也

此其大畧也若夫潤澤之則在君與子矣

此結上文之意畧者其大綱潤澤者其細目也操其大綱隨時隨地而變通之三代之政無不可行於後世者矣○孟子七篇其文多矣故今錄中止擇要者載之獨此章乃治國安民之大節而向來說者多未分明不能盡孟子之意故今全錄其文而於先儒之所未及言者

補而解之使與經界通考之言互相發明或於讀孟子書者不無小補云

附錄○孟子之滕館於上宮

按梁惠王下篇孟子答滕文公之問凡三章皆尋常問答之言非若爲國章言分田制祿者可比故於此章文備載而詳釋之而其餘皆不載

魯平公將出嬖人臧倉者請曰他日君出則必命有司所之今乘輿已駕矣有司未知所之敢請公曰將見孟子曰何哉

君所爲輕身以先於匹夫者以爲賢乎禮義由賢者出而孟子之後喪踰前喪君無見焉公曰諾樂正子入見曰君奚爲不見孟軻也曰或告寡人曰孟子之後喪踰前喪是以不往見也曰何哉君所謂踰者前以士後以大夫前以三鼎而後以五鼎與曰否謂棺槨衣衾之美也曰非所謂踰也貧富不同也樂正子見孟子曰克告於君君爲來見也嬖人有臧倉者沮君君是以不果來也曰行或使之止或尼之行止非人所能也吾之不遇魯侯天也臧氏之子焉能使予不遇哉並同

上

按梁惠王一篇凡與時君問答之言皆以時之先後次之則是至滕至魯皆孟子晚年事也兼金章以在齊爲前日在宋薛爲今日則是至宋至薛亦在孟子去齊後也滕文章孟子在宋滕定章孟子在鄒皆滕文未即位時事則是孟子去齊之後先至宋而後歸鄒而後至滕也故今以宋鄒滕魯爲次而並次之於去齊之後○孟子曰吾之不遇魯侯天也此一語雖結此章之事而實總結通篇之文言歷說時君而無所遇者皆天而已矣正與公孫丑篇答充虞語謂天未欲平治天下之意畧同故以此章殿此篇也

雜紀

孟子居鄒季任爲任處守以幣交受之而不報處於平陸儲子爲相以幣交受之而不報他日由鄒之任見季子由平陸之齊不見儲子

陳臻問曰前日於齊王餽兼金一百而不受於宋餽七十鎰而受於薛餽五十鎰而受前日之不受是則今日之受非也今日之受是則前日之不受非也夫子必居一於此矣孟子曰皆是也當在宋也予將有遠行行者必以贐辭曰餽贐予

何爲不受當在薛也予有戒心辭曰聞戒故爲兵餽之予何爲不受若於齊則未有處也無處而餽之是貨之也焉有君子而可以貨取乎孟子

按此二章取兩國或三國之事比而述之固非可專係之於一時也故并附紀於後又按季任之文在儲子前則是至任在至齊前也齊稱前日而宋薛稱今日則是至宋薛在至齊後也然則孟子去齊之後先至宋薛然後至滕矣故滕文章稱過宋而見孟子也去宋薛後盍嘗歸鄒鄒魯之鬨當在此時故滕定章稱然友之鄒問於孟子也故今次兼金章於季任章之後孟子雖無與任宋薛之君問答之文然即此二章求之孟子游歷之先後亦可概見矣

附通論○公孫丑問曰夫子加齊之卿相得行道焉雖由此霸王不異矣如此則動心否乎孟子曰否我四十不動心○敢問夫子惡乎長曰我知言我善養吾浩然之氣敢問何謂浩然之氣曰難言也其爲氣也至大至剛以直養

而無害則塞於天地之間其爲氣也配義與道無是餒也是集義所生者非義襲而取之也行有不慊於心則餒矣我故曰告子未嘗知義以其外之也必有事焉而勿正心勿忘勿助長也無若宋人然宋人有閔其苗之不長而揠之者芒芒然歸謂其人曰今日病矣予助苗長矣其子趨而往視之苗則槁矣天下之不助苗長者寡矣以爲無益而舍之者不耘苗者也助之長者揠苗者也非徒無益而又害之何謂知言曰詖辭知其所蔽淫辭知其所陷邪辭

知其所離遁辭知其所窮生於其心害於其政發於其政
害於其事聖人復起必從吾言矣
附通論○公都子曰外人皆稱夫子好辯敢問何也孟子
曰予豈好辯哉予不得已也○聖王不作諸侯放恣處士
橫議楊朱墨翟之言盈天下天下之言不歸楊則歸墨楊
氏爲我是無君也墨氏兼愛是無父也無父無君是禽獸
也公明儀曰庖有肥肉廄有肥馬民有饑色野有餓莩此
率獸而食人也楊墨之道不息孔子之道不著是邪說誣

民充塞仁義也仁義充塞則率獸食人人將相食吾爲此
懼閑先聖之道距楊墨放淫辭邪說者不得作作於其心
害於其事作於其事害於其政聖人復起不易吾言矣昔
者禹抑洪水而天下平周公兼夷狄驅猛獸而百姓寧孔
子成春秋而亂臣賊子懼詩云戎狄是膺荊舒是懲則莫
我敢承無父無君是周公所膺也我亦欲正人心息邪說
距詖行放淫辭以承三聖者豈好辯哉予不得已也能言
距楊墨者聖人之徒也以上并孟子

孟子自言距楊墨公都子云外人皆稱夫子好辯揚子
雲云古者楊墨塞路孟子辭而闢之廓如也孟子之闢
楊墨何在乎爲我章嘗斥楊墨矣然是泛論其失耳夷
之章嘗抉墨氏之蔽矣然是開導其來歸者耳不得遂
以此爲好辯卽以此爲好辯亦僅兩章耳至逃墨章爲
辨楊墨者言尤與距楊墨無涉也孟子之闢楊墨因以
得好辯之名者果何在乎曰知楊墨則知孟子之闢楊
墨矣蓋世之所謂楊墨者名焉而已不知夫不明稱爲

楊墨者其爲楊墨正多也漢人之所謂道德名法卽楊
氏也所謂農家亦墨氏也何者楊氏之學主於自爲而
無所事故言清淨言自然而以堯舜禹湯文武之安民
撥亂者爲多事爲擾民以儒者之崇堯舜也則言黃帝
以絀堯舜以儒者之尊孔子也則言老子以絀孔子然
則道家之所謂黃老者卽楊氏也故楊子書稱楊子學
於老子老子謂楊子而睢睢而盱盱而誰與居也其後
寬柔之弊流爲慘刻於是乎有名家之學而申不害主

之有法家之學而韓非主之然則所謂名法者亦楊氏也故韓非書有喻老釋老而史記以老莊與申韓同傳也然則道德名法卽楊氏之分支也農家卽墨氏之別派也墨氏之學重農節用故其後或別而爲農家耳是以史記六術道德儒墨名法陰陽而無楊氏漢書九流儒道名法陰陽墨農雜家小說而亦無楊氏不然楊氏之學盛行於戰國甚於墨氏何以其書不傳於後而班馬皆不知有此一家學乎由是言之孟子書中凡所辨

者多楊墨之說不必其明言楊墨也是故性之猶杞柳猶湍水生之謂性食色之爲性皆楊氏之說也舜之臣堯禹之德衰湯武之放伐爲弑君皆楊氏之說也許行所謂並耕白圭所謂二十取一皆墨氏之說也不寧惟是卽傳食之爲泰不耕而食之爲素餐亦皆爲墨氏之說之所㤥者也然則孟子之所辨者大半皆爲楊墨故人謂孟子好辨而孟子自言爲距楊墨也自漢以來儒者皆知楊墨之爲異端而不細考楊墨之說往往反采其言以釋六經以故其論多雜入於楊墨而釋氏亦往往采楊墨之意以爲言由是楊墨之言盛行於世而人莫知其爲楊墨也故因論孟子之闢楊墨而備論之

唐韓子原道篇敘道統之傳云文武周公傳之孔子孔子傳之孟子而無一語及他人者自宋以來儒者則以顏曾思孟並稱且於孟子時若有所不滿焉者余按孔子以後能發明二帝三王之道者孟子一人而已唯顏子或可與相埒其餘未見有可抗行者也何以言之楊

墨橫行聖人之道微矣幸有孟子辭而闢之而後之學者咸知尊孔子而黜異端然當兩漢魏晉之間老莊刑名讖緯之術猶分馳於天下幾奪聖人之道而據其上其後雖漸衰微而學者尚多浸淫出入於楊墨之說而不自知其甚者至以佛氏之教與堯舜孔子之道等量而齊觀然則向無孟子聖人之道必不能自伸於楊墨佛氏盛行之日而堯之北面朝舜禹之德衰傳啟湯武之放伐之爲纂弑人必皆信以爲實然其敝也將以仁

義爲强人之物刑名爲治國之方王政日湮而封建井田之制悉泯由是言之孟子一書豈非三代以下之所斷不可無者哉盍嘗論之孟子之於孔子猶周公之於文武也文武雖聖人無周公以繼之則太平之治不興孔子雖聖人無孟子以承之則聖道之詳不著故有文武不可無周公有孔子不可無孟子是以韓子謂孟子之功不在禹下又謂求孔子之道當自孟子始誠然非虛語也乃後人疑孟非孟者頗多雖有二三大儒尊崇孟子然好求聖道於精微杳冥之地故見戴記費隱誠明無聲無臭之言以爲道之極致而於孟子推闡王政聖學之切於實用者反視以爲尋常是以余於洙泗餘錄之後條記孟子事實以承孔子之後夫亦韓子之志也夫

附錄

樂正子

魯欲使樂正子爲政孟子曰吾聞之喜而不寐公孫丑曰樂正子强乎曰否有知慮乎曰否多聞識乎曰否然則奚爲喜而不寐曰其爲人也好善好善足乎曰好善優於天下而況魯國乎

按孟子好善之論可謂盡爲政之要何者一國之事多端一國之民不可計數爲政者雖强雖有智慮雖多聞識必不能一一而察之而知之而興革之故惟好善爲要好善則一國之人莫非助予之致治者所患者自以爲强自以爲有智慮自以爲多聞識善言無自而入於耳一人之才必不能勝國事之繁賾而政遂不得其宜耳故易曰井收勿幕有孚元吉夫惟好善是以人得各盡其言各效其能無他道也余初莅羅源任三日下學講書命諸生黃文治講孟子此章由是一縣之人皆知余意所在多有以善言告余者以故政事幸無大失歸

里之時文治以詩送余行內有云春風坐諸生命講樂正克好善天下優徵言括治術信乎孟子之言之可以終身行之而不盡也

附錄○樂正子從於子敖之齊樂正子見孟子孟子曰子亦來見我乎曰先生何爲出此言也曰子來幾日矣曰昔者曰昔者則我出此言也不亦宜乎曰舍館未定曰子聞之也舍館定然後求見長者乎曰克有罪○孟子謂樂正子曰子之從於子敖來徒餔啜也我不意子學古之道而以餔啜也

按樂正子之從王驩非求其繫援也驩本有慨慕淸流之意是以弔滕之役朝暮見焉與樂正子偕行意亦如是在樂正子亦不過爲省道路之費遂失於不自重耳故孟子以徒餔啜責之何者驩之所以重樂正子者以其學古之道也樂正子遂從驩之齊是以古之道餔啜也然此事當在樂正子少年貧困之時若已仕於魯必無由私行至齊亦斷不肯爲此區區者而從驩行也此

賢人之小過不足以掩大德故附錄於此

附論○浩生不害問曰樂正子何人也孟子曰善人也信人也何謂善何謂信曰可欲之謂善有諸己之謂信充實之謂美充實而有光輝之謂大大而化之之謂聖聖而不可知之之謂神樂正子二之中四之下也

萬章

萬章曰堯以天下與舜有諸孟子曰否天子不能以天下與人然則舜有天下也孰與之曰天與之○舜相堯二十有八

載非人之所能爲也天也堯崩三年之喪畢舜避堯之子於南河之南天下諸侯朝覲者不之堯之子而之舜訟獄者不之堯之子而之舜謳歌者不謳歌堯之子而謳歌舜故曰天也

萬章問曰人有言至於禹而德衰不傳於賢而傳於子有諸孟子曰否不然也天與賢則與賢天與子則與子○丹朱之不肖舜之子亦不肖舜之相堯禹之相舜也歷年多施澤於民久啟賢能敬承繼禹之道益之相禹也歷年少施澤於民

未久舜禹益相去久遠其子之賢不肖皆天也非人之所能爲也莫之爲而爲者天也莫之致而至者命也

按堯舜禹之授受乃聖人之爲天下得人天下之大事也亦天下之大義也戰國之時邪說並作遂致聖人之心不白於後世幸有孟子辨之後人猶得以知其眞然非章有以啟之孟子之論亦無由而發也章之有功於世道人心者大矣至章所問伊尹孔子之事亦皆足正世俗之謬然不可悉載擇其最大者載之

公孫丑

公孫丑問曰高子曰小弁小人之詩也孟子曰何以言之曰怨曰固哉高叟之爲詩也有人於此越人關弓而射之則已談笑而道之無他疏之也其兄關弓而射之則已垂涕泣而道之無他戚之也小弁之怨親親也親親仁也固矣夫高叟之爲詩也曰凱風何以不怨曰凱風親之過小者也小弁親之過大者也親之過大而不怨是愈疏也親之過小而怨是不可磯也愈疏不孝也不可磯亦不孝也

齊宣王欲短喪公孫丑曰爲朞之喪猶愈於已乎孟子曰是猶或紾其兄之臂子謂之姑徐徐云爾亦教之孝弟而已矣王子有其母死者其傅爲之請數月之喪公孫丑曰若此者何如也曰是欲終之而不可得也雖加一日愈於已謂夫莫之禁而弗爲者也

按小弁以怨爲仁凱風又以不怨爲孝欲短喪則雖朞不愈於已欲終之而不得則雖加一日愈於已何以如是也此皆人子之至情而已親之過小則人子不忍怨親之過大則人子不忍不怨能終喪則減一日即爲忍不得終喪則加一日亦足見其不忍禮固本於人情者

也故有子曰禮之用和爲貴於此可見聖賢持論之無所偏非析義至精者烏能如是論語文多渾厚得孟子七篇爲之暢其義而孔子之道益著然非丑爲之啟其端孟子之論亦無從而發也然則丑之功亦不亞於萬章矣○按公孫與萬章七篇之中問答甚多不可枚舉姑錄其最要者各二則以見大凡前二事乃帝王之大

法後二事則八子之至情畢一二可以例推也

史記孟子荀卿列傳云孟子乃述唐虞三代之德是以所如者不合退而與萬章之徒序詩書述仲尼之意作孟子七篇趙岐孟子題詞云退而論集所與高第弟子公孫丑萬章之徒難疑問答又自撰其法度之言著書七篇余按謂孟子一書爲公孫丑萬章所纂述者近是謂孟子與之同撰或孟子所自撰則非也孟子七篇之文往往有可議者如禹決汝漢排淮泗而注之江伊尹

五就湯五就桀之屬皆於事理未合果孟子所自著不應疎畧如是一也七篇中稱時君皆舉其謚如梁惠王襄王齊宣王魯平公鄒穆公皆然乃至滕文公之年少亦如是其人未必皆先孟子而卒何以皆稱其謚二也七篇中於孟子門人多以子稱之如樂正子公都子屋廬子徐子陳子皆然不稱子者無幾果孟子所自著恐未必自稱其門人皆曰子三也細玩此書蓋孟子之門人萬章公孫丑等所追述故二子問答之言在七篇中爲最多而二子在書中亦皆不以子稱也今正之

按孟子門人尚多然多無事蹟可紀獨樂正子孟子屢稱之又嘗薦孟子於魯平公至於問答之言則萬章公孫丑爲多故說者以此書爲二子所撰述史記雖但稱萬章然既云之徒則固已括之矣蓋孟子之見尊信於當時樂正子或不爲無功而其言之傳於後世則二子實有微勞焉是皆不可没也故附次於孟子之後

附記孟子弟子

稱子者三人　樂正子　公都子　屋廬子

按樂正子之賢見於答公孫丑浩生不害之問不待言矣公都子好辨性善之問其所關者亦鉅飲湯飲水之答其所得者亦深即屋廬子之得問亦留心學問者皆高第弟子也

稱名者三人　萬章　公孫丑　充虞

萬章公孫丑問答之多著述之功前已備述之矣充虞問答雖少然去齊之問見孟子救世之苦心止嬴之問

見人子愛親之至情亦卓卓不群者意其人亦高第弟子也

或稱子或稱名者二人　陳臻亦稱陳子　徐辟亦稱徐子

此二人在七篇中表見殊少然何如則仕之問乃聖賢去就之大節兼金之問亦因以見辭受之不苟蓋皆樂正萬章諸人之次也

不知果爲弟子與否者四人　陳代　彭更　咸丘蒙

桃應

此四人集註皆以爲孟子弟子然皆止有一問他無所見未敢決其必爲弟子也故附次於諸弟子之後

附孟子七篇源流考

七篇二百六十一章三萬四千六百八十五字包羅天地揆敘萬類仁義道德性命禍福粲然靡所不載（趙岐孟子題詞）又有外書四篇性善辨文說孝經爲正（此似外四篇之名文字似有訛誤）其文不能宏深不與內篇相似似非孟子本眞後世依倣而託之者也（同上）

漢興除秦虐禁開延道德孝文皇帝欲廣遊學之路論語孝經孟子爾雅皆置博士後罷傳記博士獨立五經而已（同上）

按漢書劉歆九種孟子有十一卷則四篇固已合於七篇矣趙氏乃獨能分別其眞僞而去取之以故孟子一書純潔如一其功大矣故今特表之惟謂孟子恥沒世而無聞自撰此書尚未盡合聞者不以噎廢食可也

附韓文公稱述孟子三則

堯以是傳之舜，舜以是傳之禹，禹以是傳之湯，湯以是傳之文武周公，文武周公傳之孔子，孔子傳之孟某，某之死不得其傳焉。荀與揚也，擇焉而不精，語焉而不詳。由周公而上，上而為君，故其事行；由周公而下，下而為臣，故其說長。原道

孟子雖賢聖，不得位，空言無施，雖切何補。然賴其言，而今學者尚知宗孔氏，崇仁義，貴王賤霸而已。其大經大法，皆亡滅而不救，壞爛而不收，所謂存十一於千百，安在其能廓如也。

然向無孟氏，則皆服左衽而言侏離矣。故愈嘗推尊孟氏，以為功不在禹下者，為此也。與孟尚書書

自孟子沒，羣弟子莫不有書，獨孟某氏之傳得其宗，故吾少而樂觀焉。太原王塤示予所為文，好舉孟子之所道者，與之言，信悅孟子而屢贊其文辭。夫沿河而下，苟不止，雖有遲疾，必至於海；如不得其道也，雖疾不止，終莫幸而至焉。故學者必慎其所道，道於楊墨老莊佛之學而欲之聖人之道，猶航斷港絕潢以望至於海也。故求觀聖人之道，必自孟子始。送王塤秀才序

按孟子在戰國時，人視之與諸子等耳。漢興，始立於學官，然亦不久遂廢，人亦不過以傳記視之耳。自韓子出，極力推崇孟子，其書始大著於世。至宋諸儒，遂以此七篇與諸經論語並重，皆自韓子之發之也。非孟子則孔子之道不詳，非韓子則孟子之書不著，故今附錄此三則於孟子事實錄之後，以特表其所由。

附論孟子性善之旨

孔子曰性相近也習相遠也又曰惟上知與下愚不移孟子曰人性之善也猶水之就下也又曰乃若其情則可以爲善矣孔孟之論性者如此至荀子始有性惡之説揚子始有善惡混之説逮唐韓子乃合而折其衷謂人性有三品善與惡皆有之孟子之與荀揚皆得其一而失其二及宋程朱又分而異其名謂有理義之性有氣質之性孟子所謂相近兼氣質而言之孟子則專以理義言性故謂之

善也余謂人之性一而已矣皆本理義兼氣質而成不容分以爲二孟子之所謂性即孔子之所謂性但孟子之時異端並出皆以性爲不善故孟子以性善之説辟而闢之非與孔子爲兩義也孟子曰口之於味也目之於色也耳之於聲也鼻之於臭也四肢之於安佚也性也又曰動心忍性增益其所不能性果純乎理義又何忍焉孟子之於性何嘗不兼氣質而言之乎蓋孟子所謂性善特統言之若析言之則善之中亦有深淺醇漓之分焉非兼氣質而

言遂不得爲善也故傳曰純粹至善者也記曰在止於至善夫善則善耳何以又云至善是知但言善者猶未底乎純也故性雖同一善而不能無異焉豈惟三品蓋十品有不能盡者然謂之爲惡則不可譬之人參性補肉桂之性能煖下焦然此二物佳者殊不多得謂其力有厚薄則有之矣若謂人參性瀉肉桂性寒則無是理也由是言之孟子謂性爲善誠然無可疑者韓子不必駁而程子亦不必曲爲解也至於越椒食我之生預知其宵滅宗此自好事

者附會之詞耳春秋傳中此類甚多陳敬仲之生也預知其必有齊叔孫豹之生也預知其爲豎牛所亂亦將盡以爲實事乎況食我初未嘗爲惡但以國亂無政大臣黷貨而祁盈秉正嫉邪不容於時遂至食我爲所累耳據此遂謂食我性惡誤矣據此以駁孟子性善之論則尤誤之甚也大抵韓子程子之論其於性皆實有所見而措語皆不能無疵謂有理義之性有氣質之性何若謂有性之理義有性之氣質不分性而二之之爲善也謂上焉者善下焉

者惡亦何若孔子以知愚分上下之爲得宜也學者當取
信於孔孟之言不必以先儒之說爲疑也至如甫揚之論
則不過務新尚怪苟求自異君子所不屑道亦無庸深辨
也
又按傳所載羊舌食我之事甚屬可疑夏徵舒以宣十年
弑陳靈夏姬之齒長矣又十年成公二年而後嫁巫臣又三十
餘年襄公十六年而所生之女始嫁亦異事也已羊舌職以襄
三年卒其子伯華已爲祁奚所知嗣父爲中軍尉而叔向

復有弟叔虎叔羆叔魚則叔向之齒亦長矣故晉語有叔
向爲平公傅之文又十三年襄公十六年而平公始立叔向不
應至是始娶而平公尚幼以悼公年計之平公即長亦不過十餘歲恐亦不能
強之使娶夏姬女也考其前後年之相隔頗遠疑即叔虎
之事而傳之者異詞或以爲叔魚或以爲食我作書者遂
取而兼載之耳正如鄢陵之戰韓厥從鄭伯郤至亦從鄭
伯子產欲毀游氏之廟而中止一在喪簡公時一在爲蒐
除時也傳記中如此者甚多不可枚舉恐未可盡以爲實

也而母多庶鮮懲舅氏之語亦大不敬恐叔向之賢亦未
必肯以此施之於其母也且祁盈有何罪祁勝通室寧嘗
不問不過晉侯信讒荀躒納賄遂至於賈禍耳觀叔游所
言惡直醜正實繁有徒無道立矣子懼不免是其意亦不
以祁盈爲非也況食我自祖父以來與祁氏三世同官相
親相近乃事之常豈得謂之助亂季札之戒叔向曰吾子
好直必思自免於難何者君侈而政在家不必豺狼然後
能賈禍也以叔向之賢猶幾死於欒盈之難況盈與食我

之庸庸者乎若以此罪食我將使人皆疎遠方正之士貪
緣權勢之人始得免於豺狼之目乎吾每讀書至此未嘗
不嘆後人莫有肯爲食我辨其誣者故今因論韓子原性
而附辨之左傳中如此者甚多惜余老病不暇一一而辨
之也

附讀孟子餘說一則

孟子曰居(中庸作在)下位而(中庸無此字)不獲於(中庸作乎)上民不可得而治也(中庸作矣)獲於(中庸作乎)上有道不信於(中庸作乎)友(中庸友上有朋字)弗(中庸作不)獲於(中庸作乎)上矣信於(中庸作乎)友(中庸作朋友)有道事親弗悅(中庸作不順乎親)弗信於友矣(中庸作不信乎朋友矣)悅親(中庸作順乎親)有道反(中庸反下有諸字)身不誠不悅於(中庸作順乎)親矣誠身有道不明乎善不誠其(中庸作乎)身矣是故(中庸無此二字)誠者天之道也思誠(中庸作誠之)者人之道也(中庸文至此止)至誠而不動者未之有也不誠未有能動者也

此章文又見於中庸與此大同小異居之作在蓋因一時語言之異如論語之斯大學之此者然孟子先名實章亦一作居下位中庸素其位章亦作在下位是也友之加朋文亦可省然皆無足爲大得失也惟不順乎親語未免大重不順乎親不可以爲子豈但不信於友而已事親弗悅但不爲親所喜悅耳措語較有分寸誠者理也德也故云思誠者誠之者則以誠爲用字似欠醇古孟子此章原言誠能動人故由獲上信友悅親遞近而歸本於誠身然後以至誠未有不動總結之又以不誠之不動反結之首尾呼應章法甚明中庸采此章文但欲歸本於誠身以開下文不思不勉擇善固執之意意不在於動人故刪其後兩句然則是中庸襲孟子非孟子襲中庸明矣至於乎字互異本不足爲輕重然獲上信友悅親皆指人而言故皆用於字明善誠身則不可用於字故變文而曰乎曰其中庸槪用乎字亦不若孟子之妥適獲上信友悅親誠身皆已見於上文故助語用矣字治民上文無之用也字爲得之不獲於上係轉語故用一而字反身則不必多一諸字也是故二字緊承上文醒出主意似亦不當刪去細玩此章文義中庸之不及孟子顯然可見若之何先儒猶以爲孟子述中庸之言也

卷下終

孟子時事略

[清]任兆麟

清光緒中吴縣朱氏槐廬家塾刻槐廬叢書本

敘

任太學文田述孟子旹事略成舉㠯示余余披而讀之攷核精詳穿穴經史其趙陸之功臣乎郝楚望譚梁生輩之歧途交出一旦示㠯周行矣肰孟子生于烈王四年卒于赧王二十四年徵之經史莫㝵其實諸家之說弟㠯孟譜爲據夫譜學之盛盛于南北朝故劉孝標所見百七十餘家兵燹之後皆亡矣譜學繇此放絕如孟譜之傳來已久何唐宋人卒無人道及此卽太學自敘所謂無鑿鑿之年月者是也肰舍此則無可據亦不㝵已仍其說耳不倂年譜而倂旹事略者重旹事不重生卒也余舉而書之以告後之讀旹事略者乾隆歲在昭陽單閼相月邗上江籓書

孟子旹事略序　一　宋氏槐廬校刊

自敘

余生九歲家嚴授讀孟子書畢旣讀太史公書孔子世家其于生卒出處言之甚悉至孟子列傳則寥寥數語略焉不詳心憾之不能釋也乙未秋繙閱家塾舊書㝵彭山梁生百詩諸家所著論辨不一閱者如出交衢莫知所適爰采諸家之說之确核者成孟子時事略㠯附末簡當周之季也生民之戚烈矣七雄爭長舉㠯富強爲事縱橫捭闔之流競鼓寸舌㠯濟其貪欲而具命世之才者方㠯唐虞三代之盛治爲必可復陳天惠則曰仁義明王道則曰養教持是說㠯遊于世固宜其枘鑿之不相入矣迄不㝵遇而徒老其材是使後之人讀其遺書而不禁爲之咨嗟流涕者也不云年表者志愼也非有鑿鑿可據之年月㠯徵信也噫自遭秦火後古書之不傳者多矣七篇而外尠有可證世遠言湮僅仿彿其略而已撫斯編者又安能㬫重歎哉

乾隆丙申陽月朔日孔庭賢裔震澤任兆麟書

孟子旹事略自序　二　宋氏槐廬校刊

孟子時事略　槐廬叢書

震澤　任兆麟文田述

己酉　周烈王四年魯共公五年○紀魯侯之年者何鄒先曰邾邾故魯附庸也

孟子生于鄒

王子雍聖證論曰字子車又曰學者不知孟軻字按子思書孔叢子有孟子居則是軻少居坎軻字子居也

傅休奕曰字子輿愚案孟子字當從子輿爲是攷漢石經論語殘碑執輿作執車古二字通用居則吕音誤于諠箏合無當也說文坎何並從土

司馬氏史記索隱曰鄒魯地名又云邾邾人徙鄒故也愚案漢志魯國有騶邑故邾國水經注鄒山左傳所謂嶧山邾文公所遷城鄒山陽故邾婁之國也叔梁紇之邑也孔子生于此今吕孟墓證之則孔孟生同鄉邑矣

郝楚望孟子遺事曰按孟氏譜孟子卒于赧王二十六年

譚梁玉孟子編年略曰孟子年八十四卒在赧王二十六年愚案史記赧王二十六年實魯文公六年上溯生時當在是年也

任釣臺孟子攷略曰孟譜孟子生于是年四月二日距孔子一百八年與孟子言由孔子而來至于今百有餘歲合

春秋演孔圖曰孟子父激公宜陳榛門曰名激字公宜母仉音掌氏夢神人乘雲攀龍鳳自泰山來將止嶧凝視久之忽見片雲墜而寤時閭巷皆見五色雲覆孟氏居而孟子生焉

庚戌　五年韓嚴遂弒其君

魏侯擊卒趙伐魏立公子罃

辛亥　六年魏惠王罃韓懿侯元年齊侯來朝

孟父卒

劉子政列女傳曰孟子三歲喪父母有賢德始舍近墓孟子之少也嬉戲爲墓閒事踊躍築埋孟母曰此非所吕居子也乃去舍市其嬉戲爲賈衒母曰此非所吕居子也乃徙舍學宮旁其嬉戲乃設俎豆揖讓進退母曰此眞可以居子矣遂居之

韓氏詩外傳曰孟子幼時東家殺豚孟子問殺豚何爲母曰欲啖女既而悔曰吾褱姙是子席不正不坐割不正不食胎教之也今適有知而欺之是教之不信也乃買吕食之

陸伯生廣輿記曰孟母故宅在太原榆次母并人也其地有三徙鄉

齊封卽墨大夫亨阿大夫

壬子　七年楚宣王良夫元年王崩弟扁立

韓魏伐趙圍安邑

癸丑　顯王元年韓徙鄭

甲寅　二年韓趙分周地爲東周西周

乙卯　三年魏公子景賈伐魏魏師敗績

丙辰　四年魏伐宋取儀臺

丁丑　五年秦敗三晉之師于石門賜㠯黼黻之服

趙徙邯鄲

戊午　六年魏伐趙取列人取肥魏敗韓師于澮

魏與趙榆次陽邑

魏侯會韓侯于巫沙

魏師秦師戰于元里魏師敗績取少梁虜公孫痤既而歸之

庚申　八年燕文公秦孝公渠梁元年彗星見西方衛公孫鞅入秦

魏圍趙邯鄲齊田忌孫臏救趙敗魏師于桂林

辛酉　九年致文武胙于秦

壬戌　十年秦㠯衛鞅為左庶長定變法之令

魏龍賈帥師築長城于西邊

韓取晉屯留遷其君于端氏

癸亥　十一年韓昭侯元年秦敗韓師于西山

孟子學于魯

聖門志曰孟子十五歲就學于魯愚按伯魚卒于敬王三十五年子思即㠯是年生至烈王四年已百有十四年孟子生安能親受業邪蔡介夫謂若親受業不應但云私淑諸人朱子集註㠯人為子思之徒從史記是也

韓氏詩外傳曰孟子少時誦其母方織孟子輟然中止乃復進其母知其諠也呼而問之曰何為中止對曰有所失復得其母引刀裂其織㠯此戒之自後孟子不復諠矣

精舍記曰孟子故宅在鄒縣東隅有曝書臺其東隙地子思講堂孟子學道于此

三遷志曰孟子斷機祠在鄒縣東南隅曝書臺西去子思書院僅百步

甲子　十二年

乙丑　十三年魯衛韓宋朝于魏

丙寅　十四年齊魏會田于郊

丁卯　十五年魯康公屯元年秦敗魏師于元里斬首七千取少梁

魏圍趙邯鄲

戊辰　十六年齊孫臏田忌帥師伐魏魏克邯鄲還戰于桂陵魏師敗績

己巳　十七年秦衛鞅會韓趙之師圍魏襄陵

庚午　十八年秦趙伐魏魏歸趙邯鄲盟于漳上

韓㠯申不害為相

辛未　十九年秦徙咸陽始廢井田開阡陌

壬申　二十年趙肅侯語元年

癸卯　二十一年秦更賦稅灋

甲戌　二十二年

乙亥　二十三年衛貶號曰侯服屬三晉

丙子　二十四年魯景公匽元年

丁丑　二十五年諸侯會于京師

戊寅　二十六年錫秦侯命為伯秦使公子帥師會諸侯來

朝

己卯二十七年韓威侯齊宣王辟彊元年諸侯西賀秦

閻伯詩孟子生卒年月攷曰按史記與孟子不同者唯伐燕一事史記以爲湣王孟子以爲宣王然就燕世家載噲立宣王復用蘇代之文國策亦云是噲與宣王同時與六國表異通鑑从孟子是已但繫伐燕事于宣王十八年當赧王元年余謂此時孟子去齊已久安得見其取之與後畔也且以宣王爲桼在是年故改元己丑當顯王三十七年于是上而威王大三十六年湣于髡傳所謂威行三十六年者增爲四十六年矣下而湣王立四十年世家

所謂燕齊楚三晉各出銳師以伐我者減爲三十年矣馬氏繹史年表亦依通鑑編誤余謂此不過欲以伐燕事屬宣王以信孟子耳然與其屈齊之年數以從燕曷若屈燕之年數以從齊爲尤信孟子乎何則燕噲五年乙巳讓國子之當湣王八年十年噲及子之死後二年燕立太子平當十二年若移此五年置于宣王丙戌後丁酉犄以合孟子游齊之歲月則國策載儲子謂宣王宜仆燕而儲子正爲相者也王令章子將五都兵伐燕三十日而舉燕郎五旬而舉之之謂五偶譌爲三也無不合矣愚按閻氏之說殊屬穿鑿寧人顧氏又欲以宣王之年移下十二三年以燕畔王慙當是宣王事曲合孟經生于千百年後而悉臆見恐後人復將以其議涑水氏者議之也

致伯于秦

庚辰二十八年魏伐韓趙戰于南梁韓請救于齊齊使田忌孫臏伐魏敗之馬陵殺其將龐涓及世子申

辛巳二十九年秦衛鞅伐魏誘執其將公子卬魏獻河西地七百里于秦徙大梁

秦封衛鞅爲商君

壬午三十年楚威王商元年

癸未三十一年

甲申三十二年秦惠文君駟元年秦人誅商鞅滅其家

乙酉三十三年齊魏會于阿南

韓趙圍魏襄陵

宋大邱社亡

丙戌三十四年齊魏會于甄

秦伐韓拔宜陽

丁亥三十五年魏惠王後元年齊魏會于徐州以相王

荀公曾曰和嶠云編年起于黃帝終于魏今王今王惠成王子

按史記惠王子襄王襄王子哀王惠王立三十六年襄王立十六年并惠襄爲五十二年今按古文惠成立三十六年改元稱一年後十六年卒太史公書誤分惠成之世爲二王年數也世本惠王生

襄王而無哀王然則今王者襄王也

司馬君實曰六國表魏惠王三十六年薨哀王二十三年薨紀年惠王三十六年改元後十六年薨杜預和嶠皆𠮷史記誤分惠王之世爲二王之年蓋世本無哀王且竹書魏史所書必得其實

朱子曰惠襄之世見于竹書史記蓋失其實

顧盛人曰史記惠王三十六年卒襄王立與諸侯會徐州相王也追尊惠王爲王不知孟子書中其對惠王無不稱之爲王者則非追稱明矣司馬子長亦知其不通而改曰君然孟子書出于當時不容誤也愚按襄哀字相似故沿誤也又魏諸君名皆可攷哀王名獨無聞是亦一證

齊開稷下館招賢者孟子至齊爲卿紀至齊于是年者何以書中稱齊宣爲王且明年即有伐燕事故

桓氏鹽鐵論曰齊宣王褒儒尊學孟軻淳于髡受上大夫之祿不仕職而任國事蓋齊稷下先生千有餘人

徐偉長中論曰齊宣立稷下之宮設大夫之位招致賢人而尊寵之孟軻游于齊

蘇子由古史曰孟子先事齊宣王後乃見梁惠王襄王齊湣王

譚梁生曰孟子所見諸侯先孟子卒者齊宣梁惠梁襄鄒穆滕文魯平書中皆稱謚後孟子死者齊湣宋偃故止稱王

又曰孟子對齊王稱臣爲卿也對梁王不稱臣不爲卿也

季彭山孟子事蹟圖譜曰孟子居鄒講學之任之齊東至薛而後至魏

子陸子曰以史記宣湣之年攷之則孟子去魏適齊乃見湣王而見宣王又在至魏之先是先適齊後適魏也

孟子奉母居齊之平陸

戊子三十六年燕趙韓魏齊楚合從𠮷擯秦𠮷蘇秦爲從約長并相六國

齊伐燕取十城既而歸之

黃東發日抄曰晦庵謂孟子𠮷伐燕爲宣王時事與史記荀子不合按史記齊伐燕有二事齊宣先嘗伐燕易王初立因喪伐之取十城即梁惠王篇所載問答是也孟子作于宣王既歿之後故𠮷謚稱湣王後又伐燕王噲𠮷燕與子之齊伐燕取七十城是即公孫丑篇所載是也作孟子時湣王尚在故不稱謚愚按趙注梁惠王篇伐燕不責子噲事說自有據

子陸子曰黃氏分別二次伐燕最明朱子于集註雖主燕噲子之言而序說仍闕而不斷黃氏正發明序說之意也

己丑三十七年韓宣惠王燕易王噲元年○㠯噲爲卽易王名也徵諸劉子政書且易王不聞其名噲不聞其謚
秦㠯齊魏之師伐趙蘇秦去趙奔燕從約皆解
魏㠯陰晉之地請和于秦
庚寅三十八年秦敗魏師于雕陰擒其將龍賈
辛卯三十九年
壬辰四十年秦伐魏取汾陰皮氏拔焦
宋公子偃弒其君而自立
癸巳四十一年楚懷王槐元年
秦客卿張儀伐魏取蒲陽旣而歸之魏盡入七郡十五
縣之地于秦秦㠯儀爲相

顧盦人曰魏世家襄王五年予秦河西之地七年盡
入上郡于秦今案孟子書惠王言喪地七百始悟
太史公所書襄王之年卽惠成王之後五年七年
也㠯孟子證之自明
甲午四十二年九鼎淪于泗
乙未四十三年
丙申四十四年孟子去齊从鄒子經世紀年也退居平陸
劉子政列女傳曰孟子居齊有憂色擁楹而歎孟母
問之對曰軻聞君子稱身而正位不爲苟得而貪
祿今道不用于齊願行而母老是㠯憂也孟母曰
婦人無專制之義而有三從之道禮也今子成人

也而吾老矣子行乎子義吾行乎吾禮子何憂乎
丁卯四十五年趙武靈王雍元年秦惠王後元年 秦稱王
顧盦人曰秦惠十四年更號元年可爲梁惠改元之
證
秦張儀伐魏取陝
秦築上郡塞
蘇秦自燕奔齊
戊戌四十六年齊湣王地元年楚伐齊秦張儀會齊楚于齧桑
任鈞臺曰秦平齊楚意在遠交而近攻矣
楚柱國昭陽將兵伐魏戰于襄陵魏師敗績愚按楚世家㠯此事在懷王六年卽梁惠所云南辱于楚是

秦相張儀免出相魏
韓燕稱王
己亥四十七年魏㠯公孫衍爲相爲從約長
庚子四十八年王崩
趙稱王
齊封田嬰于薛愚按竹書紀此顯王二十九年邳遷于薛薛必使奉奚仲之祀至是邳亡矣鈞臺
攷畧曰此時孟子在滕先是已如宋歸鄒而後至梁至齊不知宣湣編年通鑑既出杜撰不从史記將何依據邪百詩謂薛滅齊方于此築城國策載靖郭君將城薛㠯客諫乃輟其後復欲城文公爲得不恐斯言得之○又案魯仲連傳當湣王時薛猶存也則後之殺燕噲非宣王事益信矣
孟子至魏
應仲遠風俗通曰孟子去齊梁惠王聘之爲上卿任

釣臺曰時孟子年五十二矣故稱之曰叟史稱惠王三十五年至梁誤也葢司馬氏未攷惠王有後十七年遂以後元即屬之襄王若孟子至梁三年即去時梁未嘗南辱于楚喪地亦未至七百里之多也愚按前孟子去齊當是去位退處平陸至是辭齊至梁故有不遠千里之言又劉彥和新論載秦攻梁孟子勸王太公梁之語或見外書

辛丑 慎靚王元年燕王噲後元年衛貶號君

秦樗里疾攻魏魏公孫衍禦之魏師敗于岸門

壬寅 二年魏侯罃卒孟子去魏

宋稱王

任釣臺曰宋伐齊取五城伐楚取地三百里西敗魏

軍後赧王二十九年齊楚魏滅宋集註謂滅滕伐薛伐薛即伐齊時薛爲齊地滅滕未知所據竹書于越滅滕

孟子至宋

桓氏鹽鐵論曰孟子困于梁宋

季彭山曰孟子聞宋王偃將行仁政乃適宋

癸卯 三年梁襄王赫元年孟子復至齊

譚梁生曰孟子去魏適宋受宋餽時値王偃滕世子來見反鄒適薛受薛餽復適齊見湣王

孟母卒歸葬于魯終喪反于齊愚案地志墓今在鄒縣馬鞍山麓

閻百詩曰孟子終喪反齊葢終三年喪復至齊爲卿

耳或謂如壽日解曰書中以歲日指最遠者壽日願見而不可得是也入于齊而後兹猶曰爲壽日安在三年不可目以壽日邪士喪禮三日成服杖拜君命及衆賓不拜棺中之賜既夕記主人乘堊車註謂拜君命衆賓及有故槩也然則孟母殁于齊必赴于王王使人弔與成服後謝之所謂乘堊車者是王使人襚與祇明云不拜況葬後邪總之孟子拜君命不拜君賜拜亦于殯後非葬後也

甲辰 四年魏張儀歸相秦

乙巳 五年魯平公叔元年○皇甫士安曰平公元乙巳終甲子六國表繫平元于赧王丁未譌

燕侯噲以國讓其相子之

丙午 六年王崩

張儀自秦適楚楚絕秦愚案趙世家武靈王十一年召公子職于韓立以爲燕王使樂池送之當在是年六國表武靈立二年齊宣卒則公孫丑篇燕畔王慙之事爲湣王益無疑矣

丁未 赧王元年齊伐燕取之醢子之誅故燕侯噲

荀子曰齊閔南足以破楚西足以詘秦北足以敗燕中足以舉宋

太史公燕世家曰子之南面行王事三年國大亂將軍市被與太子謀將攻子之諸將謂齊湣王曰因而仆之破燕必矣齊人因令人謂平曰寡人聞太子之義將廢私而立公飭君臣之義明父子之位寡人之國小不足以爲先後雖然惟太子所以令

之太子因聚衆攻公宮不克市被反攻太子平被死搆難數月百姓離志孟軻謂齊王曰今伐燕此文武之時不可失也王令章子將五都之兵以伐燕士卒不戰噲死齊大勝燕子之亡

劉子政新序曰燕易王時國大亂齊閔王興師伐燕屠燕國復太子平爲王是爲昭王愚按據此則噲卽易王史記愼靚辛丑噲立當是易王後元年謚法好易改舊曰易以國與人非變改故常之謂乎謚以易也稱矣

酈道元水經注曰齊外郭湣王伐燕噲死虜其民居之

鮑氏國策注曰宣閔皆嘗伐燕子噲之役實閔王也

子陸子曰戰國策敘述時事不知核實如謂孟子勸

齊伐燕以湣王爲宣王也

戊申二年楚攻秦師敗于藍田復襲秦師敗于丹陽楚割兩郡以和于秦

己卯三年燕昭王平元年燕人立太子平盧景宣大戴記注曰昭王易王子也

孟子去齊居休

酈道元曰濁水東去臨淄城十八里俗以爲宿留水孟子去齊三宿而後出濁故變名也

任釣臺曰齊王知慚于孟子猶有悔心之萌陳賈復塞之故遂去齊愚案閻百詩謂呂成公大事記書孟子致爲臣而歸于赧王初年證之孟子明云由周而來七百餘歲是去齊當在顯王丁卯未滿八百歲之壽此說殊泥蓋孟子當時亦祇括略一生言之如云文王至孔子五百餘歲若以孔子生于靈王庚戌距文王生于商祖甲庚寅已歷六百八十年亦將與堯舜湯文相去年數一例比較邪且如其說必屈燕之年數以从齊移上不過十二三年舉成數言之亦曷不云將八百歲邪大抵書中齊王不紀謚者爲湣王無疑爾且觀其語以齒德自居若宣王時年方四十餘則尤不可通

孟子反鄒至魯不能用滕侯以禮聘之至滕反鄒述孔子之意序詩書作孟子七篇外書四篇愚案毛詩通說論今毛詩序卽孟子所作後儒或又附益也陳士元曰今七篇二百六十章三萬五千四百十字

金仁山曰孟子致爲臣于齊而歸鄒

閻百詩曰孟子仕齊爲卿久之歸鄒以樂正子故至魯終之滕

輔漢卿曰孟子至滕不久卽去故有使畢戰之問

漢書藝文志曰孟子十一篇愚按正義云漢中劉歆九種孟子有十一卷

王仲任曰孟子作性善之篇以爲人性皆善及其不善物亂之也愚按趙氏題辭云外書四篇性善辨文說孝經爲正

應仲遠曰孟子絕糧于鄒薛作書中外十一篇任釣臺曰孟子作書七篇外篇四則門人所記

傳休奕曰昔仲尼歿仲尼之徒追論夫子之言謂之論語其後鄒之君子孟子輿擬其體著書七篇謂之孟子愚案本經見襄王章云吾對曰定于一沈同章云吾應之曰可其爲自著可知

晁昭德曰按荀子載孟子三見齊王而不言弟子問之曰吾先攻其邪心揚子載孟子曰夫有意而不至者有之矣未有無意而至者矣今書皆無之知散軼者多矣

庚戌 四年（韓襄王倉元年）秦使張儀說楚韓齊趙燕連衡以事秦
燕起金臺禮賢者
辛亥 五年（秦武王蕩元年○愚案本經所言烏獲孟賁之徒皆仕于秦武者）
壬子 六年
癸丑 八年
甲寅 八年
乙卯 九年（秦昭襄王魏元年）
丙辰 十年彗星見
丁巳 十一年
戊午 十二年彗星見
庚申 十四年秦齊韓魏伐楚殺其將唐昧

辛卯 十五年
壬戌 十六年秦伐楚取八城秦遣使要盟楚大夫屈原諫
不用遂執楚君槐于武關以歸
齊魏會于韓
秦以齊田文爲丞相
癸亥 十七年（趙惠文王何楚頃襄王橫元年）田文自秦逃歸齊
齊韓魏伐秦敗其軍于函谷關河渭絕一日秦割河東
三城以和三國兵退
趙封公子勝爲平原君
甲子 十八年
乙丑 十九年（魯文公元年）

丙寅 二十年（韓釐王咎魏昭王遫元年）
丁卯 二十一年
戊辰 二十二年
己巳 二十三年
庚午 二十四年孟子卒
任鈞臺曰案孟氏譜孟子卒于是年正月十五日
闕里志曰孟子墓在鄒縣生仲子睪嘗從于公孫丑
陸元朗經典序錄曰李克傳詩于魯人孟仲子（愚案毛詩故訓傳引仲子說）

光緒歲在柔兆閹茂陽月吳縣朱記榮槐廬家塾重校刊
孟子時事略終

孟子列傳纂

[清]林春溥

清道光十四年刊本

敘

孟子事蹟史傳殊多疏略以七篇證之其有年可考者惟見惠王及伐燕二事耳然且先梁先齊或宣或湣紛紛者迄無定論況其他乎北堂書鈔引孟軻傳云軻字子輿勤學不息師事孔子遂成天下名儒而史傳無此文則唐以前已有爲孟子別傳者今不可得而見矣元吳萊嘗本史記删荀卿騶衍以下諸子爲孟子列傳吳汪又撰孟子年譜今皆不傳明史鶚撰有孟子年表多取氏譜之說於七篇不無所違嗣是季本有孟子事蹟圖譜譚貞默有孟子編年閻若璩有孟子生卒年月考任兆麟有孟子時事略任啟運有孟子考略大抵皆主七篇爲說而望經單測均無左證故其說終莫能同也春溥前輯孟子時事年表首据竹書旁參衆說考時事之遠近證遊歷之後先後說論之詳矣茲乃薈萃百家編而次之竊仿史公組織論語之例取內外篇錯綜其中與前表相爲表裏主述舊聞靡敢妄作將以質後之君子俾考核正其失焉道光六年丙戌春二月閩中林春溥謹識

孟子列傳纂

孟子名軻字子車（見孔叢子及王肅聖證論）一字子輿（見文選注）鄒人魯公族孟孫氏之後也（見趙氏章句題辭）父激（名也）公宜（字也）母仉氏（見風俗通）（仉音掌。元張頵孟母墓碑記云舊鄒公墳廟碑言母氏李未知何據）夢神人乘雲攀龍鳳自泰山來將止嶧凝視久之忽見片雲墜而寤時閭巷皆見五色雲覆孟氏居而孟子生焉（見春秋演孔圖）時周烈王四年四月二日也（從孟衍泰三遷志）孟子三歲喪父母有賢德始舍近墓孟子嬉戲爲墓間事踊躍築埋母曰此非所以居子也乃去舍市其嬉戲爲賈衒母曰此非所以居子也乃徙舍學宮旁其嬉戲乃設俎豆揖讓進退母曰此眞可以居子矣遂居之（見列女傳○韓詩外傳曰孟子幼時東家殺豚孟子問殺豚何爲母曰欲啖女既而悔曰吾懷妊是子席不正不坐割不正不食胎敎之也今適有知而欺之是敎之不信也乃買以食之）孟子少時誦母方織孟子輟然中止乃復進母知其諠也引刀裂其織以此戒之自後不復諠矣（見韓詩外傳）十五歲就學於魯（見聖門志）受業子思之門人（見史本傳○孟子外書曰子思之子曰子上軻嘗學焉）及長既娶（三遷志曰孟子娶田氏生仲子）將入私室見其婦袒而在內孟子不悅遂去不入婦辭母求去母名孟子謂之曰夫禮將入門問孰存所以致敬也將上堂聲必揚所以戒人也將入戶視必下恐見人過也今子不察於禮而責禮於人不亦遠乎孟子謝遂留其婦（見列女傳）道既通弟子日進於是樂正子春年九十矣使其孫克學於孟子告之曰昔者聖人之門顏子以仁曾子以孝子路以勇伯顏以智各以所得聞於天下傳於後世汝往矣庶幾其有一得乎孟子遊於莒有曾子講堂焉孟子登堂彈琴而歌二三子和之莒父老曰久矣

夫不聞此音也聖人之徒也見外書當是之時秦用商君富
國彊兵楚魏用吳起戰勝弱敵齊用孫子田忌之徒而諸
侯東面朝齊史本傳獨孟子不屈道趣合枉尺以直尋風俗通
周顯王四十七年梁惠王數敗於軍旅卑禮厚幣以招賢
者於是孟子至梁時惠王後九十四年乃與楚將昭陽戰敗之明年也史記以爲惠王三十五年
至梁誤年五十一矣惠王曰寡人不佞兵三折於外太子虜
上將死國以空虛以羞先君宗廟社稷寡人甚醜之叟不
遠千里辱幸至敝邑之廷將何以利吾國孟子曰君不可
以言利君欲利則大夫欲利大夫欲利則庶人欲利上下
爭利國則危矣爲人君仁義而已矣何以利爲見魏世家惠王
曰先君用李悝盡地利至於今賴之孟子曰古者莫善於
助地有餘利則民有餘地無餘利則君有餘損下以益上

非古也見外書惠王不果所言則見以爲迂遠而闊於事情
見本傳其年秦攻梁取曲沃平周見六國表惠王問曰先生何以
教之孟子曰昔太王居邠狄人攻之事之以玉帛不可太
王不欲傷其民乃去邠之岐今王奚不去梁乎惠王不悅
見新論後三年惠王卒從竹書紀年子襄王立孟子見襄王出語
人曰望之不似人君就之而不見所畏焉他日王問戰於
孟子孟子曰戰危事也臣未之聞也乃去梁襄王追之及
諸東桑孟子曰爲吾謝梁王勿忘先王之禮遇也再拜登
車而去見外書時齊宣王方立稷下宮招致賢士遂適齊見中
論○列女傳曰孟子道既通仕梁招賢乃至梁既而去梁適齊齊王以爲上卿此爲實錄史以爲先齊後梁亦誤
三見宣王而不言事曰我先攻其邪心見荀子宣王尊禮焉
孟子以王足用爲善因奉母就養於齊門人問曰夫子當

路於齊管仲晏子之功可復許乎孟子曰以齊王猶反手
也曰如此則動心否乎曰否我四十不動心一日說宣王
而不悅淳于髡侍孟子曰今日說公之君公之君不悅意
者其未知善之爲善乎髡曰夫子亦誠無善耳孟子曰夫
電雷之起也破竹折木震驚天下而不能使聾者卒有聞
日月之明徧照天下而不能使盲者卒有見今公之君若
此也見韓詩外傳退有憂色擁楹而歎母問之對曰軻聞君子
稱身而正位不爲苟得而貪祿今道不用於齊願行而母
老是以憂也母曰婦人無專制之義而有三從之道禮也
今子成人也而吾老矣子行乎子義吾行乎吾禮子何憂
乎見列女傳未幾母卒門弟子各治其事陳臻治貨季孫郊治
車咸丘蒙治器萬章治線充虞治櫬公都或治饌陳代治

牲樂正克治儀公孫丑治賓客孟子三日不食哭不止門
弟子請曰古者五十不毀孟子曰五十也乎哉吾母死吾
猶孺子也觸子邪見之流涕自責曰今而知聖人之道遂
棄墨而歸儒見外書孟子自齊葬於魯居喪三年而魯平公
初立欲使樂正克爲政克備道孟子於平公曰孟子私淑
仲尼其德輔世長民其道發政施仁君何爲不見乎見廣文選
平公將見孟子嬖人臧倉沮曰禮義由賢者出而孟子之
後喪踰前喪君何見焉公曰諾遂不果孟子反於齊年五
十九齊宣王以爲客卿會燕王噲讓國於其相子之國大
亂沈同以其私問曰燕可伐歟孟子曰可子噲不得與人
燕子之不得受燕於子噲宣王乃遣章子將五都之兵因
北地之衆以伐燕燕士卒不戰城門不閉遂大勝燕噲子

之皆死（見戰國策）宣王問曰取燕何如孟子對曰取之而燕民悦則取之古之人有行之者武王是也取之而燕民不悦則勿取古之人有行之者文王是也王卒取之於是趙與楚魏皆欲伐齊而存燕（見戰國策）孟子勸王出令反燕旄倪止其重器謀於燕衆置君而後去之則兵猶可止不聽後二年燕人果畔立太子平爲王（是爲昭王）王曰吾甚慙於孟子陳賈爲王見孟子曰周公使管叔監殷管叔以殷畔也有諸曰然曰然則聖人且有過歟曰周公弟也管叔兄也周公之過不亦宜乎且古之君子過則改之今之君子過則順之豈徒順之又從爲之辭退而歎曰無惑乎王之不智也雖有天下易生之物也一日暴之十日寒之未有能生者也吾見亦罕矣吾退而寒之者至矣吾如有萌焉何哉於

是致爲臣而去王欲中國而授孟子室養弟子以萬鍾又餽兼金一百皆不受王餽餞於犖門再舉觴孟子辭而去驩曰夫子盍賦詩孟子曰予大夫欲我賦詩乎不曰堅乎磨而不磷不曰白乎涅而不緇宿於晝王蠋見曰夫子何以久於齊也孟子曰久於齊非我志也蠋曰我固知非夫子之志也齊王外好善而心不好夫子去國亂將至矣（見新書）然孟子三宿出晝遲遲吾行猶庶幾王之一悟過之一改也曰王如用予則豈徒齊民安天下之民舉安願天未欲平治天下耳將適宋先是張儀爲秦欺楚絕齊許獻商於之地六百里及齊交絕而弗與地楚使屈匄伐秦秦魏章大敗楚師於丹陽虜屈匄取漢中楚又悉兵襲秦秦敗之藍田（事與燕昭之立俱在周赧王三年見史記）而宋牼將之楚孟子遇之石

丘（孟子疏云石丘宋地）曰先王將何之曰吾聞秦楚搆兵我將見楚王說而罷之楚王不悦我將見秦王說而罷之孟子曰說之將何如曰我將言其不利也孟子曰先生以利說秦楚之王不若以仁義說秦楚之王也至宋宋偃稱王（時稱王七年）欲霸天下其臣戴盈之問曰吾欲什一去關市之征然今未能也請輕之以待來年然後已何如孟子曰如知其非道斯速已矣何待來年齊攻宋宋使臧子索救於楚楚王許救而卒不至齊因拔宋五城（見戰國策）萬章問曰宋小國也今將行王政齊楚惡而伐之則如之何孟子曰宋亦不行王政云爾苟行王政四海之內皆舉首而望之欲以爲君齊楚雖大何畏焉滕文公爲世子將之楚過宋而見孟子孟子道性善言必稱堯舜世子自楚反復見孟子孟子曰

世子疑吾言乎夫道一而已矣時戴不勝皆言善士薛居州於王使居王所然國有孟子而不知孟子卒困於宋（見鹽鐵論）將有遠行宋人餽金七十鎰孟子受之之薛絕糧（見風俗通）有戒心田嬰餽金五十鎰（時田嬰封薛已十一年矣）爲兵備孟子因得反鄒齡年六十二矣鄒穆公問政於孟子曰爲政奚先孟子曰省刑罰薄稅斂非是則無所爲政也孟子既老於鄒燕昭王使樂閒迎之不往或問曰夫子何以不往孟子曰以吾受齊王之知是以不往也且燕王霸才也亦非王天下之主也（見新書）其後滕定公卒文公使其傅然友來問喪禮於是始行三年之喪已而聘孟子至滕館之上宮問爲國孟子曰昔者賢君恭儉禮下取於民有制夏后氏五十而貢殷人七十而助周人百畝而徹其實皆什一也然治

地莫善於助子其力行之文公乃使畢戰爲井地問孟子孟子請野九一而助國中什一使自賦卿以下必有圭田圭田五十畝餘夫二十五畝文公行之然滕國小而間齊楚雖與有爲而當時大國方務於合從連衡以攻伐爲賢孟子乃述唐虞三代之德是以所如者不合退而與萬章之徒序詩書述仲尼之意作孟子七篇（見本傳） 周赧王二十六年正月十五日冬至孟子卒年八十四（見孟氏譜）鄒人因哭孟子而廢賀冬至之禮遂以成俗（見古碑） 葬四基山（見孟氏譜）

孟子時事年表

[清]林春溥

清咸豐五年福州刻竹柏山房十五種本

孟子時事年表

讀論語者不可不知春秋讀孟子者不可不知戰國史傳旣略舛誤尤多敘歷聘則先齊於梁紀伐燕則以宣爲湣通鑑正之而未盡竹書紀焉而不詳學者往往惑焉顧竹書逸文尚見索隱推齊世次與孟同符益與梁惠改元均屬可信由是考時事之遠近證遊歷之後先論世知人思過半矣閩中林春溥謹述

史記以年齊威王七年今從紀年

周	秦	楚	齊	趙	魏	韓	燕	宋	魯	孟子
烈王四年己酉	獻公師隰十三年	肅王臧九年	桓公午四年	成侯種二年	武侯擊十五年	哀侯五年	桓公元年	桓公辟兵元年	共公奮五年	以是年四月二日生於鄒
五年	十四年	十年	五年	四年	十六年卒子罃與公中緩爭立	六年韓嚴弑哀侯子懿侯若山立	二年	二年	六年	二歲
六年	十五年	十一年	六年	五年與韓伐魏欲殺罃立公中緩以求割地趙侯不聽師還與韓遷晉桓公于屯留	惠王罃元年韓趙伐我圍安邑以誅不和去王殺公中緩而立還遷晉桓公于屯留	懿侯若山元年與趙伐魏欲分魏爲兩成侯不聽師還與趙	三年	三年	七年	三歲父激字公宜卒母仉氏鞠之
七年	十六年	宣王良夫元年	七年	六年魏敗我師于懷	二年敗趙于懷敗韓馬陵	二年魏敗我馬陵	四年	剔成元年	八年	四歲有三遷等事
顯王扁元年趙韓入子向爲藍施君	十七年	二年	八年伐魏取觀	七年與韓攻周	三年齊伐我取觀	三年與趙攻周	五年	二年	九年	五歲

周	秦	楚	齊	趙	魏	韓	燕	宋	魯	孟子
二年甲寅西周威公卒子惠公立封公子班于鞏爲東周惠公周始分爲兩	十八年	三年	九年	八年與韓分周爲兩	四年	四年與趙分周爲兩	六年	三年	十年	六歲
三年	十九年敗魏韓于洛陽	四年	十年	九年	五年與韓會宅陽秦敗我洛陽城武都	五年秦敗我洛陽	七年	四年	十一年	七歲
四年	二十年	五年	十一年弑其君母	十年	六年伐宋取儀臺發逢忌之藪賜民	六年	八年	五年魏伐我	十二年	八歲
五年賀秦以黼黻之服	二十一年敗三晉于石門天子賀	六年	十二年	十一年救魏敗于石門	七年秦攻我趙救我石門爲秦所敗	七年	九年	六年	十三年	九歲
六年	二十二年伐魏少梁	七年	十三年	十二年救魏	八年秦攻我少梁趙救我	八年	十年	七年	十四年	十歲

周	秦	楚	齊	趙	魏	韓	燕	宋	魯	孟子
七年	二十三年庶長國伐魏虜其將公孫痤取龐	八年	十四年	十三年魏敗我澮取皮牢	九年公叔痤敗韓趙與之師于澮韓過上黨取趙皮牢秦伐我少梁虜公孫痤取龐	九年魏敗我與趙	十一年	八年	十五年	十一歲
八年彗星見西方	孝公渠梁元年衛鞅來與議國事	九年	十五年	十四年	十年入河水于圃田又爲大溝引圃水公叔痤薦衛鞅不聽鞅入秦	十年	文公元年	九年	十六年	十二歲
九年致胙于秦東周惠公卒子文君傑立	二年	十年	十六年趙魏伐我	十五年助魏攻齊	十一年與趙攻齊城陵	十一年	二年	十年	十七年	十三歲
十年	三年以鞅爲左庶長定變法之令	十一年	十七年	十六年	十二年龍賈帥師築長城于西邊	十二年取屯留尚子	三年	十一年	十八年	十四歲
十一年	四年	十二年	十八年	十七年與	十三年與	昭侯武元	四年	十二年	十九年	十五歲就學于魯館

魏過齊相趙過葛孽年及魏盟　家毋斷機以教
韓許息來巫沙　致地我取　枳道與韓　鹿及韓侯　盟巫沙遊　蔡于韓
十二年　甲五年　十三年　十九年　十八年與　十四年與二年魏取五年　十三年取　二十年　十六歲
于　魏會鄗　趙會鄗　我朱宋取　取韓宋　我黃池　韓黃池
十三年　六年　十四年　威王因齊十九年與十五年魯三年朝魏六年　十四年朝二十一年十七歲
元年與趙齊宋會平　衛宋韓來　魏與齊趙朝魏逆席
宋會平陸　朝觴之范　會平陸　擇言
臺　遊龍　□□陽池　以備秦
十四年　七年　十五年　二年與魏二十年　十六年與四年　七年與齊十五年魏二十二年十八歲
惠王會田　于郊論齊　寶　與燕　戰澮水我　循遊
齊威王會　田于郊問　齊寶　與　秦會杜平　一獻榮將　于趙　侯　朱黃池
戰澮水趙侵我黃池　之　我復取之

孟子時事年表

周顯王　秦孝公　楚宣王　齊威王　趙成侯　魏惠王　韓昭侯　燕文公　宋剔成　魯康公　三

十五年　六年敗魏十六年使三年　二十一年十七年伐五年朝魏八年　十六年魏康公屯元十九歲
元里斬首景舍救趙　七千取少梁
魏圍我邯鄲趙圍邯鄲中陽　鄗楚景舍　韓侯來　來救　朝中陽　秦取我少梁
來徵師我年　兵入趙圍　一城
十六年韓九年　十七年魏四年使孫二十二年十八年克六年伐東九年　十七年　二年　二十歲
伐東周取陵觀廩丘
拔邯鄲我臏田忌救魏　拔我邯鄲邯鄲齊孫周取陵觀
取魏襄陵趙破魏于鄲齊救我臏田忌敗廩丘
之間　昭桂陵始稱敗之桂陵我師于桂
十七年　十年衛鞅十八年　五年　二十三年十九年秦七年與秦十年　十八年　三年　二十一歲
委櫨相　王　陵
與韓趙圍魏襄陵伐　與秦韓圍韓趙圍我趙附魏襄
安邑降之　魏襄陵　襄陵伐降陵　我安邑　築長城塞　固陽
十八年　十一年鞅十九年　六年築房二十四年二十年秦八年申不十一年　十九年　四年　二十二歲
圍魏固陽　降之　攻　趙閘　城　衛鞅　爲長城
魏歸我邯鄲降我河害相　鄲與魏盟漳　邯鄲與趙　漳水上　漳水上
秦攻我固陽
十九年　十二年徙二十年　七年　二十五年二十一年九年　十二年　二十年　五年　二十三歲
都咸陽築　與秦遇彤

史記是年齊宣王元年

陳士元謂是年孟子至梁

十十年　十三年初十一年八年　齊侯諸元二十二年十年韓姬十三年　二十一年六年　二十四歲
并田開阡陌與魏遇彤　爲縣有秩史　命公子南爲大子　王如衛　弒其悼君
二十一年十四年更十二年九年　二年與魏二十三年十一年朝十四年　二十二年七年　二十五歲
賦稅法　韓侯來朝　遇陰晉公與趙遇陰秦　孫頁與魏晉魏殺臣　伐燕　趙公孫頁　伐燕還取　夏屋城曲　逆
二十二年十五年趙二十三年十年　三年公子二十四年十二年　十五年　二十三年八年　二十六歲
甲戌　人來朝　魏孫何侵我三戶　伐徐州　范敗邯鄲孫何侵楚　不勝死　入三戶郭
二十三年十六年　二十四年十一年殺四年衛致二十五年十三年與十六年　二十四年九年　二十七歲
趙侯來朝　魏韓伐我大夫牟　奔號侯服屬秦與韓魏伐楚　取上蔡遂　陽
于我　天子　朝前伐趙取衛服屬于　上蔡孫何我　取還陽　衛服屬于　我

孟子時事年表

周顯王　秦孝公　楚宣王　齊威王　趙肅侯　魏惠王　韓昭侯　燕文公　宋剔成　魯景公　四

二十四年十七年　二十五年十二年　五年　二十六年十四年　十七年　二十五年景公假二十八歲
二十五年十八年會二十六年十三年趙六年攻齊二十七年十五年　十八年　二十六年二年　二十九歲
秦會諸侯諸侯于京　攻我拔高唐　封丹名會
來朝　師　丹魏大臣
二十六年十九年大二十七年十四年　七年公子二十八年十六年　十九年　二十七年三年　三十歲既娶見其婦
致伯于秦子致伯　啓　刺攻魏首趙攻我首
城武城　垣　垣
田氏袒而在內不悅　將求去以母言留之
二十七年二十年諸二十八年十五年　八年　二十九年十七年會二十年　二十八年四年　三十一歲　當在此時
秦公子少侯朝賀公　會逢澤朝逢澤朝天
官會諸侯使公子少　天子王爲子王爲右
來朝魏王官會諸侯　御　中山
爲御者王于逢澤朝　君相
爲右　天子
二十八年二十一年二十九年十六年田九年　三十年龐十八年魏二十一年二十九年五年　三十二歲
齊田忌來忌孫臏伐　韓齊伐我齊救
奔封之汀魏以救趙　田忌孫臏我破之馬
南　破之馬陵　救之破我陵
殺龐涓虜　馬陵殺龐
其太子申　涓虜太子
田忌奔　申　城濟
楚　陽
二十九年二十二年三十年秦十七年與十年與齊三十一年十九年　二十二年三十年　六年　三十三歲

孟子時事年表 五

周顯王 秦惠文 楚威王 齊威王 趙肅侯 魏惠王 韓昭侯 燕文公 宋剔成 魯景公

三十年 衛鞅伐魏虜我公子卬大敗之魏獻河西以和 封鞅爲商君 伐楚 二十三年威王商元 十八年 趙會梅望伐魏 十一年 秦伐我虜公子卬獻河西于秦徙都大梁 與齊宋圍平陵以行圍田之水 趙伐我 二十二年 二十年 二十三年 三十一年 七年 三十四歲

三十一年 二十四年 二年 與魏戰岸門虜其將魏錯 秦國人誅商鞅滅其家 十九年 十二年 三十二年 與秦戰岸門虜我將魏錯 商鞅來奔不受復內之秦 二十一年 二十四年 三十二年 八年 三十五歲

三十二年 惠文王駟元年楚韓趙蜀人來朝 三年 朝秦 二十年 十三年 朝秦 三十四年 朝秦中不害卒 二十二年 二十五年 三十三年 九年 三十六歲 甲申

三十三年 賀秦 二年 初行錢 四年 二十一年 十四年 與韓魏與二陵 三十五年 田嬰使于韓圖魏襄會齊王東阿南 二十三年 韓與鄴阿南 與 二十六年 太子社立 三十四年 十年 三十七歲

史記是年孟子至梁

三十四年 三年 五年 趙無 二十二年 君來會王于東阿南盟而去 十五年 與魏會甄 越伐我 改元年 與 齊會甄 二十四年 趙圍我襄陵 二十七年 三十五年 十一年 三十八歲

四書釋地謂至齊在是年

三十五年 致胙于秦 四年 天子致胙 六年 二十三年 之伐楚 王使人說越伐我 十六年 田嬰相 公二年 與齊 遊大陵出會徐州相王 與魏會徐州相王 作高門 二十五年 二十八年 蘇秦始來 合從 三十六年 十二年 三十九歲

史記是年魏襄王元年合從紀年任兆麟孟子時事考謂是年孟子至齊爲卿來時宿平陸

三十六年 蘇秦過洛 五年 以犀首公孫衍于徐州遂敗我徐州 七年 圍齊 二十四年 十七年 築長城 二十六年 闕我黃不克 卒 子宣惠王立 以秦王女爲太子婦 趙使人說魏無忌 蘇秦使約從六國 伐魏 使蘇秦 張儀說從約縱 蘇秦來約合從 二十九年 三十七年 十三年 四十歲 楚王使人爲大良造 蘇秦說從 秦恐 張儀來 王以爲客卿 蘇秦來約 合從許之盟于洹水 合從許之上封蘇秦爲武安

孟子時事年表 六

周顯王 秦惠文 楚懷王 齊威王 趙肅侯 魏惠王 韓宣惠 燕易王 宋王偃 魯景公

通鑑是年齊宣王元年 孟子年譜是年齊

三十七年 六年 公孫衍欺齊魏與共伐趙 以年 八年 與魏伐趙使公孫衍伐趙 二十五年 十八年 秦四年 與齊宣惠王元年 易王元年 三十八年 十四年 四十一歲 從約遂敗 魏納陰晉以和 因喪伐以濟魏之陰晉爲和 齊伐我取十城王讓蘇秦 燕取十城師伐我我子秦 蘇秦來說決河水灌 齊王乃歸我十城 乃歸燕十城 秦伐齊蘇秦說 約皆解 書

三十八年 七年 九年 二十六年 十九年 五年 與韓二年 與魏二年 會巫沙 會巫沙 三十九年 十五年 四十二歲

西年譜是年由鄒之任見季子

三十九年 八年 魏入少梁 十年 二十七年 二十年 六年 秦圍三年 我焦曲沃 獻秦河西 以和 三年 四十年 十六年 四十三歲

乃由任之平陸

四十年 九年 伐魏 十一年 辛 二十八年 二十一年 七年 秦伐魏 取汾陰皮氏 秦伐我取汾陰 皮氏拔焦 魏因喪伐 取曲沃 與 秦會應 四年 四十一年 十七年 四十四歲

西平譜是年由平陸之齊至館 于雪宮

四十一年 十年 十二年 楚懷王槐元年 二十九年 二十二年 八年 秦取五年 五年 康王偃元 十八年 四十五歲 張儀相 與秦會 來 殺我將 取陘山 因喪伐楚 弟偃逐公自立 公奔齊

西年譜是年齊

四十二年 十一年 甲午 歸 二年 三年 二十三年 九年 秦歸六年 六年 二年 十九年 四十六歲 伐魏取蒲陽陜彰來 陽既而歸 之魏盡入上郡十五縣以謝儀 歸以爲相 陳軫奔 楚 師河西 趙疵取藺 離石 秦敗我河西我蒲陽既 殺趙疵而歸我公子繇來質 取藺離石 我獻上郡十五縣以謝秦 ○ 築喪地七百里 魏焦曲沃 韓舉與齊 魏戰死桑 我焦曲沃

王以資師禮孟子

四十三年 十二年 初 三年 臘 三十一年 二十四年 十年 七年 七年 三年 二十年 四十七歲

是歲孟子爲卿 孟子爲齊卿 陳士元從之 皇極經世是年 孟子去齊 時事考云去齊 退居平陸 陳士元云反魯居鄒

四十四年 十三年 稱王 四年 三十二年 武靈王雍元年 趙豹與太子嗣相 博聞師三人左右司過三人 十一年 王八年 王與太子倉朝 魏敗我韓 梁趙將韓舉敗舉 八年 四年 二十一年 四十八歲

曹年譜是年去齊居休反魯省母遂之宋滕世子來見

四十五年 更元年 張五年 三十三年 二年 城鄗 十二年 秦九年 九年 蘇秦五年 二十二年 四十九歲

儀伐魏取陝築上郡塞

蘇秦來奔王以爲客卿秦説王高宮室大苑囿以明得意欲敝齊以爲燕

張儀伐我取陝出其人

遁子文夫人僞得罪奔齊

韓之王孽其太子來朝信宮

魏敗我趙護

史記是年齊宣王元年 曹年譜是年去宋之薛受[illegible]餽

四十六年 二年 張儀六年 柱國三十四年 三年 十三年 楚七年 燕王十年 宋王十六年 二十三年 五十歲

及齊楚相會齧桑還免相出相魏

昭陽破魏襄陵取八邑又移兵攻齊陳軫説乃去

昭陽破我襄陵取八邑○索隱於楚師此會齊威王於鄄張儀來相公孫衍弗利

王懋竑曰孟子

四十七年 三年 伐魏七年 三十五年 四年 與齊十四年 張十一年 使十一年 七年 二十四年 五十一歲至梁○裴

孟子時事年表

周顯王 秦惠文 楚懷王 齊威王 趙武靈 魏惠王 韓宣惠 燕易王 宋王偃 魯景公

七

至梁當在惠王之後十四五年 曹年譜是年自薛反鄒滕文公問喪禮遂聘問爲國館于上宮

四十八年 四年 八年 閼田三十六年 五年 十五年 十二年 十二年 八年 二十五年 五十二歲在梁

取曲沃平周陰晉張儀韓魏使其太子來朝

嬰封薛將封田嬰于伐齊公孫閈説乃止君欲城薛以客諫大魚之諫乃止

會隱賦

儀欲合我太子朝秦先事秦而與趙會諸侯效之區鼠王不聽秦伐我取曲沃平周太子朝秦王數敗于卑禮厚幣招賢鄒衍淳于髡孟軻皆來

新論載秦攻梁惠王謂孟軻曰先生不遠千里辱敝邑今秦攻梁先生何以禦乎考是年秦伐魏取曲沃平周去年楚昭陽破魏襄陵取八邑故有南辱于楚之言又公孫衍張儀俱在魏二人互相傾軋故有論大丈夫語史云惠王數敗軍旅亦惟此時爲甚則孟子至梁當在是年

任啓運孟子考異云此時在滕先是已知宋歸鄒而後至梁至齊時事皆是年秦魏惠王大紀云齊使自圭治水作堤 江永孫經補義云是年至梁

慎靚王定五年 齊來九年 宣王辟彊六年 十六年 十三年 王噲元年 九年 二十六年 五十三歲在梁

元年 迎婦

元年迎婦

陳士元云是年梁襄王立孟子自任往見復適齊 曹年譜是年去滕歸魯奉母之梁 時事略是年去魏之宋 考略謂孟子由鄒之任見季子在去梁後 曹年譜云去梁自范之齊 潘貞獻孟子編年是年受宋餽滕世子來見反鄒遂薛受餽復適齊 時事略从之又云是年孟母卒歸葬于魯 曹年譜云爲卿弔滕文公之喪 通鑑王大紀是年

二年 六年 伐韓十年 城廣二年 立稷七年 十七年 卒十四年 秦二年 十年 二十七年 五十四歲見梁襄王

取鄢陵

下宮招致賢人孟軻來遊

年八十二子赫立孟軻行

伐我取鄢

遂去梁反鄒由鄒之任至平陸因由平陸之齊

于秦

三年 七年 蘇秦十一年 爲三年攻秦八年攻秦襄王嗣元十五年攻三年攻秦十一年稱二十八年 五十五歲在齊迎母仇氏

約從山東從長攻秦函谷不克

六國共攻函谷不克

我至函谷歸我出兵擊之六國敗走樂池相

函谷不克

谷不克 克

函谷不克王

仇氏

四年甲辰 八年 敗韓十二年 四年 敗趙九年 秦敗二年 張儀十六年 秦四年 十二年 與二十九年 五十六歲母仇氏卒

孟子時事年表

周慎靚 秦惠文 楚懷王 齊宣王 趙武靈 魏襄王 韓宣惠 燕王噲 宋王偃 魯平公

八

孟子見齊宣王 曹年譜是年喪母歸葬于魯

五年 九年 司馬十三年 五年 十年 秦伐三年 十七年 五年 讓國十三年 平公旅元 五十七歲在齊居喪

修魚虜其將鯾申差又敗趙師斬首八萬又伐敗魏師魏使張儀來請成張儀復相

錯滅蜀伐趙取西都中陽

魏之師于我師斬首修魚秦伐敗我修魚虜我將鯾申差觀澤大八萬齊敗我師夫與蘇秦敗我師于齊敗我觀澤爭寵使人刺殺蘇秦張儀請成于秦我使

我取西都中陽

子之相子

齊攻魏敗之觀澤

年○案魯欲使樂正子爲政當在此時

于齊孟子自齊葬于魯

李本孟子問答謂于崇見王在見齊再見時 曹年譜云見齊王反齊爲客卿

六年 十年 敗趙十四年 六年 十一年 秦四年 韓歸十八年 使六年 十四年 二年 與齊五十八歲在齊

將英 韓取石章

敗我將英我晉陽及韓長歸魏向二月城晉陽及向秦伐我取石章

稱王

陽向

宣王令見公將來見使人臧倉繹山下樂正之不果遂反于齊克道孟子○案臧倉沮孟子之役於平公公於孟子將見當以臧倉沮在孟子居喪畢之平公將見孟子而言則不果後殷文選所謂魯平公對齊宣王會見繹是其事也

通鑑綱目是年

赧王延元 十一年 侵十五年 敗七年 秦魏十二年 敗五年 秦攻十九年 秦七年 國七十五年 三年 五十九歲在齊爲客

史記考證文獻彙編

孟子去齊大事記云自齊之宋自宋適滕皇王大紀云去齊於宋陳士元从大事記

通鑑是年齊湣王元年

年時東西義渠取二韓　齊破伐韓王犀韓　王召里疾攻我敗我岸門虜將軍申
周分治王十五城　燕王許魏救之田臣燕公子職焦降　斬首虜將被太子承
從鄙西周樗里疾攻六城與之思曰秦伐於韓立以張儀以我犀首走太攻子之不
從西周武魏焦降之伐齊而存韓楚必爲燕王使師伐韓　子噲入殺克齊宣王
公孫爲武敗韓岸門燕張儀汎救之是大梁池遂之齊破燕楚于秦　王令章子伐
公惠公子其將犀首魏不果　以燕賜我　齊破燕許我六城朝于魏　我士卒不
也　走韓太子　也及楚趙王欲存之欲與伐齊　戰燕門不
倉來質　救韓王令乃以河東而存燕張　閉遂大敗
封公子通　章子將五都易燕地儀以計泄　噲與子之
于蜀以陳　都兵伐燕於齊楚魏王遂不果　皆死
非相之　三十日舉燕之介沖韓王來朝
之諸子之悉惠施來
殺王噲　請伐齊而
存燕

二年

十二年右十六年秦八年楚絕十三年秦六年與秦二十年
更疾伐趙欺我絕齊我合於楚樗里疾伐會臨晉立
拔蔺虜其我使屈匄秦　我拔曲虜公子政爲
將莊豹　伐秦　王　我將莊豹太子　王
會魏臨晉如邯鄲　楚王魏王如邯鄲
立魏公子　來過邯鄲
政爲魏太
子　張儀
欺楚絕齊
楚屈匄伐

十六年　四年

六十歲在齊○案孫
正子從子敖之齊及
出弔于滕公行子之
喪孟子不與王驩言
當在此時

鄰有答沈同燕可伐
及與宣王論勿取君
君而後去皆語時趙
與楚魏俱欲伐齊而
存燕宣王所謂多謀
伐寡人者也

皇王大紀是年齊欲使章子爲將孟子辭平公將見孟子時事表是年去齊爲宋休反鄒至鄰不能用滕文以禮聘之至滕反鄒作孟子七篇

周赧王秦惠文楚懷王齊宣王趙武靈魏襄王韓宣惠燕昭王宋王偃魯平公

三年

我
十三年庶十七年秦九年與宋十四年趙七年魏楚二十一年燕人畔齊十七年與五年
長魏章大破我丹陽圍魏燕裹何攻魏　至鄧　敗魏楚至鄧立太子平齊圍魏燕
敗楚師于丹陽屈匄取魏敗我房　齊于濮　爲王王厚聚　孟軻
丹陽虜屈漢中我悉發于于濮　卑招賢爲來過宋輕
匄取漢中兵襲秦又　燕人畔　郭隗築宮于石丘
又敗之藍田敗于藍田孟軻行　師事之士
田楚割兩韓魏襲我　爭趨燕
城請平○我割兩城
案秦楚搆以和秦
兵即此

六十一歲在燕燕人
畔王慙謂孟子致爲之文
過孟子致爲臣而去
適宋○案陳臻問前
日於齊王魄兼金一
百而不受於宋魄七
十鎰而受於薛魄五
十鎰而受而燕人之
畔秦楚之搆兵皆在
是年且石丘宋地見
孟子疏是藉去齊之
宋之確証也又孟子
去齊居休路史曰休
在潁川屬宋境茨亦
一証云

皇王大紀是年孟子仕宋君不能用乃召其弟陳子去宋過薛人之勸居休實爲書載子之事卽文公聘問爲魯國北宮錡問周室班爵祿曾子之說當在是年由宋之宋

四年

十四年伐十八年秦十年張儀十五年張八年齊宣王元年昭王平元十八年○六年
楚取召陵伐我取召爲秦連橫儀爲秦連伐衛拔列年張儀爲宋宋來齊
張儀如魏　張儀說之　横許之　城二　秦連横許秦連横許攻宋宋使
連說五來說連横　之　之　臧子索救
國連横封事秦許之　于荆荆王
衛武信君　許救而卒
王卒　不至齊因
臣多說儀　取宋五城

六十二歲○案滕世
子過宋來見宜在此
時又有與戴盈之論宋
不行王政及戴盈之
戴不勝宋勾踐問答
語滕世子之遊往返
兩見孟子在宋必
有數月之淹留云論

孟子與弟子論明道作七篇皇王大紀是年孟子以宋爲政齊梁不至滕文公問見孟子齊宋不果

五年洛入武王蕩元十九年　十一年　十六年王九年相田二年　二年　十九年　七年　六十三歲
成周山水年張儀復　出九門爲壽死張儀　出和魏　野臺以燕自秦入相　王與魏會　齊中山之　王與秦　臨晉　伐　境　會臨晉　義渠丹黎　大出

公孫衍犀首之諸侯皆畔衛復合從

其郎衛犀首所謂犀首惡而伐之者歟孟子是時在宋則此事疑在此年也

曰孟子困於梁宋出遊行受嗟之說也周俗迎曰孟子去齊又絕粮於鄒薛困殆甚此問我受賜之說也以陳臻之問推之意必由宋之薛由薛返鄒想皆此年事也

六年

二年以廿二十年與十二年與十七年　十年張儀三年與齊三年　二十年　八年　六十四歲
茂爲左丞薛與合從楚魏合從　死　十月楚合從
相樗里疾　大霖雨疾
爲右丞相　風河水溢
　魏來郢

七年

三年與魏二十一年十三年　十八年　十一年秦四年秦廿四年　二十一年九年　六十五歲
會應　渭　甘茂來約茂伐我宜
水赤三日　伐韓　陽
甘茂伐

周赧王秦武王楚懷王齊宣王趙武靈魏襄王韓襄王燕昭王宋王偃魯平公

八年甲寅四年拔宜二十二年十四年　十九年始十二年使五年秦拔五年　二十二年十年　六十六歲
拔宜陽
秦拔韓宜陽涉河城武遂韓公不從　胡服招騎太子朝秦我宜陽斬
陽使樗里武遂　射　首六萬城
疾以車百仲侈入謝　武遂公仲
乘入我以　使陽翟　侈入秦請
周　平　楚圍
說之楚王魏太子來　我雍氏我
乃止　韓朝　王與　徵甲與粟
與東周高都說楚　絕張翠與　於東周蘇
都　昭獻立　代來說乃
　公叔氏治　止且與周
　國事以魏　高都會秦
　魏再爲將　來救楚兵
　軍　救韓　去
　雍氏

九年

昭王稷元二十三年十五年　二十年王十三年秦六年秦歸六年　二十三年十一年　六十七歲
年樗里疾　略中山及伐我皮氏我武遂
閻衛濮不　胡地林胡不克我城
克還與甘　王獻馬　皮氏
茂伐魏皮
氏甘茂奔

分考・孟子時事年表

十王歸韓
武遂向壽
公孫衍讒
茂茂奔齊
樗里疾與
魏講而罷
兵

十年彗星二年庶長二十四年十六年　二十一年十四年　七年　七年　三十四年十二年　六十八歲
見　壯與大臣秦厚賂我　伐中山取
諸公子爲我往迎婦　丹丘爽陽
逆魏冉誅　鴻之塞及
之及惠文　鄗石邑封
后皆不得　龍東垣中
良死出悼　山獻四邑
武后歸魏　以和
王兄弟不
善者冉并
滅之

十一年　三年與楚二十五年十七年　二十二年十五年　八年　八年　二十五年十三年　六十九歲
盟黃棘復與秦盟黃
與楚上庸棘秦與我
上庸

十二年彗四年取魏二十六年十八年與二十三年十六年秦九年秦取九年　二十六年十四年　七十歲
星見　蒲阪晉陽齊韓魏伐韓魏伐楚攻中山　取我蒲阪我武遂

若從諸引紀年
則齊宣王在位
二十五年始卒
非終乙丑未知
所據

周赧王　秦昭王　楚懷王　齊宣王　趙武靈　魏襄王　韓襄王　燕昭王　宋王偃　魯平公

封陵取韓我我使太　晉陽封陵與齊魏伐
武遂齊子橫質于　與齊韓楚
韓魏攻楚秦請救秦　伐楚
救救却之

十三年　五年與魏二十七年十九年卒二十四年十七年與十年與秦十年　二十七年十五年　七十一歲
韓會臨晉太子橫自湣王立楚　秦韓會臨魏會臨晉
歸魏蒲阪秦亡歸靖郭君薨　晉秦歸我
貌辯解之　蒲阪
乃老于薛

十四年　六年伐蜀二十八年湣王地元二十五年十八年與十一年秦十一年　二十八年十六年　七十二歲○案滕文
取穰　庶秦齊韓魏年使章子伐中山中秦齊韓伐伐我取穰　公使然友問喪禮已
長奐會齊伐我殺唐將與秦韓山君奔齊楚　與秦齊　而聘問爲國當在此
韓魏之師昧取重丘魏攻楚殺我攘地北　魏伐楚　時
伐楚敗之　唐昧　靖至燕代西
重丘殺唐　郭君卒孟至雲中九
昧取重丘　嘗君文嗣以周
稱傳王子
何

十五年　七年使涇二十九年二年秦使二十六年十九年　十二年　十二年　二十九年十七年　七十三歲○文公有
陽君爲質秦辛戎伐涇陽君入　齊人築薛之恐事齊
于齊以求救我斬首三萬求見孟　事楚之問
見孟嘗君萬殺我將景缺嘗君君不
使辛戎取襄城我果往　然
伐楚殺景缺太子橫太子橫入

缺取襄城于秦以[illegible]請平
樓緩相平

十六年　八年伐楚三十年秦三年與魏二十七年二十年與十三年齊十三年　三十年　十八年　七十四歲
取八城遂伐我取八令城　趙廢太子章來會韓　魏來會立
誘楚王于城誘王入涇陽君使傳國于少　公子咎爲
武關執之秦要割地孟嘗君入子何自號　太子
以歸要割不得留秦以爲主父
巫黔中郡迎太子橫相
楚王不許于齊立之
遂留之
孟嘗君來
相

十七年孟九年魏孟頃襄王橫四年孟嘗惠文王何二十一年十四年助十四年　三十一年十九年　七十五歲
將君伐秦嘗君因之元年秦伐君自秦逃元年封公助齊攻秦齊攻秦
欲來借兵孟嘗君逃我取析十歸爲相與子勝爲平
食祿代說趙相齊與六城　韓魏攻秦原君　攻
之乃止　韓魏伐我　入函谷關中山取扶
入函谷關　秦與河東柳
我河東　三城以和
三城以和
伐楚取
十六城

十八年甲十年楚懷二年　五年　二年楚懷二十二年十五年　十五年　三十二年二十年　七十六歲
子　王逃歸趙　王來奔不

周赧王　秦昭王　楚頃襄　齊湣王　趙惠文　魏襄王　韓襄王　燕昭王　宋王偃　魯湣公

及之以歸　受

十九年十一年三年懷王六年擊秦三年擊秦二十三年十六年擊十六年　三十三年湣公賈元七十七歲○與萬章之
星見秦取王死歸其喪于秦　至鹽氏而至鹽氏而擊秦至鹽氏　擊秦至鹽氏　徒序詩書述仲尼之
我九鼎一長齊韓魏　還　還　主父氏而還秦而還秦與　氏而還　意作孟子七篇○案
飛入泗水來同時　出代西遇與我封陵我武遂以　時魯平公魏惠王皆
餘八入秦我至鹽氏　樓煩王于以和　和　卒七篇中稱其謚則
我與韓武　西河而致　著書當在此時
遂與魏封　其兵
陵以和
取九鼎

二十年　十二年尉四年秦與七年與趙四年主父昭王遂元釐王咎元十七年與三十四年二年　七十八歲
錯伐魏襄我粟五萬滅中山　與齊燕滅中山秦伐我年　趙滅中山
城魏冉相　中山遷其王膚城
相封穰侯　君于膚施
予楚粟　故太子
五萬石　章作亂公
子成李兌
誅之遂殺
主父于沙
丘

二十一年十三年敗五年　八年田甲五年與燕二年秦敗二年秦向十八年趙三十五年三年　七十九歲
魏于解　劫王王疑[illegible]　我師于解壽伐我取與我鄚易
向壽伐韓　孟嘗君君　武始白起
取武始　出奔其谷　攻我新城

孟子時事年表

周赧王秦昭王楚頃襄齊湣王趙惠文魏昭王韓釐王燕昭王宋王偃魯湣公					
周赧王	二十二年 秦敗東周魏戌周	二十三年	二十四年	二十五年 東周君如秦	二十六年 壬申
秦昭王	十四年韓 魏伐我白起敗之伊闕斬首二十四萬虜韓公孫喜拔五城進兵攻周魏戌之 白起攻韓新城 呂禮奔齊	十五年攻 楚取宛葉楚請和秦迎婦 白起攻魏取垣復予之	十六年左更錯取魏軹及鄧伐韓拔宛	十七年東 周君城陽君來朝 穰侯伐魏魏入河東地四百里韓入武遂地二百里 穰侯益封陶封公子市爲宛侯公子悝爲鄧侯	十八年白起司馬錯伐魏至軹取六十一城 又攻垣河雍決橋取之
楚頃襄	六年	七年秦攻我取宛葉迎婦于秦以和	八年	九年	十年
齊湣王	九年 以死明孟嘗君不之乃召之君謝病歸老于薛	十年	十一年	十二年與趙攻韓至魯關下	十三年
趙惠文	六年	七年	八年城南行唐	九年與齊攻韓至魯關下	十年
魏昭王	三年與韓伐秦秦敗我伊闕使公孫衍請于秦秦攻東周我戌之	四年秦白起攻我取垣復歸我	五年秦取我軹及鄧拔垣城	六年秦伐我獻河東地四百里于秦秦以垣易我藉陂皮氏 芒卯始以詐重	七年秦取我垣河雍決橋大小六十一城
韓釐王	三年與魏伐秦秦白起敗我伊闕虜我公孫喜取安邑以東至乾河	四年	五年秦拔我宛	六年獻武遂地二百里于秦 趙齊攻我至魯關下	七年
燕昭王	十九年	二十年	二十一年破東胡山戎	二十二年	二十三年
宋王偃	三十六年	三十七年	三十八年	三十九年	四十年
魯湣公	四年	五年	六年	七年	八年
孟子	八十歲	八十一歲	八十二歲	八十三歲	八十四歲以正月十五日卒生卒年譜皆從公孫丑受譜於李克○案古碑云孟子卒於冬至之日鄒人因以孟子而廢賀冬至之禮遂以成俗蓋周正月今十一月也

孟子時事年表後說

孟子本魯公族孟孫之後趙岐說後徙於鄒遂爲鄒人其葬母於魯者蓋孟孫世爲魯卿則祖墓自當在魯太公子孫五世反葬於周孟子亦猶行古之道也吳程乃據此以爲孟子魯人之證譚貞默編年更侈其說謂鄒爲魯下邑即孔子鄉叔梁紇所治近曹之升孟子年譜力主之其文繁不及詳辨今但以孟子兩處證之如吾之不遇魯侯豈有本國之臣民而敢斥言其國與爾哉此閻若璩孟子生卒年月考之說又交得見於鄒君可以假館願留而受業於門如謂鄒即魯邑則祗有魯君而鄒君何爲者此周廣業孟子四考之說舉此則其他附會之說不待繁言而破矣

孟子生卒年月史傳無明文元張頷孟母墓碑記據鄒公墳廟碑云孟子後孔子三十五年生時周定王三十七年雜記載孟氏譜云周定王三十七年己酉四月二日孟子生赧王二十六年壬申正月十五日卒壽八十四今考貞定王在位只二十八年無己酉己酉在考王九年下距赧王二十六年已一百四十三年不得云壽八十四也陳士元疑定爲安之訛然安王在位亦只二十六年無己酉己酉在烈王四年故孟衍泰三遷志所載年表據黃梅瞿九思說定爲烈王四年己酉生赧王二十六年壬申卒既與八十四之數符亦與孟子言由孔子而來至於今百有餘歲合萬斯同孟子生卒年月辨引孟氏世譜亦然故今從之至闕里志謂孟子生於周安王十七年潘彥登孟子生日考亦謂疑是安王十七年譜訛安爲定訛王爲二周廣業孟子四考從之謂孟子當卒於赧王十三年或十二年譜倒爲二十又衍六字也按如其說則孟子先魯平公梁襄王卒七篇中

何以皆稱其謚殊不可從史記本傳趙岐題辭風俗通並云七篇孟子自作惟韓昌黎謂爲萬章公孫丑所記朱子嘗云七篇筆勢如鎔鑄而成非綴緝所就其爲自著明甚至方履中謂諸侯之謚安知非後人所加閻若璩謂卒後書爲門人所敘定故諸侯王皆加謚焉並聽說也

本傳謂孟子受業於子思之門人此爲實録自漢藝文志本注云子思弟子王劭遂謂史文衍一人字孟子實親承子思之教趙岐亦云長師孔子之孫子思而子思孔叢等書更附會爲思孟問答之語並誤案孔子卒於周敬王四十一年時伯魚卒已五年而子思爲喪主知其年已長矣孟子之生距伯魚卒蓋百十一年安得與子思相及耶

魏世家稱惠王三十五年孟子至梁今以七篇證之殊誤孟子時年三十七而惠王稱之曰叟不合一也惠王時未稱王而孟子稱之曰王不合二也時梁未南辱於楚即喪地於秦亦未至

七百里之多不合三也案竹書紀年惠成王三十六年改元稱一年自是又十七年乃薨據此則襄王九年獻上郡十五縣以謝秦者實惠王之後元八年所謂喪地七百里是也襄王十四年楚破魏襄陵得八邑實惠王之後元十三年所謂南辱於楚是也其明年秦復伐魏取曲沃平周而新論載秦攻梁惠王謂孟軻曰先生不遠千里幸辱敝邑今秦攻梁先生何以禦乎則孟子至梁當在是年時公孫衍張儀俱在魏二人互相傾軋故有對景春大丈夫語亦一證也又二年惠王卒襄王立而孟子去梁此其確然可證者也史公未考惠王有改元之事故不得不繫孟子至梁於三十五年致種種不合通鑑既從竹書以正其失而仍從史至魏之年直至襄王即位載孟子見魏襄王語竟似孟子在梁歷十八年之久則猶未免襲誤耳顧炎武曰孟子適梁乃惠王之末而襄王立即行故七篇中梁事不多是也

本傳孟子道既通游事齊宣王宣王不能用適梁趙岐章句從之云建篇先梁者欲以仁義爲首篇也今考世家既云惠王三十五年孟子至梁計其年只三十七若果先至齊則年更少何以有四十不動心之語且曰惡得有其一以慢其二乎又時距燕噲子之事絕遠中隔二十一年蘇氏古史因謂孟子先事齊宣王後乃見梁惠王襄王齊湣王譚貞默謂孟子所見諸侯先孟子卒者齊宣梁惠梁襄鄒穆魯平滕文書中皆稱謚後孟子卒者齊湣宋偃故止稱王說似有據然以伐燕一事證之前問取燕稱宣王後燕畔止稱王慙不得謂取者宣王而慙者湣王也林希元曰宣王以孟子言而致燕畔所以慙於孟子若湣王何慙之有不曰宣王而曰王亦偶然致辭不同耳說是也然則梅楷王即湣王者誤矣蓋孟子仕齊中以葬魯去位喪畢反齊此爲再至而皆在宣王時故其去也王有今又棄寡人而歸之

語萬斯同乃據此爲再仕湣王之證愈失之矣大抵孟子生平以道自重遲久未有所遇故當時有不見諸侯之疑其見惠宣滕文皆在中年以後爲其有禮賢下士之雅欲以行道也然一見魏襄命駕遂行崇之見退有去志難進易退未嘗久淹故曰久於齊非我志也齊湣素非賢主孟子豈有既去復來之理乎今據竹書梁襄王三年當齊宣王五年魯平公初立即燕噲讓國子之之歲又二年而齊取燕又二年而燕太子平立證之孟子之書先梁後齊其事皆合故通鑑綱目於慎靚王二年魏襄王初立書孟軻去魏適齊蓋得之矣

孟子居鄒季任以幣交受之而不報處於平陸儲子以幣交受之而不報他日由鄒之任見季子由平陸之齊不見儲子此事其在去梁適齊之間乎蓋由魏之齊中可過鄒時孟母尚在無

不歸省之理而任與鄒相距僅百二十里許（今濟南府東任城廢縣西北距古鄒城一百二十里許）一宿卽至平陸在任城之北今汶上縣去臨淄六百里此固中間適齊之道也又孟子自范之齊據後魏書地形志范平陸俱屬東平郡（四書釋地曰范今東昌府濮州范縣春秋半屬魯孟子時屬齊去齊都百七八十里）二地相近當是由平陸而范而齊故創見王子而歎異之耳

孟子自齊葬於魯則孟母之卒於齊可知列女傳孟子居齊有憂色擁楹而歎孟母問之云云此其證也其歸葬之年任兆麟謂在愼靚王三年曹之升謂在愼靚王四年疑曹說得之至反齊止嬴諸說不一惟閻潛丘謂終三年喪復至齊爲卿之說爲得（鄒京山謂三月歸葬後反齊而升君賜顧亭林謂爲改葬毛西河謂反於齊者反喪之反季彭山謂在齊居憂者三年任釣臺謂居廬以終喪周柄中謂卒哭之後反而致爲卿之事於齊王並屬臆說之）孟子葬母於魯自宜廬於魯以終喪（周廣業謂古無廬墓之說然孔子之喪子貢廬於冢上三年則古有行之者孟子斷無棄母墓

歸鄒之理）時魯平公初立而臧倉毀孟子後喪踰前喪當必指近事人人共見者而言則平公將見孟子卽在孟子喪畢之後可知然魯平初政頗有穆公之風故樂正子見用其欲使爲政亦當在此時惜皆慕其名而無其實自是而孟子反齊之志決矣後樂正子從子敖之齊則反齊後事也

史孟不合莫甚於伐燕一事後人爲兩至齊之說皆史宣湣之年誤之案伐燕之役七篇明繫之宣王國策正同惟史記謂在湣王十年遂爲千古疑案通鑑則下減湣王十年上增威王十年以合孟子考異不載其說朱子已疑其無據又燕人畔集註引立太子平爲證依通鑑則在湣王二年仍與孟子不合黃氏日抄載蔣曉之說謂齊之伐燕有二齊宣因喪伐燕取十城卽梁惠篇所載問答是也孟子作於宣王既沒之後故以謚稱後湣王因子之之亂伐燕取七十城是卽公孫丑篇所載是也作孟子時湣王尙在故不稱謚欲以合史孟爲一不知梁惠王篇明云今又倍地云毀其宗廟遷其重器云置君而後去之則猶可及止此豈區區取十城而已耶且十城之取以蘇秦說而復歸之何以諸侯將謀救燕乎至閻氏生卒考欲移燕之年數以就齊周廣業四考謂齊威宣乃係一人而複謚曹之升年譜既從通鑑增威王十年又從大事記增宣王十年以合燕畔之歲愈臆說無據今考史記索隱引紀年以爲齊宣公十五年田莊子卒明年立悼子悼子卒（今本紀年在齊宣公四十七年）乃次立和是莊子後有悼子一世又云紀年齊康公二十二年田侯剡立後十年齊田午弑其君及孺子喜而爲公春秋後傳亦云田午弑田侯及其孺子喜是爲桓侯是田和之後有田剡一世而史皆遺之又

云紀年梁惠王十三年當齊桓公（田午也）十八年後威王始見則桓公十九年而卒又云紀年齊幽公之十八年（史記齊康公卒無子田氏遂幷齊而紀年又有幽公均足補史之缺）而威王立是史記威王之二十三年乃紀年威王之元年也又云紀年梁惠王後元十五年齊威王薨（史記威王在位三十六年紀年正同但先後異耳）是史記湣王之四年乃紀年宣王之元年也而由是而推之湣王十年伐燕實宣王之七年（通鑑在宣十九年）湣王十二年燕人立太子平實宣王之九年（通鑑在湣二年）一一與孟子合此其確然可據者也史記於威王以前脫悼子田剡兩世於是威王之立移前二十餘年而伐燕之事不得不屬之湣王矣通鑑但據孟子以正其誤而殊無他據其意只疑威王在位三十六年三當作四湣王在位四十年四當作三（大事記威王之年仍史記但增宣王十九年爲二十九年亦無據）而以孟子燕人畔一段統附於伐燕之年下

卽繫以宣王薨痕跡顯然而朱子綱目更書孟軻去齊於是年則後燕人之畔孟子何以有與陳賈問答之語與集註自相剌謬安得起二賢於九原而以紀年之說質之

季彭山謂於崇見王在免喪再見時今以退有去志之語推之良然其云繼而有師命不可以請考此數年齊無被兵之事且卽被兵與孟子之去何涉當從孟子疏命以賓師之位者爲得緣孟子不受祿不敢臣之尊以師禮故難固辭耳

孟子所以去齊七篇無明文朱子疑王驩以積憾去之然其故却不止此郝仲輿曰取燕一事猶不改興兵搆怨之習燕人已畔而邪臣猶爲文飾孟子知齊禍始此故致臣去閻潛丘曰繫致爲臣章於燕畔王慙之後恐指燕人事所云王庶幾改之卽前章過則改之之改殊得之矣事在赧王三年

孟子去齊有由周而來七百有餘歲之語案漢書律歷志周三十六王八百六十七歲由赧王三年己酉逆數之當得八百十一年閻氏謂孟子方欲言其多豈肯少言之也然考周本紀自武王至夷王本無年數班氏徒據劉歆魯歷爲說而魯歷煬公六十年獻公五十年證之魯世家則煬公止六年獻公止三十二年江永羣經補義據世家謂歆誤衍七十二年經世諸書承之其實武王克殷至赧王己酉止七百三十九年正與孟子合也（竹書紀年以武王十二年辛卯周有天下至隱王三年亦七百三十九年）

皇王大紀大事記並於赧王元年書孟子去齊之宋其年固誤而謂去齊之宋則確有明證據陳臻問前日於齊王餽兼金一百而不受於宋餽七十鎰而受於薛餽五十鎰而受證一也又赧王三年燕人立太子平是時秦大敗楚師於丹陽藍田（通鑑載此事在燕平立之前然史表不著日月通鑑特以意次之未能定其孰先孰後）宋牼所云秦楚搆兵卽此而孟子與宋牼遇於石丘孟子疏石丘宋地證二也又孟子去齊居休路史謂休在潁川屬宋境證三也（閻氏謂故休城在今兖州府滕縣北一百十五里距孟子家約百里然未知所據）時宋偃稱王七年矣故孟子與戴不勝語稱宋王而任啓運考畧乃據通鑑顯王四十八年齊封田嬰於薛靖郭君將城薛之文謂孟子是時在滕（蓋以齊人將築薛之語推之）先是已如宋歸鄒（蓋以滕世子過宋來見及然友之鄒推之）而後至梁至齊不知其時宋未稱王（季彭山謂孟子前後兩至宋亦附會無據）而靖郭君將城薛之文本於國策未嘗指定何年通鑑特類附於封薛之下又是時以客海大魚之諫而止則後日復城未始不可刻舟之見吾無取焉

皇王大紀赧王四年書滕世子宏過宋見孟子定公欒薨（宏欒二名）（本趙岐註）文公聘問爲國案前年孟子至宋則過宋之見嘗在此時

蓋孟子爲齊卿時嘗出弔於滕故世子傾慕之如此後文公使然友問喪禮而孟子在鄒今以陳臻之問推之意必由宋之薛由薛反鄒故風俗通曰孟子去齊又絕糧於鄒薛困殆甚蓋與孔子陳蔡之厄相類此其所以聞戒而設備也歟又是時奚仲之薛已滅於齊因封田嬰（靖郭君）於此其子文（孟嘗君）說嬰以散財養士嬰因使文主家待賓客所以有五十鎰之餽歟若孟子至滕其去歸鄒時遠近不可知大紀謂卽在過宋之年無據（以齊人築薛推之後漢志薛河北有大城田文所築也文嗣立大事記繫之齊湣王元年於紀年爲周赧王十四年則至滕在此後可知）

魯欲使愼子爲將軍皇王大紀載在赧王三年曹之升年譜謂在赧王六年均無所據是時齊方强盛魯豈敢無端啓釁尤於事勢不類今考赧王三十一年燕昭王用樂毅破齊下七十餘城惟莒卽墨未下齊湣王亡之衞走鄒魯遂走莒爲其相淖齒

所殺田單堅守卽墨明年齊亡臣求得太子法章立之是爲襄王襄王五年赧王三十六年燕昭王薨子惠王立單縱反閒燕使騎刼代將毅奔趙單破燕殺騎刼燕將保守聊城單攻之歲餘不下魯連遺燕將書曰楚攻齊之南陽索隱曰南陽卽齊淮北泗上地魏攻平陸而齊無南面之心以爲亡南陽之害小不如得濟北之利大齊棄南陽斷右壤定濟北計猶且爲之今秦人下兵楚魏交退於齊以全齊之兵與聊城共據期年之敝則臣見公之不能得也案書中有引燕將栗腹之敗事在燕王喜四年故通鑑載在秦孝文王元年然田單已於前十五年相趙安得此時尚在齊乎然則聊城之攻實在單復齊時也　案齊是時志在報燕專意北鄉攻聊城無暇南顧邊境此楚所以乘閒而攻之也然下云秦人下兵楚魏交退於齊是此時秦與齊和楚魏畏秦而退終不能得南陽也魯與南陽密邇其欲取當在楚未攻南陽之前而湣王走莒之日故

呂氏春秋曰齊以東帝困於天下而魯取徐州是已又趙人慎到以齊宣王喜文學與騶衍淳于髡田駢接予環淵之徒至齊皆賜列第爲上大夫見田世家後湣王滅宋矜功不休而慎到去齊見鹽鐵論此慎子卽慎到其去齊至魯亦適在此時於事勢爲合但如孟譜則此事非孟子所及見姑識之以待知者

從前考孟子者言人人殊大抵互有得失甚者鑿空臆說强附以年此類尤不足辨今雜採各家之說列之上方使覽者考證時事而得失自見庶幾考異之意云

孟子時事通鑑尚多缺畧今取史記各世家表傳並國策紀年諸子補之表隘不能各著所出詳見余所輯戰國紀年中

孟子弟子考

[清]朱彝尊

清道光六安晁氏木活字排印學海類編本

孟子弟子考

清　秀水朱彝尊錫鬯撰

樂正子克宋政和中贈利國侯

趙岐曰孟子弟子爲魯臣

萬子章宋贈博興伯

趙岐曰孟子弟子

公孫子丑宋贈壽光伯

趙岐曰孟子弟子

浩生（亦作告）子不害宋贈東阿伯

趙岐曰齊人

孟仲子宋贈新蔡伯

趙岐曰孟仲子孟子之從昆弟從學于孟子者也

陳子臻宋贈蓬萊伯

趙岐曰孟子弟子

充子虞宋贈昌樂伯

趙岐曰孟子弟子

屋廬子連宋贈奉符伯

趙岐曰孟子弟子

徐子辟宋贈仙源伯

趙岐曰孟子弟子

陳子代宋贈沂水伯

趙岐曰孟子弟子

彭子更宋贈雷澤伯

趙岐曰孟子弟子

公都子宋贈平陰伯

趙岐曰孟子弟子

咸丘子蒙宋贈須城伯

趙岐曰孟子弟子

高子宋贈泗水伯

趙岐曰高子齊人嘗學于孟子

桃子應宋贈膠水伯

趙岐曰孟子弟子

盆成子括宋贈萊陽伯

孫奭曰盆成括嘗學于孟子

滕子更

趙岐曰滕更滕君之弟來學于孟子

吴萊曰孟子學出于曾子子思荀卿猶從而譏曰世俗之溝愚瞀儒嚾嚾然略法先王案往舊造說而不知其統我則異焉治則法後王而已矣所謂溝愚瞀儒正指萬章公孫丑之徒也荀卿在戰國號稱大儒猶同門異戶如此

顧炎武曰史記索隱以萬章公明高等並孟子之門人廣韻注又云離婁門人不知其何所本元吴萊著孟子弟子列傳惜乎今不傳也

按趙岐注孟子以季孫子叔二子爲孟子弟子季孫知孟子意不欲而心欲使孟子就之故曰異哉弟子之所聞也子叔心疑惑之亦以爲可就之矣孫宣公奭猶因其說故政和五年從太常議贈季孫豐城伯子叔乘陽伯自朱子集注出乃始非之世莫有從趙氏之說者矣吴立夫氏撰孟子弟子列傳書雖不傳序稱一十九人則未嘗依朱子去季孫子叔二人益以滕更適合十九人之數考盡心篇公都子曰滕更之在門也趙岐注滕更滕君之弟來學于孟子也其爲弟子甚明不知宋太常之議何獨贈爵不及有不

可解者至于史記索隱以公明高爲孟子弟子而廣韻注謂離婁爲孟子門人無稽之言君子不信又廣韻注詮邱字引孟子齊有曼邱不擇今七篇無其文弟子與共不謂之弟子與否不得而知之矣

又按班氏古今人表孟子居第二等其弟子公孫丑居第三等萬章樂正子告子高子居第四等徐子居第五等餘不與焉

史記扁鵲倉公傳補註

張驥　一九三三年成都刊本

史記扁鵲倉公傳補註

蘭村著

敘曰醫道之不張也自史家傳方技始夫醫之爲道至
大豈方技之流亞哉班固漢書藝文志曰方技者生生
之具王官之一守也今其技術晻昧故論其書以序方
技書凡醫經七家二百一十六卷經方十一家二百七
十四卷皆著於錄後世史家宗之爲方技彙傳與日者
龜筴同科至謂凡執一藝以事其上者皆賤業也醫業
既賤則搢紳文學思古之士往往鄙夷不屑而操其業
者類皆不學無術市井庸陋之徒經絡不能明俞募不
能通陰陽未知參決九候毫無髣髴省疾處方但憑口
給游食江湖遺人唾棄醫道日卽於微品流因而愈下
彼忌醫者甚且演爲俳優雜劇形容醜態以供人笑樂
嗟夫醫道之不張則生民之禍烈如此之倫將日者龜
筴之不如又安知道之所在哉故湘鄉曾氏目醫爲小
人曲園俞氏廢醫而發論誠非過激矣史遷作史記次
扁鵲倉公列傳第四十五其自序曰扁鵲言醫爲方者
宗後世修序不能易也而倉公近之史遷之識可謂獨
高千古矣而司馬氏索隱張氏正義乃謂扁倉傳宜與
日者龜筴相接是拘拘於史家方技彙傳之例而不知
醫之爲道至大也夫醫之爲道卽軒岐之經所謂上知
天文下知地理中知人事可以長久而教衆庶者也何

謂天經所論陰陽八正天元五運六旨氣交五政六元九宮八風歲露諸篇是謂天何謂地經之方宜海論經水諸篇是謂地何謂人經之藏象經絡氣府氣穴骨空師傳本藏通天天年營衛諸篇是謂人是其爲道也大無外小無內統古今窮中外眞所謂綜貫三才包羅萬有豈日者龜筴各執一偏之藝可能同年而語哉固非市井不學之徒所能假託也縱使搢紳文學思古之士殫畢生三折肱九折臂之力又歷數世子姓曾玄相傳不絕以世其業亦猶迎浮雲而覩深淵可測而不可極也美哉泱泱乎其大矣哉張仲景覽越人入虢之診望齊侯之色輒慨然歎其才秀皇甫士安謂倉公之學出於素問素問論病精微其義深奧然則醫道之大可以上接軒岐而開通肇路者其惟扁鵲倉公乎傳中扁鵲治驗凡三案倉公治驗凡二十一案其論鍼艾診法方藥敘死生之理皆甚深微妙直與軒岐經中之古法同一條而共貫吾不知扁倉之爲軒岐乎軒岐之爲扁倉乎軒岐扁倉吾不得而二之矣惟史遷傳焉註者闕焉此有史以來醫門一大憾事也惜哉吾懼醫道之淪於方技也爲扁倉傳作補註以張之集解索隱正義一仍其舊著於篇凡三卷癸酉閏五月雙流張驥

史記扁鵲倉公傳補註上卷

漢　太　史　令　司　馬　遷　撰

宋中郎外兵曹參軍裴駰集解

唐國子博士宏文館學士司馬貞索隱

唐諸王侍讀率府長史張守節正義

雙　流　張　驥　補　註

索隱王劭云醫方宜與日者龜筴相接不合列於此後人誤之也

正義此傳是醫方合與龜筴日者相次以淳于意孝文時醫奉詔問之又爲齊太倉令故太史公以次述之扁鵲乃春秋時醫不可別序故引爲傳首太倉公次之也

補註太史公自序扁鵲之醫爲方者宗後世修序弗能易也而倉公可謂近之矣作扁鵲倉公列傳第四十五編次前後龍門自定正義臆說紛紛徒亂其例不可從也

扁鵲者

正義黃帝八十一難序云秦越人與軒轅時扁鵲相類仍號之爲扁鵲又家於盧國因命之曰盧醫也

補注列子季梁子謂三醫一曰矯氏二曰俞氏三曰

盧氏揚子扁鵲盧人也而醫多盧廣韻姜氏封於盧
周禮夏官職方氏兖州其浸維盧左傳隱三年尋盧
之盟註齊地今濟北盧縣故城是盧在兖州齊地稱
盧醫者是也

勃海郡鄭人也

集解徐廣曰鄭當爲鄚鄚縣名今屬河閒索隱案勃
海無鄚縣徐說是也

補註勃海郡漢高帝置治浮陽領縣二十六無鄭縣
扁鵲時亦無勃海

姓秦氏名越人少時爲人舍長

索隱劉氏云守客館之師故號云舍長也

正義長音丁丈反

補註周禮醫師注審用此者莫若扁鵲倉公漢書音
義扁鵲魏桓侯時醫人史記云姓秦名少齊越人

舍客長桑君過

索隱隱者蓋神人也

正義過音戈

扁鵲獨奇之常謹遇之長桑君亦知扁鵲非常人也出
入十餘年乃呼扁鵲私坐閒與語曰

正義閒音閑

我有禁方年老欲傳與公公毋泄扁鵲曰敬諾乃出其
懷中藥予扁鵲飲是以上池之水三十日當知物矣

索隱案舊說云上池水謂水未至地蓋承取露及竹
木上水取之以和藥服之三十日當見鬼物也

補註禁方秘方也禁居吟切音金力所勝也刼持也
漢書藝文志有經方十一家二百七十四卷其曰通
閉解結反之於平皆有力所勝與刼持之義經禁轉
音義亦通今皆不傳時珍本草綱目引國策長桑君
飲扁鵲以上池之水能洞見臟腑注云上池水半天
河水也宏景曰此竹籬頭水及空樹穴中水也氣味
甘微寒無毒別錄主治鬼疰狂邪氣惡毒宏景云能
洗諸瘡甄權主蠱毒殺鬼精恍惚妄語與飲之勿令
知之藏器云槐樹閒者主諸風及惡瘡風瘙疥癢宗
奭云半天河水在上天澤之水也故治心病鬼疰狂
邪惡毒諸說與索隱可互証故備及之

乃悉取其禁方書盡與扁鵲忽然不見殆非人也扁鵲
以其言飲藥三十日視見垣方人

索隱方猶邊也言能隔牆見彼邊之人則服通神也

補註說寶葉法善有鐵鏡鑑物如水人有病以照之
盡見臟腑中所滞之物即此洞垣之類

以此視病盡見五臟癥結

正義謂心肺脾肝腎也六府大小腸胃膽膀胱三焦也王叔和脈經云左手脈横癥在左右手脈横癥在右脈頭大者在上頭小者在下兩手脈結上部者濡結中部者緩結三里者豆起陽邪來見浮洪陰邪來見沈細水穀來見堅實

補註列子文摯謂龍叔背明而立曰嘻吾見子之心矣子心六孔流通孔不一達今聖智爲疾或由此乎類此素問陰陽別論結陽者腫四支結陰者便血一升再結二升三結三升陰陽結邪多陰少陽曰石火少腹腫二陽結謂之消三陽結謂之隔三陰結謂之水一陰一陽結謂之喉痺

特以診脈爲名耳

索隱診鄒氏音丈忍反劉氏音陳忍反司馬彪云診占也

補註素問三部九候論曰脈有三部九候有上部中部下部部各有三候有天有地有人也必指而導之乃以爲眞上部天兩額之動脈上部地兩頰之動脈上部人耳前之動脈中部天手太陰也中部地手陽明也中部人手少陰也下部天足厥陰也下部地足少陰也下部人足太陰也下部之天以候肝地以候腎人以候脾胃之氣中部之天以候肺地以候胸中之氣人以候心上部之天以候頭角之氣地以候口齒之氣人以候耳目之氣三部各有天各有地各有人三而三之則爲九難經獨取寸口十八難曰三部九候各何所主之然三部者寸關尺也九候者浮中沈也上部法天主胸已上至頭之有疾也中候法人主膈下至臍之有疾也尺在下部法而應乎地主臍下至足之有疾也其診脈異同如此詳見三世脈法中

爲醫或在齊

正義號盧醫今濟州盧縣

補註正義注見前

或在趙在趙者名扁鵲當晉昭公時

索隱案左氏簡子專國在定頃二公之時非當昭公之世且趙世家敘此事亦在定公之初

諸大夫彊而公族弱趙簡子爲大夫專國事簡子疾五日不知人

索隱案韓子云十日不知人所記異也

大夫皆懼於是召扁鵲扁鵲入視病出董安于問扁鵲

補註韋昭曰安于簡子家臣左傳定公十三年邯鄲之亂將作董安于問之曰告趙孟先備諸十四年梁嬰父惡董安于謂知文子曰不殺安于使終爲政於趙氏趙氏必得晉國乂韓子西門豹性急故佩韋以自緩董安于性緩故佩弦以自急卽其人

扁鵲曰血脈治也

正義下云色廢脈亂故形靜如死狀也

補註素問痿論心主身之血脈心氣熱則下脈厥而上上則下脈虛虛則生脈痿樞折挈脛縱而不任地也靈樞九鍼篇人之所以生成者血脈也故爲之治鍼必大其身而員其末令可以按脈勿陷以致其氣令邪氣獨出四時者也又論疾診尺篇血脈者多赤多熱多青多痛多黑多久痺多黑多赤多青皆見者寒熱身痛按血脈卽人體內輸送血液之管有自心臟以分布於全身者有自全身以歸來於心臟者十二經絡由此而分統系周身血液亦由此而循環流行不能一刻停阻阻則病停則死矣今曰治者不阻不停也

而何怪昔秦穆公常如此七日而寤寤之日告公孫支與子輿

索隱按二子皆秦大夫公孫支子桑也子輿未詳

補註史記秦本紀繆公卒秦之良臣子輿氏三人名曰奄息仲行鍼虎亦在從死之中秦人作黃鳥之詩左傳毛詩竝作子車氏車與古通子輿卽子車氏也

曰我之帝所甚樂吾所以久者適有所學也

索隱適音釋言我適來有所授教命故云學也

帝告我晉國且大亂五世不安其後將霸未老而死霸者之子且令而國男女無別公孫支書而藏之秦策於是出

補註趙世家秦策作秦讖

夫獻公之亂文公之霸而襄公敗秦師於殽而歸縱淫此子之所聞今主君之病與之同不出三日必間間必有言也

補註趙世家病作疾

居二日半簡子寤語諸大夫曰我之帝所甚樂與百神遊於鈞天廣樂九奏萬舞不類三代之樂其聲動心

補註趙世家作其聲動人心

有一熊欲援我帝命我射之中熊熊死有羆來我又射之中羆羆死帝甚喜賜我二笥皆有副吾見兒在帝側帝屬我一翟犬曰及而子之壯也以賜之帝告我晉國

且世衰七世而亡

正義晉定公出公哀公幽公烈公孝公靜公爲七世靜公二年爲三晉所滅據此及趙世家簡子疾在定公之十一年

嬴姓將大敗周人於范魁之西

索隱范魁地名未詳

正義嬴趙氏本姓也周人謂爲衞也晉亡之後趙成侯三年伐衞取鄉邑七十三是也賈逵云月皐曰魁也

補註廿二史考異月皐曰魁按月蓋小字之譌郭景純註爾雅云漢原在汾陰者人壅其流以爲陂種稻其本出處爲漢魁又周禮以爲魁陵注小皐曰魁又漢書王子侯表有劇魁侯葛魁侯皆取小皐爲名

而亦不能有也董安于受言書而藏之以扁鵲言告簡子簡子賜扁鵲田四萬畝其後扁鵲過虢

正義陝州城古虢國又陝州河北縣東北下陽故城古虢卽晉獻之滅者又洛州氾水縣古東虢國而未知扁鵲過何者蓋虢至此並滅也

虢太子死

索隱案傳元云虢是晉獻所滅先此百二十餘年此時焉得有虢則此云虢太子非也然案虢後改稱郭春秋有郭公蓋郭之太子也

考証說苑辨物篇作趙太子死

補註秦本紀(昭)武公十一年初縣杜鄭滅小虢班固曰西虢在雍州晉世家獻公二十二年冬滅虢皇覽云虢公冢河內溫縣左傳虢叔王季之穆也按虢仲所封國在今寶雞縣虢城是爲西虢又北虢亦虢仲後在今山西平陸縣晉獻所滅卽此平王東遷徙西虢於上陽爲南虢爲王卿士今河南陝州而虢叔封國在今河南滎澤縣爲東虢後爲鄭桓公所滅輿地志云小虢羌之別種虢國非一扁鵲時必有存者索隱正義倶失檢張機傷寒論序覽越人入虢之診則過虢非誤矣

扁鵲至虢宮門下問中庶子喜方者

索隱喜音許旣反喜好也愛也方方伎之人也

正義中庶子古官號也喜方好方術不書姓名也

曰太子何病國中治穰過於衆事中庶子曰太子病血氣不時交錯而不得泄暴發於外則爲中害精神不能止邪氣邪氣積畜而不得泄是以陽緩而陰急故暴蹷而死

索隱蹷音厥
正義釋名蹷氣在下蹷起上行外及心脅也
攷証國中治穰韓詩外傳作吾聞國中卒有壤土之事得無有急乎
補註素問厥論帝曰厥或令人腹滿或令人暴不知人或至半日遠至一日乃知人者何也岐伯曰陰氣盛於上則下虛下虛則腹脹滿陽氣盛於上則下氣重上而邪氣逆逆則陽氣亂陽氣亂則不知人也難經二十九難陰蹻爲病陽緩而陰急陽蹻爲病陰緩而陽急蓋人身血氣灌注經脈晝夜流行綿綿不絕若內傷外感阻遏機道致陰陽之氣不相接續則變生緩急而厥作矣蹷通厥
扁鵲曰其死何如時曰雞鳴至今曰收乎曰未也
集解駰案收謂棺斂
補註左傳蹇叔哭秦師曰予收爾骨焉收字本此
其死未能半日也言臣齊勃海秦越人也家在於鄭未常得望精光侍謁於前也聞太子不幸而死臣能生之庶子曰先生得無誕之乎何以言太子可生也臣聞上古之時醫有俞跗
索隱音臾附下又音趺
正義臾附二音應劭云黃帝時將也
補註說苑中古之爲醫者曰俞柎俞柎爲醫也搦腦髓束肓莫炊灼九竅而定經絡死人復爲生人此與下文搦髓腦揲荒爪幕義同而字異且跗作柎
治病不以湯液醪灑
正義上音禮下山解反
補註素問湯液醪醴論帝曰爲五穀湯液及醪醴奈何岐伯對曰必以稻米炊之稻薪稻米者完稻薪者堅自古聖人之作湯液醪醴者以爲備耳爲而弗服也醴灑通
鑱石撟引案杬毒熨
索隱鑱音仕咸反謂石針也撟音九兆反謂爲按摩之法夭撟引身如熊顧鳥伸也杬音玩亦謂按摩而玩弄身體毒熨謂毒病之處以藥物熨帖也
補註素問湯液醪醴論岐伯曰當今之世必齊毒藥攻其中鑱石鍼艾治其外鍼石道也精神不進志意不治故病不可愈又異法方宜論東方之民其病爲癰瘍其治宜砭石靈樞玉版篇癰疽已成膿血者其惟砭石鈹鋒之所取也癰疽篇亦堅著名米疽治之以鍼石又發於膝名疵癰色不變寒熱如堅石勿石

石之者死漢書埶文志周度箴石註箴所以刺病也石謂砭石卽箴石也箴石卽鑱石今失傳矣南史王僧孺傳侍郎全元起欲注素問訪以砭石僧孺答曰古人當以石爲針必不用鐵說文有此砭字許愼云以石刺病也東山經高氏之山多針石郭璞云可以爲砭針左傳襄二十三年臧孫曰美疢不如惡石服子愼注云石砭石也季世無復佳石以鐵代之耳撟引導引也養生家呼吸俯仰屈伸手足使血氣充足身體輕舉漢書張良傳良從入關多疾卽導引不食穀史記作道引爾雅人曰撟謂引伸引道手足也按杬卽按摩漢書黃帝時岐伯書按摩十卷素問至眞要大論摩之浴之血氣形志篇形數驚恐經絡不通病生於不仁治之以按摩按以手往下抑摩徐徐揉摩蓋按其經絡則欝閉之氣可通摩其壅聚則瘀結之腫可散惟案杬人爲之撟引自爲之各不同耳故素問金匱眞言論冬不按蹻異法方宜論其治宜導引按蹻則蹻自蹻按自按明矣蹻通撟毒熨以藥物炒熱磨熨患處也素問血氣形志篇形苦志樂病生於筋治之以熨引靈樞壽夭剛柔篇刺大人者以藥熨之是也

一撥見病之應因五藏之輸

索隱音束註反

正義八十一難云肺之原出於太淵心之原出於太陵肝之原出於太衝脾之原出於太白腎之原出於太谿少陰之原出於兌骨膽之原出於邱虛胃之原出於衝陽三焦之原出於陽池膀胱之原出於京骨大腸之原出於全谷小腸之原出於腕骨十二經皆以輸爲原也按此五臟六腑之輸也

補註見胡甸切又形甸切竝賢去聲發露也如易見龍在田之見靈樞五色篇腎乘心心先病腎爲應色皆如是輸與腧俞通九鍼十二原論五臟六腑所注爲腧二十七氣所行皆在五腧也素問欬論治臟者治其俞俞穴之在背脊者言經氣之所委輸也氣穴論熱俞五十九穴按流通曰俞孔隙曰穴古書析爲兩事後人合爲一名靈樞背腧篇五臟之俞出於背者胸中大俞在杼骨之端肺俞在三焦之間心俞在五焦之間膈俞在七焦之間肝俞在九焦之間脾俞在十一焦之間腎俞在十四焦之間皆挾脊相去三寸所此五臟之俞焦卽椎字

乃割皮解肌決脈結筋搦髓腦

索隱搦音女角反
補註爾雅釋詁割裂也疏謂以刀裂之也解說文判
也從刀判牛角莊子庖丁解牛卽此義訣通作決漢
書蘇武傳李陵與蘇武決去莊子彼以生爲附贅懸
疣以死爲決疣潰癰靈樞九鍼十二原論善用鍼者
猶決閉也決有開通閉塞之義素問靈蘭秘典論三
焦者決瀆之官水道出焉結締也兩繩相約締也卽
結繩結纓結襪之義搦讀若匿按也捉搦也班固答
賓戲搦朽摩鈍鉛刀豈能一斷說苑作搦腦髓

揲荒
正義徐廣曰揲音舌
索隱荒膏肓也
補註說文揲閱持也荒同肓心上隔下也左傳成公
十年晉侯夢疾爲二豎子其一曰居肓之下膏之上
註謂肓隔也素問腹中論其氣溢於大腸而著於肓
肓之原在臍下靈樞肓之原曰脖胦說苑作東肓莫

爪幕
正義以爪決其闌幕也
補註幕通募又與膜通在脂外肉內形如薄皮內護
腔子如紙糊壁正當人身之半表半裏爲臟腑與骨
肉之分界素問舉痛論膜原之下奇病論治之以膽
募俞靈樞百病始生篇傳舍於腸胃之外募原之間
難經六十六難五臟募皆在陰俞皆在陽七十八難
曰按所鍼之處爪而下之卽此爪字義說苑作東肓
莫

湔浣腸胃漱滌五臟練精易形
正義上子錢反下胡管反
補注列子魯公扈趙齊嬰有疾扁鵲治之飲以毒酒
遂死剖胸探心易置之投以神藥旣寤如初魏志華
佗傳若疾結於內針藥所不能及者乃先令以酒服
麻沸散旣醉無所覺因刳破腸背抽割積聚若在腸
胃則斷截湔洗除去積穢旣而縫合傳以神膏四五
日創愈一月之間皆平復抱樸子文摯愆筋以療危
困仲景穿胸以納赤餅皆割皮解肌練精易形之類
洞冥記東方朔遊鴻濛之澤有黃翁告朔曰三千歲
一反骨洗髓二千歲一刻骨伐毛吾已三洗髓五伐
毛矣亦相類
先生之方能若是則太子可生也不能若是而欲生之
曾不可以告咳嬰之兒
補註咳古作孩戸來切何開切灰韻說文小兒笑也

禮內則父執子之右手咳而名之疏以一手執子右手一手承子之咳而名之老子如嬰兒之未孩孟子孩提之童注謂幼兒知孩笑可提抱者也故俗稱嬰兒曰孩兒

終日扁鵲仰天歎曰

補註讀書雜志呂氏春秋貴卒篇所爲貴鏃矢者爲其應聲而至終日而至則與無至同艮久乃至則與不至同也蓋終日猶言艮久也言中庶子與扁鵲語艮久扁鵲乃仰天而嘆也素問脈要精微篇言而微終日乃復言者此奪氣也亦謂艮久乃復言也

夫子之爲方也若以管窺天以郄視文越人之爲方也不待切脈

正義黃帝素問云待切脈而知病寸口六脈三陰三陽皆隨春秋冬夏觀其脈之變則知病之逆順也揚元操曰切按也

補註管通作筦漢書東方朔傳以筦窺天註古管字詩靡聖管管管管小見也郄通隙說文壁際孔也禮三年問若駟之過隙然釋名隙本作郤左傳昭元年牆之隙壞孟子鑽穴隙相窺莊子知北遊若白駒之過郤史記張釋之傳雖錮南山猶有郄漢書作隙後漢書如其管穴妄有譏刺晉書思以管穴毗助大猷管窺郄視喻所見之小也切脈爲四診之一素問脈要精微論切脈動靜疏過失論切脈問名當合男女靈樞終始篇切而驗之三部九候論切而從之難經十七難病或有死或有不治自愈有連年月不已可切脈而知之耶然可盡知也六十一難切脈而知之謂之巧謂診其寸口視其虛實以知其病在何臟腑也大法調平自已氣息男左女右輕按中按重按在三部中從上下來去至止六字逐步尋按上者自尺部上於寸口陽生於陰也下者自寸口下於尺部陰生於陽也來者自骨肉之分而出於皮膚之際氣之升也去者自皮膚之際而還於骨肉之分氣之降也應曰至息曰止上者來者至者爲陽下者去者止者爲陰陰陽高下相符大小浮沈遲數相等男女左右强弱相應四時不相戾則平人也

望色

正義素問面色青脈當絃急面色赤脈當浮而短面色黑脈當沈伏而滑也

補註望爲四診之一察病者之形狀及顏色也素問舉痛論視而可見奈何岐伯曰五臟六腑固盡有部

視其五色黄赤爲熱白爲寒青黑爲痛脈要精微論精明五色者氣之華也靈樞五色篇五色之見也各出其色部官能篇合於明堂各處色部衛氣失常篇色起兩眉薄澤者病在皮脣色青黄赤白黑者病在肌肉目色青黄赤白黑者病在筋耳焦枯受塵垢病在骨榮氣濡然者病在血氣難經六十一難望而知之謂之神望而知之者望見其五色以知其病十三難五臟有五色皆見於面亦當與寸口尺內相應五十一難腑者陽也陽病欲得寒又欲見人臟者陰也陰病欲得温又欲閉戶獨處惡聞人聲故以別知腑臟之病也金匱病人欠者無病呻者痛也言遲者風也搖頭者裏痛也行遲者表強也坐而伏者短氣也坐而下一腳者腰痛也裏實護腹如懷卵者心痛也華陀五色脈面青無右關脈脾絶木尅土面赤無右寸脈肺絶火尅金面白無左關脈肝絶金尅木面黄無左尺脈腎絶土尅水面黑無左寸脈心絶水尅火五絶者死此色診之大略也詳五色診奇胲

聽聲

正義素問好哭者肺病好歌者脾病好妄言者心病好呻吟者腎病好叫呼者肝病也

補註釋文聽靜也靜然後所聞審也素問脈要精微論中盛臟滿氣勝傷恐者聲如從室中言是中氣之濕也言而微終日乃復言者此奪氣也衣被不斂言語善惡不避親疏者是門戶不要也陰陽應象大論肝在音爲角在聲爲呼心在音爲徵在聲爲笑脾在音爲宮在聲爲歌肺在音爲商在聲爲哭腎在音爲羽在聲爲呻難經六十一難聞而知之謂聖聞而知之者聞其五音以別其病也金匱臟腑經絡先後病脈証篇病人語聲寂寂然喜驚呼者骨節間病語聲喑喑然不徹者心膈間病語聲啾啾然細而長者頭中病是聽病者之聲音亦四診之一也

寫形

正義素問欲得温而不欲見人者臟家病欲得寒而見人者腑家病也

補註素問八正神明論請言形形乎形目冥冥問其所病索之於經慧然在前按之不得不知其情故曰形脈要精微論頭者精明之腑頭傾視深精神將奪矣背者胸中之腑背曲肩隨腑將壞矣腰者腎之腑轉搖不能腎將憊矣膝者筋之腑屈伸不能行則僂附筋將憊矣骨者髓之腑不能久立行則振掉骨將

憊矣九鍼論形樂志苦病生於脈治之以灸刺形苦志樂病生於經治之以熨引形樂志樂病生於肉治之以鍼石形苦志苦病在於咽喝治之以甘藥形數驚恐筋脈不通病生於不仁治之以按摩醪藥是謂形根結篇形氣不足病氣有餘是邪勝也宜瀉之形氣有餘病氣不足急補之形氣不足病氣不足此陰陽俱不足也不可刺刺之則重不足重不足則陰陽俱竭血氣皆盡五臟空虛筋骨髓枯老者絕滅壯者不可復矣形氣有餘病氣有餘此謂陰陽俱有餘也急瀉其邪調其虛實故曰有餘者瀉之不足者補之此之謂也靈樞師傳篇五臟六腑心爲之主缺盆爲之道髀骨有餘以候髑骬五臟六腑者肺爲之蓋巨肩陷膺候見於外肝者主爲將使之候外欲知堅固視目小大脾者主爲衛使之迎糧視唇舌好惡以知吉凶腎者主爲外使之塗聽視耳好惡以知其性鼻隧以長以候大腸唇厚人中長以候小腸六腑者胃爲之海廣骸大頸張胸五穀乃容目下果大其膽乃橫鼻孔在外膀胱漏泄鼻柱中央起三焦乃約難經二十一難人形病脈不病曰生脈病形不病曰死何謂也然人形病脈不病非有不病也謂息數不應脈數也此形診之大概者

言病之所在聞病之陽論得其陰聞病之陰論得其陽

正義八十一難陰病行陽陽病行陰故令募在陰俞在陽楊元操曰腹爲陰五臟募皆在腹故云募皆在陰背爲陽五臟俞皆在背故云俞皆在陽內臟有病則出行於陽陽俞在背也外體有病則入行於陰陰募在腹也針法云從陽引陰從陰引陽

補註桓寬鹽鐵論扁鵲撫息脈而知病所由生陽氣盛則損之而調陰陰氣盛而損之則調陽素問陰陽應象大論審其陰陽以別柔剛陽病治陰陰病治陽靈樞五色篇生於內者先治其陰後治其陽反者益甚病生於陽者先治其外後治其內反者益甚又曰用陰和陽用陽和陰華陀論陰陽大要火來坎戶水到離扃陰陽相應方乃和平陰不足則濟之以水母陽不足則助之以火精陰陽濟等各有攀陵逢斯妙趣無所不靈

病應見於大表不出千里決者至衆不可曲止也

索隱止語助也不可委曲具言

正義言病皆有應見不可曲言病之止住所在也

子以吾言爲不誠入診太子當聞其耳鳴而鼻張

正義張音漲

補註素問五常政大論厥陰司天目轉耳鳴六元正紀大論厥陰司天三之氣耳鳴掉眩至眞要大論厥陰司天客勝則耳鳴掉眩又厥陰之勝耳鳴頭眩少陽所至爲耳鳴嘔涌此因歲氣而耳鳴者靈樞邪氣臟腑病形篇心脈微濇爲耳鳴經筋篇手太陽之筋其支者入耳中直者出耳上下其病則耳中鳴脈解篇太陽所謂耳鳴者陽氣萬物盛上而躍故耳鳴此因經脈病而耳鳴者口問篇耳中宗脈之所聚也脈有所竭故耳鳴又上氣不足耳爲之苦鳴決氣篇腦髓消耳數鳴海論腦海不足則腦轉耳鳴厥病論耳鳴取耳前動脈耳鳴取手中指爪甲上左取右右取左先取手後取足此因厥氣上逆而耳鳴者此蓋以耳爲腎竅腎氣充足則耳目聰明若勞傷氣血精脫腎憊則每多耳鳴其鳴或如蟬噪或如鐘鼓如水激然亦有痰鬱虛實之不同此厥氣上逆耳鳴有聲必能使人聞者故能診也張脹滿也左傳成公十年晉侯將食張如厠僖公十五年陰血周作張脈憤興疏血既動作脈必張起故言張脈呂氏春秋鬱處腹則爲張爲府素問生氣通天論煩勞則張與鼻張義同

循其兩股以至於陰當尚溫也中庶子聞扁鵲言目眩然而不瞚舌撟然而不下乃以扁鵲言入報虢君虢君聞之大驚出見扁鵲於中闕曰竊聞高義之日久矣然未常得相謁於前也先生過小國幸而舉之偏國寡臣幸甚

索隱謂虢君自謙云已是偏遠之國寡小之臣也

有先生則活無先生則棄捐塡溝壑長終而不得反言未卒因噓唏服臆

索隱上音皮力反下音億

補註服字彙補邦貫切音半肉也與服不同又集韻服與腷同腷臆意不泄也魏武帝哀策遂腷臆以從事腷臆屛氣不泄也服當從肉不從月

魂精泄橫流涕長潸

集解徐廣曰一云言未卒因涕泣交流噓唏不能自止也

索隱潸音山長潸者謂長垂淚也

補註素問六節臟象論肝者魂之居也靈樞本神篇肝悲哀動中則傷魂魂傷則狂忘不精不精則不正當人蓋肝開竅於目淚爲目之液謂心動而目液出也

忽忽承睞

索隱音俠睞卽睫也承睞言淚恒垂以承於睞也

補註睞唐韻子葉切集韻卽涉切音接說文目旁毛也

悲不能自止容貌變更扁鵲曰若太子病所謂尸蹷者也

補註蹷通厥素問厥論篇厥或令人暴不知人或至半日遠至一日乃知人者何也岐伯曰陰氣盛於上則下虛邪氣逆逆則陽氣亂陽氣亂則不知人也與下文陽脈下遂陰脈上爭正同又本病論神遊失守其位卽有五尸鬼干人令人暴亡謂之尸厥繆刺論邪客於手足少陰太陰足陽明之絡此五絡皆會於耳中上絡左角五絡俱竭令人身脈皆動而形無知也其狀若尸名曰尸厥刺足大指內側爪甲上去端如韭葉後刺足心後刺足中指爪甲上各一痏後刺手大指內側去端如韭葉後刺手心主少陰銳骨之端各一痏立已不已以竹管吹其兩耳鬄其左角之髮方一寸燔治飲以美酒一杯不能飲者灌之立已傷寒論少陰脈不至腎氣厥少精血奔氣促迫上入胸膈宗氣反聚血結心下陽氣退下熱歸陰股與陰相動令人不仁此爲尸厥當刺期門巨闕甲乙經尸厥死不知人脈動如故隱白及大敦主之恍惚尸厥頭痛中熱及僕參主之尸厥暴死金門主之

夫以陽入陰中動胃

正義八十一難云脈居陰部反陽脈見者爲陽入陰中是陽乘陰也脈雖時浮濇而短此謂陽中伏陰也脈居陽部而陰脈見者是陰乘陽也脈雖時浮滑而長此謂陰中伏陽也胃水穀之海也

補註素問宣明五氣篇陽入之陰則靜陰出之陽則怒靈樞經水篇足陽明外合於海水內屬於胃海論胃爲水穀之海五味篇胃者五臟六腑之海也刺法論胃爲倉廩之官五味出焉按胃彙也水穀彙聚之所也爲人四體內之消化器形如囊左大右小橫卧於格膜下上端爲賁門接於食道下端爲幽門運於小腸係二層筋肉所成內被黏膜而多皺襞能分泌一種酸質曰胃酸爲助消化食物之用凡胃氣騰而上盛則脈倍見於人迎精充而下輸則溺盛於趺陽爲營衛之樞紐五臟之宗主若氣盛則能食而不傷過時而不饑也

繵緣

正義上音直延反謂脈纏繞胃也素問云延緣落絡

脈也恐非此義
補註集韻纏澄延切音纏又纂旱切音亶束也緣静詞作動詞非纏緣謂脈纏繞胃胃爲十二經之根本故緣亦通原素問五臟生成篇鍼石緣而去之王冰註緣謂夤緣行去之貌謂邪氣所客衞氣留止鍼其谿谷則邪去夤緣隨脈而行去也靈樞十二原篇五臟有六腑六腑有十二原十二原出於四關四關主治五臟五臟有疾當取之十二原十二原者五臟之所以禀三百六十五節氣味也五臟有疾者應出十二原十二原各有所出明知其原覩其應而知五臟之害矣

中經維絡

集解徐廣曰維一作結

正義八十一難云十二經脈十五絡脈陽維陰維之脈也

補註經十二經脈所通行處靈樞九鍼十二原篇二十七氣之所行爲經經水篇經脈十二者外合於十二經水而內屬於五臟六腑又曰經脈者受血而營之經脈篇經脈十二者伏行分肉之間深而不見又曰經脈者所以能決死生處百病調虛實不可不通本臟篇經脈者所以行血氣而營陰陽濡筋骨利關節者也絡人體血管之旁支也十二經各有別絡而脾又有大絡並任督二絡計之凡十有五脈度篇支而横者爲絡九鍼十二原篇絡脈十五經脈篇諸脈之浮而常見者皆絡脈也飲酒者衞氣先行皮膚先充絡脈絡脈先盛故衞氣已平營氣乃滿百病始生篇起居不節用力過度則絡脈傷維繫也素問陰陽類論二陽爲維二十九難陰陽不能自相維則悵然失志容容不能自收持陽入於陰則動胃動胃則纏緣纏緣則中經而維絡以下三焦膀胱內外上下皆厥其狀若尸也維動纏中等字皆綴動詞成文不作静詞看

別下於三焦膀胱

正義八十一難三焦者水穀之道路氣之所終始也上焦在心下下膈在胃上口也中焦在胃中脘不上不下也下焦在臍下膀胱上口也膀胱津液之府也溺九升九合也言經絡下於三焦及膀胱也

補註素問靈蘭秘典論三焦者決瀆之官水道出焉靈樞榮衞生會篇上焦出於胃上口並咽以上貫膈而布胸中走腋循大陰之外而行還至陽明上至舌

下足陽明常與榮俱行於陽二十五度行於陰亦二十五度一周也故五十度而復大會於手太陰矣中焦亦並胃中出上焦之後此所受氣者泌糟粕蒸精液化其精微上注於肺脈乃化而爲血以養生身莫貴於此故獨得行於經隧命曰榮氣下焦者別廻腸注於膀胱而滲入焉故水穀者常並居於胃中成糟粕而俱下於大腸而成下焦滲而居下濟泌別汁循下焦而入膀胱焉本臟篇密理厚皮者三焦膀胱厚粗理薄皮者三焦膀胱薄疏腠理者三焦膀胱緩皮急而無毫毛者三焦膀胱急毫毛美而粗者三焦膀胱直稀毫毛者三焦膀胱結也又云腎合三焦膀胱玆按三焦俞穴在十三焦下兩旁相去各一寸五分蓋膀者旁也言其橫於前陰之旁以通水道也胱者言其薄而明也素問靈蘭秘典論膀胱者州都之官津液藏焉氣化則能出矣標本病傳論膀胱病則小便閉五日少腹脹腰脊痛骱痠一日腹脹二日身體痛二日不已死冬雞鳴夏日晡靈樞師傳篇鼻孔在外膀胱漏泄卽俗稱尿胞是也膀胱俞穴在十九椎下兩旁相去各一寸五分

是以陽脈下遂陰脈上爭

集解徐廣曰一作隊

正義遂音直內反素問云陽脈下遂難反陰脈上爭如絃也

補註素問調經論喜怒不節則陰氣上逆上逆則下虛下虛則陽氣走之甲乙經陽脈下墜陰脈上爭發尸厥遂當與墜同

會氣閉而不通

正義八十一難腑會太倉臟會季脇筋會陽陵泉髓會絕骨血會鬲俞骨會大杼脈會太淵氣會三焦此謂八會也

補註素問調經論夫陰與陽皆有俞會陽注之陰陰滿之外陰陽勻平以充其形九候若一命曰平人此俞會也素問氣穴論孫絡三百六十五穴會亦以應一歲肉之大會爲谷肉之小會爲谿肉分之間谿谷之會以行榮衞以會大氣谿谷三百六十五穴會亦應一歲此穴會也靈樞榮衞生會篇榮在脈中衞在脈外榮周不休五十而復大會於手太陰一難曰寸口者脈之大會手太陰之動脈也二難曰五十度復會於手太陰寸口三難曰尺寸者脈之大要也此脈會也俞會穴會脈會三者閉而不通則陰陽厥逆如

下文云

陰上而陽內行下內鼓而不起上外絕而不爲使上有絕陽之絡下有破陰之紐

正義紐女九反素問云紐赤脈也

補註素問陰陽應象大論四時陰陽盡有經紀外內之應皆有表裏厥氣上行滿脈去形金匱眞言論夫言人之陰陽則外爲陽內爲陰言人身之陰陽則背爲陽腹爲陰言人身之臟腑中陰陽則臟者爲陽腑者爲陰厥論陽氣衰於下則爲寒厥陰氣衰於下則爲熱厥靈樞脈度篇陰氣太盛則陽氣不能榮故曰關陽氣太盛則陰氣不能榮故曰格陰陽俱盛不得相榮故曰關格關格者不得盡期而死也三難關之前者陽之動也關以後者陰之動也金匱有陽無陰故稱厥陽實氣相搏邪氣入臟卽死此爲卒厥

破陰絕陽之色已廢

集解徐廣曰一作發

脈亂故形靜如死狀太子未死也

補註讀書雜志破陰絕陽已下十字文不成義此本作破陰厥陽句色廢脈亂句故形靜如死狀句上文血脈治也正義引此文云色廢脈亂故形靜如死狀是其證也今本色上有之字乃涉上文兩之字而衍其已字卽色字之譌而衍者耳太平御覽方術部引此有之已二字乃後人依誤本史記加之其人事部脈類引此無之已二字其說可從尸厥證只是陽脈下遂陰脈上爭四字

夫以陽入陰支蘭藏者生以陰入陽支蘭藏者死凡此數事者皆五藏蹷中之時暴作也良工取之

正義素問云支者順節蘭者橫節陰支蘭膽藏也八十一難云知一爲下工知二爲中工知三爲上工上工者十全九中工者十全八下工者十全六呂廣云五臟一病輒有五解一臟爲下工解三臟爲中工解五臟爲上工也

補註素問八正神明論上工救其萌芽必先見三部九候之氣盡調不敗而救之故曰上工下工救其已成者言不知三部九候之相失因病而敗之也

拙者疑殆

補註鶡冠子良醫化之拙醫敗之素問徵四失論所以不十全者精神不專志意不理外內相失故時疑殆讀書雜志疑殆殆字非危殆之殆殆亦疑也言良工能取之若拙工則疑而不能治也襄四年公羊傳

註殆疑也論語爲政篇思而不學則殆言無所依據則疑而不決也又曰多聞闕疑愼言其餘則寡尤多見闕殆愼行其餘則寡悔殆亦疑也悔亦尤也變文協韻耳呂氏春秋去尤篇以黃金投者殆莊子達生篇作以金注者殙殙迷也殆卽疑殆亦迷惑之意也亦是

扁鵲乃使弟子子陽厲鍼砥石以取外三陽五會

索隱陽扁鵲之弟子也鍼音針厲謂磨也砥音脂

正義素問云手足各有三陰三陽太陰少陰厥陰太陽少陽陽明也五會謂百會胸會聽會氣會臑會也

考証韓詩外傳曰扁鵲入砥鍼厲石取三陽五輸爲先軒之竈八拭之陽說苑作軒光之竈八成之湯子同擣藥子明灸陽說苑作子容擣藥子明吹耳子游按摩子儀反神子越扶形於是世子復生周禮疏曰扁鵲治趙太子暴疾尸厥之病使子明炊湯子儀脈神子術按摩

補註漢書敍傳和鵲發精於鍼石後漢書趙壹傳鍼石運乎手爪郭玉傳鍼石之間毫芒卽乖按鍼有九種靈樞九鍼論一者天也治鍼必以大其頭而銳其末二者地也治鍼必筩其身而員其末三者人也治鍼必大其身而員其末四者時也治鍼必筩其身而鋒其末五者音也治鍼必令其末如劍鋒可以取大膿六者律也治鍼必令尖其氂且員且銳中身微大以取暴氣也七者星也治鍼令尖如蟁虻喙八者風也治鍼必長其身銳其末九者野也治鍼令大小如鋌其鋒微員三陽素問氣府論註在第六焦脊下間俯而取之靈樞寒熱病篇取三陽之經取三陽之絡經穴崑崙穴絡穴飛揚穴均屬足太陽經脈篇少陽膽經有五會穴去俠谿一寸又按五會卽百會穴之別名百會屬督脈經在前頂後一寸五分頂中央旋毛中直兩耳尖凹可容豆爲手足三陽督脈之會主尸厥素問註鍼二分銅人灸七壯止七七狀扁鵲取此蓋巨刺也與繆刺取五輸法不同

有間太子蘇乃使子豹爲五分之熨以八減之齊和煑之以更熨兩脇下

正義更格彭反

索隱按言五分之熨謂熨之令溫暖之氣入五分也八減之齊者謂藥之齊和所減有八並越人當時有方也

補註齊通作劑周禮天官食醫註食有和齊藥之類也漢藝文志百藥齊和之所宜至齊之得猶慈石取

鐵以物相使註與劑同又致水火之齊以通閉解結反之於平後漢書華陀傳處齊不過數種劑亦作齊素問腹中論一劑知二劑已

太子起坐更適陰陽但服湯二旬而復故故天下盡以扁鵲爲能生死人扁鵲曰越人非能生死人也此自當生者越人能使起之耳

集解傅元曰號自晉獻公時先是百二十餘年滅矣是時焉得有號

補註湯液醪醴論必以稻米炊之稻薪稻米者完稻薪者堅此服湯法也

扁鵲過齊齊桓侯客之

索隱案傅元曰是時齊無桓侯裴駰云謂是齊侯田和之子桓公午也蓋與趙簡子頗亦相當

補註讀書叢錄案漢書高帝集註韋昭曰魏桓侯時醫臣瓚曰魏無桓侯韓非子喻老篇作蔡桓侯文選七發李善注引韓子又作晉桓與傳本不同

入朝見曰君有疾在腠理不治將深

正義腠音湊謂皮膚

補註韓非子作不治將恐深後漢書郭玉傳腠理至微隨氣用巧素問生氣通天論腠理以密金匱臟腑經絡先後病脈証篇腠者是三焦通會元精之處理者是皮膚臟腑之文理也按人體理粗者汗多而身涼理密者汗少而身熱理粗者體弱理密者體健

桓侯曰寡人無疾扁鵲出桓侯謂左右曰醫之好利也欲以不疾者爲功

補註韓子作醫之好治不病以爲功

後五日扁鵲復見曰君有疾在血脈不治恐深

補註韓子作居十日扁鵲復見曰君之病在肌膚不治將益深

桓侯曰寡人無疾扁鵲出桓侯不悅後五日扁鵲復見曰君有疾在腸胃間不治將深

補註韓子作居十日扁鵲復見曰君之病在腸胃不治將益深

桓侯不應扁鵲出桓侯不悅後五日扁鵲復見望見桓侯而退走桓侯使人問其故

補註韓子作扁鵲望桓侯而還走桓侯故使人問之

扁鵲曰疾之居腠理也湯熨之所及也在血脈鍼石之所及也其在腸胃酒醪之所及也其在骨髓雖司命無奈之何

補註韓子作在腸胃火齊之所及也在骨髓司命之

所屬無奈何也按骨髓骨孔中之精液也素問痿論腎主身之骨髓解精微論髓者骨之充也靈樞衛氣失常篇耳焦枯受塵垢病在骨離騷有大小司命二篇陰陽應象大論善治者治皮毛其次治肌膚其次治筋脈其次治六腑其次治五臟治五臟者半死半生也皮部論百病始生必先於皮毛留而不去傳入於經留而不去傳入於府廪於腸胃又曰客於經則感虛乃陷下留於筋骨之間繆刺論邪之客於形先舍於皮毛留而不去入舍於孫絡留而不去入舍於經絡內連五臟散於腸胃陰陽俱感五臟乃傷

今在骨髓臣是以無請也後五日桓侯體病使人召扁鵲扁鵲已逃去桓侯遂死

補註韓子作使人索扁鵲扁鵲已逃秦矣

使聖人預知微能使良醫得早從事則疾可已身可活也人之所病病疾多

正義病猒患多也言人猒患疾病多甚

補註素問四時調神論聖人不治已病治未病病已成而後藥之不亦晚乎

而醫之所病病道少

集解徐廣曰所病猶療病也

考証集解徐廣曰所病猶療病也董份曰醫之所病蓋借前一病字而言言醫之所短也此甚易曉者而註謬可笑又曰病道少言治病之道少也

補註呂氏春秋譬之若良醫病萬變藥亦萬變病變而藥不變嚮之壽民今爲殤子矣

故病有六不治驕恣不論於理一不治也輕身重財二不治也衣食不能適三不治也陰陽並藏氣不定四不治也形羸不能服藥五不治也信巫不信醫六不治也有此一者則重難治也

補註後漢書郭玉傳其爲療有四難焉自用意而不任臣一難也將身不謹二難也骨節不彊不能使藥三難也好逸惡勞四難也與此略同淮南子病者寢席醫之用鍼石巫之用糈藉所救鈞也抱樸子疫癘之時醫巫爲貴異口同辭惟論藥石素問調經論氣血以並陰陽相傾氣亂於衛血亂於經血氣離居一實一虛又血之與氣並走於上則爲大厥厥則暴死五臟別論拘於鬼神者不可與言至德病不許治者病必不治治之亦無功矣靈樞賊風篇先巫者因知百病之勝先知其病之所從生者可祝而止也

扁鵲名聞天下過邯鄲聞貴婦人卽爲帶下醫

補註素問骨空論任脉爲病女子帶下瘕聚二十八難帶脉起於季脇廻身一周金匱婦人雜病脉証篇婦人年五十所病下利一作血字數十日不止暮卽發熱少腹裏急腹滿手掌煩熱唇口乾燥何也此病屬帶下何以故曾經半產瘀血在少腹不去何以知之其症唇口乾燥故知之當以溫經湯主之又帶下經水不利少腹滿痛經一月再見者土瓜根散主之按帶下病卽帶脉以下病也帶下醫卽婦人醫後世十三科之一女科也漢書藝文志婦人嬰兒方十九卷宋史醫政十三科爲風科傷寒科大方脉科婦人胎產科鍼灸科咽喉口齒科瘡瘍科正骨科金鏃科養生科祝由科

過雒陽聞周人愛老人卽爲耳目痺醫

索隱痺音必二反

補註漢書藝文志有五臟六腑痺十二病方三十卷素問痺論風寒濕三氣雜至合而爲痺又卧出而風吹之血凝於膚者爲痺靈樞刺疾眞邪篇虛邪搏於皮膚之間其氣外發腠理開皮毛留而不去爲痺毒天剛柔篇病在陰者命曰痺耳目宋史附咽喉科

來入咸陽聞秦人愛小兒卽爲小兒醫

補註小知錄醫十三科爲大方脉科雜醫科小方脉科風科產科兼婦科口齒兼咽喉科正骨兼金鏃科瘡瘇科鍼灸科祝由科小方脉卽小兒醫也

隨俗爲變秦太醫令李醯自知伎不如扁鵲也使人刺殺之至今天下言脉者由扁鵲也

補註漢書百官表少府秦官屬官有太醫伎通作技禮王制凡執技以事上者祝史射御醫卜及百工老子多人伎巧史記馮驩傳無他伎能法言通天地而不通人曰伎皆是漢書藝文志有扁鵲內經九卷泰始黃帝扁鵲俞拊方二十三卷晉太醫令王叔和脉經中有扁鵲脉法一卷

史記扁倉傳補注卷上終

史記扁鵲倉公傳補註中卷

漢　太　史　令　司　馬　遷　撰

宋中郎外兵曹參軍裴駰集解

唐國子博士宏文館學士司馬貞索隱

唐諸王侍讀率府長史張守節正義

雙　流　張　驥　補　註

太倉公者齊太倉長臨菑人也姓淳于氏名意

正義括地志云淳于國城在密州安邱縣東北三十里古之斟灌國春秋州公如曹傳云冬淳于公如曹注水經云淳于縣夏后氏之斟灌國也周武王以封淳于公號淳于國也

補注漢書藝文志大古岐伯俞拊中世有扁鵲秦和漢興有倉公刑法志文帝十三年齊太倉令淳于公有罪當刑詔獄逮繫長安獄百官表縣令長皆秦官萬戶以上爲令減萬戶爲長二十二史考異孝文紀作太倉令意之名無所避而此傳稱淳于公又稱太倉公目錄亦稱倉公而不名晉皇甫謐甲乙經序漢有倉公其學皆出於素問蓋當時有此稱史公因而書之惟曰令曰長爲小異耳

少而喜醫方術高后八年更受師同郡元里公乘陽慶

正義百官表云公乘第八爵也顏師古云言其侍乘公之車也

考証正義百官表云云臣照按公乘蓋以爵爲氏如壺關三老公乘興是也乘是陽慶之氏非爵也

補注陽姓周景王封少子於陽樊後裔避周亂適燕因邑爲氏司馬相如子虛賦陽子驂乘註謂古仙人陽陵春秋時晉有陽處父莊子應帝王有陽子居漢有陽翁伯陽慶者當姓陽名慶也

慶年七十餘無子使意盡去其故方更悉以禁方予之傳黃帝扁鵲之脈書五色診病

正義八十一難云五藏有色皆見於面亦當與寸口尺內相應也其面色與相應已見前也

補注漢書藝文志有黃帝內經十八卷外經三十七卷扁鵲內經九卷外經十二卷素問示從容論臣請誦脈經上下篇甚衆多矣別異比類猶未能以十全脈要精微論精明五色者氣之華也赤欲如白裹朱不欲如赭白欲如鵝羽不欲如鹽青欲如蒼璧之澤不欲如藍黃欲如羅裹雄黃不欲如黃土黑欲如重漆色不欲如地蒼靈樞五色篇明堂者鼻也闕者眉間也庭者顏也蕃者頰側也蔽者耳門也青黑爲痛

黃赤爲熱白爲寒五臟生成論面黃目青面黃目赤面黃目白面黃目黑者皆不死面青目赤面赤目白面青目黑面黑目白面赤目青皆死此五色診法不具引

知人死生決嫌疑定可治及藥論甚精受之三年爲人治病決死生多驗然左右行遊諸侯不以家爲家或不爲人治病病家多怨之者文帝四年中人上書言意以刑罪當傳西之長安

索隱傳音竹戀反傳乘傳送之

補註漢書作淳于公有罪當刑防獄逮繫長安

意有五女隨而泣意怒罵曰生子不生男緩急無可使者於是少女緹縈傷父之言乃隨父西

索隱緹音蹄縈音紆縈反

補註漢書作緹縈自傷悲泣迺隨其父至長安

上書曰妾父爲吏齊中稱其廉平今坐法當刑妾切痛死者不可復生而刑者不可復續

集解徐廣曰一作贖

補註漢書作刑者不可復屬

雖欲改過自新其道莫由終不可得妾願入身爲官婢以贖父刑罪使得改行自新也

補註漢書作妾願沒入爲官婢以贖父刑罪使得自新

書聞上悲其意此歲中亦除肉刑法

集解徐廣曰按年表孝文十二年除肉刑

正義漢書刑法志云孝文即位十三年除肉刑三孟康云黥劓二左右趾一凡三班固詩三王德彌薄惟後用肉刑太倉令有罪就遞長安城自恨身無子困急獨煢煢小女痛父言死者不可生上書詣闕下思古歌鷄鳴憂心摧折裂晨風揚激聲聖漢孝文帝惻然感至情百男何憒憒不如一緹縈

補註肉刑謂墨劓剕宮之刑也文帝易當黥者髡鉗爲城旦舂當劓者笞三百當斬左止者笞五百當斬右止及殺人先自告及吏坐受賕枉法守縣官財物而即盜之已論命復有笞罪者皆弃市周禮疏文帝赦肉刑惟赦墨劓與剕三者宮刑至隋乃赦也

意家居詔召問所爲治病死生驗者幾何人主名爲誰

詔問故太倉長臣意方伎所長及所能治病者

集解徐廣曰一作爲爲亦治

有其書無有皆安受學受學幾何歲嘗有所驗何縣里人也何病醫藥已其病之狀皆何如具悉而對臣意對

曰自意少時喜醫藥醫藥方試之多不驗者至高后八
年
集解徐廣曰意年二十六
補註漢書藝文志有醫經七家二百一十六卷經方
十一家二百七十四卷
得見師臨菑元里公乘陽慶慶年七十餘意得見事之
謂意曰盡棄而方書非是也慶有古先道遺傳黃帝扁
鵲之脈書五色診病知人生死決嫌疑定可治及藥論
書甚精我家給富心愛公欲盡以我禁方書悉敎公臣
意卽曰幸甚非意之所敢望也臣意卽避席再拜謁受
其脈書上下經五色診奇胲術
集解駰案奇音羈胲音該
正義八十一難云奇經八脈者有陽維有陰維有陽
蹻有陰蹻有衝有督有任有帶之脈凡此八者皆不
拘於經故云奇經八脈也顧野王云咳當寅也又云
胲指毛皮也藝文志有五音奇胲用兵二十二卷許
愼云胲軍中約也
考証史通曰倉公傳稱其傳黃帝扁鵲之脉書五色
診病知死生決嫌疑定可治召問其所長對曰傳黃
帝扁鵲之脉書以下宅文盡同上說夫上既有其事

下又載其言言事雖殊委曲何別按遷之所述多有
此類而劉揚服其善敘事也何哉
補註奇胲言奇祕非常術也淮南子兵畧訓刑德奇
賌之數廣韻作奇侅亦作奇賅胲賅胲賌侅五字皆
通玉篇賅奇也非常也素問方盛衰論是以聖人持
診之道先後陰陽而持之奇恆之勢乃六十首知此
乃足以診註奇恆勢六十首今世不傳當卽此奇咳
術也
揆度陰陽外變藥論石神接陰陽禁書受讀解驗之可
一年所明歲卽驗之有驗然尚未精也要事之三年所
卽嘗已爲人治診病決死生有驗精良今慶已死十年
所臣意年盡三年年三十九歲也
考証顧炎武曰按徐廣註高后八年意二十六當作
年盡十三年年三十九歲也脫十字孝文本紀十三
年除肉刑
補註讀書雜志受讀解驗之可一年所案一年所猶
言一年許也許與所聲近而義同小雅伐木許許說
文引作伐木所所漢書疏廣傳數問其家金餘尚有
幾所顏師古曰幾所猶言幾許也是其証曰要事之
三年所又曰今慶已死十年所下文腎部上及界要

以下者枯四分所又曰十八日所而病愈續滑稽傳
曰卒取婦一歲所者即弃去漢書游俠傳原涉居谷
口半歲所稍弓註封高四尺所正義曰所是不定之
辭義並與此同
齊侍御史成自言病頭痛臣意診其脈告曰君之病惡
不可言也即出獨告成弟昌曰此病疽也內發於腸胃
之間後五日當癰腫後八日嘔膿死
集解疽駰案七如反
正義癰於恭反下之勇反膿女東反
補註靈樞癰疽論熱氣淳厚下陷肌肉筋髓枯內連
五臟血氣竭當其癰下筋骨良肉皆無餘故命曰疽
又曰寒氣化爲熱熱勝則腐肉肉腐則爲膿膿不得
寫則爛筋筋爛則傷骨骨傷則髓消不當骨空不得
泄瀉血枯空虛則筋骨肌肉不相營經脈敗漏蒸於
五臟臟傷故死玉版篇陰陽不通兩熱相搏乃化而
爲膿又曰膿已成十死一生素問氣穴論邪溢氣壅
脈熱肉敗榮衛不行必將爲膿按癰壅癰三字並通
成之病得之飲酒且內成即如期死
補註案多妻妾曰內左傳齊桓公好內有如夫人者
六人又秦伯使醫和視晉侯疾曰不可爲也是謂近
女室女陽物而晦時淫生內熱之疾上古天眞論今
時之人以酒爲漿以妄爲常醉以入房以欲竭其精
以耗散其眞又酒入於胃則絡脈滿而經脈虛脾主
爲胃行其津液者也若飽以入房氣聚於脾中不得
散酒氣與穀氣相薄熱盛於中故熱遍於身內熱而
溺赤也註房謂房室之事即交搆也靈樞百病始生
篇醉以入房傷脾五日癰腫五爲土之生成數曰八
日嘔膿八爲木之成數也
所以知成之病者臣意切其脈得肝氣肝氣濁而靜此
內關之病也
集解徐廣曰濁一作追靜一作淸
正義八十一難云關遂入尺爲內關呂廣云脈從關
至尺澤名內關也
補註素問四時調神大論逆春氣則少陽不生肝氣
內變王冰注生言動出也陽氣不出內鬱於肝則肝
氣混糅變而傷矣故此云濁而靜陰陽應象論淸陽
爲天濁陰爲地陰靜陽躁五藏生成論肝者陽中之
少陽今肝氣脈濁而靜是病不應脈故曰內關宣明
五氣篇陽入於陰則靜靜謂不能動之也金匱臟府
經絡先後病脈證篇濁邪居下濁謂重濁之邪氣也

靈樞禁服篇寸口四倍者名曰內關內關者且大且數死不治終始篇溢陰爲內關內關不通死不治八十一難三難曰遂入尺爲覆爲內關外格此陽乘之脈也

脈法曰脈長而弦不得代四時者

正義王叔和脈經云來數而中止不能自還因而復動者名曰代代者死素問云病在心愈在夏甚於冬病在脾愈於秋甚於春病在肺愈在冬甚於夏病在腎愈在春甚於夏病在肝愈在夏甚於秋也

補註脈法篇名今亡素問五運行論引脈法曰天地之變無以脈診示從容論臣請誦脈經上下篇又名曰診經是謂至道脈法脈經診經皆古逸篇下同陰陽別論云鼓陽勝急曰弦宣明五氣篇云肝脉弦心脈鈎脾脈代肺脉毛腎脉石是謂五臟之脈靈樞根結篇五十動而不一代者以爲常也以知五臟之期十五難春脉弦者肝東方木也萬物始生未有枝葉故其脈之來濡弱而長故曰弦又曰春以胃氣爲本又曰反者爲病急而勁益強如新張弓弦曰死脈經扁鵲曰脈五來一止不復增減者經名曰代何謂曰代脈五來一止也脈七來是人一息半時不復增減亦名曰代正死不疑今云弦長不得代四時猶言代不得四時是無胃氣肝脾兩藏眞脈見也故主死

其病主在於肝和卽經主病也

正義王叔和脈經云脈長而弦病於肝也素問云得病於筋肝之和也

補註素問陰陽應象大論木生肝肝生筋金匱眞言論其數八是以知病之在筋也傷寒論肝者木也名厥陰其脈微弦濡弱而長是肝脈肝病自得濡弱者愈也靈樞九鍼十二原篇二十七氣之所行爲經三部九候論經病者治其經此言經病下言絡病

代則絡脈有過

正義素問云脈有不及有太過有經有絡和卽經主病代則絡脈有過八十一難云關之前者陽之動也脈當見九分而浮過者法曰太過減者法曰不及遂上魚爲溢爲外關內溢此陰乘之脈也關以後者陰之動也脈當一寸而沈過者法曰太過減者法曰不及遂入尺爲覆爲內關外格此陽乘之脈也故曰覆溢是其眞藏之脈人不病而死也呂廣曰過出一寸各名太過也不及九分至二分或四分五分此太過不滿一寸見八分或五分六分此不及

補註素問三部九候論其脉代而鉤者病在絡脉脉要精微論數動一代者病在陽之脉也泄及便膿血故成病嘔膿而死也靈樞禁服篇代則取血絡且飲藥又代則取血絡而後調之九鍼十二原篇絡脈十五經脈篇諸脉之浮而常見者皆絡脈也又十五絡者實則必見虛則必下視之不見求之上下人經不同絡脈異所別也百病始生篇息而成積或著絡脈又起居不節則絡脈傷又挾脊之有過者取之所別注有過之脉邪氣之所交也按絡脈卽今生理學上之靜脈也

經主病和者其病得之筋髓裏其代絶而脈賁者病得之酒且內

補註賁奔也沸也靈樞邪氣臟府病形篇脈大者尺之皮膚亦賁而起壽天剛柔篇氣病時來時去怫愾賁響經脈篇飲酒者衛氣先行皮膚先充絡脉絡脉先盛故衛氣已平榮氣乃滿而經絡大盛脉之卒然盛者皆邪氣居之故曰脉賁得之酒又論疾診尺篇脈大者尺之皮膚亦賁而起五十六難腎之積名曰賁豚一作奔

所以知其後五日而癰腫八日而嘔膿死者切其脈時少陽初代代者經病病去過入入則去絡脈主病當其時少陽初關一分故中熱而膿未發也及五分而至少陽之界

補註素問逆調論絡脉之病人也微成病自初關一分而至五分則主死陰陽離合論厥陰之表名曰少陽少陽爲樞扁鵲陰陽脈法少陽之脈乍小乍大乍短乍長動搖六分按少陽三焦膽兩經陽氣之初生者與厥陰相爲表裏主半表半裏之間故曰界木生數三成數八故主八日死

及八日則嘔膿死故上二分而膿發至界而癰腫盡泄而死熱上則熏陽明爛流絡流絡動則脈結發脈結發則爛解故絡交熱氣已上行至頭而動故頭痛

補註金匱嘔吐噦下利病脈証篇嘔家雖有癰膿不可治嘔膿盡自愈又肺痿肺癰咳嗽上氣病脈篇熱之所過血爲之凝滯畜結癰膿吐如米粥始萌可救膿成則死此厥氣上逆故頭痛

齊王中子諸嬰兒小子病召臣意診切其脈告曰氣鬲病病使人煩懣食不下時嘔沫病得之少憂數忔食飲

索隱忔音疑乞反忔風痺忔然不得動也

補註鬲古核切與膈通在心肺之下前連於胸旁連

於脅後連於脊之十一椎素問五臟生成論腹滿填脹支鬲胠脅下厥上冒又心煩頭痛病在鬲中曰氣鬲卽病氣息膈塞不通也懣與滿同金匱嘔吐噦下利病脈証篇乾嘔吐逆吐涎沫半夏乾薑湯主之又乾嘔吐涎沫頭痛者吳茱萸湯主之忔魚一切心不欲也少去聲數音朔頻數也謂少時屢數不欲食飲也

臣意卽爲之作下氣湯以飲之一日氣下二日能食三日卽病愈

補註素問病能論夫生鐵洛者下氣疾也王注鐵洛味辛微温平主治下氣方按下氣猶言平肝氣疾速也又千金方下氣湯治胸腹閉滿上氣喘息方用杏仁大腹檳榔㕮咀童便煎服日二次曰一日二日三日者一日氣下而生天一之水二日能食而生地二之火三日木氣王而心主寧一水生數二火生數三木生數故愈以三日也

所以知小子之病者其脈心氣也濁躁而經也此絡陽病也脈法曰脈來數病去難而不一者病主在心周身熱

集解徐廣曰濁一作黽又作猛

補註素問五臟生成論心者陽中之太陽其充在血脈脈濁而躁是經主病也靈樞脈度篇心氣通於舌心和則能知五味矣十難心脈大甚者心邪自干心也九鍼篇陽病發於血去難難字當是脉象下文北宮司空命婦出於病其脉大而實其來難是蹶陰之動也脉來難者厥氣之客於膀胱也素問三部九候論其脈代而鈎者病在絡脈玉機眞藏論夏脈如鈎夏脈者心也註言其脈來盛去衰如鈎之曲也陰陽應象論觀浮沈滑濇而知病所生王冰註曰濇脉者往來難今曰來數去難是來數而去濇也脉要精微篇來疾去徐上實下虛又曰濇者陽氣有餘爲身熱故下文曰

脈盛者爲重陽重陽者逿心主

索隱重音直隴反逿依字讀

集解徐廣曰逿音唐逿者盪也謂病盪心者猶刺其心

正義八十一難手心主中宮在中部楊元操云手心主胞絡也自臍以下至帶鬲爲中焦也

補註素問玉版論要篇重陽死論疾診尺篇重陽必陰二十難重陽者發狂謂脈來熱盛也邪客篇諸邪

之在於心者皆在於心之包絡包絡者心主之脈也又心主之脈上入於胸中乃絡於心脈經水篇手心主外合於漳水內屬於心包經別篇手心主之正入胸中別屬三焦經脈篇手心主之別循經以上繫於心包絡心系湯廣韻集韻韻會竝音宕徐曰盪也有動盪義繫辭八卦相盪諸家作蕩左傳故臨武事而蕩王心焉史記樂書音樂者所以動盪血脈也湯盪蕩三字古竝通

故煩懣食不下則絡脈有過絡脈有過則血上出血上出者死此悲心所生病得之憂也

補註靈樞九鍼十二原論諸刺絡脈者必刺其結上甚血者雖無結急刺之以寫其邪而出其血素問陰陽應象大論心在聲爲笑在變動爲憂玉機眞藏篇憂則心氣乘矣痺論淫氣憂思痺聚在心靈樞本神篇愁憂者氣閉塞而不行口問篇憂思則心系急心系急則氣道約本藏篇心小則易傷以憂四十九難憂愁思慮則傷心此病因憂則氣鬲氣鬲則食不下而陽絡傷靈樞百病始生篇陽絡傷則血外出故曰絡脈有過則血上出

齊郎中令循病衆醫皆以爲蹷人中而刺之

補註刺熱論刺之反者三周而已重逆則死循病不當刺也讀書雜志蹷人中人當爲入字之誤也蹷亦作厥釋名厥逆氣從下厥起上行入心脅故曰蹷入中太平御覽方術部引此正作蹷入中下文齊北宮司空命婦出於病衆醫皆以爲風入中病主在肺刺其足少陰脉臣意診其脉曰病氣疝客於旁光難於前後溲事與此相類可從

臣意診之曰湧疝也令人不得前後溲

索隱湧疝上音勇下音訕所諫反鄒誕生云疝音仙字溲音所留反前溲謂小便後溲謂大便也

補註素問骨空論督脉其少腹直上者貫脊中央上貫心入喉上頤環脣上繫兩目之下中央此生病從少腹上衝心而痛不得前後爲衝疝長刺節篇病在少腹腹痛不得大小便病名曰疝亦正相同

循曰不得前後溲三日矣臣意飲以火齊湯

補註韓子疾在腸胃火齊之所及也齊通劑已見前八減之齊註惟吳普謂火齊湯用附子肉桂大戟大黃漢防已車前子防風一說卽伊尹三黃湯酒煮黃連酒炒黃芩酒浸大黃各等分今旣曰不得前後溲下又曰中熱溺赤皆熱證恐非熱劑所宜然三黃與

火齊不相通自當以吳說爲優下文齊王太后難於
前後兩案皆用火齊可同參
一飲得前溲再飲大溲三飲而疾愈病得之內
補註讀書雜志一飲得前溲前下當有後字言才飲
而前後溲始通再飲則大溲也大溲二字兼前後言
之則上句原有後字明矣太平御覽引此正作一飲
得前後溲下文齊王太后病臣意飲以火齊湯一飲
卽前後溲事與此相類可從
所以知循病者切其脈時右口氣急脈無五臟氣右口
脈大而數數者中下熱而湧左爲下右爲上皆無五臟
應故曰湧疝中熱故溺赤也
集解徐廣曰右一作有
正義叔和脈經曰右手寸口乃氣口也氣右口謂右
手寸口也溺徒弔反
補註素問離合眞邪論其至寸口中手也時大時小
經脈別論氣歸於權衡權衡以平氣口成寸以決死
生五臟別論氣口何以獨爲五臟主岐伯曰胃者水
穀之海六府之大源也五味入口藏於胃以養五臟
氣氣口亦太陰也是以五臟六腑之氣味皆出於胃
變見於氣口難經一難寸口者脈之大會手太陰之

脈動也靈樞五色篇脈口滑又人迎與寸口氣大小
等又寸口氣堅者傷於食言氣口卽寸口寸口卽脈
口是一非二陰陽別論所謂陰者眞藏也見則必敗
敗必死也平人氣象論眞藏見者死又曰所謂無胃
氣者但得眞藏脈不得胃氣也玉機眞藏論諸眞藏
脈見者皆死不治何也五藏者皆稟氣於胃胃者五
藏之本藏氣者不能自致於手太陰必因於胃氣乃
至於手太陰胃氣不能與之俱致於手太陰故眞藏
之氣獨見獨見者病勝藏也故曰死循無眞藏來應
故治愈氣厥論胞移熱於膀胱則癃溺血痿論悲哀
太甚則胞絡絕胞絡絕則陽氣內動發爲心下崩數
溲血也與上文厥入中正合
齊中御府長信病臣意入診其脈告曰熱氣病也然暑
汗脈少衰不死
補註素問熱論熱病者皆傷寒之類也今傷於寒也
則爲病熱靈樞熱病篇熱病已得汗而脈尙躁盛此
陰脈之極也死其得汗而脈靜者生熱病者脈尙躁
盛而不得汗者此陽脈之極也死脈盛躁而得汗靜
者生今暑汗脈少衰故不主死少平聲
曰此病得之當浴流水而寒甚已則熱信曰唯然

正義唯惟癸反

補註四十九難久坐濕地强力入水則傷腎故下文腎氣云云

往冬時爲王使於楚至莒縣

正義莒密州縣

陽周水而莒橋梁頗壞信則擥車轅未欲渡也

正義擥音牽

補註春秋時別有三莒一爲周境内邑左傳陰忌奔莒是也一爲齊東境邑齊侯田於莒陳桓子請老於莒是也戰國策齊襄王保莒城亦卽此一爲魯邑魯定公城莒父子夏爲莒父宰是也

馬驚卽墮信身入水中幾死吏卽來救信出之水中衣盡濡有間而身寒已熱如火至今不可以見寒臣意卽爲之液湯火齊逐熱一飲汗盡再飲熱去三飲病已卽使服藥出入二十日身無病者

補註素問玉版論要色見淺者湯液主治十日已見深者必齊主治二十一日已移精變氣論中古之治病至而治之湯液十日以去八風五痺之病十日不已治以草蘇草荄之枝卽此液湯火齊之類輕劑也與郎中令循火齊湯不同曰液湯火齊者先液湯而後火齊也又仲景服桂枝湯後啜粥理中湯後啜粥諸法俱從此化出

所以知信之病者切其脈時并陰脈法曰熱病陰陽交者死切之不交并陰并陰者脈順清而愈其熱雖未盡猶活也

補註脈法註見御史成案素問陰陽類論陰陽交期在廉水又陰陽交合者立不能坐坐不能起評熱病論有病温者汗出輒復熱而脈躁病不爲汗衰狂言不能食病名陰陽交交者死也傷寒論脈沈濇弱弦微此名陰也陽病見陰脈者死素問脈解篇水者陰氣也陰病見陰脈故曰并陰者脈順清而愈

腎氣有時間濁在太陰脈口而希是水氣也腎固主水故以此知之失治一時卽轉爲寒熱

補註太陰脈口見郎中令循案氣口註素問陰陽應象論清陽爲天濁陰爲地又清陽上天濁陰歸地濁爲陰希少也陰與水同類故病在少陰腎水濁在太陰脈口也水熱穴論腎何以能聚水而生病腎者胃之關也關門不利故聚水而從其類也陰陽應象大論北方生寒寒生水水生鹹鹹生腎金匱眞言論腎其味鹹其類水

齊王太后病召臣意入診脈曰風癉客脬

索隱癉病也音亶脬音普交反字或作胞

正義癉音單是也脬亦作胞膀胱也言風癉之病客居在膀胱

補註癉通疸與癯同說文黃病也內經目黃溺黃赤安卧者黃疸已食如飢者胃疸金匱疸有五黃汗黃疸酒疸穀疸女勞疸風癉卽癉病之屬風者脬說文膀胱也白虎通膀胱肺之府博雅膀胱謂之脬

難於大小溲溺赤臣意飲以火齊湯一飲卽前後溲再飲病已溺如故病得之汗流出㴐㴐者去衣而汗晞也

索隱滫劉氏音巡

補註韓子疾在腸胃火齊之所及也餘詳循案五臟生成篇黃脈之至也大而虛有積氣在腹中有厥氣曰厥疝女子同治病得之疾使四支汗出當風故下文曰太陰之口云云讀書雜志㴐劉伯莊音巡引之曰㴐當爲滫讀與脩同王風中谷有蓷篇嘆其脩矣毛傳脩且乾也釋名曰晡又曰脩脩縮也乾燥而縮也小雅湛露傳晞乾也是脩晞皆乾也作滫者假借字耳汗流出滫者流汗出而乾也故曰滫者去衣而汗晞也隸書脩循二字相似故脩訛爲循繫辭傳損德之脩也釋文脩馬作循莊子大宗師篇以德爲循釋文循本亦作脩史記歷書朕唯未能脩明也漢志循作脩商君傳湯武不循古而王索隱商君書作脩古漢北海相景君碑陰故循行都昌台邱暹金石錄曰按後漢書百官志註河南尹官屬有循行一百三十人而晉書職官志州縣吏皆有循行循脩字畫相近考說文玉篇廣韻皆無㴐字集韻㴐松倫切流貌引史記汗出㴐㴐旣誤沿劉氏之音又誤㴐㴐二字連讀而訓爲流貌其失甚矣又郎中令循病湧疝中熱溺赤與此風癉客脬中熱溺赤正同故同主以火齊湯詳見前註

所以知齊王太后病者臣意診其脈切其太陰之口濕然風氣也脈法曰沈之而大堅

正義沈一作深王叔和脈經云脈大而堅病出於腎也

補註太陰之口見郎中尉府長信案

浮之而大緊者

正義緊音吉忍反素問云脈短實而數有似切繩曰緊也

病主在腎腎切之而相反也脈大而躁大者膀胱氣也

躁者中有熱而溺赤

補註卽此倉公先診脉口次診腎脉法也脉要精微篇尺外以候腎三部九候論下部地足少陰也王冰註在太谿之分靈樞經曰尺之動在五里二者皆所以切腎脉也靈蘭秘典論膀胱者州都之官津液藏焉氣化則能出矣太后風癉客脬故見前後溲難之病

齊章武里曹山跗病

索隱跗方符反

臣意診其脈曰肺消癉也加以寒熱卽告其人曰死不治適其共養此不當醫

索隱適音釋共音恭案謂山跗家適近所持財物共養我我不敢當以言其人不堪醫也

考證索隱案山跗家適近所持財物云云董份曰適其共養者言當適病者之供養以俟其死耳此不當復醫也索隱大謬

補註肺消卽上消也素問氣厥論心移寒於肺則肺消肺消者飲一溲二死不治又心移熱於肺傳爲鬲消今曰肺消癉肺熱病也脈要精微論癉成爲消中通評虛實論消癉虛實何如岐伯曰脈實大病久可治脈懸小堅病久不可治又曰治消癉則高粱之疾也故下文曰死靈樞五變篇五臟皆柔弱者善病消癉小骨弱肉者善病寒熱曰適其共養不當醫者但當調適飲食不當灸刺服藥與後文王治案同法卒以灸刺治逆而死惜哉五常政大論穀食果菜食養盡之臟氣法時論五穀爲養五果爲助五畜爲益五菜爲充卽共養法也

治法曰後三日而當狂妄起行欲走後五日死卽如期死

補註素問厥論陽明之厥則癲疾欲走呼腹滿不得臥面赤而熱妄見而妄言陰陽類論二陰二陽皆交至病在腎罵詈妄行癲疾爲狂至眞要大論諸躁狂越皆屬於火陽明脈解篇陽明病甚則棄衣而走登高而歌或至不食數日踰垣上屋所上之處皆非其素所能也生氣通天論陰不甚其陽則脈流薄疾并乃狂宣明五氣篇邪入於陽則狂靈樞癲狂篇狂言妄行不休者取手陽明太陽太陰三日木生數肺傳肝五日土生成數肝傳脾也

山跗病得之盛怒而以接內所以知山跗病者臣意切其脈肺氣熱也

補註陰陽應象大論肝在志爲怒病能論有病怒狂
者生於陽也陽氣者因暴折而難決故喜怒也百病
始生篇忿怒傷肝痿論曰肺者藏之長也爲心之蓋
也今肺熱則傳肝肝傳脾胃故下文言兩絡絶
脈法曰不平不鼓形弊
正義玉和叔脈經云平謂春肝木王其脈細而長夏
心火王其脈洪大而散六月脾土王其脈大阿阿而
緩秋肺金王其脈浮濇而短冬腎水王其脈沈而滑
此平脈也
補註素問至眞要大論人迎與寸口相應若引繩大
小齊等又命曰平十四難脈來一呼再至一吸再至不
大不小曰平離合眞邪論其至寸口中手也時大時
小大則邪至小則平經脈別論五脈氣少胃氣不平
三陰也陰陽別論鼓一陽曰鉤鼓一陰曰毛鼓陽勝
急曰絃鼓陽至而絶曰石今不鼓動又不平所以形
弊也湯液醪醴論形弊血盡而功不立者神不使也
又曰津液充郭其魄獨居孤精於內氣耗於外形不
可與衣相保
此五臟高之遠數以經病也故切之時不平而代
正義素問云血氣易處曰不平脈候動不定曰代

補註素問陰陽應象論天氣通於肺平人氣象論藏
眞高於肺以行榮衞陰陽也肺朝百脈經病故不平
而代代即不鼓也
不平者血不居其處代者時參擊并至乍躁乍大也此
兩絡脈絶故死不治
補註此倉公自注上文也平人氣象論但代無胃曰
死乍疏乍數曰死三部九候論上下左右之脈相應
如參舂者病甚上下左右相數不可數者死中部乍
疏乍數者死其脈乍疏乍數乍遲乍疾者日乘四季
死御史成案代則絡脈有過今曰兩絡絶即下文肝
與陽明兩絡皆絶也
所以加寒熱者言其人尸奪尸奪者形弊形弊者不當
關灸鑱石及飲毒藥也
補註奪脫也謂形存而神已脫也十四難一呼四至
曰奪精二呼一至曰奪精又曰無魂者當死人雖能
行名曰行尸素問奇病論損不足者身羸瘦無用鑱
石也五常政大論能毒者以厚藥不勝毒者以薄藥
皆禁例也
臣意未往診時齊太醫先診山跗病灸其足少陽脈口
而飲之半夏丸即泄注腹中虛又灸其少陰脈是壞肝

剛絶深如是重損病者氣以故加寒熱

補註素問陰陽離合論太衝之地名曰少陰太陰之後名曰少陰少陰爲樞厥陰之表名曰少陽少陽爲樞靈樞根結篇少陰根於湧泉結於廉泉少陽根於竅陰結於窻籠金匱眞言論腹爲陰陰中之陽肝也靈樞經肝爲牡藏又不當灸而灸之名爲火逆傷寒論傷寒脈浮醫以火迫刦之亡陽必驚狂起卧不安者桂枝去芍藥加蜀漆龍牡救逆湯主之又脈浮宜以汗解用火灸之邪無從出因火而盛病從腰以下必重而痹名火逆也火逆下之因燒針煩躁者桂枝甘草龍牡湯主之今少陰君火少陽相火皆被火刦火刑金故成肺消而加寒熱變狂妄而死也

所以後三日而當狂者肝一絡連屬結絶乳下陽明故絡絶開陽明脈陽明脈傷卽當狂走後五日死者肝與心相去五分故曰五日盡盡卽死矣

正義云乳下陽明胃絡也

補註素問平人氣象論胃之大絡名曰虛里貫鬲絡肺出於左乳下其動應衣脈宗氣也又曰乳之下其動應衣宗氣絶也結而横有積矣絶不至曰死痿論陽明者五臟六腑之海也主閏宗筋束骨而利機關衝脈與陽明合於宗筋陰陽總宗筋之會會於氣街而陽明爲之長屬於帶脉而絡於督脉是乳屬足陽明胃經乳房爲陽明胃所經乳頭爲厥陰肝所屬故絡絶則主死

齊中尉潘滿如病少腹痛

正義少音式妙反王叔和脈經云脈急疝瘕少腹痛也

臣意診其脈曰遺積瘕也

索隱劉氏音加雅反舊音遐鄒氏音嫁

正義龍魚河圖云犬狗魚鳥不熟食之成瘕痛

補註素問平人氣象論聚氣而痛少腹冤熱作痛出白煩熱者亦曰疝瘕大奇論腎脈小急肝脈小急心脈小急不鼓皆爲瘕腎脈大急沈肝脈大急沈皆爲疝心脈搏滑急爲心疝肺脈沈搏爲肺疝合之下文深小弱及左口緊小則瘕疝之脈可了然無疑又三陽急爲瘕骨空論任脈爲病女子帶下瘕聚胗絡季脇引少腹而痛脹標本病傳篇肝病頭目眩脅支滿三日腰脊少腹痛按小腹正中爲衝任二經所注兩旁爲厥陰肝脉所注故少腹痛滿皆内有留著之物居多非若腹痛之屬虛氣者比瘕氣血結聚病也腹

中積塊堅者曰癥或聚或散無有常準曰瘕有八瘕
髮瘕米瘕食瘕虛瘕龍蛩瘕之別
臣意即謂齊太僕臣饒內史臣繇曰中尉不復自止於
內則三十日死後二十餘日溲血死病得之酒且內
補註溲血即溺血也謂血從前陰出或溲溺并下或
純爲血液也素問四時刺逆從論濇則病積溲血氣
厥論胞移熱於膀胱則癃溺血痿論悲哀太甚則胞
絡絶胞絡絶則陽氣內動發爲心下崩數溲血也靈
樞百病始生篇起居不節陰絡傷則血內溢血內溢
則後血按溺血多從精管出而不痛非若淋血之從
溺管出而莖痛也
所以知潘滿如病者臣意切其脈深小弱其卒然合合
也是脾氣也
集解徐廣曰一云來然合
正義卒音愁忽反卒一本作來素問云疾病之生生
於五藏五藏之合合於六府肝合氣於膽心合氣於
小腸脾合氣於胃肺合氣於大腸腎合氣於膀胱三
焦內主勞
補註卒然疑猝然傳寫之誤神異經會稽常山有蛇
觸之者中頭則尾至中尾則頭至中腰則頭尾并至
名曰率然孫子兵經三軍勢如率然狀其脈之來如
率然合合而滑也正深小弱脈之狀深沈也素問風
論以季夏戊已傷於邪者爲脾風四時刺逆從論太
陰滑則病脾風疝據此則與此脈證洵相合矣
右脈口氣至緊小見瘕氣也以次相乘故三十日死
正義緊音結忍反
補註素問標本病傳論諸病以次是相傳如是者皆
有死期玉機眞藏論五藏相通移皆有次不治又因
而喜大虛則腎氣乘矣怒則肝氣乘矣悲則肺氣乘
矣恐則脾氣乘矣憂則心氣乘矣故病有五五五二
十五變及其傳化傳乘之名也相乘猶相勝相傳例
如肝病見浮濇而短之肺脈爲金乘木見大而緩之
脾脈爲土乘木十三難假令色青其脈浮濇而短若
大而緩爲相勝五十三難心病傳肺肺傳肝肝傳脾
脾傳腎腎傳心六傳至心心當再傳肺一藏不再傷
故五六至三十日而死也
三陰俱搏者
正義如淳曰搏音徒端反素問云左脈口曰少陰少
陰之前名厥陰右脈口曰太陰此三陰之脈
如法不俱搏者決在急期一搏一代者近也故其三陰

搏溲血如前止
集解徐廣曰前一作筋也
補註三陰但指足太陰脾經而言素問大奇論三陰
急爲疝陰陽類論三陰者六經之所主也變於太陰
又曰三陰爲母陰陽別論三陰俱搏二十日夜半死
二陰俱搏十三日夕時死一陰俱搏十日死脉要精
微論一數一代病在陽之脉溲及便膿血
陽虛侯相趙章病召臣意衆醫皆以爲寒中臣意診其
脈曰迵風
集解駰案迵音洞言洞徹入四肢
索隱下云飲食下嗌輒出之是風疾洞徹五臟故曰
迵風
補註寒中謂寒氣在中也素問金匱眞言論長夏善
病洞泄寒中按迵風卽飱泄也
迵風者飲食下嗌而輒出不留
集解駰案嗌音益謂喉下也
法曰五日死而後十日乃死病得之酒所以知趙章之
病者臣意切其脈脈來滑是內風氣也
補註按滑謂流滑無定也如珠走盤不進不退爲血
實風壅之候上爲吐逆下爲氣結兼數者爲熱結素

問陰陽應象論按尺寸觀浮沈滑濇而知病所生王
冰註滑脉者往來易濇脉者往來難陰陽應象大論
風氣通於肝三部九候論所言不死者風氣之病及
經月之病似七診之病而非也
飲食下嗌而輒出不留者法五日死皆爲前分界法後
十日乃死所以過期者其人嗜粥故中藏實中藏實故
過期師言曰安穀者過期不安穀者不及期
正義分扶問反
補註迵風又名內風俗名酒膈素問平人氣象論人
以水穀爲本故人絕水穀則死靈樞平人絕穀篇平
人胃滿則腸虛腸滿則胃虛更虛更滿故氣得上下
五藏安定血脉和則精神乃居故神者五穀之精也
日再後後二升半一日中五升七日五七三斗五升
而留水穀盡矣故平人不食飲而死者水穀精氣精
液皆盡故也四十三難同五十中央土之生成數故
飲食不留脾土告絕之候主五日死雖過期亦十日
死也
濟北王病召臣意診其脉曰風蹶胸滿卽爲藥酒盡三
石病已
補註風厥厥之由於風者素問陰陽別論二陽一陰

發病主驚駭背痛善噫善欠名曰風厥評熱病論有病身熱汗出煩滿不爲汗解此爲何病汗出而身熱者風也汗出而煩滿不解者厥也病名曰風厥巨陽主氣故先受邪少陽與其爲表裏也得熱則上從之從之則厥也表裏刺之飲之以湯玉版論要其見大深者醪酒主治百日已藥酒蓋醪酒之類此倉公用湯醴之例也別錄酒味苦甘辛大熱有毒主行藥勢殺百邪惡毒氣仲景治胸痹用薤白白酒取其味甘辛氣輕揚用在上焦之肺而治胸痹與此同法

得之汗出伏地所以知濟北王病者臣意切其脉時風氣也心脉濁

集解徐廣曰濁一作黽

補註素問陰陽應象論清陽爲天濁陰爲地又曰清陽上天濁陰歸地金匱眞言論背爲陽陽中之陽心也今心脉濁卽陽氣盡而陰氣入寒上而熱氣下也故下文云云此與趙章病脉皆爲風氣趙以飲食下嗌不留爲木忤土故死此以心脉濁而胸滿陰陽別論肝之心謂之生陽爲子母相生故治愈也

病法過入其陽陽氣盡而陰氣入陰氣入張則寒上而熱氣下故胸滿汗出伏地者切其脉氣陰陰氣者病必入中出及瀺水也

索隱瀺音上咸反

正義顧野王云手足液身體汋音常灼反

補註素問陰陽應象論清陽爲天濁陰爲地陰勝則陽病陽勝則陰病陽勝則熱陰勝則寒重寒則熱重熱則寒清陽出上竅濁陰出下竅今病寒氣上而熱氣下故胸滿調經論寒濕之中人皮膚不收肌肉堅緊榮血泣衛氣去卽陰氣入中之候水亦陰類與寒同水熱穴論地氣上者屬於腎而生水液也故汗出伏地爲瀺水

齊北宮司空命婦出於病衆醫皆以爲風入中病主在肺刺其足少陰脉

集解徐廣曰一作出奴奴蓋女奴肺一作肝

正義命婦名也

補註素問風論久風入中則爲腸風飧泄出於疝在膀胱症不當刺素問刺熱論刺之反者三周而已重逆則死靈樞憂恚無言篇足之少陰上繫於舌絡於橫骨終於會厭刺禁論刺足少陰脉重虛出血爲舌難言

臣意診其脉曰病氣疝客於膀胱難於前後溲而溺赤

病見寒氣則遺溺使人腹腫

補註素問氣厥論胞移熱於膀胱則癃溺血膀胱移熱於小腸鬲腸不便熱也此云病見寒氣則遺溺蓋溲遇熱則難遇寒則遺長刺節論病在少腹腹痛不得大小便病名曰疝刺少腹兩股間刺腰髁骨間按氣疝由忿哭氣鬱所致其狀上連腎俞下及陰囊偏墜而腫痛或不痛遇怒則發氣平則已又靈樞邪氣臟府病形篇肝脉微滑則遺溺九鍼篇膀胱不約爲遺溺本輸篇虛則遺溺遺溺則補之

出於病得之欲溺不得因以接内所以知出於病者切其脈大而實其來難是蹶陰之動也

正義鄒厥陰之脈也

補註素問至眞要大論厥陰何也兩陰交盡也靈樞根結篇厥陰根於大敦結於至陰絡於膻中經脈篇厥陰是動婦人少腹腫所生病者狐疝閉癃遺溺上文韓女病案脉嗇而不屬者其來難艱難者濇也動者是動所生也

脈來難者疝氣之客於膀胱也腹之所以腫者言蹶陰之絡結小腹也蹶陰有過則脈結動動則腹腫臣意即灸其足蹶陰之脈左右各一所即不遺溺而溲淸小腹痛止即更爲火齊湯以飲之三日而疝氣散即愈

補註靈樞經脈篇厥陰之脉環陰器抵小腹衝脈與少陰之絡皆起於腎下出於氣街循陰股其後行者自少腹以下骨中央女子入繫廷孔其絡循陰器合篡間繞篡後別繞臀至少陽與巨陽中絡者合少陰上股内後廉貫脊屬腎其男子循莖下至篡與女子等故長刺節云刺少腹兩股間又刺腰髁骨間者皆厥陰之脉也灸同法倉公用火齊湯者凡三即中令循齊王太后及出於皆前後難溲之證則火齊之效驗能通前後當如曾說

故濟北王阿母自言足熱而懣臣意告曰熱厥也

集解徐廣曰濟一作齊王

索隱案是王之妳母也

正義服虔云乳母也鄭慈已者

考証阿母正義服虔云乳母也鄭慈已者臣照按正義文疑有訛脫字

補註素問厥論陰氣衰於下則爲熱厥又熱厥之爲熱也必起於足下者何也陽氣起於足五指之表陰脈者集於足下而聚於足心故陽氣盛則足下熱也靈樞終始篇刺熱厥者留鍼反爲寒又刺熱厥者二

陰一陽所謂二陰者二刺陰也一陽者一刺陽也寒熱病篇熱厥取足太陰少陽皆留之

則刺其足心各三所案之無出血病旋已病得之飲酒大醉

索隱言𤸫已止也

正義謂旋轉之間病卽已止也

補註素問骨空論取足心者使之跪王冰註跪而取之者令足心宛宛處深定也又陰陽離合論少陰根起於涌泉王注涌泉在足心蹠指宛宛中氣穴論註涌泉足少陰脈之所出也刺可入同身寸之三分留三呼靈樞本輸篇腎出於涌泉涌泉者足心也

濟北王召意診脈諸女子侍者至女子豎豎無病臣意告永巷長曰豎傷脾不可勞法當春嘔血死

補註永巷宮中之長巷劉向列女傳姜后脫簪珥待罪永巷素問調經論有所勞倦形氣衰少穀氣不勝上焦不行下脘不通而胃氣熱熱氣薰胸中故內熱金匱血痺虛勞篇食傷憂傷飲傷房室傷飢傷勞傷勞傷卽虛勞與勞倦也凡人喜怒不節起居不時有所勞傷皆損其氣氣衰則火旺火旺則乘其脾土脾統血故有嘔血之變靈樞邪氣臟腑病形篇肺脈濇甚爲嘔血

臣意言王曰才人女子豎何能王曰是好爲方多伎能爲所是案法新往年市之民所四百七十萬曹偶四人

集解徐廣曰所一作取索隱謂於舊力技能生新意也四百七十萬當今之四千七百貫也曹偶猶等輩也

王曰得毋有病乎臣意對曰豎病重在死法中王召示之其顏色不變以爲不然不賣諸侯所至春豎奉劍從王之廁王去豎後王令人召之卽仆於廁嘔血死病得之流汗流汗者同法病內重毛髮而色澤脈不衰此亦關內之病也

索隱仆音赴又音步北反

補註素問玉機眞藏論五藏色不澤毛折皆死女子薄吾病蟯瘕其尺索而刺麤毛美奉髮色澤無重病此案內重毛髮而色澤脈不衰病在死法中兩者色脉不逆而生死異者此內關之病傷脾也讀書雜志關內當爲內關上文齊侍御史成自言病頭痛臣意診其脈曰此內關之病下文丞相舍人奴病診其脈曰至春鬲塞不通不能食飲法至夏泄血死脈法病重而脈順清者曰內關內關之病人不知其所痛心

急然無苦奴之病得之流汗數出炙於火而以出見大風也事與此相類以上三人皆內關之病死不治故三人皆如期而死內關猶內閉也靈樞終始篇脈口四盛且大數者名曰溢陰溢陰爲內關不通死不治此之謂也難經三難遂入尺爲覆爲內關外格此陽乘之脈也

齊中大夫病齲齒

正義齲邱羽反釋名蟲齧之缺朽也

補註素問繆刺論齒齲刺手陽明王冰註手陽明脈中商陽二間三間合谷陽谿偏歷溫溜七穴并主齒痛炙亦同法靈樞論疾診尺篇診齲齒痛按其陽之來有過者獨熱在左左熱在右右熱在上上熱在下下熱

臣意炙其左陽明脈卽爲苦參湯日嗽三升出入五六日病已得之風及卧開口食而不嗽

補註本經苦參苦寒主心腹結氣癥瘕積聚黃疸溺有餘瀝逐水除癰腫補中明目止淚一名水槐一名苦識其能止淚止溺則性主收攝而補肝腎故齲齒亦治之素問移精變氣論十日不已治以草蘇草荄之枝卽此用苦參之例下文莨礍芫花並同金匱要略苦參湯治狐惑病苦參一升清水一斗煎取七升去渣薰洗一日三次訖者又謂苦參苦寒氣清而燥苦以瀉火寒以退熱燥以除濕濕熱退而蟲去矣

菑川王美人懷子而不乳

索隱乳音人喻反乳生也

補註臾元滿總要乳音汝胸酥也神仙服食經仙藥有陽丹陰丹陰丹婦人乳汁也婦人十五以上下爲月客有身月客絕上爲乳汁物類相感志母乳潼覺惜子之至則出多愛疎則出少

來召臣意臣意往飮以莨礍藥一撮以酒飮之旋乳

正義莨礍浪宕二音

索隱旋乳者迴旋卽生也

補註莨礍酒卽玉板論醪醴法別見上濟北王案本經莨菪子苦寒有毒主治齒痛出蟲肉痺拘急久服輕身使人健行走及奔馬强志益力通神見鬼多食令人狂走一名天仙子又名横唐行唐苗莖高二三尺葉似地黃瀾二三指四月開花紫色莖莢有白毛五月結實殼如小石榴房中子細扁青白色如粟粒服之令人狂浪故曰莨菪能通乳者其强志益力之故歟酒行藥勢見前濟北王案註金匱要略水莨菪

葉圓而光有毒誤食令人狂亂甘草汁解之

臣意復診其脈而脈躁躁者有餘病卽飲消石一齊出血血如豆比五六枚

索隱比音必利反

補註素問脈要精微論其有躁者在手王冰註躁者病在手陽脈之中也陽爲火氣故有餘硝石本經味苦寒主五藏積熱胃脹閉滌去蓄結飲食推陳致新除邪氣鍊之如膏久服輕身仲景硝石礬石散治藏中鬱熱其下血可知生益州山谷中消亦作硝

史記扁鵲倉公傳補註中卷終

史記扁鵲倉公傳補註下卷

漢　太　史　令　司　馬　遷　撰

宋中郎外兵曹參軍裴駰集解

唐國子博士宏文館學士司馬貞索隱

唐諸王侍讀率府長史張守節正義

雙　流　張　驥　補　註

齊丞相舍人奴從朝入宮臣意見之食閨門外望其色有病氣

補註閨門卽閨閤宮中小門也史記身負爲閨閤之臣甯得自引深藏於巖穴耶靈樞根結篇形氣不足病氣有餘是邪勝也急瀉之形氣有餘病氣不足急補之形氣不足病氣不足此陰陽氣俱不足也不可刺之

臣意卽告宦者平平好爲脈學臣意所臣意卽示之舍人奴病告之曰此傷脾氣也

補註靈樞脈度篇脾氣通於口口和則能知五穀矣淫邪發夢篇脾氣盛則夢歌樂身體重不樂素問藏氣法時論病在脾愈於秋秋不愈甚於春春不死持於夏起於長夏又脾病者愈在庚辛庚辛不愈愈於甲乙甲乙不死持於丙丁起於戊己日昳慧日出甚

下哺靜舍人奴傷脾氣病得之汗出當風王太后風癉客脬病得之汗流出滫病因同而一入膀胱一入脾者膀胱水太陰濕亦從其類也

當至春鬲塞不通不能食飲

補註素問陰陽別論三陽結謂之膈素問生氣通天論病久則傳化上下不并良醫不爲故陽畜積病死而陽氣當隔隔者當寫不亟正治粗乃敗之奴之病正與此同故主死靈樞本藏篇肝大則逼胃迫咽則苦膈中形氣藏府病形篇微急爲膈中食飲入而還出後沃沫四時氣篇飲食不下膈塞不通邪在胃脘在上脘則刺抑而下之在下脘則散而去之難經三十二難故令心肝在膈上按卽胸中隔塞不通也兩膈通

法當至夏泄血死宦者平卽往告相曰君之舍人奴有病病重死期有日相君曰卿何以知之曰君朝時入宮君之舍人奴盡食閨門外平與倉公立卽示平曰病如是者死相卽召舍人奴而謂之曰公奴有病不舍人曰奴無病身無痛者至春果病至四月泄血死所以知奴病者脾氣周乘五臟傷部而交故傷脾之色也望之殺然黃察之如死青之茲衆醫不知以爲大蟲

集解徐廣曰殺音蘇葛反

正義殺蘇亥反

索隱蟲卽蚘虫也

補註素問脈要精微論青欲如蒼璧之澤不欲如藍黃欲如羅裹雄黃不欲如黃土玉機眞臟論脾受氣於肺傳之於腎氣舍於心至肝而死一日一夜五分之此所以占死生早暮也卽周乘五臟之候詳潘滿如案以交相乘註

不知傷脾所以至春死病者胃氣黃黃者土氣也土不勝木故至春死所以至夏死者脈法曰病重而脈順淸者曰內關內關之病人不知其所痛心急然無苦若加以一病死中春一愈順及一時其所以四月死者診其人時愈順愈順者人尙肥也奴之病得之流汗數出炙於火而以出見大風也

補註玉機眞藏論病熱脈靜泄而脈大脫血而脈實病在中脈實堅病在外脈不實堅皆難治平人氣象論亦云與此病重而脈順淸者死其爲逆則同女子豎病傷脾得之流汗因內關嘔血死此與略同注見前

菑川王病召臣意診脈曰蹶上爲重頭痛身熱

正義上時掌反蹷逆氣上也

補註素問奇病論人有病頭痛此安得之岐伯曰當有所犯大寒內至骨髓髓者以腦爲主腦逆故令頭痛名曰厥逆方盛衰論氣上不下頭痛巔疾靈樞厥病篇厥頭痛面若腫起而心煩取之足陽明太陰厥頭痛頭脈痛心悲善泣視頭動脈反盛者刺盡去血後調足厥陰厥頭痛貞貞頭重而痛寫頭上五行行五先取手少陰後取足少陰厥頭痛意善忘按之不得取頭面左右動脈後取足太陰厥頭痛項先痛腰脊爲應先取天柱後取足太陽厥頭痛頭痛甚耳前後脈涌有熱寫出其血後取足少陽難經六十難手三陽之脈受風寒伏留而不去者則名厥頭痛

使人煩滿臣意卽以寒水拊其頭

正義懣亡本反非但有煩也

索隱拊音附又音撫

補註說文煩熱頭痛也懣音悶煩也從心從滿滿亦聲素問刺熱論諸治熱病以飲之寒水乃刺之必寒衣之居止寒處身寒而止也倉公以寒水拊頭本此

刺足陽明脈左右各三所病旋已病得之沐髮未乾而臥診如前所以蹷頭熱至肩

補註素問風論新沐當風謂之首風首風之狀頭面多汗惡風先風一日則病甚頭痛不可以出內

齊王黃姬兄黃長卿家有酒召客召臣意諸客坐未上食臣意望見王后弟宋建告曰君有病往四五日君要脅病不可俛仰

正義俛音免

補註素問脈要精微論腰者腎之府轉搖不能腎將憊矣六元正紀大論太陽所至爲腰痛厥論手太陽厥逆腰不可俯仰刺腰痛篇足太陽脈令人腰痛引項脊尻背如重狀刺其郄中太陽正經出血春無見血刺腰痛論衡絡之脈令人腰痛不可以俛仰仰則恐仆得之舉重傷腰衡絡絕惡血歸之王冰註衡橫也太陽之外也故下文色見太陽之部靈樞經脈篇膀胱足太陽之脈其直者從巔入絡腦挾脊抵腰中是動則病脊痛腰似折素問藏氣法時論肝病者兩脅下痛引少腹令人善怒熱論肝熱病者脅滿痛繆刺論邪客於少陽之絡令人脅痛刺足小指次指爪甲上與肉交者各一痏要同腰

又不得小溲不亟治病卽入濡腎及其未舍五臟急治之病方今客腎濡此所謂腎痺也

正義濡溺也病方客在腎欲溺腎也

補註此腎氣不宣行之病素問五臟生成篇黑脈之至也上堅而大有積氣在小腹與陰名曰腎痺得之沐浴淸水而卧痺論腎痺者善脹尻以代踵脊以代頭四時刺逆從論太陽有餘病骨痺身重不足病腎痺建病得之天雨雨與水從其類也

宋建曰然建故有要脊痛往四五日天雨黃氏諸倩見建家京下方石卽弄之建亦欲効之不能起卽復置之暮要脊痛不得溺至今不愈

集解徐廣曰倩者女壻也案方言曰東齊之間壻謂之倩郭璞曰言可假倩也京者倉廩之屬也

正義倩音七性反

建病得之好持重所以知建病者臣意見其色太陽色乾腎部上及界腰以下者枯四分所故以往四五日知其發也臣意卽爲柔湯使服之十八日所而病愈

補註素問繆刺篇人有所墮墜惡血在腹中滿脹不得前後先飲利藥此上傷厥陰之脈下傷少陰之絡楊上善註利藥爲破血之湯可飲而利之當卽柔湯之類靈樞五色篇五色之見各出其色部又曰當腎者腎也面王以下者膀胱子處也又曰察其色夭以觀成敗今太陽色乾腎部枯而知要脊痛此倉公望色之神也

濟北王侍者韓女病要背痛寒熱衆醫皆以爲寒熱也臣意診其脈曰內寒月事不下也卽竄以藥

索隱謂以煙燻之故竄音七亂反

補註素問調經論經言陽虛生外寒陰虛生內熱陽盛生外熱陰盛生內寒上古天眞論女子二七而天癸至任脈通太衝脈盛月事以時下陰陽別論二陽之病發心脾有不得隱曲女子不月評熱論病月事不來者胞脈閉也胞脈者屬心而絡於胞中今氣上迫肺心氣不得下通故月事不來腹中論病名血枯此得之年少時有所大脫血若醉以入房氣竭傷肝故月事衰少不來也以四烏鰂骨一藘茹二物並合之丸以雀卵大如小豆以五丸爲後飯飲以鮑魚汁利腸中及傷肝也

旋下病已病得之欲男子而不得也所以知韓女之病者診其脈時切之腎脈也嗇而不屬嗇而不屬者其來難堅故曰月事不下肝脈弦出左口故曰欲男子不可得也

補註屬說文連也從尾蜀聲徐曰屬相連續若尾之

在體故從尾時醫治室女經閉謂肝脉弦長上出寸口魚際非藥所能治急與壻配即愈即本諸此

臨菑氾里女子薄吾病甚眾醫皆以爲寒熱篤當死不治臣意診其脈曰蟯瘕

索隱氾音凡蟯瘕音饒檟舊音遶遐

集解徐廣曰蟯音饒

正義人腹中短蟲

補註蟯說文腹中短蟲也關尹子六七篇我之一身內變蟯蛔外蒸蝨蚤靈樞厥論腸中有蟲瘕及蛟蛕大鍼刺久持之蟲不動乃出鍼中藏經第十八九蟲有伏蚘白肉肺胃赤弱蟯之九名也蟯狀如蛔蟲而甚小雄者長一分雌者長三分許色白形圓末端彎曲寄生於人腸多由食物時誤嚥其卵而生時自肛門匍匐而出令患者肛門奇癢腫痛或至潰爛並發腹痛頭痛惡心嘔吐等症用驅蟲劑或灌腸法可除之或云居胭腸之間多則爲痔爲痢劇則爲癩並生瘡痍癰疽瘑瘻瘑疥等証

蟯瘕爲病腹大上膚黃麤循之戚戚然臣意飲以芫花一撮即出蟯可數升病已三十日如故

補註本經芫花味辛溫主咳逆上氣喉鳴蠱毒癰疝瘕癰腫殺蟲魚張隱菴謂芫花稟火氣故治蠱毒鬼瘧辛溫有毒故殺蟲魚

病蟯得之於寒濕寒濕氣宛篤不發化爲蟲

集解宛騶案音鬱

索隱宛又如字

補註靈樞上膈篇寒濕不時則寒汁流於腸中流於腸中則蟲寒蟲寒則積聚守於下管人食則蟲上食蟲上食則下管虛而邪氣勝之則癰成癰上皮熱宛字註詳後侍醫遂案中讀書雜志病蟯之蟯因上文而誤衍也凡篇內稱病得之於某事者皆不言其病名以病名已見於上文也

臣意所以知寒薄吾病者切其脈循其尺

正義王叔和云寸關尺寸謂三分尺謂八分寸口在關上尺在關下寸關尺共有一寸九分也

補註素問脈要精微論尺內兩傍則季脇也尺外以候腎尺裏以候腹中靈樞經曰尺之動在五里循其尺者診腎也讀書雜志臣意所以知寒薄吾病者寒字亦因上文而衍凡篇內稱所以知某之病者皆不言其致病之由亦以致病之由已見上文也或謂寒字當在薄吾下非也宋本無寒字

其尺索刺麤而毛美奉髮

集解徐廣曰奉一作奏又作秦

索隱循音巡謂手循其尺索也刺音七賜反麤音七胡反言循其尺索刺人手而麤是婦人之病也徐氏曰奉一作奏非其義也又云一作秦秦謂螓首言髮如螓蛴事蓋近也

補註靈樞邪氣臟腑形病篇脉濇尺之皮膚亦濇又論疾診尺篇尺膚濇者風痺也尺膚粗如枯魚之鱗者水泆飲也

是蟲氣也其色澤者中藏無邪氣及重病

補註女子蠱病內重毛髮而色澤脉不衰主死此則尺索刺麤而毛美奉髮不死以中藏無邪氣及重病也可並參之

齊淳于司馬病臣意切其脈告曰當病迵風迵風之狀飲食下嗌輒後之病得之傷飽而疾走

集解後之徐廣曰如廁

補註前陽虛侯相趙章病迵風迵風者飲食下嗌而輒出不留注爲飱泄可互證

淳于司馬曰我之王家食馬肝食飽甚見酒來即走去驅疾至舍即泄數十出

補註漢書轅固與黄生爭論湯武受命事景帝曰食肉毋食馬肝未爲不知味也本草此物以白馬者良但性熱毒食之能殺人

臣意告曰爲火齊米汁飲之七八日而當愈時醫秦信在旁臣意去信謂左右閣都尉曰意以淳于司馬病爲何曰以爲迵風可治信即笑曰是不知也淳于司馬病法當後九日死即後九日不死其家復召臣意臣意往問之盡如意診臣即爲三火齊米汁使服之七八日病已所以知之者診其脈時切之盡如法其病順故不死

索隱案閣者姓也爲都尉一云閤即宮閤都尉掌之故曰閤都尉也

補註火齊米汁素問湯液醪醴論必以稻米炊之稻薪玉板論要色見淺者湯液主治見深者必齊主治即此與前案火齊湯正自不同趙章病迵風不治此病迵風不死趙脈來滑此則脉盡如法故生死不同

齊中郎破石病臣意診其脈告曰肺傷不治當後十日丁亥溲血死即後十一日溲血而死

補註素問示從容論傷肺者脾氣不守胃氣不清經氣不爲使眞藏壞決經脈傍絕五臟滿泄不衄則嘔今肺傷得番陰脈故血不上出而下出脈經肺傷者

其脈細緊浮數其人勞倦欬唾血靈樞順氣一日分爲四時篇肺爲牝藏其色白其音商其日庚辛藏氣法時論肺病者愈於壬癸加於丙丁持於戊己四時刺從逆論濇則病積溲血

破石之病得之墮馬僵石上所以知破石之病者切其脈得肺陰氣其來散數道至而不一也色又乘之

補註十三難曰色赤其脈當浮大而散色白其脈當浮濇而短爲相應色青其脈浮濇而短若大而緩爲相勝今肺傷而得散脈火刑金也色又乘之者又見心之色赤也散脈其象浮而虛大者其狀按之滿指散而不聚來去不明漫無根抵爲氣血枯耗臟腑乖絶之候見於寸多怔忡兩汗之証見於關多溢飲怔忡之証見於尺爲腎絶之証如病脈見此非虛陽不斂即心氣不足均非佳兆素問脈要精微論病進而色弊

所以知其墮馬者切之得番陰脈番陰脈入於虛裏乘肺脈肺脈散者固色變也乘之

索隱番芳遠反

補註素問繆刺論人有所墮墜惡血在腹中玉機眞藏論譬如墮溺不可爲期言墮墜傷厥陰之脈少陰之絡絡脈傷故得番陰之脈也靈樞百病始生篇起居不節用力過度則絡脈傷陽絡傷則血外溢外溢則衄血陰絡傷則血內溢內溢則便血此番陰脈即傷陰絡也故溲血後診項處云切其脈得番陽入虛裏番反同謂反傷陰絡脈陰走下竅故溲血番陽謂反傷陽絡脈陽出上竅故嘔血

所以知其不中期死者師言曰病者安穀即過期不安穀則不及期其人嗜黍黍主肺故過期

補註靈樞五音五味篇上商與右商同穀黍五味篇肺病者宜食黃黍鷄肉桃葱本草黍甘温無毒蓋黍爲肺之穀其氣温暖功能補肺故肺病宜之惟性粘滯多食令人閉氣發煩發宿疾昏五臟緩筋骨絶血脈

所以溲血者脈法曰病養喜陰處者順死喜養陽處者逆死其人喜自靜不躁又久安坐伏几而寐故血下泄

補註脈法見前素問脈解篇所謂欲獨閉戸牖而處者陰陽相薄也陽盡而陰盛故欲獨閉戸牖而居宣明五氣論陽入之陰則靜全元起云陽入陰則爲靜千金云陽入於陰病靜

齊王侍醫遂病自練五石服之臣意往過之遂謂意曰

不肯有病幸診遂也臣意即診之告曰公病中熱論曰中熱不溲者不可服五石石之為藥精悍公服之不得數溲亟勿服色將發臃

補註素問風論風氣與陽明入胃其人肥不得外泄則為熱中氣交變大論中熱肩背熱五石即陽起石鍾乳石靈磁石空青石金剛石皇甫謐甲乙經序仲景謂侍中王仲宣有病四十當眉落眉落半年而死令服五石湯可免湯惜不傳北史梁彥光七歲時父遇疾篤醫云餌五石可愈時求紫石英不得彥光憂悴不知所為忽於園中見一物彥光所不識怪而持歸即紫石英也親屬咸異之以為至孝所感

遂曰扁鵲曰陰石以治陰病陽石以治陽病夫藥石有陰陽水火之齊故中熱即為陰石柔齊治之中寒即為陽石剛齊治之

補註素問陰陽應象大論審其陰陽以別柔剛陽病治陰陰病治陽定其血氣各守其鄉陰陽剛柔豈可偏勝耶調經論厥氣上逆寒氣積於胸中而不寫不寫則溫氣去寒獨留留則血凝泣凝泣則脈不通其脈盛大以濇故中寒

臣意曰公所論遠矣扁鵲雖言若是然必審診起度量立規矩稱權衡合色脈表裏有餘不足順逆之法參其人動靜與息相應乃可以論

集解徐廣曰合一作占

補註十三難五臟有五色皆見於面亦當與寸口尺內相應假令色青其脈當弦而急色赤其脈浮大而散色黃其脈中緩而大色白其脈浮濇而短色黑其脈沈濡而滑此所謂五色之與脈當參相應也一難人一呼脈行三寸一吸脈行三寸呼吸定息脈行六寸

論曰陽疾處內陰形應外者不加悍藥及鑱石夫悍藥入中則邪氣辟矣而宛氣愈深

索隱辟音亦必反猶聚也愈音庾

補註悍藥慓悍之藥素問腹中論熱中消中不可服芳草石藥芳草之氣美石藥之氣悍夫熱氣慓悍藥氣亦然二者相遇恐內傷脾脾者土也而惡木服此藥者至甲乙日更論下文疽發乳上入缺盆木尅土也此義正同靈樞邪客篇出其悍氣之慓疾宛與鬱通茲同菀刺節眞邪篇傾倒宛伏謂鬱結而內伏也九鍼十二原論宛陳則除之陰陽二十五人篇宛陳血不結者側而予之宛音鬱又音蘊謂脈中蓄血也

素問鍼解篇作宛陳
診法曰二陰應外一陽接內者不可以剛藥剛藥入則
動陽陰病益衰陽病益著邪氣流行爲重困於俞忿發
爲疽意告之後百餘日果爲疽發乳上入缺盆死此謂
論之大體也必有經紀拙工有一不習文理陰陽失矣
集解愈音始喻反
索隱按缺盆人乳房上骨名也
補註陰陽別論是故剛與剛陽氣破散陰氣廼消亡
淖則剛柔不和經氣乃絶剛藥動陽乃如此痺論六
府亦各有俞風寒濕氣中其俞而食飲應之循俞而
入各舍其府也疏五過論不知俞理五藏菀熟癰發
六府水熱穴論缺盆王冰注在肩上橫骨陷者中手
陽明脈氣所發
齊王故爲陽虛侯時病甚衆醫皆以爲蹷臣意診脈以
爲痺根在右脅下大如覆杯令人喘逆氣不能食
集解徐廣曰齊悼惠王子也名將廬以文帝十六年
爲齊王即位十一年卒謚孝王
補註素問痺論風寒濕三氣合而爲痺又肺痺者煩
滿喘心痺者上氣而喘肝痺者上爲引如懷陰陽別
論陰爭於內陽擾於外魄汗未藏四逆而起起則熏
肺使人喘鳴五十六難肺之積名曰息賁在右脅下
大如覆杯令人喘逆
臣意即以火齊粥且飲六日氣下即令更服丸藥出入
六日病已病得之內診之時不能識其經解大識其病
所在
補註火齊粥即淳于司馬案火齊米汁與火齊湯法
不同倉公治中御府長熱氣病用液湯火齊淳于司
馬迴風病用火齊米汁及本案病痺用火齊粥皆借
粥湯以養汗源調胃氣不似火齊湯之通水火而利
前後也但言湯者不用米曰液曰汁曰粥者皆用稻
米而炊以稻薪也
臣意常診安陽武都里成開方開方自言以爲不病臣
意謂之病苦沓風
索隱沓音從合反風病之名也
補註說文語多沓沓若水之流又曰沓水沸溢也今
河朔方言謂沸溢爲沓素問風論飲酒中風則爲漏
風漏風即沓風之類也
三歲四支不能自用使人瘖
集解徐廣曰一作脊音才亦反
索隱瘖者失音也讀如音又作厝厝者置也言使人

迺置其手足也
補註素問調經論形不足則四支不用鍼經曰脾氣虛則四支不用太陰陽明論脾不能爲胃行其津液四支不得禀水穀氣故不用又曰太陰脈貫胃屬脾絡嗌又邪入於陰則瘖憂恚無言篇人卒然無音者寒氣客於厭則厭不能發發不能下至於開闔不致故無音九宮八風篇偏中於邪風則爲擊仆偏枯又素問大奇論胃脈浮鼓濇胃外鼓大心脈小堅急皆鬲偏枯男子發左女子發右不瘖舌轉可治三十日起其從瘖三歲起年不滿二十者三歲死靈樞雜病篇厥氣走喉而不能言也取足少陰九鍼論五邪入於陰轉則爲瘖

瘖卽死今聞其四支不能用瘖而未死也病得之數飲酒以見大風氣所以知成開方病者診之其脈法奇咳言臧氣相反者死切之得腎反肺法曰三歲死也
集解徐廣曰反一作及
補註脈法奇咳見前五色診奇咳術素問玉機眞藏論五臟受氣於其所生傳之於其所勝氣舍於其所生死於其所不勝言氣之逆行也故死今切之腎反肺爲子逆毋故主三歲死

安陵阪里公乘項處病臣意診曰牡疝
索隱案公乘官名也項姓處名故上云倉公之師元里公乘陽慶亦然也牡疝上音母下音色諫反
補註素問脈要精微論心脈而急病名心疝少腹當有形也又心爲之使故曰少腹當有形也大奇論三陰急爲疝

牡疝在鬲下上連肺病得之內臣意謂之愼勿爲勞力事爲勞力事則必嘔血死處後蹴踘
集解徐廣曰一作蹹
正義上于六反下九六反謂打毬也
補註素問百病始生篇起居不節用力過度則絡脈傷陽絡傷則血外溢血外溢則衄血陰絡傷則血內溢血內溢則後血又怒則氣逆甚則嘔血靈樞邪氣藏府病形篇肺脈濇甚則嘔血荆處歲時記按劉向別錄曰寒食蹴踘黃帝所造以練武士本兵勢也風俗通云毛丸謂之鞠三蒼解詁鞠毛丸耳蹋戲演繁露揚子曰梡革爲鞠亦如有法革皮也梡革爲鞠卽後世皮毬之斜作片瓣而縫合之卽今之氣毬也顏師古曰鞠以皮爲之實之以毛蹹蹵而戲今世皮毬中不置毛而皆砌合皮革待其縫砌已周則遂吹氣

滿足氣旣充滿潮遂圓實所謂火中爆了水中採者
欲其皮寬而能受氣也詳此意制當是古時實之以
毛後加巧而實之以氣也
要壓寒汗出多即嘔血臣意復診之曰當旦日日夕死
索隱旦日明日也言明日之夕死也
即死病得之內所以知項處病者切其脈得番陽番陽
入虛裏
索隱脈病之名曰番陽者以言陽脈之翻入虛裏也
補註前中郎破石病云所以知其墮馬者切之得番
陰脈番陰脈入於虛裏乘肺脈肺脈散者固色變也
乘之與此正同靈樞百病始生篇陽絡傷則衄血陰
絡傷則便血此脈番陽故嘔血詳見破石註
處旦日死一番一絡者牡疝也
集解徐廣曰絡一作結
臣意曰他所診期決生死及所治已病衆多久頗忘之
不能盡識不敢以對
補註或謂牡疝之成由腎氣虛勞力則汗出肺氣不
能制因嘔血凡成橫痃者亦牡疝之類也但地位較
牡疝爲又下耳亦通
問臣意所診治病病名多同而診異或死或不死何也

對曰病名多相類不可知故古聖人爲之脈法以起度
量立規矩縣權衡案繩墨測陰陽別人之脈各名之與
天地相應參合於人故乃別百病以異之有數者皆異
之無數者皆同之
索隱數音色住反謂數術之人乃可異其狀也
補註素問病能論癰氣之息者宜以鍼開除去之氣
盛血聚者宜石而寫之此所謂同病異治也靈蘭秘
典論毫釐之數起於度量脈要精微論四變之動脈
與之上下春應中規夏應中矩秋應中衡冬應中權
陰陽應象論察色按脈先別陰陽觀權衡規矩而知
病所主讀書雜志有數者皆異之無數者皆同之案
皆當從宋本作能字之誤也此言病同名而異實惟
有數者能異之無數者則不能也
然脈法不可勝驗診疾人以意度之乃可別同名命病
主在所居今臣意所診者皆有診籍所以別之者臣意
所受師方適成師死以故表籍所診期決死生觀所失
所得者合法以故至今知之
補註素問平人氣象論常以不病調病人不病故爲
病人調息以平之脈要精微論切脈動靜視精明察
五色觀五臟有餘不足六府強弱形之衰盛以此參

伍決死生之分又得一之分以知死生三部九候論決死生奈何岐伯曰形瘦脈大胸中多氣者死形氣相得者生三部九候皆相失者死上下左右相失不可數者死中部之候雖獨調與眾藏相失者死中部之候相減者死目內陷者死師方即前所受公乘陽慶之禁方

問臣意曰所期病決死生或不應期何故對曰此皆飲食喜怒不節或不當飲藥或不當針灸以故不中期死也

補註素問調經論生於陰者得之飲食居處陰陽喜怒陰陽別論水穀之寒熱感則害於六府又曰喜怒傷氣寒暑傷形暴怒傷陰暴喜傷陽舉痛論怒則氣逆甚則嘔血及飧泄故氣上矣喜則氣和志達榮衛通利故氣緩矣飲食喜怒內因病也異法方宜論南方之民其治宜微鍼北方之民其治宜灸焫西方之民其治宜毒藥血氣形志篇形樂志苦治之以灸刺形苦志苦治之以甘藥傷寒論一逆尚引日再逆促命期

問臣意意方能知病生死論藥用所宜諸侯王大臣有常問意者不及文王病時不求意診治何故

集解徐廣曰齊文王也以文王十五年卒

對曰趙王膠西王濟南王吳王皆使人來召臣意臣意不敢往文王病時臣意家貧欲爲人治病誠恐吏以除拘臣意也

集解徐廣曰時諸侯王得自拜除吏

故移名數左右

正義以名籍屬左右

不修家生出行游國中問善爲方數者

索隱數音術數之數

補註案不修家生猶言不治家人生產也

事之久矣見事數師悉受其要事盡其方書意及解論之身居陽虛侯國因事侯侯入朝臣意從之長安以故得診安陵項處等病也

補註陽虛侯患痺合火齊粥項處患牡疝均見前案

問臣意知文王所以得病不起之狀臣意對曰不見文王病然竊聞文王病喘頭痛目不明臣意心論之以爲非病也以爲肥而蓄精身體不得搖骨肉不相任故喘不當醫治脈法曰年二十脈氣當趨年三十當疾步年四十當安坐年五十當安卧六十以上氣當大董

集解徐廣曰董謂深藏之一作堇

索隱堇音謹

補註靈樞衞氣失常篇䐃肉堅皮滿者肥素問奇病論五味入口藏於胃脾爲之行其精氣津液在脾此肥美之所發此必數食甘而多肥肥者令人内熱治之以蘭又息積不妨於食不可灸刺積爲引導服藥藥不能獨治也文王病卽此類故云不當醫治故下文調飲食云云趨說文走也釋名疾行曰趨趨赴也赴所至也詩巧趨蹌兮注今之捷步禮帷薄之外不趨注行而張足曰趨

文王年未滿二十方脈氣之趨也而徐之不應天道四時後聞醫灸之卽篤此論病之過也臣意論之以爲神氣爭則邪氣入非年少所能復之也以故死所謂氣者當調飲食擇晏日車步廣志以適筋骨肉血脈以瀉氣故年二十是謂易貿

集解徐廣曰一作賀又作質

補註靈樞天年篇岐伯曰人生十歲五臟始定血氣已通其氣在下故好走二十歲血氣始盛肌肉方長故好趨血氣形志篇病生於筋治之以熨引經絡不通治之以按摩曰適筋骨肉血脈卽熨引按摩之意也梛宗元天對帝以貿嫉貿同貿說文作貿易財也

徐曰貿猶亂也交互之義五經文字貿經典相承隷省作貿後人引伸爲貿易之貿

法不當砭灸砭灸至氣逐

補註逐當與隊同

問臣意師慶安受之聞於齊諸侯不對曰不知所師受慶家富善爲醫不肯爲人治病當以此故不聞慶又告臣意愼毋令我子孫知若學我方也

問臣意師慶何見於意而愛意欲悉教意方對曰臣意不聞師慶爲方善也意所以知慶者意少時好諸方事臣意試其方皆多驗精良臣意聞菑川唐里公孫光善爲古傳方

索隱謂好能傳得古方也

正義謂全傳寫得古人之方書

補註讀書雜志臣意聞菑川唐里公孫光善爲古傳方案古傳方當作傳古方索隱正義皆可證

臣意卽往謁之得見事之受方化陰陽及傳語法

集解徐廣曰法一作五

補註傳語法猶言口傳方法

臣意悉受書之臣意欲受他精方公孫光曰吾方盡矣不爲愛公所

索隱言於意所不愛惜方術也

吾身已衰無所復事之是吾年少所受妙方也悉與公毋以教人臣意曰得見事侍公前悉得禁方幸甚意死不敢妄傳人居有閒公孫光閒處

正義上音閑下昌汝反

補註靈樞禁服篇黃帝曰善乎哉問也此先師之所禁坐私傳之也割背歃血之盟也雷公乃齋宿三日而請受盟黃帝乃與俱入齋室割背歃血親祝曰今日正陽歃血傳方敢有背此言者反受其殃殆卽公孫傳方之禁與

臣意深論方見言百世爲之精也師光喜曰公必爲國工吾有所善者皆疏同產處臨菑善爲方吾不若其方甚奇非世之所聞也吾年中時嘗欲受其方

索隱案年中謂中年時也中年亦壯年也古人語自爾

楊中倩不肯

索隱倩音七見反人姓名也

曰若非其人也胥與公往見之

集解徐廣曰胥猶言須也

當知公喜方也

補註見前號宮門下中庶子喜方註

其人亦老矣其家給富時者未往會慶子男殷來獻馬因師光奏馬王所意以故得與殷善光又屬意於殷曰意好數

索隱數色句反謂好數術也

公必謹遇之其人聖儒

索隱言意聖德慕聖人之道故云聖儒也

卽爲書以意屬陽慶以故知慶臣意事慶謹以故愛意也

補註前言慶年七十餘無子此言子男殷來獻馬前後矛盾當有誤

問臣意曰吏民嘗有事學意方及畢盡得意方不何縣里人對曰臨菑人宋邑

集解徐廣曰邑一作曰比

邑學臣意教以五診

正義謂診五臟之脉

補註言診病之有五法也素問方盛衰論合之五診調之陰陽以在經脈王註靈樞經備有調陰陽合五診故引之曰以在經脈也經脈靈樞篇目

歲餘濟北王遣太醫高期王禹

集解徐廣曰禹一作齲

補註漢書諸侯王表文帝二年二月乙卯王興居以悼惠王子東牟侯立又齊悼惠王傳王子前後凡九人爲王太子襄爲齊哀王興居爲濟北王將閭爲齊王志爲濟北王辟光爲濟南王賢爲菑川王卬爲膠西王雄渠爲膠東王

學臣意教以經脉高下及奇絡結

正義素問奇經八脉往來舒時一止而復來名之曰結也

補註素問三部九候論上實下虛切而從之索其結絡脉刺出其血王註結謂血結於絡中也

當論俞所居

正義俞武俞反

補註俞腧輸並同靈樞九鍼十二原論五臟五腧五五二十五腧六腑六腧六六三十六腧經脉十二絡脉十五凡二十七氣以上下所出爲井所溜爲滎所注爲輸所行爲經所入爲合二十七氣所行皆在五腧也本輸篇五輸之所留肺出於少商少商者手大指端內側也爲井木溜於魚際魚際者手魚也爲滎注於太淵太淵魚後一寸陷者中也爲腧行於經渠經渠寸口中也動而不居爲經入於尺澤尺澤肘中之動脉也爲合手太陰經也心出中衝中衝手中指之端也爲井木溜於勞宮勞宮掌中中指本節之內間也爲營注於大陵大陵掌後高骨骨間方下者也爲腧行於間使間使之道兩筋之間三寸之中也有過則至無過則止爲經入於曲澤曲澤肘內廉下陷者之中也屈而得之爲合手少陰也肝出於大敦大敦足大指之端及三毛之端也爲井木溜於行間行間足大指間也爲滎注於太衝太衝行間上三寸陷者之中也爲腧行於中封中封內踝之前一寸半陷者之中使逆則宛使和則通搖足而得之爲經入於曲泉曲泉輔骨之下大筋之上也屈膝而得之爲合足厥陰也脾出於隱白隱白足大指之端內側也爲井木溜於大都大都本節之後下陷者之中也注於太白太白腕骨之下也爲腧行於商丘商丘內踝之下陷者之中也爲經入於陰之陵泉陰之陵泉輔骨之下陷者之中也伸而得之爲合足太陰也腎出於湧泉湧泉足心也爲井木溜於然谷然谷然骨之下者也爲滎注於太谿太谿內踝之後跟骨之上陷者之中爲腧行於復溜復溜上內踝二寸動而不休爲

經入於陰谷陰谷輔骨之後大筋之下小筋之上也按之應手屈膝而得之爲合足少陰也膀胱出於至陰至陰者足小指之端也爲井金溜於通谷通谷者本節之前外側也爲滎注於束骨束骨本節之後陷者中也爲俞過於京骨京骨足外側大骨之下爲原行於崑崙崑崙在外踝之後跟骨之上爲經入於委中委中膕中央爲合委而取之足太陽也胆出於竅陰竅陰者足小指次指之端也爲井金溜於俠谿俠谿足小指次指之間也爲滎注於臨泣臨泣上行一寸半陷者中也爲俞過於丘墟丘墟外踝之前下陷者中也爲原行於陽輔陽輔外踝之上輔骨之前及絶骨之端也爲經入於陽之陵泉陽之陵泉在膝外陷者之中也爲合伸而取之足少陽胃出於厲兌厲兌者足大指内次指之端也爲井金溜於内庭内庭次指外間也爲滎注於陷谷陷谷者上中指内間上行行二寸陷者中爲俞過爲衝陽衝陽足跗上五寸陷者之中也爲原搖足而得之行於解谿解谿上衝陽一寸半陷者中也爲經入於下陵下陵膝下三寸胻骨外三里也爲合復下三里三寸爲巨虚上廉復下上廉三寸爲巨虚下廉也大腸屬上小腸屬下足陽明胃脈也大腸小腸皆屬於胃是足陽明也三焦者上合於小腸出於關衝關衝者手小指次指之端也爲井金溜爲液門液門小指次指之間也爲滎注於中渚中渚本節之後陷者中也爲俞過於陽池陽池在腕上陷者之中也爲原行於支溝支溝上腕三寸兩骨之間陷者中也爲經入於天井天井在肘外大骨之上陷者中也爲合屈肘乃得之手太陽小腸者上合手太陽出於少澤少澤小指之端也爲井金溜於前谷前谷在手外廉本節前陷者之中也爲滎注於後谿後谿在手外側本節之後也爲俞過於腕骨腕骨在手外側腕骨之前爲原行於陽谷陽谷在銳骨之下陷者中也爲經入於小海小海在肘内大骨之外去端半寸陷者中也伸臂而取之爲合手太陽經也大腸合於手陽明出於商陽商陽大指次指之端也爲井金溜於本節之前二間爲滎注於本節之後二間爲俞過於合谷合谷在大指歧骨之間爲原行於陽谿陽谿在兩筋間陷者中也爲經入於曲池曲池在肘外輔骨陷者中也屈臂而取之爲合手陽明也又曰尺動脈在五里五腧之禁也背輸篇肺俞在三焦之間心俞在五焦之間膈俞在七焦之間

肝俞在九焦之間脾俞在十一焦之間腎俞在十四焦之間皆俠脊相去三寸所焦即椎也六十七難募在陰俞在陽

及氣當上下出入邪逆順以宜鑱石定砭灸

補註鑱石砭灸俱見前注

處歲餘菑川王時遣太倉馬長馮信正方臣意授以案法逆順論藥法定五味及和齊湯法高永侯家杜信喜脈來學臣意教以上下經脈五診

補註素問陰陽類論御念上下經陰陽從容皮部論上下同法按上下即手足各經之診察法也

二歲餘臨菑召里唐安來學臣意教以五診上下經脈奇咳四時應陰陽重未成除爲齊王侍醫

補註奇咳註見前

問臣意診病決死生能全無失乎臣意對曰意治病人必先切其脈乃治之敗逆者不可治其順者乃治之心不精脈所期死生視可治時時失之臣意不能全也

補註玉機眞藏論大骨枯槁大肉陷下胸中氣滿喘息不便其氣動形期六月死眞藏脈見乃與之期日內痛引肩項期一月死身熱脫肉破䐃十月之內死肩髓內陷動作益衰期一歲死腹內痛心中不便目匡陷目不見人立死見人者至其所不勝之時死急虛身中卒至五臟閉絕脈道不通氣不往來譬如墮溺不可爲期又曰治之無後其時形氣相得謂之可治色澤以浮謂之易已脈從四時謂之可治脈弱以滑是有胃氣命曰易治取之以時形氣相失謂之難治色夭不澤謂之難已脈實以堅謂之益甚脈逆四時爲不可治必察四難而明告之此決死生視可治之大凡也

太史公曰女無美惡居宮見妒士無賢不肖入朝見疑故扁鵲以其伎見殃倉公乃匿迹見隱而當刑緹縈通尺牘父得以後甯故老子曰美好者不祥之器豈謂扁鵲等耶若倉公者可謂近之矣

正義胃大一尺五寸徑五寸長一尺六寸橫屈受水穀三斗五升其中常留穀二斗水一斗五升凡人食入於口而聚於胃中穀熟傳入小腸也小腸大二寸半徑八分分之少半長三丈二寸受穀二斗四升水六升三合合之大半小腸謂之穀而傳入於大腸也回腸大四寸徑一寸半長二丈一尺受穀一斗水七升半廣腸大八寸徑二寸半長二尺八寸受穀九升三合八分合之一故腸胃凡長五丈八尺四寸合受

水穀八斗七升六合八分合之一此腸胃長短受水穀之數也甲乙經腸胃凡長丈六尺四寸四分從口至腸而數之此徑從胃至腸而數之故短也肝重四斤四兩左三葉右四葉凡七葉主藏魂肝者幹也於五行爲木其體狀有枝幹也肝之神七人老子曰明堂宮蘭臺府從官三千六百人又云肝神六童子三女子三心重十二兩中有七孔三毛盛精汁三合主藏神心纖也所識纖微也其神九太尉公名曰絳宮太始南極老員光之身其從官三千六百人又爲帝王身之王也脾重二斤三兩扁廣三寸長五寸有散膏半斤主裹血溫五藏主藏榮脾禆也在助氣主化穀其神云光玉女子母其從官三千六百人也肺重三斤三兩六葉兩耳凡八葉主藏魄肺孛也言其氣孛故短也鬱也其神八人太和君名曰玉堂宮尙書府其從官三千六百人又云肺神十四童子七女子七也腎有兩枚重一斤一兩主藏志腎引也腎屬水主引水氣灌注諸脈也其神六人司徒司空司命司錄司隸校尉尉卿也膽在肝之短葉間重三兩三銖盛精汁三合膽敢也言人有膽氣而能果敢也其神五人太一道君居紫房宮中其從官三千六百人也

胃重二斤十四兩紆曲屈伸長二尺六寸大一尺五寸徑五寸盛穀二斗水一斗五升胃圍也言圍受食物也其神十二人五元之氣諫議大夫也小腸重二升十四兩長三丈二寸廣二寸半徑八分分之少半迴積十六曲盛穀二斗四升水六升三合合之大半腸暢也言通暢胃氣去穢也其神二人元梁使者也大腸重三斤十二兩長二丈一尺廣四寸徑一寸半當齊右迴十六曲盛穀一斗水七升半大腸即迴腸也其迴曲因以名之其神二人元梁使者也膀胱重九兩二銖縱廣九寸盛溺九升九合膀橫也胱廣也體短而又名胞胞虛空也主以虛盛水液口廣二寸半脣至齒長九分齒已後至會厭深三寸半大容五合也舌重十兩長七寸廣二寸半舌泄也言可舒泄言語也咽門重十兩廣二寸半至胃長一尺六寸咽嚥也言咽物也又謂之咽主地氣胃爲土故云主地氣也喉嚨重十二兩廣二寸長一尺二寸九節喉嚨空虛也言其中空可以通氣息于心肺之系也呼吸之道路喉嚨與咽並行其實兩異而人多惑也肛門重十二兩大八寸徑二寸大半長二尺八寸受穀九升三合八分合之一肛釭也言其處似車釭故曰

肛門即廣腸之門又名臏也手三陽之脈從手至頭長五尺五六合三丈一手有三陽兩手爲六陽故云五六三丈手三陰之脈從手至胸中長三尺五寸三六一丈八尺五六三尺合二丈一尺兩手各有三陰合爲六陰故云三六一丈八尺也足三陽之脈從足至頭長八尺六八合四丈八尺兩足各有三陽故曰六八四丈八尺也足三陰之脈從足至胸長六尺五寸六六三丈六尺五六三尺合三丈九尺兩足各有三陰故云六六三丈六尺也按足太陰少陰皆至舌下厥陰至於項上今言至胸中者蓋據其相接之交者也人兩足蹻脈從足至目長七尺五寸二七一丈四尺二五一尺合一丈五尺任督脈各長四尺五寸二四八尺二五一尺凡脈長一十六丈二尺也此所謂十二經脈長短之數也督脈起於陔頭上於面至口齒縫計此不止長四尺五寸當取其上極於風府而言之也手足各十二脈爲二十四并督任兩蹻四脈都合二十八脈以應二十八宿凡長十六丈二尺營衛行周此數則一度也寸口脈之大會手太陰之動也太陰者脈之會也肺諸藏主蓋主通陰陽故十二經皆手太陰所以決吉凶者十二經有病皆寸口知其何經之動浮沈滑濇逆順知其生死之兆也人一呼脈行三寸一吸脈行三寸呼吸定息脈行六寸十二經十五絡二十七氣皆候於寸口隨呼吸上下呼脈上行三寸吸脈下行三寸二十七氣皆逐上下行無有息時人一日一夜凡一萬三千五百息脈行五十周於身漏水下百刻營衛行陽二十五度行陰二十五度度爲一周也故五十度復會於手太陰寸口者五臟六腑之所終始故法於寸口也人一息六寸百息六丈千息六十丈一萬三千五百息合爲八百一十丈陽脈出行二十五度陰脈入行二十五度陰陽出入行二十五度陰陽覆行周行度數也脈行身畢即水下百刻亦畢謂一日一夜刻盡天明日出東方脈還得寸口當更始也故寸口者五臟六腑之所終始也肺氣通於鼻鼻和則知臭香矣肝氣通於目目和則知白黑矣脾氣通於口口和則知穀味矣心氣通於舌舌和則知五味矣腎脈通於耳耳和則聞五音矣五臟不和則九竅不通六腑不和則留爲癰也

索隱述贊曰上池秘術長桑所傳始候趙簡知夢鈞天言占虢嗣尸蹷起焉倉公贖罪陽慶推賢効驗多

狀式具于篇

補註正義言臟腑經脈多與靈樞相同惟臟腑中各有神人主事似出道藏今按黄庭内景經云心神丹元字守靈肺神皓華字虛成肝神龍煙字含明腎神玄冥字育嬰脾神常在字魂停膽神龍曜字威明緣身經肺其神如白狩主魄化玉童長七寸持杖往來於肺藏心其神如朱雀主神化為玉女身長八寸持玉英出入於心府肝其神如龍藏魂化為二玉女玉童一青衣一黄衣各長七寸一負龍一持玉漿出入於肝藏脾主意其神如鳳化為玉女長六寸循環於脾藏腎其神如白鹿兩頭化為玉童長一尺出入於腎藏其神和也膽其神龜蛇化為玉童長一尺戟其手奔馳於膽當本此

史記扁鵲倉公傳補註下卷終